रज़ा पुस्तक माला

प्रार्थना-प्रवचन

खण्ड एक

दिल्ली की प्रार्थना–सभाओं में दिये गये
१ अप्रैल, १९४७ से २९ जनवरी, १९४८ तक के
महात्मा गांधी के प्रवचन

रज़ा फ़ाउण्डेशन | THE RAZA FOUNDATION

प्रार्थना-प्रवचन

खण्ड एक

महात्मा गांधी

राजकमल प्रकाशन

रज़ा पुस्तक माला : गांधी-साहित्य
प्रधान सम्पादक : अशोक वाजपेयी | सम्पादक : पीयूष दईया
राजकमल प्रकाशन प्रा.लि. और रज़ा फ़ाउण्डेशन का सह-प्रकाशन

ISBN : 978-93-89598-23-0

मूल्य : ₹1600
(दो खंड का मूल्य)

पहला संस्करण : 1948
पहला राजकमल संस्करण : 2018
दूसरा संस्करण : 2020

प्रकाशक : राजकमल प्रकाशन प्रा. लि.
1-बी, नेताजी सुभाष मार्ग, दरियागंज
नई दिल्ली-110 002

शाखाएँ : अशोक राजपथ, साइंस कॉलेज के सामने, पटना-800 006
पहली मंजिल, दरबारी बिल्डिंग, महात्मा गांधी मार्ग, इलाहाबाद-211 001
36 ए, शेक्सपियर सरणी, कोलकाता-700 017

वेबसाइट : www.rajkamalprakashan.com
ई-मेल : info@rajkamalprakashan.com

मुद्रक : यश प्रिंटोग्राफिक्स
नोएडा-201301 (उत्तर प्रदेश)

PRARTHNA-PRAVACHAN : KHAND EK
by Mahatma Gandhi

आमुख

कलाओं में भारतीय आधुनिकता के एक मूर्धन्य सैयद हैदर रज़ा एक अथक और अनोखे चित्रकार तो थे ही उनकी अन्य कलाओं में भी गहरी दिलचस्पी थी। विशेषतः कविता और विचार में। वे हिन्दी को अपनी मातृभाषा मानते थे और हालाँकि उनका फ्रेंच और अँग्रेज़ी का ज्ञान और उन पर अधिकार गहरा था, वे, फ्रांस में साठ वर्ष बिताने के बाद भी, हिन्दी में रमे रहे। यह आकस्मिक नहीं है कि अपने कला-जीवन के उत्तरार्द्ध में उनके सभी चित्रों के शीर्षक हिन्दी में होते थे। वे संसार के श्रेष्ठ चित्रकारों में, २०-२१वीं सदियों में, शायद अकेले हैं जिन्होंने अपने सौ से अधिक चित्रों में देवनागरी में संस्कृत, हिन्दी और उर्दू कविता में पंक्तियाँ अंकित कीं। बरसों तक मैं जब उनके साथ कुछ समय पेरिस में बिताने जाता था तो उनके इसरार पर अपने साथ नवप्रकाशित हिन्दी कविता की पुस्तकें ले जाता था : उनके पुस्तक-संग्रह में, जो अब दिल्ली स्थित रज़ा अभिलेखागार का एक हिस्सा है, हिन्दी कविता का एक बड़ा संग्रह शामिल था।

रज़ा की एक चिन्ता यह भी थी कि हिन्दी में कई विषयों में अच्छी पुस्तकों की कमी है। विशेषतः कलाओं और विचार आदि को लेकर। वे चाहते थे कि हमें कुछ पहल करना चाहिये। २०१६ में साढ़े चौरानवे वर्ष की आयु में उनकी मृत्यु के बाद रज़ा फ़ाउण्डेशन ने उनकी इच्छा का सम्मान करते हुए हिन्दी में कुछ नये क़िस्म की पुस्तकें प्रकाशित करने की पहल *रज़ा पुस्तक माला* के रूप में की है, जिनमें कुछ अप्राप्य पूर्व प्रकाशित पुस्तकों का पुनर्प्रकाशन भी शामिल है। उनमें गांधी, संस्कृति-

चिन्तन, संवाद, भारतीय भाषाओं से विशेषत: कला-चिन्तन के हिन्दी अनुवाद, कविता आदि की पुस्तकें शामिल की जा रही हैं। सभी पुस्तकों पर रज़ा साहब और उनके समकालीन मित्र चित्रकारों आदि की प्रतिकृतियाँ आवरणों पर होंगी।

महात्मा गांधी की हत्या दिल्ली में उनके प्रार्थना-सभा में जाते हुए हुई थी। लेकिन इस पर कम ध्यान दिया गया है कि गांधी जी ने प्रार्थना-सभा के रूप में अपने समय और स्वतन्त्रता-संग्राम के दौरान एक अनोखी नैतिक-आध्यात्मिक और राजनैतिक संस्था का आविष्कार किया था। थोड़े आश्चर्य की बात यह है कि आज भी यानी गांधी जी के सेवाग्राम छोड़े ७० से अधिक बरसों बाद भी वहाँ हर दिन सुबह-शाम प्रार्थना-सभा होती है : उसमें सभी धर्मों से पाठ होता है जिनमें हिन्दू, इस्लाम, ईसाइयत, बौद्ध, जैन, यहूदी, पारसी आदि शामिल हैं। दुनिया में, जहाँ धर्मों को लेकर इतनी हिंसा-दुराव-आतंक का माहौल है वहाँ कहीं और ऐसा धर्म-समभाव हर दिन नियमित रूप से होता हो, लगता या पता नहीं है।

हमने मूल पुस्तक के पहले संस्करण में जो पुरानी वर्तनी बरती गयी थी, उसी को बरकरार रखा है। प्रार्थना-सभा में अन्त में गांधी जी बोलते थे। उनके अधिकांश विचार इसी अनौपचारिक रूप में व्यक्त होते थे। उनका वितान बहुत विस्तृत था। उन्हें दो खण्डों में प्रकाशित करना हमारे लिए गौरव की बात है। इसलिए भी रज़ा गांधी को भारत का बुद्ध के बाद दूसरा महामानव मानते थे।

अशोक वाजपेयी

जुलाई २०१७, नयी दिल्ली

प्रस्तावना
सुधीर चन्द्र

प्रस्तावना

१ अप्रैल, १९४७ से अपनी हत्या तक के दस महीनों के दौरान दिल्ली में दिये गये गांधी के २२४ प्रार्थना-प्रवचन आपके हाथ में हैं। विकट संकट के दस त्रासद महीने। साढ़े चार आज़ादी से पहिले और साढ़े पाँच आज़ादी के बाद। कठिन काल। स्वाभाविक मानवीय अच्छाई, धर्म और संस्कृति के ग्रहण का। असीम क्रोध, प्रतिशोध और क्रूरता का।

सारे देश में १४ अगस्त, १९४७ के बाद दोनों देशों में सिर्फ़ एक गांधी अपनी मानवीयता बचा पाये थे। कोई आक्रोश, कोई घृणा, कोई कड़ुवाहट नहीं थी उनके मन में। चारों ओर फूट पड़ी है हैवानियत ने उन्हें दुख और करुणा से भर दिया था। एक छटपटाहट थी कि लोगों को फिर से शान्त और संयत कर दें। साथ ही, यह अहसास भी था कि वह बिलकुल अकेले पड़ गये हैं। कोई भी उन को सुनने को तैयार नहीं है। वे नेता भी जो सालों उनकी रहनुमाई में काम करते रहे। निपट अकेला। निस्सहाय। हताश। पर बुराई के आगे झुकने को तैयार नहीं। गांधी। स्वघोषित शेखचिल्ली। जुआरी। फल की चिन्ता किये बग़ैर बड़े से बड़ा दाँव लगाने को तैयार।

अपनी हत्या से चन्द घण्टों पहले—जीवन के अपने सम्भवतः अन्तिम साक्षात्कार में—पूछे जाने पर कि वह एटम बम से कैसे 'मिलेंगे', इस शेखचिल्ली ने कहा था :

> मैं भूमिगत नहीं जाऊँगा। मैं किसी रक्षा स्थल में शरण नहीं लूँगा। मैं बाहर खुले में खड़ा हो जाऊँगा ताकि विमान चालक देख सके कि मेरे मन में उसके प्रति कोई बुराई नहीं है। ...मैं जानता हूँ कि विमान चालक उस

> ऊँचाई से हमारे चेहरे नहीं देख पायेगा। पर हमारे दिलों की यह इच्छा कि उसका कुछ बुरा न हो, उस तक पहुँचेगी और उसकी आँखें खुल जायेंगी। वे हज़ारों लोग जो हिरोशिमा में मारे गये, अगर इस प्रार्थनामय चेष्टा के साथ मरते—अपने दिलों में ऐसी प्रार्थना लिये खुलकर मरते—तो युद्ध उस लज्जाजनक ढंग से न ख़त्म होता जैसे कि हुआ। सवाल अब यह है कि विजेता क्या वाकई विजेता है या हमारी अपनी वासना और ग़लतियों के शिकार।

सामान्य मानवीय अच्छाई की शक्ति में ऐसी गहरी श्रद्धा कहाँ से अर्जित की गांधी ने? कैसे वह देश में विभाजन की और संसार में हिरोशिमा-नागासाकी के साथ समाप्त हुए विश्व युद्ध की विभीषिका के बीच बनाये रख सके वह श्रद्धा? कि एक अकेली प्रार्थनामय चेष्टा—'प्रेअरफुल एक्शन' से कि बुरा करनेवाले का कुछ भी बुरा न हो, बड़ी बुराई को निरस्त किया जा सकता है। ख़ासा मुश्किल है, इस श्रद्धा के तर्क को समझना। हाँ, श्रद्धा का तर्क। अन्ध श्रद्धा नहीं है यहाँ। पूरी एक कार्य प्रणाली, एक व्यावहारिकता है उसकी। भले ही अपने जाने-पहचाने विवेक के दम्भ में उसे बेतुका और हास्यास्पद समझते रहें हम।

गांधी के ये अन्तिम प्रार्थना-प्रवचन हमें उस अलग विवेक, देखने-सोचने के अलग तरीक़े का दर्शन कराते हैं, जिन पर उनकी बुनियादी और व्यावहारिक श्रद्धा आधारित है। गांधी जानते हैं और हमें आगाह करते हैं कि 'एक ऐसा सिलसिला-सा बँध गया है कि जिससे हमारी आँख हमेशा टेढ़ा देखती है।' आँख अगर टेढ़ा देखे तो उसे वही देखना सीधा लगता है, और दूसरे का सीधा देखना टेढ़ा।

वही हुआ गांधी के साथ बेचारगी के उन अन्तिम दिनों में। ३२ साल तक जिस देश की रहनुमाई की उन्होंने, जिसे एक नितान्त अनोखा रास्ता दिखाया, वही देश उनसे अनखाने लगा। समझने लगा कि आज़ादी की लड़ाई के दौरान जो भी ज़रूरत रही हो उनकी, अब काम उनके सत्य और अहिंसा के आग्रह से नहीं बल्कि जाने-पहचाने प्रशासनिक और कूटनीतिक तौर-तरीक़ों से चलना था। सालों से गांधी की अगुवाई में चलनेवाले बड़े-बड़े नेता तक खुल्लम-खुल्ला, पूरी ईमानदारी और विश्वास के साथ गांधी के तरीक़े से अलग हो गये।

इन प्रवचनों में आप गांधी की बेबसी देखेंगे। मारे जाने से सिर्फ़ ३३ दिन

पहले उन्होंने पूछा : 'जब मैं अपनी आवाज़ उठाता हूँ तो कौन सुनता है ?' फिर भी वह अपनी आवाज़ उठाते रहे। जानते हुए कि वह केवल 'अरण्य रोदन' है, चूँकि : 'आज तो मेरी दीन हालत हो गयी है। एक ज़माना था जबकि मैंने कहा ऐसा होना चाहिए तो हो जाता था। आज ऐसी बात नहीं रही।...वह ज़माना चला गया।' उस ज़माने को इस बदलते ज़माने के परिप्रेक्ष्य में देखते हुए उन्होंने कहा :

> एक दिन था जब गांधी को सब मानते थे, क्योंकि गांधी ने अंग्रेज़ों के साथ लड़ने का रास्ता बताया था। और वे अंग्रेज़ भी कितने, केवल पौन लाख। पर उनके पास इतना सामान था, इतनी ताक़त थी कि बकौल एनी बसैंट रोड़े का जवाब गोली से दिया जाता था। तब अहिंसा से काम बनता दीखता था, इसलिए उस समय गांधी की पूछ थी। पर आज लोग कहते हैं कि गांधी हमें रास्ता नहीं बता सकता है, इस वास्ते स्वरक्षा के लिए हमें शस्त्र हाथ में लेने चाहिए। ...उस समय हमको किसी ने एटम बम बनाना नहीं बताया था। अगर हम वह विद्या जानते होते तो उसी से अंग्रेज़ को ख़त्म करने की सोचते, पर दूसरा कोई चारा नहीं था, तब मेरी बात मानी गयी और मेरा सिक्का जमा।

अपने निरन्तर अरण्य रोदन में बार-बार वही बात करते—'जो मेरे लिए सही है वह सबके लिए सही है'—गांधी की मन:स्थिति को उनके २ अक्टूबर, १९४७ के प्रार्थना-प्रवचन से समझा जा सकता है। आज़ाद भारत में आये अपने पहले, और उनके जीवन के अन्तिम, जन्मदिन पर गांधी ने कहा :

> आज तो मेरी जन्मतिथि है। ...मेरे लिए तो आज मातम मनाने का दिन है। मैं आज तक ज़िन्दा पड़ा हूँ। इस पर मुझको ख़ुद आश्चर्य होता है, शर्म लगती है, मैं वही शख़्स हूँ कि जिसकी ज़बान से एक चीज़ निकलती थी कि ऐसा करो तो करोड़ों उसको मानते थे। पर आज तो मेरी कोई सुनता ही नहीं है। मैं कहूँ कि तुम ऐसा करो, 'नहीं, ऐसा नहीं करेंगे' ऐसा कहते हैं। ...ऐसी हालत में हिन्दुस्तान में मेरे लिए जगह कहाँ है और मैं उसमें ज़िन्दा रहकर क्या करूँगा ? आज मेरे से १२५ वर्ष की बात छूट गयी है। १०० वर्ष की भी छूट गयी है और ९० वर्ष की भी। आज मैं ७९ वर्ष में तो पहुँच जाता हूँ लेकिन वह भी मुझको चुभता है।

इतना ही नहीं, वह मरने की इच्छा भी करने लगे :

> मैंने अपना आख़िरी फ़ैसला कर लिया है कि मैं भाई-भाई की लड़ाई में हिन्दुस्तान की बरबादी देखने के लिए ज़िन्दा नहीं रहना चाहता। मैं लगातार भगवान से प्रार्थना किया करता हूँ कि हमारी इस पवित्र और सुन्दर धरती पर इस तरह का कोई संकट आये उसके पहले ही वह मुझे यहाँ से उठा ले। आप सब इस प्रार्थना में मेरा साथ दें।

आज, अन्तिम प्रवचन के ७० साल बाद, जब हम एटम बम की विद्या में पारंगत हो गये हैं, रज़ा फ़ाउण्डेशन द्वारा गांधी के प्रार्थना-प्रवचनों को पुनः प्रकाशित करने की इस पहल का क्या प्रयोजन हो सकता है? इन ७० सालों में हम, बाक़ी दुनिया की तरह, गांधी से उत्तरोत्तर दूर होते गये हैं। अपने व्यवहार में। पर विडम्बना यह है कि जितने दूर गये हैं हम गांधी से, उतना ही ज़्यादा अनिवार्य हम बनाते रहे हैं गांधी को अपने—समस्त मानवता के—लिए।

गांधी को विश्वास था : 'मैं तो कहता-कहता चला जाऊँगा, लेकिन किसी दिन मैं याद आऊँगा कि एक मिस्कीन आदमी जो कहता था, वही ठीक था।' या, बार-बार वही बात कहते रहने की अपनी विवशता में, यह : 'मैं तो आज कल का ही मेहमान हूँ। कुछ दिनों में यहाँ से चला जाऊँगा। पीछे आप याद किया करोगे कि बूढ़ा जो कहता था वह सही बात है।'

पिछले ७० सालों में जिस तरह हमारी करनी गांधी के बताए रास्ते के विपरीत चलती रही है, और जिस तरह अनिवार्यतः उस करनी के परिणाम सामने आ रहे हैं, हम भले ही अपनी करनी बदल न पायें, उस मिस्कीन बूढ़े के कहे को न चाहते हुए भी सही मानने के लिए बार-बार अपने को विवश पाते हैं। और, अपनी विवशता को छिपाने के लिए, अक्सर अपने आपको समझा लेते हैं कि बूढ़े की सही बात दरसअल अव्यावहारिक है। और फिर ज़्यादा बेहयाई से वही करते हैं जो बूढ़े ने उन दस महीनों में ही देख लिया था : 'ऐसा हमारे मुल्क में हो गया है कि एक चीज़ का नाम ले लिया, लेकिन काम उससे उल्टा किया।'

बहुत कुछ देखने को मजबूर होंगे आप इन प्रार्थना-प्रवचनों में देश के बारे में, दुनिया के बारे में, और अपने बारे में। ख़ुशक़िस्मत—या ख़ुशफहम—होंगे आप अगर आपको कुछ अच्छा भी दिख जाय। ये उस आदमी के प्रवचन हैं जिसे पूछना पड़ा था : 'हिन्दुस्तान में कौन सी ऐसी

चीज़ हो रही है जिससे मुझे ख़ुशी हो सके ?'

एक ऐसी ही चीज़ का उल्लेख करना चाहूँगा मात्र उदाहरण के तौर पर। देश के विभाजन के विशिष्ट सन्दर्भ में आज़ादी की बात :

> मैं इतना ज़रूर मानता हूँ कि १५ अगस्त किसी तरह उत्सव मनाने का दिन नहीं है; वह दिन प्रार्थना और अन्तर्विचार का है। ...या तो १५ अगस्त को सब भाई-भाई मिलकर ख़ुशी मनावें या बिलकुल नहीं। आज़ादी की ख़ुशी मनाने का दिन ही तब हो सकता है जब हम [हिन्दू-मुसलमान, हिन्दुस्तान-पाकिस्तान] सच्चे दिल से दोस्त बनें। लेकिन यह तो मेरा विचार है और इस विचार में मुझे कोई साथ देनेवाला नहीं है।

देश के भौगोलिक विभाजन को रोकने में विफल हो जाने के बाद—अपनी लाश पर विभाजन की बात करने वाले गांधी को दोषी माननेवाले ख़ास ग़ौर दें इन प्रार्थना-प्रवचनों पर—गांधी लग गये ऐसी स्थिति पैदा करने में कि विभाजन जिस उद्देश्य से किया जा रहा है वह उद्देश्य पूरा हो सके। यानी कि दोनों देश और लोग शान्ति से समृद्ध भविष्य का निर्माण करें। हिन्दुस्तान अमृतमय हिन्दुस्तान बने, और पाकिस्तान अमृतमय पाकिस्तान। आज़ादी के बाद के कुल जमा अपने साढ़े पाँच महीनों में इसी उद्देश्य को पूरा करने के लिए उन्होंने दो बार अपनी ज़िन्दगी तक को दाँव पर लगा दिया। 'मरने का इल्म सीखो तब ज़िन्दा रहोगे' का इल्म सिखानेवाले गांधी जानते थे अपने जीवन का मूल्य और उसको निछावर करने की कला।

आकबत-अन्देशी गांधी देख पा रहे थे :

> हमारे आज के तरीक़ों का मतलब तो लश्कर बढ़ाना हो रहा है। दोनों ही लश्कर बढ़ायेंगे। अगर एक ओर बढ़ेगा तो दूसरी ओर भी बढ़ेगा। पाकिस्तान वाले कहेंगे कि हम हिन्दुस्तानवालों से बचने के लिए लश्कर बढ़ाते हैं, क्योंकि हम करोड़ों तो नहीं हैं। हिन्दुस्तान वाले भी इसी तरह की बातें कहेंगे। आख़िर परिणाम लड़ाई आता है।

आगाह कर रहे थे :

> हम अपना पैसा तालीम में ख़र्च करेंगे, या दियासलाई में, बारूद में करोड़ों रुपये लगा देंगे ? फिर तोपों में और फिर बन्दूकों में ख़र्च करेंगे ? और अपने नौजवानों को तालीम भी वही देंगे।

हिरोशिमा-नागासाकी के बाद भी गांधी तोपों-बन्दूकों पर रुक गये अपने दोनों लाडलों के सन्दर्भ में। पर दोनों ने ही वह कर दिखाया जो गांधी सोच भी नहीं पाये थे। साथ ही दोनों ने तालीम भी ऐसी कर ली है कि गांधी की चेतावनी—'एटम बम का शास्त्र...ईश्वर को नहीं मानता, बल्कि वह ख़ुद ही ईश्वर बन जाता है'—सही होते हुए भी अमल में न आ सके।

आज़ादी आयी भी नहीं थी, केवल अन्तरिम सरकार ही बनी थी, कि गांधी ने पालने में ही पूत के पाँव देख लिए। देश में 'बदबू' आने लगी उन्हें। काँपने लगे वह देश के भविष्य को लेकर :

> आज की हिन्दुस्तान की हालत देखकर मुझे उस मुर्गी की मिसाल याद आती है जो सोने के अण्डे देती थी। मुर्गी वाले ने सारे अण्डे एक साथ निकालने के लिए उस मुर्गी को मार डाला। ...आज जो हमारे हाथ में हुकूमत आयी है वह उसी क़िस्म की मुर्गी है। हम अगर यह उम्मीद करें कि उस मुर्गी के सब सोने के अण्डे आज ही निकालकर खा जायें तो निश्चय ही वह मुर्गी मरेगी ही, उसके साथ हम भी मरनेवाले हैं।

देख-देखकर कि :

> हमारा इतना अधिक नैतिक अध:पतन हो रहा है...मुझे आज ही इस संस्था कांग्रेस के बुरे दिनों की आगाही हो रही है। ...सब तरह की पहुँच रखनेवाले और केन्द्र में बैठे जैसों के लड़के भी किस तरह पैसा कमाया जाय, इसके लिए धमाचौकड़ी मचाते हैं। ...सिर्फ़ कांग्रेस संस्था और खादी की बदौलत मनमाने ढंग से चारों ओर से अन्धाधुन्ध कमाई करते रहें, तो यह सब कहाँ जाकर रुकेगा? मैं तो यह सब जानकर स्तब्ध हो गया हूँ।

फिर मजबूरन रोज़ का अरण्य रोदन : 'तो मैं सबसे कहूँगा कि हम हिन्दुस्तान के बनें, हिन्दुस्तान हमारा न बने। हिन्दुस्तान एक-एक का बने तो हिन्दुस्तान कहाँ जाय?' 'एक कौड़ी हम ख़र्च तो करें, लेकिन वह हिन्दुस्तान की झोंपड़ियों में जाती है कि नहीं, मेरे लिए तो यही हिसाब काफ़ी रहता है। जो करोड़ों रुपये हिन्दुस्तान की झोंपड़ियों से खिंचकर जाते हैं, उनमें से कितना हम उनको वापस भेज सकते हैं?' 'मैं तो कहूँगा कि सात लाख गाँव हैं तो [आज़ाद हिन्दुस्तान में] सात लाख हुकूमतें बनीं ऐसा मानो।'

‘एक-एक शब्द ईश्वर से डरकर मुँह से’ निकालनेवाले सत्य के पुजारी के प्रार्थना-प्रवचन हैं यह। सीधी-सच्ची बात कहनी है उसे एक ऐसी भाषा में जहाँ अपने बोले को आकर्षक बनाने की लालसा न हो। हो ऐक्य मन, मस्तिष्क और वाणी में। चेतन स्तर पर। विस्मित कर देती है इन प्रवचनों की भाषा की पारदर्शिता और पहुँचती है पाठक के दिलो-दिमाग़ तक तीर की तरह। बिहार में मुसलमानों के साथ जो हुआ— ‘नोआखाली में मुसलमानों ने इतने अत्याचार नहीं किये हैं जितने बिहार में हिन्दुओं के हाथों हुए हैं’— उस का ज़िक्र कर गांधी कहते हैं : ‘हिन्दुओं ने किया, याने मैंने किया।’ कोई वाग्मिता, कोई आलंकारिकता, या नैतिकता का प्रदर्शन नहीं है इस बयान में। केवल उस अहसास का इज़हार है जो उन्हें सारे और काम छोड़, नोआखाली के अपने शान्ति प्रयास तक को छोड़, बिहार ले गया था।

आप देखेंगे कि एक प्रवचन में गांधी ने कहा : ‘यह मेरी दुख की कथा है या कहो सारे हिन्दुस्तान के दुख की कथा है, जो मैंने आपके सामने रखी है।’ यह भी देखियेगा कि आपको लगती है या नहीं यह हिन्दुस्तान की—आपकी अपनी—दुख की कथा। वैसे भी, जैसा कि आप देखेंगे, गांधी कहते थे :‘हर कोई अपने को देखे।’

बहुत कुछ है जो हमें अपने बारे में देखना है। मसलन, आज जब हम बड़े गर्व से अपने धर्म या राष्ट्र के नाम में दूसरों से ज़बर्दस्ती करने में कोई बुराई नहीं देखते, तो गांधी का कहा याद करें कि अगर ज़बर्दस्ती की गयी, तलवार का डर दिखाया गया, तो वह राम-नाम नहीं लेंगे, और एक बार फिर अपने को देखें। या ‘वन्दे मातरम’ और ‘भारत माता की जय’ के सन्दर्भ में गांधी की ‘हिन्द माता’ के गूढ़ार्थ को भी समझ लें, और तब देखें कि आप उस तरह की ज़बर्दस्ती करने के दौरान वाकई क्या होते हैं। इसी तरह गो-रक्षा में भी याद रखें गौ के इस परम भक्त और रक्षक की बात :

> मैंने तो चाहता हूँ कि मुसलमान भी गौ-वध न करें। वे गाय का मांस न खायें। लेकिन ऐसा करना या न करना उनकी इच्छा पर है। हमें यह घमण्ड नहीं होना चाहिए कि हमारी हुकूमत आ गयी है इसलिए हम जबरन या क़ानूनन सब काम करा सकते हैं।

मेरे जैसे धर्मनिरपेक्ष राष्ट्रवादियों को भी बड़ी मदद मिल सकती है इन प्रार्थना-प्रवचनों से अपने आपको सीधी आँख से देखने में। वे जो धर्म को सिरे से ही ख़ारिज करते रहे, और गांधी को भी उनके हिन्दू मुहावरे के कारण पूरे मायनों में राष्ट्रवादी मानने से गुरेज़ करते रहे। वे जो नेहरू के बरक्स पटेल को हिन्दू सम्प्रदायवादी मानते रहे। ऐसी स्थिति पैदा कर दी कि हिन्दुत्व आराम से, बग़ैर किसी अतिरिक्त प्रयास या इतिहास के पुनर्लेखन के, लौहपुरुष को हथिया ले! राष्ट्रवादी इतिहास-लेखन ने ही यह काम हिन्दुत्व के लिए कर दिया। गांधी के ये प्रार्थना-प्रवचन, विशेष रूप से वे जिनका सम्बन्ध सोमनाथ मन्दिर के जीर्णोद्धार और गांधी के अन्तिम आमरण अनशन से (जिस से पाकिस्तान को दिये जानेवाले ५५ करोड़ भी जुड़े थे) है, धर्मनिरपेक्ष राष्ट्रवादियों को अपने अब तक देखे हुए को एक नये तरीक़े से देखने के लिए प्रेरित करेंगे।

दरअसल, जो भी विचारधारा हो आपकी, और जो भी आपकी मान्यताएँ या पूर्वग्रह, गांधी के प्रवचन बार-बार आपको ऐसे छोटे-छोटे पैने सूक्त देते हैं कि आप उनके प्रभाव से बच ही न सकें, सोचने पर मजबूर हो जायें। देखें : 'शास्त्र की जो चीज़ पचा सकें वही सार्थक है।' 'धर्म तो केवल धर्म की मारफत ही बच सकता है।' 'हिन्दू को मिटानेवाला हिन्दू ही हो सकता है।' 'मेरे सामने अलग-अलग धर्म जैसा कुछ नहीं है।' 'जो न्याय चाहते हैं, उन्हें न्याय करना ही होगा।' 'अपने धर्म पर चलने से सब काम बिना क़ानून हो सकता है।' 'कर्तव्य पालन से ही हक़ पैदा होता है।' या एक दूसरे ही अन्दाज़ में : 'अहिंसा कोई हल्दी-मिर्च तो है नहीं जो बाज़ार से मोल आ जाएगी।' या हिन्दू-मुसलमान की हैवानियत को लेकर : 'दोनों में से एक जानवर न बने यही इसमें से निकलने का सीधा रास्ता है।' और, अन्तिम दृष्टान्त के रूप में : 'हम मर जायेंगे; पर मारेंगे नहीं।'

आँख थोड़ी भी सीधी हो जाय—केवल आज और अभी के बजाय कल और परसों की भी देख सके—तो दिखाई पड़ने लगेगा कि गांधी के सूत्रों में नैतिक ऊर्जा और व्यवहार कुशलता का वह संगम है जिसके बग़ैर मानवीय समस्याओं के असल और टिकाऊ समाधान हो ही नहीं सकते। हमारी आँख इन सूक्तों की नैतिकता तो देख पाती है उनकी व्यावहारिकता नहीं, और परिणामतः उस नैतिकता को थोथा मान उसे व्यवहार में ख़ारिज

कर देती है। इसके बावजूद कि आज की नैतिकता के प्रति नितान्त उदासीन राजनीति में आये दिन उभर आनेवाले चतुर और सिरे से बेईमान नारों की गिरफ़्त में कुछ दिन रहने के बाद हम बार-बार उनकी असलियत देखते रहते हैं कि आज और अभी, वह भी केवल अपना, देखनेवाली आँख हमारा अपना और समष्टि का नुकसान ही कराती है, इस समझ के उभरने की बड़ी सम्भावना बन सकती है गांधी के इन अन्तिम प्रार्थना-प्रवचनों से।

अन्त में, आप देखेंगे कि यहाँ संग्रहित प्रार्थना-प्रवचनों के आख़िरी प्रवचन की तारीख़ ३० जनवरी है जबकि गांधी की हत्या उस दिन की प्रार्थना से पहले ही कर दी गयी थी। इस आख़िरी प्रवचन का पाठ है : 'हे राम।' सस्ता साहित्य मंडल से पहली बार १९५३-५४ में दो खण्डों में प्रकाशित इन प्रवचनों के अनाम सम्पादक ने गांधी के अन्तिम 'हे राम' को उनका अन्तिम प्रवचन माना। इसमें आप कोरी भावुकता भी देख सकते हैं और गहरी समझ भी।

गांधी क्या सोच रहे थे—कुछ सोच भी रहे थे—उस उच्चारण के क्षण में, हम कभी नहीं जान पायेंगे। यह जानते हुए भी गांधी चाहते थे—बग़ैर माने कि ऐसा ही होगा ही—कि अगर गोली लगकर उनका अन्त हो तो उनके मुँह से 'हे राम' निकले। और मारे जाने से चन्द घण्टों पहले वह बता ही चुके थे कि आक्रमणकारी के विरुद्ध बुराई का कोई भाव उनके चेहरे पर नहीं होगा। एक और ख़याल भी मन में आता है। गांधी जीने की इच्छा छोड़ बैठे थे। दिन-रात ईश्वर से प्रार्थना कर रहे थे कि उनको ऊपर उठा ले। किन्तु उस प्रार्थना में यह भी जोड़ देते थे कि अगर ईश्वर को उनसे अब कोई और काम नहीं कराना है। तो क्या उस अन्तिम क्षणांश में गांधी ने नाथूराम गोडसे को ईश्वर के दूत के रूप में देखा होगा! क्या हम, अगर हम गांधी के उस अकीदे को झूठा या अप्रासंगिक नहीं मानते, सोच सकते हैं कि ईश्वर ने ही गोडसे की मारफत धरती को गांधी विहीन कर दिया था?

पर धरती गांधी विहीन नहीं हुई है। गांधी को गहरा विश्वास था कि काया के विसर्जन से उनका अन्त नहीं होगा, वह मरणोपरान्त भी विकसित होते रहेंगे भविष्य में उनके जीवन—'म्हारुं जीवन ज म्हारुं सन्देश'—की

पुनर्व्याख्याओं की मार्फ़त। गांधी का जीवन वैसा कभी न चमका जैसा उनकी आख़िरी बेचारगी, उनके आख़िरी अकेलेपन में। ये प्रार्थना-प्रवचन उसी गांधी से रू-ब-रू कराते हैं हमें।

---

१. अवश्य देखें, मार्गरेट बर्क-व्हाइट, हाफवे टू फ्रीडम, साइमन एण्ड शुस्टर, न्यूयॉर्क, १९४९, पृ. २३२। साबरमती आश्रम के 'गांधी हैरिटेज' पोर्टल पर निःशुल्क देखी जा सकती है यह पुस्तक।

प्रार्थना-प्रवचन

खण्ड एक

पूज्य गांधीजी आगा खां-महलके कारावाससे मुक्त होनेके बादसे संध्याकी प्रार्थना-सभामें नियमित-रूपसे प्रवचन किया करते थे। यह परंपरा उनके महानिर्वाणके एक दिन पहलेतक, यानी २९ जनवरी, १९४८ तक, बराबर चलती रही।

इस पुस्तकमें दिल्लीकी प्रार्थना-सभाओंमें, १ अप्रैल, १९४७ से २९ जनवरी, १९४८ तक, किये गए प्रवचनोंका संग्रह किया गया है।

ये गांधीजीके अंतिम उद्‌गार हैं और जिन समस्याओंपर हुए हैं उनमें बहुत-सी आज भी मौजूद हैं। इन प्रवचनोंमें गांधीजीने संक्षेपमें सर्वसाधारणके समझने-योग्य भाषामें बहुत कामकी बातें कही हैं। और बहुत जगह तो अपनी हार्दिक वेदना जनताके सामने रख दी है। गांधीजीके अन्य लेखों और भाषणोंसे इनका एक अलग और महत्त्वका स्थान है।

इनमेंसे अधिकांश प्रवचन गांधीजीकी भाषामें ही हैं। श्री प्रभुदास गांधीने तथा 'हिन्दुस्तान' के उप-संपादकोंने समय-समय पर 'हिन्दुस्तान' के लिए उनकी रिपोर्ट ली थी। गांधीजीके बादके प्रवचनोंके रेकार्ड 'आल इंडिया रेडियो' ने लिये थे। उनमेंसे कुछ प्रवचन 'भाइयो और बहनो' के नामसे चार छोटी-छोटी पुस्तिकाओंमें सरकारकी ओरसे छपे हैं। इस संग्रहमें उन सबकी हमने मदद ली है। इसके लिए हम इन सबके विशेष कृतज्ञ हैं।

॥ १ ॥

१ अप्रैल, १९४७

वायसराय-भवनसे देरसे लौटनेके कारण कल गांधीजी शामकी प्रार्थनामें शामिल नहीं हो सके थे। आज एशियाई सम्मेलनसे समयपर लौटे और प्रार्थना ठीक समयपर आरंभ हुई, लेकिन कुरानकी आयत शुरू होते ही कुछ शोर हुआ और प्रार्थना रोकनी पड़ी। इससे पहले प्रार्थनामें ऐसा कभी नहीं हुआ था।

गांधीजीकी प्रार्थनामें छः चीजें होती हैं : (१) बौद्धधर्मका जापानी भाषाका मंत्र, (२) संस्कृतमें भगवद्गीताके श्लोक। (३) अरबी भाषामें कुरानसे एक कलमा। (४) फारसी भाषामें ज़रथुश्त धर्मका मंत्र। (५) हिंदी या हिंदुस्तानी या किसी भी प्रांतीय भाषामें भजन और (६) राम-नाम या नारायण नामकी धुन।

आज पहली दो चीजोंके बाद कुमारी मनु गांधीके मुंहसे ज्यों ही कुरानके कलमेका पहला शब्द निकला कि प्रार्थनामेंसे एक युवक खड़ा होकर शोर मचाने लगा, ''बस-बस, बंद कीजिए, बहुत हो गया। अब हम यह नहीं बोलने देंगे। बहुत सुन लिया।'' प्रार्थनासभाके और लोगोंके उसे बैठनेको करनेपर भी वह नहीं बैठा। आगे बढ़ता हुआ बिलकुल गांधीजीके मंचके पास आकर खड़ा हो गया और कहने लगा, ''आप यहांसे चले जाइए। यह हिंदू-मंदिर है। यहां मुसलमानोंकी प्रार्थना हम नहीं होने देंगे। आपने बहुत बार यह कह लिया, पर हमारी मां-बहिनोंकी हत्यापर हत्या हो रही है। हम अब यह सब सहन नहीं कर सकते।''

जब उसने गांधीजीको चले जानेके लिए कहा तो गांधीजीने उससे कहा, ''आप जा सकते हैं। आपको प्रार्थना न करनी हो तो दूसरोंको करने दें। यह जगह आपकी नहीं है। यह ठीक तरीका नहीं है।''

परंतु पच्चीस-छब्बीस वर्षकी उम्रका वह लड़का चुप नहीं हुआ। तब

लोग उसे घेरकर "चुप हो जाओ", "बैठ जाओ" की आवाज लगाने लगे। इसपर गांधीजी माइक्रोफोन नीचे रखकर आसनसे उठकर मंचके बिलकुल किनारे जा खड़े हुए। वह लड़का वहीं गांधीजीके बिलकुल पास आ गया। लोग उसे पीछेकी ओर खींच रहे थे और वह डटा हुआ अपनी बात और भी आवेशसे दोहराता जा रहा था।

गांधीजीने लोगोंसे उस लड़केको छोड़ देने और शांतिसे बैठ जानेके लिए कहा। इधर मंचपरसे एक महिला गांधीजी की सहायतार्थ उनके और उस लड़केके बीच खड़ी हो गई। गांधीजीने उनको भी हट जानेके लिए कहा। बोले, "मेरे और इसके बीच कोई न आवे।" इतने परिश्रम-से गांधीजी थक-से गये। उनकी आवाज धीमी पड़ गई। उन्होंने अपने सारे विक्षोभको, जो कि प्रार्थनामें विघ्न आनेके कारण उनके चेहरेपर झलक रहा था, सावधानीसे दबा लिया और बहुत ही शांतिसे इस मामले- को निपटानेका प्रयत्न करने लगे। लेकिन उस लड़केने तो गांधीजीके साथ बहस ही छेड़ दी। यह देखकर लोगोंको धीरज न रहा और सबने मिलकर उसे प्रार्थना-सभासे बाहर कर दिया।

यह देखकर गांधीजीने कहा, "यह आपने ठीक नहीं किया। उस लड़केको आपने जबरदस्तीसे निकाल दिया। ऐसा नहीं करना चाहिए था। अब वह यही कहेगा कि मैंने विजय पाई है। वह गुस्सेमें था। प्रार्थना नहीं सुनना चाहता था; पर मैं जानता हूं कि आप सब तो प्रार्थना सुनना चाहते हैं। मैं किसीका विरोध करके प्रार्थना नहीं करना चाहता। अब आगेकी प्रार्थना मैं छोड़ देना चाहता हूं। जो प्रार्थना मैं करता हूं वह आप सब जानते हैं। नोआखाली जानेसे पहले भी आपने प्रार्थना सुनी है। उसमें इस मुसलमानी प्रार्थनाके बाद पारसी प्रार्थना है। बादमें यह लड़की आपको मधुर भजन सुनाती और फिर रामधुन होती। मैं अब रामधुन भी छोड़ता हूं, पारसी प्रार्थना भी छोड़ता हूं। 'ओज़ अबिल्ला' अरबी भाषामें कुरानके एक मंत्रका पहला शब्द है। इसे कहनेसे, आप यह समझते हैं कि हिंदू धर्मका अपमान होता है, पर मैं एक सच्चा सनातनी हिंदू हूं। मेरा हिंदू धर्म बताता है कि मैं हिंदू प्रार्थनाके साथ-साथ मुसलमान प्रार्थना भी करूं, पारसी प्रार्थना भी करूं, ईसाई प्रार्थना भी करूं। सभी प्रार्थनाएं करनेमें मेरा हिंदूपन है, क्योंकि वही अच्छा हिंदू है जो अच्छा मुसलमान भी है और अच्छा पारसी भी है। वह लड़का जो कह रहा था कि यह हिंदू-मंदिर है, यहां ऐसी

प्रार्थना नहीं की जा सकती, सो यह वहशियाना बात है। यह मंदिर तो भंगियोंका मंदिर है। अगर चाहे तो एक अकेला भंगी मुझे यहांसे उठाकर फेंक दे सकता है। लेकिन वे मुझसे प्रेम करते हैं, वे जानते हैं कि मैं हिंदू ही हूं। उधर जुगलकिशोर बिड़ला मेरा भाई है। पैसेमें वह बड़ा है; पर वह मुझे अपना बड़ा मानता है। उसने मुझे एक अच्छा हिंदू समझकर यहां टिकाया है। उसने जो बड़ा भारी मंदिर बनवाया है उसमें भी वह मुझे ले जाता है। इतनेपर भी वह लड़का अगर कहता है कि तुम यहांसे चले जाओ, तुम यहां प्रार्थना नहीं कर सकते तो यह घमंड है। लेकिन आप लोगोंको उसे प्रेमसे जीतना चाहिए था। आपने तो उसे जबरदस्ती निकाल दिया। ऐसी जबरदस्तीसे प्रार्थना करनेमें क्या फायदा? वह लड़का तो गुस्सेमें था और गुस्सेके मारे वह वहशियाना बात कर रहा था। ऐसी ही बातोंसे तो पंजाबमें यह सब कुछ हो गया! यह गुस्सा ही तो दीवानेपनका आरम्भ है।

अभी इस लड़कीने जो श्लोक सुनाए उनमें यह बात बताई गई है कि जब आदमी विषयोंका ध्यान करता है—विषय माने एक ही बात नहीं, पर पांचों इंद्रियोंके स्वादोंका ध्यान धरता है—तो वह काममें फंसता है। फिर वह क्रोध करता है और तब उसे सम्मोह यानी दीवानापन घेर लेता है। ऐसी ही दीवानेपनसे देहातियोंने बिहारमें ऐसी बात कर डाली कि मेरा सिर झुक गया। नोआखालीमें भी ऐसे ही दीवानेपनसे लोगोंने ज्यादतियां कीं, पर बिहारमें नोआखालीसे ज्यादा जंगलीपन हुआ और पंजाबमें बिहारसे भी ज्यादा। अगर आप लोग सच्चे हिंदू हैं तो ऐसा नहीं करना चाहिए। कहीं कोई सभा हो रही हो और वहां कही जानेवाली बात हम नहीं सुनना चाहते हों तो हमें उठकर चले जाना चाहिए। चीखने-चिल्लानेकी जरूरत नहीं है। फिर यह तो धर्मकी बात है। धर्म-चर्चाकी बात छोड़ो, यह तो प्रार्थना भी नहीं करने देना चाहता! इस तरह एक लड़केको प्रार्थनामें दखल नहीं देना चाहिए। ऐसी बातोंसे कुछ फायदा नहीं निकल सकता।

पंजाबमें जो लोग मर गए उनमेंसे एक भी वापस आनेवाला नहीं है। अंतमें तो हम सबको भी वहींपर जाना है। यह ठीक है कि उनको कत्ल किया गया और वे मर गए; पर दूसरा कोई हैजेसे मर जाता है या और किसी तरहसे मरता है। जो पैदा होगा वह मरेगा ही। पैदा होनेमें तो किसी अंशमें मनुष्यका हाथ है भी; पर मरनेमें सिवाय ईश्वरके किसीका हाथ नहीं होता।

मौत किसी भी तरह टाली नहीं जा सकती। वह तो हमारी साथी है, हमारी मित्र है। अगर मरनेवाले बहादुरीसे मरे हैं तो उन्होंने कुछ खोया नहीं, कमाया है। लेकिन जिन लोगोंने हत्या की उनका क्या करना चाहिए, यह बड़ा सवाल है। बात ठीक है कि आदमीसे भूल हो जाती है। इंसान तो भूलोंकी पोटली है; लेकिन हमें उन भूलोंको धोना चाहिए। खुदा हमारे कामको नहीं भूलेगा। जब हम उसके यहां जायेंगे, वह हमारा हृदय देखेगा। वह हमारे हृदयको जानता है। अगर हमारा हृदय बदल गया तो वह सब भूलोंको माफ कर देगा।

पंजाबमें बहुतसे मित्र हैं, जो अपनेको मेरे भक्त भी बताते हैं। पर मैं कौन हूं कि वे मेरे भक्त कहलाएं! उन सब मित्रोंका आग्रह है कि जब मैं दिल्ली तक आ गया हूं तो कम-से-कम एक रातको पंजाब भी जाऊं, जिससे वहां लोगोंको कुछ तसल्ली मिले। हवाई जहाजसे जाने में तो कुछ ही घंटे लगेंगे। लेकिन मैं किसीके कहनेपर कैसे जाऊं? मैं तो ईश्वरके कहनेपर, ईश्वर नहीं तो अपने हृदयके कहनेपर ही वहां जाऊंगा। नोआखाली मैं किसीके बुलानेपर नहीं गया था। मैंने यहांसे जाते समय ही कहा था कि मेरा हृदय मुझे वहां जानेको कह रहा है। बिहारमें भी बहुत समय तक लोग मुझे बुलाते रहे; पर मैं किसीके बुलाने पर वहां नहीं गया। जब डाक्टर महमूद साहबने लिखा कि तुम आ जाओ तभी हमारा दिल साफ हो सकेगा तो मैं बिहार चला गया।

बिहार ऐसा सूबा है, जहां हिंदू-मुसलमान एक साथ मिलकर रह सकतेहैं। वहां भी औरत-बच्चोंपर कम अत्याचार नहीं हुआ। क्रोधमें भरकर लोगोंने मासूम बच्चोंको मार डाला और औरतोंको मारकर कुओंमें डाल दिया। यह मैं हवाई बातें नहीं करता; ये सब सिद्ध हो सकनेवाली बातें हैं। तब मुसलमान जरूर कहेंगे कि हम यहां नहीं रहनेवाले हैं; परंतु जब उनको यह भरोसा हो जाय कि अब हमारे साथ दुबारा ऐसा बर्ताव नहीं होगा तो वे लौटकर आ जावेंगे। इस बातको बिहारके मुसलमान करीब-करीब समझ ही गए थे, यहांतक कि मुझे विश्वास हो गया था कि हम भरोसा दिला सके तो आसनसोल और सिंध गए हुए मुसलमान भी वापस आ जावेंगे। उनके आनेकी नौबत भी आ गई थी; पर क्या अब पंजाबका बदला बिहार लेने जाय? फिर मद्रास लेगा? और यह बात कहां पहुंचेगी? इस तरह क्या जंगली बन जायेंगे? कांग्रेसने अंग्रेजोंके साथ अहिंसाकी लड़ाई लड़ी।

अब क्या हम अपने भाइयोंकी हिंसा करने बैठ जायं? ठीक है कि वे अत्याचार करते हैं; पर क्या हम भी वैसा ही करें? अंग्रेजोंने कौन-सा अत्याचार नहीं किया था?

लेकिन अब अंग्रेज तो जा रहे हैं। वायसरायने मुझसे कहा कि आजतक हम लोग कहींसे नहीं हटे हैं; पर यहांसे हम अहिंसाकी लड़ाईकी वजहसे जा रहे हैं। आप शायद कहेंगे कि उनको तो जाना ही था, इसलिए ये बनावटी बातें कर रहे हैं। पर अगर कोई आदमी शराफतसे हमारे पास आता है तो हम क्यों उसकी शराफतको शैतानियत बतावें? जबतक बुरा अनुभव नहीं होता तबतक शराफतको मान लेना ही मैं सीखा हूं। क्या हम इस मौकेपर, जब कि वे जा रहे हैं, ऐसा नज़ारा पेश करेंगे कि 'आप तो जा रहे है, पर हमें गोरे सिपाही तो चाहिए ही।' पंजाबमें आज उन्हींकी वजहसे हमारा रक्षण है। लेकिन वह क्या रक्षण है? मैं चाहता हूं कि मुट्ठी भर आदमी रह जाएं तो भी अपना रक्षण करें। मरनेसे न डरें। मारेंगे तो आखिर हमारे मुसलमान भाई ही तो मारेंगे न? क्या धर्म-परिवर्तनसे भाई भाई न रहेगा? और वे जैसा करते हैं वैसा हम नहीं करते क्या? बिहारमें हमने औरतोंके साथ क्या नहीं किया! हिंदुओंने किया, याने मैंने किया। यह शरमिंदा होनेकी बात है। क्या मैं एक गालीके बदलेमें दो गालियां दूं पर ऐसी ही बातें हिंदू और मुसलमान दोनों छिप-छिपकर करते हैं और फिर ऐसा पागलपन उनके दिमाग-पर सवार हो जाता है।

यह बादशाह खान मेरे पास बैठे हैं। इन्हें कौन हटा सकता है? मैंने उस लड़केके कारण कितनी प्रार्थना छोड़ दी? कारण, मैं सबको बताना चाहता हूं, सबसे कहना चाहता हूं कि मैं अच्छा पारसी हूं, अच्छा मुसलमान हूं, तभी अच्छा हिंदू भी हूं। अलग-अलग धर्मको गालियां देना क्या धर्म हो सकता है? मेरे सामने अलग-अलग धर्म जैसा कुछ नहीं है।

ये लोग जो एशियाके सभी मुल्कों[१]से यहां बात करने आए हैं, जवाहरलालसे कितने प्रेमसे बातें करते हैं? सब उसपर फिदा हैं। ईश्वर-की कृपासे हमारे पास ऐसा जवाहर पड़ा है, जो सारी दुनियाको अपनाना चाहता है। क्या उसको सुशोभित करनेके लिए भी हमें शांतिसे नहीं रहना चाहिए?

अब मैं थोड़ी वाइसरायकी बात भी बता दूं। कल मैं उनके पास दो घंटेसे

---

१. एशियाई कान्फ्रेंस (२३ मार्च, '४७ से २ अप्रैल, '४७ तक) के अवसरपर।

ज्यादा रहा और आपकी प्रार्थनामें न आ सका। यह अच्छा हुआ, जो इस लड़कीने प्रार्थना शुरू करा दी, क्योंकि मैं कह गया था। आज दो घंटेतक वाइसरायने बातें कीं। उन्होंने कहा कि मैं सचमुच कोशिश कर रहा हूं। उन्होंने यकीन दिलाया कि 'मैं आखिरी वाइसराय हूं। मैं तो हिन्दुस्तान आना नहीं चाहता था, समुद्रमें ही रहना चाहता था पर जब मजबूर कर दिया गया तब आया हूं।'

मजदूर सरकारने भारत छोड़ना तय किया तब इनको भेज दिया, क्योंकि यह राजाके खानदानके हैं। अंग्रेज लोग भली तरहसे भारत छोड़ना चाहते हैं। वे कहते हैं कि हिंदू क्या, मुसलमान क्या, अगर एक पारसी भी हिंदुस्तान लेनेको तैयार है तो वे प्रेमसे उसे देनेको तैयार हैं। इस तरह जो आदमी शराफतसे मेरे पास आता है उसकी बात मैं क्यों न सुनूं? अंग्रेजोंने अबतक हमारा काफी बिगाड़ा है, परंतु इसने (लॉर्ड माउंटबैटनने) तो कुछ नहीं बिगाड़ा। वह तो कहता है कि यदि हो सके तो मैं आजहीसे खिदमतगार बनना चाहता हूं। लेकिन जब आप लड़ते-भिड़ते हैं तब उसका भाग जाना अच्छा नहीं। आखिर वह बहादुर कौमका है। उसे भागनेकी क्या जरूरत? वह सोच रहा है कि किस तरह यहांसे जाऊं? वह काफी कोशिश कर रहा है। वह शराफतसे चलता है। यदि हम भी शराफतसे चलेंगे तो दुनियामें जो कभी नहीं हुआ, वह होनेवाला है। अगर कोई शराफत न करे, वहशियाना काम करे, तो भी उसको कैसे अपनाया जाय, यह जो सीखना चाहे मुझसे सीखे।

वाइसरायने मुझे शुक्र तक बांध रखा है। जवाहर भी मुझे कैदी बनाना चाहते हैं। तीन दिन बाद मैं सब बातें बता दूंगा। छिपाना कुछ नहीं है; पर होना क्या है! मेरे कहनेके मुताबिक तो कुछ होगा नहीं। होगा वही जो कांग्रेस करेगी। मेरी आज चलती कहां है? मेरी चलती तो पंजाब न हुआ होता, न बिहार होता, न नोआखाली। आज कोई मेरी मानता नहीं। मैं बहुत छोटा आदमी हूं। हां, एकदिन मैं हिन्दुस्तान में बड़ा आदमी था। तब सब मेरी मानते थे, आज तो न कांग्रेस मेरी मानती है, न हिंदू और न मुसलमान। कांग्रेस आज है कहां? वह तो तितर-बितर हो गई है। मेरा तो अरण्य-रोदन चल रहा है। आज सब मुझे छोड़ सकते हैं। ईश्वर मुझे नहीं छोड़ेगा। वह अपने भक्तकी परख कर लेता है। अंग्रेजीमें कहा है कि वह 'हाउंड ऑव दी हेवन' है, वह धर्मका कुत्ता है, यानी धर्मको ढूंढ़ लेता है। वही मेरी

बात सुनेगा तो काफी है। वह ईश्वर जब आपके हृदयमें आ जायेगा तो आप वही करेंगे जो वह करायेगा। इसलिए हमें विचारशील प्राणी रहना चाहिए। थोड़ी-सी बातपर बकवास शुरू नहीं कर देनी चाहिए।''

॥ २ ॥

२ अप्रैल १९४७

''भाइयो और बहनो,

कलकी तरह प्रार्थनाके बीचमें आज भी कोई झगड़ा करनेवाले हों तो अभीसे वे अपना इरादा मुझे बता दें, ताकि मैं शुरूसे ही प्रार्थना स्थगित कर दूं। किसीका विरोध करके मैं प्रार्थना करना नहीं चाहता।'' प्रार्थना-स्थानपर बैठनेपर गांधीजीने पूछा।

दो व्यक्ति खड़े हुए और बोले, ''आपको यदि प्रार्थना करनी ही है तो हिंदू-मंदिरसे बाहर आकर बैठें और इस दूसरे मैदानमें अपनी प्रार्थना करें।''

गांधीजी—यह मंदिर भंगियोंका है। मैं भी भंगी हूं। ट्रस्टी लोग आकर रोकेंगे तब अलग बात है। आप मुझे नहीं रोक सकते। अगर आप लोग करने देंगे तो प्रार्थना यहीं करूंगा।

युवक—यह मंदिर पब्लिकका है। हमने देख लिया कि पंजाबमें क्या हुआ। हम आपको यहां प्रार्थना हरगिज नहीं करने देंगे।

गांधीजी—मैं बहस नहीं चाहता। मैं बड़े अदबसे कहना चाहता हूं कि आप लोग भंगियोंकी तरफसे नहीं बोल सकते। मैं भंगी बना हुआ हूं। मैंने पाखाना उठाया है। अगर मैं कहूंगा तो आप लोगोंमें से कोईभी पाखाना उठानेका काम करनेवाला नहीं है, फिर भी आप रोकेंगे तो मैं रुक जाऊंगा। प्रार्थना नहीं करूंगा।

लोगोंने चिल्लाकर कहा—हम प्रार्थना सुनेंगे। हमें प्रार्थना चाहिए।

गांधीजी—इन हजारों आदमियोंके बीच केवल आप दो ही जने बाधा डाल रहे हैं। यह आपके लिए शोभाकी बात नहीं है। मैं जानता हूं कि आप

गुस्सेमें भर गए हैं। आप शांत हो जायेंगे तो अपने आप समझ जायेंगे और तभी मैं यहां प्रार्थना करूंगा।

युवक (चीखते हुए)—आप मस्जिदमें जाकर गीताके श्लोक बोलिए। क्या वे बोलने देंगे? हमने पंजाबमें सब कुछ देख लिया।

गांधीजी—चीखनेकी जरूरत नहीं है। इस तरह आप हिंदू धर्मकी रक्षा नहीं कर रहे हैं, बल्कि उसे मारनेकी कोशिश कर रहे हैं। मैं किसीसे डरकर प्रार्थना मुल्तवी नहीं कर रहा हूं। कोई मुझे बीचमें रोकेगा तो प्रार्थना शुरू करनेके बाद मैं रुकनेवाला नहीं हूं, चाहे कत्ल भी क्यों न हो जाऊं। और उस समय भी आप देखेंगे कि मेरी आखिरी सांस छूटती होगी तब भी मेरे मुंहसे 'राम-रहीम' 'कृष्ण-करीम'[१] का जाप चलता होगा। मैंने बता दिया कि मैं भंगी हूं, ईसाई हूं, मुसलमान हूं और हिंदू तो हूं ही। मेरे साथ यहां बादशाह खान भी तो हैं, मुझको आप कैसे रोक सकते हैं? लेकिन आप रोकें। एक बच्चा भी मुझे रोक सकता है।

युवक—आप पंजाब जाइए।

गांधीजी—मैं वहां जाकर क्या करूंगा? मुझमें तो जितनी शक्ति है वह पंजाब, बिहार और नोआखालीकी सेवामें यहां रहते हुए खर्च कर ही रहा हूं।

कई लोग उस युवकको हटाने लगे कि हम प्रार्थना सुनेंगे।

गांधीजी—आप लोग इसे धक्का न दें। शांतिसे काम लें।

युवक—हम लोगोंको आप चार मिनट दीजिए, हम आपसे बातें करेंगे।

गांधीजी—मेरे पास समय नहीं है और बहसकी जरूरत भी नहीं है। अदबसे मैं इतना ही कहूंगा कि आप मुझे 'हां' या 'ना' कह दें।

युवक—हम आपको प्रार्थना नहीं करने देंगे।

गांधीजी—सब लोग शांतिसे बैठे रहें। मैं जा रहा हूं। इन भाइयोंको कोई न छेड़ें। ये भले ही अपनी विजय मान लें, पर यह क्या विजय है? कोई पीछे छुरा भोंक दे तो उसमें क्या बहादुरी है! मैं इतना ही कहूंगा कि यह हिंदू-धर्मका कत्ल हो रहा है। आप लोग सोचिए और समझिए। कल भी

---

१. नोआखालीसे लौटनेपर गांधीजीने "भज मन प्यारे सीताराम" की जगह "भज मन प्यारे राम-रहीम, भज मन प्यारे कृष्ण-करीम" की धुन शुरू की थी।

आकर मैं यही प्रश्न करूंगा और आप प्रार्थना करनेको मना करेंगे तो मैं चला जाऊंगा।

॥ ३ ॥

३ अप्रैल १९४७

भाइयो और बहनो,

कल तो दो-तीन ही आदमी थे जो प्रार्थनामें रुकावट डालना चाहते थे; पर आज बात और बढ़ गई है। मेरे पास लिखा हुआ पत्र आया है जो किसी मेहतर यूनियनके प्रेसिडेंटका है। उसमें लिखा है कि मुझको यहां रहना ही नहीं चाहिए। अब आप देखिए कि मेरे जैसे बूढ़े आदमीपर कैसी गुजर रही है। लेकिन यहांकी यूनियनके प्रेसिडेंट तो और ही कोई भाई हैं। मैं भी तो मेहतर ही हूं और यहां जो मेरे मेहतर भाई हैं वे मेरी सुनते हैं। मैं उनके साथ फैसला करके यहां रहा हूं और रहूंगा। फिर यहांके कर्ता-धर्ता तो जुगलकिशोर बिड़ला हैं। उन्होंने मुझे यहां टिकाया है। जब टिकानेवाले जानेको नहीं कहते तो फिर मेरे जानेकी क्या जरूरत?

मैं आज भी पूछूंगा कि मैं प्रार्थना करूं या न करूं? पर यह पूछनेसे पहले मैं एक बात और पूछूंगा कि आप कलकी मेरी बात समझे हैं या नहीं? अगर समझे हैं तो आपको पता लग गया होगा कि मैंने प्रार्थना क्यों रोक दी। अगर कोई कहे कि आप प्रार्थना न करें या करें तो कुरानकी न करें तो क्या मैं अपनी जीभ कटवाकर प्रार्थना करूंगा? मेरा सिर भले चला जाय, पर मैं प्रार्थना छोड़नेवाला नहीं हूं। जो इस तरह प्रार्थना रोकते हैं वे हिंदू धर्मको बढ़ाते नहीं हैं, काटते हैं। ऐसा करनेवाले कल दो-तीन ही थे, आज ज्यादा हैं।

आज जो बात मैंने सुनी वह मुझे खटक रही है—मैं चाहता हूं वह बात सही न हो—वह यह कि ये जो अड़चन डालनेवाले लोग हैं वे एक बड़े संघके हैं।

परंतु जो लोग रोज सबेरे यहां कवायद-व्यायाम करते हैं[१] और जो उनके

१. वाल्मीकि-मंदिरके पासके अहातेमें नित्य प्रात:काल राष्ट्रीय स्वयंसेवक संघके सैकड़ों युवक व्यायाम आदि करते है।

मेम्बर हैं वे तो मुझसे मुहब्बत रखते हैं। अगर वे सब मुझे यहां रहने देना नहीं चाहते तो मेरा यहां रहना फिजूल हो जाता है। मुझे यहां रहना ही नहीं चाहिए, लेकिन उनके नेतासे मेरी बात हुई। उन्होंने कहा कि हम किसीका कुछ बिगाड़ना नहीं चाहते। हमने किसीसे दुश्मनी करनेके लिए संघ नहीं बनाया है। यह सही है कि हम लोगोंने आपकी अहिंसाको स्वीकार नहीं किया है, फिर भी हम सब कांग्रेसकी कैदमें रहनेवाले हैं। कांग्रेस जबतक अहिंसाका हुक्म करेगी हम शांतिसे रहेंगे। इस तरह उन्होंने बड़ी मुहब्बतसे मीठी बातें कीं।

इतनेपर भी अगर आप मुझे रोक देते हैं तो फिर कलसे आप यहां न आएं। मैं इस तरहकी प्रार्थना करना नहीं चाहता। मैं और ही किस्मका बना हुआ हूं। मैं हिंदू हूं तो मुसलमान भी हूं और सिक्ख तो करीब-करीब हिंदू ही हैं। मैंने ग्रंथ साहबको देखा है। उसमें काफी हिस्से ज्यों-के-त्यों हिंदू धर्मके हैं—उसी धर्मके, जिस धर्मका मैं पालन करनेवाला हूं। इसलिए आपसे अदबके साथ मेरी विनती है कि एक बच्चेके कहनेपर भी अगर मैं प्रार्थना रोक देता हूं तो आप शांत रहिए। यदि आपको झगड़ा करके ईश्वरका नाम लेना है तो वह नाम तो ईश्वरका होगा, पर काम शैतानका होगा। और मैं कभी शैतानका काम नहीं कर सकता। मैं ईश्वरका ही भक्त हूं।

आप इसे बुजदिली न समझें। जब आप बड़ी तादादमें होते और सब कहते कि प्रार्थना मत करो तो मैं जरूर करता। तब मैं कहता कि आप मेरा गला काटिए मैं प्रार्थना करता हूं, पर यहां आप सबके बीच, दो-पांच आदमी मुझे रोकना चाहते हैं। आप उन्हें दबा लें और मुझसे कहें कि प्रार्थना करो तो वह शैतानी होगी। और शैतानके साथ मेरी निभती नहीं। जो खुदाका यानी ईश्वरका दुश्मन है वह राक्षस है। उस राक्षसके साथ मेरी बन नहीं सकती। मेरा लड़नेका तरीका तो राम-जैसा है। राम-रावण-युद्ध जब चल रहा था तब विभीषणने रामसे पूछा कि आप बिना रथके हैं, आप कैसे लड़ेंगे ? तब रामने सच्चाई, शौर्य आदि गुणोंके आधारपर कैसे लड़ाई लड़ी जाती है यह बताया। राम ईश्वरका भक्त था, इसलिए बात भी वैसी ही करता था। उसको मैंने भगवान नहीं माना है, भक्त ही माना है। फिर भक्तमेंसे वह भगवान बन गया। तुलसीदासने भी रामको अशरीरी बताया है। वह अशरीरी सबके शरीरमें भरा है। उसीको हम भजते हैं। मैं उस रामका पुजारी हूं। रावणकी पूजा मैं कैसे कर सकता हूं ? चाहे आप मुझे

मार डालें, आप मुझपर थूकें, मैं मरते दम तक 'राम-रहीम', 'कृष्ण-करीम' कहता रहूंगा। और फिर उस वक्त भी जब आप मुझपर हाथ चलाते होंगे तो मैं आपको दोष न दूंगा। मैं ईश्वरसे भी यह नहीं कहूंगा कि यह तू मेरे ऊपर क्या कर रहा है? मैं उसका भक्त हूं। मैं उसका किया स्वीकार लूंगा।

लेकिन आज एक बच्चा कहेगा कि आप प्रार्थना न करें तो मैं न करूंगा। मैं चला जाऊंगा। आप शांतिसे बैठे रहें, बहस न करें। शांति भी प्रार्थना ही है; क्योंकि मेरी प्रार्थना जगतको दिखानेके लिए नहीं है। मेरी प्रार्थना मनकी शांतिके लिए है, दिलकी सफाईके लिए है। इस समय क्रोध-भरे दिलसे प्रार्थना करनेमें दिलकी स्वच्छता नहीं हो सकती। इसलिए शांतिको ही प्रार्थना समझें।

अगर सब मिलकर मुझे दबाते हैं, प्रार्थना करनेसे रोकते हैं और ऐसे मौकेपर मारके डरसे मैं प्रार्थना न करूं तो वह धर्म न होगा, अधर्म होगा। उससे दिलकी सफाई न होगी। फिर मैं नोआखालीके हिंदुओंके पास किस मुंहसे जाकर कहूंगा कि आप डरिए मत, राम-नाम लेते रहिए। इसलिए मैंने कहा कि आप मेरा यह शांतिका तरीका समझें। सब मिलकर अगर रोकते हैं तो मैं प्रार्थना क्या कर सकता हूं, पर राम धुन लेता रहूंगा, 'राम-रहीम, राम-रहीम' और लड़केके कहने पर चला जाऊंगा।

अब मैं पूछता हूं, मुझे 'हां' या 'न' में उत्तर दें। बहस न करें। मैं प्रार्थना करूं?

करीब तीस आदमी खड़े हो गए और हवामें हाथ हिलाते हुए बोले—मत कीजिए प्रार्थना। हम नहीं चाहते आपकी प्रार्थना।

गांधीजी—अच्छा, तो सब मुखालिफ हैं?

करीब सौ-दो-सौ लोगोंकी आवाज आई—नहीं, सब मुखालिफ नहीं हैं। आप जरूर प्रार्थना कीजिए।

गांधीजी—नहीं, ये बहुत हाथ हैं। मैं हार गया और आप जीत गए। कल और भी लोग हाथ उठाइए। इस वक्त भी आपकी तादाद बहुत काफी है। मैं अब प्रार्थना कर सकता हूं; पर इस समय मैं आपके हाथों मरना नहीं चाहता। मुझे अभी काम करनेके लिए जिंदा रहना है।

लोग—सब नहीं हैं, थोड़े हैं।

गांधीजी—ठीक है, ज्यादाके आनेकी जरूरत नहीं है। इतने भी चाहें तो मुझे मार सकते हैं।

इसके बाद दोनों तरफकी आवाजें बढ़ीं और बहुत शोर होने लगा। गांधीजी मंचके किनारे खड़े होकर कहने लगे :

''सुनिए, ऐसा गुस्सा मत कीजिए। आप हिंदू हैं। हिंदूको चाहिए कि वह खामोशीसे सोचे, खूब विचारे और समझकर बोले। आप घर लौट जाइए और सोचिए कि पंजाबका जख्म कैसे मिट सकता है। मैं भी शक्तिभर सोच रहा हूं, पर गुस्सा करनेसे तो वह जख्म भरनेवाला नहीं है।''

इतना कहकर गांधीजीने भाषण समाप्त किया; पर भीड़मेंसे आवाज आई, ''एक प्रश्नका उत्तर देते जाइए। आपने नोआखालीमें रामधुन कैसे बंद कर दी थी ?[१] आप यहां भी बंद कीजिए। अपनी कोठरीमें बैठे प्रार्थना कीजिए।''

गांधीजी—मैं यहांपर कुछ जवाब नहीं देना चाहता। आप अब जाएं और बाहर जाकर भी न लड़ें।

गांधीजी इसके बाद जाने लगे। इस बीच पुलिसने व्यवस्था कायम करनेका प्रयत्न किया। इसपर सभामें गड़बड़ शुरू हो गई। तब गांधीजी फिर मंचके किनारेपर आए। लोगोंने उनसे कहा कि आप प्रार्थना कीजिए। शोर मचानेवालोंको हम शांत किए देते हैं। सब बैठ जायेंगे। आपके साथ हम सब मरनेको तैयार हैं। आप प्रार्थना न छोड़ें।

गांधीजीने कहा—आप मरें तो मेरी शर्तसे मरें, अपनी शर्तसे नहीं। मरनेका इल्म मैं जीवनभर सिखाता आया हूं और सीख रहा हूं। मरना हो तो इस तरह गुस्सेमें खौलते हुए नहीं मरना चाहिए। ठंडी ताकतसे मरना चाहिए। इस समय ये लोग गलतफहमीमें हैं। वे समझते हैं कि गांधी ही यह सब कुछ बिगाड़ता फिरता है। इसलिए इस वक्त तो शांतिको ही मेरी प्रार्थना समझिए। मैं जानता हूं कि पंजाबके कारण सबका खून उबल रहा है। क्या मेरा खून नहीं उबल रहा है? मेरे दिलमें भी तो आग धधक रही है। मैं पंजाबकी समस्या सही-सही समझता हूं। पंजाबी सब मेरे भाई हैं। वे इस

१. नोआखालीमें किसी भी प्रार्थनामें रामधुन बंद नहीं हुई थी। हां, रामधुन होनेपर कुछ मुसलमान भाई उठकर चले गए थे। प्रार्थना नहीं रुकी थी।

समय गुस्सेमें हैं। उन्हें शांत होना चाहिए। बिहार भी गुस्सेसे भर गया था। उसका गुस्सा मैंने रोका है। इस समय गुस्सेको रोककर ही हम आगे बढ़ सकते हैं।

उन दो-चार आदमियोंको पुलिस हटा ले गई है। उनको हटाने के बाद मैं कैसे प्रार्थना कर सकता हूं? वे सब यहां फिर आवें, शांतिसे बैठें और तब हम सब मिलकर प्रार्थना करें।

और इस समय जो चल रहा है उसे रोकनेकी बात सोचनेमें ही तो मैं शक्ति खपा रहा हूं। क्या मैं वाइसरायके पास खाना खानेके लिए जाता हूं? हम दोनों मिलकर इसमेंसे रास्ता निकाल रहे हैं। इस सारी गड़बड़को रोकनेके लिए मुझसे ज्यादा वह परेशान हैं और उन्हें परेशान होना भी चाहिए। आखिर मैं फिर कहता हूं, आप शांत हो जाइए। शांति ही प्रार्थना है। उनको जबरन रोका जाय, यह मुझे नहीं सुहाता।

इतना कहकर गांधीजी जाने लगे तो तीसरी बार लोगोंने फिर उन्हें रोका और कहा, ''आप उन थोड़ेसे आदमियोंकी बात क्यों सुनते हैं, जो बेकार रोड़ा अटका रहे हैं? असलमें उन लोगोंने कुछ भुगता भी नहीं है। हम लोग हैं, जिन्होंने पंजाबमें भुगता है, जिनके ऊपर सितम ढाया गया है। हम तो आपको नहीं रोकते। हम आपसे विनती करते हैं कि आप प्रार्थना कीजिए। थोड़ी-सी ही सही।''

गांधीजी—आपकी बात तो सही है, पर उन लोगोंको समझनेका मौका देना चाहिए।

लोगोंने कहा—आप हमारे सवालका जवाब देंगे?

गांधीजी बोले—आप सोचें तो सही, मैं बुड्ढा आदमी हूं। क्या मैं खड़े-खड़े बात करने लायक हूं? वाइसराय तकसे मैं माफी चाहता हूं कि मुझे खड़े रहकर बोलनेको वह न कहें। मुझमें इतनी ताकत कहां है? पर ईश्वर मुझे बुलवाता है। वह शक्ति दे देता है। आजकल मुझे खूनका दबाव भी रहता है। तब भी वह मेरी गाड़ी खींचे ले जा रहा है। कल अगर कोई मुखालिफ नहीं होगा तो मैं और बातें करूंगा।

जो इस मुखालिफतकी जड़में हैं वे मुझे मिलें तो सही। अगर वे यही चाहेंगे कि मैं यहां न रहूं तो मैं चला जाऊंगा। मुझे तो अपने यहां रहनेके लिए

बहुत लोग बुला रहे हैं; पर मैं भंगी हूं और भंगीखानेमें पड़ा हूं। मुझे तो यहां इतनी जगह भी मिल गई है। उनके पास छोटे घुल्लक (दरबे) हैं। मुझसे वह बर्दाश्त नहीं होता। मुझे सफाई चाहिए। ईश्वर ताकत दे देगा तो मैं उन घुल्लकोंमें ही रहने लगूंगा।

ईश्वर सबका भला करे और भारतको आजादी दे!

॥ ४ ॥

४ अप्रैल १९४७

"भाइयो और बहनो,

क्या आज भी आप लोगोंको वही करना है जो आपने कल या परसों किया था, या आज शान्ति रहेगी?"

चारों ओरसे आवाजें आईं—आज शांति है। आज कुछ न होगा। आप प्रार्थना कीजिए।

गांधीजीने दुबारा पूछा—आप लोगोंने अपनी आवाजमें एक-दोकी आवाजको दबा तो नहीं दिया? एक भी आदमी ऐसा तो नहीं है, जो विरोध करना चाहता हो?

सामने एक हाथ ऊपर उठा था। गांधीजीने कहा—ठीक है। तब आज भी प्रार्थना नहीं होगी। एक आदमी भी जबतक समझता नहीं है या यहांसे उठकर अपने आप चला नहीं जाता तबतक मैं प्रार्थना नहीं करूंगा। अगर सिपाही लोग उसे पकड़कर ले जायें तो वह तो कोई बात नहीं हुई। बहुत-से आदमियोंको मिलकर इस तरह थोड़ेसे आदमियोंको दबाना नहीं चाहिए। थोड़े आदमी भी अगर खिलाफ रहते हैं तो उन्हें समझाना चाहिए। जहां कोई बात उन्हें पसंद नहीं, वहांसे उन्हें उठ जाना चाहिए। उन्हें रुकावट नहीं डालनी चाहिए। अगर यह बात इस एक आदमीकी समझमें आती है तो वह उठकर चला जाय तब मैं प्रार्थना कर लूंगा या वह शान्तिसे प्रार्थनामें बैठे।

एक पंडितजी उठकर गांधीजीके पास आए और बहुत शांति और विनयके

साथ बोले, "आज आप प्रार्थना करके ही जाइए। आप हमारे महान् नेता हैं। आपकी प्रार्थना इतने दिनोंसे रुक रही है, यह इस दिल्लीकी बहुत बड़ी बदनामी है। मैं आपसे केवल एक मिनट चाहता हूं।"

गांधीजीने उनको बोलनेकी इजाजत दे दी। पंडितजीने लोगोंको समझाया और शान्ति रखनेकी अपील की। इसके बाद उन्होंने गांधीजीसे प्रार्थना शुरू करनेके लिए अनुरोध किया। सब लोग शान्त रहे।

गांधीजीने फिर पूछा—अब आप सब शान्त हैं? वह भाई चला गया जो प्रार्थना नहीं चाहता था? मैं सबसे कहूंगा कि उस भाईको हमारी ओरसे डराना या धमकाना नहीं चाहिए। अगर सिपाही उसे ले जाता है तो उस बेचारेका क्या होगा! वह अपनेको कैसा भी समझे, मैं तो उसको बेचारा ही कहूंगा। अगर उसकी रक्षा मैं नहीं करूंगा तो और कौन करेगा? एक आदमी अगर अपनेको हिंदू बताता है या अपनेको मुसलमान बताता है और मुझे प्रार्थनासे रोकना चाहता है तो उसपर आक्रमण क्या करना!

वह कहता है कि आप इस मंदिरमें प्रार्थना मत कीजिए। लेकिन मंदिर तो मेहतरोंका है। मेहतर भाई मेरे पास आकर रोते हैं कि हमारे मंदिरमें आकर ये दूसरे लोग ऐसी बाधा क्यों डालते हैं? इन छोटे भाइयोंको मैं क्या दिलासा दूं? मैं उनका बड़ा भाई हूं। मैं आला भंगी हूं। मैं बाहरकी सफाई करता हूं, बाहरके पाखाने उठाता हूं, लेकिन हमारे सबके दिलमें भी मैला भरा हुआ है। असली भंगीको भीतरकी भी सफाई करनी होती है, जो मैं कर रहा हूं। अगर इस मैलेको हमने अपने दिलसे नहीं निकाला, अगर ऊंच-नीचकी यह बात हममेंसे नहीं हटी तो हिंदू धर्म बचनेवाला नहीं है। आजतक यह बचा हुआ है, क्योंकि यह बहुत बड़ा धर्म है। वह मरते-मरते भी टिका है। फिर भी अगर हमने ऊंच-नीचका भाव न छोड़ा तो यह बड़ा होनेपर भी कमजोर हो जावेगा। मेरी इस बातका डा० मुंजेने समर्थन भी किया है। उन्होंने चिट्ठी लिखी है कि मैं आपकी और बातें तो मानता नहीं हूं—मैं तलवारकी तालीम मानता हूं—पर छुआछूत और ऊंच-नीचके इस भेदको मिटानेमें पूरा-पूरा आपके साथ हूं।

इसलिए जो मेरी प्रार्थनाका विरोध करते हैं, वे हिंदू धर्मको मार रहे हैं। उन्हें समझना चाहिए कि मैं जितना हिंदू हूं, उतना ही पारसी हूं, ईसाई हूं, मुसलमान भी हूं। 'ओज़ अबिल्ला' का अर्थ भी कितना सुंदर है। मैंने तो

यजुर्वेद नहीं पढ़ा है, लेकिन एक भाई ने लिखा है कि इनमें सारी बातें वे ही हैं जो यजुर्वेदमें हैं। फिर आप लोग इसका विरोध क्यों करें? धर्मकी बातें अरबीमें हों, संस्कृतमें हों या चीनी भाषामें हों, सब अच्छी ही हैं। इसलिए मैं उस भाईसे पूछूंगा कि वे इसे समझ गए हैं या नहीं?

अगर वे हिंदू नहीं हैं, गैर मजहब हैं, तो प्रार्थनामें न आवें। मुसलमान थोड़े ही आते हैं। मुसलमान भी मुझसे कहते हैं कि तुमको क्या हक है कि तुम कुरानकी आयत बोलो। फिर भी नोआखालीमें उन्होंने मुझे नहीं रोका। क्या वे रोक नहीं सकते थे?

लेकिन हिंदू धर्ममें किसीको शिकायत नहीं हो सकती। हमारे यहां १०८ उपनिषद् हैं। उनमें एक उपनिषद्का नाम 'अल्लोपनिषद्' है। यही तो हिंदू-धर्म की खूबी है कि वह बाहरसे आनेवालोंको अपना लेता है। लेकिन उसमें जो कमी है वह है अस्पृश्यता या ऊंच-नीचका भेद। यह जहर उसमें फैल गया है। उसके निकल जानेसे ही वह बचेगा। ये लोग तलवारसे हिंदू धर्मको बचानेकी बात करते हैं। ये तलवार लेकर कवायद करते हैं। यह सब क्यों? मारनेके लिए? इस तरह हिंदू-धर्म बढ़नेवाला नहीं है।

सत्यसे ही धर्म बढ़ता है और यह बात तो मैंने हिंदू-धर्मसे ही सीखी है। 'सत्यान्नास्ति परो धर्मः' और 'अहिंसा परमो धर्मः' भी हिंदू-धर्मने सिखाया है। भगवान पतंजलि हैं जिन्होंने अहिंसा, अपरिग्रह, अस्तेय, ब्रह्मचर्य आदि पांच व्रतोंको हिंदू-धर्ममें विज्ञानका स्थान दिया। और धर्मोंमें भी ये बातें हैं; लेकिन इनका विज्ञान हिंदू-धर्मने ही रचा है।

(इसके बाद गांधीजीने दक्षिण भारतके हरिजन संत नन्दनार और अवाईमाईकी कहानी सुनाते हुए बताया कि अवाईमाईके पैर किसी देवमंदिरके सामने थे। तब कोई हिंदू उससे झगड़ने लगे। अवाईमाईने उससे कहा कि भैया, जिधर भगवान नहीं हैं उधर मेरे पैर कर दो। जहां-जहां पैरोंको घुमाया गया, वहां तो भगवान थे ही।)

पत्थरकी मूर्ति पूजाका एक तरीका ही तो है और दिलमें भगवान है तो फिर चाहे पैर किधर भी हों। पैरोंसे आदमी पूजा भी कर सकता है और लात भी मार सकता है। अगर कहीं ज्वालामुखी-सी आग धधक रही हो तो वह पानीसे बुझ नहीं सकती। उसे मैं पत्थरसे दबाऊं और उसके ऊपर

खड़ा होकर लाखों आदमियोंकी जान बचा लूं तो वह पत्थरसे और पैरोंसे ईश्वरकी पूजा ही तो हुई। पूजा पैरसे हो सकती है, हाथसे हो सकती है और जिह्वासे हो सकती है। पूजाका तरीका कुछ भी हो, पूजा सच्ची होनी चाहिए।

इसलिए अगर वह भाई यहां है तो मैं उससे विनय करना चाहता हूं कि वह आरामसे प्रार्थना करने दे।

इतना मैं बता देना चाहता हूं कि उन बालकोंपर मुझे जरा भी रोष नहीं है। उनपर गुस्सा क्या करूं? गीता गुस्सा करना नहीं सिखाती। और मैं तो दक्षिण अफ्रीकासे ही प्रार्थनामें गीताके श्लोक बोलता आया हूं। मैंने वहींसे गीताकी इस भलाईकी सीखको अपना लिया है और उसे लेकर यहां आया हूं। जो इसका विरोध करते हैं वे समझते नहीं हैं कि हिंदू-धर्म क्या चीज है। न समझकर हैवानका काम करते हैं और भगवानको भूल जाते हैं।

इसके बाद सब चुप हो गए और गांधीजीने शांतिपूर्वक प्रार्थना की। आजका भजन था 'हरि तुम हरो जनकी पीर', और रामधुन

रघुपति राघव राजाराम। पतितपावन सीताराम॥
ईश्वर अल्ला तेरे नाम। सबको सन्मति दे भगवान॥
शांतिविधायक राजाराम। पतितपावन सीताराम॥
रघुपति राघव राजाराम। पतितपावन सीताराम॥

प्रार्थना समाप्त हो जानेके बाद गांधीजीने कहा—

मैं ईश्वरका बड़ा अनुग्रह मानता हूं कि आज चौथे रोज उसने शांतिके साथ हमें प्रार्थना करने दी! और यह भी कहता हूं कि पिछले तीन दिन प्रार्थना नहीं हुई, ऐसा कोई न माने। जब आप यहां आए, मैं यहां आया और हम सब शांत रहे तो वह प्रार्थना ही थी, क्योंकि हमारे दिलोंमें प्रार्थना थी।

फिर जिन भाइयोंने दखल देनेकी कोशिश की उनका भी मुझपर उपकार हुआ है। मैं उनका धन्यवाद मानता हूं, क्योंकि मुझे अपना दिल देखनेका मौका मिला। इस तरह प्रार्थनाके बारेमें अपना अंतर जांचनेका मौका मुझे पहले नहीं मिला था। मुझे अपने भीतर यह टटोलना पड़ा कि मैं कहां हूं। मेरे अंदर उन लोगोंपर रोष तो नहीं है। मेरी प्रार्थनामें कहीं दूसरी बात तो नहीं है। भगवान तो तरह-तरहसे अपने भक्तकी परीक्षा लेना चाहता है।

और आखिर वह हरिजनकी पीड़ा हरता है, जैसा कि अभीके भजनमें आपने सुना। इसपरसे हमें यह शिक्षा लेनी है कि हमपर जो कुछ बीतता है वह भगवानकी नियामत ही होती है। भगवानकी कृपा है, जो मैं आज इस परीक्षामें उत्तीर्ण हुआ हूं।

उस भाईको भी, जो शास्त्रीजीके कहनेपर समझ गया, धन्यवाद। भगवानने और कठिन कसौटीसे मुझे बचा लिया है। एक बार प्रार्थना शुरू कर देनेके बाद अगर चार ही आदमी मुझसे कहते कि प्रार्थना मत करो तो मैं उनसे कहता, 'आप मेरा गला काट सकते हैं, मैं 'राम-रहीम, राम-रहीम' करता रहूंगा और उस समय भी अपने दिलमें रोष न लाकर, अभी जैसे धुनमें कहा गया है, दिलमें सोचूंगा—'भगवान इन्हें सन्मति दे।'

आपको नोआखालीकी एक बात बता दूं। वहां बड़े कष्टसे राम-धुन शुरू हुई। मैं जो यात्रा करता था उसमें प्रारंभमें रामधुन होती थी और जहां पहुंच जाते थे वहां ग्राम-प्रवेशके समय भी रामधुन होती थी। हम वहां लोगोंको बताते थे कि राम, रहीम, खुदा, ईश्वर सभी भगवानके नाम हैं; बल्कि उसके तो दस करोड़ नाम हैं।

और 'ओज़ अबिल्ला' का अगर मैं अर्थ सुनाऊं तो आपको पता तक नहीं चलेगा कि यह अरबीसे लिया गया है। तो क्या मैं अरबीमें प्रार्थना करूं, यह गुनाह हो जायेगा? आप लोग हिंदू-धर्मको इस तरह निकम्मा न बनाइए। यह धर्म बहुत बड़ा धर्म है, बहुत पुराना धर्म है। लोकमान्य तिलकने इसे १० हजार वर्ष पुराना धर्म बताया है; पर मेरी समझसे यह लाख बरससे भी ज्यादा पुराना है। यह अनादि है। वेदमें जो बातें बताई हैं वे धर्मका निचोड़ हैं और धर्म मनुष्य प्राणीके धर्मके साथ-साथ पैदा हुआ है। इसलिए वेद अनादि हैं। और ये बातें जब मनुष्योंने जानीं तबसे कंठस्थ रखीं। बहुत दिनों बाद ये लिखी गईं, क्योंकि मनुष्यने लिखना बादमें सीखा। उन लिखी हुई बातोंमेंसे भी बहुत-सी गायब हो गई हैं। बाइबिलका भी इस तरहसे बहुत सारा हिस्सा विस्मृत हो गया है। कुरानका भी ऐसा ही हुआ है। बाइबिलके जाननेवाले कई लोग कहते हैं कि उसमें काफी क्षेपक हैं। इस तरह शास्त्र अनंत हैं। शास्त्रोंका यानी वेदका निचोड़ इतना ही है कि ईश्वर है और वह एक ही है। कुरानका और बाइबिलका भी यही निचोड़ है। कोई यह न कहे कि बाइबिलमें तीन भगवान बताए हैं। वहां भी भगवान एक ही है।

मैं वाइसरायके पास बार-बार जाता हूं। वहां काफी समय दे रहा हूं, पर वह समय व्यर्थ नहीं जाता। वहां बिहार, पंजाब, नोआखाली सभी जगहका काम कर रहा हूं। मेरे सामने मेरा छोटे-से-छोटा काम भी बड़े-से-बड़ेके बराबर ही होता है। मेरी दृष्टिसे अणु-परमाणुमें जो है, वही ब्रह्मांडभरमें है—'यथा पिण्डे तथा ब्रह्माण्डे'। इसी सूत्रका मैं माननेवाला हूं। पंजाब और बिहार या नोआखालीको छोड़कर मैं हिंदुस्तानका कुछ काम नहीं कर सकता। मेरे लिए हिंदुस्तान उन्हीं जैसी जगहोंमें है।

आज बहुत-सी बातें आपको समझाई गई हैं। यह अच्छा लगा है। आपकी शांतिके लिए धन्यवाद।

॥ ५ ॥
५ अप्रैल १९४७

''भाइयो और बहनो,

''दुःखकी बात तो है, लेकिन अभी दो-चार दिनतक मुझे पूछना ही पड़ेगा कि कुरानकी आयत पढ़नेके बारेमें किसीकी ओरसे शिकायत तो न होगी? अगर होगी तो उसमें न आपका फायदा है, न धर्मका। जैसे अनेक नाम होनेपर भी ईश्वर एक ही है, वैसे ही अनेक नाम होते हुए धर्म एक ही है; क्योंकि सारे धर्म ईश्वरसे आए हैं। अगर वे ईश्वरसे नहीं आए हैं तो वे निकम्मे हैं। जो धर्म ईश्वरका नहीं है वह शैतानका है और वह किसी कामका नहीं हो सकता। इसलिए आप समझ लें कि जैसा तीन दिनसे होता रहा है वैसा ही चलेगा तो धर्मका नाश हो जायगा।

''अगर मैं हिंदू हूं तो कुरान क्यों नहीं पढ़ सकता? जेन्दावस्ता क्यों नहीं पढ़ सकता? और हिंदूकी प्रार्थनामें भी तो भेद कम नहीं हैं! कोई कहेगा वेद नहीं उपनिषद् कहो, उपनिषद् नहीं गीता कहो, यजुर्वेद नहीं अथर्ववेद कहो। यानी सभी अपने-अपने ढंगकी प्रार्थना करनेके हकदार हैं। यदि आप मुझे रोकना चाहें तो मैं आज भी खुद हार मानकर आपको जितानेको तैयार हूं। यदि आपमेंसे कोई चाहें तो मुझे वह जहरका प्याला दे सकते हैं। कोई देगा तो मैं उसे खुशी-खुशी पीना चाहूंगा और आप भी उसे सहन

कीजिए। आपको पीना नहीं है, पर आप उसके साक्षी बने। आप गुस्सा न करें और अपने दिलमें समझें कि यह बुड्ढा जो गम खा रहा है वह ठीक ही कर रहा है।

"आप लोग, इतनी संख्यामें आए हैं, यह अच्छी बात है; पर आपमेंसे एक आदमी भी 'ओज़ अबिल्ला' का पाठ न चाहेगा तो मैं प्रार्थना छोड़ दूंगा और आपको शांतिसे लौट जाना होगा।"

लोगोंके विश्वास दिलानेपर सारी प्रार्थना शांतिपूर्वक हुई। अनंतर गांधीजीने प्रवचन करते हुए कहा :

आप लोगोंने जो इतनी शांति रखी इसके लिए आपको धन्यवाद है। पहले इतनी शांति नहीं हुआ करती थी। इससे साफ है कि पिछले तीन दिन जो हुआ उससे हमने धर्म नहीं खोया है। यदि आदमी शांतिसे न रहे, कभी अपने विचारोंको भीतरसे न देखे, जीवनभर दौड़-दंगलमें ही रहे और हर वक्त गरम बना रहे तो वह उस शक्तिको पैदा नहीं कर सकता, जिसे शौकतअली साहब 'ठंडी ताकत' कहा करते थे। मुहम्मदअली साहब भी कहते थे कि हमें अंग्रेजोंसे लड़कर स्वराज्य लेना है और हमारी लड़ाई होगी तकलीकी तोपोंसे और कुकड़ियोंके गोलोंसे। वह तो जितना विद्वान था, उतना ही कल्पनाएं दौड़ानेवाला था।

और यह सब आपकी दिल्लीकी ही बात है। उन दिनों मैं सेंट स्टीफेंस कालेजमें रुद्र साहबके घर टिका हुआ था। आजकल तो वह कालेज कहीं बड़े मकानोंमें चला गया है, पर उस पुराने कालेजमें ही पहली बार मैं मौ० अबुलकलाम आजादसे मिला था। प्रो० अब्दुल बारी भी वहींपर मिले थे। और भी कई बड़े-बड़े मौलानाओंसे मेरी मुलाकात हुई और वहींपर यह बात काफी बहस-मुबाहिसेके बाद तय हुई कि खिलाफतके मामलेमें कांग्रेस तभी साथ दे सकती है जब खिला-फतका सारा काम अमनसे होगा। सबने ईश्वरको हाजिर-नाजिर करके यह ठहराया था कि खिलाफतका कोई काम बगैर अमनके न होगा। वहां ईश्वर यानी खुदाकी कसम लेनेकी बात थी। ईश्वर और खुदामें भेद न था। उस दिन जो यह काम किया गया उसका ही यह अच्छा नतीजा आज हम पाने जा रहे हैं।

यह बात मैंने इसलिए बताई कि कलसे राष्ट्रीय सप्ताह शुरू हो रहा है। कलके ही दिन हिंदुस्तानने अपने आपको पहचाना। हिंदुस्तानने तब जाना

कि वह इस दिल्ली या बंबई या लाहौरमें नहीं है, बल्कि सात लाख देहातोंमें बसा हुआ है। अगर कल कोई जबरदस्त भूकंप हो जाता है और सारे शहरोंकी तमाम आबादी नेस्तनाबूद हो जाती है तब भी हिंदुस्तान नहीं मरेगा। शहरोंकी कुल मिलाकर दो करोड़की आबादीके खतम हो जानेके बाद भी अड़तीस करोड़ देहाती, जो सात लाख गांवोंमें हैं, बने ही रहेंगे। पटनामें इतना भारी भूकंप हुआ तब भी बिहारके बड़े-बड़े, शहरोंको ही हानि हुई, छोटे-छोटे देहात बच ही गये। हां, गीताके ग्यारहवें अध्यायमें बताया हुआ विराट् ईश्वर सबको निगलना चाहे तब तो कोई भी न बच सकेगा! फिर भी यह स्पष्ट है कि हिंदुस्तानका जीवन देहातोंके जरिये ही है।

ये सात लाख देहात सन् १९१९ के अप्रैलकी छठी तारीखको अचानक जाग्रत हो उठे थे। जब पांच अप्रैलको मैंने ऐलान निकाला था तब मुझे सपनेमें भी खयाल नहीं था कि हिंदुस्तान इतना जग उठेगा। उस दिन मैं आपके आजके मिनिस्टर राजगोपालाचार्यजीके यहां सेलममें था। दिनभर मैं सोचता रहा कि सत्याग्रह शुरू कैसे किया जाय। श्रीविजयराघवाचार्य—जो आज इस दुनियामें नहीं रहे हैं—और दूसरे लोग भी वहीं मिले। मुझे जब विचार आया, मैंने महादेवसे—वह भी आज उठ गया है—कहा कि राजाजीको बुलाओ। राजाजी सहमत हुए और हमने अपील निकाल दी। इतनेपरसे ही हिंदुस्तान इतना जग उठा कि मैं तो हैरान हो गया। उन दिनों कांग्रेसके पास न स्वयंसेवक दल थे, न संदेशवाहक; फिर भी मानो बिजली दौड़ गई।

हमने छठी अप्रैल को उपवास और प्रार्थना करनेके लिए कहा था। हिंदुओंका उपवास तो छत्तीस घंटेका होता है, पर मुसलमान २४ घंटेका रोजा ही कर सकते हैं। हिंदू भी २४ घंटेका प्रदोष करते हैं। हमने भी यही २४ घंटेका उपवास ठहराया ताकि हिंदू-मुसलमान दोनों ही कर सकें। इसमें अन्न, दूध, सब्जी कुछ नहीं लिया जाना चाहिए। भरपेट पानी पी सकते हैं। मेरे-जैसे बूढ़े व कमजोर फल ले सकेंगे, ऐसा मैंने उस दिन कहा था। पर आप कल जब फाका करें तब पेट भरनेवाले केले-जैसे फल न लें। ऐसा करना तो मेरी माता जैसे मुझे फलाहार करवाती थी और दिनभर कूटूकी पूरी और गुलाबजामुन आदि खिलाती थी वैसी ही चीज हो जायगी। मैं अपनी मांकी तरह आपका लाड़ करना नहीं चाहता। जो निरा उपवास बर्दाश्त न कर

सकें वे फलका रस ले सकते हैं।

छठी अप्रैलका खास संदेश है हिंदू-मुस्लिम ऐक्य, खादी और देहातका काम; पर आज इसे कौन करेगा? आज हिंदू-मुस्लिम ऐक्य है तो मेरे हृदयमें है। चर्खा भी मेरे ही पास पड़ा है। अगर आप लोग भी इसे अपनाना चाहें तो कल अपनाइए। ऐसा करनेके लिए आपको पुरानी बातें भूल जानी चाहिए। भले ही पंजाबमें मुसलमानोंने और बिहारमें हिंदुओंने कितना भी आक्रमण किया, दोनों ही इस बातको भूल जाएं और भाई-भाई बननेकी बात सोचें। अगर ऐसा नहीं करेंगे तो क्या आप यह प्रार्थना करेंगे कि हे भगवान, हमको वैसा ही दीवाना बना दो जैसा बिहार या पंजाबमें लोग बन गए थे? क्या ऐसा करके आप अपनेको और धर्मको बचा लेंगे? इसीलिए आप उपवास तभी करें जब आपके दिलमें सन् १९१९ की बात कायम हो; और वह तभी कायम हो सकेगी जब आप अमन और शांति धारण करेंगे।

शांति कैसे आएगी? आप रोज एक घंटा चर्खा कातिए और आपको शांति न मिले तो मुझसे कहिए। भावनगरकी कौंसिलके प्रमुख और भारत-मंत्रीकी कौंसिलके मेंबर पट्टणी साहबको जब सैकड़ों नुस्खोंसे नींद नहीं आती थी तो रातको एक घंटा चर्खा कातनेपर आ जाती थी।

शांतिसे ही हिन्दू-मुस्लिम एकता कायम हो सकेगी। मैं जानता हूं कि यह बड़ा कठिन काम है। हमारे दिलमें ज्वालामुखी दहक रहा हो तब भी ठंडा रहनेमें हमारी अहिंसाकी परीक्षा है।

और शांति रखनेसे अगर सब मर भी जायंगे तो क्या बिगड़ेगा? अगर मुसलमान मुझे मार भी डालेगा तो मेरा भाई ही तो होगा। अगर, हमने शांति नहीं रखी और जबरन देशको एक बना रखा तो वह पाकिस्तान हमारे मनमें भर जायेगा। और जब पाकिस्तान हमारे दिलमें रहेगा और हम किसी भी तरह अपने भाइयोंके साथ अमनसे रहनेको तैयार न होंगे तो मैं आगाह करता हूं कि हिंदुस्तान आजाद रह ही नहीं सकेगा।

हां, पाकिस्तान एक तरह अमृतमय हो सकता है। लेकिन उसके लिए पिस्तौल, भाला, तलवार क्यों होनी चाहिए? इस तरह जबरदस्तीका पाकिस्तान तो जहरीला होगा। ऐसा जहर हम सबको क्यों खिलाएं? दूसरोंके दिलोंमें जहर पैदा न करूं, अपने दिलमें भी जहर न रखूं और सबसे लड़ाई ले लूं और लड़ते-लड़ते मारे जानेपर भी परवा न करूं तब

वह पाकिस्तान अमृतमय होगा और वैसा ही अमृतमय हिंदुस्तान होगा। अमृतमय हिंदुस्तान वह है जो केवल हिंदूका नहीं है; पर साथमें मुसलमान, पारसी, ईसाई और सिखका भी उतना ही है जितना हिंदुओंका। और अमृतमय पाकिस्तान भी वही है जिसमें सभी कौमों के लिए जगह हो और किसीके बारेमें वहां जहर न हो। चूंकि मैं ऐसे ही हिंदुस्तान और पाकिस्तानका माननेवाला हूं, इसलिए जब गायत्री और गीता 'पढ़ना चाहूंगा तब 'ओज़ अबिल्ला' भी बोलूंगा। आज एंड्रूज साहबकी सातवीं पुण्य-तिथि है। उनके गुणोंको हमें याद करना चाहिए। उनका जीवन बहुत सादा था। हम दोनों घने मित्र रहे हैं। उनकी चमड़ी गोरी थी, लेकिन वह इतने सादे थे और देहातियोंसे मिलते-जुलते थे कि वह अंग्रेज हैं, ऐसा पहिचानना कठिन हो जाता था। उनको कपड़े पहननेका भी शऊर न था। मोटेसे बदनपर ढीली-ढाली धोती किसी तरह लपेट लेते थे। उनको ऊपरके दिखावेसे काम न था। उनका दिल सोनेका था।

॥ ६ ॥

६ अप्रैल १९४७

भाइयो और बहनो,

जब मैं यह भजन[१] और धुन[२] सुन रहा था तब नोआखाली-यात्राके समयका सारा दृश्य मेरी आंखोंके सामने ताजा हो आया। वहां-पर यही मंडली और यही भाई-बहन थे जो प्रात:काल यात्रा शुरू होने-पर पहले आध मीलतक चलते थे।

---

१. बले बले बले सबे शत वीणा वेणु रवे,
भारत आवार जगत सभाय, श्रेष्ठ आसन लवे।
धर्मे महान् होवे कर्मे महान् होवे।
नव दिन मणि उदिवे आवार॥
''सैकड़ों बंसरीकी मधुर ध्वनिसे आज सब मिलकर बोलो कि विश्व-सभामें इस बार भारत उच्च आसन ग्रहण करेगा। वह धर्मसे और कर्मसे महान् बनेगा। इसके प्रांगणमें नया सूर्य जगमगाएगा।''

२. भज मन प्यारे राम रहीम, भज मन प्यारे कृष्ण करीम।

मुझे जो कहना है वह तो एक ही बात है कि हमें अपनी भलाई नहीं छोड़नी चाहिए। अगर सब-के-सब मुसलमान मिलकर हमें कह दें कि हम हिंदुओंके साथ किसी भी किस्मका वास्ता नहीं रखना चाहते, उनसे अलग रहना चाहते हैं तो क्या हमें गुस्सेमें भरकर मारकाट शुरू कर देनी चाहिए ? अगर हमने ऐसा किया तो चारों ओर ऐसी आग फैल जायगी कि हम सब उसमें भस्म हो जायंगे, कोई भी नहीं बचेगा। अंधाधुंध लूट-खसोट और आग जलानेसे देशभरमें बरबादी ही फैलेगी! मैं तो कहूंगा कि बाकायदा जो योद्धा लोग लड़ते हैं उससे भी विनाश ही होता है, हाथ कुछ भी नहीं आता।

हमारे महाभारतमें जो बात कही गई है वह सिर्फ हिंदुओंके कामकी ही नहीं है, दुनियाभरके कामकी है। यह कथा पांडव-कौरवकी है। पांडव रामके पुजारी यानी भलाईके पूजनेवाले रहे और कौरव रावणके पुजारी यानी बुराईको अपनानेवाले रहे, वैसे तो दोनों एक ही खानदानके भाई-भाई थे। आपसमें लड़ते हैं और अहिंसा छोड़कर हिंसाका रास्ता लेते हैं। नतीजा यह कि रावणके पुजारी कौरव तो मारे ही गए, पर पांडवोंने भी जीतकर हार ही पाई। युद्धकी कथा सुननेभरको इने-गिने लोग बच पाए और आखिर उनका जीवन भी इतना किरकिरा हो गया कि उन्हें हिमालय में जाकर स्वर्गारोहण करना पड़ा। आज हमारे देशमें जो चल रहा है, वह सब ऐसा ही है।

आजसे राष्ट्रीय सप्ताहका आरंभ हुआ है। मैं मानता हूं कि आप लोगोंने चौबीस घंटेका व्रत रखा होगा और प्रार्थनामय दिन बिताया होगा।

आज तीसरे पहर तीन बजेसे चार बजेतक यहां चर्खा-कताई भी की गई, जिसमें राष्ट्रपति,[१] उनकी पत्नी, पंडित जवाहरलाल नेहरू, आचार्य जुगलकिशोर और दूसरे भी बहुत थे, जिनके नाम मैं कहांतक गिनाऊं! इस तरह कताई-यज्ञ पूरी शक्तिसे और खूबसूरतीसे पूरा हुआ और अब यहांसे जानेके बाद आपका उपवास भी खत्म हो जायगा, परंतु कितना अच्छा हो यदि राम-रहीमके शब्द तथा उक्त भजनका संदेश सदाके लिए सबके दिलोंपर अंकित हो जाय! लेकिन यह सब आज तो हिंदुस्तानके लिए स्वप्नवत् हो गया है। मेरे पास तार और खत बरस रहे हैं, जिनमें गालियां भरी रहती हैं। इससे पता चलता है कि कुछ लोग मेरे विचारोंको कितना

---

१. आचार्य कृपलानी।

गलत समझते हैं। कुछ यह समझते हैं कि मैं अपनेको इतना बड़ा समझता हूं कि लोगोंके पत्रोंके उत्तर नहीं देता तथा कुछ मुझपर यह आरोप लगाते हैं कि पंजाब जब जल रहा है तब मैं दिल्लीमें मौज उड़ा रहा हूं। ये लोग कैसे समझ सकतेहैं कि मैं जहां कहींपर भी हूं उन्हींके लिए दिन-रात काम कर रहा हूं। यह ठीक है कि मैं उनके आंसू न पोंछ सका। केवल भगवान ही ऐसा कर सकता है।

ख्वाजा अब्दुलमजीद आज मुझसे मीठा झगड़ा करनेके लिए आए थे। वह अलीगढ़ यूनिवर्सिटीके ट्रस्टी हैं। उनके पास काफी बड़ी जायदाद है, फिर भी उनका मन तो फकीर है। मैं जब वहां जाता था उन्हींके यहां खाना खाता था। उस जमानेमें स्वामी सत्यदेव—परिव्राजक—मेरे साथ रहते थे। उन्होंने हिमालयकी यात्रा की थी। ईश्वरने आज उनकी आंखें छीन ली हैं। उस समय वह बहुत काम करनेवाले थे। उन्होंने मुझसे कहा, ''मैं तेरे साथ भ्रमण करूंगा, पर तू मुसलमानके साथ खाता है, तो मैं तो नहीं खाऊंगा।'' यह सुनकर ख्वाजा साहबने कहा, ''अगर उनका धर्म ऐसा कहता है तो मैं उनके लिए अलग इंतजाम करूंगा।'' ख्वाजा साहबके दिलमें यह नहीं आया कि यह स्वामी गांधीके साथ आया है तो क्यों नहीं मेरे यहां खाया। पुराने दिन फिर वापस आएंगे जब हिंदू-मुसलमानोंके दिलोंमें एकता थी। ख्वाजा साहब अब भी राष्ट्रीय मुसलमानोंके प्रेसीडेंट हैं। दूसरे भी जो राष्ट्रीय भावनावाले मुसलमान लड़के उन दिनोंमें अलीगढ़से निकले थे वे आज जामियाके अच्छे-अच्छे विद्यार्थी और काम करनेवाले बने हुए हैं। ए सब सहाराके रेगिस्तानमें द्वीपसमान हैं। ख्वाजा साहब ऐसे हैं कि उनको कोई मार डालेगा तो भी उनके मुंह से बद्‌दुआ न निकलेगी। ऐसे लोग भले थोड़े ही हों, पर हमें तो अपनापन कायम रखना ही चाहिए। बदमाशको देखकर हमें भी बुराईपर नहीं उतर आना चाहिए। लेकिन बिहारमें हमने यह भूल की। वहां हिंदुओंने राष्ट्रवादी मुसलमानोंकी हत्या की और मुसलमानोंके हिंदू मित्रोंकी हत्या दूसरे मुसलमानोंने की।

हमें शांतिपूर्वक यह विचारना चाहिए कि हम कहां बहे जा रहे हैं? हिंदुओंको मुसलमानोंके विरुद्ध क्रोध नहीं करना चाहिए, चाहे मुसलमान उन्हें मिटानेका विचार ही क्यों न रखते हों। अगर मुसलमान सभीको मार डालें तो हम बहादुरीसे मर जाएं। इस दुनियामें भले उन्हींका राज हो जाय, हम नई दुनियाके बसनेवाले हो जाएंगे। कम-से-कम मरनेसे हमें बिलकुल नहीं

डरना चाहिए। जन्म और मरण तो हमारे नसीबमें लिखा हुआ है, फिर उसमें हर्ष-शोक क्यों करें। अगर हम हंसते-हंसते मरेंगे तो सचमुच एक नए जीवनमें प्रवेश करेंगे—एक नए हिंदुस्तानका निर्माण करेंगे। गीताके दूसरे अध्यायके अंतिम श्लोकोंमें बताया गया है कि भगवानसे डरनेवाले व्यक्तिको कैसे रहना चाहिए। मैं आपसे उन श्लोकोंको पढ़ने, उनका अर्थ समझने तथा मनन करनेकी प्रार्थना करता हूं, तभी आप समझेंगे कि उनके क्या सिद्धांत थे और आज उनमें कितनी कमी आ गई है। आजादी हमारे करीब आ गई है तब हमारा यह कर्तव्य है कि हम अपनेसे पूछें कि क्या हम उसे पाने तथा रखनेके योग्य भी हैं? इस सप्ताहमें जबतक मैं यहां रहूंगा तबतक चाहता हूं कि आप लोगोंको वह खुराक दे दूं जिससे हम उस लायक बनें। अगर झगड़ते ही रहे तो आजादी आकर भी हाथमें नहीं रहेगी।

॥ ७ ॥

सोमवार ७ अप्रैल १९४७

(आज मौनवार होनेके कारण प्रार्थना-सभामें गांधीजीका लिखित संदेश सुनाया जानेवाला था; किंतु संयोगवश प्रार्थना आध घंटे बाद शुरू हुई। तबतक महात्माजीका मौन समाप्त हो गया था। इसलिए संदेश सुनाए जानेके बजाय उन्होंने नीचे लिखा भाषण दिया :)

भाइयो और बहनो,

मेरे पास बराबर ऐसे पत्र आ रहे हैं जिनमें मुझपर यह इलजाम लगाया जाता है कि मैं जिन्ना साहबका गुलाम और पांचवें दस्तेवाला बन गया हूं। कोई पत्र-लेखक कहता है, मैं कम्युनिस्ट बन गया हूं। लेकिन मैं इन बौछारोंसे नहीं घबराता। आप लोग हर रोज गीताके जो श्लोक सुनते हैं वे हमेशा मेरे साथ रहते हैं और इन बातोंके सहनेकी शक्ति देते हैं। अगर मुझपर इलजाम लगानेवाले इन श्लोकोंका मतलब समझते तो ऐसी बात न करते। मैं सनातनी हिंदू हूं, इसलिए ईसाई, बौद्ध और मुसलमान होनेका दावा करता हूं। कुछ मुसलमान भाई भी यह महसूस करते हैं कि मुझे

कुरानकी अरबी आयतें पढ़नेका अधिकार नहीं है। वे समझते हैं कि कलमा पढ़कर मैं मुसलमानोंको धोखेमें डालता हूं। ऐसे लोग यह नहीं जानते कि मजहब भाषा और लिपिकी सीमासे बाहर है। मैं कोई कारण नहीं देखता कि मैं कलमा क्यों नहीं पढ़ सकता और मुहम्मदको रसूल यानी अपना पैगंबर क्यों नहीं मान सकता। मैं तो हर मजहबके पैगंबर और संतोंमें विश्वास रखनेवाला हूं। मैं ईश्वरसे प्रार्थना करूंगा कि मुझपर इलजाम लगानेवालोंपर मुझे गुस्सा न आए। इतना ही नहीं, बल्कि मैं उनके हाथों मरनेके लिए भी तैयार रहूं। मेरा विश्वास है कि अगर मैं अपने यकीनपर मजबूतीसे कायम रहा तो मैं सिर्फ हिंदू-धर्मकी ही नहीं, इस्लामकी भी सेवा करूंगा।

आज रावलपिंडीका एक हिंदू वहांकी घटनाओंका दुःखजनक विवरण सुनाने आया था। महज हिंदू होनेके कारण उसके ५८ साथी मार डाले गए थे और वह खुद तथा उसका एक लड़का बच गया है। रावलपिंडीके आस-पासके गांव तो भस्म कर दिए गए हैं। यह कितने दुःखकी बात है कि जिस रावलपिंडीके बारेमें मुझे याद है कि किस तरह वहांके हिंदू, मुसलमान और सिख मेरा और अलीबंधुओंका सत्कार करनेमें आपसमें एक-दूसरेसे होड़ लगाते थे, वही आज किसी भी गैरमुसलमानके लिए खतरेकी जगह बन गया है! पंजाबके हिंदुओंके दिलोंमें गुस्सेकी आग जल रही है। सिख कहते हैं कि वे गुरु गोविंदसिंहके चेले हैं, जिन्होंने उन्हें तलवारका इस्तेमाल सिखाया है। लेकिन मैं हिंदुओं और सिखोंसे बार-बार यही कहूंगा कि वे बदला न लें। मैं यह कहनेकी हिम्मत करता हूं कि बदला लेनेकी भावना छोड़कर अगर सब हिंदू और सिख अपने मुसलमान भाइयोंके हाथों दिलमें गुस्सा लाये बिना मर भी जायं तो वे सिर्फ हिंदू और सिख मजहबकी ही नहीं, इस्लाम और दुनियाकी भी रक्षा करेंगे।

तीस सालसे मैं आपको अहिंसा और सत्यका उपदेश देता आया हूं। मैंने दक्षिण अफ्रिकामें बीस सालतक इसी तरह किया था। मेरा विश्वास है कि दक्षिण अफ्रिकाके हिंदुस्तानियोंने मेरी बात मानकर फायदा ही उठाया है और यहां भी जो सत्य और अहिंसाके रास्तेपर चले हैं उन्होंने कुछ गंवाया नहीं है। ठीक है कि हमारे सत्याग्रहियोंने अपना सब कुछ लुटा दिया। लेकिन उसमें क्या हुआ? रत्नको उन्होंने हाथमें कर लिया और निकम्मी चीज फेंक दी। अगर मैं पंजाब गया तो मैं वहां क्या करूंगा इसकी मेरे

दिलमें हिचकिचाहट हो रही है। वहां क्या मैं बदला लेने जाऊं? बदला लेनेकी बात मीठी तो लगती है, लेकिन ईश्वर कहता है बदला लेनेका काम मेरा है। मुझसे काफी लोग कहते हैं कि यहां आओ तो सही। मैं उनसे कहता हूं कि मैं वहां बदला लेनेकी बातका प्रचार करनेवाला नहीं हूं। ऐसा करना तो हिंदू, सिख और मुसलमान सबकी कुसेवा करना होगा।

मैं मुसलमानोंसे भी कहना चाहता हूं कि हिंदू और सिखोंके साथ लड़कर पाकिस्तान लेनेकी बात निरा पागलपन है। पाकिस्तानमें तो अमनसे रहनेकी बात है। कायदे आजमने कहा है कि हमारे यहां हरदम इन्साफ होगा। आज वहां क्यों इन्साफ नहीं दीखता? शायद वह पूछेंगे कि बिहारमें भी क्या हुआ? पर बिहारके प्रधानमंत्री तो आज रो रहे हैं। वह कहेंगे, आपकी कांग्रेस कहां गई थी? उसने क्या किया? यह सवाल बड़ा है। कांग्रेसका राज्य हिंदू-मुसलमान दोनोंपर चलना चाहिए। लेकिन आज ऐसा नहीं है। मैं ऐसे पाकिस्तानकी कल्पना ही नहीं कर सकता जहां कोई गैरमुसलमान शांति और सुरक्षाके साथ न रह सके। न ऐसे हिंदुस्तानका ही ख्याल कर सकता हूं जहां मुसलमान खतरेमें हों। मैं बिहार गया और वहांके हिंदुओंके गुस्सेको ठंडा करने और मुसलमानोंमें हिंदुओंके प्रति विश्वास पैदा करनेकी कोशिश की। खुशीकी बात है कि बहुतसे हिंदुओंने अफसोस जाहिर किया और आगे वैसा न होने देनेका विश्वास दिलाया। उसी तरह मैं मुस्लिम नेताओंसे अपील करूंगा कि जिन प्रांतोंमें उनकी आबादी ज्यादा है, वहांके अपने मुस्लिम भाइयोंसे वे कहें कि वे अपने यहांसे गैरमुसलमानोंको मिटानेकी कोशिश न करें।

पंजाबके हिंदुओं और सिखोंने कितनी ही उत्तेजक भाषाका प्रयोग क्यों न किया हो, फिर भी जिन इलाकोंमें मुसलमान ज्यादा तादादमें थे वहां उन्होंने गैरमुसलमानोंके साथ जो बेरहमी और पाशविकता की उसकी कोई वजह न थी।

पिछले दो दिनोंसे नोआखालीसे फिर बुरी खबरें आ रही हैं, लेकिन सब कुछ होनेपर भी पुलिस या फौजकी मदद मांगना गलती और कायरता है। जो लोग गड़बड़ मचनेपर रोते हैं, वे गुलाम हैं और जो फौजकी सहायता चाहते हैं वे गुलाम बने रहेंगे। लोग न तो गृह-युद्धमें पड़ेंगे, न गुलाम रहना ही पसंद करेंगे। मुझसे सतीश बाबू व प्यारेलालजीने पत्र लिखकर पूछा है कि घास-फूंसके झोपड़ोंके दरवाजे बंद करके, जिसमें दस-बीस आदमी

हों, जला दिया जाय तो वे क्या करें? हरेन बाबूने चौमुहानीसे ऐसी ही बात लिखी है और बताया है कि आश्रित लोग जाना चाहते हैं, पर समझानेपर रुक गए हैं। मैंने बंगालके प्रधान मंत्रीको तार दिया है कि यह खतरनाक बात है। लोगोंको मैंने संदेश भेजा है कि जिनमें साहस हो, हिम्मत हो, वे जल जाएं, मिट जाएं। अगर अपनेमें इतनी मजबूती वे महसूस नहीं करते तो वे वहांसे हिजरत करें। बड़े-बड़े लोगोंने हिजरत की है। मुहम्मद साहबने भी की है। कुछ भी करें, जिन अंग्रेजोंको यहां से हम भगाना चाहते हैं उनकी फौजोंको लोग हरगिज न बुलावें। पिछली लड़ाईमें इंग्लैंडके और जापानके कितने आदमी मर गए, पर उसकी वे शिकायत नहीं करते। ये बहादुर जातियां हैं। हमको अंग्रेजोंका राज अच्छा लगे, यह हमारे लिए शर्मनाक बात है।

जो भूमि अमर हिमालयसे घिरी हुई है और गंगाकी स्वास्थ्यप्रद धाराओंसे सिंचित होती है क्या वह हिंसासे अपना नाश कर लेगी? मैं अन्त:करणसे आशा करता हूं कि बड़ी-बड़ी फौजें रखनेका खयाल हम अपने दिलसे निकाल डालेंगे। इन फौजोंसे हमारा कुछ भी भला नहीं होनेवाला है और उनके रहते हमारी आजादीकी कोई कीमत न होगी।

॥ ८ ॥
८ अप्रैल १९४७

भाइयो और बहनो,

मैं देखता हूं कि अब आपने इतनी शांति अपनाली है कि रोज-रोज धन्यवाद देनेकी आवश्यकता नहीं रहती। आज मैं अपनी दुर्दशापर ही बोलना चाहता हूं और मुझे उम्मीद है कि आपके कानों तक इसका एक-एक शब्द पहुंचेगा तथा इसकी एक-एक बात आपके हृदयका भेदन करेगी, यानी हृदयकी गहराईमें पहुंचकर वह अपना असर डालेगी।

कल अखबारमें आपने सतीश बाबू और हरेन बाबूके तार देखे ही होंगे। आज सतीश बाबूने प्रत्युत्तरमें जो तार भेजा है उसमें वह लिखते हैं कि जीवनसिंहजी, प्यारेलालजी और दूसरे जो आपके साथी यहां आकर काम

कर रहे हैं उन सबने मरते दमतक यहींपर बने रहनेका निश्चय किया है और सभी यह बात मंजूर करते हैं कि आपका कहना सही है। यहांके हिंदू ऐसा कर सकते हैं जैसा आपने लिखा है। खतरा तो पूरा है, मारे जानेका डर बढ़ता जा रहा है। वे रोते हैं, इतनेपर भी वे मजबूतीके साथ शांत और तैयार हो रहे हैं। अब डरके मारे भाग जाना वे पसंद नहीं करते। वे सोचते हैं कि अगर, मौत आने ही वाली है तो उसे ईश्वरका प्रसाद समझकर मंजूर कर लेना ही अच्छा है। यह खुशीसे मरनेकी बात है, मारकर मरनेकी बात नहीं है। यह सब आजतक किए गए कामका नतीजा है।

मैंने उन लोगोंसे पुछवाया था कि आप यह तो नहीं चाहते कि मैं यहांका काम छोड़कर आपके पास चला आऊं? मुझे दूसरे जरूरी काम हैं। मुझे बिहार जाना है। फिर पंजाब भी पड़ा है। उन लोगोंने मुझे लिखा है कि 'तुम यहां आनेका जरा भी खयाल न करो।'

वे सारे लोग अलग-अलग जगह फैले हुए हैं। सतीश बाबू एक ओर हैं तो हरेन बाबू दूसरी ओर चौमुहानीमें बड़ा भारी काम कर रहे हैं। अम्तुस्सलाम, प्यारेलाल, कनु और आभा-जैसे हरेकने एक-एक गांव चुन लिया है। मुझे भरोसा है कि सभी लोग मेरी उम्मीदके मुताबिक भलीभांति काम करेंगे। मेरी वह उम्मीद क्या है? मेरी उम्मीद तो है कि भगवानसे सबको सुमति मिलेगी, जैसा कि यह लड़की रामधुनमें सुनाती है, 'सबको सन्मति दे भगवान'। मैं यह उम्मीद करता ही रहूंगा, कि वे समझ लेंगे कि जबरदस्ती और मारपीटसे कुछ भी हासिल होनेवाला नहीं है। अगर किसीने मारपीटकर कुछ ले लिया या दूसरेसे कुछ करवा लिया तो वह टिकनेवाली बात नहीं होगी। ऐसा तो चोर-डाकू करते हैं। दूसरे लोग डाका डालें तो क्या हम भी डाकू बन जायंगे? नहीं, हम उनके रास्तेपर नहीं चलेंगे। वे हमें मारना चाहते हैं तो हम मर जायंगे।

हमारे बीच इस तरह मरनेवाले बहादुर लोग मौजूद हैं, यह देखकर अच्छा लगता है। उनकी बहादुरीसे उनका और देशका भला होगा। वे मरते-मरते भी मारनेवालोंकी शिकायत नहीं करेंगे। न उन्हें सजा दिलवानेकी बात सोचेंगे। मारनेवाले सजामेंसे छूटनेवाले नहीं हैं। ईश्वर उन्हें सजा देगा, हम सजा देनेवाले कौन होते हैं? हम ईश्वरसे भी नहीं कहेंगे कि हे भगवान, उन्हें सजा दे, क्योंकि ईश्वर तो दयावान है। हम तो उससे अपने लिए और दुश्मनके लिए भी रहम ही मांगेंगे और अंततक सबका, मारनेवालोंका भी

भला चाहनेकी कोशिश करते हुए मरेंगे। इतनेपर भी भगवान जो करेगा उसमें दया ही भरी होगी।

लेकिन ऐसोंमेंसे कोई वहां मर जाय तो क्या मैं यह कहूंगा, 'हाय क्या हुआ?' मैं ऐसा नहीं कहूंगा। मैं तो कहूंगा, अच्छा ही किया जो उन्होंने इतनी बड़ी सेवा की। मुसलमानोंकी भी सेवा की है और ऐसा करके ईश्वरका काम किया है।

लेकिन जो मरनेको तैयार हो जाते हैं, बहादुर बनते हैं, उनसे मौत हट जाती है। हम उम्मीद करें कि उन्हें मरना नहीं पड़ेगा। वहां सुहरावर्दी साहब हैं, छोटे-मोटे अफसर हैं। जो डाके डालनेवाले भी हैं उनको ईश्वर सुमति देगा और डाका डालनेवाले भी चेत जायंगे तथा दूसरोंको मजबूर करनेकी बात छोड़ देंगे। मैं तो यहांतक उम्मीद करता हूं कि वहांके सब मुसलमान भाई इकट्ठे होकर अपने हिंदू भाइयोंकी रखवाली अपने जिम्मे ले लेंगे और जगह-जगहसे मुसलमान भाइयोंके मिलकर तार मेरे पास आयेंगे कि 'आप फिकर न करें, हमारे यहां खतरे की कोई बात नहीं है।' और तब मैं नाचूंगा।

एक भाईने पूछा है कि 'मैं क्यों कहता हूं कि मैं हिंदू हूं, इसलिए मुसलमान हूं?' यह तो साफ बात है। यह मैंने गीतासे सीखा है। गीतामें बताया है :

यो मां पश्यति सर्वत्र सर्वं च मयि पश्यति।
तस्याहं न प्रणश्यामि स च मे न प्रणश्यति॥

यानी जो मुझे हर जगह देखता है, उसका मैं नाश नहीं करता और वह मेरा नाश नहीं करता। गोया कुरानमें, जेंदावस्तामें, बाइबलमें, सबमें राम है और ईसाई, पारसी, सिख, मुसलमान जिस गॉडको, जिस हुरमसको और जिस खुदाको भजते हैं वह ईश्वर ही है और मैं इस धर्मका माननेवाला सच्चा हिंदू हूं, इसीलिए मैं मुसलमान हूं और ईसाई भी हूं। यह सिर्फ दिमागकी या कहनेकी बात नहीं है। यह हकीकत है। ईशोपनिषद्में भी ऐसा ही लिखा है कि 'मैं सब चीजमें हूं और सारा मुझमें ही है।' और फिर लिखा है कि 'वह दौड़ती भी है, वह स्थिर भी है।' ईश्वरके बारेमें इस प्रकार कई तरहकी बातें गीता-उपनिषद्में कही गई हैं।

दूसरे पत्रमें कहा है कि 'अगर आप अपनेको खिदमतगार कहते हैं और राम और रहीम एक ही हैं तो दोमेंसे एकको क्यों नहीं चुन लेते? इस

बातका खुलासा दीजिए।' मैं खिदमतगार हूं, इसलिए यह खुलासा देता हूं। विष्णुके सहस्र नाम हैं। पर ईश्वरके केवल हजार ही नाम नहीं हैं, एक लाख भी हैं। मैं तो कहता हूं कि ईश्वरके चालीस करोड़ नाम हैं। इसलिए क्या वजह है कि मैं केवल राम ही कहूं या रहीम ही कहूं? और फिर किसीने पूछा है, क्या मैं मुसलमानोंकी खुशामदके लिए ऐसा कहता हूं?

तो मेरा उत्तर है—नहीं। मैंने कोई सोच-समझकर प्रार्थना नहीं बनाई है। अब्बास तैयबजीकी लड़की रेहाना, जो पक्की मुसलमान भी है और हिंदू भी है, उसने मुझसे कहा, 'ओज़ अबिल्ला' सिखा दूं? मैंने कहा, ठीक है, सिखा दे; चाहे तो मुझे मुसलमान भी बना दे। तो वह बोली, नहीं, आप मेरे पिता हैं, मैं आपकी लड़की हूं। आप अच्छे हिंदू हैं, आपको मुसलमान बनानेकी कोई जरूरत नहीं। पर उसने मुझे यह 'ओज़ अबिल्ला' सिखा दिया और वह तबसे चल रहा है। उसी तरह मेरे उपवासके बाद डा० गिल्डरने एक पारसी मंत्र सिखा दिया। वह भी चल रहा है। मैं तो राम-नामका भूखा हूं। उसे हजार तरीकेसे कहूंगा और कोई मजबूर करने आयंगे कि फलां नाम लो, फलां मत लो तो एक भी नाम न लूंगा।''

(इसके बाद गांधीजीने कुछ लिखित प्रश्नोंके उत्तर दिए।)

प्रश्न—आपने कहा, जिनमें मरनेकी ताकत नहीं है और मरना नहीं चाहते वे हिजरत करें। तो वे कहां जायं?

उत्तर—वे मुट्ठीभर आदमी इतने लंबे-चौड़े भारत देशमें कहीं भी समा सकते हैं। अव्वल तो पंजाबमें ही वे अपने लिए जगह कर सकते हैं पर यदि नहीं कर सकते तो इतना बड़ा देश पड़ा है, वे जगह ढूंढ़ लें। मुझे यह बतानेकी आवश्यकता नहीं है। इतना ध्यान रखें कि किसीसे भिक्षा न मांगें, हाथ न फैलावें, बल्कि अपने-अपने बूतेपर सब कुछ करें।

(अंग्रेजीमें लिखकर भेजे कुछ पत्रोंपर व्यंग्य करते हुए गांधीजीने यह भी कहा कि मैं जो अंग्रेजी ठीक-ठीक नहीं जानता और जिसकी 'ऊजड़ गांवमें अरंड पेड़' जैसी हालत है, उसे ही इसमें गलती मिलती है तो अंग्रेजीदां कितनी गलती बता देंगे? अंग्रेजी व टाइपराइटरकी क्या जरूरत थी?)

प्रश्न—अपनी प्रार्थनामें पुलिस बुलाते हुए आपको शरम नहीं आती?

उत्तर—शरम तो बहुत आती है और जब-जब पुलिसने प्रार्थनामें अमन करनेकी कोशिश की है तब-तब मैंने प्रार्थना रोकी है। फिर मैंने सरदार पटेलसे याचना तो नहीं की कि आप मेरी रक्षाके लिए पुलिस भेज दें। इसपर भी पुलिस आती है तो मुमकिन है वह भी राम नाम व प्रार्थनासे दो-एक भली बातें सीख जायगी। उसका द्वेष क्यों?

प्रश्न—हिंदू-धर्ममें आप अहिंसा कहांसे ले आए? अहिंसासे तो आप हिंदुओंको बुजदिल बना रहे हैं।

उत्तर—मेरी वजहसे कोई बुजदिल हुआ है, ऐसा मेरे ख्वाबमें भी नहीं है। वह छोटी लड़की आभा जो पहले कुछ डरती थी वह भी मेरे पास रहकर बहादुर बन गई है। मैंने उसे कह दिया, तेरा पति तेरे साथ नहीं जायगा। वह अब अकेली ही खतरेकी सब जगहपर चली जाती है। तो क्या वह बुजदिल है? वह निहत्थी जाती है। यह भी नहीं कहती कि मुझे खंजर दिलवाओ तब जाऊंगी। उस बेचारीके पास तो सब्जी काटनेकी छुरी भी मुश्किलसे रहती है। मैंने यह कभी नहीं कहा कि आप लोग खतरेकी सीटी सुनते ही सब भाग निकलें। हमें मरना है, और मारकर नहीं मरना है। अहिंसा हिंदू-धर्मका असली सार है। आपकी गीताने अहिंसा सिखाई है। मैं तो कहता हूं कि मुसलमान धर्मका सार भी अहिंसा है और ईसाई धर्म भी अहिंसा सिखाता है।

॥ ९ ॥

९ अप्रैल १९४७

भाइयो और बहनो,

सुचेतादेवीने आज जो भजन सुनाया है वह आप लोगोंने पिछली बार, जब मैं यहां था तब भी, सुना था। उसके शब्द जितने सुंदर हैं उतने ही मीठे स्वरसे वह गाया गया है। आज भी जब मैं उसे सुन रहा था मुझे वह वैसा ही ताजा और नया-सा लग रहा था। क्या ही अच्छा हो, यदि हमारा देश ऐसा ही बन जाय और हम कह सकें कि यहांपर शोक नहीं है, आह नहीं है। लेकिन हम जानते हैं कि आज देश ऐसा नहीं है। एक-एक करके हरेक

आदमी अगर इस भजनके मुताबिक अच्छा बन जाय तो देश भी ऐसा हो जायगा। समुद्रकी क्या ताकत है? एक-एक बूंदसे ही तो वह बना है। इसी तरह देश भी एक-एक आदमीसे बनता है। आज हमलोग ऐसे नहीं हैं कि इस भजनको सच्चे दिलसे गा सकें। ऐसा देश ढूंढ़ने चलें तो वह कौन-सा होगा? वह देश है हमारा शरीर और उस देशकी निवासी है हमारे शरीरमें रहनेवाली आत्मा। आत्माके जो गुण होने चाहिए वह इस भजनमें बताए हैं। हमें चाहिए कि उन गुणोंको अपनाएं। अगर हम लोग ऐसे बन जायं तो फिर हमारे देशका नाम चाहे हिंदुस्तान रहे या पाकिस्तान, वह सुंदर ही होगा, भले ही फिर उसमें ११ प्रांत हों या २१, या चाहे जितने। सबको ऐसा होना चाहिए कि हर कोई आरामसे रह सके, कोई मुफलिस न रहे, न कोई किसीपर आक्रमण कर सके।

अपने देशको ऐसा बनानेके लिए आपको जिंदा रहना है, हम सबको जिंदा रहना है, मुझको भी जिंदा रहना है। लेकिन आज जो हो रहा है वह उससे उलटा ही हो रहा है। मेरे पास जो ढेरों चिट्ठियां आ रही हैं उनमें गालियां भी रहती हैं और स्तुति भी होती है। हमें चाहिए कि जो गालियां मिलती हैं और जो स्तुति होती है उन सभीको कृष्णार्पण करके हम बरी हो जायं।

मैं समझता हूं कि इन चिट्ठियोंके लिखनेवालोंमेंसे कुछ लोग इस मजमेमें होंगे ही। मुझे यह अच्छा लगता है कि वे मेरी बात सुनते हैं; क्योंकि सुननेसे वे समझेंगे और मुल्कको फायदा पहुंचायेंगे।

हम अभी तो आजादी पा रहे हैं। अभी हमने वह पाई नहीं है। अगर हम मिल-जुलकर काम करें तो आज ही वाइसराय चले जायं या सब बागडोर हमें सौंपकर वह बैठे रहें अथवा हम जो काम बतावें वह अपने दिलबहलावके लिए करते रहें। वह खाली बैठनेवाले आदमी नहीं हैं। बादशाही खानदानके हैं, बड़े चतुर हैं। उनकी बीबी भी चतुर है। उनसे हम काम ले सकते हैं। लेकिन आज जो हालत है उसमें नहीं ले सकते। अभी तो वह चौदह महीने, तक बैठे रहेंगे और हिंदुस्तानको प्रमाणपत्र देंगे कि वह कैसा अच्छा या बुरा है। हिंदुस्तानको ही देखनेके लिए एशियाई कान्फ्रेंसमें एशियाके लोग आए थे, लेकिन वे यह खयाल लेकर गए कि यहां हिंदू-मुसलमान लड़ रहे हैं। वे क्यों लड़ रहे हैं, यह किसीको पता नहीं। कम-से-कम मुझे तो पता नहीं है कि क्यों लड़ रहे हैं।

क्या पाकिस्तानके लिए लड़ रहे हैं? वे कहते हैं कि हम पाकिस्तान लेकर रहेंगे। क्या वे हमें मजबूर करके लेंगे? जबरदस्तीसे लेंगे? जबरदस्तीसे एक इंच जमीन भी नहीं ले सकते। समझा-बुझाकर लें तो सारा हिंदुस्तान भले ही ले लें। मुझे तो यह अच्छा लगेगा कि हमारे आजाद हिंदुस्तानके पहले प्रेसीडेंट जिन्ना साहब बनें और वह अपनी केबिनेट बनावें। लेकिन इसमें एक ही शर्त होगी कि वह खुदाको हाजिर-नाजिर समझें यानी हिंदू, मुसलमान, पारसी सबको एक समझें।

चिट्ठियां भेजनेवालोंमें एक आदमी लिखता है, 'तुम्हें 'मुहम्मद गांधी' क्यों न कहा जाय?' और फिर बड़ी खूबसूरत गालियां दी हैं, जिन्हें यहां दुहरानेकी जरूरत नहीं है। गाली देनेवालेको जवाब न दिया जाय तो वह एक, दो, तीन या अधिक बार गाली देकर थक जायगा। थककर या तो चुप हो जायगा, या और गुस्सेमें आकर मार डालेगा। पर मारनेके बाद फिर क्या होगा? हमारा कुछ नहीं बिगड़ेगा। कोई कहे कि फिर हमारे बीबी-बच्चोंकी रखवाली कौन करेगा? तो उसे समझना चाहिए कि उनकी रखवाली करनेवाला तो ईश्वर बैठा है। फिर हम परेशान क्यों हों?

बंगाल-विभाजनके आंदोलनको शांत करनेका सबसे अच्छा तरीका उस बारेमें हिंदुओंके साथ दलील करके उन्हें समझाना होगा और अभीसे उन्हें यह बताना होगा कि वह उनसे कोई बात जबरदस्ती नहीं कराना चाहते। अपने सर्वथा निष्पक्ष व्यवहारसे यह सिद्ध करना होगा कि पाकिस्तानमें हिंदुओंको निष्पक्षता और न्यायके बारेमें किसी तरहकी आशंका नहीं रखनी चाहिए। मुसलमानोंके साथ केवल मुसलमान होनेके कारण ही पक्षपात न किया जायगा और सरकारी नौकरीके लिए आदमी चुनते समय केवल उसकी योग्यताका ही ध्यान रखा जायगा। अगर सुहरावर्दी साहब ऐसा करें तो समूचा बंगाल एक आजाद सूबा बन जाय। फिर उसके दो या चार टुकड़े करनेकी बात न होगी। अल्प मतवालोंकी खुशामद करके उनके दिलको इस तरह जीत लेना चाहिए—हिंदुओंके साथ उन्हें इस तरह पेश आना चाहिए—कि वे यही कहें कि 'हमारे प्रधान तो सुहरावर्दी ही होंगे। हमारा भरोसा उन्हींपर है।'

लेकिन अभी वैसा नहीं है। मेरे पास आज ही सुशीलाका, जो पहले राजकोटमें स्कूल चलाती थी, खत आया है। उसने वहांके हालात बताए हैं कि वह जहां काम करती है वहां इतना खौफ रहा कि कोई हिंदू औरत

अकेली तो क्या, मिलकर भी वहां जा नहीं सकती थी। जब वह खुद चली गई तब वे औरतें उसके पीछे-पीछे वहांपर जा सकीं।

मैं यह कहे बिना नहीं रह सकता कि अगर हिंदुस्तानियोंमें सच्ची बहादुरी हो तो पाकिस्तान लेनेके लिए आज जो जोर-जबरदस्ती हो रही है वह अपने मकसदमें नाकाम हुए बिना नहीं रह सकती। मैं हिम्मतसे कहूंगा कि जबरदस्ती और डर दिखलाकर पाकिस्तान लेनेकी बात खाली सपना देखना है।

॥ १० ॥

१० अप्रैल १९४७

भाइयो और बहनो,

भजन[१] जितना मीठा है, उसका अर्थ भी वैसा ही बुलंद है और आज आप लोगोंपर और हम सबपर वह लागू होता है। हमपर कितनी ही मुसीबतें और कठिनाइयां क्यों न आएं हमें उनसे निराश नहीं होना चाहिए, घबराना नहीं चाहिए, यह इस सारे भजन का निचोड़ है। जो दीया जलाया जाता है वह गुल हो जाता है और अंधेरा छा जाता है तो भी हमें उसे सहन करना है। जो दीया बुझ गया, जो जिंदगी चली गई, वह लौटकर तो आनेवाली है ही नहीं। हिंदू-मुसलमान जानवर बन जाते हैं पर उन्हें याद रखना चाहिए कि वे झुकी हुई कमरवाले जानवर नहीं हैं, सीधी कमरवाले मनुष्य हैं। इसलिए घोर विपत्तिमें भी उन्हें धर्म और श्रद्धा नहीं छोड़नी चाहिए।

आज भी मेरे पास काफी खत आए हैं। एक सज्जनने लिखा है कि हिंदू-मुसलमान दोनों हैवान बने हुए हैं। दोनों लड़ते हैं। क्या इसमेंसे कोई रास्ता नहीं है? रास्ता तो है। दोमेंसे एक जानवर न बने यही इसमेंसे निकलनेका सीधा रास्ता है। पर पत्र-लेखकने एक बात और कही है कि 'तीसरे लोग क्या करते हैं, यह बड़ा सवाल है। वाइसराय साहब हिंदुस्तानकी सत्ता हिंदुस्तानियोंको सौंपने आए हैं। माना कि वह सच्चे दिलसे आए हैं;

---

१. यदि तोर डाक सुने केउना आसे तबे एकला चलोरे,
एकला चलो, एकला चलो, एकला चलोरे।...

अंग्रेजोंने अपने बादशाहके कटुंबके बड़े योद्धाको यहां फैली हुई अपनी सत्ताको समेट लेनेके लिए ही भेजा है और उनको यहां भेजनेवाले ब्रिटिश मिनिस्टर लोग भी दिलके सच्चे हैं। फिर भी सवाल यह है कि जो अंग्रेज व्यापारी इतने बरसोंसे हमें चूस-चूसकर खाते रहे हैं वे ठीक तरहसे रहेंगे या अपनी कारगुजारियोंको चलता रखेंगे? आजतक हमारा कुल व्यापार उनके हाथोंमें रहा है। अब आगे वे क्या करेंगे?' यह प्रश्न सही पूछा गया है। हिंदू-मुसलमान मिलकर उन्हें रखना चाहें तब वे दोस्तकी तरह रहेंगे या उनके न चाहनेपर भी जबरदस्ती हमपर वे अंग्रेज व्यापारी लदे रहेंगे। दूसरी तरफ सिविल सर्विसका जोर है। उसने तो हम लोगोंपर इतना काबू जमाया है कि हम यह जान नहीं पाते कि हमें कभी आजादी मिल भी सकेगी या नहीं। यह तो ईश्वरकी दया है कि हमारे हाथ दो-एक ऐसी तरकीबें आ गईं और हालात ऐसे बन गए कि अंग्रेज जानेको कहते हैं। लेकिन अभी तो सिविल सर्विस भी है, उनके सोल्जर (योद्धा) भी हैं। उनका खाना-दाना यहां बना रहेगा तो वे क्यों जायंगे?

ऐसा तो न होगा कि वाइसराय साहबकी दी हुई चीज यूंही वापस छीन ली जाय? ऐसी शंकापर मुझे यही कहना है कि अभी जो हालत है उसमें हम कुछ भी नहीं कह सकते। अभी स्वराज्यका अरुणोदय ही हुआ है; सूरज चमका नहीं है। हमें पता नहीं कि उस सूरजमें गरमी कितनी है। इस समय तो हम थरथर कांप रहे हैं। हमारे दिलोंमें संदेह भरा हुआ है। सूरज चमकेगा तभी हमें उसकी सही गरमीका पता चलेगा।

इस बारेमें मैं आप लोगोंसे तो कुछ नहीं कहना चाहता; लेकिन उन अंग्रेज लोगोंसे, व्यापारी, सिविलियन और सोल्जर सभी लोगोंसे कहना चाहता हूं कि अगर आपको अंग्रेजोंका नाम कायम रखना है तो आप यहांसे अब रवाना हों। आजतक आप हमारे कंधोंपर बैठे रहे, यह अच्छा नहीं किया; लेकिन अब आप उतरनेको तैयार हो जायं तो अच्छा होगा।

उन लोगोंसे यही काम करानेके लिए माउंटबेटन साहब यहां आ गए हैं और वह अकेले नहीं हैं। इंग्लैंडवालोंकी सारी ताकत अपने साथ लेकर वह आए हैं। ऐसा करनेमें उन्हें कुछ नुकसान भी उठाना पड़ेगा; पर इसके लिए वह तैयार हैं। इसका कुछ सबूत भी उन्होंने दिया है। हमने कहा कि सिविल सर्विस जानी चाहिए तो वह सिविल सर्विस जा रही है और उन्हींके सिरपर जा रही है। यानी उनको पेंशन आदि ब्रिटेन ही देगा।

इधर माउंटबेटन साहबने गवर्नरोंको और उनके सब सेक्रेटरियोंको भी बुलाया है—सही बात समझानेके लिए बुलाया गया है। उधर चर्चिल और उनकी पार्टी भी मोर्चा लिए बिना न मानेगी। इतनेपर भी वाइसराय साहबका कहना है कि हम ब्रिटिश प्रजाके नामसे यहां आए हैं और उसीकी रायसे अब हमें यहांसे लौट जाना है। वाइसराय साहबके इस काममें गवर्नरोंको, अंग्रेज व्यापारियोंको और सिविल सर्विसवालोंको सहयोग देना चाहिए। उन सबको यहांसे चला जाना चाहिए। यहां रहना चाहें, वे खुशीसे रहें। पर आजतक जो किया उससे उलटा करें, यानी हमें चूसनेके बदले हमें फूलने-फलनेमें मदद दें। ऐसा करेंगे तो उनकी नामवरी हो जायगी।

लेकिन सब जगहसे बात आ रही है कि जितना दंगा-फसाद हो गया है उसमें उनकी शरारत भरी थी। इस बातकी माउंटबेटन साहबको भी बू आ रही है। उनके दिलमें शक हो गया है कि लोगोंकी यह बात कहीं सही न निकल जाय। अब यहांके अंग्रेजोंको यह देखना है कि हिंदू-मुसलमान जो बात मानते थे कि इन दंगोंमें अंग्रेजोंका ही हाथ है वह सही साबित न हो। अगर वह बात सही है तो इतिहास किसीका लिहाज रखनेवाला नहीं है। भावी इतिहास कहेगा कि वे लुटेरे लोग थे।

परंतु वे कह सकते हैं कि जो हुआ सो हुआ। अब हमने नया पन्ना खोल दिया है। माउंटबेटन साहब तो अच्छा करना चाहते हैं ही, पर उनकी कामयाबी अंग्रेज व्यापारी, अंग्रेज सोल्जर और अंग्रेज सिविलियनके हाथोंमें ही है। उन सभीकी नेकनीयत, न होगी तो वाइसरायका किया-कराया खतम हो जानेवाला है। इसलिए हमको प्रार्थना करनी चाहिए कि ईश्वर उन लोगोंको सुमति दे। हिंदुस्तान छोड़ जानेमें उन्हें, चाहे कितनी ही परेशानी क्यों न हो उनके सामने अपने भविष्यके बारेमें, अंधेरा ही क्यों न छाया हुआ हो, फिर भी मैं उनको कहना चाहता हूं कि उनकी उन्नति इसीमें है कि वे यहांसे जानेकी बात पक्की कर लें।

इसके बाद हमारा झगड़ा निपटानेमें वे हमें मदद दे सकते हैं। ऐसा करनेमें वे सफल भी हो जायंगे। फिर उनको बड़ा यश मिलेगा। मेरी ईश्वरसे प्रार्थना है कि वे यहांसे दुश्मनकी तरह न जाकर दोस्तकी तरह भलाईके साथ जायं और हमारे दिलोंमें उनकी दोस्ती बनी रहे।

॥ ११ ॥

११ अप्रैल १९४७

भाइयो और बहनो,

आपको खबर देते हुए मुझे संकोच होता है कि आज मैंने एकाएक बिहार जानेका निश्चय कर लिया है। आप जानते हैं कि मेरा क्षेत्र नोआखाली और बिहार है। इनको मैंने चुना है, ऐसा नहीं है। नोआखाली तो मैं दैवयोगसे यानी ईश्वरकी पुकार सुनकर चला गया। उसी सिलसिलेमें मेरा बिहार जाना भी हुआ। नोआखालीमें मैं जितने दिन रहा, उसमें मैंने काफी काम कर लिया। वहां जो हिंदू आतंकसे विह्वल हो गए थे उन्हें कुछ शांति मिली। पर जिस तरह वहां हिंदुओंके लिए काम हुआ उसी तरह मुसलमानोंके लिए भी हुआ। आज उसकी कीमत न सही, पर आगे चलकर जब हवा बदलेगी तब वहां किए गए कामका मूल्य देशकी समझमें आएगा। वैसे तो आज भी वहां की गई कोशिशोंका फायदा नजर आता है। आज भी वहां नेक मुसलमान अपने हिंदू पड़ोसीको फिरसे भाई समझने लगे हैं, पर अभी ऐसे लोगोंकी तादाद इतनी नहीं बढ़ी है जितनी बढ़नी चाहिए। फिर भी वहां जो काम हो रहा है उससे भविष्यमें बहुत लाभ होनेवाला है, इसमें शक नहीं।

इस समय मेरा काम उतना नोआखालीमें नहीं है जितना बिहारमें है। बिहारसे एक मुसलमान भाईका तार आया है कि आप लंबे अरसे तक बिहारसे बाहर रहे, अब आपको यहां लौट आना चाहिए। आप आएंगे तभी हमारे दिलको तसल्ली मिलेगी। यह ठीक है कि मैंने बिहार जानेका निश्चय इस तारके कारण नहीं किया है, पर अब मेरा दिल वहीं लगा हुआ है, क्योंकि मैंने तो वहां कहा है कि करूंगा या मरूंगा।

करूंगासे मतलब यह है कि बिहारके हिंदू-मुसलमान साथ मिलकर भाई-भाईकी तरह रहने लगें। बिहारके बाहर चाहे सब जगह अंगार ही क्यों न बरस रहे हों तब भी वहां हिंदुओं और मुसलमानोंको मिलकर अमनके साथ रहना है। बिहारमें कई देहात मौजूद हैं जहां बाहरकी आगका असर नहीं पहुंचा है। बिहारमें ही नहीं, ऐसे नोआखालीमें भी हैं और पंजाबमें जहां इतना दंगा मच गया है वहां भी ऐसे गांव पड़े हैं जहां सब मिलकर शांतिसे और एक-दूसरेके भरोसेपर रह रहे हैं। ऐसे देहात सारे हिंदुस्तानमें मिल जायंगे।

आप पूछ सकते हैं कि कल-परसों तो तुमने पंजाब जानेकी बात की थी, उसे एक ओर रखकर अब बिहार क्यों जाना चाहते हो ? और वाइसरायसे बात करनेके लिए जो इधर आए थे सो वह बात क्या पूरी हो गई ? अगर वाइसरायसे बातें हो भी गई हैं तो आखिर उसका क्या अंजाम आता है, यह देखनेके लिए तो रुक जाओ। पर मैं अंजामके लिए क्यों रुकूं ? अंजाम लाना मेरे हाथकी बात तो है नहीं। इन बातोंका निर्णय करनेवाले दूसरे हैं। मुझसे वाइसरायकी जो बातें होनी थीं वे हो चुकीं। मैंने कहा था कि मैं यहां दिल्लीमें दो आदमियोंका कैदी हूं, एक वाइसरायका और दूसरे पंडित जवाहरलाल नेहरूका। मेरे पास राजेंद्र बाबू आए थे। उनसे मैंने बातचीत कर ली है और नेहरूजीके पास भी संदेशा भेज दिया है। सबने मिलकर मुझे इजाजत दे दी तब मैंने बिहार जानेका निश्चय किया।

बिहार जाना मेरा स्वधर्म है। मैं गीताका सेवक हूं। गीता सिखाती है कि स्वधर्मका पालन करो और अपने ही क्षेत्रमें बने रहो। गीताने साफ-साफ कहा है कि स्वधर्ममें और स्वक्षेत्रमें मरना अच्छा है, परधर्ममें जाना भयावह है। इसीलिए दिल्ली-जैसे परक्षेत्रमें रहना भयावह हो जाता है।

अगर पंजाब जानेके लिए ईश्वरकी आवाज आती तो मैं जरूर ही चला जाता। आप पूछेंगे कि क्या ईश्वर तुझसे कहनेको आता है ? वैसा कोई ईश्वर मेरे पास नहीं आता। लेकिन भीतरसे आवाज तो आती है ही। जो कोई ईश्वरका भक्त बन जाता है वह अपने भीतर बैठकर ईश्वरकी आवाज सुन लेता है। पंजाबके बारेमें मुझे वैसी आवाज नहीं सुनाई दी।

पर इतना मैं कहूंगा कि पंजाब जानेकी बातपर मैंने काफी गौर किया और इस नतीजेपर आया कि आज वहां जानेसे कोई खास मतलब पूरा होनेवाला नहीं है, क्योंकि वहां हमारा राज नहीं है। अगर वहां लीगका भी राज होता तो वह हमारा ही राज कहा जाता, क्योंकि अगर लीगवाले आते हैं तो वे वोटके जरिये आते हैं और तब वह हमारा राज हो जाता है। लोगोंके वोटसे जो राज आयगा वह लोगोंका ही राज कहलायेगा। वह राज सुख देनेवाला हो या दुःखदायी हो यह देखना हमारा काम है।

फर्ज कीजिए कि हमारी कमनसीबीसे हमारे देशमें एक हिंदू राज्य हो गया और दूसरा मुसलमानोंका पाकिस्तान बन गया। अगर दोनों ही ऐसे बन जायं कि वहां दूसरी कौमवाले सुख-शांतिसे न रह सकें, तो वह हिंदू राज्य

नरक हो जायगा और वैसा पाकिस्तान नापाकिस्तान हो जायगा। सच्चा पाकिस्तान वही है, जहांपर अदल इन्साफ—सही-सही न्याय—हो, जहां मारपीटके सहारे कुछ भी करवानेकी बात न हो और जो कुछ करना-धरना है या पाना है वह दूसरोंके हृदयपर असर डालकर ही करने-करवानेकी बात है। परंतु आज हमने अपना यह आदर्श भुला दिया है।

पर मैं पंजाब जाऊं या न जाऊं, वहांका काम तो करूंगा ही। जो वहां जाकर मुझे कहना है वह यहां पंजाबसे बाहर रहकर भी मैं सुना सकता हूं। और मेरे सिखानेकी तो एक ही बात है, जो मैं दोहराते हुए थकनेवाला नहीं हूं। वह बात यह है कि एक-एक हिंदू व एक-एक सिख यह निश्चय कर ले कि वह मर जायगा पर मारेगा नहीं। मास्टर तारासिंह कहते हैं, 'हम मारेंगे।' उनका यह कहना मेरी समझसे ठीक नहीं है। उन्हें तो यह कहना चाहिए कि 'हम जो चाहते हैं, वह आप नहीं देंगे तो हम चाहे मुट्ठीभर आदमी ही क्यों न हों, मर मिटेंगे; पर लेकर ही रहेंगे'। मारनेकी बात उन्हें नहीं करनी चाहिए। इतनी बात सुनानेके लिए मुझे पंजाबतक जानेकी जरूरत नहीं है।

बिहारको भी मैं बाहरसे सुना सकता था, पर मैं अनुभव करता हूं कि वहां कुछ लोगोंको समझाना जरूरी है। नोआखालीमें भी मैं इसी वजहसे घूमा। लोगोंने कहा, 'तुम्हें मार डालेंगे।' पर मैं कहता हूं, आप सब-के-सब रक्षा करेंगे तो भी मुझे मौतसे बचा नहीं सकेंगे। डाक्टर-हकीम भी बैठे रह जायेंगे। आज जो भजन गाया गया उसमें हकीम लुकमानने भी हाथ मलकर निराश हो कहा कि जिंदगीकी बहार चंद रोजकी ही है। तो फिर हम मौतसे क्यों भागें, हमें बहादुरीके साथ मरना चाहिए। इस तरह हमें चलना चाहिए कि हमपर हाथ चलानेवालोंपर दुनिया लानत बरसावे। सारी दुनिया उन लोगोंसे कहे कि आप जालिम होकर पाकिस्तान लेना चाहते हैं सो कैसे ले सकते हैं?

सत्याग्रहका रहस्य ही यह है कि सत्याग्रही समूची दुनियाका मत अपनी ओर कर लेता है। मैंने शुरूसे कहा था कि हमें अमेरिका या इंग्लैंडमें प्रचारक लोगोंके भेजनेकी आवश्यकता नहीं है, यहीं बैठे-बैठे हमारी सचाई चमकेगी और सारी दुनिया देखने आयेगी। दक्षिण अफ्रीकामें भी मैंने इसी प्रकार दुनियाकी हमदर्दी कमाई थी और अंग्रेज तथा अमेरिकनों तकने मेरी बातको सही बताया था।

॥ १२ ॥

१२ अप्रैल १९४७

भाइयो और बहनो,

कलका दिन राष्ट्रीय सप्ताहका आखरी दिन है। छः अप्रैलका दिन जाग्रतिका दिन था। उस दिन हमने देखा कि सारा हिंदुस्तान एक हो गया था। शहर तो एक होते ही हैं, क्योंकि एकताके बिना उनका व्यापार नहीं चल सकता, पर हिंदुस्तानके सभी देहात एक हैं, यह अनुभव हमें उसी दिन हुआ।

देहातका एक होना बहुत बड़ी बात है। छः अप्रैलके दिन लोगोंसे मैंने उपवास रखनेको कहा और सारे देशने वह बात मान ली। मैं कौन चीज था? पर वह ईश्वरकी पुकार थी। तभी मद्रासससे लेकर पंजाबतक, और पंजाबसे लेकर आसामके डिब्रूगढ़तक सभी देहात हिल उठे। हिंदुस्तान उसरोज जाग उठा। कलकी १३ अप्रैलकी तारीख हिंदुस्तानके कत्लकी तारीख है। उस दिन हिंदू, मुसलमान, सिख सभी एक साथ जलियांवाला बागमें कत्ल हुए। वह कोई बगीचा नहीं था। चारों ओर दीवारोंसे घिरा हुआ एक अहाता था। उस घेरेमेंसे भागनेके लिए गुंजाइश न थी। एक छोटा-सा रास्ता था। यहांपर निहत्थे लोगोंको कत्ल किया गया और कम-से-कम दो हजार—शायद पांच हजार—आदमी मारे गए। उस जगह हिंदू-मुसलमान-सिख सबके खून आपसमें मिल गए। कोई नहीं बता सका कि वहांपर कितनी मात्रामें किसका खून बहा था। शीशीमें भरकर अगर किसीका खून भेजा जाय तो बड़े-बड़े डाक्टर भी उसे जांचकर नहीं बता सकते कि वह खून हिंदूका है, सिखका है या मुसलमानका। मतलब यह कि जलियांवाला बागमें सभी हिंदुस्तानी एक साथ शहीद हुए।

आप यह न कहें कि वे वहां मरनेके इरादेसे तो गए नहीं थे फिर उन्हें शहीद क्यों कहा जाय? सच है कि वे मरनेके लिए नहीं गए थे; पर वे सब निर्दोष थे। बेगुनाह लोगोंका मारा जाना बड़ी भारी बात होती है। वह भुला देनेकी बात नहीं है। हमारा काम है कि हम उन्हें याद रखें। वह कांड इतना भीषण था कि उससे सारा देश बेचैन हो गया। उसीको देखकर गुरुदेव—रवीन्द्रनाथ ठाकुर—ने सरकारको पत्र लिखा और वह हमारे साथ आ गए। इसलिए कल आपको तेरह अप्रैलका दिन मनाना है। कल मैं यहां आपके साथ शरीक नहीं रहूंगा। यह मुझे अच्छा नहीं लगता, पर अब मैंने बिहार जानेका

निश्चय कर लिया है।

यह सवाल हो सकता है कि एक दिनके लिए क्यों न रुक जाऊं? लेकिन मैं बिहार भी अपनी मौज-शौकके लिए तो नहीं जा रहा हूं। वहां जाकर भी हिंदुस्तानकी, जो बन पड़ेगी, सेवा करूंगा। उपवास तो रेलगाड़ीमें भी हो सकेगा। इसलिए मैं आज जाऊंगा। आप कल उपवास करें और तेरह अप्रैल उसी तरह मनावें जिस तरह पिछले इतवारको ६ अप्रैलका दिन आपने मनाया था।

अगर आप लोगोंने इन सात दिनोंकी सारी बातें ठीक तरह समझ ली हैं तो आप जितने आदमी यहां आते रहे हैं इतने ही कल निश्चय कर लें कि हम मर जायंगे; पर मारेंगे नहीं। ऐसा हम क्यों कहें कि मारकर मरेंगे? ऐसा भी क्यों कहें कि हमारे हाथमें तलवार या बंदूक होगी तभी हममें मरनेकी हिम्मत आयगी। बंदूकके सहारे मैं नहीं डरूंगा और उसके बिना डर जाऊंगा, ऐसा कहनेमें हमारी कौन-सी शोभा है? हम लाठी, तलवार, बंदूक सब छोड़ें और ईश्वरको अपने साथ लेकर चल दें। फिर सब जगह निडर होकर घूमें और यह ऐलान कर दें कि हम हिंदू-मुसलमान कभी भी आपसमें नहीं लड़ेंगे।

लेकिन आज तो हम बुरी तरहसे लड़ रहे हैं। विदेशी लोग जो मिलने आते हैं उनके सामने मैं शरमिंदा हो जाता हूं। फिर भी उन्हें तो मैं जवाब दे देता हूं कि दीवाने बननेवाले चंद लोग ही हैं, चालीस-के-चालीस करोड़ दीवाने नहीं बने हैं और मुझे पूरा विश्वास है कि एक दिन वह आयेगा जब हिंदुस्तानके सब लोग यह निश्चय कर लेंगे कि हम अपनी बात बुद्धिके बलसे हासिल करेंगे, तलवारके बलसे नहीं। हिंदुस्तान अगर सच्ची आजादी चाहता है तो सभीको यह सबक सीख लेना चाहिए।

दूसरी बात मुझे यह बतानी है कि कोई कितना ही चीखे, हमारे अखबार दुरुस्त होते ही नहीं हैं। आज एक अखबारने तो यहांतक लिख दिया है कि गांधी इसलिए जा रहा है कि वर्किंग कमेटीके साथ उसका झगड़ा हो गया है और वर्किंग कमेटीके साथ अब उसकी बनती नहीं है। और यह किसी छोटे-मोटे मामूली अखबारने नहीं लिखा है। वह बड़ा प्रतिष्ठित और काफी बिकनेवाला अखबार है। इसे देखकर मुझे शरम आती है कि हमारे देश के अखबार कितने गिर गए हैं।

अपने जानेका कारण मैंने यहां कल दिया था और वह शुद्ध सत्य ही बताया था। फिर भी अखबारवालेने जो यह लिखा है वह बिलकुल निकम्मी बात है। मैं जा तो रहा हूं, पर हममें झगड़ा थोड़े ही हो गया है! हम तो एक-दूसरेसे पूरी मुहब्बत करते हैं। अभी मौलाना साहब आए थे, राजाजी थे, सरदार थे, नेहरूजी थे और कृपलानी भी थे। सभी लोग आपसमें बड़े प्रेमसे बातें कर रहे थे। सिर्फ राजेंद्र बाबू यहां नहीं आए थे, तो क्या उनका मुझसे झगड़ा हो गया था इसलिए वह नहीं आए? कैसी वाहियात बातें हैं ये सब! हां, ऐसा कह सकते हैं कि हमारे बीच मतभेद है। पर मतभेद कब नहीं थे? मतभेद तो सदा रहे हैं। बाप-बेटेके बीच भी मतभेद रहता है; पर यहां तो अखबारवालेका मतभेदपर इशारा नहीं है। वह तो साफ लिखता है कि हम आपसमें झगड़ पड़े हैं!

अगर झगड़ा होनेके कारण मैं जाता तो वाइसरायसे जानेकी इजाजत लेने क्यों जाता? नेहरूजी और कृपलानीजीकी इजाजत क्यों मांगता? यों ही बिना कहे-सुने न चला जाता!

इतना ही नहीं, सरदारने तो अभी मुझसे पूछा कि लौटकर कब आओगे? तो मैंने उत्तर दिया, "जब आप हुक्म देंगे।" झगड़ेकी बात होती तो क्या मैं ऐसी बात कहता? मैं जब बागी बन जाता हूं, बड़ा पक्का बन सकता हूं और बड़ा ही खूबसूरत बागी बनता हूं। मैं किसीकी सुनूंगा नहीं तो किसीको मारूंगा भी नहीं, न किसीको सताऊंगा।

लेकिन लोगोंको इस तरह घबराहटमें डालकर अपने अखबारकी बिक्री बढ़ाना, यह उनका पेशा है। पापी पेटको भरनेके लिए ऐसा करना बड़ी बुरी बात है। मैं भी पुराना अखबारनवीस हूं और मैंने उस अफ्रीकाके जंगलमें अच्छी-खासी अखबारनवीसी की है, जहांपर हिंदुस्तानियोंको कोई पूछनेवाला भी न था। अगर ये लोग अपना पेट पालनेके लिए अखबारके पन्ने भरते हैं और उससे हिंदुस्तानका बिगाड़ होता है तो उन्हें चाहिए कि वे अखबारका काम छोड़ दें और कोई दूसरा काम गुजारेके लिए ढूंढ़ लें। अखबारोंको अंग्रेजीमें राज्यकी चौथी शक्ति बताया गया है। इनसे बहुत-सी बातें बिगाड़ी या बनाई जा सकती हैं। यदि अखबार दुरुस्त नहीं रहेंगे तो फिर हिंदुस्तानकी आजादी किस कामकी रहेगी?

हम लोग भी ऐसे हो गए हैं कि सवेरे उठते ही कुरानके बिना हमें चलेगा,

गीता-रामायणके बिना भी चल जाएगा, लेकिन अखबारके बिना हमारा काम बिलकुल ही नहीं चलेगा। बड़े-बड़े लोग भी अखबारके गुलाम बन गए हैं। अगर सवेरे अखबार न मिला तो 'हाय-तोबा' मच जाती है। अखबारवालोंने भी हवाई बातें कर-करके सबको गुलाम बना डाला है, लेकिन वे सारी बातें करीब-करीब निकम्मी ही होती हैं।

मैं कहूंगा कि ऐसे निकम्मे अखबारोंको आप फेंक दें। कुछ खबर सुननी हो तो दूसरोंसे जान-पूछ लें। अखबार न पढ़ेंगे तो आपका कोई नुकसान होनेवाला नहीं है। अगर पढ़ना ही चाहें तो सोच-समझकर ऐसे अखबार चुन लें जो हिंदुस्तानकी सेवाके लिए चलाए जा रहे हों, जो हिंदू-मुसलमानोंको मिल-जुलकर रहना सिखाते हों। फिर ऐसे अखबारवालोंको भी इतनी धांधलीमें पड़नेकी जरूरत नहीं रहेगी कि उन्हें रातभर जागते रहना पड़े और दिनमें भी चैन न ले सकें। और ऐसी बेबुनियाद खबरें छापनेकी दौड़ भी नहीं लगानी पड़ेगी।

भले अखबारवालोंको चाहिए कि अगर वे कुछ बात सुन लें कि गांधी-नेहरूके या कृपलानी और आजादके बीच झगड़ा हो गया है तो उसे छापनेसे पहले गांधीसे या नेहरूसे पूछ लें। अगर ऐसा वह पूछने आते तो हम उन्हें डांट बताकर कहते कि ऐसी बेकारकी बात क्यों करते हो?

आज एक मुसलमान भाईने अच्छा पत्र भेजा है और एक हिंदूने भी बढ़िया बात लिख भेजी है। मुसलमान भाईने लिखा है कि सातवलेकरजीने ईशोपनिषद्के मंत्रका जो अर्थ दिया है वह बड़ी बुलंद चीज है। उसी तरहका अर्थ 'ओज अबिल्ला' का भी है। दोनोंमें कोई अंतर नहीं है, कोई अरबी है तो कोई संस्कृत भाषाका है।

हिंदू भाईने पूछा है कि आप कुरानको धर्मपुस्तक मानते हैं तो मुसलमान क्यों गीता और उपनिषद् आदिको धर्मपुस्तक नहीं मानते? वे क्यों मस्जिदमें उन्हें नहीं पढ़ते?

उत्तर सीधा है। सच्चे हिंदूके नाते मैं कुरानको धर्मग्रंथ समझता हूं, क्योंकि कुरानमें खुदाकी तारीफ लिखी है। लेकिन यह कौन-सा न्याय है कि मैं मुसलमानसे भी बलपूर्वक मनवाने जाऊं कि हमारे संस्कृत ग्रंथों को तुम भी धर्मग्रंथ मानो? यह तो कोई भलमनसाहत नहीं हुई।

आशा है, हम फिर मिलेंगे। जब जवाहरलाल, कृपलानीजी या वाइसराय

बुलायेंगे तब आ जाऊंगा। बिहारसे और नोआखालीसे भी मैं आपका और पंजाबका काम करता रहूंगा। जिस लगनसे आप इतने दिन प्रार्थनामें आते रहे हैं, इसी लगनसे आप हरदम प्रार्थना करते रहें।

॥ १३ ॥

१ मई १९४७[१]

भाइयो और बहनो,

यहांसे गए मुझे बीस ही दिन हुए हैं। जब मैं गया था तभी मुझे शुबहा था कि शायद जल्दी लौटकर आना पड़े। लेकिन मेरा स्थान बिहार और नोआखालीमें था और मैं पंद्रह दिनके लिए भी यहां रुक नहीं सकता था। इस वजहसे मैं बिहार चला गया। मैंने कहा था कि मैं जवाहरलालका कैदी हूं और उनके बुलानेपर आ जाऊंगा। उनका और कृपलानीका हुक्म मिलनेपर मैं यहां आ गया हूं।

यह जानकर आप खुश होंगे कि जब मैं यहांसे बिहार गया तब लोगोंने मुझे बड़ी शांति दी। रास्तेभर किसीने नहीं सताया। मैं आरामसे सोया, थका नहीं और काम भी कर सका। लौटनेमें ऐसा नहीं हुआ। लोगोंने जगह-जगह शोर मचाया। उन्होंने यह नहीं सोचा कि मुझ-जैसे जईफ आदमीको शांति देनी चाहिए, उसकी नींदमें खलल नहीं डालना चाहिए। सो न सकनेके कारण आज मैं थका-थका-सा रहा। फिर भी दिनमें मैंने काम तो किया ही, क्योंकि काम ही मेरा जीवन है। बिना काम किए मैं जी ही नहीं सकता; पर कम काम हुआ। लेकिन जो बात मुझे सहन नहीं होती वह है लोगोंकी चिल्लाहट और किस्म-किस्मके नारे। आप लोगोंके द्वारा मैं सभी लोगोंको सुनाना चाहता हूं कि आगे वे ऐसा शोरगुल न करें, नारे न लगावें। स्टेशनोंपर लोग जमा हो जायं तो भली ही बात है, क्योंकि आयंगे तो दो-चार पैसे हरिजन-चंदेके दे जायंगे। लेकिन उन्हें अशांति नहीं दिखानी चाहिए।

मैं आपको बताना चाहूंगा कि मैंने बिहार जाकर क्या किया? वहां काफी

१. १३ अप्रैलसे ३० अप्रैल तक गांधीजी बिहार-प्रवास में रहे।

काम हुआ है। जनरल शाहनवाज एक छोटी-सी जगहपर बैठ गए हैं। उनको अपने काममें अब फतह मिलने लगी है। जो मुसलमान लोग दु:खके मारे आसनसोल चले गए थे वे अब वापस आ गए हैं। आसनसोलमें उन्होंने बहुत ज्यादा दु:ख पाया और समझ गए कि आराम तो अपनी जगहपर ही मिल सकता है। उनके बाल-बच्चे बिलकुल ही सूख गए थे, उनकी हड्डी-पसली निकल आई थी, उनकी किसी किस्मकी परवरिश वहां नहीं हो पाई थी। अब उन्हें दूध दिया जाता है। ताजा दूध तो मिलना अब असंभव हो गया है; क्योंकि हमारा सारा गोधन नष्ट हो चुका है। इसलिए उन बच्चोंको सूखा दूध दिया जा रहा है। सुखाए हुए दूधमें विटामिन नहीं रहते और वह जीवन-तत्त्व नहीं मिलता, जो ताजे दूधमें मिलता है। लेकिन दूधमें जो अपना एक पोषक गुण है वह सूखे दूधमें भी ज्यों-का-त्यों कायम रहता है। आसनसोलसे लौटे हुए बच्चोंको वह सूखा दूध दिए जानेके बाद अब वे तंदुरुस्त हो रहे हैं, उनकी पसलियां भर आई हैं।

दूसरा सवाल था बड़ोंके राशनका। जब इतने आदमी लौटकर आ गए तब उनके खानेका इंतजाम कैसे हो? जहां उन्हें सताया गया था वहां खुद तो वे बाजारमें राशन लेनेके लिए जाते डरते थे। सरकारने उनके पास राशन भेजनेकी व्यवस्था की; पर उनके हिंदू-पड़ोसियोंने कहा, यह हमारे मेहमान हैं। इनका राशन हम पहुंचायंगे। सरकारी लोगोंको इसके लिए परेशान होनेकी जरूरत नहीं है।

एक दूसरी जगहकी बात है। वहां बहुतसे मुसलमान मारे गए थे। जो बचे थे वे वहां लौटकर जानेमें झिझकते थे। उनकी झिझक मिटानेके लिए उनके साथ आजाद हिंद फौजके कुछ भाइयोंको भेजा गया। उनको जाते देखकर हिंदुओंने उन आजाद हिंद फौजके सिपाहियोंसे कहा कि आप क्यों जा रहे हैं। हम लोग हैं इनकी सेवा करने के लिए। हम मर जायंगे तब भी इनकी हिफाजत करेंगे। आजाद हिंद फौजके लोगोंने कहा कि हमें जनरल साहबका हुकम है। हम नहीं लौट सकते। तब हिंदुओंने कहा, 'हम लोग हमेशा पागल थोड़े रहेंगे? हम उस बार तो पागल ही हो गए थे। दस हजार आदमी मिलकर एक हजारको मार डालें इसमें बहादुरी ही कौन-सी है! अब हम कभी ऐसा नहीं करेंगे।'

इस प्रकार हिंदुओंने मुसलमानोंका डर मिटा दिया और उन्हें अपनी जगहपर

जानेका प्रोत्साहन दिया। नतीजा यह हुआ कि उन्हीं मुसलमान भाइयोंने खुद उन सिपाहियोंको लौटा दिया। मुझे भरोसा है कि अगर बिहार सच्चा उतरता है तो हिंदुस्तानभरमें जगह-जगह जो बातें हो रही हैं वे सब शांत हो जायंगी। मेरा कहना यही है कि हम सभीको बहादुर होना है; लेकिन मैंने सुना है कि अब तो दिल्लीमें भी कायरताके काम हो रहे हैं। लुक-छिपकर रोज-ब-रोज कुछ हो रहा है। उधर डेराइस्माइलखांमें भी बहुत बुरी बातें हो रही हैं। अभीतक वे बंद नहीं हुईं।

लोग पूछते हैं, तुम लोगोंने जो दस्तखत[१] किए थे वे कहां गए? शांति क्यों नहीं होती? जो दस्तखत मैंने दिए यह कोई जिन्ना साहबसे मिलकर और उनसे बातचीत करके नहीं दिए। वाइसरायने आग्रह किया कि तुम दस्तखत दे दो। मैंने उनसे कहा कि मैं कौन हूं देनेवाला? कांग्रेसका तो मैं चवन्नीका मेम्बरतक नहीं हूं। मेरे दस्तखतसे फायदा क्या होगा? मैं तो बिलकुल छोटा आदमी हूं। हां, कायदेआजम बड़े आदमी हैं, उनके दस्तखतका बड़ा असर होगा; लेकिन वाइसरायने मुझसे कहा कि तुम्हारे दस्तखत जिन्ना साहब चाहते हैं। इसके बिना वह दस्तखतके लिए तैयार नहीं होते। तुम दस्तखत कर दोगे तो हमें पता तो चल जायगा कि आखिर जिन्ना साहब करना क्या चाहते हैं। मैंने तब दस्तखत कर दिए। इसके बादकी बातें मैं छोड़ देता हूं।

मेरे लिए यह दस्तखत नई बात नहीं है। जिंदगीभर मैंने यही काम किया है और कर रहा हूं। लेकिन जिन्ना साहबके दस्तखत भारी बात है। अगर उनकी कैदमें सारे मुसलमान हैं तो उन सब मुसलमानोंको जिन्ना साहबकी बात माननी चाहिए, क्योंकि उन्होंने मुसलमानोंकी ओरसे दस्तखत किए हैं। मैंने हिंदूकी हैसियतसे दस्तखत कहां दिए हैं? मेरी कैदमें कोई नहीं है। मैं किसी भी पार्टीका नहीं हूं। मैं सभीका हूं। अगर बिहारमें हिंदू फिर पागल बनेंगे तो मैं फाका करके मर जाऊंगा। उसी तरह अगर नोआखालीमें मुसलमान दीवाने होंगे तो वहां भी मुझे मरना है। मैंने वह हक हासिल कर लिया है। मैं जितना हिंदूका हूं, उससे कम मुसलमानोंका नहीं हूं। सिख, पारसी, ईसाईका भी मैं उतना ही हूं। भले ही लोग मेरी न सुनें, पर जो मैं

१. आपसी मारकाट बंद करने और मेलके साथ शांतिपूर्वक रहने के लिए हिंदू और मुसलमानोंके नाम एक अपील निकाली गई थी जिसपर गांधीजी और जिन्ना, दोनोंने हस्ताक्षर किए थे।

कहूंगा सबकी ओरसे कहूंगा और सबके लिए कहूंगा।

लेकिन जिन्ना साहब तो बहुत बड़ी संस्थाके प्रेसीडेंट हैं। उनके दस्तखत हो जानेपर फिर क्या बात है जो मुसलमानोंके हाथसे एक भी हिंदू मारा जाता है? हिंदुओंसे मैं कहूंगा कि मुसलमान मारते हैं तो मर मिटो। अगर कोई मेरे कलेजेमें खंजर भोंक दे और मरते-मरते मैं यह मनाऊं कि मेरा लड़का उसका बदला ले तो में निरा पापी हूं। मुझे बिना रोषके मरना चाहिए। पर मुसलमान छुरा मारेगा ही क्यों, जब उसे ऐसा न करनेको कहा गया है?

पर बात यह है कि सियासी[१] मामलेमें जबरदस्ती नहीं चलेगी, यह अभी उन्हें समझना है। लोग पूछते हैं कि जब हम दोनोंने लिख दिया, दस्तखत कर दिए कि मत मारो तब असर क्यों नहीं होता? अब भी मुसलमान शांत क्यों नहीं होते? डेराइस्माइलखां व सीमाप्रांतमें यह सब क्या हो रहा है? डा० खानने और बादशाह खानने उसे रोकनेका प्रयत्न किया, पर वहांके लोग कहते हैं कि हम तो लीगवाले हैं।

लीगी होकर भी सीमाप्रांतमें लोग अगर जिन्ना साहबकी बात नहीं मानते तो मैं कहूंगा कि जिन्ना साहबका यह परम धर्म है कि और सब छोड़कर सबसे पहले उन लोगोंको शांत करनेका काम करें। अगर वे ऐसा नहीं करते तो क्यों नहीं करते? क्या इस तरह पाकिस्तान लेंगे? अगर उन्हें पाकिस्तान लेना है तो शांतिसे लें। तलवारके जोरसे अगर कोई आदमी कुछ ले लेता है तो उससे बड़ी दूसरी तलवारसे वह छीन लिया जाता है। जबरदस्तीसे पाकिस्तान लेनेकी जिन्ना साहबकी बात कामयाब नहीं हो सकती।

परंतु मैं वाइसरायसे भी पूछना चाहता हूं कि आपने जब हम दोनोंके दस्तखत ले लिए तो आप फिर अब क्यों कुछ नहीं कर पाते? आप मेरा टेंटुआ क्यों नहीं पकड़ते? जिन्नाका टेंटुआ क्यों नहीं पकड़ते? इसपर भी अगर हिंदू-मुसलमान लड़ते रहते हैं, सिख लड़ते हैं तो अंग्रेजोंको अलग हो जाना चाहिए।

लेकिन अंग्रेज बने रहते हैं तो आप क्या करेंगे? आप कहेंगे कि हम तलवार लेंगे, पर तलवारसे डरकर अंग्रेज कुछ देनेवाले नहीं हैं। अब भी

१. राजनैतिक।

वे आजादी देनेकी जो बात कर रहे हैं सो तलवारके कारण नहीं कर रहे हैं। उनका कहना है कि हिंदुस्तानने दुनियाको नया रास्ता बताया है। यही हमारी आजादीकी वजह है। वैसे तो दुनियामें तलवारका बदला तलवारसे लेनेवाले बहुत होते हैं। बदला क्या, वे तो एकके बदलेमें दसको काटनेकी बात करते हैं। मैं कहूंगा, दस नहीं एकके बदले सौ भी काटो, फिर भी शांति न होगी। मारकर मरनेमें कोई बहादुरी नहीं है। वह झूठी है। न मारकर मरनेवाला ही सच्चा शहीद है।

आप पूछेंगे, तब क्या सभी हिंदू, सभी सिख मर जायं? मैं कहूंगा, हां। ऐसी शहादत कभी बेकार नहीं जानेवाली है।

मेरी इस बातपर आप चाहे मुझे धन्यवाद दें, चाहे गालियां दें, मैं तो अपने दिलकी ही बात आपसे कहूंगा। जब आप शांतिसे सुन रहे हैं तब दिलका दर्द ही आपके सामने रखूंगा और कहूंगा कि आप बहादुर बनें, डरें नहीं। हमको डराकर कोई लेना चाहेगा तो हम कुछ भी, एक कौड़ी भी नहीं देंगे। समझाकर लेने आवें तो करोड़ भी दे देंगे। अगर आप ऐसी बहादुरी नहीं अपनाते और हिंदू, मुसलमान, सिख सभी पागल हो जाते हैं तो अंग्रेज हिंदुस्तानके लिए कुछ भी करें, कुछ भी दें, वह हमारे हाथमें रहनेवाला नहीं है। हमें जो कुछ हासिल करना है वह समझा-बुझाकर हासिल करना है। इतना इल्म अगर हमने सीख लिया तब तो हमारी खैरियत है, नहीं तो हिंदुस्तानका खातमा है, इसमें मुझे जरा भी शंका नहीं है।

॥ १४ ॥

२ मई १९४७

आज कुरानकी आयतका एक हिस्सा बोला जा चुका था तब एक नौजवानने नारा लगाया—'बंद करो, बंद करो; हिंदू-धर्मकी जय बंद करो, हिंदू-धर्मकी जय।' सुनकर गांधीजीने प्रार्थना रोक दी और कहा—"ठीक है, आज उसीके मनकी होने दो।" गांधीजीने उसे शांत होनेको कहा; लेकिन वह चिल्लाता रहा। इसी बीच पुलिसवाले उसे पकड़कर ले गए। यह गांधीजीको ठीक न लगा। उन्होंने कहा—पुलिसवालोंतक अगर मेरी बात पहुंच पाती है तो मैं कहूंगा कि कृपा करके वे उस आदमीको छोड़ दें और

यहां आने दें। प्रार्थनामें अमन रखनेके लिए पुलिस बीचमें आए, यह मुझे बिलकुल नहीं सुहाता। रोज पुलिस यहां गिरफ्तारियां करती रहे और उसके बलपर मैं प्रार्थना करूं तो वह तो प्रार्थना नहीं हुई। मैं तो तभी प्रार्थनाकर सकता हूं जब सभी लोग अपनी खुशीसे उसे करने दें। आपने देखाकि इस जवानने प्रार्थना बंद करनेको कहा तो मैंने बंद कर दी। कल भी अगर वह बंद करनेको कहेगा तो मैं बंदकर दूंगा; लेकिन उसने जो कहा 'हिंदू-धर्मकी जय' तो धर्मकी जय इस तरह नहीं हो सकती। उसे समझना चाहिए कि इससे धर्म डूब रहा है। दूसरोंको प्रार्थना न करने देनेसे धर्म-रक्षा कैसे हो जायगी ? पर इसमें उसका दोष नहीं है, हवा ही ऐसी चली है। आजकल सब चीज उलटी निगाहसे देखी जाती है, कोई सीधी बात तो समझता ही नहीं। इसलिए अगर कोई मुझे प्रार्थनासे रोकता है तो मैं गम खा लूंगा।

परंतु मुझे इस बातका ज्यादा दर्द है कि उसने बीचमें शोर मचाया। अगर शुरूसे ही वह कह देता तो मैं पहले ही रुक जाता। इसमें पुलिसको बीचमें आनेकी क्या बात थी ? इतनी पुलिस यहां प्रार्थनामें शांति रखनेके लिए रहती है, इससे मैं शर्मिंदा होता हूं। मेरे धर्मकी रक्षा पुलिस कैसे कर सकती है ? मैं खुद करूंगा तभी मेरे धर्मकी रक्षा होगी। बल्कि 'मैं धर्म-रक्षा करूंगा' ऐसा कहना भी घमंड है। मेरे धर्मकी रक्षा ईश्वर करेगा। आज मेरे दिलमें प्रार्थना है तो ईश्वर मेरी रक्षा करेगा ही ? बाहरकी प्रार्थना न हुई तो क्या हुआ ?

लेकिन आप लोग क्या कर सकते हैं ? आप तो शांतिसे बैठे हैं ? ईश्वरका ध्यान करने, अपनेको कुछ अच्छा बनानेके लिए आप यहां आए हैं। एकके कारण आप सबको भुगतना पड़ता है। पर उस एकको इतने सब मिलकर दबा दें और फिर प्रार्थना करें तो उससे ईश्वरका दर्शन होनेवाला नहीं है। वह तो अपना ही दर्शन होगा।

मैं चाहता था कि वह लड़का शांत रहकर मेरी बात सुनता। मैं उसे समझाता। अगर वह आज न समझता तो कल समझता। कल न सही, परसों समझता। कुछ भी हो, हमें यह याद रखना है कि धर्मका पालन जोर-जबरदस्तीसे नहीं हो सकता। धर्मका पालन करनेके लिए मरना होगा। संसारमें ऐसा कोई धर्म पैदा नहीं हुआ जिसमें मरना न पड़ा हो, मरनेका इल्म सीखनेके बाद ही धर्ममें ताकत पैदा होती है। धर्मके वृक्षको मरनेवाले ही सींचते हैं। धर्म उन लोगोंके कारण बढ़ता है जो ईश्वरका नाम लेते हैं, ईश्वरका काम

करते हैं, ईश्वरका स्तवन करते हैं, उपवास और व्रत करते हैं और ईश्वरसे आरजू करते रहते हैं कि हे भगवन, हमें रास्ता नहीं दीखता, तू ही दिखा। तब लोग कहते हैं कि वह तो भक्त है और उसके पीछे चलते हैं। धर्म इसी तरह बनता है। मारकर कोई धर्म नहीं पनपा; मरकर ही धर्म पनपा है। यही धर्मकी जड़ है। सिख धर्म ऐसे ही बढ़ा है।

पैगंबर मोहम्मद साहबने भी बिना डरके हिजरत की और हजारों दुश्मनोंके हाथों उनको और हजरत अलीको उनकी श्रद्धाके कारण खुदाने बचाया, गोया मौतके मुंहमें खेलकर ही मोहम्मद साहबने इस्लामकी जड़ मजबूत की।

ईसाइयोंका इतिहास भी ऐसा ही है। बौद्ध धर्मको भी अगर हम हिंदू-धर्मसे अलग मानें तो वह भी तभी बढ़ा जब कई लोग उसके लिए मरे। जितने धर्म हैं उनमें एक भी मैंने ऐसा नहीं पाया जिसमें शुरूमें कुरबानी न हुई हो। जब धर्म बन जाता है तब बादमें उसमें बहुत सारे लोग आ जाते हैं और गलत अभिमान पैदा हो जाता है। अब तो हिंदू-धर्मवाले भी मार-काटपर उतर आए हैं जब कि हिंदू-धर्ममें कभी खून-खराबी करना नहीं सिखाया गया है।

आज तो धर्मके नामसे सभी भयभीत हो उठे हैं। लोगोंको न जाने इतना भयभीत क्यों किया जाता है? हिंदू क्या, सिख क्या, सारा पंजाब व्याकुल हो उठा है। उधरसे बंगालकी चीख सुनाई देती है। लोग कहते हैं—पंजाब व बंगालके दो टुकड़े करो। अगर टुकड़े करने ही हैं तो वे वाइसरायके पास क्यों जाते हैं? मेरे पास क्यों नहीं आते? आप लोगोंके पास क्यों नहीं आते? पाकिस्तान दिया जा रहा है तो क्या वह हिंदुओंको और सिखोंको मटियामेट कर देनेके लिए है?

जिन्ना साहबने तो कहा है कि पाकिस्तानमें अल्प मतवाले हिंदू और सिख पूरे सुरक्षित होंगे, उन्हें परेशान नहीं किया जायगा; पर आज ऐसा क्यों नहीं है? पंजाब व बंगालमें जो हो रहा है उसीमें तो मैं उनके पाकिस्तानकी झलक देखूंगा न? अगर सचमुचमें पाकिस्तान ऐसा नहीं है तो जिन्ना साहब जैसा कहते हैं वैसा करके क्यों नहीं बताते? मुस्लिम बहुमतवाली जगहोंमें सिख और हिंदू-जातिके एक-एक आदमीकी हिफाजत क्यों नहीं होती?

सिंध, जहां हिंदू केवल पच्चीस ही फीसदी हैं, वहां उन्हें क्यों इतना डरना पड़ रहा है? क्या पाकिस्तानका मतलब यह है कि उसमें सिवा मुसलमानके सभी हिंदू, सभी सिख, सभी ईसाई और दूसरे धर्मवालोंको गुलाम बनकर रहना है? ऐसा हो तो वह पाकिस्तान नहीं है। और हिंदुस्तान भी तभी सही हिंदुस्तान कहा जा सकता है जब उसके हिंदू बहुमतवाले इलाकोंमें मुसलमानके मासूम बच्चे तकको जरा भी आंच न आवे।

जिन्ना साहब पूछ सकते हैं कि हिंदुओंने क्या किया? बिहारमें हिंदुओंने भी तो ऐसा ही किया है? ठीक है कि उन्होंने गलती की; पर आज बिहारके हिंदू पछता रहे हैं। प्रधानमंत्रीतक कहते हैं कि मैंने गुनाह किया है। अगर सभी जगह ऐसा हो तो मैं समझूंगा कि कुछ बना। लेकिन आज तो सबने अपने धर्मका पालन छोड़ दिया है और दूसरा कोई पालन करता है तो कहते हैं कि हम उसे मारेंगे। यह ठीक बात नहीं है। मुसलमान भाइयोंको भी अपने कम तादाद पड़ोसियोंसे कह देना चाहिए कि सभी अपने धर्मका पालन करें, हम बीचमें न आयंगे।

आखिर हमारे हाथमें एक चीज आ रही है, उसे क्यों छोड़ें? लेकिन सभी उसे छोड़नेकी कोशिश कर रहे हैं। हिंदू, मुसलमान, सिख, ईसाई सभीको आपसके झगड़ोंके इस पापसे छूटना चाहिए और छूटनेका एक ही तरीका है। वह यह कि हम ईश्वरसे डरें। फिर हथियारकी मांग नहीं होगी, तब कोई नहीं कहेगा कि हमें मिलिटरी चाहिए, राइफल चाहिए, बंदूक चाहिए। पर आज तो सब जगहसे आवाज आ रही है कि हमें सिखों-जैसी कृपाण चाहिए। वह भी छोटी है, इसलिए बड़ी चाहिए। यह सब किसको मारनेके लिए? अगर सबके घरमें ऐसे हथियार रहेंगे तो आप उसके बीच मुझे न पायंगे।

मेरे पास तो एक ही उपाय है, जिससे हम अंग्रेजोंकी उस बड़ी ताकतको भी बिलकुल मिटा दे सकते हैं, जो इस समय जमी पड़ी है। वह तरीका है—'ना' कहना, असहयोग करना। शांतिपूर्ण असहयोगसे वे उखड़ जायंगे। यह चीज बड़ी ही बुलंद है। इसको अपनानेके बाद फिर हमें फौजी तालीम लेनी नहीं पड़ेगी।

॥ १५ ॥

३ मई १९४७

''भाइयो और बहनो,

''रोजकी तरह आपको शांत हो जाना चाहिए। आप प्रार्थनाके लिए आते हैं, इसलिए आनेके बाद शांत ही बैठे रहें। बातें तो हरदम होती ही रहती हैं। प्रार्थनासे लौटकर जायं तब बातें कर सकते हैं। इससे पहले मौन रहनेमें ही प्रार्थनाका महत्त्व है।''

प्रार्थनामें कुरानकी आयतके पाठको एकने फिर टोका। गांधीजीने प्रार्थना रोक दी और बोले—ऐसा मालूम होता है कि बाकी प्रार्थना तो ठीक करने दी जाती है और सिर्फ कुरानकी आयतवाली प्रार्थना ही नहीं करने दी जाती। इसलिए कलसे 'ओज अबिल्ला' से ही मैं प्रार्थना शुरू करूंगा। अबतक तो प्रार्थना बौद्ध मंत्रसे शुरू होती थी। यह जापानी भाषाका मंत्र है। सेवाग्राममें मेरे पास एक जापानी साधु रहते थे। वे नित्य प्रात:काल एक घंटेतक आश्रमकी प्रदक्षिणा करते हुए अपने डिमडिमकी आवाजके साथ बड़ी बुलन्द आवाजसे और मधुरतासे इस मंत्रका घोष करते थे। उस जापानी भाईकी इच्छा उसे प्रार्थनामें सुनानेकी हुई तो मैंने उसकी बात मान ली और प्रार्थनामें सबसे पहले यह मंत्र कहा जाने लगा। पर कलसे मैं 'ओज अबिल्ला' से प्रार्थना शुरू करूंगा और उसमें किसीने नहीं रोका तो आगे प्रार्थना होगी, अन्यथा आप लोग मौन रहकर दिलमें प्रार्थना करेंगे और शांतिसे लौट जाएंगे।

इतना मैं आपसे कहूंगा कि आप लौटें तब सभी धर्मोंकी प्रार्थना अपने दिलमें लेकर जाएं। आप इतना समझ लें कि सभी मजहब अच्छे हैं। विश्वास रखें कि जितने भी धर्म हैं, सब-के-सब ऊंचे हैं। धर्ममें कसर नहीं है। कसर है तो उनके आदमियोंमें है। हरेक धर्ममें कुछ-न-कुछ गंदे आदमी पैदा हो गए हैं। ऐसी बात नहीं है कि किसी एक धर्मने ही गंदे आदमियोंका ठेका ले रखा हो। इसीलिए हमारा कर्तव्य हो जाता है कि हम उन गंदे आदमियोंकी ओर न देखकर उनके धर्मकी अच्छाईको देखें। हरेक धर्ममें जो रत्नकी-सी बात हाथ आवे उसको ले लें और अपने धर्मकी अच्छाईको बढ़ाते चलें।

अब जो बात मैंने आज कहनेको सोची थी वह भी कह दूं। आजकल हमारी हालत बड़ी ही नाजुक है। हमारा हिंदुस्तान इतना बड़ा मुल्क है कि सारी दुनिया हमारी ओर देख रही है। जवाहरलालने जो एशियाई कान्फ्रेंस बुलाई उसमें आपने देखा कि सबकी निगाह हिंदुस्तानकी ओर लगी थी। शहरियार साधारण आदमी नहीं है। वह काफी बड़ा आदमी है। लेकिन उसकी भी नजर आप लोगोंपर यानी हिंदुस्तानपर ही है। उधर अरबवाले भी हमको ही देखते हैं कि अगर हिंदुस्तानमें कुछ होगा तभी एशियाके मुल्क कुछ कर पायंगे। जापान तो कुछ न कर सका। इसमें शक नहीं कि जापानने बहुत ही बहादुरी दिखाई। कला भी बहुत बताई, पर आज वह कहां है? वह एशियाकी नाक नहीं बन पाया है। उसकी हालत पिछड़ गई है। उसे देखकर दिलमें खेद होता है।

हम तो अभी आजादी लेकर भी नहीं बैठ पाए हैं। इसपर भी दुनिया हमारी बात देखना चाहती है; क्योंकि हमने लड़ाई ही ऐसी ली कि आजतक आजादीके लिए ऐसी लड़ाई और किसीने नहीं ली। धर्मके नामसे तो ऐसी लड़ाइयां लड़ी गई हैं, पर आजादीके नामपर तो ऐसी लड़ाई पहली यही है। सन् १९१९ के अप्रैलकी छठी तारीखको हम लोगोंने ऐसा कदम उठाया कि अब आजादी करीब-करीब हमारे हाथोंमें आ गई है और सबको उम्मीद बंध गई है कि अगर हिंदुस्तान आजाद होता है तो सारा एशिया आजाद होता है और फिर अफ्रीका भी। इसका मतलब होगा कि सारी दुनियाने नया जन्म पा लिया।

एशियाई कान्फ्रेंसके प्रतिनिधि यहांसे यही सबक लेकर गए हैं। वे जब यहां आए तब यहांका सारा वातावरण साफ नहीं था, पर उन्होंने तो हमारे यहांका मैल नहीं देखा। आजादी देखी। समझनेवाले समझते हैं कि जब नदीमें बाढ़का पानी आता है तब वह गंदला होता है। वैसे ही हमारे यहां स्वतंत्रताकी बाढ़का पानी आता है तब वह गंदला होता है। हमारे यहां स्वतंत्रताकी बाढ़ आई है तो कुछ बदअमनी हो सकती है; पर अब हमारा काम है कि जैसे बादमें गंगाका पानी निखर जाता है वैसे ही हम भी अपनी आजादीको गंगाजलकी-सी स्वच्छ और पवित्र बनावें।

यह कैसे होगा? अधर्मको धर्म माननेसे हिंदुस्तानकी रक्षा होनेवाली नहीं है, न धर्मकी आजादी ही उस तरहसे मिल पायगी। लेकिन आज हो क्या रहा है? डेराइस्माइलखांमें क्या हुआ? हजारामें क्या हुआ? सारे सीमाप्रांतमें

यह कैसा ऊधम है? तलवार लाओ, भाले लाओ, बंदूक लाओ। जाहिरा तौरसे भी लाओ और खुफिया तौरसे भी लाओ। बमके गोले भी चुपके-चुपके बनाओ। क्यों कहा जा रहा है कि मार-पीट करेंगे, धमकाकर और डराकर मनमाना करायंगे?

इन सबसे हम न अपनी रक्षा कर सकेंगे, न औरोंकी। न भारत आजाद हो सकेगा, न एशिया। और दुनिया भी आजादीसे वंचित रह जायगी।

इसलिए हम सब प्रार्थना कर और शुद्ध भावसे समझें कि सब मजहब एक हैं। हम एक-एक अच्छे बनेंगे तो भी बहुत बड़ा काम हो जायगा।

दूसरी बात मुझे बतानी है अखबारोंके बारेमें। एक अखबारने हमारे वजीरोंके साथ वाइसराय साहबकी क्या बातें हुईं यह बताया है। वर्किंग कमेटीमें क्या हुआ इसका बयान भी उसमें आया है। यह छोटा अखबार नहीं है। हमारे दुश्मनके रूपमें वह नहीं चलता। वहतो कांग्रेसके हितमें चलता है। उस अखबारने अनुमान लगाया है कि वाइसरायने क्या तजवीजें सोची हैं? वे इस तरह अनुमान करें यह भारी गलतीकी बात है। वाइसरायको खुदको ही कहने देना था कि उसने क्या करना विचारा है। वर्किंग कमेटीके कामकी भी अटकल क्यों लगाई जाय? वर्किंग कमेटीकी तरफसे जो बयान दे दिया जाय उसीको प्रकाशित किया जाना चाहिए और कुछ नहीं होना चाहिए।

मैं जानता हूं कि बहुतसे अखबारनवीस ऐसे होते हैं जो थोड़ा इधर पूछते हैं, थोड़ा उधर पूछते हैं और बात गढ़ लेते हैं। लेकिन मैं कहूंगा कि वे लोग उच्छिष्ट भोजन खाते हैं। उच्छिष्ट भोजन करना अखबारनवीसका धर्म नहीं है।

अंग्रेजोंने अपने एक अच्छे आदमीको यहां भेज दिया है। वह इंग्लैंडकी नाक रखनेके लिए आया है। जिस खूबीसे उसे भेजा गया है उसी खूबी और नीयतसे वह काम कर रहा है।

फिर क्या हक है कि उसकी बात बिना उससे पूछे जाहिर की जाय! क्या हक है किसीको कि वह मीठी-मीठी बातें करता हुआ सबको फुसलाता फिरे और कुछ बात उससे निकाल ले, कुछ मुझसे निकाल ले और अखबारमें छाप दे?

मैं भी तो पिछले पचास वर्षोंसे अखबारनवीस रहा हूं। मैं जानता हूं कि अखबारोंमें क्या चलता है। इंग्लैंड और अमरीकाके अखबारमें क्या-क्या चल रहा है, इसका भी मुझे पता है। पर हम इंग्लैंड-अमरीकाकी गंदगीका अनुकरण क्यों करें। अगर दूसरोंकी गंदी बातोंका हम अनुकरण करेंगे तो मर जायंगे।

मैं नहीं कहता कि इसने गलत ही लिखा है। उसमें जो-जो बातें हैं कुछ सही हैं, कुछ गैर सही हैं। खिचड़ी पकाकर दे दी है। ऐसी अखबारनवीसी मैं बिलकुल पसंद नहीं करता।

आप लोगोंके मार्फत मैं सभी अखबारनवीसोंको सुनाना चाहता हूं कि इस तरह पैसे पैदा करनेकी वे कोशिश न करें। सीधे ढंगसे अगर पेट नहीं भरता तो भले ही वह फूट जाए, पर वे ऐसी बात क्यों करें कि हिंदुस्तानका पेट फूटे! और इसने तो शीर्षक भी ऐसा दे दिया है जो किसीके ख्वाबमें भी नहीं आया है।

अच्छा हो कि हम लोग इंग्लैंड-अमरीकाकी गंदी बातको छोड़कर अच्छी बातको ग्रहण करें।

इस सिलसिलेमें आज जवाहरलाल मेरे पास अपना दुःख बता रहे थे। किसे-किसे वे अपना दुःख कहें! मैं भी उन्हें क्या दिलासा दूं? हमने धर्मका युद्ध किया है। धर्मसे ही हम आजादी पानेवाले हैं। अखबारनवीस भी उसमें हमें मदद दें, यही प्रार्थना है।

॥ १६ ॥

४ मई १९४७

"भाइयो और बहनो,

"आज प्रार्थना कुरानसे ही शुरू की जायगी; पर इससे पहले मैं पूछूंगा कि कोई ऐसा भी है जो इतने सारे मजमेको प्रार्थना न करने देना चाहता हो! अगर प्रार्थना शुरू होनेपर कोई रोकेगा तो वह रुक जायगी; पर वह बहुत असभ्यता होगी। इसलिए आप कोई रोकना चाहें तो शुरूसे ही रोक सकते हैं। आपमें है कोई ऐसा?"

सभाके बीचमें से एक आदमी बोला, ''मैं हूं।''

''क्यों?'' गांधीजीने पूछा।

''मंदिरमें कुरानका पाठ नहीं हो सकता।''

''इतने बड़े मजमेको क्या आप रोकना चाहते हैं?''

''जी हां।''

गांधीजीने लोगोंको संबोधित करते हुए कहा—''आप लोग सुनें, मैं इससे बात करूंगा। देखूं तो सही, उसके मनकी क्या दशा है?''

फिर उस आदमीको संबोधित करते हुए गांधीजी बोले, ''आपको गुस्सा करनेकी जरूरत नहीं है। आप शांतिसे मुझे समझाइए कि जब मैं रोज इस मंदिरमें प्रार्थना करता हूं तो आज क्यों न करूं?''

''मंदिर पब्लिकका है। पब्लिकके मंदिरमें आप न करें।''

''है तो मंदिर पब्लिकका, लेकिन मंदिरके पुजारी या ट्रस्टी तो मुझे रोक नहीं रहे हैं। फिर आप भगवानका नाम लेनेवाले इतने आदमियोंको क्यों रोकना चाहते हैं? यह मेरी समझमें नहीं आता।''

''क्योंकि मैं भी पब्लिकका आदमी हूं।''

''खैर, तो आप प्रार्थना नहीं करने देंगे?''

''नहीं।''

''अच्छा, तो प्रार्थना बंद करता हूं। लेकिन मैं आप लोगोंको यह बात बताना चाहता हूं कि धर्ममें सभ्यताका और अहिंसाका क्या स्थान है। आप लोग रोज ही मेरी प्रार्थना रोकते रहें तो उसमें तौहीन मेरी नहीं है, आपकी है। तरीका तो यह होना चाहिए कि एक आदमी अगर इतने आदमीकी बात सुनना नहीं चाहता है तो वह बाहर चला जाय। इतनी बड़ी सभामें कैसे हो सकता है कि एक आदमी उसे रोक दे! यह और कहीं नहीं हो सकता, मेरे पास यानी अहिंसा जगतमें ही हो सकता है। मंदिर सबका है, इसका मतलब यह नहीं होता कि एक आदमी जैसा चाहे रोड़ा अटकाता फिरे। ऐसा हो तब तो मंदिरका सारा काम ही रुक जाय। मैं अकेला होता और वह रोकता तो बात और थी; पर यहां इतने लोगोंमें वह चीखता रहे और मैं प्रार्थना करूं तो आप गुस्सेमें आ जायंगे। उसको गाली देंगे और पुलिससे

उसे पकड़वा देंगे। इसमें हमारी कौन-सी शोभा होगी। ऐसा होनेपर दुनिया हमें क्या कहेगी!

''इसलिए मैं प्रार्थना रोक रहा हूं। पर 'ओज अबिल्ला' तो वे नहीं रोक सकते। वह तो मेरे मनमें है ही। हम आज उसे न कहेंगे, केवल दो मिनिट मौन बैठेंगे और उसमें आप यही प्रार्थना करेंगे। ठीक है कि 'ओज अबिल्ला' आपको कंठाग्र नहीं है, पर मौन रहते हुए राम-रहीम दोनों एक ही हैं, ऐसा आप मनमें समझें। यानी हिंदू-धर्म और मुसलमान-धर्म दोनों महान् हैं। दोनों धर्मोंमें कोई भेद नहीं है। मेरी समझमें यह बात ही नहीं आती कि दो धर्म आपसमें एक-दूसरेको दुश्मन क्यों मानें और किस वजहसे मानें। इसलिए मैं चाहता हूं कि शांतिमें आपका यही मंत्र हो कि 'तू ईश्वर है, तेरे हजार नाम हैं।' मैंने बताया था कि हमारे धर्ममें विष्णुसहस्रनामका बड़ा चलन है; बल्कि मैं तो मानता हूं कि दुनियामें जितने आदमी हैं उतने ईश्वरके नाम हैं। ईश्वर, भगवान, खुदा, गॉड, होरमसजी कुछ भी कह लो उसीके नाम हैं। और इन सब नामोंसे भी वह ज्यादा है। इतने बड़े ईश्वरको, जिसे कोई पहचान नहीं सकता, उसका नाम लेनेसे रोकनेकी बात कोई कैसे कर सकता है? ऐसा करना तो निरा अविवेक है, असभ्यता है, हिंसा है।

''मौनके साथ आप आंख मूंदकर बैठ सकें तो और भी अच्छा। इतनी देरमें अगर उस भाईको समझ आ जाएगी और वह रोकना नहीं चाहेगा तो और प्रार्थना करेंगे, नहीं तो मुझे जो बातें बतानी हैं बताऊंगा।''

इसके बाद सारी जनता गांधीजीके साथ आंखें बंद करके दो मिनिटतक मौन बैठी रही। वातावरण अत्यंत शांत और पवित्र था।

दो मिनिट समाप्त होनेपर गांधीजीने कहा—

आज मुझको वाइसरायके पास जाना पड़ा था, यह आप जानते ही हैं। डेढ़ घंटेतक हम बैठे और हमारे बीचमें बहुत अच्छी-अच्छी और कामकी बातें हुईं। सभी बातें मैं यहां नहीं सुना सकता; पर एक बात बताऊंगा।

वाइसरायने मुझे कहा कि तुम मेरी ओरसे लोगोंको कह दो या तुम्हारा निजका विश्वास हो तो अपनी ही ओरसे कह दो कि 'मैं ब्रिटिश हकूमतको यहांसे ले जाने और इस मुल्कमें ब्रिटिशका राज खत्म करने आया हूं। एक दिनमें तो इतनी बड़ी हकूमत समेटी नहीं जा सकती। इतनी बड़ी फौज चुटकी बजाते-बजाते हटाई नहीं जा सकती। लेकिन यह भरोसा रखो कि

३० जून (सन् १९४८) के बाद हम यहां बिलकुल रहनेवाले नहीं हैं। मैं इस कामको करनेके लिए यहां आया हूँ। और जितना बन पड़ता है, उसे कर रहा हूं।

लेकिन तुम लोगोंके अखबारोंमें कैसी-कैसी बातें आती हैं इसे देखकर मैं हैरान हो जाता हूं। मेरा काम रुक जाता है। एक तो तुम लोग आपसमें लड़ते हो और फिर उसमें अंग्रेजोंका दोष ढूंढ़ते हो और उन्हें बदनाम करते हो। माना कि अंग्रेजी सल्तनतने आजसे पहले भूल की है। पर अब तुम्हारे झगड़ोंमें अंग्रेजोंका कितना हिस्सा था इस बातको तुम लोग भूल जाओ। अंग्रेजोंने 'ऐसा किया, वैसा किया' ऐसी बात रटते रहनेपर कुछ भी सही काम बननेका नहीं है। ऐसी बातें मत कहो। आगेके काममें पिछली बातोंकी चर्चा छोड़ो।

पर तुम्हारे अखबार ऐसा ही करते हैं और उनकी इन हरकतोंसे तो सारी बात बिगड़ जाती है। मैंने तो किसीसे कोई बात ऐसी नहीं कही थी, जिससे अखबारवाले कुछ जान लें। मेरे पासके रहनेवालोंमेंसे भी किसीने ऐसी बात नहीं कही है।

हिंदुस्तानके लोगोंको थोड़ी-सी तो सभ्यता रखनी चाहिए। अपने अखबारोंमें सुर्खियां भी वे ऐसी दे देते हैं कि वे बातको बहुत तोड़-मरोड़ देती हैं। यह किस आधारपर लिख दिया है कि सीमाप्रांतमें खानसाहबका अमल बंद हो जायगा और फिर राष्ट्रवादी अखबार ऐसा लिखते हैं तो मुसलमान अखबार उससे भी बढ़-बढ़कर सुर्खियां देते हैं।

इस तरह तो आपसी जहर और भी बढ़ जायगा। मैं यहां जहर बढ़ानेके लिए नहीं आया हूं। आप लोग हिंदू, मुसलमान, सिख, पारसी, ईसाई सब मिल-जुलकर रहने लगोगे तो उसमें हम ब्रिटेनवालोंका नाम अच्छा ही कहलाएगा कि जब छोड़ा तब सबको एक करके, मिलाकर छोड़ा।

वाइसरायने यह भी कहा—"मैं बता देना चाहता हूं कि हिंदुस्तानके लोग अगर आजादी चाहते हैं तो उन्हें कुछ खामोशीसे रहना चाहिए। ऐसा करना हम नहीं चाहते कि हम चले जायं और आप लोग आपसमें लड़ते रहें। इसलिए सब बात सुलझानेकी मैं भरसक कोशिश करता हूं, नतीजा कुछ भी हो। तीस जून '४८ को हमें जाना ही है, इसमें कोई शक नहीं है, उस बातको ध्यानमें रखकर मैं चलता हूं।

''मेरा एतबार करोगे तो मैं कहना चाहता हूं कि मैं अपने अंत:करणको पूछ-पूछकर हरेक काम करता हूं। यह ठीक है कि मैं जहाजी बेड़ेका कमांडर हूं और हिंसा-शक्तिपर विश्वास करता हूं, पर जैसे आप ईश्वरको मानते हैं वैसे मैं भी अपनी शक्तिभर ईश्वरको मानता हूं और मैं वही करता हूं, जो मेरी अन्तरात्मा मुझे सही बताती है। खुदाने मुझे जैसी अक्ल दे रखी है उसीके मुताबिक चलनेवाला मैं हूं। इसके अलावा मैं दूसरी तरहसे ब्रिटिशकी सेवा कर भी नहीं सकता।

''मैं अपनी पूरी कोशिश करूंगा कि तुम सब लोग मिल-जुलकर काम करो। मैं ऐसी कोई बात करना नहीं चाहता, जिससे अल्पसंख्यकोंके साथ अन्याय हो जाय। वरना लोग कहेंगे कि हमने मुसलमान, पारसी, सिख आदिको दबाकर बहुसंख्यक हिंदुओंको सब कुछ दे दिया।

''हमारे जानेके बाद तुम लड़ना चाहोगे तो बीच-बिचाव करने कौन आयगा? अभी तो खामोशीसे समाधानका प्रयत्न कर रहा हूं, पर जब मेरा धीरज खतम हो जायगा तब मैं चुप न रहूंगा। अब तो रक्षा-सदस्य भी आपका ही है। लेकिन उससे भी बात बनती दीख न पड़ेगी तो अभी यहांका कमांडर तो अंग्रेज है। गोरी फौज भी छोटी नहीं है और उनके सिखाए आदमी भी हैं। इन सबको लेकर मैं अपने धर्मका पालन करूंगा, लेकिन वैसे ही आप लोग मेरी बात मान लें तो मेरा काम कुछ आसान हो सकता है।''

सो वाइसराय साहबका काम कठिन ही है, पर अंग्रेज लोग कठिन बातसे भागनेवाले नहीं होते।

आप लोगोंको यह कहनेकी बात नहीं थी; पर मुझे लगा कि हम इतने सब मिले हैं तो आज यही कह दूं और आप लोगोंकी मारफत अखबारवालोंसे भी कह दूं।

कल ही मैंने आप लोगोंसे कहा था कि जबतक हमने माउंटबैटन साहबका विश्वास खोया नहीं है तबतक उनके बारेमें हमें कुछ भी इधर-उधरकी बात कहनी नहीं चाहिए। हम ठीक चलेंगे फिर भी अगर वह कुछ न करेंगे तो हम अंग्रेजोंसे कह सकेंगे कि आपके वाइसराय एकके बाद एक आते तो हैं आजादी देनेके लिए, पर वे हमें दबाते ही चले जाते हैं।

यह सब हमें असभ्य भाषामें कहनेकी जरूरत नहीं है। हरेक बात मीठी

भाषामें कही जा सकती है। अगर हम असभ्यता बरतते हैं तो अपना ही गला काट लेते हैं।

अगर हम आपसमें भी लड़ते ही रहते हैं तो उनका जाना कठिन हो जाता है। उनके हाथमें डिफेंस तो है, पर उससे तो वे बाहरके हमलावरोंको रोक सकते हैं। जब हम आपसमें लड़ें तब वे किस तरह हमें रोकें? वे तो कहेंगे हिंदू मुसलमानोंको बुरे बताते हैं और मुसलमान हिंदुओंको। उसमें वे क्या करें? उनको तो जाना है। हम लड़ते ही रहेंगे और ३० जून आ जायगी और उनसे कुछ हो नहीं सकेगा तो हम कहेंगे अब आपका अधिकार नहीं, आप जाइएगा।

अगर वे रह जाते हैं तो फिर वे हिंदूको भी और मुसलमानको भी दोनोंको मार-मारकर झगड़ा करनेसे रोक सकते हैं और उन्होंने यह करके दिखाया भी। एक अंग्रेजके मारे जानेपर हजार-हजार आदमीको मौतके घाट उतार दिया गया है। पर जाते समय वे ऐसा नहीं कर सकते। इसलिए हमारा कर्तव्य है कि उनके यहांसे जानेका काम हम अपने विश्वाससे आसान करें। उनकी मुसीबत बढ़ावें नहीं।

पर आज क्या है! खाना नहीं मिलता, कपड़ा नहीं मिलता, मुझे और आपको तो मिल जाता है, पर करोड़ों ऐसे लोग मुल्कभर में पड़े हैं जिन्हें कुछ भी खाना नहीं मिलता, न कपड़ा मिलता है। आज मदरासके वजीर आए थे। उन्होंने बताया कि वहां बाढ़ आ गई है और फसल मारी गई है। खानेकी किल्लत है। अगर हम आपसमें न लड़ते तो गरीबोंको खाना पहुंचा सकते थे। खाना-पीना देनेके लिए हिंदू-मुसलमान नहीं देखे जाते-मुल्कके सभी लोगोंको वह देना होता है।

पर आज तो सबका एक ही काम हो गया है—बस, काटो और मारो, वह भी वहशियाना तरीकेसे। जो हिंदू मिले उसे मुसलमान मारे, जो मुसलमान मिले उसे हिंदू।

अगर हम ऐसे जंगली बन जाएं और कहें कि अंग्रेजोंके जानेके बाद हम अच्छे बन जायंगे तो यह सारा गलत खयाल है।

एक बात और बताता हूं। जनरल शाहनवाज आज आए थे। बिहारसे मेरे चले जानेपर भी वे वहांपर काम करते हैं। वेतन नहीं लेते। फिर भी बाकायदा पंद्रह दिनकी छुट्टी लेकर घर जा रहे हैं। उन्होंने बताया कि

बिहारमें जो मुसलमान लौटकर नहीं आते थे और जिन्हें हिंदू पहले डराते थे वे भी अब लौट आए हैं; क्योंकि समझानेपर हिंदू अपना धर्म समझ गए और उन्होंने मुसलमानोंके स्वागतके लिए लगातार दो दिनतक परिश्रम करके उनका रास्ता साफ किया और जो झोपड़ियां ढह गई थीं उनके बनानेमें भी योग दिया। दूसरे देहातोंमें भी ऐसा ही अच्छा काम हुआ है।

अगर ऐसा ही चलता रहेगा तो बिहारके भागे हुए सभी मुसलमान लौट आयंगे। उन्हें पैसेकी मदद तो सरकार देती है; पर हिंदुओंको चाहिए कि उन्हें डरानेवालों, रोड़ा अटकानेवालोंको वे समझावें। तब यह काम बन जायगा।

सार यह कि आजकल जो 'काटो-काटो' की पुकार मची है उसके बीच भी अच्छे आदमी पड़े हैं। हरेक मुसलमान, हरेक सिख, हरेक हिंदू खराब नहीं है।

जिस तरह बिहारमें अमन हुआ है इसी तरह डेराइस्माइलखांमें और सीमाप्रांतमें भी शांति होनी ही है।

अगर जिन्ना साहबने जो लिखा है, सही लिखा है, तो उन्हें वहांकी हुल्लड़बाजीको रोकना ही है। फौजके रोकनेसे वह हुल्लड़बाजी रुकनेवाली नहीं है। लोगोंको समझानेपर ही वह रुक सकती है। नहीं रुकती तो उसका मतलब है या तो लोग जिन्ना साहबकी मानते नहीं; या जिन्ना साहब उसे रोकना नहीं चाहते।

लेकिन हम जिन्ना साहबके बारेमें उल्टी बातें क्यों सोचें ? जरा काम होता नहीं दीखता तो दिलमें शक पैदा हो ही जाता है। अगर मैं किसी बातपर दस्तखत करूं और उससे उल्टा ही काम कर बैठूं तो वह शककी बात हो ही जायगी। इस तरह यहां भी शक हो जाता है। लेकिन हमें आखिरतक देखना होगा कि जिन्ना साहब क्या करते हैं।

॥ १७ ॥

६ मई १९४७

प्रार्थनाके समयतक गांधीजी जिन्ना साहबके यहांसे लौटकर नहीं आ सके थे। उनके आदेशानुसार ठीक साढ़े छः बजे, प्रार्थना शुरू की गई और

जनतासे पूछा गया कि आज कुरानकी आयत बोली जाय या नहीं ? इसपर सिर्फ एक आवाज आई कि 'नहीं।' तब दो मिनिटतक मौन प्रार्थना हुई। तत्पश्चात् गांधीजीका कलका लिखा हुआ यह संदेश सुनाया गया, जो वर्षाके कारण कल नहीं पढ़ा जा सका था :

मैं पापात्मा शैतानके हाथोंसे—अपनेको—बचानेके लिए परमात्माकी शरण लेता हूं।

हे प्रभो! तुम्हारे नामको ही स्मरण करके मैं सारे कामोंको आरंभ करता हूं। तुम दयाके सागर हो। तुम कृपामय हो, तुम अखिल विश्वके स्रष्टा हो, तुम ही मालिक हो। मैं तुम्हारी ही मदद मांगता हूं। आखिरी न्याय देनेवाले तुम्हीं हो। तुम मुझे सीधा रास्ता दिखाओ; उन्हींका चलनेका रास्ता दिखाओ जो तुम्हारी कृपादृष्टि पानेके काबिल हो गए हैं; जो तुम्हारी अप्रसन्नताके योग्य ठहरे; जो गलत रास्तेसे चले हैं, उनका रास्ता मुझे मत दिखाओ।

ईश्वर एक है, वह सनातन है, वह निरालंब है, वह अज है, अद्वितीय है, वह सारी सृष्टिको पैदा करता है, उसे किसीने पैदा नहीं किया है।

यह कुरानशरीफकी आयतोंका तरजुमा है जो कि प्रार्थनामें पढ़ी जाती हैं। उसे पढ़नेकी शिकायत कोई कैसे कर सकता है, समझमें नहीं आता है। मैं तो कहूंगा कि इस प्रार्थनाको हम हृदयमें अंकित करें तो वह बेहतर ही हो सकता है।

इससे अधिक आज नहीं कहूंगा।

॥ १८ ॥

७ मई १९४७

प्रार्थना-सभामें आते ही गांधीजीने सबसे पहले श्रीमती उमादेवीके बारेमें पूछा कि क्या वे आई हैं? वे वहां थीं। बापूजीके कहनेसे उन्हें मंच पर उनके पास बैठाया गया। श्रीमती विभावरी बाई देशपांडेको भी गांधीजीने अपने पास बुलाया और कहा कि इन दोनों बहनोंने कुरानशरीफकी आयतें पढ़नेका विरोध किया है। बीस आदमियोंकी सहीवाले एक पत्रका कि दो-एक आदमियोंके विरोध करनेपर सारी प्रार्थना रोकी नहीं जानी चाहिए,

उल्लेख करते हुए गांधीजीने कहा—ऐसा कहनेवाले बीस ही आदमी थोड़े हैं! मैं तो समझता हूं कि आप सब लोग (दो-तीन हजारके करीब) जो विरोध नहीं करते और खामोशीके साथ रोज यहां बैठते हैं उन सभीके मनकी बात यही है, जोइन बीस आदमियोंके दस्तखत वाली चिट्ठीमें लिखी हुई है।

लेकिन मैं आपसे कहूंगा कि आपको धैर्य रखना चाहिए। धर्मका पालन धैर्यसे ही किया जा सकता है। हिंदू-धर्मने सहिष्णुताको बड़े महत्त्वका स्थान दिया है। शंकराचार्य महाराजने तो धीरज रखनेकी बात यहांतक बताई है कि 'एक तिनकेकी नोकपर बिंदु-बिंदु करके समूचे महासागरका सारे-का-सारा जल निकालकर उसे दूसरे गड्ढेमें भर देनेमें जो धैर्य चाहिए उससे बढ़कर धैर्य मोक्ष पानेके लिए हमें धारण करना चाहिए।' अब आप कल्पना कीजिए कि तिनकेसे नहीं सही, लोटा भर-भरकरही अगर एक आदमी समुद्र खाली करने बैठता है, और दूसरी ओर उतना बड़ा गड्ढा उस पानीको भरनेके लिए उसे मिल भी जाता है और वह आदमी सैकड़ों-हजारों वर्षतक जिंदा भी रहता है तो शायद उस अपार जलराशिको वह सोख सकता है; लेकिन फिर भी जो नया पानी समुद्रमें आएगा उसका क्या होगा? फिर समुद्र सोखनेमें उसके पास कितना धैर्य चाहिए? अर्थात् शंकराचार्यजीने मुमुक्षुके लिए असीम धीरज बनाए रखनेकी बात कही है। उनका कहना यह है कि हमारा एक पैर तो हिनहिनाते घोड़ेकी रकाबमें फंसा हो; दूसरेसे हम जीनपर उछाल मारने ही वाले हों और गुरुजीसे कहें कि 'गुरुजी, ब्रह्म क्या है, जरा बता तो दीजिए' तो वह ब्रह्म नहीं जाना जा सकता। यहां हम सब जो आए हैं, जिज्ञासु बनकर आए हैं; यानी हम लोग मुमुक्षु हैं। पर क्या इतना धैर्य धारण करनेकी शक्ति हमारे पास है? अगर नहीं है तो भी प्रार्थनाभरके लिए तो हम धैर्य धारण करें। इसमें हमारी क्या अच्छाई होगी कि एक ओर तो बालक चीखता रहे और दूसरी ओर हम प्रार्थना करें! ईश्वरको तो मनकी प्रार्थना चाहिए। मुंहकी बातको ही मान लेने-जैसा वह भोला नहीं है। प्रार्थनाका मतलब यह नहीं है कि जिह्वासे जो उच्चारा जाय उसे ही प्रार्थना कहा जाय! और उस उच्चारका आग्रह भी हम तब क्यों रखें, जब हमपर किसी प्रकारका खतरा न हो। क्या हम इतने आदमी एक बालकको दबाकर, उसे डरा-धमकाकर धर्मका पालन करेंगे? धर्मका पालन तो बालककी बातको सह लेनेमें ही होगा। मुझे इस बातकी

खुशी है कि आपने इतनी बड़ी भारी संख्यामें होते हुए भी शांति रखकर धर्मका पालन किया है और अज्ञान बालककी बातको सहन किया है।

परंतु आज तो बालककी बात नहीं, एक बहनकी बात है। मैं देखता हूं कि वह मेरी स्वीकृत लड़कीसे भी कुछ छोटी है। वह एक मंत्री महाशयकी धर्मपत्नी है। उसने जो चिट्ठी[१] भेजी है, उसीकी चर्चा मैं आज पहले करूंगा।

इस चिट्ठीमें जो लिखा है उसमें हिंदू-धर्मका ज्ञान नहीं है, कोरा अज्ञान भरा है। इस तरह धर्मको बचानेकी जो चेष्टा की है वह वास्तवमें धर्मके पतनकी ही चेष्टा है। मैं सभी हिंदू और सभी सिख भाइयोंसे कहना चाहता हूं कि वे ऐसे गलत रास्तेको न अपनावें। मैं एक-एक करके इस बहनके प्रश्नोंका उत्तर दूंगा।

(१) मंदिरमें कुरान पढ़नेसे वह अपवित्र हो जाता है, यह कहना ठीक नहीं है। मंदिरमें ईश्वरकी स्तुति करना, अधर्म कैसे हो सकता है? कल यहांपर हिंदीमें 'ओज अबिल्ला' का अर्थ सुनाया तो किसीने उसका विरोध तो नहीं किया! क्या गीताका अनुवाद कोई अरबीमें सुनावे तो वह अधर्म हो जायगा? ऐसा कोई कहता है तो वह अज्ञानी है। सीमाप्रांतमें एक नियम बना था कि कुरानका तरजुमा नहीं किया जा सकता; किंतु वहां अब डा० खानसाहब प्रधानमंत्री हैं जो समझदार हैं। उन्होंने कहा कि कुरानका तरजुमा करनेसे तो उसका फैलाव होगा। उसे ज्यादा लोग पढ़ेंगे और समझेंगे। यहां इसी मंदिरमें खानसाहब नमाज पढ़ते हैं तो क्या यह मंदिर अपवित्र हो गया? नमाजमें तो कुरानकी आयतें बोली जाती हैं तो क्या उनका बोलना पाप कहाएगा?

---

१. श्रीयुत महात्माजी, मैं आपको यह सूचित कर देना चाहती हूं कि अन्तरात्माकी प्रेरणासे मैं आपके सायं प्रार्थनामें कुरान पढ़नेका निम्न कारणोंसे विरोध करूंगी : (१) मंदिरमें कुरान पढ़नेसे उसकी पवित्रता और मर्यादा नष्ट होती है। (२) कुरानको धर्मग्रंथ माननेवालोंने बंगाल, पंजाब आदिमें राक्षसी अत्याचार किए हैं उसे देखते हुए कुरान पढ़ना-पढ़ाना हिंदुओंके लिए मैं महान् पाप समझती हूं। (३) किसी मस्जिदमें गीता या रामायण पढ़नेका साहस आजतक आपने किया है, ऐसा मालूम नहीं देता।

हिंदूधर्मसेविका
उमादेवी
धर्मपत्नी संचालक दैनिक राजस्थान समाचार
और मंत्री अखिल भा० देशी राज्य हिंदू महासभा।

(२) यदि आप कहें कि मुसलमानोंने पाप किया है, तो हिंदुओंने कौन-सा कम पाप किया है? बिहारमें जो हिंदुओंने किया वह आप लोगोंको जानना चाहिए। वहां उन्होंने औरतोंको मार डाला, बच्चोंको मार डाला, उनके मकान जला दिए और उन्हें अपने घरोंसे भगा दिया। इसपरसे अगर कोई मुसलमान आवे और कहे कि भगवद्गीता पढ़नेवालोंने पाप किया है तो वह कितनी गलत बात होगी। थोड़े अंशतक मैं यह सुननेको तैयार हो जाऊंगा कि मुसलमानोंने अत्याचार किए हैं, पाप किया है। लेकिन मेरी समझमें यह नहीं आता कि कुरानको पढ़नेवाला पापात्मा है, इसलिए वह चीज भी पापमय है। इस तरहसे तो गीता, उपनिषद्, वेद आदि सब-के-सब धर्मग्रंथ पापके ग्रंथ साबित हो जाते हैं। गीतामेंसे भी अलग-अलग अर्थ निकलते हैं। मैं जो अर्थ करता हूं उससे कई लोग बिलकुल ही दूसरा अर्थ लगाते हैं। मुझे गीता अहिंसाकी ही बात दीखती है और दूसरे कहते हैं कि गीताने आततायीको मारनेका उपदेश दिया है। मैं क्या उनके मुंह बंद करने जाऊं? मैं उनकी बात सुन लेता हूं और मुझे जो सही लगता है, करता हूं।

(३) मैंने मस्जिदमें गीता नहीं पढ़ी है, वहां मैं ऐसा नहीं करता, यह कहनेका मतलब तो यही हुआ न कि मैं बुजदिल हूं? मान लिया कि मैं बुजदिल हूं और मस्जिदमें मुसलमानोंके सामने अपनी प्रार्थना करनेसे डरता हूं। लेकिन अगर मैं एक जगह बुजदिल हूं तो हर जगह क्या बुजदिल बनूं? क्या आप चाहते हैं कि मैं यहां भी बुजदिल बनूं?

पर आपको यह मालूम होना चाहिए कि मैं कई जगह मुसलमानोंके घरमें ठहरता हूं। वहां बड़े आरामसे और बिना संकोचके नियमित प्रार्थना करता हूं। और वहां, नोआखालीमें, जब मैं घूम रहा था तो खास मस्जिद तो नहीं; पर बिलकुल ही मस्जिदके पास मैंने अनेक बार प्रार्थना की है। एक बार तो मस्जिदके अहातेमें ही—मस्जिदके अंदरके मकानमें भी—मैंने प्रार्थना की है। वहां तो मेरे साथ पूरा साज-बाज रहता था। ढोलकी भी बजती थी और तालियोंके साथ रामधुन भी होती थी। मस्जिदके अहातेमें जब प्रार्थना हुई तब मेरे पास ढोलक तो नहीं थी, परंतु वहां भी तालियोंके साथ रामधुन हुई थी। मैं वहांके मुसलमान भाइयोंसे कहता था कि जैसे आप रहीमका नाम लेते हैं वैसे ही मैं यहां रामनाम लूंगा। रहीमका नाम जो कहते हैं उन्हें रामनाम लेनेवालों को रोकना नहीं चाहिए और उन्होंने मुझे रामनाम लेने

से रोका नहीं था।

आप अत्याचारकी बात करते हैं। नोआखालीमें काफी अत्याचार हुए हैं; पर मैं कहूंगा कि नोआखालीमें मुसलमानोंने इतने अत्याचार नहीं किए हैं जितने बिहारमें हिंदुओंके हाथों हुए हैं। मैं इस बातका गवाह हूं। मैं नोआखाली भी गया हूं और बिहारमें भी घूमा हूं।

मुसलमानोंके पास जाकर मैं प्रार्थना नहीं कर सकता, ऐसा जो कहे वह गांधीको नहीं जानता। यह बेचारी उमादेवी क्या जानती है कि गांधी किस मसालेका बना है। मैं अपने लिए नहीं, इसकी बातपर लज्जित होता हूं। उस मंत्री महाशयके लिए लज्जित होता हूं कि वह हिंदू-धर्मसभाके मंत्री होकर ऐसे घोर अज्ञानको अपनाए हुए हैं! जब समुंदरमें आग लगेगी तो उसे कौन बुझायगा?

पर सही बात तो यह है कि इनका विरोध उस प्रार्थनासे नहीं है, अरबी भाषासे है। कल जब आपको कुरानकी आयतका अनुवाद सुनाया गया था तब आपमेंसे किसीको वह चुभा नहीं था। (फिर अनुवाद सुनाकर) लीजिए, मैं सारी प्रार्थना (ओज अबिल्ला) पढ़ गया और वह इन बहनको भी चुभी नहीं। इसमें उन्हें कोई पाप नहीं दीखता। अगर दीखता तो वे मुझे क्यों पढ़ने देतीं, रोक न लेतीं कि "चुप हो जाओ, हम यह सुनना नहीं चाहतीं।"

वह मुझे रोकेंगी भी कैसे! ईश्वरकी मैं और प्रार्थना कर ही क्या सकता हूं? क्या वह यह चाहती हैं कि मैं ईश्वरको 'अज' कहकर न पुकारूं? उसको अमर न मानूं? उसको निरालम्ब भी न कहूं? या यह न कहूं कि तू ही मालिक है? फिर मैं प्रार्थनामें कहूंगा ही क्या? तब वही बात जो हम प्रार्थनामें कहना चाहते हैं वह अगर अरबीमें कही जाती है, तो वह पाप हो जाता है, ऐसा कहना कितने अज्ञानकी बात है! हमें इस घोर अंधेरेमेंसे बचना ही होगा।

तो हम ईश्वरसे प्रार्थना करें कि हे भगवान, तू हमें अंधेरेसे बचा ले। हमारे हिंदू-धर्मने तो प्रार्थनाके शब्द भी ऐसे ही रखे हैं कि 'तू मुझे अंधेरेसे उजालेमें ले चल' (तमसो मा ज्योतिर्गमय)। ऐसे अनुपम धर्मको हम न समझें और उसे पत्थर समझकर फेंक दें, यह मुझे बहुत बुरा लगता है। और यह बात दिलमें तब और भी ज्यादा चुभती है जब एक धर्मसेवककी पत्नी इस तरहसे धर्मको बिगाड़नेपर तुल जाती है। हमारे यहां तो पतिका

धर्म बहुत ऊंचा माना गया है। पत्नीके विचारोंको गलत रास्ते बहने न देना उसका कर्तव्य है। इन महाशयने तो अपनी पत्नीको भारी असहिष्णुताकी तालीम दी है। फिर धर्म कैसे टिक सकता है?

अगर हम लोग ऐसे ही बने रहेंगे तो हिंदू-धर्म तो टिकनेवाला है ही नहीं, हिंदुस्तान भी नहीं टिक सकेगा। अंग्रेज इसे छोड़कर चले जायंगे तो भी हम हिंदुस्तानको नहीं बचा सकेंगे। आजाद हिंदुस्तानमें तो हमें भाई-भाई बनकर रहना है। आजके दुश्मन कल दोस्त बनेंगे। तब क्या आप अपने मुसलमान पड़ोसीको यह कहेंगे कि 'कुरान मत पढ़ो?' क्या ऐसा कहनेमें ही हिंदू-धर्मका दरजा बढ़ जायगा?

इसलिए मैं आपसे मौन प्रार्थना करनेके लिए कहता हूं। यदि इतने सारे आदमी शांत बैठकर प्रार्थना करते हैं, एक-दो व्यक्तिपर गुस्सा नहीं लाते तो हमारी शुद्धि हो जाती है, हम पवित्र बन जाते हैं।

आप लोगोंको मालूम ही है कि कल मैं जिन्ना साहबसे मिलने गया था। उनके साथ मेरी जो बातें हुईं वह सब-की-सब तो बताई नहीं जा सकतीं। हम लोगोंने आपसमें निर्णय कर लिया है कि हमारी बातें सिर्फ हमारे बीच ही रहेंगी, और कहीं नहीं कही जायेंगी। फिर भी बादशाह खानको, पंडित जवाहरलालको और जो हमारे नेता हैं, उनको तो मैंने उन बातोंका सार बता दिया है। यहां भी मैं उसका थोड़ा-सा उल्लेख करूंगा। हम दोनोंने एक ही दस्तावेजपर दस्तखत किए हैं। उसमें दो बातें हैं। पहली यह कि राजनैतिक उद्देश्यकी पूर्तिके लिए हम किसीको जोर-जबरदस्तीसे मजबूर नहीं करेंगे। हरेक पक्ष अपनी बात एक-दूसरेको समझानेकी कोशिश करेगा और डराने-धमकानेका सहारा कभी भी नहीं लिया जायगा।

दूसरी बात लोगोंको मार-काट और अत्याचारोंसे रोकनेकी हुई। कल-अखबारमें जिन्ना साहबके यहांसे जो विज्ञप्ति निकली है उससे आप समझ गए होंगे कि हमारे बीचमें राजनैतिक मतभेद पूरा है। जिन्ना साहब पाकिस्तान चाहते हैं। कांग्रेसवालोंने भी तय कर लिया है कि पाकिस्तानकी मांग पूरी की जाय, लेकिन उसमें पंजाबका हिंदू व सिखोंका इलाका और बंगालमें हिंदू-इलाका पाकिस्तानमें नहीं दिया जा सकता। केवल मुसलमानोंका हिस्सा ही हिंदुस्तानसे अलग हो सकता है। लेकिन मैं तो पाकिस्तान किसी भी तरह मंजूर नहीं कर सकता। देशके टुकड़े होनेकी बात बर्दाश्त ही नहीं

होती। ऐसी तो बहुत–सी बातें होती रहती हैं जिन्हें मैं बर्दाश्त नहीं कर सकता, फिर भी वे रुकती नहीं, होती ही हैं। पर यहां बर्दाश्त न हो सकनेका मतलब यह है कि मैं उसमें शरीक नहीं होना चाहता, यानी मैं इस बातमें उनके वशमें आनेवाला नहीं हूं। अगर वे पाकिस्तान बनाना चाहें तो वे अपने और भाइयोंसे सुलझ लें। मैं किसी एक पक्षका प्रतिनिधि बनकर बात नहीं कर सकता। मैं सबका प्रतिनिधि हूं। सारे हिंदुस्तानमें जितने हिंदू हैं, जितने मुसलमान हैं, जितने सिख और पारसी हैं, जैन और ईसाई हैं, उन सबका ट्रस्टी बनने का मेरा प्रयत्न है। अगर ट्रस्टी नहीं बन सका हूं या बनने लायक नहीं हूं तो भी मैं चाहता हूं कि मैं ट्रस्टी बनूं। इसलिए मैं पाकिस्तान बनानेमें हाथ नहीं बंटा सकता। जिन्ना साहब जो करना चाहते हैं उसको पूरी तौरसे खतरनाक चीज समझते हुए यह कैसे हो सकता है कि मैं उन्हें पाकिस्तानकी स्वीकृतिके दस्तखत दे दूं। यह बात मैंने धीरजके साथ उनको सुना दी। हम आपसमें लड़े नहीं। माधुर्यसे ही हमने आपसमें बातें कीं।

मैंने जिन्ना साहबसे अदबके साथ कह दिया कि हिंसाके बलपर वे पाकिस्तान नहीं ले सकते। वे मुझको पाकिस्तान देनेके लिए मजबूर नहीं कर सकते। मजबूर तो मुझे सिवाय ईश्वरके कोई कहीं भी नहीं कर सकता। अगर समझा–बुझाकर वे लेना चाहें तो पाकिस्ताने ही क्यों, सारा हिंदुस्तान भी ले सकते हैं।

शांतिकी दरखास्तमें मैं उनका साझीदार बना हूं और इसको कारआमद करनेके लिए मैंने जिन्ना साहबसे कहा है कि 'मुझसे जितना काम आप लेना चाहें ले सकते हैं। जरूरत पड़ेगी तो इस बातके लिए हजार दफे भी मैं आपके साथ चला आऊंगा।'

मैं आपको यह भी बता दूं कि जिन्नाके पास जानेसे सभीने मुझे रोका था। सबने मुझसे कहा कि जिन्नाके पास जाकर उससे लाओगे क्या? मैं कहां कुछ लेनेके लिए उसके पास गया था? मैं तो उसके दिलकी बात जानने गया था। अगर मैं वहांसे कुछ लाया नहीं हूं तो मैंने वहां जाकर कुछ गंवाया भी नहीं है। मेरा तो उनसे मित्रताका दावा है। आखिर वे भी तो हिंदुस्तानके ही हैं। मुझे सारी जिंदगी हर हालतमें उनके साथ बसर करनी है। मैं कैसे उनके पास जानेसे इन्कार कर दूं?

हमें मिलकर ही रहना होगा। मिलकर रहनेके लिए भी किसीके ऊपर आपको बल-प्रयोग नहीं करना चाहिए। मैं तो कहूंगा कि वे लोग पाकिस्तान चाहते हैं तो वे हमें समझावें। औरोंको भी वे समझावें कि पाकिस्तानमें सबका फायदा है तो जरूर ही उनकी बात मान सकता हूं। लेकिन मजबूर करके वे मुझसे लेना चाहें तो मैं 'हां' नहीं कह सकता।

आप पूछेंगे कि हिंदुस्तानका बंटवारा क्यों नहीं होना चाहिए? उसमें हानि क्या है? तो मैं बता सकता हूं। मेरा दिमाग खाली नहीं है। उस बारेमें बहुत कुछ बातें मेरे दिमागमें हैं। पर वे बातें आप पढ़-सुन लें। आज मैं बहुत काफी समय आप लोगों को दे चुका।

अब मैं कलकत्ता जा रहा हूं। मैं नहीं जानता कि वहां जाकर मैं क्या कर पाऊंगा, कितनी देर वहां रहूंगा और कब लौटूंगा। यहां मैंने कह रखा है कि जब भी जवाहरलालजी, कृपलानीजी या वाइसराय भी, मुझे बुलवा भेजेंगे, मैं आ जाऊंगा और मुझे आशा है कि आपके दर्शन मुझे फिर मिलेंगे।

तबतक अच्छा हो कि आप समझ लें कि मुझे प्रार्थनासे रोकनेमें कोई फायदा नहीं हो सकता। मुझे तो खामोश रहनेका फायदा मिल जाता है। आप जो लोग अपने गुस्सेको दबाकर शांत रहे हैं उनको भी कम फायदा नहीं मिला है, पर रोड़ा अटकानेवाले घाटेमें ही हैं। आप लोगोंको चाहिए कि आप उन्हें समझावें। आपको याद होगा कि उस बार जब प्रार्थनामें गड़बड़ हुई थी हिंदू महासभाके मंत्रीने उन लोगोंको समझाकर शांत किया था, उसी तरह अब भी इन्हें समझावें। दबाकर नहीं, मारपीटकर नहीं, पर खामोशीके साथ समझावें कि गांधी जो प्रार्थना करेगा उसमें धर्म ही है, अधर्म नहीं। अगर न समझें तो मुझे धीरज है। मैं मौन ही प्रार्थना कर लूंगा। इस मंदिरमें भी अपने अकेलेमें वह प्रार्थना करूंगा ही। परसोंके दिन जब बारिश थी तब यह प्रार्थना भलीभांति हुई। वहीं यह मंदिर था और वे ही हिंदूभाई थे, पर आज फिर विरोध हो गया। यह है हमारी हालत, जो बिलकुल ही गई-गुजरी है।

इसलिए मेरी विनती है कि आप लोग अहिंसक दृष्टिसे चेष्टा करके इन लोगोंको इतना समझा दें कि वे मुझसे कहें कि खुले दिलसे हमारे साथ आप यहांपर प्रार्थना कर सकते हैं। चाहे अरबीमें करें, फारसीमें करें या संस्कृतमें करें।

अब आप दो मिनट शांति रखकर मौन प्रार्थना करें। आंखें भी बंद हों तो अच्छा।

॥ १९ ॥

२५ मई १९४७[१]

भाइयो और बहनो,

आप जानते हैं कि प्रार्थनामें शांति रखनीचाहिए। आप लोगोंने यहांपर शांतिका जो स्वाद चखाया है वह आपके जरिएसे लोग सब जगह अपना रहे हैं। आपको यह जानकर खुशी होगी कि इस बार बंगालमें बहुत बड़ी-बड़ी प्रार्थना-सभाएं भी शांतिसे हुईं। वैसे मैं जब प्रवास करता हूं, लोग जमा हो जाते हैं और प्रेमके वश होकर जोरोंसे नारे लगाते हैं, मानो चीखते हैं। मैं इस प्रेमको समझ तो सकता हूं; पर अब मेरा शरीर इस शोर-गुलको बर्दाश्त नहीं कर सकता। मैं आपको धन्यवाद देता हूं कि आपने पिछली प्रार्थना-सभाओंमें गड़बड़ी होने पर भी शांति बनाए रखी और औरोंके लिए अच्छा उदाहरण पेश किया। जैसे बंगालकी प्रार्थना-सभामें शांति रही वैसे ही बिहारमें भी रही। वहां तो बहुत अधिक लोग जमा होजाते थे। ऐसी भारी गरमीमें मैं हर जगह जा सकूं ऐसा अब मेरी शरीर नहीं रहा है। इसलिए बिहारमें रोजाना घंटा-डेढ़ घंटा रेल या मोटरमें यात्रा करके मैं अलग-अलग जगह चला जाया करता था और वहां प्रार्थना होती थी। एक जगह एक नदीके किनारे[२] करीब एक लाखसे भी ज्यादा लोग जमा हो गए थे। हर बार नए-नए आदमी वहां चले आ रहे थे और जयध्वनि करते रहते थे।

इसलिए इतना कोलाहल हो गया कि मैं प्रार्थना न कर सका। लेकिन इस एक जगहके अलावा बिहारमें नियमसे मेरी प्रार्थना होती रही। बिहारकी सभा बंगालसे भी बड़ी हुआ करती थी। वहांके लोग मुझे जानते हैं, लेकिन फिर भी मुझे देखने चले आते हैं। हम चालीस करोड़ लोग कहांतक एक

---

१. ८ मईसे २४ मईतक गांधीजी बंगाल और बिहार-प्रवासमें रहे।

२. पटना से छः मील दूर दीनापुर नामक स्थानपर।

व्यक्तिको जरा देर देख-सुनकर याद रख सकते हैं? लोग मुझे देखनेकी हरदम इच्छा रखते हैं कि देखें तो सही कि गांधी कैसा है? आया उसके पूंछ है, सींग है, या क्या है? और इस तरह अनगिनत आदमी वहां जमा हो जाते थे। यद्यपि वहां इतने थोड़े मुसलमान हैं कि हिंदू शोर कर सकते थे कि हम अरबीमें प्रार्थना सुनना नहीं चाहते, पर वहां इतने बड़े मजमेमें एक भी आदमीने ऐसा नहीं कहा। कहता भी क्यों? ऐसी कौन-सी वजह है जो मैं कुरान न कह सकूं।

आप भी यहां शांति रख रहे हैं; लेकिन आप शांतिके साथ अशांति भी पैदा कर देते हैं। यहांकी ही तरह बंगालकी सभामें भी एक लड़केने प्रार्थना रोकनेकी जुर्रत की; पर मैंने सोचा कि यह तो अहिंसाके नामपर हिंसा होने जा रही है। मैंने उसकी बातपर ध्यान न दिया। वह समझ गया और शांत हो गया। यह अच्छी बात थी कि यहां पुलिसने बीचमें दखल नहीं दिया था। वहां खादी-प्रतिष्ठानमें ही प्रार्थना हुआ करती थी और बहुत आदमी होनेपर भी हमेशा शांति रहती थी।

यहां प्रार्थनामें रुकावट डालने का सिलसिला चला है। अब बहनों ने चिट्ठी लिखना शुरू किया है। आज एक बहनका पत्र मराठीमें आया है। उसमें वह लिखती हैं कि आप मंदिरमें कुरानका पाठ करें यह मुझे मान्य नहीं है, यानी वह कहना चाहती हैं कि आप लोगोंको सबको वह मान्य नहीं है, क्योंकि कुरान बोलनेवालोंने हजारों स्त्रियों और बेगुनाहोंपर अत्याचार किया है।

लेकिन अब मैं इस रुकावटके कारण प्रार्थना छोड़ देनेवाला नहीं हूं। अहिंसा कोई चीज नहीं है जो किसी कामको पूरा होने ही न दे। अहिंसाके नामपर हिंसाका खेल होता रहे और मैं उसे देखता रहूं, यह मुझसे नहीं हो सकेगा। इसलिए अब अगर वह बहन कोलाहल मचायगी तो भी मेरी प्रार्थना चलेगी ही। मैं उस बहन और उसके पति महाशयसे, यदि वे यहां हों, तो कहता हूं कि ऐसी अविनय हमें शोभा नहीं देती। एकके कारण हजारोंको हम तकलीफ दें! उनको प्रार्थना मान्य नहीं है तो उन्हें यहां आना नहीं चाहिए। फिर भी अगर वह बहन शोर मचायगी तो उसे भी कोई हाथ न लगायगा। वह निडर रहे। पुलिस भी अगर यहां हो तो वह भी उसे न पकड़े। अगर उसकी या उसके दो-तीन साथियोंकी आवाजें आती रहेंगी तो उसको मैं सहन कर लूंगा और प्रार्थना करूंगा। आप लोगोंने भी बहुत

सहन किया। मुझे उम्मीद है कि आप लोगोंमें इस बहन-की-सी मान्यतावाले न होंगे। अगर आप सब ऐसी मान्यतावाले हों तो फिर मैं कहूंगा कि प्रार्थना मेरे साथके ये लड़के नहीं करेंगे, मैं खुद करूंगा और आप सब मिलकर मुझ अकेलेको मार डालें। मैं हंसते-हंसते राम-राम करते मरूंगा। जब आप इतने सारे हों तब मैं अकेला आपको मार तो नहीं सकता और न पुलिस ही आपको ऐसा करनेसे रोक सकती है। लेकिन मुझे आशा है कि इस बहनको छोड़कर और कोई नहीं है जो कुरानके खिलाफ हो। मैं आपसे कहूंगा कि आप उस बहनकी चीख-पुकार पर ध्यान न दें। कोई उसे छुए तक नहीं। प्रार्थना शांतिपूर्वक होने दें।

(इसके बाद प्रार्थना हुई। सारी प्रार्थना होनेके बाद गांधीजीने कहा :) मैं उस बहनको मुबारकबाद देता हूं कि उसने इतनी बातपर संतोष कर लिया कि मैंने उसका पत्र आप लोगोंको सुना दिया। कल भी यही सिलसिला चलेगा। विरोध करनेवालोंकी बात सुना दी जायगी, पर प्रार्थना होगी ही। लेकिन मैं आशा करता हूं कि कल ऐसा कोई न होगा जो प्रार्थनामें बाधा डालना चाहता हो।

मैं आपसे कहना चाहता हूं कि बिहारमें हिंदुओंने कम गुनाह नहीं किया, यह आम समझ लें। वहांपर नोआखालीका बदला ही नहीं, उससे ज्यादा किया गया। और फिर यह सिलसिला ऐसा चला कि डेराइस्माइलखां तक पहुंच गया। बिहारके हिंदुओंने जो अत्याचार किए उसपरसे मुसलमान अगर कहने लगे कि हम तुलसीदासजीकी रामायण नहीं पढ़ने देंगे, गीता, उपनिषद् या वेद भी नहीं पढ़ने देंगे, अगर आप उसे बोलना चाहें तो अरबीहीमें बोलें तो क्या वह ठीक बात होगी ? ऐसा कहनेवाले मुसलमानोंसे मैं पूछूंगा कि गीता और रामायणने आपका क्या बिगाड़ा है और वेद जो प्राचीन-से-प्राचीन ग्रंथ है, उसने क्या गुनाह किया है ? रामचंद्रजीने उसको क्या नुकसान पहुंचाया है ? यही बात कुरान और मुहम्मद साहबके लिए भी है कि उन्होंने हमारा क्या बिगाड़ा है ? इसलिए आप समझेंगे कि चूंकि मैं रामायण तथा गीता पढ़ना चाहता हूं इसी वास्ते कुरान भी पढ़ना जरूरी समझता हूं।

अब आप यह सुनना चाहेंगे कि मैंने कलकत्ता और पटनामें क्या किया, कलकत्तामें क्या हुआ यह मैं अभी पूरा नहीं बता सकता। वहां मैं सुहरावर्दी साहबसे मिला और उनसे बातें कीं। अब देखना होगा कि उन बातोंका

नतीजा क्या आता है। जो कुछ हो, लोगोंने इतना महसूस किया कि मेरे वहां आनेसे उन्हें कुछ तसल्ली मिली है। वहां शरत् बाबू भी कोशिश कर रहे हैं। पर अभीतक वहां मार-काट बंद नहीं हुई है।

बिहारमें भी सुधार अधिक नहीं है, शरणार्थी लोग अपने घरोंपर लौट रहे हैं, पर अभी न हिंदू, न मुसलमान एक-दूसरेके लिए बेखौफ हुए हैं। वे अबतक यह नहीं कह सकते हैं कि अब हमें डर नहीं है या अब हम कुछ ज्यादती करेंगे ही नहीं। फिर भी वहांकी फिजा सुधर ही रही है, इसमें कोई शक नहीं।

अब सवाल यह है कि मैं यहां क्यों आया? सच बात यह है कि मैं नहीं जानता कि क्यों आया? लेकिन एक बात साफ है। मैंने जब बरसोंतक कांग्रेसकी सेवा की है तब वे लोग मुझे एक सेवकके नाते याद कर लेते हैं। वे मेरी बात सुनना चाहते हैं, फिर चाहे वे उसे मानें या न मानें।

लेकिन इतना मैं आपको कह देना चाहता हूं कि लंदनकी तरफ देखनेका जो रवैया चल पड़ा है वह ठीक नहीं है। हमारी आजादी लंदनसे आनेवाली नहीं है। हिंदुस्तानकी आजादीका कोहेनूर औरोंके हाथोंसे मिलनेवाला नहीं है। अपने ही हाथोंसे वह लिया जा सकता है।

मैं उस कोहेनूरकी बात नहीं करता हूं जो लंदन टावरमें रखा हुआ है; मैं अपने देशके स्वतंत्रतारूपी कोहेनूरकी बात करता हूं। वह कोहेनूर हमारे पास आ रहा है। अब जी चाहे तो उसे हम फेंक दें, या जी चाहे तो उसे अपनाकर अपने पास रख लें। जैसा भी कुछ करना हो वह हमारे अपने ही हाथकी बात है, दूसरेके हाथकी नहीं।

फिर हम माउंटबेटन साहबकी ओर क्यों देखें? क्या इस ताकमें रहें कि वे इंग्लैंडसे हमारे लिए क्या लायंगे? लेकिन हमारे अखबार तो उन्हीं बातोंसे भरे रहते हैं कि माउंटबेटन साहब लंदनसे यह लानेवाले हैं, वह लानेवाले हैं। हम अपने ही बलको क्यों न देखें।

दूसरे अल्पसंख्यकोंका क्या होगा? मान लिया कि हिंदू, सिख आदि इंग्लैंडकी ओर नहीं झांकना चाहते, पर मुसलमान उन्हींकी ओर देख रहे हैं तो क्या फिर हिंदू-सिख भी उस ओर देखने लग जायें? यदि वे देखें और उनकी कुछ सुनवाई माउंटबेटन साहब कर भी लें तो दूसरे हिंदुस्तानियोंका क्या होगा? पारसी, जो संख्यामें बहुत थोड़े हैं, उनकी बात सुननेकी

माउंटबेटेनको क्या पड़ी है? और हिंदुस्तानमें दूसरे भी कितने लोग हैं, जिन्हें न वाइसराय पूछते हैं, न दूसरे कोई।

इस हालतमें मेरा धर्म मुझको पालन करना है। यानी हिंदुस्तानका धर्म हिंदुस्तानको पालन करना है और इस तरह अपनी आजादी लेनी है।

आज हममें बाज लोग दीवाने बन गए हैं। सच्चा बननेके लिए ही आप और हम प्रार्थनामें आते हैं। सच्चा बननेके लिए चाहिए कि हम एकमात्र ईश्वरके ही गुलाम बनें। और किसीके गुलाम न बनें। फिर आजादी हमारी अपनी ही है। क्या हम भी दीवाने बन जायं? और जबतक वह चंद दीवाने ठीक न हो जायं तबतक क्या आप यह चाहेंगे कि माउंटबेटन उनपर अपना अंकुश रखें और यहां बने रहें?

मैं यह पसंद नहीं करता। मैंने दूसरी ही बात सिखाई है। मैं यहां सन् सोलहमें आया और तबसे मैंने कहा है कि हर कोई अपनेको देखे। अगर हम ऐसा करेंगे तो इंग्लैंड ही क्या, अमरीका और रूस—तीनों मिलकर भी हमें मिटा नहीं सकते। हमारे जन्म-सिद्ध अधिकारकी जो चीज है वह हमसे कोई छीन नहीं सकता। आजादी हमारी है और हम सच्चे बनेंगे तो उसे हमारे पास आना ही है।

॥ २० ॥

सोमवार, २६ मई १९४७
(लिखित प्रवचन)

मैंने आजका भाषण लिख डाला। उसके बाद करीब पांच बजे कलवाली बहनका खत आया है कि मैंने वचनका भंग करके कल प्रार्थना करवाई। मुझे ऐसा खयाल तक नहीं है। मैंने विनय किया, विरोधियोंकी रक्षाके लिए संयमका पाठ दिया। आपने उसे स्वीकार किया। अब भी ऐसे विरोधके कारण प्रार्थना बंद करें तो विनय अविनय होगी और उदारता कृपणताका रूप लेगी। अहिंसाका यह लक्षण कभी नहीं है। इसलिए वह बहन माफ करे। प्रार्थना होगी।

मैंने कल आपसे जो कहा था, आज वही चीज फिर दोहराता हूं। सामूहिक

प्रार्थना हमारा खास फर्ज है। इसे झटसे छोड़ा नहीं जा सकता। अगर सामूहिक प्रार्थनाके बारेमें कोई विरोध उठाता है और उसका ऐसा करना अपराध ही है—तथा उसपर हमला होनेका खतरा पैदा हो जाता है तो मूक प्रार्थना अच्छी है। आप लोग तो मेरी विनय सुनकर बराबर पूरी तरह शांत रहे और उन विरोधियोंको आपने नहीं सताया; पर जब मैंने देखा कि हमारे इस संयमका दुरुपयोग होने लगा है तब मैंने दूसरा रास्ता अख्तियार किया। और मुझे यह देखकर खुशी हुई कि विरोध उठानेवाली बहन भी शांत रही। उनके मनमें कुछ भी हो, मैं आशा करता हूं कि शांति जारी रहेगी। इतनी सभ्यता तो हममें होनी चाहिए। आगेके लिए भी मैं आपसे यह कहूंगा कि अगर कोई विरोध करे तो आप अपनी प्रार्थना जारी रखें और साथ-ही-साथ विरोध करनेवालेकी ओर उदार रहें, रोष न करें।

मैंने कल आपसे कहा था कि हमें यह शोभा नहीं देता कि हम लंदनकी ओर ताकते रहें। अंग्रेज लोग हमें आजादी नहीं दे सकते। वे तो हमारे कंधोंसे उतर सकते हैं। ऐसा करनेका उन्होंने वचन तो दिया ही है। आजादीको सम्हालना और उसे रूप-रेखा देना हमारा काम है। यह हम कैसे कर सकते हैं? मैं समझता हूं जबतक हिंदुस्तानमें अंग्रेजी राज है तबतक हम ठीक तरह नहीं सोच सकते। हिंदुस्तानके नक्शेको बदलना ब्रिटिश सरकारका काम नहीं है। उसका काम तो यह है कि वह अपनी निश्चित की हुई तारीखके दिन या उसके पहले चली जाय। हो सके तो हिंदुस्तानको अच्छी तरह अपना कारबार चलाते हुए छोड़कर जाए; मगर अराजकताका खतरा हो तो भी उसे तो चला ही जाना है।

एक और कारण भी है कि आज हिंदुस्तानकी शक्लमें किसी किस्मका फेर-फार न किया जाय। कायदेआजमने और मैंने एक अपील निकाली है कि राजनैतिक मकसद हासिल करनेके लिए हिंसाका इस्तेमाल न किया जाय। अगर उस अपीलके बावजूद लोग पागल बनकर बड़ी किस्मकी हिंसा करते रहें और ब्रिटिश सत्ता उसके सामने झुक जाय, यह समझकर कि एक दफा पागलपन निकल जानेपर सब ठीक हो जायगा तो वह यहां खूनी विरासत छोड़ जायगी और सिर्फ हिंदुस्तान ही नहीं, सारी दुनिया उसे गुनहगार मानेगी। मैं हरेक देशप्रेमीसे और ब्रिटिश सत्तासे भी, अनुरोध करूंगा कि कितनी भी हिंसा हो तब भी वह कैबिनेट मिशनके पिछले सालके १६ मईके दस्तावेजपर कायम रहकर हिंदुस्तानको छोड़ दे। आज

ब्रिटिश सत्ताकी मौजूदगीमें खून, कतल, आग और उससे भी बुरी बातें देखकर हम नीचे गिरते जा रहे हैं। जब अंग्रेजी सत्ता चली जायगी तब मेरी उम्मीद है कि हममें साफ विचार करनेकी ताकत आवेगी और तब हम जैसा ठीक समझते होंगे एक हिंदुस्तान रखेंगे या उसके दो या ज्यादा टुकड़े करेंगे। और अगर हम तब भी लड़ते ही रहेंगे तो भी मुझे यकीन है कि हम आजकी तरह नीचे नहीं गिरेंगे; हालांकि हिंसाके साथ कुछ-न-कुछ गिरावट तो होती ही है। मैं तो निराशामें भी आशा रखता हूं कि आजाद हिंदुस्तान दुनियाको हिंसाका और एक नया पाठ नहीं पढ़ायगा। वह पहले ही बुरी तरह बेजार है।

॥ २१ ॥

२७ मई १९४७

भाइयो और बहनो,

उस महाराष्ट्रीय बहनका लंबा खत आज भी आया है। इसमें उसने शिकायत की है कि स्वयंसेवकोंने उसे रोककर उचित नहीं किया। उसने यह भी लिखा था कि कुरानमें गैर-मुस्लिमोंको मारनेकी बात लिखी है, इसलिए उसे नहीं पढ़ना चाहिए। कुरान मैंने पढ़ा है और उसमें कहीं भी ऐसा नहीं लिखा है; बल्कि उसमें तो लिखा है कि गैर-मुस्लिमोंसे भी मुहब्बत करो। उसके पढ़नेवाले इस बातको न मानें तो कुरानका क्या दोष? हमारे यहां भी तुलसी-रामायण, गीता, वेदमें जो लिखा है उसका पालन कौन करता है?

मैं धर्मके नामपर अधर्म करना नहीं चाहता। मैं एक-एक शब्द ईश्वरसे डरकर मुंहसे निकालता हूं। मुझे उस बहनके लिए दर्द हो रहा है कि वह जो बात जानती नहीं वह क्यों लिख रही है? क्यों वह दूसरेके कहनेपर मान लेती है कि कुरानमें यह लिखा है, वह लिखा है? किंतु आप अपना मन दृढ़ करें। उसके विरोध करनेपर भी प्रार्थनामें ध्यान दें। अगर आप सब उसकी तरह कहेंगे तो मैं अकेला ही मरते दमतक प्रार्थना करूंगा।

उस पत्रमें दूसरी शिकायत यह थी कि पुरुष स्वयंसेवकोंने उसको हाथ

लगाकर हटाया था। इसपर मेरा कहना यह है कि मेरी दृष्टिसे इसमें कोई हर्जकी बात नहीं है। स्वयंसेवकोंका धर्म है कि गड़बड़ी मचानेवालेको, फिर वह स्त्री हो या पुरुष, रोकें। हां, स्त्रीपर वे हाथ न चलावें, मारें नहीं। ठंडे दिमागसे समझावें। जब मनमें किसी किस्मका विकारका भाव न हो तब स्त्रीको छू देनेभरसे कोई पाप नहीं हो जाता। मैं भी लड़कियोंके कंधोंपर हाथ रखकर चलता हूं, तो क्या मैं गुनाह करता हूं? मेरी तो ये सब बेटी-जैसी हैं। अगर मेरे मनमें मैला विचार पैदा हो तो वह जरूर पाप कहलायगा। स्वयंसेवक भी जब सभाकी व्यवस्था करें तो हरेकको अपनी माता या बहन समझकर सभामें आनेवाली बहनोंसे बरताव करें। जैसे पुत्र अपनी माताको छुए, वैसे वह भी छू सकता है, यह उसका कर्तव्य है।

(इसके बाद प्रार्थना शुरू हुई। तब उस बहनने कहा, ''बंद करो प्रार्थना, बंद करो।'' सुनकर गांधीजी मुस्करा दिए और प्रार्थना चलाते रहनेका आदेश दिया।)

प्रार्थनाके बाद गांधीजीने कहा—आज समय तो काफी हो गया है, अतः मुझे जो कहना है जल्दी ही पूरा करूंगा।

आप तो जानते हैं कि मैं बिहारमें काम करता हूं। वहां मुसलमान बहुत कम हैं। मुश्किलसे चौदह फीसदी होंगे। उधर नोआखालीमें हिंदुओंकी तादाद इसी तरह कम है। नोआखालीके कामके सिलसिलेमें मैं बिहार चला गया।

बिहारमें जो भाई काम कर रहे हैं उनकी तरफसे टेलिफोन आया है कि अभी वहां जूनकी बात चल पड़ी है। इसी तरह पहले भी जब विधान-परिषद होनेवाली थी तब नौ तारीखके बारेमें डर पैदा हो गया था और हर जगहसे पत्र आते थे कि हम क्या करें। नोआखालीमें तो यहां तक धमकी दी जा रही थी कि पिछले (नवम्बरके) दंगेमें कई हिंदुओंको जिंदा ही छोड़ दिया गया था; पर अबकी बार तो सारे-के-सारे हिंदुओं को मुसलमान बना दिया जायगा। तब मैंने उनसे पूछा था कि आप चाहें तो मैं वहां पहुंच जाऊंगा और वहांपर अधिक क्या कर सकूंगा, अपनी अकेली जान ही दे सकता हूं। पर उन लोगोंने मुझे नहीं बुलाया और अगर आफत आए तो उसे झेलनेको वे तैयार हो गए। असलमें मैं तो मानता ही नहीं कि सारे-के-सारे हिंदुओंको मुसलमान बनानेकी बात कभी भी कामयाब हो सकती है।

उसी तरह बिहारमें भी मुसलमानोंको डरनेकी कोई बात नहीं, दो जूनकी हम फिक्र क्यों करें? हम क्यों सोचें कि वाइसराय लंदनसे क्या ला रहे हैं? माना कि वाइसराय साहब हमारे लिए वहांसे लड्डू ला रहे हैं तो भी मैं तो कह चुका कि वह हमारे किस कामका है! हमारे कामकी चीज तो वही होगी, जो हमने अपने आप पैदा की होगी।

मैं पूछता हूं, बिहारके मुसलमान क्यों डरें? हिंदुओंको भी, जो राम-राम रटते हैं, उन्हें अपने रामकी कुछ परवाह होगी कि न होगी? इसी प्रकार सिंधके हिंदुओंको डरनेका क्या कारण है? क्यों डरें? वहांसे मेरे पास खत आया है कि हिंदू डर रहे हैं। डर छोड़कर वे 'राम-राम' क्यों नहीं करते? वहांके लोग मुझे बुलाते हैं। मैं कई बरससे सिंध नहीं गया हूं; पर सिंधी भाइयोंसे मेरी इतनी घनिष्ठता रही है कि एक बार मैं अपनेको सिंधी कहा करता था। दक्षिण अफ्रीकामें भी मेरे साथ सिंधी लोग थे। सिंधी, मारवाड़ी, पंजाबी सभीने मेरा साथ दिया है। उनमें ऐसे भी थे जो शराबतक पीते थे और दूसरी चीज भी खाते थे। उन चीजोंको छोड़नेमें वे अपनी मजबूरी महसूस करते हुए भी अपनेको हिंदू बताते थे। उन सबसे मेरी दोस्ती थी। उनमेंसे एक भाई लिखते हैं कि क्या तुम मुझे व सिंधको भूल गए? पर मैं कैसे भल सकता हूं।

सब जगह लोग डर रहे हैं कि दो जूनको क्या होगा। कहा जा रहा है कि मुसलमान भाई बहुत-बहुत तैयारियां कर रहे हैं। लेकिन वे क्या तैयारी कर रहे हैं? क्या हैवान बननेकी तैयारी कर रहे हैं? क्या के मस्जिदमें जाकर इबादत नहीं करते कि खुदा सबको इन्सान बनाए? हिंदू भी कोई ऐसी खबर नहीं लिख भेजते कि वे एकांतमें बैठकर ईश्वरसे कहेंगे कि वह हिंदुस्तानसे अंग्रेजोंको चले जानेकी सुबुद्धि दे और सभी मुसलमान भाई जिन्हें पागलपन छू गया है उन्हें सयाना बनाए।

पंजाबमें भी वे डरते हैं, क्योंकि वे तादादमें कम हैं। वहां हिंदुओंके साथ सिख भी हैं। सिख क्यों डरें? दोनों ओर ऐसी बात क्यों हो कि न जाने कौन पहले तलवार उठायगा।

बिहारमें अगर हिंदू लोग मुसलमानोंको मारेंगे तो वे मेरा कत्ल करेंगे। मैं तो कहता हूं कि बिहारके मुसलमान मेरे सहोदर भाई हैं। वे मुझको देखकर खुश होते हैं। उनको यह यकीन हो गया है कि यह एक शख्स तो हमारा

अपना ही है। उनको अगर कोई मारता है तो वह मुझे मारता है। अगर उनकी बहन-बेटीका अपमान करता है तो वह मेरा अपमान करता है। यह बात मैं इस मंचपरसे बिहारके सभी हिंदुओंको सुना देना चाहता हूं।

और मुसलमानोंको वहां डरनेका क्या कारण है? दो अच्छे मुसलमान सेवक उनकी सेवा कर रहे हैं। फिर वहांके मंत्रिमंडलमें श्रीकृष्ण सिन्हा हैं, जो पूरे सजग हैं।

आजकल एक अफवाह यह चल पड़ी है कि गांधी बिहारमें रहकर हिंदुओंको कटवाना चाहता है; पर मैं बुलंद आवाजसे कहता हूं कि सब-के-सब मुसलमान पागल बन जायं तब भी हिंदू पागल न बनें।

सिख भाई तो अपने लिए कहते हैं कि एक सिख सवा लाखके बराबर होता है और पांच सिख छः लाखके बराबर। उनका ऐसा कहना मुझे अच्छा लगता है। ग्रंथ साहब और गुरु जैसे उनके हैं, वैसे मेरे भी हैं। मैं जब अपनेको मुसलमान बताता हूं तब अपनेको सिख बतानेमें मुझे लज्जा किस बातकी? और सिखोंने तो ननकाना साहबमें सत्याग्रह और शूरवीरताका बड़ा काम किया है। लेकिन आज वे तलवारकी ओर देख रहे हैं? वे यह नहीं समझते कि कभी तलवारका जमाना था तो भी अब वह चला गया है। वे नहीं जानते कि आज तलवारके भरोसे वे किसीको जिंदा नहीं रख सकते। यह एटमबमका युग है।

गुरु गोविंदसिंहने जब तलवारकी बात सिखाई तबकी बात आज नहीं चल सकती। हां, उनकी सीख आज भी कामकी है कि एक सिख सवा लाखके बराबर है। लेकिन वह ऐसा तब होगा जब वह अपने भाईके लिए और सारे हिंदुस्तानके, लिए मरेगा।

ऐसी बहादुर औरतें भी हुई हैं। एक जगह सब मर्द मारे गए और उनकी मदद मिलनेकी आशा नहीं रही तब वे चुपचाप ताबे होनेके बजाय खुद मर गईं। यह सच्ची बात है। करीब पचहत्तर बहनें इस तरह मर मिटीं। उन्होंने अपने हाथसे अपने बाल-बच्चोंको पहले कत्ल किया, क्योंकि वे नहीं चाहती थीं कि दूसरे लोग उनके बालकोंको सताएं।

मैं कहूंगा कि मुसलमान हों या हिंदू, जिसने इस तरह किया है, उसका ही धर्म जिंदा रहा है। सिखोंसे भी मैं कहूंगा कि जब आप एक-एक सवा लाखके बराबर हैं तब ईश्वरका ध्यान करके 'सतश्री अकाल' का नारा

लगाते हुए आप मर जायं। इससे ज्यादा और बहादुरी क्या हो सकती है? मुझको भले कोई बुजदिल कहे, मैं बुजदिल हूं यह तो ईश्वर ही जानता है। पर बुजदिल आदमी भी अगर बहादुरीकी बात सिखाता है तो वह सीखनी चाहिए। मैं किसीको बुजदिल बनाना नहीं चाहता। न मैंने किसीको बुजदिल बनाया है और न मैं बुजदिल हूं।

॥ २२ ॥

२८ मई १९४७

भाइयो और बहनो,

आज किसी बहन या भाईने उपद्रव नहीं मचाया और न विरोध ही किया, यह मुझे अच्छा लगा। मुझे तो यकीन है कि दीवानापन रोज नहीं चल सकता। यही बात हिंदू-मुस्लिम झगड़ेके लिए भी है। मेरे पास खत चले ही आ रहे हैं। कुछ भले खत भी आते हैं। कई मुसलमान भले हैं जो लिखते हैं कि हिंदू और मुसलमानका धर्म अलग हुआ तो क्या हुआ? इस कारण उनके दिल तो अलग नहीं होने चाहिए। कुछ हिंदू भी ऐसे हैं जो मुझे धमकियां देते हैं कि कुरानसे बोलना आप बंद नहीं करेंगे तो हम आपको देख लेंगे। आपके यहां काली झंडियां लेकर हम आएंगे[१]। और आकर वे करेंगे क्या? हवा ही ऐसी है कि न कुछ सुनना, न कुछ देखना, बस चीखते रहना। वे भी उसी तरह प्रार्थनामें दखल देंगे। लेकिन ऐसा होगा तो भी जबतक आप लोग शांतिसे साथ दे रहे हैं, हमारा प्रार्थनाका सिलसिला चलता ही रहेगा और अगर आप सभी लोग काली झंडियां लेकर आवेंगे तो फिर मैं अकेला प्रार्थना करूंगा। आप मुझे पीटेंगे तो भी मैं राम-राम करता रहूंगा। अगर मैं आपसे बचनेके लिए पुलिस रखूं, तलवार-बंदूक चलाऊं तो भी अखीरमें तो मुझे मरना ही है। तो फिर मैं राम-राम करते ही मरूं तो क्या बुरा है। जब मैं इस तरह मर जाऊंगा तब आप पछतायंगे। आप अपनेसे ही कहेंगे कि हमने क्या कर डाला, इसको

१. गुजरातके पाकिस्तानविरोधी मोर्चेवालोंने गांधीजीको चेतावनी दी है कि यदि आठ दिनमें आप अपना मुस्लिमपरस्तीका रवैया नहीं बदलेंगे तो हम आपके दिल्ली-निवासस्थानपर काली झंडियां लेकर आवेंगे।

मारकर कुछ पाया तो नहीं; पर यदि मैं पुलिस रखूं या आपको पीटूं तो आप मुझे मारकर यही कहेंगे, अच्छा हुआ जो इसे मार डाला। लेकिन मुझे उम्मीद है कि आप तो जिस तरह आए हैं उसी तरह शांत रहेंगे।

आज मैं आपको कुछ प्रश्नोंके उत्तर दूंगा। सबके उत्तर तो आज नहींदे सकता। कल एक भाईने पूछा था कि अगर कुत्ता पागल हो जाय तो क्या किया जाय? क्या उसे मारा न जाय? यह अजीब प्रश्न है। पूछना तो यह चाहिए था कि इन्सान पागल हो जाय तो क्या किया जाय? पर बात तो यह है कि अगर हमारे दिलमें राम है तो कुत्ता भी हमारे सामने पागल नहीं बन सकता। लेकिन एक बार मेरे एक भाईने मेरे पास आकर कहा, 'कुत्ता पागल हुआ है। काटता फिरता है, उसको क्या किया जाय?' मैंने कहा कि मेरी जिम्मेदारीपर उसे मार दिया जाय; पर वह थी कुत्तेकी बात। इन्सानके पागल होनेपर वह बात नहीं चलती। मुझे याद है, जब मैं दस वर्षका था, मेरा भाई दीवाना बन गया था। बादमें वह अच्छा हो गया। अब तो वह नहीं रहा; पर मुझे उसका स्मरण आज भी उतना ही ताजा है। पागलपनमें वह सबको मारनेको दौड़ता था; लेकिन मैं उसे क्या करता? मारता? या मेरी मां या पिताजी उसे मारते? घरवालोंमेंसे किसीने उसे नहीं मारा। वैद्यराजको बुलाया गया और उनसे कहा गया कि उसको बिना मारे जो कुछ इलाज किया जा सकता है वह किया जाय। वह मेरा सगा भाई था। लेकिन अब मेरे पास वह भेद नहीं रहा। आप सब मेरे लिए सहोदर भाईके समान ही हैं। अगर आप सब पागल बन जायं और मेरे पास फौज मौजूद हो तो क्या मैं आप सबपर गोली चलवा दूं? दुश्मन भी अगर पागल बन जाय तो उसपर गोली नहीं चलाई जा सकती। जो पागल बनेगा उसे पागलखानेमें भेजना होगा। आपको मालूम होना चाहिए कि हिंदुस्तानमें बहुतसे पागलखाने हैं। मैंने अपनी आंखों ऐसे पागल देखे हैं जो सचमुच गोलीसे मार देनेके लायक होते हैं; पर हम उनको डाक्टरके हाथमें छोड़ते हैं।

मेरे एक नजदीकी मित्र थे जो मेरे भाईके बराबर थे। उनका लड़का पागल हो गया। वह दूसरोंका खून करनेतक हावी हो जाता था। उसके लिए मैंने नहीं कहा कि उसे गोली मार दो। मैं चाहता तो उसे मरवा सकता था, क्योंकि महात्मा कहा जाता था। हमारे यहां महात्मा कहलानेवालेको सब कुछ करनेका अधिकार है। वह खून करे, व्यभिचार करे, चाहे जो करे, उसे माफ हो जाता है। उसे पूछनेवाला कौन होता है? लेकिन मुझे तो

ईश्वरका डर था। मैंने सोचा, ईश्वर तो तुम्हें पूछेगा ही। सच बात तो यह है कि आज कोई महात्मा तो हमारे बीच है ही नहीं, सभी अल्पात्मा ही हैं।

खैर, मैंने उस लड़केको डाक्टरके यहां भिजवा दिया। वहांसे भी वह भाग आया। अभीतक उसका पागलपन गया नहीं है। उसके बाल-बच्चे भी हैं। सभी घरवाले उसे बर्दाश्त करते हैं। मेरे मित्रके उस लड़केकी तरह ही हमें इस सब पागलपनका उपाय सोचना चाहिए।

आज हमारा खून खौल रहा है। चारों ओरसे बातें आ रही हैं कि न जाने २ जूनको क्या होगा? पहले चार-पांच जगह दंगा हुआ, अब सभी जगह हिंदुओंका खून करनेकी चर्चा है और हिंदू कहेंगे कि जब मुसलमान मारते हैं तो हम भी क्यों न मारें? और फिर खूनका दरिया बहा देंगे! यह पागलपन नहीं तो क्या है? मुझे भरोसा है कि आप लोग जो इतनी शांतिसे यहां बैठे हैं ऐसे पागल नहीं बनेंगे। जो पागल बने हैं और हमें मारना चाहते हैं उन्हें हम मारने देंगे। हम मर जायंगे तो उनका पागलपन अच्छा हो जायगा? आजकल जो पागलपन फैला, है वह ऐसा नहीं है, जो बातको समझे नहीं। अगर सच्चा पागल भी छुरी हाथमें लिए आता है तो हम खतरा उठाते हैं, उससे डरते नहीं हैं। इसी तरह मुसलमान भी अगर तलवार उठाकर आते हैं और पाकिस्तान मांगते हैं तो मैं कहूंगा—'तलवारके जोरसे पाकिस्तान नहीं ले सकते। पहले मेरे टुकड़े कीजिए और बादमें हिंदुस्तानके?' यदि सब इसी प्रकार कहेंगे तो ईश्वर उनकी तलवारके टुकड़े कर डालेंगे।

मैं तो मिस्कीन आदमी हूं, लेकिन ऐन मौकेपर आप मेरी बहादुरी देखेंगे। उस समय मैं किसीकी लाठीके मुकाबले लाठी नहीं चलाऊंगा। मैं चाहता हूं कि पागलके सामने हम पागल न बनें। हम समझदार रहें तो सामनेवालेका पागलपन चला जायगा। उनका पाकिस्तान भी चला जायगा। अगर पाकिस्तान सच्चा होगा तो वह सारा हिंदुस्तान ही होगा।

अगर हम पागल बनेंगे तो अंग्रेज पूछेंगे कि क्या अहिंसा हमारे ही लिए थी? आपसमें आप तलवार खींचते हैं। कहां गई वह अहिंसा? फिर कहेंगे कि अहिंसावालोंसे हम अंग्रेज अच्छे थे, जो मारा तो सही, पर अमन रखा। उनको तो राज चलाना है। इसलिए ऐसी बात कहेंगे। लेकिन मैं उनसे कहूंगा कि वे ऐसा न कहें। उन्हें तो जाना ही है और हमारी अहिंसाकी लड़ाईके कारण जाना है। यहां करोड़ों लोगोंने अहिंसाकी बहादुरी बताई।

आपने अंग्रेजी झंडेको सिर नहीं झुकाया, आप जेल गए, आपने अपने घर बरबाद होने दिए। तब जाकर आज हम आजाद हो रहे हैं। पर अब उस बहादुरीके जरिएसे हम आजाद होनेकी बात नहीं करते। आज हम ऐसा काम करने लग गए हैं कि हिंदुस्तान पर सब हंसें और थूकें।

ऐसा हम हरगिज नहीं करेंगे। आप किसीको मारेंगे नहीं, मर जायंगे तभी आप सच्ची आजादी पायंगे।

माउंटबेटन आ रहे हैं। वे क्या लायंगे, यह सोचकर सब डर रहे हैं। अगर वह हिंदुओंको कुछ देते हैं तो मुसलमान पागल क्यों बनें? और मुसलमानोंको दें तो हिंदू क्यों डरें? हम उनकी ओर न देखें, २ जूनको न देखें, अपनी ओर ही देखें।

अगर वे कुछ न देंगे तो क्या सब पागल बन जायंगे? ऐसे पागल कि बुड्ढों, बच्चों और औरतों सभीको काट डालें!

दूसरा प्रश्न यह है कि अंतरिम सरकारके अंदर जो लोग हैं वे अंग्रेजोंके नचाए क्यों नाचते हैं? क्या हिंदमें तीन ही कौमें हैं—हिंदू, मुस्लिम और सिख? वे पारसीको क्यों नहीं बुलाते? क्या इसलिए नहीं बुलाते कि उनके पास तलवार नहीं है? पारसीको भी बुला लें तो ईसाइयोंने क्या गुनाह किया है? फिर यहूदियोंको क्यों नहीं बुलाते? प्रश्नकर्ताका लिखना ठीक ही है। मुझे भी इस बातका दर्द होता है! कांग्रेस तो सबके लिए है। कांग्रेसका सभी लोग साथ देते हैं। फिर कांग्रेस बुजदिल क्यों बनती है? कांग्रेस कोई अकेले हिंदुओंकी नहीं है। सच है कि उसमें बहुत बड़ी संख्यामें हिंदू हैं, पर दूसरे भी तो हैं। यदि हिंदू, मुसलमान और सिख आपसमें फैसला कर लेंगे तो क्या पारसियोंको दबा देंगे? यहूदी और दूसरे भी जो लोग हैं वे मर जायंगे? उन सबका समाधान हो जानेपर औरोंका क्या करेंगे? उनको छोड़ देंगे? फिर वे सब कहेंगे कि हमने जो पहले कांग्रेसका साथ दिया तो क्या इस दिनके लिए? क्या कारण है, जो वाइसराय केवल अंतरिम सरकारके चंद आदमियोंसे ही सारी बातें करें? क्या इसलिए कि जवाहरलाल बहुत बड़े आदमी हैं? या सरदार बारडोलीके बहादुर हैं, राजेंद्र बाबू बहुत पढ़े हुए हैं और राजाजी बड़े बुद्धिमान हैं?

मैं आपसे कहना चाहता हूं कि कांग्रेसमें वे ही नहीं हैं, आप सब हैं। जिन्होंने कांग्रेसको मदद दी और उसके लिए काम किया वे सब हैं। जो

लोग डेपुटेशनमें नहीं जाते, जो बोलते नहीं हैं, वे सब लोग भी इसमें हैं। अगर तीनों कौमें मिलकर कुछ तय कर लें और दूसरोंकी परवा न करें तो वह बड़ी बुरी हालत होगी और बाकी लोगोंकी हमपर आह पड़ेगी। इसलिए हम समझें कि जितना हम करें वह सब जातियोंके लिए करें।

जब मुसलमान भी इस बातको समझ जायंगे तब सब काम अच्छा हो जायगा। और तब हमारा—मेरा व जिन्ना साहबका—दस्तावेज ठीक मान लिया जायगा कि राजनैतिक मकसदके लिए हिंसा नहीं करनी चाहिए।

॥ २३ ॥

२९ मई १९४७

भाइयो और बहनो,

जबतक प्रार्थना समाप्त न हो जाय और मैं अपनी बात कहना खतम न कर लूं तबतक आप मौन रहें। मैं चाहता हूं कि मैं जबतक यहां मौजूद हूं और जिंदा हूं तबतक आप लोग जो रोज भक्ति-भावसे यहां आते हैं—जो केवल तमाशा देखने आते हैं उनकी बात जाने दीजिए—प्रभुका नाम लेनेमें मेरा साथ दें। और बादमें भी मेरी बात शांतिसे सुनें। आज जो मैं कहनेवाला हूं, बड़ी कामकी बात है।

प्रार्थना समाप्त हो जानेपर गांधीजीने कहा—

आजके और २ जूनके बीच थोड़े ही दिन रह गए हैं। इन दिनों मैं रोज एक ही विषयके किसी-न-किसी पहलूपर बोलूंगा, जो आप लोगोंके दिलोंमें सबसे ज्यादा समाया हुआ है। आप लोगोंने शांति और संयम रखकर मुझे अपनी ओर खींच लिया है और अपना दिल खोलकर रख देनेको बाध्य किया है। कितना अच्छा हो कि जो लोग अपनेको इस देशकी संतान मानते हैं वे ठीक तरहसे सोचें और बहादुरीसे चलें। यह, मुश्किल काम जरूर है, जब कि अखबारोंमें पागलपनसे भरी हुई आग और मार-पीटकी भयंकर खबरें छपती रहती हैं।

मैं इस बातकी कोई चिंता नहीं करता कि २ जूनको क्या होनेवाला है। या माउंटबेटन साहब आकर क्या सुनाएंगे। मेरी ऐसी आदत ही नहीं है कि

सरकार क्या कहेगी इसकी चिंतामें रहूं। १९१५ में मैं यहां आया, तबसे लेकर आजतक मैंने ऐसा ही किया है।

मेरा जन्म तो यहींका है। २२ वर्षकी उम्रमें मैं यहांसे चला गया। मानो मैं वनवासमें रहा और बीस बरसतक दक्षिण अफ्रीकामें रहनेके बाद यानी अपनी असली जवानी बिताकर मैं यहां लौटा। इस बीच मैंने वहां कोई पैसे इकट्ठे नहीं किए। मैंने शुरूमें ही समझ लिया था कि भगवानने मुझे ऐसा ही बनाया है कि पैसोंकी ओर मैं न जाऊं। पर उसकी खिदमत करूं, ईश्वरने मुझसे कहा कि तू दूसरा काम करेगा तो सफल नहीं होगा। सेवाका तरीका गीताने मुझे यह बताया कि यह समझ कि मेरे पास जो है वह मेरा नहीं है, 'तेरा है' (ईश्वरका है)। तब प्रश्न यह सामने आया कि वह 'तू' (ईश्वर) कहांपर है? जवाब मिला कि संसारके सारे व्यक्तियोंमें। यानी जो मनुष्य-जातिकी सेवा करता है वह ईश्वरकी सेवा करता है।

तब हम ईशोपनिषद्के उस मंत्रपर आ जाते हैं जिसमें कहा है—'सारा जगत ईश्वरसे ही भरा है।'

जब मैं त्रावनकोरमें था तब रोजाना इस मंत्रका अर्थ सुनाता था। उसमें आगे कहा है—'तेन त्यक्तेन भुञ्जीथाः मा गृधः कस्यस्विद्धनम्।' यानी सब कुछ छोड़कर काम कर; किसीका कुछ भी लेनेका लालच मत कर।

बात तो यह सादी है, बच्चा भी उसे समझ सकता है, पर वह उसका भेद नहीं समझ सकता? हम बड़े हैं, हमें चाहिए कि उसका भेद समझें। इसलिए मैंने आपको यह बड़ी बात सुना दी। इसका भेद अगर हम समझ लें तो फिर हम किसके लिए लड़ें?

यह तो बड़ी बात हो गई, अब जो मैं सुनाना चाहता हूं उस बातपर आऊं। आज मैंने थोड़ा कष्ट किया है। मेरे पास इतना समय कहां कि रोज मैं अपने भाषणको अंग्रेजीमें लिख दिया करूं और हमारे अखबार जो अंग्रेजीमें चलते हैं उन्हें तो मेरा भाषण छापना चाहिए ही; परंतु हमारे अखबारनवीस उसे अंग्रेजीमें किस प्रकार दें! वे बेचारे अंग्रेजी पूरी तरह कहां समझ पाते हैं? वैसे तो वे लोग बी०ए०, एम०ए० होते हैं; लेकिन इतनी अंग्रेजी नहीं जानते कि मैं जो हिंदुस्तानीमें कहता हूं उसका सही मतलब अंग्रेजीमें समझा सकें! क्योंकि वह भाषा उनकी नहीं है, दूसरोंकी है। यहां तो मैं हिंदुस्तानीमें कहूंगा; क्योंकि वह तो करीब-करीब मेरी भी और आप

सबकी पूरी तौरसे मातृभाषा है। इसलिए उसमें मैं जो कुछ कहूंगा यह आप सही-सही समझ सकते हैं। यह (डा० सुशीला नैयर) मेरे भाषणको अंग्रेजीमें कर तो लेती है, क्योंकि वह खासा अंग्रेजी जानती है, फिर भी उसमें कमी रह जाती है। इसलिए आज मैंने थोड़ा समय निकालकर अंग्रेजीमें लिख रखा है। यहां मैं उसीको ध्यानमें रखते हुए बात कहूंगा। परंतु अखबारोंमें वही छपेगा जो मैंने लिख रखा है।

तो शुरूमें मैं उस खतकी बात बता देना चाहता हूं जिसमें मुझे प्रार्थना चालू रखनेके बारेमें कोसा गया है और लिखा है कि झूठा है, ठीक तरहसे जवाब भी नहीं देता। ऐसा जो लिखते हैं वे बालक हैं। उम्रमें भले ही सयाने हो गए हों, पर बुद्धिमें बालक ही रहे हैं।

उनको मेरी यह बात चुभती है कि मैं यही क्यों कहता हूं कि 'मरो', 'मरो'। ऐसा क्यों नहीं कहता कि पहले 'मारो-काटो और फिर मरो'। वे चाहते हैं कि मैं हिंदुओंसे तलवारका बदला तलवारसे और आगका बदला आगसे लेनेको कहूं। लेकिन मैं अपने सारे जीवनके विरुद्ध नहीं जा सकता और मानव-कानूनकी जगह पाशविक कानूनकी हिमायत करनेका अपराधी नहीं बन सकता। जब कोई मुझे मारने आवेगा तब मैं यह कहते-कहते मरूंगा कि ईश्वर तेरा भला करे। इसके बदले उनका आग्रह है कि मैं पहले मारनेको कहूं और बादमें मरना पड़े तो मरनेको कहूं। अगर मैं ऐसा कहनेको तैयार नहीं हूं तो वे मुझे कहते हैं कि 'तुम अपनी बहादुरी अपनी जेबमें रखो! और यहांसे जंगलमें भाग जाओ।' पर वे ऐसा क्यों कहते हैं? इसलिए कि मुसलमान सबको मारते हैं। तो क्या इसी बातपर हिंदू भी मारनेको उतारू हो जाएं और फिर दोनों दीवाने बन जायं? क्या मुसलमान बिगड़ जायं तो हम भी बिगड़ें? कहा जाता है कि सब मुसलमान खराब हैं, गंदे (दिलके) हैं। और यह भी बताते हैं कि सब हिंदू फरिश्ते हैं। लेकिन मैं इस बातको नहीं मान सकता।

एक मुसलमान महिलाका खत मेरे पास आया है। उसमें लिखा है कि जब आप 'ओज अबिल्ला' की ईश्वरकी स्तुति करते हैं तो उसे उर्दू नज्ममें क्यों नहीं करते? मेरा उत्तर यह है कि जब मैं नज्म पढ़ने लगूंगा तब उसपर खफा होकर मुसलमान पूछेंगे कि अरबीका तरजुमा करनेवाले तुम कौन होते हो? और वे पीटने आयंगे तब मैं क्या कहूंगा?

सही बात यह है कि जो चीज जिस भाषामें कही गई और जिसपर तप किया गया उसी भाषामें उसका माधुर्य होता है। बिशपोंने अंग्रेजी-बाइबिलकी भाषाको बहुत परिश्रमसे मधुर बनाया है और लेटिनसे भी अंग्रेजीमें वह किस तरह मीठी हो गई है। अंग्रेजी सीखना चाहनेवालेको बाइबिल तो सीखनी ही चाहिए। मैं अंग्रेजी भाषाका द्वेषी नहीं, उसका प्रशंसक हूं। पर गलत जगह जाकर वह गंदी हो जाती है। सो मैं 'ओज अबिल्ला' की भाषाका माधुर्य छोड़नेको तैयार नहीं; क्योंकि हमारे पास ऐसे कवि नहीं हैं जो वैसी ही मधुरतासे उसका अनुवाद कर सकें।

आज मैं अहिंसाके शाश्वत नियमकी बात नहीं कहूंगा। हालांकि उसपर मेरा दृढ़ विश्वास है। यदि सारा हिंदुस्तान उसे सोच-समझकर अपना ले तो वह बेशक सारी दुनियाका नेता बन जायगा। यहां तो मैं केवल यह कहना चाहता हूं कि कोई आदमी विवेकके अलावा और किसी चीजके आगे न झुके।

लेकिन आजकल तो हमने विवेक बिलकुल ही भुला दिया है। विवेक तभी कायम रह सकता है जब हममें बहादुरी हो। आज जो चल रहा है वह बहादुरी नहीं है। इन्सानियत भी नहीं है। हम बिलकुल जानवर-जैसे बन गये हैं। हमारे अखबार रोज-रोज हमें सुनाते हैं कि यहां हिंदुओंने बरबादी कर डाली और वहां मुसलमानोंने। क्या हिंदू और क्या मुसलमान, दोनों ही बुरा काम करते हैं। यह मैं माननेको तैयार हूं कि मुसलमान ज्यादा बरबादी कर रहे हैं; पर जब दोनों ही बुराई करते हैं तब किसने ज्यादा बुराई की और किसने कम, यह जानना बेकार है। दोनों गलतीपर हैं।

खबर आई है कि हमारे नजदीक ही गुड़गांवमें कई गांव जल गए हैं। किसने किसके मकान जलाए हैं, इसका पता चलानेकी कोशिशमें मैं हूं; पर सही पता लगना कठिन है। लोग कहेंगे कि जब इतने करीबमें यह सब हो रहा है तब यहां बैठा मैं लंबी-चौड़ी बातें कैसे सुना रहा हूं? जब आप लोग यहां आ गए हैं और हमारी बदकिस्मतीसे गुड़गांवमें यह हो रहा है तब अपने मनकी बात मैं आपसे कहूंगा ही। और मेरा यही कहना है कि हमारे चारों ओर अंगार जलते रहें तो भी हमें तो शांत ही रहना है और चित्त स्थिर रखते हुए हमें भी इस अंगारमें जलना है। हम क्यों दहशतके मारे यह कहते फिरें कि दूसरी जूनको यह होनेवाला है, वह होनेवाला है? जो बहादुर होंगे उनके लिए उस दिन कुछ भी होनेवाला नहीं है। यह यकीन रखिए। सबको

एक बार मरना ही है। कोई अमर तो पैदा हुआ नहीं है। तो फिर हम यही निश्चय क्यों न कर लें कि हम बहादुरीसे मरेंगे और मरते दमतक अपनी ओरसे बुराई नहीं करेंगे? जान-बूझकर किसीको मारेंगे नहीं। एक बार मनमें ऐसा निश्चय कर लेंगे तब आप स्थिरचित्त रहेंगे और किसीकी ओर नहीं ताकेंगे। जो डरा-धमकाकर पाकिस्तान लेना चाहेंगे उनसे कह देंगे कि इस तरह रत्तीभर भी पाकिस्तान मिलनेवाला नहीं है। आप इन्साफपर रहेंगे, हमारी बुद्धिको समझा देंगे, दुनियाको समझा देंगे तो आप पूरा-का-पूरा हिंदुस्तान ले जा सकते हैं। जबर्दस्तीसे, तो हम पाकिस्तान कभी नहीं देंगे।

और अंग्रेजोंसे क्या कहूं! अगर वे मिशन-योजनासे हटते हैं तो वे दगाबाज हैं। हम दगाबाज न बनेंगे और न बनने देंगे। हमारा और उनका संबंध १६ मईकी घोषणासे है। उसीके आधारपर विधानपरिषद् बनी है। उसके मुताबिक हम चलेंगे। इसके अलावा हम कुछ नहीं जानते। दूसरा कुछ तभी हो सकता है जब हम खामोश हो जायं, लड़ाई-दंगा न रहे और हम शांत होकर बैठें। पर हम दबेंगे नहीं।

इन चार दिनोंमें इतना पाठ आप सीख लें तो सब कुछ मिलनेवाला है। भले ही वे सारे हथियार जो बटोरे हैं आजमा लें। जब हम इतनी बड़ी सल्तनतके मुकाबलेमें डट गए और उनके इतने सारे हथियारोंसे नहीं डरे, उसके झंडेके सामने सिर नहीं झुकाया तो अब हम क्यों लड़खड़ाएं? जब कि आजादी मिलने ही वाली है, हम यह सोचनेकी गलती न करें कि अगर हम न झुके—चाहे यह झुकना पाशविक शक्तिके आगे ही क्यों न हो तो आजादी हमारे हाथोंसे निकल जायगी। अगर हम ऐसा सोचेंगे तो हमारा नाश निश्चित है।

मैं लंदनसे आनेवाले तारोंमें विश्वास नहीं करता। मैं यह आशा नहीं छोड़ूंगा कि ब्रिटेन गत वर्षके १६ मईके केबिनट मिशनके वक्तव्यकी इबारत और भावनासे बाल-बराबर भी नहीं हटेगा, जबतक कि भारतकी पार्टियां अपने आप कोई फर्क करनेको रजामंद न हो जाएं। इस कामके लिए दोनोंको एक जगह मिलना होगा और मानने लायक हल निकालना पड़ेगा।

यहांके अंग्रेज अफसरोंके लिए कहा जाता है कि वे बदमाश हैं। इन दंगोंमें उनका हाथ है, वे ही हमें लड़ाते हैं। लेकिन जबतक यह गंभीर आरोप ठीक-ठीक साबित नहीं हो जाता तबतक हमें उनपर इल्जाम नहीं लगाना

चाहिए। मैं तो कहूंगा कि अगर हम लड़ना नहीं चाहते तो लड़ाई कैसे होगी? मैं अगर यहां बैठी हुई अपनी लड़कीसे लड़ना न चाहूं तो मुझे कौन लड़ा सकता है?

और माउंटबेटन साहबका काम आसान नहीं है। वे बड़े सेनापति हैं, बहादुर हैं; पर अपनी उस बहादुरीको वे यहां नहीं बता सकते। यहांपर वे अपनी सेना लेकर नहीं आए हैं। यहां वे फौजी वर्दीमें नहीं आए हैं, सिविलियन बनकर आए हैं और उनका कहना है कि मैं अंग्रेजोंसे हिंदुस्तान छुड़वा देनेके लिए आया हूं। अब हमें देखना है कि वे किस तरह जाते हैं। माउंटबेटन साहबको अपने गवर्नर-जनरलके पदको शोभित करना है। उन्हें अपनी सारी चतुराई और सच्ची राजनीतिज्ञता बतानी है। अगर वे जरा भी चूक जायंगे, जरा भी सुस्ती कर जायंगे तो ठीक न होगा। इसलिए हम और आप सब मिलकर प्रार्थना करें कि भगवान उनको सन्मति दे और इतनी बात वे जान लें कि सोलह मईकी बातसे बालभर भी फरक जबर्दस्तीसे वे नहीं कर सकते। अगर करते हैं तो वह दगा होगा और दगा किसीका सगा नहीं होता। दगेका अंत भलाईमें कभी आ नहीं सकता।

॥ २४ ॥

३० मई १९४७

भाइयो और बहनो,

आप लंदनकी ओर न देखें, न वाइसरायकी ओर देखें। इसका मतलब यह नहीं कि इंग्लैंडमें जितने अंग्रेज हैं, सब-के-सब बुरे हैं। उनमें बहुत-से भले भी हैं। माउंटबेटन साहब भी भले हैं। पर वे सब अपने घरमें भले हैं। जब यहां आकर दखल देते हैं तो वे बुरे बन जाते हैं। अब वह पुरानी बात नहीं रही कि जब अंग्रेजोंकी हिफाजतका वादा जरूरी समझा जाता था। सिविल सर्विसमें जो अंग्रेज लोग हैं उन्हें अब अपने यहां नौकर रखनेके लिए हम मजबूर नहीं हैं। अगर सिविलयन रहना चाहें तो रहें और अंग्रेज व्यापारी भी रहना चाहें तो वे भी रहें; लेकिन उनको बचानेके लिए! यहां एक भी अंग्रेज सिपाही नहीं रह सकेगा। हिंदुस्तानियोंकी खिदमत और उनकी मुहब्बतके जरिए ही वे रह सकते हैं। अगर कोई पागलपनमें उन्हें

नुकसान पहुंचाए तो उसकी जिम्मेदारी हमपर नहीं होगी। अंग्रेजोंके हिंदुस्तानसे पूरी तरहसे चले जानेमें कुछ देर लग सकती है। उन्होंने इसके लिए १९४८ के जूनकी ३० तारीख कायम की है। उस दिनको आजसे पूरे बारह महीने बाकी रहे हैं। अगर वे इससे पहले जा सकें तो उन्हें जाना है। लेकिन उसके बाद तो वे एक दिन भी नहीं टिक सकते। यह तो प्रामिसरी नोट की सी बात है। अगर प्रामिसरी नोटमें इतवारके दिन रुपया देनेका वचन दिया है तो उसे सोमवारपर नहीं टाला जा सकता। इसी तरह अंग्रेज भी ३० जूनके बाद यहां नहीं रह सकते। अंग्रेज-प्रजाने उन्हें जो आदेश दिया है उसका उन्हें पालन करना है। आखिर वाइसराय उसी अंग्रेज-प्रजाके नौकर हैं। इस दूसरी या तीसरी जूनको वह हमें बतायेंगे कि वह क्या करना चाहते हैं और किस तरह यहांसे जायंगे। यह उनका कर्तव्य है और उसे पूरा करना उनका काम है। हमको अपना धर्म खुद देखना है।

फिर मैं सोचता हूं, मैं कौन हूं? मैं किसका नुमाइंदा हूं? बरसों बीते, मैं कांग्रेससे बाहर निकल आया हूं। चवन्नीका मेम्बर भी नहीं हूं। पर कांग्रेसका खादिम हूं। मैंने उसकी बरसोंतक सेवा की है और कर रहा हूं। इसी तरह मैं मुस्लिम लीगका भी खादिम हूं और राजाओंका भी खादिम हूं। सबका खादिम हूं, पर नुमाइंदा किसीका नहीं हूं। हां, एकका मैं नुमाइंदा जरूर है। मैं कायदेआजमका नुमाइंदा हूं; क्योंकि उनके साथ मैंने शांति-अपीलपर दस्तखत किए हैं। हम दोनोंने मिलकर कहा है कि हिंसासे कोई राजनैतिक बात हम नहीं ले सकते। यह बहुत बड़ी बात है। उस अपीलपर दूसरे लोगोंकी सही भी लेनेकी बात थी, लेकिन जिला साहबने कहा कि मुझे तो अकेले गांधीजीकी ही सही चाहिए। इसतरह जिन्ना साहबका नुमाइंदा बन गया। उनके अलावा मैं किसीका नुमाइंदा नहीं हूं।

लेकिन मैंने अपीलपर हिंदूकी हैसियतसे दस्तखत नहीं किए, किंतु हिंदू मैं जन्मसे अवश्य हूं, कोई मुझे हिंदू मिटा नहीं सकता। मैं मुसलमान भी हूं, क्योंकि मैं अच्छा हिंदू हूं और इसी तरह पारसी और ईसाई भी हूं। सब धर्मोंकी जड़में एक ही ईश्वरका नाम है। सबके धर्म-शास्त्र एक-सी बात कहते हैं।

मैंने कुरान देखा है और जैसा कि उस बहनने लिखा था, मैं नहीं मानता कि कुरानमें काफिरोंको कत्ल करनेकी बात लिखी है। मैंने बादशाह खान और अब्दुस्समदखां साहबसे, जिन्होंने आज बढ़िया तरीकेसे आयत पढ़ी हैं,

पूछा तो वे भी नहीं कहते कि कुरानमें गैर-मुस्लिमको कत्ल करनेके लिए लिखा है। बिहारके मुसलमानोंमेंसे किसीने नहीं कहा कि क्योंकि आप अविश्वासी हैं, इसलिए हम आपको कत्ल करेंगे और नोआखालीके मौलवियोंने भी ऐसा नहीं कहा; बल्कि उन्होंने राम-धुनको ढोलकके साथ होने दिया। कुरानमें जो लिखा है उसका मतलब इतना ही है कि खुदा काफिरसे पूछेगा। खुदा तो सबसे पूछेगा। मुसलमानसे भी पूछेगा। वह लफ्जको नहीं पूछेगा, कामोंको पूछेगा। बाकी जो गंदा देखना चाहे, हर जगह गंदा देख सकते हैं। ऐसी कोई चीज नहीं जिसमें अच्छा व बुरा न मिला हो। हमारी मनुस्मृतिमें भी लिखा है कि अछूतोंके कानमें सीसा डालो। पर मैं कहूंगा कि हिंदू-धर्मशास्त्रोंकी यह असली शिक्षा नहीं है। तुलसीदासजीने सब शास्त्रोंका निचोड़ बता दिया कि दया धर्मका मूल है। कोई भी धर्म यह नहीं सिखाता कि हम किसीका खून करें। हमको तो तुलसीदासजीके इस दोहेपर अमल करना चाहिए—

जड़ चेतन गुन दोषमय, विश्व कीन्ह करतार।
संत हंस गुन गहहिं पय, परिहरि वारि विकार॥

हमें तो मुसलमानोंसे कह देना होगा कि इस तरह पाकिस्तान नहीं लिया जा सकता। तबतक पाकिस्तान मिलनेवाला नहीं है जबतक कि यह जलाना-मारना बंद नहीं होगा। इसी प्रकार हिंदू भी मुसलमानोंको जबर्दस्ती पाकिस्तानका नाम लेनेसे नहीं रोक सकते। पर मैं पूछता हूं कि ख्वामख्वाह आप क्यों पाकिस्तानके नामपर लड़ते हैं? पाकिस्तान कौन-सा भूत है? सच्चा पाकिस्तान तो वह है, जहां बच्चा-बच्चा सुरक्षित हो। चाहे पाकिस्तान हो चाहे हिंदुस्तान हो उसमें प्रत्येक धर्म और कर्मवाले सकुशल रहने चाहिए। फिर वे चाहे ब्राहाण, बनिया या पंडित हों अथवा अलग-अलग धर्मके हों। इसलिए मैं जिन्ना साहबसे कहूंगा कि आइए, हम सारे हिंदुस्तानमें घूमें और जोर-जबर्दस्तीको बंद कराएं।

मैं अपने साझी जिन्ना साहबसे कहता हूं और सारी दुनियासे कहता हूं कि हम तबतक पाकिस्तानकी बात भी नहीं सुनना चाहते जबतक यह तशद्दुद चलता है। जब यह बंद हो जायगा तब हम बैठेंगे और ठहरायंगे कि हमें पाकिस्तान रखना है या हिंदुस्तान। इस तरह जब भाई-भाई होकर बैठेंगे तब हम रोशनी करेंगे और जलेबी बांटेंगे। दोस्तीसे ही पाकिस्तान बन सकता है और दोस्तीसे ही हिंदुस्तान कायम रह सकता है। अगर हम लड़ते

रहे तो हिंदुस्तान तबाह हो जानेवाला है। गत वर्षका १६ मईका निवेदन समझौतेकी जड़ (बुनियाद) है। उसका एक भी कामा हटाया नहीं जा सकता। अंग्रेजोंको इससे बाहर कुछ भी करनेका हक नहीं है और न हम ही इससे ज्यादा कुछ मांग सकते हैं। हमको यह साफ कह देना चाहिए कि चाहे हम सब मर जायं या सारा हिंदुस्तान जल जाय—राख हो जाय, परंतु जबर्दस्ती पाकिस्तान मिलनेवाला नहीं है।

॥ २५ ॥

३१ मई १९४७

गांधीजी मंचपर आए तो लोगोंको शांत करते हुए उन्होंने कहा कि प्रार्थनाके समय आंख बंद और कान खुले रहने चाहिए।

कुरानकी आयतके पाठपर एक हैटधारी युवकने विरोध किया; लेकिन फिर भी प्रार्थना चलती रही। लोगोंने काफी शांति रखी। प्रार्थनाके बाद गांधीजीने कहा—

वह भाई जो अंग्रेजी टोप लगाकर बोलता था कि 'जिन्नाको गिरफ्तार करो' क्या जिन्नाको गिरफ्तार करना चाहता है? वैसा करनेकी आपके पास ताकत हो सकती है और मैं भी वैसी ही ताकत रखता हूं, लेकिन मेरा तरीका दूसरा है। मैं जबसे दक्षिण अफ्रीकासे आया हूं, आपको वह तरीका सिखा रहा हूं। वैसा मैं कोई ऐसा भारी शिक्षक तो नहीं हूं, पर एक पागल भी अपनी बात तो बता ही सकता है। आज चौवन बरसोंसे मैं यही बात बताता रहा हूं कि हमें अपने शत्रुको कैद कर लेना है। आप जिन्नाको शत्रु समझते हैं; लेकिन मैं तो किसीको शत्रु मानता ही नहीं। मैंने तो कहा है कि मैं उनका नुमाइंदा बना हुआ हूं और जो मैं कहता हूं वह सच्चाईसे ही कहता हूं। तब फिर मैं उनको शत्रु कैसे मान सकता हूं? अंग्रेज भी मेरे दुश्मन बन गए थे, लेकिन मैं उनका दुश्मन नहीं बना। मैं तो उनका दोस्त बना, उनका प्रतिनिधि बना और मैंने उन्हें उनकी भलाईकी ही बात सुनाई।

आदमी दो तरहसे अपने दुश्मनको कैद करते हैं। एक सख्तीसे और दूसरे मुहब्बतसे। मैंने आपको मुहब्बतसे कैद कर रखा है। जब मैं आपको शांत

रहनेके लिए कहता हूं तब आप शांत हो जाते हैं। आपको कैद किया है यह भाषा-प्रयोग थोड़ा विनोदमें है, पर भाव आप समझ गए होंगे। तो मेरा कहना यही है कि कभी-न-कभी हम जिन्ना साहबको जरूर कैद कर लेंगे। पुलिस उन्हें क्या कैद करेगी? पुलिस उन्हें नहीं पकड़ सकती। मुझको भी पुलिस गिरफ्तार नहीं कर सकती और न खान साहबको ही पकड़ सकती है। हां, सल्तनत चाहे तो उन्हें पकड़ सकती है, लेकिन सल्तनतके पकड़नेपर भी जिन्ना साहब ठीक तरह कैद नहीं होंगे। सही तौरपर गिरफ्तार तो वे तब होंगे जब मैं उन्हें कैद करके यहांपर लाकर खड़ा कर दूंगा।

एक शख्स मीर आलम था। सरहदी गांधीके मुल्कका। जैसे ये पहाड़के-से हैं, वह उनसे भी ऊंचा था। पहले वह मेरा मित्र था। पर पठान तो भोले ही होते हैं। इसी कारण वे बादशाह हैं। उसको किसीने बहका दिया कि गांधीने पंद्रह हजार पौंड जनरल स्मटससे ले लिए हैं और कौमको बेच डाला है। बस, एक दिन वह मीर आलम मेरा दुश्मन बनकर आया। उसके हाथमें बड़ी-सी लाठी थी और उसपर सीसेकी मूठ लगी थी। उसने ठीक मेरी गरदनपर वह लाठी मारी। मैं गिर पड़ा। नीचे पत्थरका फर्श था। मेरे दांत टूट गए। ईश्वरको मंजूर था, इसलिए मैं बच गया। मीर आलमको दो-तीन अंग्रेजोंने, जो उस रास्तेसे जा रहे थे, पकड़ लिया; लेकिन मैंने उसे यह कहकर छुड़वा दिया कि "वह बेचारा दूसरेके धोखेमें आ गया कि मैं लालची हूं और इसपर फौजी पठानका खून खौल उठे और वह मारनेको उतारू हो जाय तो कोई आश्चर्यकी बात नहीं है।" इस तरहसे मीर आलमको मैंने कैद कर लिया। वह मेरा पक्का दोस्त बन गया।

अगर ईश्वरको मंजूर होगा तो एक दिन जिन्ना साहब भी यहां आकर बैठेंगे और कहेंगे कि मैं आपका दुश्मन न हूं और न था। मैं पाकिस्तान तो मांगता हूं, पर मेरा पाकिस्तान आला दरजेका होगा। वह सबके भलेके लिए होगा। तब हम सब मिलकर रोशनी करेंगे और मिठाइयां बांटेंगे। यह मैं बुजदिली या खुशामदकी बात नहीं कह रहा हूं। मैं बहादुर बननेकी ही बात कह रहा हूं। सिखोंकी तरह हमें एक-एकको सवा लाखके बराबरका बहादुर बनना है। मैं बता चुका कि प्रत्येक सिख सवा लाखके बराबर क्योंकर होता है। कृपाणके जरिएसे नहीं; कृपाण तो उसके पास इसलिए होती है, जिससे वह बता सके कि वह कभी भी उसके मातहत नहीं होगा।

सवा लाख मिलकर मारें या कोई अकेला मारे, तो भी वह हाथ नहीं उठायेगा। कौन कहेगा कि इस तरह मरनेवाला बुजदिल है। सभी उसे सच्चा बहादुर बतायंगे।

मैंने कल कहा था कि सारा हिंदुस्तान जल जायगा तो भी हम ताकतके जोरसे पाकिस्तान नहीं होने देंगे। बुद्धिके जरिए, हमारे दिलोंपर असर डालकर, समझा-बुझाकर आप कहेंगे और हम समझ जायंगे कि आप तो सीधी-सी बात करते हैं, आपके दिलमें कोई छल-फरेब नहीं है तो पाकिस्तान मान लेंगे; लेकिन उस समय आप हमें विश्वास दिलायंगे कि पाकिस्तानमें किसीको भी मुसलमानोंसे डरनेकी बात नहीं रहेगी। आपने जब खुदाको हाजिर-नाजिर समझकर दस्तखत किए हैं और यह एलान कर दिया है कि राजकीय उद्देश्यकी पूर्तिके लिए हिंसा नहीं होनी चाहिए तब पाकिस्तानके लिए जोर-जबर्दस्ती कैसे उचित हो सकती है?

हम हिंदुस्तानमें बिरलाका राज नहीं चाहते और भोपालके नवाबका भी राज नहीं चाहते। बिरला कहते हैं कि हम राज करना नहीं चाहते। उसी तरह नवाब भोपाल भी अपनेको रैयतके दोस्त बताते हैं। वे भी रिआयाके खिलाफ होकर राज नहीं चाहते। तो फिर राज आयगा किसके हाथमें? वह आप लोगोंके हाथमें आयगा। आपके हाथोंमें भी नहीं, मिस्कीनोंके हाथमें हिंदुस्तानका राज होगा।

हिंदुस्तानमें कई बिरला हैं। उनकी ताकत क्या है? वे पैसे देते हैं और मजूरसे मजूरी कराते हैं। जब मजूर कह दें कि हम काम नहीं करेंगे तब धनवानोंके करोड़ों रुपये उनकी जेबमें रह जानेवाले हैं। अगर वे जमीनवाले हैं तो भी खुद तो जोतनेवाले नहीं हैं। जब उन्हें जोतनेवाला कोई न मिलेगा तो उनकी बड़ी-बड़ी जमीनें बेकार हो जायंगी। इसी तरह नवाब भोपालकी बरछी, भाले और घुड़सवार सभी निकम्मे हो जानेवाले हैं। मार-मारकर वे कितनोंको मारेंगे? अपनी रिआयाको मारकर किसपर राज करेंगे? वे तभी अपनी प्रजापर राज कर सकेंगे जब वे प्रजाके ट्रस्टी बन जायंगे।

इसके विपरीत अगर कोई कहता है कि नवाब भोपाल मुसलमान है, इसलिए वह मुसलमानका राज कहलाएगा और काश्मीरमें मुट्ठीभर पंड़ितोंका राज रहेगा तो यह तनिक भी चलनेवाला नहीं है।

हैदराबादके निजामकी बात लीजिए। कहते हैं कि मौका पाकर वह सारे

हिंदुस्तानको सर कर लेनेवाले हैं; लेकिन कौन सर करेंगे? वहांकी सारी रिआया तो हिंदू पड़ी है।

अंग्रेज अगर सोचते हैं कि वह हिंदुस्तानसे हटकर हैदराबाद, भोपाल, राजकोट या इधर-उधर अड्डे जमायंगे तो यह दगेकी बात होगी। मुझपर ऐसी कोई छाप नहीं है। मैं तो मानता हूं कि अंग्रेजोंके जानेकी बात पूरी ईमानदारीकी है जब उनको भारत छोड़ना है तब उनकी सार्वभौमिकता भी खत्म होती है, फिर छोटे-मोटे अड्डे उनके क्या काम आनेवाले हैं? और जब अंग्रेज नहीं रहेंगे तब राजा लोग रिआयाके साथ बैठनेवाले हैं।

एक बार मालवीयजी बम्बई पधारे थे। मैं उनके साथ था। वहां कुछ महाराजाओंके पास हम दोनों गए। राजाओंने हमें ऊपर आसनपर बिठाया और वे हमारे घुटनोंके पास नीचे बैठे। उस समय अंग्रेजी सल्तनत पूरे जोरमें थी। अब जब वह जबरदस्त सल्तनत हट जाती है तब राजा लोग तुरंत ही समझ जानेवाले हैं कि जनताको जब मानेंगे तभी हम कायम रह सकेंगे। और जनताको माननेका तरीका यही है कि वे विधान-परिषद्में आवें। अगर वे जिद पकड़ते हैं कि हम विधान-परिषद्में नहीं आते तो फिर वे राजा नहीं रह सकते।

हिंदुस्तानमें कोई मुसलमान राजा यह नहीं कह सकता कि वह सब हिंदुओंको मार डालेगा। अगर कोई ऐसा कहता है तो मैं उससे पूछूंगा कि अबतक वह क्यों हिंदुओंका राजा बनकर रहा, क्यों हिंदू प्रजाका अन्न खाया? इसी प्रकार कोई राजा मुसलमान है, इसी आधार पर यह कहनेका हकदार नहीं हो जाता कि वह पाकिस्तानमें जा मिलेगा और न हिंदू राजा हिंदू होनेके कारण यह कह सकता है कि वह कांग्रेस- का साथ देगा। प्रजा जहां कहे वहीं उसे जाना होगा।

अंतमें गांधीजीने आंध्रनिवासी हरिजन युवक चक्रैयाकी दुःखद मृत्युका समाचार सुनाते हुए कहा—वह सेवाग्रामका आश्रमवासी था। नई तालीमके तरीकेपर सीखा था। बड़ा परिश्रमी और दस्तकार था। झूठ, फरेब, क्रोध-जैसे दोष उसमें नहीं थे। दैववश उसके दिमागमें कुछ रोग पैदा हो गया। खुद निसर्गोपचारमें ही विश्वास करता था, पर दोस्तोंने और डाक्टरोंने उसका आपरेशन करनेका आग्रह किया। इस रोगसे उसकी आंखोंका तेज जाता रहा था। फिर भी उसने आपरेशन-मेजपर जानेसे पहले मुझे बड़ी

कोशिशसे पत्र लिखा था कि प्राकृतिक चिकित्सा मुझे प्रिय है, पर आपरेशनका प्रयोग करानेके लिए भी मैं तैयार हूं और मौत आएगी तो राम-नाम लेता हुआ मरूंगा। आखिर बंबईके अस्पतालमें आपरेशन किया गया और आपरेशन-मेजपर ही उसके प्राण छूट गए।

उसके जानेपर रोना आता है; पर मैं रो नहीं सकता; क्योंकि मैं रोऊं तो किसके लिए रोऊं और किसके लिए न रोऊं? भारतमाताको अगर बच्चे चाहिए तो बकौल तुलसीदासजी, ऐसे ही चाहिए जो या तो दाता हो या शूर। चक्रैया दाता था, क्योंकि वह निःस्वार्थ सेवक और परम संतोषी था और शूर भी था, क्योंकि उसने अपने हाथसे मृत्युको अपना लिया। वह हरिजन था; पर उसके दिलमें हरिजन-सवर्ण, हिंदू-मुसलमान-जैसे भेद न थे। वह सबको इन्सान मानता था और स्वयं सच्चा इन्सान था।

आज मैंने नवाब भोपाल और हरिजन बालक चक्रैयाकी बात एक साथ आपको सुना दी। भारतमें दोनोंके लिए स्थान है। नवाब भोपाल ट्रस्टी बनकर ही रहें और चक्रैया-जैसे करोड़ों युवक निकल आवें तभी भारत सुखसे रहेगा।

॥ २६ ॥

१ जून १९४७

आज भी प्रार्थनामें कुरानकी आयतके समय एक पंडितने बाधा डाली। लेकिन प्रार्थना चलती रही। श्रोताओंमेंसे दो जवानोंने उस व्यक्ति का हाथ खींचकर उसे नीचे बिठा देने और चुप करनेकी कोशिश की तो सभामें कुछ खलबली मच गई। जब पुलिस उसे ले जानेके लिए आई तब गांधीजीने कहा, ''पुलिस भाई! आप उसे न ले जायें। वहीं बैठा रहने दें और वह ज्यादा गड़बड़ी न मचाये, इतना भर देखते रहें।'' इसपर सिपाही उन पंडितजीकी बगलमें शांतिसे बैठ गया। गांधीजीकी इस सहानुभूतिका प्रभाव उन पंडितजीपर भी अच्छा पड़ा। जब गांधीजीने कहा—''कुरानकी आयत तो खतम हो गई। अब भजन हम तभी कहेंगे जब यह पंडितजी इजाजत दे देंगे, वरना अब भजन बंद रहेगा।'' पंडितजीने मुस्कराते हुए और अपनी कुहनी बताते हुए गांधीजीसे कहा—''देखिए, खींचातानीमें

मुझे यह खून निकल आया है। यही आपकी अहिंसा है?''

गांधीजीने कुछ विनोदमें कहा—''खैर, खून निकलनेकी बात जाने दीजिए। आप यह बताइए कि मैं प्रार्थना आगे चलाऊं या बंद कर दूं? आप कहेंगे तो भजन चलेगा, नहीं तो आज न होगा।''

तब प्रसन्नतापूर्वक पंडितजीने भजन सुननेकी इच्छा प्रदर्शित की। गांधीजीने पंडितजीको समझाते हुए कहा, ''आपके पास ही हिंदूधर्म नहीं है। मैं भी हिंदू हूं और पूरा सनातनी हूं। लेकिन हम गीता ही क्यों कहें, कुरान क्यों नहीं। मोती तो जहांसे मिले वहांसे ले लेने चाहिए। राज अब हमारे हाथमें आ रहा है। उसे हमें देनेके लिए वाइसराय परेशान हैं। तब क्या आप इस तरह झगड़ेंगे और अपनी अज्ञानता दिखायंगे? आपको विनय सीखनी चाहिए। बादशाह खानसे आप विनय सीख सकते हैं। आज प्रार्थनाके लिए जब मनु उन्हें लिवाने गई तब उन्होंने कहा, 'मुझे वहांपर देखकर किसी हिंदूके दिलमें चोट पहुंचेगी। इसीलिए मैं वहां नहीं आऊंगा।' तब मैंने कहला भेजा कि 'आप तो पहाड़-जैसे हैं। मैं बनिया होकर भी नहीं डरता तो आपको क्या डर!' और अब वे यहां आ गए हैं तो मुझसे भी अधिक बकरी-जैसा गरीब होकर बैठ गए हैं। हमें भी ऐसा विनयी होना चाहिए। माना कि कुरानमें कुछ ओछी बातें लिखी हैं; पर कौन ग्रंथ ऐसा है जिसमें ऐसी बातें नहीं हैं? मैं तो सैकड़ों मुसलमान मित्रोंमें रहा हूं, किसीने मुझे यह नहीं कहा कि तू मूसलमान नहीं है, इसलिए तुझको हम बुरा मानते हैं। एक मुसलमान मित्रने[१]—जो अब मौजूद नहीं रहे, और जो नामके जौहरी थे तथा गुणमें भी वे वैसे ही थे—मुझसे कहा था कि ''तू हम लोगोंसे डरा कर, क्योंकि हममें, सभी अच्छे नहीं होते हैं।'' पर मैंने उनसे कहा कि मैं किसीकी बुराई क्यों देखूं? मुझे तो आपके समान भले मित्र मिल गए इसीपर संतोष है। और वे अकेले नहीं थे। ऐसे काफी नाम मेरे पास हैं। एक को तो मैंने अपना ही लड़का बनाया था, वह सबकी खिदमत करनेवाला था; पर ईश्वरने उसे उठा लिया।[२] जब ऐसे-ऐसे अच्छे आदमी मुसलमानोंमें हैं तब मैं कहता हूं कि अगर थोड़ेसे मुसलमान पागल बन जाते हैं तो भी हिंदूको पागल नहीं बनना चाहिए। आजतक अंग्रेजोंने तलवारके जोरसे हमें शांत रखा तो क्या उनके जानेपर हम लड़ने

१. दक्षिण अफ्रिकाके सौदागर उमर झवेरी।

२. वीर बालक हुसैनमियां।

लगेंगे ? इसमें हमारी कोई शोभा नहीं है।''

भजन और धुन अच्छी तरह हो जानेके बाद गांधीजीने लोगोंको तथा पंडितजीको शांत रहनेके लिए धन्यवाद दिया और कहा—अगर लोग जरा-सी समझदारीसे चलें तो स्वराज्य उनके हाथोंमें आ चुका है; क्योंकि हमारी सरकारके उप-प्रधान जवाहरलालजी हैं। वाइसराय प्रधान हैं सही, पर उन्हें अब शांतिसे बैठना है। आपके असली बादशाह जवाहरलाल हैं। वे ऐसे बादशाह हैं जो हिंदुस्तानको तो अपनी सेवा देना चाहते ही हैं, पर उसके मार्फत सारी दुनियाको अपनी सेवा देना चाहते हैं। उन्होंने सभी देशोंके लोगोंसे परिचय किया है और उनके राजदूतोंका सत्कार करनेमें वह बड़े कुशल हैं। लेकिन वह अकेले कहांतक कर सकते हैं ?

वह बेताजके बादशाह आपके खिदमतगार हैं। तो क्या वह बंदूकसे आपकी बदअमनीको दबा देंगे ? अगर आज एकको दबायंगे तो कल दूसरेको इसी तरह दबाना पड़ेगा। फिर वह स्वराज्य तो नहीं हुआ। पंचायती राज भी नहीं हुआ। जब आप लोग अनुशासनसे रहेंगे तभी जवाहरलालकी बादशाहत चलेगी और हमारा स्वराज्य सुखरूप होगा।

खुद जवाहरलालजी भी किस तरह अनुशासनमें रहते हैं इसका उदाहरण सुनिए। पिछले वर्ष जब वह काश्मीर चले गए थे तब वेवल साहबको उनकी जरूरत पड़ गई, मौलाना साहबने उन्हें बुलाना चाहा और मेरे समझानेपर वह वहांका संघर्ष छोड़कर राष्ट्रपतिका हुक्म मानकर यहां चले आए थे।

आज भी जवाहरलालका चित्त काश्मीरमें है, जहां प्रजाके नेता शेख अब्दुल्ला सींखचोंमें बंद पड़े हैं। मैंने जवाहरलालसे कहा है कि तुम्हारी आवश्यकता यहांपर ज्यादा है। इसलिए जरूरत हुई तो मैं काश्मीर जाऊंगा और तुम्हारा काम करूंगा। तुम यहीं रहो। मैंने यह भी उनसे कहा कि यद्यपि मैं वचनसे बिहार और नोआखालीमें ही करने या मरनेके लिए बंधा हूं, परंतु काश्मीरमें भी मुसलमान भाइयोंका ही सवाल है, इसलिए वहां जा सकता हूं। वहां जाकर काश्मीरके राजासे मित्रता करूंगा और मुसलमानोंकी भलाईका काम करूंगा। लेकिन जवाहरलालने अभी इस बातकी 'हां' नहीं भरी है।

सार यह कि अब जब हमारे हाथमें स्वराज्य आ गया है तब हममेंसे प्रत्येकको अनुशासनसे, विनयसे और समझदारीसे चलना चाहिए, तभी

हिंदुस्तानकी आजादी शोभा देगी।

जैसे कल मैंने आप लोगोंको राजाओंकी बात कही थी वैसे आज मैं व्यापारियोंके बारेमें कहना चाहता हूं। कल मैंने कहा था कि हिंदुस्तानमें न बिरलाका राज होगा, न नवाब भोपालका; न निजामका राज होगा, न काश्मीरके महाराजाका; राजा लोग केवल हिंदुस्तानकी रैयतके खिदमतगार होंगे।

ऐसा नहीं हो सकता कि हिंदुस्तानकी रैयत एक जगह तो आजाद हो जाय और दूसरी जगह गुलाम बनी रहे। जब आजादी होगी तो वह सभीके लिए होगी।

अब आजादी तो आ ही रही है, क्योंकि अगर अंग्रेज शरीफ हैं और मैं समझता हूं कि वे हैं, तो उन्हें चले जाना है। वाइसराय लार्ड माउंटबेटन साहब तो यह कह रहे हैं कि हमें जल्दी-से-जल्दी यहांसे चला जाना है और वे अपना वचन पालेंगे ही।

जब वे जा रहे हैं तब हिंदुस्तानमें हमारा ही राज हो जाता है। फिर क्या जब अपना राज हो जायगा तो हम आपसमें झगड़ा करेंगे? क्या राजा लोग हमको दबायंगे? नहीं, वे सभी जनताके ट्रस्टी बन जायंगे। यानी वे सब चक्रैया-जैसे जनताके सेवक बनेंगे तभी वे हमारे राजा रह सकेंगे।

इसी तरह हमारे ऊपर व्यापारियोंका राज भी नहीं होना चाहिए। हमें तो राज चाहिए भंगियोंका। भंगी हमारेमें सबमें ऊंचे हैं; क्योंकि उनकी सेवा सबसे बड़ी है। तभी तो मैं खुद भंगी बन गया हूं। भंगियोंके राजसे मेरा मतलब यह है कि एक मेहतरको आपने अपना अमात्य बना दिया तो फिर आपको उसकी बात उसी तरह माननी है जिस तरह अंग्रेजोंने अपनी सत्रह वर्षकी रानी विक्टोरियाका राज माना था और छोटे-बड़े सभीने अपना-अपना कर्तव्य पाला था। अंग्रेज लोग कर्तव्यपालन किस तरह करते हैं, इसका मैं गवाह हूं।

मैं कई बार लंदन गया हूं। एक बार तो वहां तीन बरसतक रहा; पर तब मैं लड़का था। बादमें दो-तीन बार मैं लंदन हो आया हूं। वहांपर लोग इतने समझदार हैं और कायदेके पाबंद हैं कि पुलिसको हाथमें कभी बंदूक नहीं लेनी पड़ती। केवल एक छोटा-सा डंडा वे अपने हाथमें रखते हैं। लोग जानते हैं कि वे हमारे खिदमतगार हैं, इसलिए उनके कहनेके मुताबिक

चलते हैं। पुलिस भी लोगोंका काम पूरी कोशिशसे कर देती है। वहांपर रिश्वत नहीं चलती। कोई देने जाय तो भी पुलिस लेती नहीं।

हमारे हिंदुस्तानकी पुलिसको भी अब ऐसा ही बनना है। उन्हें चाहिए कि वे बिलकुल रिश्वत न लें। अगर उनका पेट नहीं भरता तो वे सरदार साहबसे अपनी तनख्वाह बढ़ानेके लिए कहें; बलदेवसिंहसे कहें; नेहरूजीसे कहें। जब बड़े-बड़े अफसर और प्रधान लोग हजारों पाते हैं, तब सिपाहीको क्यों पांच ही दस रुपये दिये जायं? वे लोग इंतजाम करेंगे। पर रिश्वत लेनी छोड़नी चाहिए।

व्यापारियोंके लिए भी मुझे यही कहना है। वे सब एक हो जायं और मिलकर कह दें कि हम सबको सच्चा बनिया और सच्चा मारवाड़ी बनना है। सच्चा बनिया वह है जो सच्ची तोल तौलता है। हमारे यहां जितने बनिए, जितने मारवाड़ी और जितने व्यापारी हैं उन सबको इकट्ठे होकर निश्चय करना है कि हममेंसे कोई चोरबाजारी नहीं करेगा, कोई रिश्वत नहीं लेगा और न देगा।

इतनी बात वे कर लेते हैं तो फिर राजेंद्र बाबूको जो मजबूरी महसूस होती है और सबको खाना खिलानेमें उनके रास्तेमें जो कठिनाइयां पैदा हो जाती हैं वे जाती रहेंगी। मेरे पास एक खत आया है कि 'आपने नमक-कर उठना तो दिया; पर नमक अब पहलेसे भी ज्यादा महंगा हो गया।' ऐसा क्यों होता है? मैं कहूंगा कि नमक-कर उठ जानेपर तो हमें नमक करीब-करीब मुफ्तमें मिल जाना चाहिए। इसके लिए व्यापारियोंको अपना व्यापार भूलकर हिंदुस्तानके लिए ही व्यापार करना होगा। उन्हें चाहिए कि वे चोरबाजारी बिलकुल भुला दें। जब ऐसा होगा तभी अंतरिम सरकारके वजीर अपना-अपना काम कर सकेंगे और राजाजी, राजेंद्र बाबू, जवाहरलालजी, मथाई, भाभा और लीगके चारों वजीर तभी आपकी हर तरहकी सेवा कर सकेंगे। अगर इसके बाद भी हिंदुस्तानको खाना-पीना नहीं मिलता, मुल्ककी खुशहाली नहीं बढ़ती तो फिर आप लोग उन्हें निकाल बाहर कीजिए।

लेकिन आप उन्हें कैसे निकालेंगे? क्या आप वाइसरायके हाथों उन्हें निकलवायंगे नहीं, वाइसरायसे तो आप आरामसे बैठनेके लिए कहेंगे। आप खुद अपने वजीरोंको कैद करेंगे। जैसा कि कल मैंने जिन्ना साहबको

कैद करनेका तरीका बताया था। और तब आप उनसे अपने मनका काम करवा लेंगे।

मैंने जवाहरलालजीसे सुना है कि लंदनमें लोग भूखों मर रहे हैं। यह सुनकर मुझे दुःख हुआ। चाहे अंग्रेजोंने हमारे साथ कितना ही गुनाह किया हो, तो भी उन्हें खाना तो मिलना ही चाहिए।

हमारा मुल्क बहुत बड़ा है। हमारे व्यापारी ठीकसे चलें और उनमें अक्ल हो तो हम कहेंगे कि जबतक हिंदुस्तान जिंदा है तबतक दुनिया कैसे भूखों मरेगी? हम उसे खाना देंगे। मैं तो बनिया हूं, तिजारत जानता हूं। यदि सब बनिए और व्यापारी मुझे मदद दें, अंतरिम सरकार भी मदद दे और सब मुसलमान मदद दें तो मैं सबको खाना दे सकता हूं। मैं इस बातको माननेके लिए कतई तैयार नहीं हूं कि हमारे मुल्कमें अन्नकी पैदावार कम है। अगर आप काफी मेहनत करें, अक्लसे काम लें और ईश्वरकी कृपासे ठीक वर्षा हो जाय तो यहां भरपूर खाना मिल सकता हूं; लेकिन अकेले हाथसे तो ताली नहीं बजती। मुझे सबकी मदद मिले तभी ताली बज सकती है और इतनी जोरकी बज सकती है कि आप सभी प्रसन्न होंगे और दुनिया भी प्रसन्न होगी।

अगर आजाद हिंदुस्तानमें सभी अपने धर्मका पालन करें तो सारा हिंदुस्तान खुश हो सकता है, यह मैं निश्चयपूर्वक आपसे कहता हूं।''

॥ २७ ॥

सोमवार, २ जून १९४७
(लिखित संदेश)

राजनैतिक क्षेत्रमें क्या हुआ या क्या हो रहा है यह मैं आपको बता नहीं सकता। लेकिन तीन-चार दिनसे जो मैं कहता आया हूं, वही आज आपको याद दिलाना चाहता हूं, यानी आम जनताको फिक्र नहीं करनी चाहिए कि वाइसराय विलायतसे क्या लाए हैं। हमें तो इस बातपर ही सोच-विचार करना है कि जैसा भी मौका सामने आवेगा, उसके बारेमें हमारा धर्म क्या होना चाहिए। यह बात तो देशको साफ कर देनी चाहिए कि वह जबर्दस्तीसे

कोई चीज कबूल नहीं करेगा।

इन तीन-चार दिनोंसे जिस सोच-विचारका सिलसिला हमने चलाया है उसको लेते हुए अब हमारे सामने सवाल आता है कि हमारे डाक्टर और वैज्ञानिक देशके लिए क्या कर रहे हैं। वे लोग विदेशी मुल्कोंमें तो नई-नई बातें और इलाजके नये तरीके सीखनेके शौकसे जाते हैं। मैं तो उनसे कहूंगा कि उन्हें अपना ध्यान हमारे मुल्कके सात लाख देहातोंकी ओर देना चाहिए। फिर तो उन्हें फौरन पता चलेगा कि हमारे सब डाक्टर और डाक्टरनियां वहीं कामपर जुट सकते हैं। लेकिन पश्चिमके तरीकेसे वे नहीं जुट सकेंगे, बल्कि हमारे अपने तरीके से देहातमें जुट सकेंगे। तब उन्हें बहुतसे देसी इलाजोंका भी पता चलेगा, जिन्हें वे अच्छी तरह काममें ला सकेंगे। हमारे देशमें इतनी जड़ी-बूटियां हैं कि हिंदुस्तानको बाहरसे दवाइयां मंगानेकी जरूरत है ही नहीं। लेकिन दवासे ज्यादा फायदेमंद तो यह होगा कि वे हमारी जनताको सही जीवन जीनेका ठीक तरीका बता दें। और वैज्ञानिकोंसे मैं क्या कहूं। क्या वे ज्यादा खुराक पैदा करनेकी ओर ध्यान दे रहे हैं? और वह भी नकली खादके जरिए नहीं, बल्कि जमीनको बाकायदा अच्छी तरह जोत-बोकर और कुदरती खाद देकर। नोआखालीमें मैंने देखा कि वहांके लोग एक जंगली फूल (जलकुंभी), जो नदियोंका पानी रोक देता है, उसका भी उपयोग कर लेते हैं। ऐसे काम हमारे डाक्टर तब करेंगे जबकि वे अपने लिए नहीं, बल्कि देशके लिए जीना सीखेंगे।

कल मैंने जवाहरलालजीके अमूल्य कामके बारेमें जिक्र किया था। मैंने उन्हें हिंदुस्तानका बेताजका बादशाह कहा था। आज जब अंग्रेज अपनी ताकत यहांसे उठा रहे हैं तब जवाहरलालकी जगह कोई दूसरा ले नहीं सकता। जिसने विलायतके मशहूर स्कूल हैरो और केंब्रिजके विद्यापीठमें तालीम पाई है और जो वहां बैरिस्टर भी बने हैं उनकी आज अंग्रेजोंके साथ बातचीत करनेके लिए बहुत जरूरत है। लेकिन अब वह समय जल्दी ही आ रहा है कि जब हिंदुस्तानको अपनी रिपब्लिक- का पहला प्रधान चुनना होगा। चक्रैया जिंदा होता तो मैं उसका नाम आप लोगोंके सामने रखता। अगर कोई बहादुर मेहतर लड़की हो, बिना स्वार्थकी हो और शुद्ध हो तो मैं तहेदिलसे चाहूंगा कि ऐसी कन्या हमारी पहली प्रेसीडेंट बने। यह कोई बेकारका ख्वाब नहीं है। ऐसी लड़कियां जरूर मिल सकेंगी अगर हम उन्हें ढूंढ़नेकी कोशिश करें। क्या मैंने गुलनार, मौलाना मोहम्मद अली साहबकी

लड़कीको नहीं चुना था? लेकिन उस बेवकूफ लड़कीने तो श्वैब कुरैशी साहबसे शादी कर ली। वह एक वक्त तो फकीर थी और जब अली भाई जेलमें थे तब मुझसे मिली थी। अब गुलनार तो कई होशियार बच्चोंकी मां है; लेकिन वह मेरी वारिस अब नहीं बन सकती।

हमारे भविष्यके प्रेसीडेंटको अंग्रेजी जाननेकी आवश्यकता नहीं होगी। उनकी मददके लिए ऐसे लोग जरूर होंगे जो सियासतमें होशियार होंगे और विदेशी भाषाएं भी जानते होंगे। लेकिन यह सब स्वप्न तो तभी पूरे हो सकते हैं जबकि हम एक-दूसरेको मारनेसे बाज आएं और पूरा-पूरा ध्यान देहातकी तरफ दें।

॥ २८ ॥

३ जून १९४७

भाइयो और बहनो,

हमारी समझसे यदि लीगने तारीफके लायक काम नहीं किया है तो हम कहें कि उसने तारीफके लायक काम नहीं किया। इसी तरह अगर कांग्रेसने तारीफके लायक काम नहीं किया है तो हम कांग्रेसवालोंसे भी कहें कि आपका काम तारीफके लायक नहीं है। जब ऐसा होगा तभी वह पंचायती राज बनेगा। अगर एक गिरोह अपने मनसे चलता रहे तो वह पंचका राज नहीं हुआ।

जनतंत्र वह है जिसमें रास्ते चलनेवाला जो बोले वह भी सुना जाय। जब हम जनतंत्र कायम कर रहे हैं तब हमारा राज्य वाइसरायके घरमें नहीं है और वह जवाहरलालके घरमें भी नहीं है। मैंने तो जवाहरलालको बेताजका बादशाह कहा है। और हम तो गरीब हैं। ऐसे गरीब कि हम पैदल चलेंगे, मोटरमें नहीं बैठेंगे। अगर कोई मोटरमें बिठाने आवे तो भी हम कहेंगे, 'आपकी मोटर आपको मुबारक हो, हम तो पैदल ही जानेवाले हैं। भूख ज्यादा लगेगी तो एक रोटी ज्यादा खा लेंगे।' पंचायती राजमें इस तरह रास्ते चलनेवालोंका ही राज होता है। हरदम जो मोटरपर ही चलता रहता है वह तो बिगड़ जाता है। महलोंमें रहनेवाला आदमी राज्य नहीं चला सकता।

इसीलिए मैंने कहा कि अंग्रेज जो दुनियाके बादशाह बने हुए हैं वे हमारे लिए कुछ भी सोचें तो उनसे हमारा काम नहीं बनता। अगर हिंदुस्तानका बादशाह भी कुछ सोचे और हमारी समझमें वह ठीक नहीं है तो हम कहें कि वह ठीक नहीं है।

कल मैंने कहा था कि चोरबाजारके लिए बनिए गुनहगार हैं। सामान्य ताजिर और मुझमें फर्क इतना ही है कि मैं सारे हिंदुस्तानकी भलाई करता हूं और दूसरे ताजिर अपना घर भरते हैं। जैसे राजेंद्र बाबू सारे हिंदुस्तानको खाना खिलानेकी फिकर करते हैं उसी तरह मैं भी करता हूं।

मुझसे कहा गया है कि आजकलका व्यापार बनियोंके हाथमें तो बहुत कम रह गया है। बहुत थोड़े ही बनिए चोरबाजार कर सकते हैं। यह सारी अंधाधुंदी सरकारी सेक्रेटेरियटकी वजहसे है; क्योंकि सारा काम सरकार करती है। खाना देना राजेंद्र बाबूके हाथमें है जो बिहारके बादशाह हैं और कपड़ा देना राजाजीके हाथमें है जो मद्रासके लोकप्रिय मंत्री रह चुके हैं! फिर भी लोगोंको चीजें नहीं पहुंचतीं; क्योंकि सिविल सर्विसमें बड़ा भ्रष्टाचार चल रहा है। अगर राजेंद्र बाबू और राजाजीके अगल-बगलमें बदमाश सेवक हैं और उन लोगोंकी देखभाल नहीं कर पाते तो उस बुराईमें राजाजी और राजेंद्र बाबूका भी ऐब माना जायगा। मैं नहीं जानता कि सरकारी नौकरोंको ऐसा बताना कहांतक गलत है; लेकिन इतना जरूर कहूंगा कि हममेंसे कोई चोरबाजारका काम न करे। सरकारी अफसर अगर ऐसा करते हैं कि जिनपर उनकी मेहरबानी होती है उन्हें उनके घरके आदमियोंकी संख्यासे दुगुने-तिगुने राशन टिकट दे देते हैं तो वह कार्ड लेनेवाला और देनेवाला दोनों ही बदमाश हैं। हो सकता है कि आजतक ऐसा जो चला है वह बहुत कुछ अंग्रेजोंके रोब और डरके मारे चला है; लेकिन अब भी यह सिलसिला जारी रहता है तो फिर भगवान ही हिंदुस्तानका भला कर सकता है। पर अब वह नहीं होना चाहिए। आज ऐसी बात नहीं रही कि साहब बहादुरने जो हुक्म दिया, वह जैसा भी हो हमें पालना ही है। अब हमपर विदेशी मालिक नहीं है। राजेंद्र बाबू ऐसा हुक्म नहीं दे सकते। उनके पास पुलिस है ही नहीं जो जबरदस्ती हुक्म मनवा सकें। राजाजी या नेहरूजी या सरदार भी अपना हुक्म इस तरह नहीं मनवा सकते। सरदार बलदेव सिंहके पास फौज है सही; पर वे भी यह नहीं कह सकते कि मैं सारी फौज तुम लोगोंपर छोड़ दूंगा और तुम्हें दबा दूंगा।

अंग्रेज अफसरको आप निकाल नहीं सकते थे, आप इन्हें निकाल सकते हैं। वे आपको खुश करके ही आपपर राज कर सकते हैं।

मैं आप लोगोंको यह बताना चाहता हूं कि आजसे आपका पंचायती राज शुरू हो गया है। पूरा राज हाथ आनेमें अब बारह महीने हैं तबतक भगवान ही जाने क्या होता है, क्या नहीं। पर आपको पंचायती ढंगको आजसे ही अपनाना है। हममें कोई देशका नुकसान करके अपना पेट न पाले।

जो सिविल सर्विसवाले हैं—चाहे वे गोरे हों या काले, हिंदू हों या मुसलमान, सेक्रेटेरियटमें काम करनेवाले हों या पुलिसमें बड़े अफसर हों—जिस-जिसको मेरी आवाज पहुंचती है उनसे मैं कहूंगा कि अब आपका फर्ज दस गुना बढ़ गया है। आप लोग सब अब साफ और सुथरे बन जायं। तभी स्वराज्यका यह सारा काम आसान हो जायगा और आजादीका सबको अनुभव मिलेगा।

॥ २९ ॥

४ जून १९४७

भाइयो और बहनो,

आप लोग जानते ही हैं कि मैं इस समय सीधा वाइसरायसे मिलकर आ रहा हूं। इसका मतलब यह नहीं कि मैं उनसे कोई चीज लेनेके लिए गया था, न उन्होंने ही मुझे कुछ देनेके लिए बुलाया था; बल्कि हमारी जो बात चल रही थी वह पूरी भी नहीं हो पाई थी। फिर भी मैंने माउंटबेटन साहबसे इजाजत ले ली और कहा, 'जहांतक बन पड़े और जहांतक इन्सानके काबूकी बात है, मैं प्रार्थनाका समय चूकना नहीं चाहता।' उन्होंने मेरी इस बातकी कद्र की और कहा कि हमारी बातें बादमें हो जायंगी।

मैंने आपसे कहा था कि हम मजबूर होकर पाकिस्तानके लिए एक इंच भी जगह देनेवाले नहीं हैं। यानी हिंसासे, खौफ खाकर नहीं देंगे। बुद्धिसे यानी शांतिसे वे अपनी बात हमें समझा दें और वह हमारी बुद्धिको जंचेगी तभी हमें पाकिस्तान देना है।

मैं यह नहीं कह सकता कि यह सारा बुद्धिका ही प्रयोग हुआ है। कांग्रेस

वर्किंग कमेटी कहती है कि 'हमने डरके मारे कुछ नहीं दिया है। इतने सारे लोग मर रहे हैं या मकान, जायदाद जल रही है, यह देखकर हम डरे नहीं हैं। हिंसाके सामने हम लाचार हो गए, ऐसी बात हरगिज नहीं। हमें आप डरपोक न समझें। लेकिन जब हमने देखा कि मुस्लिमी लीगको हम और किसी भी तरीकेसे मना ही नहीं सकते, तब हमने यह रास्ता पसंद किया है। क्योंकि एक बार मुस्लिम लीग कुछ भी बात मान लेती है तो हमारा काम सरल हो जाता है। सार यह कि हमने डरकर नहीं, परिस्थितिको देखकर पाकिस्तान व हिंदुस्तानका बटवारा मान लिया है।

हम किसीको मजबूर नहीं करना चाहते। बहुत-बहुत कोशिशें कीं। बहुत समझाया, पर वे लोग विधान-परिषद्‌में आए ही नहीं और लीगवाले यही कहते रहे कि वहां आनेमें हमें हिंदू-बहुमतका डर लगता है।

ऐसी हालतमें वाइसराय क्या करें? वे कहते हैं कि हमें हर हालतमें १९४८ की जूनमें हिंदुस्तान छोड़ जाना है। आप उन्हें रोकें तो भी वे उससे ज्यादा रुकना नहीं चाहते। वे कहते हैं कि हमें हिंदुस्तानको पूरी आजादी देनी ही चाहिए। ऐसा वे क्यों कह रहे हैं, यह अलग बात है। आप कहेंगे कि अब वे दुनियामें ऊंची ताकत नहीं रहे हैं, इसलिए वे मजबूर हो गए हैं। हम तो चाहेंगे कि वे आज भी फर्स्ट क्लास पावर (अव्वल दर्जे की ताकत) बने रहें। ठीक है कि उन्होंने डेढ़ सौ बरसतक हमको सताया है और यह भी मुझे याद है कि आज ३२ बरससे हम उनके साथ लड़ रहे हैं। पर यह सब जानते हुए भी मैं कभी अपने दुश्मनको दुश्मन नहीं बनाता। मैं तो तब भी ईश्वरसे कहूंगा कि 'हे ईश्वर, तू उनका भला कर, और ईश्वर जो न्याय होगा सो करेगा।'

उसकी अमोघ शक्तिके बारेमें इस समय अधिक नहीं कहूंगा। इतना हम समझ लें कि हरेक इन्सान भूलोंसे भरा पड़ा है। हिंदू, सिख, मुसलमान सभी। ऐसा कह सकते हैं कि मुसलमानोंने बड़ी गलती की है, पर हम अपनेको अच्छे किस आधारपर कहें? न्याय करना ईश्वरपर ही छोड़ें।

इतना मैं कहूंगा कि उनका पाकिस्तान मांगना गलत चीज थी; पर वे दूसरा कुछ सोच ही नहीं पाते। वे कहते हैं कि हम वहां रह ही नहीं सकते जहां ज्यादा हिंदू हों। इसमें उनका नुकसान है और मैं ईश्वरसे मांगता हूं कि जल्द-से-जल्द वह उन्हें इस नुकसानसे बचा लें। जब मेरा भाई, मेरा

सहधर्मी या विधर्मी भी मेरा नुकसान करना चाहे तो मैं खुद उसमें सहयोग नहीं दे सकता। वह भले ही उसे नुकसान न माने, पर जब मैं उसे नुकसान समझता हूं तो उसमें मैं उसका साथ कैसे दूंगा? ऐसा करूंगा तो मैं चक्कीके दोनों पाटोंके बीच पिस जानेवाला हूं। मैं अपना पाट अलग ही क्यों न रखूं?

रही अंग्रेजोंकी बात। इसका मैं आपको इतमीनान दिलाता हूं। वाइसरायके भाषणको देखते हुए नहीं, पर अपनी निजी बातचीतके आधारपर कहना चाहता हूं कि इस निर्णयके पीछे वाइसरायका कोई हाथ नहीं है। सब नेताओंने मिलकर इस निश्चयको किया है। नेता लोग कहते हैं कि हम लोगोंने सात-सात बरसतक कहा, हिंदुस्तान एक है। केबिनेट मिशनने भी अच्छा निर्णय दिया; लेकिन लीग मुकर गई और यह रास्ता लेना पड़ा। उन्हें फिर हिंदुस्तानमें वापिस आना ही है। पाकिस्तान बन गया तो भी आपसमें लेन-देन चलेगा ही, आना-जाना भी रहेगा। हम उम्मीद रखें कि हमारा सहयोग बना रहेगा।

लेकिन अब यह फैसला हो गया तो क्या मैं यह कहूं कि हम सब कांग्रेससे बागी बन जायं? या वाइसरायसे कहूं कि आप बीचमें पड़ो? वाइसराय तो कहते हैं कि मैं यह चाहता नहीं था। जवाहरलाल कांग्रेसकी ओरसे कहते हैं कि उन्हें भी यह बात पसंद नहीं है; पर वे सब परिस्थितिके कारण लाचार बन गए हैं, तलवारके कारण नहीं; क्योंकि हिंदू, सिख सभी कह रहे हैं कि हम अपने घरमें रहेंगे, उनके यहां नहीं। हिंदू, सिखोंके अमलमें रहनेको तैयार हैं, क्योंकि सिख कभी तलवारके जोरसे नहीं कहते कि तुम्हें गुरुग्रंथके सामने सिर झुकाना ही पड़ेगा।

मैंने मास्टर तारासिंहसे भी, जो आज मिलने आए थे, कहा कि आप एक नहीं सवा लाख बन जायं, बिना मारे मरना सीख लें तो पंजाबका सारा इतिहास बदल जायगा और हिंदुस्तानका भी इतिहास बदलेगा। सिख तादादमें जरा-से हैं; पर बहादुर हैं। इसलिए अंग्रेज उनसे डरते हैं। अगर सिख सच्चे बहादुर बनें तो फिर खालसाका राज दुनियाभरमें हो जाय।

आपका दर्द भुलानेके लिए मैंने यह सब बताया। आप दिलमें दर्द न मानें कि हिंदुस्तानके दो हिस्से हो गए। आपने जब मांगा है तब वह दिया गया है। कांग्रेसने नहीं मांगा था। मैं तो यहां था ही नहीं; पर कांग्रेस लोगोंके

मनकी बात जान लेती है। उसने जान लिया कि खालसा भी यही चाहते हैं और हिंदू भी। आपके हाथसे कुछ गया नहीं है। न सिखके हाथसे, न मुसलमानोंके हाथसे ही कुछ गया है। वाइसरायने व्याख्यानमें तो कहा ही है और मुझे भी विश्वास दिलाया है कि 'आप सब मिलकर जब आवेंगे तब हमारा यह फैसला खत्म हो जायगा। आप मिलकर जो कहेंगे वही होगा। मेरा (वाइसरायका) काम इतना ही है कि जबतक सत्ता हस्तांतरित होती है तबतक यहांके अंग्रेज लोग ईमानदारीसे काम करें और शांतिसे चले जायं यह देखूं। इंग्लैंडके लोग यह नहीं चाहते कि उनके जानेपर यहां अंधाधुंधी फैल जाय।'

मैंने तो कह दिया था कि आप अराजकताकी फिक्र न करें। मैं तो जुआ खेलनेवाला ठहरा। पर मेरी कौन सुने? आप मेरी नहीं सुनते; मुसलमानोंने मुझे छोड़ दिया और कांग्रेससे भी मैं अपनी बात पूरी-पूरी मनवा नहीं सकता। वैसे कांग्रेसका गुलाम हूं, क्योंकि हिंदुस्तानका हूं। मैंने १६ मईकी बात मनवानेका पूरा प्रयत्न किया। पर अब जो हो गया है वही हम स्वीकार कर लें। इसमें यह खूबी भी है कि हम जब चाहें उसे मिटा सकते हैं।

अंतमें मैं इतना कहूंगा कि आप वाइसरायको भूल जायं तो अच्छा है। मुझे यह बुरा लगता है कि हम आपसमें सीधी बात न करें और सारी बात वाइसरायकी मध्यस्थीसे चले। लीगवाले वाइसरायसे कहें, वाइसराय कांग्रेससे कहें और कांग्रेस फिर वाइसरायसे कहे, यह हमें शोभा नहीं देता। पर मुस्लिम लीग मानती ही नहीं तब क्या हो? कांग्रेस मान जाती है और सिख कांग्रेसमें शामिल हो गए हैं। तब वाइसरायको दिन-रात जिन्ना साहबकी मिन्नत करनी पड़ी कि 'साहब, थोड़ा तो नीचे उतरिए।' और ऐसा करके उन्होंने यह रास्ता निकाला। इतना करते हुए भी वाइसराय कहते हैं कि 'मेरे दिलमें डर बना रहता है कि लीग क्या कहेगी, कांग्रेस क्या कहेगी। लेकिन ईश्वरका नाम लेकर मैं करता हूं।' तो हम उनकी ईमानदारीमें विश्वास रखें जबतक कोई बुरा अनुभव नहीं हो।

लेकिन जिन्ना साहबसे मैं कहता हूं, मिन्नत करता हूं कि अब तो आप हम सबसे सीधी बात करें। जो हुआ ठीक है, पर आगेकी सब कार्रवाई हम मिलकर करें। वाइसरायको अब आप भूल जायं और अब जो समझौते करने हैं उन्हें करनेके लिए आप हम लोगोंको अपने पास बुला लें, ताकि हमारा सबका भला हो।

॥ ३० ॥

५ जून १९४७

बौद्ध विद्वान श्रीकौसंबीकी मृत्युका समाचार देते हुए गांधीजीने कहा— शायद आपने उनका नाम नहीं सुना होगा। इसलिए शायद आप दुःख मनाना नहीं चाहेंगे; वैसे किसी मृत्युपर हमें दुःख मानना चाहिए भी नहीं; लेकिन इन्सानका स्वभाव है कि वह अपने स्नेही या पूज्यके मरनेपर दुःख मनाता ही है। हम लोग ऐसे बने हैं कि जो अपने कामकी डुग्गी पिटवाता फिरता है और राज्य-कारणमें उछालें भरता है, उसको तो हम आसमानपर चढ़ा देते हैं; लेकिन मूक काम करनेवालोंकी नहीं पूछते।

कौसंबीजी ऐसे ही एक मूक कार्यकर्ता थे। उनका जन्म गांवमें हुआ था। जन्मसे वह हिंदू थे, पर उनको ऐसा विश्वास बैठ गया था कि बौद्ध धर्ममें अहिंसा, शील आदि जितने बढ़े-चढ़े हैं, उतने दूसरे धर्ममें, वेद-धर्ममें भी नहीं हैं। इसलिए उन्होंने बौद्ध धर्म स्वीकार किया और बौद्ध शास्त्रोंके अध्ययनमें लग गए और उसमें इतने बड़े विद्वान् हो गए कि शायद ही हिंदुस्तानमें उनकी बराबरीका और कोई हो। उन्होंने गुजरात विद्यापीठ व काशी विद्यापीठमें पाली भाषा पढ़ाई और अपनी अगाध विद्वत्ताका ज्ञान-दान किया था।

उन्होंने मेरे पास १००० रुपए भेज दिए, जो किसीने उनको दिए थे। उन्होंने मुझको लिखा था कि किसीको पाली पढ़नेके लिए लंका भेज देना। लेकिन मैंने उनसे पूछा कि क्या लंका जाकर पढ़नेसे किसीको बौद्ध धर्म प्राप्त हो जायगा? मैंने तो दुनियामें बौद्धोंसे कहा है कि आपको अगर बौद्ध धर्म जानना है तो आप उसके जन्म-स्थान भारतमें ही उसे पायेंगे। जहांपर वेद-धर्मसे वह निकला है, वहीं आपको उसे खोजना है और शंकराचार्य-जैसे अद्वितीय विद्वान् जो प्रच्छन्न बुद्ध कहलाए उनके ग्रंथोंको भी आप समझेंगे तब बौद्ध धर्मका गूढ़ रहस्य आप जान पायेंगे।

लेकिन कौसंबीजीकी विद्वत्तासे मैं अपनी तुलना नहीं कर सकता। मैं तो इंग्लैंडमें भोज खाकर बना हुआ बैरिस्टर हूं। मेरे पास संस्कृतका ज्ञान जरा-सा है। अगर आज मैं महात्मा बना हूं तो इसलिए नहीं कि अंग्रेजीका बैरिस्टर हूं, पर इसलिए कि मैंने सेवा की है और वह सेवा सत्य और अहिंसाके द्वारा की है। इस सत्य और अहिंसाकी पूजामें जो थोड़ी-सी

सफलता मुझे मिलती चली गई उसीके कारण आज मेरी थोड़ी-बहुत पूछ है।

कौसंबीजीकी समझमें यह समा गया कि अब यह शरीर अधिक काम करनेके योग्य नहीं रहा है तो उन्होंने अनशन करके प्राण-त्याग करनेकी ठानी। टंडनजीके कहनेपर मैंने उनका अनशन उनकी (कौसंबीजीकी) अनिच्छासे तुड़वाया; पर उनका हाजमा बहुत खराब हो चुका था और कुछ भी खुराक ले ही नहीं सकते थे। तब दुबारा सेवाग्राममें चालीस दिनतक केवल जलपर ही रहकर उन्होंने शरीरांत किया। बीमारीमें नाममात्रकी सेवा और औषधि भी नहीं ली। जन्म-स्थान गोवामें जानेका मोह भी उन्होंने तजा और अपने पुत्र आदिको अपने पास न आनेकी आज्ञा दी। मृत्युके बादके लिए कह गए कि 'मेरा कोई स्मारक न बनाया जाय।' शरीरको जलाने या दफनानेमें जो सस्ता पड़े वह किया जाय और इस तरह उन्होंने बुद्धका नाम रटते-रटते अंतिम गहरी निद्रा ली, जो हरेक जन्मनेवालेको कभी-न-कभी लेनी ही है। मृत्यु हरेकका परम मित्र है, वह अपने कर्मके मुताबिक आवेगा ही। भले ही कोई यह बता दे कि अमुकका जन्म अमुक समय होगा, पर मौत कब आवेगी यह कोई भी आजतक नहीं बता पाया है। चक्रैयाके किस्सेमें हमने यही देखा।

आपका मैंने इसमें इतना समय लिया, इसलिए मैं क्षमा चाहता हूं।

कल रात मेरे पास तार आया कि 'आपने चार-पांच दिन इतनी लंबी-लंबी बातें बनाईं कि हम एक इंच भी पाकिस्तान मजबूरीसे देना नहीं चाहते—बुद्धिसे हृदयको जाग्रत करके भले ही जो चाहे सो लें, लेकिन वह तो बन गया। अब आप इसके खिलाफ अनशन क्यों नहीं करते?'

और वे पूछते हैं कि तब आपने ऐसी बातें क्यों कही थीं और अब आप ठंडे क्यों बने हैं? आप कांग्रेसके बागी क्यों नहीं बनते और उसके गुलाम क्यों बनते हैं? आप उसके खादिम कैसे रह सकते हैं? अब आप अनशन करके मर क्यों नहीं जाते?

ऐसा कहनेका उनका हक है। पर मुझको उस भाईपर गुस्सा करने का हक नहीं है। गुस्सा करनेका मतलब है थोड़ा पागल होना। अंग्रेजीमें कहा है—'एंगर इज शार्ट मैडनेस' और गीतामें भी कहा है—'क्रोधाद्भवति संमोहः संमोहात्स्मृतिविभ्रमः' तो मैं गीता सीखा हुआ आदमी गुस्सा कैसे करूं?

किसीके कहनेपर अनशन कैसे करूं? मैं मानता हूं कि मेरे जीवनमें एक और उपवास लिखा है। आगा खां महलके उपवासके बादसे ही मेरे दिलमें यह बात जमी हुई है कि वह आखिरी उपवास नहीं था। एक और उपवास मुझे करना होगा, लेकिन वह किसीके कहनेपर मैं नहीं करूंगा। खुदा जब कहेगा, करूंगा।

मैंने कह दिया है कि मैं जिन्ना साहबका साक्षी बन गया हूं। वे चाहते हैं, देशमें शांति हो और मैं भी यह चाहता हूं। फिर भी अगर जगह-जगह दंगा चलता ही रहता है और सारा हिंदुस्तान डांवांडोल हो जाता है और ईश्वर मुझसे कहता है—यानी मेरा दिल मुझसे कहता है कि अब संसारसे तुझे उठ जाना है तो मैं वैसा करूंगा ही। श्रीजिन्नाने मुझसे दस्तखत लिए कि सियासी मामलोंमें हिंसा नहीं करनी है और माउंटबेटनने भी मुझपर अपना जादू चलाया और कृपलानी या नेहरूके दस्तखत न लेकर मेरे ही दस्तखत लिए। मैंने जवाहरलालकी रायसे उन्हें दस्तखत दे दिए। तब हम इस बातके, तीन हिस्सेदार बन गए हैं। हमारे दोनोंके दस्तखत हैं इसलिए, और माउंटबेटन—वाइसरायके नाते नहीं, पर माउंटबेटनके नाते, क्योंकि वे गवाहसे भी ज्यादा बन गए हैं।

मतलब यह है कि सारे हिंदुस्तानको शांत रहना है। अगर वह नहीं रहता तो क्या करना है, यह जिन्ना साहबको उनका खुदा बतायगा। माउंटबेटन साहबको उनका गॉड बताएगा और मुझे मेरा परमात्मा बतायगा।

लेकिन आपके द्वारा मैं उन दोनोंसे कहना चाहता हूं कि वे जब कहेंगे तब मैं उनके साथ पैदल या सवारीमें, जैसे भी वे ले जाना चाहें मैं जाऊंगा। हवाई जहाजसे मैं नहीं जा सकता। उसमें चलकर नीचे क्या दीखेगा? मैं कभी हवाई जहाजमें चला नहीं हूं। हां, उसे नीचेसे देखता हूं और एक मछली-सा वह दीखता है।

गुड़गांव अभीतक जल रहा है। आजकी खबर नहीं मिली है, पर वहां जाट और मेवोंने आमने-सामने मोर्चा लगा रखा है। इतना अच्छा है कि वे ऐसा पागलपन नहीं चाहते कि बच्चों, औरतों और बुड्ढोंको मारने लगें। वे सिपाहीकी तरह आपसमें टक्कर लेते हैं। पर वे लड़ें ही क्यों? यह चलता है, इसमें मेरी भी शरम है, जिन्नाकी भी है और माउंटबेटनके लिए भी शरमकी बात है। इसी तरह सरदार बलदेवसिंह और जवाहरलालके लिए

भी यह शरमकी बात है। यह अच्छा हुआ कि २ जूनको कोई खास बात न हुई और न ४ को ही हुई।

पर एक काम बन गया है सही। पाकिस्तान और हिंदुस्तान बन गए और उनकी विधान-परिषद् बना दी गई है। क्या अब उन्हें मिटानेके लिए मैं मरने बैठूं? इस तरह मैं मरनेवाला नहीं हूं।

मेरे लिए ध्यान देनेको एक बहुत बड़ा काम पड़ा है। कहते हैं कि अब हिंदुस्तानका औद्योगीकरण होनेवाला है! मेरा औद्योगीकरण तो देहातोंमें होगा, यानी घर-घरमें चरखा चलेगा और गांव-गांवमें कपड़ा तैयार होगा।

अगर वे कहते हैं कि एक बिरला-मिल है, उसकी हम हजार मिल बनायंगे—बिरलाका नाम मैं इसलिए लेता हूं कि वे मेरे दोस्त हैं, बाकी मेरा मतलब हरेक मिलवालेसे है—तो मैं वह पसंद नहीं करूंगा। अगर भूकंप हो जाय या अपने आप बिरला-मिल जल जाय तो मुझे हरज नहीं है। न मैं उस नुकसानीके लिए बिरला-बंधुके पास एक आंसू गिराऊंगा। हां, यदि कोई जान-बूझकर उनकी मिलें नष्ट करने जाता है तो मैं उसे डांट लगा दूंगा।

ऐसा मालूम होता है कि आज कांग्रेसने यह तय कर लिया है कि वह हिंदुस्तानभरमें बहुत-सी मिलें बना दे और कलपुर्जे बिछा दे। और वह चाहती है कि सारे हिंदुस्तानमें बहुत बड़ी फौज बन जाय। तो उसमें मेरा हाथ नहीं है। बिहार जो मार-काट हुई उसमें मेरा हाथ कहां था? और आज हिंदुस्तानमें कौन-सी ऐसी चीज हो रही है जिससे मुझे खुशी हो सके। तो भी मैं पड़ा हूं; क्योंकि कांग्रेस बहुत बड़ी संस्था हो गई है। उसके सामने मैं उपवास नहीं कर सकता; लेकिन आज मैं भट्ठीमें पड़ा हूं और मेरे दिलमें अंगार जल रहा है। फिर भी मैं जिंदा क्यों हूं, यह मेरा ईश्वर ही जानता है। जैसा भी हूं, आखिर कांग्रेसका खादिम ही हूं। अगर कांग्रेस पागलपनपर उतर आवे तो क्या मैं भी पागलपन करूं? क्या मैं मरकर यह सिद्ध करने बैठूं कि मेरी ही बात सच्ची है? मैं तो कांग्रेसकी, आपकी, मुसलमानोंकी और अपने साझी जिन्ना साहबकी बुद्धिपर चोट करना चाहता हूं और उनके हृदयपर कब्जा करना चाहता हूं।

जिन्ना साहबसे कहूंगा कि अब तो आपका 'पाकिस्तान जिंदाबाद' हो गया न! अब आप माउंटबेटन साहबके पास क्यों जाते हैं? कांग्रेसके पास क्यों नहीं जाते? आप बादशाह खानको और डा० खान साहबको क्यों नहीं

बुलाते ? उन्हें क्यों नहीं समझाते कि 'देखिए तो सही, यह पाकिस्तान कैसा अच्छा गुलाबका फूल है ?'

लेकिन पाकिस्तानके बारेमें मेरे पास शिकायतें आ रही हैं। आज ही एक खत मिला है, जिसमें लिखा है कि एक अंग्रेज कंपनी हथियार बनानेके लिए लाहौर जायगी। यह भी कहा जाता है कि मुस्लिम लीगने कामनवेल्थमें रहना तय कर लिया है। वह औपनिवेशिक स्वराज्य ही कायम रखेगी।

कांग्रेसने औपनिवेशिक स्वराज्य स्वीकारकर कोई गुनाह नहीं किया है। उसने तो वह आरजी तौरपर तत्काल अंग्रेजोंको हटानेके लिए स्वीकार किया। पर विधान बनते ही वह मुकम्मिल आजादी ले लेगी। फिर मुस्लिम लीग क्या औपनिवेशिक पदपर ही बनी रहेगी ? हमारे दोनों विधान एक-से होने चाहिए। दोनोंने कहा है कि हमें मुकम्मिल आजादी चाहिए। तब मुकम्मिल आजादीको ही लेनेका जिन्नाका भी धर्म हो जाता है। आपसमें लड़कर इस धर्मका पालन नहीं किया जा सकता।

जब कि सारे हिंदू मनाते-मनाते थक गए तब भी उन्होंने न माना तो उनको पाकिस्तान दे दिया कि बादमें तो शांति मिलेगी।

कोई कहे कि मैंने ऐसा क्यों होने दिया। तो क्या मैं ऐसा करूं कि कांग्रेस मुझसे पूछकर ही सब काम करे ? मैं ऐसा दीवाना नहीं बना हूं। और मैं कांग्रेसका बागी बनूंगा, इसका मतलब सारे हिंदुस्तानका बागी बनूंगा; क्योंकि कांग्रेस सारे देशकी है। ऐसा मैं तभी करूंगा जब मैं देखूंगा कि कांग्रेस तो पूंजीपतियोंकी हो गई है।

लेकिन अभी तो मेरी समझसे कांग्रेस गरीबोंका ही काम करती है। भले ही उसका रास्ता मुझसे अलग हो, भले ही उसका दिमाग हथियार, फौज, कारखानोंमें लगा हो। मुझे तो उनको बुद्धिसे समझाना है, अनशनसे नहीं।

अनशन भी राक्षसी हो सकता है। ईश्वर भी मुझे ऐसे राक्षसी अनशनसे बचाए, वह मुझे राक्षसी कार्य, राक्षसी उच्चार, राक्षसी विचार सभीसे बचाए रखे। अच्छा हो कि ऐसा मैं करूं, उससे पहले वह मुझे उठा ले। मैं जब करूंगा, सात्विक और देवी अनशन ही करूंगा।

॥ ३१ ॥

६ जून १९४७

आज फिर एक बहनने प्रार्थनामें विरोध किया।

गांधीजीने कहा, ''मैं उसकी लंबी चिट्ठी सुनानेमें समय नहीं खोऊंगा। मेरा खयाल था कि अब लोग मुझे समझ गए हैं। पर देखता हूं कि ऐसा हमारा शुभ नसीब नहीं है। धर्मके नामसे अधर्म हो रहा है, पर हमें अधर्म सहना ही होगा। अगर वह बहन बीचमें बोलने लगे तो आप उसे तंग न करें। अब तो उसने आगे कदम बढ़ाया है और मुझे लिखा है—'आप भाषण भी न करें।' वह कुछ भी कहे, प्रार्थना बंद न होगी और भाषण भी बंद न होगा। ऐसा हर कोई आदमी करने लगे तो हिंदुस्तानका राज चलनेवाला नहीं है। आप लोग शांत रहें।''

प्रार्थना नियमपूर्वक हुई और वह महिला बीच-बीचमें चिल्लाती रही। प्रार्थनाके बाद गांधीजीने कहा—''मैं देखता हूं कि आपको गरमी सता रही है, लेकिन मैं सुनाने और आप सुननेके लिए लाचार हैं; पर आप शांत रहें, तभी सुना सकता हूं। इसका मतलब यह नही कि आप कागज या रूमालसे थोड़ी-बहुत हवा भी न लें। गरम ही सही; पर हवा मुझे भी मिल रही है। यह लड़की मेरे लिए पंखा कर रही है, तो मैं आपको क्यों रोकूं?[१] अगर आप सभी पंखा चलावें तो मैं नहीं कहूंगा कि पंखा चलाना औरतका ही काम है। आप पंखा ला सकते हैं। औरत भी तो मरद बन सकती है। वह मनको गिरावें नहीं तो वह अबला नहीं है, 'बेटर हाफ' है''।

भजनमें गोपीने कहा है, 'बंसरी सुन वह वनमें जाना चाहती है', लेकिन यह भजन केवल औरतके ही लिए नहीं है। ईश्वरके सामने हम सभी गोपियां हैं। ईश्वर स्वयं न नर है, न नारी है, उसके लिए न पंक्ति-भेद है, न योनिभेद, वह 'नेति नेति' है। वह हृदयरूपी बनमें रहता है और उसकी बंसी है अंतरनाद। हमें निर्जन बनमें जानेकी आवश्यकता नहीं है। अपने अंतरमें हमें ईश्वरका मधुर नाद सुनना है और जब हममेंसे हरेक वह मधुर नाद सुनने लगेगा तब हिंदुस्तानका भला होगा।

---

१. इसपर सारी सभामें आधी मिनटतक जोरकी हंसी हुई, क्योंकि गांधीजीके पीछे एक पुरुष पंखा कर रहा था, जिसे उन्होंने लड़की बता दिया था। गांधीजी खुद भी यह देखकर खिलखिलाकर हंसे और अपनी भूल सुधारी।

आज ठीक मौकेसे यह भजन सुनाया गया है। वह बहन मुझसे कहती है, 'तुम बनमें चले जाओ, तुम्हींने जिन्नाको बिगाड़ा है। पर मैं कौन होता हूं उसे बिगाड़नेवाला? मैं अगर कुछ आशा कर सकता हूं तो उन्हें दुरुस्त ही कर सकता हूं। लाठीसे नहीं, बल्कि प्रेमसे। लाठी या एटम बमसे तो विनाश हो सकता है। एटम बमने नाश ही किया है, किसीको अपनी ओर खींचा नहीं है। मनुष्यको अपनी ओर खींचनेवाला अगर जगतमें कोई असली चुंबक है तो वह केवल प्रेम ही है; इसका में साक्षी हूं। वह कहती है, 'कुरान मत पढ़ो, अब बात ही मत करो, जंगलमें जाकर रहो।' पर मैं बनमें जाऊं तो भी आप मुझे खींच लेनेवाले हैं। इन्सान साथ-ही-साथ रहनेके लिए पैदा हुआ है। अगर मैं यह कला सीख पाया होता कि बनमें बैठा रहूं, वहीं आपको खींच सकूं तो फिर मुझे न भाषण देने पड़ते, न कुछ कहना पड़ता। मैं एकांतमें बैठा मौन रखता और आप मेरे मनकी बात करते। पर अभी ईश्वरने मुझे इस योग्य नहीं बनाया।

आप जानना चाहते होंगे कि आज इतनी देर बैठकर मैंने वाइसरायसे क्या बातें कीं और उनसे क्या लाया। वे क्या देते? वे तो बेचारे हैं। उनको न कुछ लेना है, न देना है। वे तो कहते हैं कि मैं 'ईश्वरसे प्रार्थना करता हूं कि हिंदुस्तानका हरेक आदमी—हिंदू, मुसलमान, सिख सब—इस बातपर विश्वास करें कि मैं यहां लूटने या आपसमें फिसाद करानेके लिए नहीं आया हूं। हो सके तो शांति कराकर, वरना जैसे भी हो, चले जानेके लिए ही आया हूं। हम १५ अगस्तके बाद यहां नहीं रहेंगे। अगर गवर्नर-जनरल रहेंगे तो भी आपके कहनेपर। इस समय हमारे पास औपनिवेशिक स्वराज्यसे अधिक कुछ नहीं है, जो हम दे सकें। हमको आपने मार भगाया होता तो और बात थी, लेकिन मित्रताके साथ जानेमें यही तरीका श्रेष्ठ है।'

वाइसरायने यह भी बताया कि 'हम इसलिए मित्रतापूर्वक जाते हैं कि हिंदुस्तानने हमें मारकर फेंकनेकी कोशिश नहीं की। सन् '४२ में रेल, तार आदि काटे सही; पर वे थोड़े आदमी थे, करोड़ोंने ऐसा नहीं किया; लेकिन आपने शराफत बरती। आपने हमसे इतना ही कहा, 'आप चले जाओ'; क्योंकि आपको यह बुरा लगा कि हमने हिंदमें जहर फैलाया है। लेकिन कांग्रेसने हमें जहर नहीं दिया। उसने केवल असहयोग किया और हम समझ गए कि बिना मार्शल-लाके हम यहां नहीं रह सकते हैं, इसलिए हमने जाना स्वीकार किया।'

अगर हमारा असहयोग पूरा-पूरा होता तो आजसे बहुत पहले और कहीं अच्छे तरीकेपर अंग्रेज चले गए होते। कांग्रेसने विद्यार्थियोंसे, नौकरोंसे और सिपाहियोंसे भी कहा था कि आप सब वहांसे निकल आवें। लेकिन वे कमजोर रहे, उन्हें छोड़ नहीं सके। फिर भी आप लोगोंने यह नहीं कहा कि 'हम उन्हें मार डालेंगे। उन्हें जहर दे देंगे।' हमारी इस शक्तिको अंग्रेजोंने परख लिया और इस कारण वे जा रहे हैं। लेकिन वाइसराय कहते हैं कि 'अब भी लोग हमपर भरोसा नहीं करते। एक अखबारवालेने लिखा है कि अंग्रेज यहां सत्ता जमाने आए हैं और भारतके दो टुकड़े करके जा रहे हैं, ताकि दोनों टुकड़े लड़ें और एक-न-एक अंग्रेजका दामन पकड़े। तो उन्हें यहां रहना मिल जायगा।'

यह तो दगा होगा और मुझे आशा है कि अंग्रेज इस बार दगा न करेंगे। अगर करें तो भी हम खुद बहादुर बनें। बहादुर लोग धोखेसे क्यों डरेंगे? जब वे मेरे साथ शराफतसे बात करते हैं तो मैं क्यों शंका करूं। मुझसे वाइसरायने पूछा, 'तुझे तो मुझपर विश्वास है या तुझे भी नहीं है?' तब मैंने उनसे कहा कि मुझे विश्वास न होता तो मैं आपके पास आता ही नहीं। मैं सत्यवादी हूं, शरीफ हूं।'

वाइसरायसे ऐसी हमारी बातें चलती रहीं और यह जो पाकिस्तान तथा हिंदुस्तान बना दिया गया है उसके बारेमें मेरे दिलमें जो परेशानी है, वह भी मैंने वाइसरायको सुना दी। तब उन्होंने मुझे बताया कि यह अंग्रेजका किया हुआ नहीं है। कांग्रेस और लीगने मिलकर जो मांगा है वही दिया गया है। और हम तुरंत ही इसलिए नहीं चले जा सकते कि एक छोटे घरके सामानके बटवारेमें उसकी फेहरिस्त बनानेमें कुछ देर लगती है, तो यह तो इतने बड़े मुल्कके बटवारेकी बात है। फिर भी मैंने उनसे कहा कि अब आप आराम करें। यह बटवारे आदिका काम हम आपसमें मिलकर कर लें, यही अच्छा है।

आप लोगोंके मार्फत दो-चार दिनसे मिन्नत कर रहा हूं और आज भी करता हूं कि अब आपको जो चाहिए था मिल गया—चाहे कुछ कम मिला; पर वह क्या है यह तो बताइए! उसका नाम-ही-नाम गुलाबका है, या उसमें खुशबू भी है? सुंघाइए तो सही और यह तो बताइए कि आपके यहां सिखोंको और हिंदुओंकी जगह है या उन्हें गुलाम रहना है? और सीमाप्रांतमें जनमत लेकर आप क्या सीमाप्रांतके भी दो टुकड़े करना चाहते

हैं? और बलूचिस्तानके भी?

क्या आप अब भी अपनी कार्रवाईसे नहीं बतायंगे कि आजतक मुसलमानोंने हिंदूको अपना दुश्मन माना, पर अब नहीं मानेंगे? पठानका हिस्सा नहीं करेंगे? बलूचका हिस्सा भी नहीं करेंगे और हिंदू-हिंदूका भी नहीं करेंगे? हिंदुस्तान अखंड रहेगा, पर भाई-भाईके तौरपर हम उसमें बटवारा कर लेंगे और अंग्रेजके बिना हमारी गाड़ी चलेगी।

मेरी इस बातपर वे मुझे गाली दें तो मुझे गम नहीं है। मुझे तो कल भी गाली मिली थी कि 'तू मर क्यों नहीं जाता।' पर वे खुलासा तो करें कि उनकी मंशा क्या है? अब भी मेरे पास क्यों नहीं आते? आपके पास क्यों नहीं आते? कांग्रेसी या गैर कांग्रेसीको अपने पास क्यों नहीं बुलाते? एक जमाना था जब कांग्रेस-लीगका समझौता उन्होंने किया था। अब और पक्का और अटूट समझौता क्यों नहीं करते?

हम सब मिलकर कोशिश करें कि दुश्मन न रहकर आपसमें दोस्त बनें। यह काम अकेले वाइसराय नहीं कर सकते, अकेली कांग्रेस भी नहीं कर सकती। सब मिलकर ही दोस्त बन सकते हैं।

॥ ३२ ॥

७ जून १९४७

भाइयो और बहनो,

मैं विनयसे कहता हूं कि प्रार्थनामें दखल देना बेहूदापन है। मैं प्रार्थना तो रोक नहीं सकता, वह चलेगी ही। पर देखता हूं कि रोज कोई-न-कोई शिकायत रहती ही है। इससे मेरा दिल बहुत दुखता है।

कुरानकी आयत पढ़ते समय आज फिर विघ्न डाला गया; लेकिन गांधीजी इस सारे समय आंख बंद करके प्रार्थना करते रहे।

फिर उन्होंने कहा—आज मुझे वही सिलसिला कायम रखना है, यानी वायुमंडलमें मंडराती बातपर ही मैं, कहना चाहता हूं, क्योंकि मुझपर बहुत काफी दबाव पड़ रहा है कि जबतक वाइसरायका ऐलान नहीं हुआ तबतक

तो मैं मुखालफत करता रहा और बार-बार मैंने कहा कि हम जबरदस्ती कुछ भी मंजूर करनेवाले नहीं हैं और अब मैं चुप हो गया हूं। मुझसे यह जो कहा जाता है, ठीक कहा जाता है। मैं कबूल करता हूं कि मुझे भी यह निर्णय अच्छा नहीं लगा है, लेकिन दुनियामें कई चीजें ऐसी होती रहती हैं, जो अपने मनकी नहीं होतीं, फिर भी हम उसे सहन करते हैं। इसी तरह इसको भी हमें सहन करना।

एक अखबारमें निकला है कि 'अब भी अखिल भारत-कांग्रेस-कमेटीको हक है कि वह इसे नामंजूर करदे।' मैं भी मानता हूं कि अखिल भारत-कांग्रेस-समितिको ऐसा करनेका पूरा हक है कि वे इस बातको स्वीकार न करें; लेकिन जिसके प्रति आजतक हम वफादार रहे, जिस कांग्रेसने दुनियामें नाम कमाया और जिसने काफी काम भी किया, उसकी मुखालफत एकदमसे नहीं करनी चाहिए।

बहुतसे सनातनी छूआछूतके भूतको मानते हैं और उसके पालनमें धर्म समझते हैं। लेकिन हममें कौन सच्चा सनातनी है, इसका न्याय तो ईश्वर ही चुकाएगा। इसी तरह अगर कांग्रेस भी अधर्मको धर्मका लिबास पहनाती है तो हमें कांग्रेस बंद कर देनी पड़ेगी। कांग्रेसको तो कौन मार सकता है, पर हम उसके सामने मर जायंगे। आत्महत्या करके नहीं मरेंगे; पर हम तबतक उसका मुकाबला करेंगे और उसके आगे सिर नहीं झुकायंगे जबतक हम उसे सही रास्तेपर नहीं लायंगे या खुद मर नहीं जायंगे। लेकिन ऐसा तब करेंगे जब हम देखेंगे कि कांग्रेस जान-बूझकर गलती करती है। मेरी समझसे इस समय तो वह ऐसा नहीं कर रही है। न उसने पहले ऐसी गलतियां की हैं। यदि वह अधर्मको ही धर्म मानकर आजतक चलती तो वह वहांतक नहीं पहुंच पाती जहांतक आज पहुंची है।

यह कहना कि कांग्रेस-कार्य-समितिको यह करनेसे पहले अखिल भारत-कांग्रेस-समितिसे पूछना चाहिए था, ठीक नहीं है। कदम-कदम पर कार्य-समिति पूछने बैठे तो वह काम नहीं कर सकती। बादमें उसे हक है कि वह कार्य-समितिका विरोध करे और चाहे तो उसे अलग करके नई समिति बना ले।

जब मैं कांग्रेसमें बाकायदा काम करता था और कांग्रेसके विधानको अमलमें लानेका मुझे अधिकार था तब भी एक पुरानी बहसमें मैंने कहा

था कि हम महासमितिके ३०० या १००० सदस्योंको बार-बार इकट्‌ठा नहीं कर सकते। इस तरह काम करना कार्य-समितिके लिए अव्यावहारिक हो जायगा; पर बादमें महासमिति कार्य-समितिसे अवश्य जवाब-तलब कर सकती है। दुबारा वह गलती न करे, इस हेतुसे उसे नालायक करार देकर हटा सकती है और नई समिति बना सकती है।

फर्ज कीजिए कि कार्य-समितिने अखिल भारत-कांग्रेस-समितिके नाम कई लाख रुपयेकी हुंडी निकाल दी और अखिल भारत-कांग्रेस-समितिको वह पसंद न आई। तो भी उसे वह हुंडी सकारनी तो होगी ही; लेकिन दुबारा ऐसी गलती न हो, इसलिए वह उस कार्य-समितिको खत्म कर सकती है और नई चुन सकती है—बल्कि उसे ऐसा ही करना चाहिए।

यही फायदा इस पाकिस्तान-हिंदुस्तानके मामलेमें लागू होता है। वह चीज हो गई है; पर अभी उसमें दुरुस्तीकी बहुत बड़ी गुंजाइश है। हम चाहें तो हिंदुस्तान तथा पाकिस्तानको—या और जो कोई नाम धरो वह—बिगाड़ भी सकते हैं और सुधार भी सकते हैं। यह सही है कि कांग्रेस लीगकी नुमाइंदा नहीं है; पर कांग्रेसके लिए मेरे मनमें जो चित्र बना हुआ है उसके मुताबिक यह हिंदुस्तानभरके सभी व्यक्तियोंकी प्रतिनिधि है। इसलिए कांग्रेस कभी यह नहीं कह सकती कि चूंकि मुसलमानोंने हमारा भारी नुकसान किया है, इस कारण हम भी उनका बुरा ही करेंगे। ऐसा करनेपर कांग्रेस 'कांग्रेस' नहीं रह जाती। जब मैं गोलमेजमें गया तब भी मैंने यही कहा था कि वे हमारा बिगाड़ेंगे तो भी मैं उनका भला ही करूंगा।

कांग्रेस पंचायती राज कायम करना चाहती है। राजाओंकी भी वह अहितैषी नहीं बनेगी। पर राजा तभी रह सकेंगे जब वे औंधके राजाकी तरह अपनी प्रजाके ट्रस्टी बनकर रहेंगे। प्रजाकी सत्ताको माननेके कारण औंध जैसा नन्हा राज्य चिरजीवी बन सकेगा; लेकिन उसके मुकाबलेमें करोड़ोंकी संपत्तिवाला काश्मीरका राज्य अगर अपनी प्रजाकी बातको नहीं मानता है तो वह मिट जायगा। इन राजाओंने अंग्रेज बादशाहके बूते अबतक भले मनचाहा किया; पर अब उन्हें समझ लेना चाहिए कि उनकी सत्ताका मूल आधार प्रजा ही है। काश्मीरका नाम मैंने इस वास्ते लिया कि आज वह हमारी दृष्टिके सामने है; पर यह बात सभी रजवाड़ोंके लिए है।

मैंने इतनी लंबी बात इसलिए की कि कांग्रेस लोगोंकी संस्था बनी रहे और

लोग कांग्रेसकी मर्यादामें रहें। यानी कांग्रेसके प्रति विनय रखें और अनुशासनका पालन करें। अगर हम अपसमें लड़ने बैठेंगे तो कांग्रेस मिट जाने वाली है। अगर आपको कार्य-समितिका काम पसंद नहीं है तो अबकी अखिल भारत-कांग्रेस-समितिमें आप वैसा साफ-साफ बता दें। मैं तो वहां आना नहीं चाहता। हुक्म होगा तो आऊंगा; पर मेरे अकेलेकी आवाज सुनेगा कौन? आखिर पंच आप हैं। आप विनयके साथ कांग्रेससे कह सकते हैं कि 'आपने जो किया है वह हमें पसंद है या नापसंद है।'

कांग्रेसका धर्म अब यह बन गया है कि पाकिस्तानका हिस्सा छोड़कर जो उसके हाथमें रह जाता है उसे वह अच्छे-से-अच्छा बनाये और पाकिस्तानवाले अपने हिस्सेको कांग्रेसवालोंसे भी अच्छा बनावें। तो फिर दोनों मिल जाते हैं और हम सुखसे रह सकते हैं।

(अन्तमें गांधीजीने जिन्ना साहबके प्रति अपनी रोजकी अपील आज भी काफी विस्तारसे दोहराई और हिंदू-मुस्लिम-पारसी सभीको अपने पास बुलाकर समझौता करने, वाइसरायको परेशानीसे और कांग्रेस नेताओंको बेकारकी दौड़-धूपसे बचानेकी तथा ऐसा पाकिस्तान बनानेकी बात कही कि जिसमें भगवद्गीताका पाठ भी कुरानशरीफके बराबर ही किया जा सके और मंदिर तथा गुरुद्वारेकी भी मस्जिदके समान ही इज्जत की जाय, ताकि पाकिस्तानके आजतकके विरोधी भी अपनी भूलपर पछतावें और आला पाकिस्तानकी प्रशंसा-ही-प्रशंसा करें।)

॥ ३३ ॥

८ जून १९४७

भाइयो और बहनो,

आकाशसे गोले भी क्यों न बरसाए जायं और कैसा भी उपद्रव क्यों न हो, ईश्वरभजनके समय हमारी शांति भंग नहीं होनी चाहिए। जैसे गोपी बंसीका नाद बनमें सुनती है वैसे ही ईश्वरका भक्त अंतर्नाद हृदयमें सुनता है। इसे अंग्रेजीमें 'वॉइस आव साइलेंस' कहा गया है, यानी वह नाद तभी सुनाई देता है जब हम शांत रहें।

आप लोगोंको मैंने कह तो दिया है कि प्रोफेसर कौसंबीजी जो बड़े विद्वान थे और पाली भाषामें अग्रगण्य माने जाते थे वे अभी-अभी सेवाग्राम आश्रममें चल बसे। उनके बारेमें वहांके संचालक बलवंतसिंहका पत्र है, जिसमें कहा गया है कि ऐसी मृत्यु आजतक मैंने नहीं देखी। यह तो बिल्कुल ऐसी हुई जैसी कबीरजीने बताई है—

दास कबीर जतन सो ओढ़ी,
ज्यों-की-ज्यों धर दीनी चदरिया।

इस तरह हम सभी लोग मृत्युकी मैत्री साध लें तो हिंदुस्तानका भला ही होनेवाला है।

मुझसे किसीने कहा कि 'आप पंच बन जाइए और इन मेवों और जाटोंका[१] झगड़ा निपटा दीजिए'; पर मैं कैसे पंच बनूं? एक तो मेरी जान-पहिचान उन लोगोंमेंसे किसीसे नहीं है। दूसरे पंच वह हो सकता है जिसके हाथमें अपना फैसला मनवानेकी शक्ति हो। मेरे हाथमें न बंदूक है, न मैं अदालतकी शरण लूंगा; लेकिन मुझे लगता है कि अब उनको शांत हो जाना चाहिए। भला हो गया या बुरा, अब तो लीग-कांग्रेसमें भी समझौता हो गया है और अब वहांतक नहीं लड़ते रहना चाहिए, जहां तक दोमेंसे एक हार कबूल नहीं करता। मेव भी बहादुर हैं और जाट-अहीर भी ऐसे नहीं हैं कि अपने लिए किसीको यह कहने दें कि वे मार खा गए। यह अच्छा है कि वे बालक, बड़े और औरतोंको नहीं मारते। हथियार भी दोनोंने काफी बना लिए हैं। वीरतासे लड़ते हैं, परंतु नुकसान होता ही है। झोंपड़ी जल जानेसे गरीबको इतना ही दुःख होता है जितना राजाको महलके जलनेसे होता है। हमारे इतने नजदीक लड़ाई हो रही है; पर हम कुछ नहीं कर पाते। वहां अंधेरा-सा छा गया है; लेकिन आप लोगोंमेंसे जो उन्हें जानते-पहचानते हैं वे उनके पास मेरी आवाज पहुंचा सकें तो पहुंचावें और लड़ाई बंद करानेकी कोशिश करें।

मुझसे कहा गया है कि बंगालके मामलेको मैं बिगाड़ रहा हूं। मेरा दावा है कि मुझसे कोई काम बिगड़ता नहीं। बंगाल, बिहार या नोआखालीका, किसीका भी काम मेरे हाथसे बिगड़ा नहीं है। मुझसे तो सुधार ही हो सकता है और हुआ है। अब पंजाबकी तरह बंगालके भी दो हिस्से होनेवाले

१. गुड़गांव जिलेके।

हैं। बंगालके हिस्सेमें मुसलमानोंकी अक्सरियत है और दूसरे हिस्सेमें हिंदुओंकी। बहुत सारे हिंदू चाहते हैं कि हमारा हिस्सा तकसीम कर दिया जाय; क्योंकि कहांतक अशांति बर्दाश्त की जाय। अपना घर बन जायगा तो उसमें शांतिसे तो रहा जा सकेगा। बंगालकी मुस्लिम लीगने इस बातको माननेसे इन्कार कर दिया है। लेकिन वहांकी लीगकी बातको मानता कौन है? नई योजनामें बंगालका बटवारा निश्चित है।

अब मुझपर दोष लगाया जाता है कि मैं बंगालको तकसीम होने देना नहीं चाहता। ठीक है, मैं यह नहीं चाहता। पर मैं तो यह जरा भी पसंद नहीं करता कि सारे मुल्कके हिंदुस्तान तथा पाकिस्तान–जैसे दो टुकड़े किए जायं। मेरा साहस तो यहांतक है कि अगर मैं अकेला हिंदू रहूंगा तो भी मुसलमान अक्सरियतवालोंके बीच बना रहूंगा। अधिक–से–अधिक वे क्या करेंगे? मुझे मार डालेंगे, इतना ही न। लेकिन वे नहीं मारेंगे। एक आदमीकी वे रक्षा करेंगे। ईश्वर ही बचाएगा। अकेले आदमीकी रक्षा ईश्वर करता ही है। इसीलिए उसे 'निर्बलके बल राम' कहा जाता है। मुझे बिलकुलही प्रिय नहीं है कि बंगालको तकसीम किया जाय। लेकिन मैं ऐसा आदमी नहीं हूं कि मैं यह कह दूं कि "हिंदू डरके मारे दब जायं, और अपने जानमालकी हिफाजतके विचारसे अपनी इच्छाको छोड़ दें।" अगर वे मानते हैं कि अपने टुकड़ेमें वे आरामसे रह सकेंगे तो ऐसा कोई न समझे कि मैं उनके बीचमें दखल देनेवाला हूं।

परसों या नरसों मेरे पास शरत्‌बाबू आए थे। वे नहीं चाहते कि बंगालके हिस्से हों। वे कहते हैं, सारे प्रांतकी एक ही संस्कृति है, एक–सा खान–पान है, तो केवल धर्मके बहाने दो टुकड़े क्यों किए जायं? पर शरत्‌बाबूकी बात वे जानें और मेरी मैं अपनी जानूं। लेकिन लोगोंको पूरा हक है कि वे अपने मनकी करें। बहुत आदमियोंकी रायके बीच मेरे एक आदमीकी राय रोड़ा नहीं बन सकती।

और मैं तो हमेशा ही अच्छी बातमें साथ देता हूं। अगर बुरा आदमी भी मुंहसे रामनाम निकालता है तो क्या मैं उसके साथ बैठकर रामनाम न लूं? मैं उसके साथ जरूर रामनाम लूंगा और शरीफ कहा जानेवाला आदमी शैतानका काम करे तो क्या मैं उसका साथ दूंगा? अगर ऐसा करूं तो फिर मैं गांधी नहीं। गांधीसे शैतानकी पूजा कभी नहीं होगी और जो कोई भला काम है, प्रेमका काम है, उसमें मेरा हिस्सा है।

मुझे पता चला है कि आज तो बंगालका विभाजन रोकनेके लिए पैसे उड़ रहे है! पैसेसे कोई स्थायी चीज नहीं हो सकती। पैसेसे पाए गए वोट दमदार नहीं होते। ऐसे काममें मेरी शिरकत हरगिज नहीं हो सकती। जो काम गुंडेपनसे किया जाता है उसमें फिर वह करनेवाले मां-बाप अथवा पत्नी या बेटे ही क्यों न हों—मैं कभी भी साथ नहीं दे सकता।

इसलिए मैं शरत्‌बाबूसे कहूंगा कि आपके दिलमें और मेरे दिलमें बंगालका विभाजन न होने देनेकी बात है; पर अभी हम उस विभाजन न करनेकी बातको भूल जायं। बुरे साधनसे वह नहीं हो सकता। नापाक साधनसे ईश्वर नहीं पाया जा सकता और बुरी चीजको पानेका साधन साफ नहीं हो सकता।

॥ ३४ ॥

सोमवार, ९ जून १९४७
(लिखित संदेश)

मेरे पास कुछ खत आए हैं जिनमें कहा गया है कि अल्लोपनिषद्, जिसके बारेमें मैंने आपको एक रोज बताया था, तो किसी धर्मशास्त्रके संग्रहमें नहीं है। मैंने तो याददाश्तसे ही ऐसा कहा था। इसलिए मैंने एक मित्रसे पूछा और मुझे उनसे यह जवाब मिला है कि जिस संग्रहका स्मरण मुझे था उसमें अल्लोपनिषद्‌का जिक्र है और उसमें कहा गया है कि उसमें ७ मंत्र हैं। ये उपनिषद् अथर्ववेदके जमानेसे हैं। लेखकने और बहुत कुछ बताया है, जो ज्यादातर विद्यार्थियोंके लिए है। इसलिए मैं आपको खतका वह भाग नहीं सुनाता।

इसके अलावा मेरे पास एक खत श्रीजयचंद्र विद्यालंकारका भी आया है। जयचंद्रजीने लिखा है कि 'महाराणा कुंभाने, जो राणा सांगाके बाबा थे, सर्वप्रथम आक्रमणकारी मुसलमानोंका संगठित विरोध किया और गुजरात तथा मालवाके मुस्लिम प्रदेशको जीतकर चित्तौड़में एक कीर्ति-स्तम्भ स्थापित किया। उस स्तम्भपर अनेक हिंदू देवी-देवताओंके चित्रोंके साथ ब्रह्मा, विष्णु, महेशके चित्रके बगलमें ही अल्लाका नाम भी खोदा हुआ है। महाराणा रणजीतसिंह तथा छत्रपति शिवाजी-जैसे हिंदू-गौरवोंकी

इस्लामकेप्रति श्रद्धा प्रसिद्ध ही है। जो हिंदू-धर्म-अभिमानी आपकी प्रार्थनामें कुरान पढ़नेपर आपत्ति करते हैं वे विजय-स्तंभमें अल्लाके नामपर क्यों नहीं आपत्ति करते?'

इसके बाद विद्यालंकारजीने यह बताते हुए कि हिंदू-मुस्लिम-वैमनस्यका कारण गलत ढंगका लिखा इतिहास है, मुझसे अनुरोध किया है कि मैं ठीक ढंगसे इतिहास पढ़ानेकी ओर ध्यान दूं, नहीं तो हिंदू-मुस्लिम-एकताके सारे प्रयत्न बालूकी भीतकी तरह ढह जायंगे।

आजकल तो मेरे पास बहुत ऐसे खत आते रहते हैं, जिनमें मेरे ऊपर हमला होता है। एक मित्र लिखते हैं कि आप जो कहा करते थे कि हिंदुस्तानका काटना तो समझो मेरे शरीरको काटना है, तो आज आपकी यह बात कितनी कमजोर पड़ गई है, और मुझे इस बटवारेका सख्त विरोध करनेको कहते हैं। मैं तो अपना इसमें कोई भी दोष नहीं देखता। जब मैंने कहा था कि हिंदुस्तानके दो भाग नहीं करने चाहिए तो उस वक्त मुझे विश्वास था कि आम जनताकी राय मेरे पक्षमें है; लेकिन जब आम राय मेरे साथ न हो तो क्या मुझे अपनी राय जबरदस्ती लोगोंके गले मढ़नी चाहिए? मैंने यह भी जरूर कई बार कहा है कि असत्य और बुराईके साथ तो कभी समझौता नहीं करना चाहिए और आज मैं दावेसे कह सकता हूं कि अगर तमाम गैर मुस्लिम लोग मेरे साथ हों तो मैं हिंदुस्तानके दो टुकड़े न होने दूंगा! लेकिन आज मुझे स्वीकार करना पड़ता है कि आम राय मेरे साथ नहीं और इस कारण मुझे पीछे हटकर बैठना चाहिए। जो सबक हम ३० सालसे सीखते आए हैं और जिसे आज हम भूल रहे हैं वह यह कि असत्य और हिंसापर जीत केवल सत्य और अहिंसासे ही हो सकती है। अधीरजको धीरजसे ही मारा जा सकता है और गरमीको सरदीसे। आज तो हम अपनी परछाईं से भी डरने लगे हैं। जो मुझे पाकिस्तानका विरोध करनेके लिए कहते हैं उनमें और मेरे में कोई समानता नहीं, सिवा इसके कि देशका बटवारा हम दोनोंको नापसंद है। मेरे और उनके विरोधमें बुनियादी फरक है। प्रेम और वैरका मेल किस तरहसे हो सकता है?

एक दूसरे भाई लिखते हैं कि यह वाइसराय तो दूसरे वाइसरायोंसे ज्यादा खतरनाक हैं। दूसरोंने तो हमें नंगी तलवार दिखाकर दबाया और इसने अपनी जबानसे कांग्रेसको धोखा देकर फांस लिया। मैं तो इस रायसे हरगिज सहमत नहीं हो सकता। लिखनेवालेने (मेरी रायमें) बिना जाने

और बिना चाहे वाइसराय साहबकी काफी तारीफ की है और साथ-ही-साथ कांग्रेसी मंत्रियोंकी अक्ल और काबिलियतकी निंदा। लेखक यह साफ सीधी बात क्यों नहीं पहचान सकते कि आम राय यानी वह लोग जो राय़ रखनेके लायक हैं, कांग्रेसके नेताओंके साथ हैं। नेता मूर्ख तो हैं नहीं, उन्हें भी देशका बटवारा निहायत बुरा लगता है, लेकिन वे मुल्कके नुमाइंदे होकर आम रायके खिलाफ नहीं जा सकते। उनके हाथोंमें जो शक्ति है सो लोगोंके द्वारा ही है। लेखकके हाथमें सत्ता होती तो शायद हालत यह नहीं होती। और किसी भी हालतमें यह तो उचित नहीं कि वाइसराय साहबकी निंदा की जाय जब नेता हमारे चुने हुए हों या हमारे अपने लोग खुद मुल्कके साथ बेवफाई करें। यह कहावत कि 'यथा राजा तथा प्रजा', उतनी सत्य नहीं है जितनी यह बात कि 'यथा प्रजा तथा राजा'।

॥ ३५ ॥

१० जून १९४७

भाइयो और बहनो,

जो कुछ बंगाल-विभाजनके बारेमें मैंने कहा है, उसमें मैंने किसी पर इल्जाम नहीं लगाया है। मैंने जो बातें सुनी थीं वही बताई हैं। बंगालका हिस्सा न किया जाय, यह सारा-का-सारा एक बना रहे यह किसको पसंद न आयगा। पर झूठसे, फरेबरो या रिश्वतमें बंगाल को एक रखनेकी कोई बात करे तो मैं उनका साथ नहीं दे सकता। अगर किसी बंगालीने—ख्वाह वह हिंदू हो या मुसलमान—ऐसा नहीं किया है तो फिर कोई बात रह ही नहीं जाती। कोई व्यर्थमें मेरी बात अपने ऊपर क्यों ले ले?

लेकिन लोगोंको वहम जरूर है कि बंगालमें गलत चीज हो रही है। जिन्होंने मुझे खबर दी है उन्होंने नाम और पते भी दिए हैं। पर उन्हें यहां खोलना मैं ठीक नहीं समझता। अगर उन्होंने मुझे झूठी खबर दी है तो यह बुरी बात है और उन्हें सजा मिलनी चाहिए। पर मैं किसको सजा दूं? किसीको सजा देनेकी शक्ति मैं नहीं रखता।

पर मेरे पास एक बुलंद चीज है और वह है लोकमत। लोकमतमें बड़ी

प्रचंड शक्ति है। अभी हमारे यहां इस शब्दका अर्थ पूरे जोरसे प्रगट नहीं हुआ है; पर अंग्रेजीमें उस शब्दका अर्थ बड़ा जोरदार है। अंग्रेजीमें इसे 'पब्लिक ओपीनियन' कहते हैं और उसके सामने बादशाह भी कुछ नहीं कर सकता। चर्चिल जो इतना बड़ा बहादुर है और जो ऊंचे खानदानका, बड़ा भारी वक्ता, बहुत ही विद्वान—मेरे-जैसा अनजान बिलकुल नहीं है, यह सब कुछ होते हुए भी अपनी गद्दी न सम्हाल सका। इसका मतलब यह है कि वहांका लोकमत बहुत जाग्रत है। इसलिए उसके सामने किसीकी नहीं चल सकती।

आज हमारे यहांका लोकमत इस तरह जाग्रत नहीं है। अगर जाग्रत होता तो मेरे-जैसा निकम्मा व्यक्ति महात्मा न बन बैठता। और महात्मा बन जानेके बाद मैं जो कुछ करूं वह सहन न कर लिया जाता, जैसा कि आज हिंदुस्तानमें किसी महात्मा कहे जानेवालेको कोई पूछता ही नहीं—चाहे वह कुछ भी उलटा-सीधा करे।

टाल्स्टाय एक बड़ा योद्धा था, पर जब उसने देखा कि लड़ाई अच्छी चीज नहीं है तब लड़ाईको मिटा देनेकी कोशिश करते-करते वह मर गया। उसने कहा है कि दुनियामें सबसे बड़ी शक्ति लोकमत है और वह सत्य और अहिंसासे पैदा हो सकता है।

यही काम मैं कर रहा हूं, परंतु यदि हमारे लोकमतमें सच्ची बहादुरी और सच्चाई नहीं आई तो उससे कुछ बननेवाला नहीं है।

लेकिन आज तो ऐसा नहीं है। १५ अगस्तको जो औपनिवेशिक स्वराज्य आ रहा है, उसको हम नहीं चाहते, ऐसा मुझे लगता है। कारण यह कि हमारे यहां पूर्ण आजादीके लिए बरसोंसे लोकमत बन गया है। देशको यह औपनिवेशिक स्वराज्यकी बात चुभती है। यह चुभना ठीक भी है और ठीक नहीं भी। ठीक इसलिए नहीं कि हम उसकी ताकत नहीं समझते। एक तो यह कि इसके जरिए अंग्रेज दो ही महीनेमें यहां से चले जाते हैं। दूसरे यह कि जब चाहें तब हम औपनिवेशिक दर्जेको हटा सकते हैं। अगर हम पागल ही रहें तो उसमें दूसरोंका क्या दोष है? खैर, लोकमतकी बातपर आऊं, अगर वह जाग्रत रहता है तो सबका अच्छा ही होनेवाला है। अगर लोकमत यह समझे कि 'रिश्वत नहीं खाई', 'बुरा काम नहीं किया' और इस हालतमें बंगाल एक रहनेका तय करता है तो अच्छा ही है; लेकिन

हम पुश्तोंसे कायर रहे हैं, गुलाम रहे हैं; इसलिए हमारे यहां हमारे हाथसे गंदी चीजें बन जाती हैं।

लेकिन अगर किसीने गंदा काम नहीं किया और दूसरा कोई लांछन लगाता है तो जी क्यों दुखाया जाय? मसलन कई ऐसे बड़े-बड़े ओहदेदार होते हैं जो नापाक नहीं होते, चोखे रहते हैं; फिर भी उनपर रिश्वतका इल्जाम लगाया जाता है; लेकिन वे इस बातसे परेशान नहीं होते। अगर कोई मुझे बदमाश बतावे और नापाक कहे तो क्या मैं रोने बैठूं? किसीके कहनेपर मैं क्या बदमाश साबित हो जाऊंगा? यह मैं मानता हूं कि कुछ लोगोंका गलत शिकायत करना द्वेषभाव और बुजदिली कहाएगा। हमें किसीकी बुराई नहीं करनी चाहिए, भला ही देखना चाहिए। अगर आजाद बनना चाहते हैं तो औरोंकी बुराई न देखें, भलाई देखें और उसका सिंचन करें।

अब मैं ऐसा मानकर चलता हूं कि हिंदुस्तानके हिस्से हो गए हैं और सब कांग्रेसने मजबूरीसे कबूल किया है। लेकिन हिंदुस्तानके टुकड़े हो जानेपर अगर हम खुश नहीं रह सकते तो हम रंजीदा भी क्यों हों? हमें अपने दिलके टुकड़े नहीं होने देने चाहिए। हृदयको चूर-चूर होनेसे बचाना चाहिए। वरना, जिन्ना साहबकी बात सही साबित हो जायगी कि हम दो राष्ट्र हैं। मैंने कभी यह माना ही नहीं। जब कि हमारे उनके मां-बाप एक थे तो महज धर्म बदलनेसे क्या राष्ट्र बदल जायगा? जब कि सिंध, पंजाब और शायद सीमाप्रांत भी पाकिस्तानमें चले जायंगे तो क्या वे अब हमारे नहीं रहे? मैं तो ब्रिटेन तकको गैर नहीं मानता तो पाकिस्तानको दूसरा राष्ट्र क्यों मानूं?

कहनेको तो मैं हिंदका हूं और हिंदमें बंबई प्रांतका और उसमें गुजरातका। गुजरातमें फिर काठियावाड़का तथा उसमें भी छोटे-से देहात पोरबंदरका। लेकिन पोरबंदरका हूं, इसीलिए सारे हिंदका भी हूं अर्थात् मैं पंजाबी भी हूं और पंजाबमें जाऊंगा तो उसे अपना समझकर वहां रहूंगा और मार डाला जाऊंगा तो मर जाऊंगा।

मुझे खुशी है कि जिन्ना साहबने कहा है कि पाकिस्तान शहनशाहका नहीं, जनताका रहेगा और अल्पमतको भी बराबरका माना जायगा। उनकी इस बातमें इतना इजाफा मैं करना चाहूंगा कि जैसा वे कहते हैं वैसा करें भी। अपने पैरोकारोंको भी वे यह बात समझा दें और कह दें कि 'अब

लड़ाईकी बात भूल जाओ।'

हम भी अपने यहां अल्पमतको दबानेकी सोचेंगे नहीं। मुट्ठीभर पारसियोंका भी हमारे यहां साझा रहेगा। अगर हिंदू-मुसलमान दोनों मिलकर पारसीसे कहें कि तुम 'शराब पीते हो, इसलिए निकम्मे हो, तुम्हें हम मार डालेंगे' तो वह बुरा होगा। पारसी तो मेरे मित्र हैं और उन्हें मैं कहता हूं कि शराब नहीं छोड़ोगे तो अपनी मौत मरोगे, पर हम उन्हें नहीं मारेंगे। इसी तरह पंजाबमें सिख और हिंदुओंकी हिफाजत होनी चाहिए। मुसलमान उनसे मुहब्बतसे बरतें और कहें कि आप आरामसे रहें, आप हमारे भाई हैं। अगर वे जबरदस्ती करने लगें तो हिंदू-सिख मरनेसे न डरें और कहें कि मजबूरन न हम इस्लाम मंजूर करेंगे, न मजबूरन गोश्त खायंगे। हिंदुओंको ऐसा नहीं समझना चाहिए कि एक नई प्रजा बन गए हैं जिसमें मुसलमान रह ही नहीं सकते। हम बहुमतवाले हिंदुस्तानमें हैं। बहुमतको जाग्रत करके हमें बहादुरीसे काम करना है। बहादुरी तलवारमें नहीं है। हम सच्चे बनेंगे, ईश्वरके बंदे बनेंगे और जरूरत पड़नेपर मरेंगे भी। जब ऐसा करेंगे तब हिंदुस्तान अलग और पाकिस्तान अलग, यह बात नहीं रह जायगी और ये कृत्रिम हिस्से निकम्मे बन जायंगे। अगर हम लड़ाई करेंगे तो हमपर दो राष्ट्रका इलजाम सच्चा साबित होगा। इसलिए आप और मैं ईश्वरसे प्रार्थना करें कि हिंदुस्तान और पाकिस्तान अलग तो हुए, पर अब हमारे दिल अलग-अलग न हों।

॥ ३६ ॥

११ जून १९४७

भाइयो और बहनो,

यद्यपि बंगालके जो टुकड़े होनेवाले हैं उनके बारेमें मैंने दो दफा कह दिया है फिर भी तीसरी बार उस बारेमें कहना जरूरी हो गया है। एक शख्सका बहुत ही गुस्सेसे भरा हुआ कागज मेरे पास आया है। इतना गुस्सा करनेकी जरूरत ही क्या है? अभी मैंने बताया था कि गुस्सा करना पागलपन है। हमें अपनी बुद्धि शांत रखकर सब बातोंको समझना चाहिए।

वह पत्रमें आगे लिखते हैं कि मैंने बंगालको बड़ा नुकसान पहुंचाया है। पर

मैंने कैसे नुकसान पहुंचाया? और क्या नुकसान पहुंचाया? मैंने तो जो बात हो रही थी वह सुना दी और मैंने इतना ही कहा था कि बंगालके टुकड़े मैं नहीं चाहता; लेकिन इन्साफसे बाहर कुछ नहीं होना चाहिए। ख्वाह हिंदू हो, मुसलमान हो अथवा ईसाई—अगर वह बंगाली है और अपनी मातृभाषाको कायम रखना चाहता है, अपने मुल्कको एक रखना चाहता है तो वह अच्छी बात है। लेकिन अच्छी बातके लिए साधन भी अच्छे ही बरतने चाहिए। टेढ़े रास्तेसे सीधी बातको नहीं पहुंचा जा सकता। पूरबको जानेके लिए पच्छिमकी ओर नहीं चलना चाहिए। मैं बंगालियोंसे कहूंगा कि मैं अपनी बातपर कायम हूं। अगर बंगालके टुकड़े हों तो आप ही कर सकते हैं न हों तो आप ही उसे रोक सकते हैं। आप जो न चाहें वह न हो, इसीमें इन्साफ और सचाई है।

आज मेरे पास केम्बेलपुरके कुछ भाई आए। वे इस बातसे घबराए हुए हैं कि पाकिस्तानमें उनकी हालत क्या होगी? उनपर कैसी बीतेगी और अब वे वहांपर कैसे रहें?

मैंने उन भाइयोंसे कहा कि आप अपने मनमें ऐसा समझ लें हम हिंदुस्तानमें ही पड़े हैं। जब हमारा भूगोल एक है तब महज कह देने-भरसे पाकिस्तानवाला हिस्सा हिंदुस्तानसे नहीं मिट सकता और मेरी रायमें आप वहीं बने रहिए!

मेरे इस कथनपर उन लोगोंने पूछा—"तो हम सब मिलकर एक जगह रहें?" मैंने उनसे ऐसा करनेसे भी मनाही की और उनसे कहा कि नोआखालीके हिंदुओं और बिहारके मुसलमानोंसे भी ऐसा करनेको मना किया है और यह भी कहा है कि हमें हथियार भी नहीं रखने चाहिए।

जहांपर अल्पमतवाले थोड़े-से आदमियोंका रक्षण सरकार नहीं कर सकती वहांपर उस सरकारको बने रहनेका कोई हक नहीं रहता। अगर हिंदुस्तानकी सरकार चंद मुसलमानोंके जानो-मालकी हिफाजत नहीं कर सकती तो उस सरकारको उलट देना चाहिए और पाकिस्तानमें अगर थोड़े हिंदू और सिखोंकी खैरियत नहीं रहती तो उसे भी खतम हो जाना चाहिए। जहांपर बहुमतवाले अल्पमतवालोंको मार डालें, वह तो जालिम हुकूमत कहलायगी। उसे स्वराज्य नहीं कहा जा सकता।

तो फिर क्या हमने जो इतनी लड़ाई ली, इतना सत्याग्रह किया सब चूल्हेसे

निकलकर भट्ठीमें पड़नेके लिए? लेकिन मेरी बातपर केम्बेलपुरवालोंने कहा, 'आप महात्मा हैं। आप महात्माकी-सी बातें करते हैं। हम लोग ताजिर हैं, वहां हमारा व्यापार चलता है, और हम बाल-बच्चेदार हैं। हम आपकी तरह कैसे कर सकते हैं?' तब मैंने कहा कि मेरे पास दूसरी चीज नहीं है। मैं यही कहते-कहते बुड्ढा हो गया और अखीरतक यही कहूंगा। अगर कोई कहता है कि हम बहादुर नहीं बन सकते, हम डरपोक ही रहेंगे तो यह बात ठीक है। लेकिन इन्सान डरपोक बननेके लिए थोड़े ही पैदा हुआ है? फिर यह कैसे कहा जायगा कि मनुष्य ईश्वरका तेज है—खुदाका नूर है। गाय-बैलमें ईश्वरका तेज है ऐसा किसीने कहा है और हम मनुष्योंमें ईश्वरका तेज है, वह क्या डरनेके और एक-दूसरेका गला काटनेके लिए है?

पाकिस्तानको देखकर सहम जानेकी कोई बात नहीं है। मैं तो मिट्टीका पुतला, हड्डी-पसली जिसकी दीख रही है, ऐसा मामूली-सा आदमी हूं, और बहादुर बननेकी बात कह रहा हूं। लेकिन जिन्ना साहब तो इतना बड़ा काम कर रहे हैं। किसीके ख्वाबमें भी नहीं था कि कभी ऐसा बन पायगा; पर पाकिस्तान बन गया, जिन्ना साहबने उसे पा लिया। कांग्रेसको मजबूर होकर वह मंजूर करना पड़ा। पर मैं सोचता हूं कि कांग्रेस उसपर दुःख क्यों माने? मैं भी क्यों बुजदिल बनूं? मैं क्यों मान लूं कि हमारे टुकड़े हो गए हैं। जिसको ईश्वरने एक बना रखा है उसको दो कौन कर सकता है?

और जिन्ना साहबने बातें भी ऐसी ही की हैं। उनसे जब पूछा जाता है कि क्या पंजाबसे हिंदू, सिख भाग जायं तो वे कहते हैं, "हमारे यहां सब एक ही तराजूसे तोले जायंगे। सबका अदल इन्साफ होगा, वे भागें क्यों?"

बादशाह खान मेरे दोस्त हैं। मौलाना आजाद तथा जवाहरलालके महल छोड़कर मेरी झोपड़ी में आकर टिकते हैं। यहां गोश्त नहीं मांगते। मेरे साथ ही रोटी-फल लेते हैं। वे पूरे फकीर हैं। उनके भाई डा० खान साहब बिना उनकी मददके काम नहीं चला सकते। हम उन्हें सीमांत गांधी कहते हैं; पर वहां गांधीको ही कोई नहीं जानता तो सीमांत गांधीको कौन जाने? वहां तो यह बादशाह कहलाते हैं और जिस झोंपड़ीमें जाइए वहां पठान अपने इस बादशाहपर खुश हो जाते हैं।

ऐसे बादशाहके इलाकेमें जनमत-संग्रह करनेकी बात तय कर दी गई है और वह भी तब जब पठानका खून अभी ठंडा नहीं हुआ है, जिसका कि

खून सदा गरम ही रहता आया है और बादशाहने अपनी जिंदगी उस खूनको ठंडा करनेमें खपा रखी है।

वहां मत लिया जायगा तब सब-के-सब न पाकिस्तानकी कहेंगे न हिंदुस्तानकी। तब क्या आप पठानके दो टुकड़े कर डालेंगे? इसलिए बादशाह खानसे कहता हूं कि यदि जिन्ना साहब आश्वासन देकर भली प्रकार समझा दें तो आप पाकिस्तानसे क्यों डरें? सब पठान इकट्ठे होकर क्यों न रहें?

और जिन्ना साहबने जब मेरे साथ अपील निकाली है—दस्तखत किए हैं कि लड़ाईसे कोई राजनैतिक काम नहीं किया जायगा तो फिर वे क्यों नहीं कह देते कि अब हम जनमत-संग्रह नहीं करेंगे? वाइसरायने तो वादा किया है कि तीनों पार्टी मिलकर जो तय करेंगे वह मान लेंगे। तो अब कायदेआजम सबको बुलाकर समझा दें कि पाकिस्तानमें एक बच्चे तकको तकलीफ नहीं होगी। कांग्रेसवाले यहांकी बातें बतला दें कि हम सब भाई-भाई बनकर रहेंगे और पाकिस्तानवाले भी यह बता दें कि वे जहर नहीं फैलावेंगे।

अगर आपसमें जहर फैल जायगा तो वह बहुत बुरी चीज होगी। अंग्रेज यहांसे तो चले जायंगे, पर बादमें मुसलमान और हिंदुओंको कोसेंगे कि हम तो पाकिस्तान बनाना ही चाहते थे, लेकिन जब दोनों विधान-परिषद्में इकट्ठे बैठे ही नहीं और हमें तो जाना ही था इसलिए यह तीसरा रास्ता निकाला, फिर भी शांति नहीं हुई।

लेकिन मुझे दुःख है कि यद्यपि माउंटबेटन बुरा करनेके लिए नहीं आए; पर उनके हाथसे बुरा हो जानेवाला है। ऐसा तो कभी होता नहीं कि कोई सारी दुनियाको खुश ही रख सके, फिर वह तो बहादुर सेनापति रहे हैं। वे पाकिस्तानवालोंसे भी और कांग्रेसवालोंसे भी कह सकते हैं कि तुम्हारी यह बात ठीक नहीं है और लीगसे अब भी वे कह सकते हैं कि आप लोगोंने जिस गेंदके लिए जो जिद पकड़ी थी वह गेंद आपको मिल गई। अब बताइए कि यह पाकिस्तान क्या चीज है? उसमें कौन-सा सौंदर्य है? वे इतना तो कह दें कि अब हमारा पाकिस्तान बन गया, अब हम भाई-भाई बनकर रहना चाहते हैं।

सारी दुनिया भी यह देखना चाहती है कि हम एक हैं। इब्न सऊद तकने

कायदे आजमको तार दिया है कि आपको पाकिस्तान मिल गया। अब हमें आशा रखनी चाहिए कि दुनियामें शांति ही रहेगी। कायदेआजमने भी उत्तरमें लिखा है—'दुनियामें शांति ही रहेगी', पर वह कैसे रहेगी ? हिंदुस्तानमें अशांति होगी तो दुनियामें शांति कहांसे आवेगी ?

मैं फिर जिन्ना साहबसे कहूंगा कि आपको दोस्ताना-तौरसे सबको अपनी ओर खींचना है। सबको संतोष देना है, वरना दुनियाका बुरा हाल होनेवाला है। हिंदुस्तानका बुरा होनेवाला है, मुसलमानका बुरा होगा और हिंदूका भी बुरा होगा। मैं यह एक ही चीज कहूंगा।

॥ ३७ ॥

१२ जून १९४७

भाइयो और बहनो,

आप लोग देख रहे हैं कि मेरी दाहिनी ओर ख्वाजा साहब[१] बैठे हुए हैं। इनके बारेमें एक बार मैं आपको पहले सुना चुका हूं कि किस प्रकार मैं स्वामी सत्यदेवके साथ इनके घर पहुंचा था और सत्यदेवजी मुसलमानके हाथका पानीतक नहीं पी सकते थे। लेकिन तब भी ख्वाजा साहबने बुरा नहीं माना और उदार स्वागत किया। उस समय ये अलीगढ़ यूनिवर्सिटीके ट्रस्टी थे। बादमें असहयोग आंदोलनमें शरीक होनेके लिए इन्होंने ट्रस्टीपन छोड़ दिया। जहांतक मुझे याद है, जब मैं वहां गया था तब वहां लीगकी मीटिंग हो रही थी। मैंने वहां पूछा था कि यहां भी कोई सत्याग्रही मिलेगा या नहीं ? मौ० मुहम्मदअली और मौ० शौकतअली तब नजरबंद थे और उनके कैद होनेके बारेमें वहां सब मायूस हो रहे थे। तब ख्वाजा साहबने मुझसे कहा था कि आपको ढाई सत्याग्रही मिल सकते हैं। उनमें एक तो थे श्वेब कुरेशी, जो काफी प्रख्यात और बहादुर जवान थे। दूसरे साहब भी जो वहां मौजूद थे, पक्के सत्याग्रही थे। एक बार लोगोंने उन्हें मारा और उनके हाथमें दो जगह चोटें आईं, तब भी वे शांत रहे और ताकत होने पर भी मार सहन की; लेकिन जवाबमें हमला नहीं किया। इन दोनोंका परिचय

१. अखिल भारतीय राष्ट्रीय मुस्लिम मजलिसके अध्यक्ष ख्वाजा अब्दुल मजीद।

करानेके बाद ख्वाजा साहबने कहा था कि आधा सत्याग्रही मैं हूं। और तबसे ख्वाजा साहब मेरे सगे भाईकी तरह बनकर रहे हैं।

वे नहीं चाहते थे कि देशके हिस्से हों; पर हिस्से हो ही गए। तो वे मेरे पास अपना दु:ख प्रगट करने आए हैं। मैंने उनसे कहा कि हम रोनेवाले नहीं हैं। और मैंने उन्हें हंसा दिया।

चोट तो सप्रू साहबको भी बहुत पहुंची है कि यह क्या कर दिया गया। ठीक है कि यह लीगके मनकी चीज है; पर कांग्रेसको यह बात पसंद नहीं आई है। जब ऐसा है, यानी जिस बातपर दोनों राजी नहीं हैं वह बात कहांतक चल सकती है? भले ही भूगोलके टुकड़े हो गए हों, पर दिलोंके टुकड़े नहीं हुए तो हमें रोना नहीं है; क्योंकि जबतक दिलोंके टुकड़े नहीं होते तबतक खैर ही है। फिर चाहे मुल्कके हिस्से पाकिस्तान-हिंदुस्तान कुछ भी हों। हम एक ही हो जानेवाले हैं। यह नहीं कि वे थककर और परेशान होकर हमें मिलने आयंगे। पर हमारा बरताव ऐसा होगा कि चाहनेपर भी वे हमसे अलग रह नहीं सकेंगे।

जवाहरलालके दिलमें यह बात बहुत खटकती है कि अब हम शेष हिस्सेको हिंदुस्तान कहें। उसका कहना ठीक ही है कि जब उनका पाकिस्तान बन गया तब भी हमारा हिंदुस्तान कैसे बन सकता है। इसका अर्थ तो यही होगा कि यह हिस्सा हिंदुओंका हो गया। फिर ईसाई, यहूदी और बाकी मुसलमान क्या करें, यहांसे हट जायं? पंतजी ख्वाजा साहबको, जो युक्तप्रांतके रहनेवाले हैं, और उनके पुराने मित्र हैं, कहेंगे कि आप युक्तप्रांतसे हट जाइए?

अगर ऐसा हम करेंगे तो जिन्ना साहबकी बात सही साबित हो जायगी कि 'उनके दिल पहलेसे ही फटे हुए हैं।'

लेकिन इतिहास ऐसा नहीं बताता है। बड़े इतिहासवेत्ता श्री जयचंद्रजीका पत्र मैंने आपको बताया था। वे कहते हैं कि जब हिंदू-मुसलमान आपसमें लड़ते थे तब भी धर्मके नामसे एक-दूसरेको नहीं मारते थे। अपने बचपनमें भी हम लोग एक-दूसरेको अलग अनुभव नहीं करते थे। पुराने जमानेमें जब जैनुल आब्दीन साहब हिंदुओंके साथ काशीकी यात्राके लिए जाते थे तब रास्तेमें जो मंदिर टूटे पाए जाते थे, उनकी मरम्मत भी कराते थे। चित्तौड़में विजय-स्तंभपर अल्लाका नाम मिलता है। फिर आज हमारे दिल ऐसे क्यों बिगड़ जायं कि न साथ बैठ सकें, न एक-दूसरेको अच्छी

नजरसे देख सकें?

माना कि थोड़े मुसलमान बिगड़ भी गए तो क्या हम भी बिगड़ जायं? जवाहरलालजी ऐसा नहीं चाहते। कहते हैं, जबतक इसमें मुसलमान शामिल थे तबतक हमारे देशका नाम हिंदुस्तान बहुत अच्छा था, क्योंकि उस समय यह अर्थ निकलता था कि जो हिंदुस्तानमें पैदा हुआ है उसका स्थान हिंदुस्तानमें है, चाहे फिर वह किसी धर्मका हो।

अब हिंदुस्तानका अर्थ लगाया जाता है कि वह हिंदुओंका है। और हिंदू भी कौन? सवर्ण। पर मैंने कहा है कि सवर्ण तो—ब्राह्मण, क्षत्रिय, वैश्य, सभी मिलाकर हमारे यहां थोड़े हैं, बहुत बड़ी तादाद तो शूद्र और अछूतों तथा आरण्यकोंकी है। उनकी बड़ी तादाद पर क्या थोड़ेसे सवर्ण राज करेंगे? ठीक है कि आज उनकी चलती है, पर अछूत, आरण्यक आदिको अलग करके सवर्ण लोग राज करेंगे तो जिन्ना साहबकी बात ठीक ही साबित होगी कि 'थोड़ेसे ऊंचे हिंदू बाकी सबको कुचलकर रखना चाहते हैं। तो क्या हम ऐसे पाजी बनेंगे?' तो जिन्ना साहबके दो भिन्न राष्ट्रके सिद्धांतको स्वीकार करेंगे? यानी जब मेरा लड़का मुसलमान बना तो वह अलग राष्ट्रका हो गया? अगर हम अपने तीन-चौथाई भाइयोंको जंगली बनायेंगे और उन्हें छोड़कर राज करेंगे तो उसका अर्थ यही होगा कि सचमुच जैसा जिन्नाने कहा है वैसे हमारा हिंदुस्तान बन गया।

और तब पारसीस्तान, सिखोंके सिखिस्तान, आरण्यकोंके आरण्यकस्तान और अछूतोंके अछूतस्तानकी उत्पत्ति हो जायगी और हिंदुस्तान हिंदुस्तान न रहकर उसके टुकड़े-टुकड़े हो जायंगे।

अगर अंग्रेज हिंदुस्तानके ऐसे टुकड़े करना चाहते हैं तो अंग्रेजोंके लिए दुनियामें स्थान रहनेवाला नहीं है।

यानी जो बन गया है उसके लिए हमें रोना नहीं है। जवाहरलालने इसका नाम 'यूनियन आव इंडियन रिपब्लिक' (भारतीय प्रजातंत्र संघ) दिया है। यानी सभी इसमें मिलकर रहेंगे। अगर कोई भाग जाना चाहता है तो उसे हम रहनेको मजबूर नहीं करेंगे; लेकिन जो रहेंगे उन्हें भाई बनाकर ही रखेंगे। हम उन्हें इस तरह रखेंगे कि वे महसूस करें कि हम भागेंगे नहीं; क्योंकि हम अलग टुकड़ेमें नहीं हैं। हम संघके वफादार रहेंगे तथा संघकी सेवा करेंगे।

आज किसीने मुझसे पूछा कि अब हिंदुस्तानीका क्या काम ? यह प्रश्न नहीं उठाना चाहिए। अगर हम यह सोचें कि उनके यहां उर्दू चले और हमारे यहां हिंदी तो हमपर वही भिन्नताका इल्जाम साबित हो जायगा। हिंदुस्तानीका मतलब यही है कि आसान बोली बोली जाय और वही लिखी-पढ़ी जाय। पहले तो वह हमारे यहां चलती भी थी, अब तो फारसीकी भरमारवाली उर्दू चलती है, वह जनता समझ नहीं सकती और हिंदीमें जब ठूंस-ठूंसकर संस्कृत शब्द भरे जाते हैं तब वह भी जनताके कामकी नहीं होती। अगर हम ऐसी भाषामें बोलें तो सप्रू साहब-जैसोंको हमें अपने यहांसे निकाल देना पड़े। वे हैं तो हिंदू, पर उनकी मादरी जबान उर्दू है। मैं उनसे संस्कृतभरी हिंदीमें बातें करूंगा तो वे शिकायत करेंगे कि तू क्या बोल रहा है? इसलिए हिंदुस्तानीका—हिंदुस्तानी सभाका—काम चालू रखकर उर्दूवालोंसे भी हमें अपनी मुहब्बत साबित करनी चाहिए।

मैं तो समझता हूं, जो हो गया है उसमें ईश्वरकी मरजी है। वह हम दोनोंकी परीक्षा लेना चाहता है कि पाकिस्तानवाले क्या करते हैं और हिंदुस्तानवाले कितने उदार बनते हैं। हमें इस परीक्षामें सफल होना है। मैं उम्मीद करता हूं कि हममेंसे कोई हिंदू ऐसा पागल बननेवाला नहीं है जो उनकी पाक चीजकी कम इज्जत करे और उनकी अलीगढ़ यूनिवर्सिटीको, मालवीयजीके हिंदू-विश्वविद्यालयकी तरह बढ़िया तालीमगाह न माने। अगर हम इनकी पाक जगहोंको ढा देंगे तो हम खुद भी ढह जायंगे।

इसी तरह पारसियोंकी अगियारी, यहूदियोंके सीनेकाफ और दूसरे भी सब पूजास्थानोंकी हिंदू-मंदिरोंके समान ही हमें रक्षा करनी चाहिए और हम यह भी कहें कि अछूतोंका भी हमारे यहां इतना आदर किया जानेवाला है, जितना ऊंची-से-ऊंची जातिके सवर्ण लोगोंका। सच्चा हिंदू-धर्म वही है जिसमें सब धर्मोंका समावेश हो।

इसमें हमें सौ फीसदी सही उतरना है। 'जैसेको तैसा' वाला कायदा अमलमें नहीं लाना है। वह तो पुराना कायदा हो गया। अब नया जमाना तो यह आया है कि अगर कोई गाली देता है तो उसका जवाब हम मुहब्बतसे दें। झूठके सामने सचाईका प्रयोग करें और कोई बेहूदापन और नीचपन करे तो उसके साथ हम उदार भावसे बरतें। यानी हर समय हर बातमें हमारी आंख, कान, हाथ पाक रहें। तभी हमारी खैर है और तभी दुनिया जिंदा रहनेवाली है। इसमें मुझे कोई शक नहीं है।

ऐसा हम हरगिज न सोचें कि चलो, मुसलमानोंको जगह दे दी, अब हम अपने यहां मनचाहा बरतेंगे।

॥ ३८ ॥

१३ जून १९४७

भाइयो और बहनो,

जब मैंने नोआखालीके देहातोंमें पैदल यात्रा की तब वहांपर लोग बहुत ही डरे हुए थे। और डरे हुए लोग रामका नाम नहीं ले सकते। फिर हमें ऐसे देहातोंमें और खेतोंकी मेड़ोंपर होकर चलना पड़ा कि शायद ही कोई नोआखालीमें रहनेवाला स्त्री या पुरुष इस तरह चला हो। पर मैं इस पैदल यात्रामेंसे जो शिक्षा ले सका वह दूसरे तरीकेसे नहीं ले सकता था। हिंदू और मुसलमान दोनोंके खेतोंमेंसे हमें गुजरना पड़ता था। इसलिए वहां चलते-चलते हम दोनों नाम[१] लेते थे।

जब यहां भी ईश्वर है, वहां भी ईश्वर है और ईश्वर तो एक ही हो सकता है तब दोनों अलग-अलग नाम लें और एक-दूसरेके नाम बर्दाश्त न कर सकें, यह तो पागलपन-सा ही दीखता है। तभी मैंने कल कहा था कि क्या हिंदुस्तानमेंसे—हालांकि अब हिंदुस्तान नाम तो हमें छोड़ना है—रहीमका नामलेनेवालेको चला जाना होगा? और वहां—पाकिस्तान कहे जानेवाले हिस्सेमें—रामका नाम त्याज्य रहेगा? क्या वहां कोई कृष्ण कहेगा तो उसे निकाल दिया जायगा? वहां कुछ भी हो, हमारे यहां यह नहीं हो सकता। हम कृष्णको और करीमको—दोनोंको बराबर मानेंगे और दुनियाको भी बतायेंगे कि हम पागल बननेवाले नहीं हैं।

एक भाईने मेरे पास इस आशयका एक बहुत सख्त पत्र भेजा है कि क्या तुम अब भी पागल ही रहोगे? अब तो थोड़े दिनोंमें इस दुनियासे चले जाओगे तब भी कुछ सीखोगे नहीं? यदि पुरुषोत्तमदास टंडनने यह कहा कि 'सबको तलवार लेनी चाहिए; सिपाही बनना चाहिए और अपना बचाव करना चाहिए, तो तुमको इस बातमें चोट क्यों लगती है? तुम तो

१. भज मन प्यारे राम रहीम, भज मन प्यारे कृष्ण करीम।

गीताके पढ़नेवाले हो? तुम्हें तो इन द्वन्द्वोंसे परे हो जाना चाहिए और बात-बातमें चोट लगा लेने या खुश होनेकी झंझट छोड़ देनी चाहिए। तुम उस कहानीवाले भोले साधु बाबा-जैसी बात करते हो जो पानीमें बहते हुए बिच्छूके डंक लगानेपर भी उसे हाथसे पकड़कर बचानेकी कोशिश करता था। अगर तुमसे अहिंसाका गीत गाए बिना रहा नहीं जाता तो कम-से-कम जो दूसरे रास्तेसे जाते हैं उन्हें तो जाने दो! उनके बीचमें रोड़ा क्यों बनते हो?

अगर मैं स्थितप्रज्ञ रह सका तो अपनी एक सौ पच्चीस वर्षकी उम्रमेंसे एक भी वर्ष कम जिंदा नहीं रहूंगा। अगर हम सब स्थितप्रज्ञ बनें तो हममेंसे एक भी आदमीको १२५ वर्षसे जरा भी कम जीनेका कोई कारण नहीं है। वैसे भगवान चाहे तो भले मुझे आज ही उठा ले, पर अभी तुरंत मैं चलनेवाला नहीं हूं। मुझे अभी रहना है और काम करना है। पुरुषोत्तमदास टंडन मेरे पुराने साथी हैं। हम बरसोंतक साथ-साथ काम करते आए हैं। मेरे-जैसे ही ईश्वरके वे भक्त हैं। जब मैंने यह सुना कि वे ऐसी बात कर रहे हैं तब मुझे दुःख हुआ। मैंने कहा कि आज तीस बरससे भी अधिक समयसे जो हमने सीखा है और जिसकी हमने लगनसे साधना की है, वह क्या इस तरह गंवा दिया जायगा? बचावके लिए तलवार पकड़नेकी बात की जाती है; पर आजतक मुझे दुनियामें एक आदमी ऐसा नहीं मिला है, जिसने बचावसे आगे बढ़कर प्रहार न किया हो। बचावके पेटमें ही वह पड़ा है। अब रही मेरे दिलपर चोट लगनेकी बात। अगर मैं पूरा स्थितप्रज्ञ बन गया होता तो मुझे चोट न लगती। अब भी चोट न लगे ऐसी कोशिश मैं कर रहा हूं। कल जहां था वहांसे आज कुछ-न-कुछ आगे ही बढ़ता हूं। अगर ऐसा नहीं हो तो रोज-रोज गीतामेंसे स्थितप्रज्ञके ये श्लोक बोलनेमें मैं दंभी ठहरता हूं; पर ऐसा नहीं हो सकता कि इन श्लोकोंके बोलने भर ही कोई एक ही दिनमें स्थितप्रज्ञ बन जाय।

मैं राम-राम कहूं और वह मेरे हृदयमें एक दिनमें नहीं आता तो क्या मैं हार मान लूं? मेरा एक पंजाबका मित्र रामभजदत्त चौधरी था, जो अब तो (दुनियासे) चला गया है। कभी-कभी वह कविता बनाता था। जब जेलसे आया तब यह कविता बना लाया था और खुद तो गा नहीं सकता था इसलिए अपनी पत्नी सरलाजीसे कहता था कि यह भजन सुना दे। वह मीठे स्वरसे सुनाती—'कदी नहीं ओ हारणा, भावें साडी जान जावै।' और

मैंने अपनेसे कहा कि 'तुझे कभी नहीं हारना है।' रोज-रोज अगर स्थितप्रज्ञ गाता रहूंगा तो कभी-न-कभी-मेरे हृदयमें स्थितप्रज्ञता अवश्य समा जायगी। जब ऐसा बन जाऊंगा तब टंडनजीके या किसीके कुछ कहनेपर मुझे रोना या हंसना नहीं आयगा। रोना-हंसना दोनों ही ईश्वरको सुपुर्द कर दूंगा और दुःखी नहीं होऊंगा।

बिच्छूको बचानेवाले बाबाजीकी मिसाल अच्छी ही है। उनसे जब किसी नास्तिकने कहा था कि 'बिच्छूके बचानेके फेरमें क्यों पड़े हो, उसका तो स्वभाव ही डंक मारनेका है। उसे मार ही क्यों नहीं डालते?' तब उस बाबाने जवाब दिया था, 'अगर बिच्छुका स्वभाव डंक मारनेका है तो मनुष्यका स्वभाव भी तो बर्दाश्त करनेका है। बिच्छू जब अपना स्वभाव नहीं छोड़ता तो मैं कैसे अपने स्वभावको छोड़ूं? क्या बिच्छू डंक मारता है तो मैं भी बिच्छू बन जाऊं और उसे मार डालूं?'

अखीरमें उस विद्वान दोस्तने मुझे सीख दी है कि तू जिद्दी आदमी है। अगर तू अहिंसाकी अपनी हठ नहीं छोड़ता तो दूसरोंको तो मत रोक? तो क्या मैं दंभी बन जाऊं? दुनियाको भी धोखा दूं? दुनिया फिर यही कहे कि हिंदुस्तानमें एक नामधारी महात्मा पड़ा है जो अहिंसा की तो बड़ी मीठी-मीठी बात करता है, पर उसके साथी मार-काट करते रहते हैं। यानी मैं ऐसा बनूं कि 'मुखमें राम और बगलमें छुरी।'

एक बड़े दुःखकी बात हो गई है। मैं तो राजा-महाराजाओंका दोस्त हूं और उनका सेवक रहा हूं। धनी लोगोंका भी सेवक रहा हूं। क्योंकि मैं मिस्कीन हूं, भंगी हूं और उन राजाओं और श्रीमंतोंको भंगीवासमें खींच लाता हूं ताकि वे उनकी कुछ मदद करें। वे कब भंगीवासको देखते! पर मैं बड़ा मेहतर हूं तब मेरे पास यहां वे चले आते हैं।

मैंने अखबारोंमें सर सी०पी० रामस्वामीका ऐलान देखा। वे बड़े विद्वान व्यक्ति हैं। ऐनी बेसेंटके शिष्य रहे हैं। जब मैं हरिजन-यात्रामें था तब उनके निमंत्रणपर उनके यहां त्रावनकोरमें मेहमान बनकर गया था। लड़ने नहीं, पर मिलकर काम करनेको गया था। उनसे यह बात सुनकर अच्छी नहीं लगती। अगर अखबारमें गलती हो तो वे मुझे माफ करें, सही हो तो मेरी बातपर गौर करें। उन्होंने कहा है कि पंद्रह अगस्तसे जब हिंदुस्तान स्वतंत्र होगा तब त्रावनकोर आजाद हो जायगा और उनकी वह आजादी

ऐसी है कि आजसे ही त्रावनकोरकी स्टेट कांग्रेसके लिए सभाबंदी कर दी गई है। खबर यहांतक है कि सी०पी० रामस्वामीने उन लोगोंको त्रावनकोर छोड़कर चले जानेके लिए कहा है जो त्रावनकोरकी स्वतंत्रताकी मुखालफतमें हों। और यह आज्ञा वे सज्जन दे रहे हैं जो खुद त्रावनकोरके नहीं, बल्कि मद्रासके रहनेवाले हैं। वे किस तरह ऐसा कह सकते हैं!

ब्रिटिश राजमें आजतक त्रावनकोरको अंग्रेज शाहंशाहीको सलामी देनी पड़ती थी। तो अब हिंदुस्तानके प्रजातंत्र संघमें वह मनमानी कैसे कर सकता है? वह अब हमारा राज्य है यानी भारतके प्रजाकीय राज्यको उसे (त्रावनकोरको) अपना ही राज्य समझना चाहिए। मैंने बताया है कि प्रजाकीय राजमें राजा और मेहतरकी कीमत एक-सी रहनेवाली है। मनुष्यके नाते दोनोंकी कीमत एक ही रहेगी; पर दोनोंकी बुद्धिमत्तामें भेद हो सकता है। अगर त्रावनकोरके महाराजाके पास बड़ी अक्ल है तो उन्हें उसे लोगोंकी सेवामें लगाना चाहिए। अगर प्रजाको कुचलनेमें वे अपनी बुद्धि दौड़ाते हैं तो उनकी वह अक्ल फिजूलकी है। अपनी सारी रैयतको कुचलकर और मार डालकर क्या त्रावनकोर नरेश निरी जमीनपर राज करेंगे?

सुना जाता है कि हैदराबाद भी वही करने जा रहा है। अभी उसने साफ नहीं बताया है, पर वे कह रहे हैं कि हम दोनोंको देखेंगे। न इधर जायंगे, न उधर। लेकिन निजाम स्वतंत्र होगा तो किससे होगा? वहां नब्बे प्रतिशत तो हिंदू हैं और उनमें कई बड़े गण्यमान्य व्यक्ति हैं। अगर निजाम व त्रावनकोर या दोनोंकी स्वतंत्रता ऐसी नहीं है कि जिसमें वहांकी प्रजा अपनी आजादी महसूस करे तो वे समझें कि उनका राज्य नहीं रह सकता। आज समय बदल गया है। वे समयको पहचानें। जो अंग्रेज यहां अच्छा करने आए हैं वे ऐसा ही करके जायंगे क्या? मैं अंग्रेजोंको समझ नहीं पाता। लोग मुझे पागल बताते हैं कि तुम सब किसीपर विश्वास करते रहते हो—एक ओर मुझे इसलिए पागल बताया जाता है कि मैं अहिंसाकी जिद नहीं छोड़ता तो दूसरी ओर अंग्रेजपर भरोसा करनेपर मुझे पागल बताया जाता है। वे कहते हैं, तुम क्यों माउंटबेटनकी बात मानते हो? अगर वे सच्चे आदमी हैं तो क्या इतने कुशल नौसेनापति होकर भी इतनी छोटी-सी बात नहीं देख पाते कि करीब छः सौ राजाओंको—जो कलतक बिना किसीके बताए एक तिनकातक नहीं तोड़ सकते थे—आज मनचाहा करने दिया जाय तो फिर आजादी एक उलझन ही हो जाती है। यह तो ईश्वरकी

मेहर है कि काफी राजा लोगोंने कह दिया है कि हम भारतमें ही रहेंगे।

अंग्रेज कहते हैं कि 'हम जानेवाले हैं। दगा नहीं करेंगे।' तो हम प्रार्थना करें कि अंग्रेजोंको और उनके बड़े नुमाइंदोंको भगवान सन्मति दे। वे बहादुर बनें और सत्यनिष्ठ रहें ताकि जब वे हिंदुस्तानसे चले जायं तो कोई उन्हें गाली न दे कि वे हिंदुस्तानसे गए तो बुरा करके गए।

मेरा मानस तो ऐसा बना है कि वे दो महीने भी न रुकें, आज ही चले जायं। फिर बादमें हम आपसमें सब बात मिल-जुलकर ठीक कर लेंगे। और मैं तो यह भी कहता हूं कि अगर हमें आपसमें मरना-कटना है तो भी वह हम भुगत लेंगे, पर अंग्रेज यहांसे चले जायं।

और दोनों राजाओंसे (ट्रावनकोर और निजामसे) मैं कहूंगा कि आप रहें, लेकिन रैयतके सेवक बनकर रहें। अगर कांग्रेस भी रैयतकी सेवक नहीं रहेगी तो वह भी टिक नहीं सकती।

राजा लोग यह न कहें कि कांग्रेस कौन होती है पूछनेवाली कांग्रेसने राजाओंकी काफी सेवा की है। मैं जब पढ़ता था तबकी बात है कि मैसूरकी राजगद्दीका कुछ किस्सा बिगड़ गया था और कांग्रेसने मैसूरकी गद्दी दिलवा दी थी। काश्मीरमें भी कुछ ऐसा ही किस्सा हो गया था। तब कांग्रेसने सहायता दी थी और बड़ौदाकी भी एक बार काफी मलामत होने लगी थी तब उस अपमानमेंसे उसे (बड़ौदाको) छुड़वानेके लिए कांग्रेसने कम प्रयत्न नहीं किया था। कांग्रेसने यह सोचा था कि राजाओंको अपना ही समझा जाय। वे हमारा क्या बिगाड़ेंगे समय आनेपर हमारे सहयोगी बन जायंगे। इसलिए कांग्रेसने उनका विरोध नहीं किया। अब अगर राजा यह कहते हैं कि 'हम तो राजा हैं' तो यह ठीक बात नहीं है। उन्हें चाहिए कि वे विधान-परिषद्में आवें, बल्कि अपनी प्रजाके प्रतिनिधियोंको भेजें। अगर वे ऐसा नहीं करते तो मालूम होता है कि हिंदुस्तानके नसीबमें झगड़ा-ही-झगड़ा लिखा है। अभी हिंदू तथा मुसलमानका झगड़ा पूरा निपटा नहीं है कि वहां अब राजाओंसे लड़नेकी बात सामने आ रही है। फिर सिविल सर्विसवाले हैं। मैं समझता हूं कि सिविल सर्विस ठीक तरहसे सुलझकर रहेगी और किसी झगड़ेकी बायस नहीं बनेगी। लड़ाई ही बढ़नेवाली हो तो और भी बहुतसे छोटे-छोटे फिरके पड़े हैं जो कहेंगे कि हम इधरसे खायंगे और हम उधरसे मुल्कका हिस्सा हड़पेंगे। लेकिन फिर हिंदुस्तानका

क्या होगा? इस तरह तो किसीके हाथमें कुछ रह जानेवाला नहीं है। सारा देश बरबाद हो जायगा।

मेरे नसीबमें जन्मसे लड़ाई पड़ी है। मैं चाहता हूं कि वह और न लड़नी पड़े। फिर भी दिलको यह बर्दाश्त नहीं होता कि छोटे फिरके आपसमें लड़ते रहें और हम पाई हुई आजादी खो बैठें।

अंतमें मैं कहूंगा कि हम राम-रहीम और कृष्ण-करीम रटते रहें। राजा लोगोंको हम गाली न दें; पर उनसे यह जरूर कहें कि आप प्रजाके सेवक बनकर ही रह सकते हैं, स्वामी बनकर रहनेकी आपको कोई गुंजाइश नहीं है।

॥ ३९ ॥

१४ जून १९४७

भाइयो और बहनो,

गजराजकी प्रार्थनाका यह भजन मुझे बहुत प्रिय है। गजेन्द्र-मोक्षकी कथा हमारे यहां बड़े ऊंचे प्रकारका साहित्य है। इतना शक्तिशाली होते हुए भी जब गजेंद्र हार जाता है और देखता है कि अपने बलसे अब काम नहीं चल सकता, ग्राह उसे डुबा ही देगा, तब वह सोचता है कि अब भगवानकी शरण लेनी चाहिए।

हमारी भी ऐसी ही हालत है। इस समय हम समझ रहे हैं कि हम हार गए हैं। लेकिन हम हारे नहीं हैं। जो ईश्वरको अपने पास समझता है वह कभी नहीं हारता।

मनुष्यको ईश्वरने बनाया ही ऐसा है कि जब वह करीब-करीब डूबनेको होता है, जब उसका सब कुछ लुट जाता है तभी उसे ईश्वरको पुकारनेकी बात सूझती है। जब वह अमन-चैनसे होता है तब वह ईश्वरको नहीं पुकारता है। ईश्वरने ऐसा ही खेल रच रखा है।

कल मैंने त्रावनकोरके दीवान सर सी०पी० रामस्वामीकी बात आप लोगोंको सुनाई थी। आजकल तो तार और रेडियोका जमाना है। उनके कानोंतक मेरी वह बात पहुंच गई और उन्होंने एक लंबा-चौड़ा तार मेरे पास भेज

दिया है। उन्होंने बहुतसे खुलासे किए हैं, पर त्रावनकोर-कांग्रेस-कमेटीको सभा करने और जुलूस निकालनेकी इजाजत नहीं दी है। उसके बारेमें वे कुछ नहीं बोले हैं। इसमें मुझे बुराई नजर आती है। यह लक्षण अच्छे नहीं हैं। वे कहते हैं कि त्रावनकोर तो सदासे आजाद रहा है।

बात ठीक है, हमारे देशमें पुराने जमानेमें सैकड़ों राजा होते थे, पर हम हिंदुस्तानको एक मानते थे। ऋषि-मुनियोंने देशभरमें जगह-जगह तीर्थ-स्थानोंकी रचना की और दूसरी भी ऐसी व्यवस्थाएं कर दीं कि सामाजिक, आर्थिक और धार्मिक रूपसे सारे मुल्कको हम एक ही अनुभव करते थे।

पर राजकीय क्षेत्रमें हमारा देश कभी एक नहीं रहा। चंद्रगुप्त या अशोकके साम्राज्यमें हिंद एक हो गया था, पर तब भी एक छोटा-सा दक्षिणी कोना उसके साम्राज्यसे बाहर था। जब अंग्रेज आए तभी पहली बार डिब्रूगढ़से लेकर करांचीतक और कन्याकुमारीसे लेकर काश्मीरतक सारा देश एक हो गया। हमारे भलेके लिए नहीं, पर अपने राज्यकी भलाईके लिए अंग्रेजोंने ऐसा किया। इस अंग्रेजी राजमें वह आजाद था, ऐसा त्रावनकोरका कहना गलत है। राजा लोग आजाद क्या थे, अंग्रेजोंके गुमाश्ते थे। पूरी तौरसे उनकी मातहतीमें दबे हुए थे। अब जब अंग्रेजीराज जा रहा है और लोगोंके हाथमें राज आ रहा है तब किसी भी राजाका यह कहना कि हम तो आजाद थे और आजाद रहेंगे, बिलकुल गलत चीज है और वह जरा भी शोभाकी बात नहीं है। सर सी०पी० रामस्वामी तो मेरे दोस्त रहे हैं, सब बात सही, लेकिन मेरा लड़का ही क्यों न हो, सही बात कहनेसे मैं क्यों रुकूं? हिंदुस्तान जब आजाद होता है तब अगर वे यही कहते हैं कि त्रावनकोर आजाद है तो इसका मतलब यह है कि वे आजाद हिंदसे लड़ना चाहते हैं।

मैं तो उनसे कहूंगा कि आप तख्तपरसे नीचे उतरिए और त्रावनकोरके लोगोंके खादिम बनकर रहिए। जब अंग्रेजोंने आपसे एक बार राज्य छीन लिया और कुछ पैसे लेकर तथा अपनी रैयतको कुचलनेका आपको अधिकार देकर वह राज आपको लौटा दिया तो उसमें इतनी फख्रकी बात क्या थी? फख्रकी बात तब है जब आप जनताको अपना मालिक मानें। वैसे तो हिंदुस्तान गिरा नहीं है और अगर वह अपनी परेशानीमें पड़ा है तो यह शराफतकी बात नहीं है कि आप जो आदमी गिर पड़ा है उसको ऊपरसे लात धर दें। हिंदुस्तानके एक-चौथाई और तीन-चौथाई ऐसे दो टुकड़े होते हैं तो उन टुकड़ोंकी बातसे आपका कोई संबंध नहीं। आप

शरीफ बनें और समझें। हिंदमें बेकार फसाद न बढ़ावें।

रावलपिंडीके कुछ भाई आए हैं। उन्होंने कुछ बातें सुनाईं। सुचेता कृपलानीसे भी वहांके दु:खभरे हाल मालूम हुए। पर एक बात जानकर बहुत दु:ख हुआ। वह यह कि जबतक पाकिस्तानकी बात तय नहीं हुई थी तबतक तो हालात कुछ ठीक भी थे, पर अब तो वहांपर मुसलमान बड़ा त्रास दे रहे हैं। वहांके मुसलमान कह रहे हैं कि पाकिस्तान क्या है यह हम अब दिखा देंगे, सबको मुसलमानोंके गुलाम बनायंगे।

यहां प्रार्थनामें मैं इस बातकी चर्चा इसलिए कर रहा हूं कि मेरी बात सभी मुसलमानोंतक पहुंच जाय। जिन्ना साहबतक तो पहुंचेगी ही। अगर मैं गलत कहता हूं तो सब मुसलमान भाई मुझे डांटें और कहें कि ऐसी कोई बात नहीं है। पेशावरमें आकर देखो तो सही कि सब हिंदू, सिख, औरत, बच्चे कितने आरामसे हैं।

पर मेरे पास नाम पड़े हैं। दो-चार मामूली आदमियोंने ऐसा कहा हो तो समझा जा सकता है कि हर जगह कुछ गैर-जिम्मेदार आदमी होते ही हैं; लेकिन सारे मुसलमान अगर इस तरह सोचते और कहते हों तो यह बहुत बुरा है।

जिन्ना साहब तो कहते रहे हैं कि मुसलमानोंकी अक्सरियतमें सब छोटी तादादवाले चैनसे रहेंगे। इसके बदले यह क्या हो रहा है? पाकिस्तान बन जानेपर भी अगर ऐसा रहा, झगड़ा बढ़ता गया तो इसका यह मतलब हुआ कि हम बेवकूफ बनते रहेंगे। यानी वे तो सब सरदार बनेंगे और जो कोई विधर्मी होगा उसे उनके यहां गुलाम बनना होगा या नौकर बनकर रहना होगा, और यह कबूल करना पड़ेगा कि वह उनसे नीचा है। अगर यह सच है तो बहुत बुरी बात है। मैं तो उनसे यह सुननेको अधीर हूं कि पाकिस्तानमें सबको बढ़िया तरीकेसे रखा गया है और मंदिर भी अच्छी हालतमें हैं। जब ऐसा देखूंगा तब उनके प्रति मेरा सिर झुकेगा। अगर ऐसा न होगा तो समझूंगा कि जिन्ना साहब गलत बात कहते थे और माउंटबेटन साहबके लिए भी मेरे दिलमें शक पैदा हो जायगा कि इतने बड़े सेनापति होते हुए भी वे समझ नहीं पाए और उन्होंने जल्दबाजी की। मार-काट होती थी तो होती रहती, पर वे यह कह सकते थे कि तलवारके सामने झुककर हम कुछ नहीं देंगे।

॥ ४० ॥

१५ जून १९४७
(लिखित संदेश)

मुझे अफसोस है कि आज मुझे मौन जरा जल्दी लेना पड़ा, क्योंकि कल तीसरे पहर कार्य-समितिकी सभा होनेवाली है। इसलिए अपना संदेश लिखकर देता हूं। दुनियाके कई मुल्कोंसे मेरे पास चिट्‌ठियां आई हैं जिनमें मुझसे एक सवाल पूछा गया है, जिसका जवाब मैं आज आप लोगोंके मार्फत देना चाहता हूं। वह प्रश्न संक्षेपमें यह है—'आपके देशके राजनैतिक दल अपने सियासी मकसदको प्राप्त करनेके लिए हिंसाका प्रयोग क्यों करते हैं? दिन-ब-दिन आपके यहां हिंसा बढ़ती ही जा रही है। क्या आप इसका कारण बता सकते हैं? तीस सालतक आपने अंग्रेजोंके साथ अहिंसात्मक लड़ाई की, उसका यह नतीजा क्यों? क्या यह होते हुए, आप अभी भी जगतको अहिंसाका संदेश देंगे?'

इस सवालका जवाब देते हुए मुझे स्वीकार करना पड़ेगा कि मैं तो दिवालिया हो गया हूं; लेकिन अहिंसाका दिवाला कभी नहीं निकल सकता। मैं पहले भी कह चुका हूं कि जिस अहिंसाका हमने इस तीस सालमें उपयोग किया वह निर्बलकी अहिंसा ही रही है। मेरा यह उत्तर संतोषजनक है या नहीं, यह तो आप लोग ही कह सकते हैं; पर इतना तो मुझे स्वीकार करना पड़ेगा कि आजकी बदली हुई हालतमें कमजोरोंकी अहिंसाके लिए जगह नहीं है। सच तो यह है कि हिंदुस्तानको आजतक वीरोंकी अहिंसाके प्रयोग करनेका मौका ही नहीं मिला। अगर मैं बराबर कहता रहूं कि बहादुरोंकी अहिंसाके समान दुनियामें दूसरी कोई सच्ची शक्ति नहीं है तो उससे कोई खास फायदा नहीं हो सकता। इस सत्यको साबित करनेके लिए तो बार-बार और विस्तारसे जीवनमें उसे प्रकट करनेकी जरूरत है। जहांतक मुझसे बन पड़ता है मैं तो अपने जीवनमें उसे प्रकट करनेकी कोशिश कर ही रहा हूं; लेकिन शायद मेरी काबलियत कम हो, शायद मैं शेखचिल्ली हूं, तो फिर मैं लोगोंको अपने पीछे चलनेको क्यों कहूं जब उसका कुछ नतीजा नहीं? यह सवाल पूछनेके लायक है और मेरा उत्तर तो सीधा है। मैं किसीसे नहीं कहता कि वह मेरे पीछे चले। हर एकको अपनी अंतरात्माकी आवाजका हुक्म मानना चाहिए। अंतरात्माकी आवाज न सुन सकें तो जैसा

ठीक समझें वैसा करना उचित होगा, लेकिन किसी भी सूरतमें दूसरोंकी नकल नहीं करनी चाहिए।

एक दूसरा महत्त्वपूर्ण प्रश्न भी मुझसे यह पूछा गया कि अगर आपकी पक्की राय है कि हिंदुस्तान गलत रास्तेपर जा रहा है तो फिर आप भूल करनेवालोंके साथ वास्ता क्यों रखते हैं? अपने बूते आप अपनी काश्त खुद क्यों नहीं कर लेते और इस बातका विश्वास क्यों नहीं रखते कि अगर आपका रास्ता ठीक है तो आपके पुराने साथी लौटकर आपके पास आ जायेंगे? यह सवाल मुझे अच्छा लगता है। मैं उसके खिलाफ बहस नहीं छेड़ूंगा। इतना ही कहूंगा कि मेरी श्रद्धा तथा मेरा ईमान ऐसा ही है जैसा पहलेसे था, यानी मेरी समझमें उनकी ताकत कम नहीं पड़ी है। यह मुमकिन है कि मेरा तरीका गलत रहा हो। मुश्किल या उलझनके पुराने नमूने या कठिनाई और उलझनके समय पुराने उदाहरण और अनुभव काममें आते हैं; लेकिन इन्सानको यंत्र बनके काम नहीं चलाना है।

इसलिए में अपने सब सलाहकारोंसे यह प्रार्थना करता हूं कि वे मेरे साथ धीरज रखें और इससे भी ज्यादा यह कि वे मेरी इस श्रद्धामें हिस्सेदार हों कि इस दु:खी जगतकी पीड़ा हटानेके लिए कठिन होने पर भी सिवा अहिंसाके और कोई सीधा और साफ रास्ता नहीं है। मेरे जैसे लाखों आदमी इस सत्यको भले इस जीवनमें सिद्ध न कर पाएं, यह उनकी कमजोरी तथा नाकामयाबी होगी, न कि अहिंसाकी।

एक और बात मैं आपसे कहना चाहता हूं। मेरा मौन होते हुए भी त्रावनकोरके कुछ मित्र आज मुझसे मिलने आए थे। उन्होंने मुझे यकीन दिलाया कि जो भी मैंने उस रियासतके बारेमें कहा उसमें जरा भी अत्युक्ति नहीं है। यह भी बताया कि जो जल्से किए गए उनपर लाठी चार्ज हुए और कल लगभग ३५ व्यक्ति गिरफ्तार भी किए गए। वहां आम रायका गला घोंटा जा रहा है। जो भी हो, मुझे जरा भी शक नहीं कि आजाद हिंदुस्तानमें एक रियासतका अपनी आजादीका ऐलान करना एक बेहूदा बात है। इसका मतलब तो यह भी हो सकता है कि उन्होंने हिंदुस्तानके करोड़ों आजाद व्यक्तियोंपर लड़ाईका ऐलान कर दिया है। यह कतई नासमझीकी बात है खासकर तब जब कि महाराजा साहबके साथ उनकी जनताका सहारा नहीं है। जबतक अंग्रेज सरकार उनके पीठके पीछे थी तबतक ऐसा करना मुमकिन था, लेकिन अब तो हालत बिलकुल बदल गई है।

॥ ४१ ॥

१६ जून १९४७

भाइयो और बहनो,

आज सबेरे जब मेरा मौन था तो श्रीपुरुषोत्तमदास टंडन आए। मैंने आपको बताया था कि जब टंडनजीने कहा कि हरेक स्त्री-पुरुषको शस्त्रधारी बनना चाहिए और स्वरक्षा करनी चाहिए तो यह सुनकर मुझे कैसा बुरा लगा था। एक पत्र-लेखकने मुझसे पूछा था कि गीता पढ़ते रहनेपर भी इस तरह आपको बुरा कैसे लग सकता है? उस पत्रसे यह भी पता चलता था कि टंडनजी 'शठं प्रति शाठ्यं' का सिद्धांत मानते हैं। तब टंडनजीसे मैंने पूछा कि आप क्या मानते हैं? इसका खुलासा देते हुए टंडनजीने बताया कि मैं 'शठं प्रति शाठ्यं' के सिद्धांतको तो नहीं मानता हूं, लेकिन स्वरक्षाके लिए शस्त्रधारी बनना जरूरी है, ऐसा मैं मानता हूं। गीताने भी यही सिखाया है।

तब मैंने टंडनजीसे कहा कि इतना तो आप उस भाईको लिख दीजिए कि आप 'शठं प्रति शाठ्यं' के माननेवाले नहीं हैं ताकि वे भ्रममें न रहें। और स्वरक्षाके लिए हिंसा करनेकी बात गीतामें कही है, यह मैं नहीं मानता। मैंने तो गीताका अलग ही अर्थ निकाला है। मेरी समझमें गीता ऐसा नहीं सिखाती है। गीतामें या दूसरे किसी संस्कृत ग्रंथमें अगर ऐसी बात लिखी है तो मैं उसे धर्म-शास्त्र माननेको तैयार नहीं हूं। महज संस्कृतमें कुछ लिख देनेसे कोई वाक्य शास्त्र-वाक्य नहीं बन जाता।

टंडनजीने मुझसे कहा कि 'तूने तो उन बंदरोंको मारनेके लिए भी लिखा था, जो बेहद पीड़ा पहुंचाते हैं और खेती उजाड़ देते हैं।' लेकिन मैं तो (गांधीजी) किसी भी प्राणीको और यहांतक कि चींटीतकको भी मारना पसंद नहीं करता। फिर भी खेती-बाड़ीका सवाल अलग है और मनुष्य-मनुष्यका अलग है।

तब टंडनजीने कहा कि 'शठं प्रति शाठ्यं' यानी एक दांतके बदलेमें दो दांत निकालनेकी बात हम न करें और एक दांतके बदलेमें एक दांत तथा एक थप्पड़के बदलेमें एक थप्पड़की बात भी नहीं करेंगे; परंतु हाथमें शस्त्र नहीं लेंगे, अपनी शक्ति नहीं दिखायंगे तो स्वरक्षा किस तरह होगी?

इसके बारेमें मेरा यह जवाब है कि स्वरक्षा जरूर की जाय; पर मेरी स्वरक्षा कैसे होगी? कोई मेरे पास आता है और कहता है कि बोल, 'राम-नाम लेता है या नहीं? नहीं लेगा तो यह तलवार देख!' तब मैं कहूंगा, यद्यपि मैं हरदम राम-नाम लेता हूं, लेकिन तलवारके बलपर मैं हरगिज न लूंगा, चाहे मारा क्यों न जाऊं? और इस तरह स्वरक्षाके लिए मैं मरूंगा। वैसे कलमा पढ़नेमें मेरा कोई धर्म जानेवाला नहीं है। क्या हो गया अगर मैं ठेठ अरबीमें बोलूं कि अल्लाह एक है और उसका रसूल एक ही मुहम्मद पैगंबर है। ऐसा बोलनेमें कोई पाप नहीं और इतने भरसे वे मुझे मुसलमान माननेको तैयार हैं तो मैं अपने लिए फख्रकी बात समझूंगा। लेकिन जब तलवारके जोरसे कोई कलमा पढ़वाने आवेगा तब कभी भी कलमा न पढूंगा। अपनी जान देकर मैं स्वरक्षा करूंगा। इस बहादुरीको सिद्ध करनेके लिए मैं जिंदा रहना चाहता हूं। इसके अलावा और तरीकेसे मैं जीना नहीं चाहता।

मैंने कहा है कि भौगोलिक दृष्टिसे हमारी भूमिके टुकड़े भले हो जायं पर हमारे दिलोंके टुकड़े नहीं होने चाहिए; पर मेरी कौन सुने? एक दिन था जब गांधीको सब मानते थे, क्योंकि गांधीने अंग्रेजोंके साथ लड़नेका रास्ता बताया था। और वे अंग्रेज भी कितने, केवल पौन लाख। पर उनके पास इतना सामान था, इतनी ताकत थी कि बकौल एनी बेसेंट रोड़ेका जवाब गोलीसे दिया जाता था और हमारी हिंसा चल नहीं पाती थी। तब अहिंसासे काम बनता दीखता था, इसलिए उस समय गांधीकी पूछ थी। पर आज लोग कहते हैं कि गांधी हमें रास्ता नहीं बता सकता है, इस वास्ते स्वरक्षाके लिए हमें शस्त्र हाथमें लेने चाहिए! तो फिर यही कहना पड़ेगा कि हमने तीस वर्ष बेकार खोए जो अहिंसाकी लड़ाई लड़ी। हिंसाके सहारे तुरंत ही उनको (अंग्रेजोंको) हटा देना चाहिए था।

लेकिन मेरे खयालमें हमने तीस वर्ष बेकार नहीं गंवाये हैं। हमपर बेहद जुल्म ढाए गए फिर भी हम अहिंसक रहे, यह अच्छा ही किया। उन्होंने अपने अस्त्र-शस्त्र सब हमारे खिलाफ बरसाए; पर हम दबे नहीं और इस तरह कांग्रेसका पैगाम सारे हिंदुस्तानमें फैला; लेकिन वह सात लाख देहातोंमें ठीक तरहसे नहीं फैला, क्योंकि हमारी अहिंसा नामर्दकी अहिंसा थी। उस समय हमको किसीने एटम बम बनाना नहीं बताया था। अगर हम वह विद्या जानते होते तो उसीसे अंग्रेजोंको खत्म करनेकी सोचते; पर

दूसरा कोई चारा नहीं था, इसलिए तब मेरी बात मानी गई और मेरा सिक्का जमा। पर लोग कहते हैं कि आज मेरा प्रभाव किसीपर नहीं है।

लेकिन आप लोग जो रोज यहां प्रार्थनामें आते हैं तो क्यों आते हैं? आपपर मेरा कौन-सा जोर है? आप प्रेमसे बंधकर यहां आते हैं और शांतिसे यहां बैठकर सुनते हैं। अगर इसी तरह मेरा सिक्का आज सिर्फ हिंदुओंपर ही चले तो आप देखेंगे कि बहादुरोंकी अहिंसासे दुनिया हिंदुस्तानका सिर ऊंचा उठ जायगा। मुसलमानोंसे मैं नहीं कहता। उन्होंने तो मुझे अपना शत्रु मान रखा है; पर हिंदुओं तथा सिखोंने मुझे शत्रु नहीं बनाया है। लेकिन हिंदू मेरी अहिंसाकी बहादुरीकी बात मानें तो हमारे पास जो कुछ अस्त्र-शस्त्र होंगे, उन्हें मैं दरियामें और बंबईकी 'बेक बे' खाड़ीमें डाल देनेको कहूंगा और बहादुरोंको अहिंसाका अमल करना सिखा दूंगा।

कांग्रेस महासमितिमें तो मुट्ठीभर आदमी थे। उनमें भी कुछके दिलोंमें संकुचित विचार हैं, यह मैंने देखा। क्योंकि मैंने दो-एक व्याख्यान सुने भी थे। लेकिन मुझे तो मुल्कभरकी बातका पता चलता है। मैं उन करोड़ोंका बना हुआ हूं। वे कहते हैं कि अब मुसलमान कहां जायगा? आज जैसा मुसलमान कर सकता है उससे कहीं ज्यादा हम कर सकते हैं, क्योंकि हम तादादमें ज्यादा हैं। अंग्रेजोंके जानेपर हम उनपर अपना राज जमायंगे। हम अपनेको राज करनेका हकदार इसलिए मानते हैं कि हम जेल गए, हमने लाठियां खाईं और हमने कोड़े भी खाए। पर ऐसा कहना हमें शोभा नहीं देता। यह सारी हिंसा है। अगर आप अहिंसाकी बात सुनना नहीं चाहते और हिंसाकी बात ही सीखते हैं तो उसमें हमारी शर्म है। इस तरह 'जैसेको तैसा' का न्याय करेंगे तो समझ लीजिए कि दोनों धर्मोंका नाश है। इससे इस्लाम भी मरेगा और हिंदू-धर्म भी।

अगर हम जबरदस्तोंकी अहिंसा अपनायंगे तो उन्होंने जो पाकिस्तान ले लिया है वह महज खिलौना रह जानेवाला है। अहिंसासे हम कुछ खोएंगे नहीं।

मैं तो पाकिस्तान और हिंदुस्तानको अलग मानता ही नहीं हूं। मुझे पंजाब जाना हो तो मैं पासपोर्ट लेनेवाला नहीं हूं। सिंध भी मैं ऐसे ही चला जाऊंगा और पैदल जाऊंगा। कोई मुझे रोक नहीं सकेगा। भले ही वे मुझे दुश्मन कहें; पर जब मैं जाऊंगा तो किसी असेंबलीकी मेंबरी करने नहीं जाऊंगा,

सेवाके लिए जाऊंगा। मेरी जिंदगीमें वह पहला मौका न होगा। नोआखालीमें चला ही गया था और अब भी कोई न समझे कि वह इस्लामिस्तानमें होनेको है, इसलिए मैं वहां नहीं जाऊंगा। मेरा दिल वहीं पड़ा है और वहां जाकर मैं हिंदुओंसे कहूंगा कि अगर आप सच्चे हिंदू हैं तो—चाहे कितनी ही मार-काट करनेवाले आपके चारों ओर क्यों न फिरते हों—आप किसीका डर न मानें।

लेकिन हम बहादुरोंकी अहिंसा तभी रख पायंगे जब हम शराबखोरी और चोरी-जारीको छोड़ेंगे। अगर लगातार हम व्यसन-व्यभिचार में पड़े रहे तो हिंद आजाद होकर भी उसकी आजादी व्यर्थ जानेवाली है।

बहादुरी तो मुझमें तब आयगी जब मैं मारा जाऊं। तो भी मारनेवालेके भलेके लिए ईश्वरसे प्रार्थना करता रहूं। ईश्वरका नाम भी मैं केवल मुंहसे न लूंगा; पर उसे अपने हृदयमें जिंदा बैठा हुआ देखूंगा। मंदिर-मस्जिदमें उसे ढूंढ़ने नहीं जाऊंगा। अगर सब हिंदू ऐसे हो जायें तो बहुत काफी हैं। वे ऐसी बहादुरीकी अहिंसा न भी सीखें और केवल थोड़ेसे सिख ही बहादुरोंकी अहिंसा अपना लें और खालसाका एक-एक व्यक्ति सवा लाखके बराबर सच्चा बहादुर बने तो हिंदुस्तानका काम बन जाय।

पर आज तो बादशाह खान, जो इतने बहादुर रहे हैं, बहादुर नहीं बन सकते। वर्षोंसे यह पठानोंको अहिंसा सिखाते आए हैं—पर आज वह कहते हैं कि मैं नहीं कह सकता कि मैं हिंदुस्तानमें हूं। अगर कहूंगा तो बिहारसे दस गुना कांड वहीं हो जायगा। लेकिन वे क्या करें? अपने पठान भाइयोंको कहांतक साहस दिलावें? अहिंसा कोई हल्दी-मिर्च तो है नहीं जो बाजारसे मोल आ जायगी। अगर वे सच्ची अहिंसा दिखा पाते तो अकेला सीमाप्रांत समूचे हिंदुस्तानको बचा सकता था।

मेरे पास नागपुर तथा बंबईसे दो पत्र आए हैं, जो सही हों तो दुःखकी बात है। क्या आप अपने राष्ट्रीय मुसलमान भाइयोंको, जिन्होंने आपके साथ इतनी यातनाएं झेलीं, ऐसा कह देंगे कि आप हिंदुस्तानके नहीं हैं? मैं तो कहूंगा कि लीगी मुसलमानसे भी हम न कहें, कि आप जाइए! ऐसा कहना अहिंसाका न्याय नहीं है। फिर तो जिन्नाकी दो राष्ट्रकी बात ठीक ही कहलाएगी और दुनिया हमपर थूकेगी। इसका मतलब तो यह है कि अभी हिंदुस्तान पूरा आजाद बना नहीं है और हम उसे हाथसे खो देनेका

सामान पैदा कर रहे हैं।

मैं नहीं कहता कि मुसलमान हमारे साथ तकव्वरी कर सकते हैं। जो कुछ अंग्रेजके राजमें था वह सब उन्हें नहीं दिया जा सकता। पृथक् निर्वाचन वे मांगें तो हम नहीं देंगे। पृथक् निर्वाचन तो अंग्रेजोंकी जबरन जमाई हुई जहरी जड़ थी। पर हम उनके साथ न्याय तो करेंगे ही। उनके बच्चोंको तालीमकी सहूलियत उतनी ही देंगे जितनी अपने बच्चोंको; बल्कि वे गरीब हों तो वे ज्यादा सहूलियतके हकदार होंगे और अगर हम ऐसा इन्साफ करेंगे तो हम हिंदुस्तानके लोग बहादुर साबित होंगे।

॥ ४२ ॥

१७ जून १९४७

भाइयो और बहनो,

आजकल जो भजन गाये जाते हैं उन्हें पसंद करनेमें मेरा हाथ नहीं होता। पर ठीक वही भजन आता है जो मौकेका होता हूं। आज के भजन[१] में कहा है कि जब साथकी संगत मिल जाती है तब हम परायापन भूल जाते हैं और तब कोई बैरी या बेगाना नहीं होता।

आजकल हमें इसी बातकी सबसे ज्यादा जरूरत है। लेकिन जो मेरे पास आता है, यही कहता है—'तुम कितना भी चीखो, यह अलगाव तो रहने ही वाला है। दोनों ही अपने-अपने दायरेको कसकर मजबूत बनाये बिना नहीं मानेंगे।' यह बात मुझे अच्छी नहीं लगती, फिर भी मुझे उससे परेशानी नहीं है। मैं तो कहता ही रहूंगा कि जो हुआ वह भले ही हो गया, लेकिन उसपर मोहर लगाकर हमें उसे पक्का नहीं करना है।

आप जानते हैं कि कल जब हमारी प्रार्थना पूरी हुई तब एक भाईने प्रश्न किया था। मैंने उसे लिखकर भेजनेको कहा था। उसने लिखा है—अगर

१. बिसर गई सब तात पराई,
जब ते साधु संगत पाई।
नहिं कोई बैरी नहिं बेगाना,
सकल संग हमरी बन आई—

पाकिस्तान नहीं टूट जाता है तो मैं और मेरी धर्मपत्नी—दोनों फाका करके मर जाएंगे। और फाका भी यहां[1] पड़े-पड़े करेंगे।'

फाका करना है तो पहले मैं करूं। हर चीजका शास्त्र होता है, यानी उसके करनेके कानून अथवा पद्धति होती है। चर्खे-जैसी छोटी चीजका भी शास्त्र होता है। पहिले हम उसको नहीं जानते थे, लेकिन अब उसका शास्त्र बन गया है। तब हमें चर्खेकी शक्तिका पता चला है। मैं तो यहांतक कहता हूं कि सारी दुनिया उसके द्वारा आजाद होगी। 'एटम बम' से दुनिया आजाद नहीं होगी। दुनियामें शास्त्र दो प्रकारके हैं—एक सात्त्विक और दूसरा राजसी। यानी एक धार्मिक और दूसरा अधार्मिक। 'एटम बम' का शास्त्र धर्मवाला नहीं हो सकता। वह ईश्वरको नहीं मानता, बल्कि वह खुद ही ईश्वर बन जाता है। इसी तरह फाकेका भी शास्त्र होता है। बगैर तरीकेके फाका करनेमें धर्म नहीं होता। अगर कोई कहे कि जबतक ईश्वर मेरे सामने नहीं आयगा तबतक मैं भूखों मरूंगा, तो वह मर भले ही जाय, पर ईश्वर उसे नहीं दिखेगा।

सार्वजनिक अनशनका भी एक शास्त्र है, और उसको जाननेवाला मैं हूं। यद्यपि मैं भी उसे पूरा नहीं जानता, पर सबसे ज्यादा मैं ही उसे जानता हूं। गोया 'ऊजड़ देशमें अरंड ही पेड़', वाली मेरी स्थिति है। मैं इस अनशनको धार्मिक अनशन नहीं मान सकता। इसका मेरे दिल पर कुछ असर होनेवाला नहीं है। दुनियाकी भी इसके साथ हमदर्दी नहीं हो सकती। इसलिए मैं तो दोनोंसे कहूंगा कि आप फाका छोड़ दें और अपने घर जायं।

लेकिन घर जाकर क्या करें? चुप बैठ जायं? नहीं, चुप बैठने की बात नहीं है। हमें अपने मनमें यह बात आने ही नहीं देनी है कि हम अलग-अलग हो गए हैं। हम अपने दिलमें पाकिस्तान मानें ही नहीं, किसीको अपना बैरी न समझें, किसीको बेगाना या पराया न मानें।

और यह सब साधु-संगतसे हो सकेगा, यानी हम सद्ग्रंथ पढ़ें, बुरे विचार छोड़ें। ऐसा तभी हो सकेगा जब हम अपने चित्तको कुविचार में खाली करेंगे। चित्तके कुविचार आसानीसे नहीं टल सकते। रामका नाम लेनेसे ही वह खाली हो सकता है।

लेकिन आजकल हमारा चित्त तो किस्म-किस्मके उपभोगोंको सोचता

१. वाल्मीकि-मंदिरमें।

रहता है। हम रामको नहीं याद करेंगे, हम सिगारको याद करेंगे—और सिगारके लिए मैं क्या कहूं। लेकिन हालत यही है कि हमारा ध्यान गलत बातोंपर जाता है। लोग जोर-जोरसे कहे ही जाते हैं कि हम मुसलमानोंकी खबर लेंगे। और इस तरह हम खुद पाकिस्तानको पक्का बनानेकी पैरवी करते हैं।

पाकिस्तान जिन्नाने नहीं बनाया है। हमें स्वप्नमें भी खयाल नहीं था कि जिन्ना पाकिस्तान बना पायगा। पर वह बहादुर आदमी है। अंग्रेजोंकी मार्फत उसने पाकिस्तान प्राप्त कर ही लिया। लेकिन हम अगर अपने दिलमें उसे न मानें और यह कहें कि मुसलमानोंको अब हम देख लेंगे तो उससे वह पाकिस्तान मिट नहीं जानेवाला है।

उसका मतलब यह नहीं कि मैं मुसलमानोंकी खुशामद करनेके लिए आपसे कहता हूं। हम अपने घरमें छोटे भाईकी खुशामद नहीं करते। उसके प्रति अपना जो धर्म है उसका पालन करते हैं और उसका विश्वास कमा लेते हैं।

आपको अखबारसे पता चला होगा कि आज मैं वाइसरायके पास गया था। वाइसरायने मुझसे पूछा कि "तूने अखबार देखा?" मैंने कहा, "मैं अखबार कम देख पाता हूं!" तब उन्होंने कहा, "हमने आज एक अच्छा काम कर लिया है।"

विभाजनके प्रश्नपर हिंदुओंकी और मुसलमानोंकी अलग-अलग रिपोर्टें वाइसरायके पास पहुंचीं और वाइसरायने दोनों दलोंको मिलकर एक रिपोर्ट बनानेके लिए राजी कर लिया।

मैं तो कहता हूं कि जब भाई-भाईका बटवारा होना तय हो जाय तो फिर वह रूठ-खीजकर नहीं हो सकता। ऐसा नहीं हो सकता कि घरमें जब एक कुर्सी है तो उसकी टांग तोड़कर या टुकड़े करके उसे बांट लें। अगर हमारा एक-चौथाई और तीन-चौथाई बटवारा होना है तो सारे आंकड़े समझदारीसे निकालने होंगे।

इसलिए एक समिति बनाकर यह जो अच्छा काम किया गया है, उसका सिलसिला बराबर चलते रहना चाहिए। केवल मुस्करा देने-भरसे अच्छाई साबित नहीं हो जाती। अगर यह जबानी मिठास ही नहीं, पर सचमुच मिल-जुलकर काम किया जाना है तब तो मैं कहूंगा कि भले पाकिस्तान

आया। और तब वाइसरायको तकलीफ देनेकी बात ही नहीं रहेगी। वाइसरायको अपना दफ्तर बंद करना होगा। तब हम सरकारी अफसरोंसे, जो इस कामको जानते हैं, कहेंगे कि आप इकट्ठे बैठकर दोनों दलोंको संतोष हो वैसी फेहरिस्त बना दें। जहां हिसाबसे काम बने, हिसाबसे बटवारा कर दीजिए, जहां हिसाबसे बटवारा ठीक न बैठे वहां पर्ची डालकर फैसला कीजिए; पर हम इस बातपर लड़नेवाले नहीं हैं। मेलसे ही फैसला करेंगे। वाइसरायको भी बीचमें नहीं डालेंगे।

आखिरी बात यह है कि आज फिर मेरे पास त्रावनकोरके दीवान सर रामस्वामीका लंबा-चौड़ा तार आया है, जिसमें मुझे समझानेकी कोशिश की गई है कि उनके साथ वहांके ईसाई आदि भी हैं। पर ऐसे तारसे मुझे बुरा लगता है। कड़वी चीजको मीठी बनानेसे वह मीठी नहीं बन जाती। मूलसे ही इनकी बात बुरी है। 'आ जाओ, हम तो आजाद हैं।' 'आप किससे आजाद हैं?' रैयतसे? लोग इस तरह भारतसे आजाद होकर करेंगे क्या? आप इस तरह घुमा-फिराकर बात न करें। सीधी बात करें कि हिंदुस्तानके साथ हम हैं, तब ही आप अपने राजाके प्रति सच्चे वफादार हैं, नहीं तो बेवफा हैं।

॥ ४३ ॥

१९ जून १९४७

भाइयो और बहनो,

आप लोगोंको कल मैं बता चुका हूं कि यहां एक भाई और उनकी पत्नी वाल्मीकि-मंदिरके बाहर रास्तेपर उपवास कर रहे हैं। उन्होंने आज विनयसे भरा पत्र मेरे पास भेजा है। पर मुझे खेद है कि उसमें समझदारी नहीं है। वे छोटे हैं, मैं बूढ़ा हूं। अगर मैं कहूं कि ज्ञानकी बात मैं कुछ जानता हूं तो उन्हें वह मान लेनी चाहिए। वे कहते हैं कि आपकी बात हमें लगती तो ठीक हैं, पर हमारी अंतरात्मा नहीं मानती, इसलिए हम उपवास छोड़नेमें मजबूर हैं।

आप लोगोंने तिलक महाराजकी प्रसिद्ध पुस्तक 'गीता-रहस्य' का नाम

सुना होगा। उसमें इतना ज्ञान भरा है कि उसके अनेक पारायण करने चाहिए। मैंने वह यरवदा जेलमें पढ़ी थी। यह बात सही है कि मैं उनकी सभी बातोंसे सहमत नहीं हूं, पर इसमें कोई संदेह नहीं कि तिलक महाराज बहुत बड़े विद्वान थे और उन्होंने संस्कृत साहित्यका बहुत गहरा अध्ययन किया था। उनकी वह गीता पढ़े मुझे बहुत समय हो गया, इसलिए उनके ठीक शब्द मुझे याद नहीं हैं; पर उनके लिखनेका भावार्थ मैं बताऊंगा। वह बात मुझे बहुत ठीक लगती है।

उन्होंने एक जगह कहा है कि अंग्रेजी भाषामें अंतरात्माके लिए 'कान्शंस' शब्द अच्छा है पर जब यह कहा जाता है कि हम अपने 'कान्शसके मुताबिक चलते' हैं तब इसका सही अर्थ यह नहीं होता कि हम अंतरात्माके कहनेपर चलते हैं। हमारे वैदिक धर्मके मुताबिक 'कान्शंस' सभीमें (जड़-चेतनमें) होता है। पर बहुतोंका 'कान्शंस' सोया हुआ रहता है, अर्थात् उनकी अंतरात्मा मूढ़ अवस्थामें होती है। तो उस अवस्थामें उसे 'कान्शंस' कैसे कहा जाय? हमारे धर्म के अनुसार मनुष्यकी अंतरात्मा तब जाग्रत होती है जब यम-नियमादिका पालन और दूसरी भी बहुत-सी चेष्टा आदि करें। तिलक महाराजकी इस बातको मैंने पचा लिया है। शास्त्रकी जो चीज हम पचा सकें वह सार्थक है। जैसे वही आहार हमारे लिए सार्थक बनता है जिसका हम रक्त बनाएं। तो तिलक महाराजकी इस बातको मैंने पचा लिया है, जिसके जरिए कौन-सी आवाज अंतरात्माकी है और कौन-सी नहीं, उसकी परख मैं कर लेता हूं। कोई चोर यह कह कि मेरी अंतरात्माने मुझे, कहा कि अमुक लड़केको मार डाल, उसके हाथ-पैर काट ले और उसके जेवर लूट ले तो वह अंतरात्माकी आवाज नहीं, जड़ता है। आज-कल तो हम भी जड़ बने हैं न? हमें वही सूझ रहा है कि हम मासूम बच्चोंको मार डालते हैं। पर वह अंतरात्माकी आवाज नहीं होती।

दूसरी बात यह कि मैं उपवास सिखानेवाला आचार्य हूं। कुछ जैन लोग किसी चीजको न पानेतकके लिए अनशन कर लेते हैं। उन्हें समझाकर मैंने उनका अनशन तुड़वाया है। स्व० धर्मानंद कोसंबीजीकी बात भी मैंने बताई थी कि उन-जैसे विद्वानतकने मेरे कहनेपर अनशन छोड़ दिया था और काका साहब कालेलकर जो यहां आए हैं, वे कहते हैं कि कोसंबीजीने अपने स्वर्गवासके पहले कहा था कि गांधीने अनशन छोड़नेकी बात ठीक ही कही थी। तो जब मैं, अनशनका आचार्य, कह रहा हूं कि वे पति-पत्नी

अनशन छोड़ दें तो उन्हें छोड़ देना चाहिए। तीन दिनका अनशन बहुत हो गया है। अब वे मान जायं।

आपने अखबारमें देखा होगा कि मैं कल जिन्ना साहबसे मिला था। यह बात मैंने आपको नहीं बताई थी, क्योंकि पहलेसे मिलनेकी बात थी ही नहीं। जब मैं वहां था तब वाइसरायने मुझसे कहा कि जिन्ना साहब यहां आ गये हैं, उनसे मिल लो। तो मैं इन्कार कैसे करता? मैं वह आदमी रहा जो जिन्नाके घर भी चला जाता है। हम मिले और यह ठहरा कि बादशाह खान भी मिले तो अच्छा। और कल शामको तो हमें फिर वाइसरायके पास जाना था। पर बादशाह खान तो मिस्कीन आदमी ठहरे। वे गरीबोंकी-सी मोटरमें बैठकर देवबंद चल दिए। इसलिए वहांसे लौटकर आनेमें उन्हें तीन घंटेके बजाय पांच घंटे लग गए और हम कल शामको वाइसरायके पास नहीं जा सके।

आज वाइसराय चले गए, पर उनके दिलमें था कि हम मिलें तो अच्छा। सो लार्ड इज्मेके पास हम साढ़े चार बजे गए। इसका नतीजा यह हुआ कि बादशाह खान जिन्ना साहबके घरपर उनसे मिलने गए हैं और अभी वह वहींपर हैं।

इसपर भी हम बड़ी लंबी-चौड़ी आशाएं न बना लें कि चलो, अब सब भला हो गया। पर पाकिस्तानका जो जख्म हो गया है उसके और भी गहरा हो जानेसे रुकनेकी आशा तो हम कर सकते हैं। हमारा काम तो प्रयत्न करनेका है, इसलिए बादशाह खान कायदेआजमके मकानपर चले गए हैं। लेकिन फल देना ईश्वरके हाथ की बात है। हम प्रार्थना करें कि अच्छा परिणाम आ जाय।

और वह अच्छा परिणाम कौन-सा हो सकता है? सीमाप्रांतमें जो सब पठान हैं वे एक हो जायं। पठान तलवारबाज होता है। कोई पठान ऐसा नहीं होता जो तलवार और बंदूक चलाना न जानता हो। पीढ़ी-दर-पीढ़ी पठान खूनका बदला लेता रहा है। पर बादशाह खान ने देखा कि हथियारोंकी बहादुरीसे भी ज्यादा बुलंदी, मरकर स्वरक्षा करनेमें है। बादशाह खानका खयाल था कि पठान लोग यह ऊंची बहादुरी अपना लें और एक होकर सबकी खिदमत करें। पर यह ख्वाब पूरा होनेसे पहले वहां यह जनमतसंग्रहका झगड़ा फैल गया।

कुछ कहेंगे कि हम पाकिस्तानके साथ रहेंगे, कोई कहेंगे कि कांग्रेसके साथ रहेंगे। और कांग्रेस तो आज बदनाम है कि वह हिंदुओंकी हो गई। इस बातपर पठान अलग-अलग होंगे और ऐसी यादवस्थली मचेगी कि जिसका दबाना दुश्वार होगा। वे आपसमें कट मरेंगे। बादशाह खान चाहते हैं कि किसी तरहसे जनमतसंग्रहकी बला से छूटकर पठान आजाद रहें। वे खुद अपने कानून बनावें और एक रहें। फिर चाहे वे पाकिस्तानमें रहें चाहे हिंदुस्तानमें मिलें। वे कहते हैं कि हमारे पास पैसा नहीं है। हम तो मिस्कीन आदमी हैं। हम अपना स्वतंत्र राष्ट्र बनाना नहीं चाहते, पर किसमें मिलेंगे इसके बारेमें आपसी झगड़ा मिट जानेके बाद ही हम निश्चय करेंगे।

फिर जो हिंदू भागकर हरद्वार आए हैं यह भी डा० खान साहब को बहुत चुभता है। इसलिए बादशाह खान सीमाप्रांतके हिंदुओंको वापस लौटाना चाहते हैं। सीमाप्रांतमें भी अभी बहुतसे हिंदू हैं जो गरीब हैं और कहीं जा नहीं सकते। उन सबको तसल्ली तभी मिल सकती है जब जनमतसंग्रहका यह झगड़ा खत्म हो। इसलिए बादशाह खान कायदेआजमके पास मिलनेके लिए चले गए हैं। पता नहीं वहांसे क्या करके लाते हैं। हम इबादत करें कि अच्छा ही हो।

आखिरी बात यह कि आज फिर ख्वाजा अब्दुल मजीद साहब आए थे। कहते हैं कि अब तो पाकिस्तान बन गया है, तब राष्ट्रीय मुसलमानोंकी उपेक्षा नहीं होनी चाहिए।

ख्वाजा साहब अपनेको अच्छा मुसलमान होनेकी वजहसे वैसा ही अच्छा हिंदू बताते हैं जैसा कि मैं अपनेको अच्छा हिंदू होनेकी वजहसे अच्छा मुसलमान बताता हूं। गोया हरेक अच्छा धार्मिक आदमी दूसरे सभी धर्मवालोंके बीच पूरी इज्जत पानेका हकदार है। और उन्होंने यह कहा कि अब पृथक् निर्वाचन खत्म हो जाने चाहिए। हम दुनियाकी नजरोंमें हिंदुस्तान यूनियनमें एक बनकर रहना चाहते हैं। धर्म अलग हो, पर कानूनकी दृष्टिमें सभी हिंदुस्तानमें रहना चाहते हैं और यूनियनके प्रति जो वफादार रहता है उसे उसकी योग्यताके आधारपर सभी हक होने चाहिए जो हरेक हिंदुस्तानीको हों।

मैंने उनसे कहा कि आपको वे सब हक मिलेंगे ही। अगर दूसरे नहीं तो हम दो तो हैं ही, जो एक-दूसरेको पूरा धार्मिक और अच्छा मानते हैं।

धर्मके कारण किसीका हक नहीं छीना जायगा, यह हम देखेंगे। पर यह भी हमें देखना है कि धर्मके नामसे ज्यादा रिआयत देना भी अच्छा नहीं होगा।

एक बार जिन्ना साहबने ऐसा ही किया था। कभी वे १४ शर्तें पेश करते थे, उससे पहले उनकी ११ शर्तें थीं और फिर १४ हुईं। फिर २१ हुईं और फिर एक पाकिस्तानवाली शर्त हुई। लेकिन अब कोई ऐसा नहीं कर सकेगा। हिंदुस्तान बहुत बड़ा मुल्क है। उसमें सब आजादीसे रहें। जो हिंदुस्तानमें वफादारीसे रहना चाहे उन सबको हिंदुस्तानमें स्थान है।

॥ ४४ ॥

१९ जून १९४७

भाइयो और बहनो,

कल प्रार्थना-सभाकी समाप्तिके बाद एक सज्जनने मुझसे एक प्रश्न किया था। मैंने उनसे लिखकर देनेको कहा। उन्होंने लिखकर भेजा। लेकिन वह पर्ची जेबमें[१] पड़ी रहनेके कारण कपड़ा धोनेके समय धुल गई और जब वह मेरे पास पहुंची तब वह पढ़ी नहीं जा सकती थी। यह मेरे लिए शरमकी बात है, पर प्रश्नकर्ता यहां मौजूद नहीं हैं, इसलिए मैं क्षमा किससे मांगूं?

तीन-चार दिनसे पाकिस्तानके विरोधमें जो दंपति उपवास कर रहे थे, उनके बारेमें कल जब मैंने यहां कहा था, उसे सुनकर पहले तो उन लोगोंको बुरा लगा कि मैं अपनेको उपवासके शास्त्रका आचार्य कैसे कहता हूं। इतना घमंडी क्यों बनता हूं? लेकिन मैं रातको नौ बजे उनसे कुछ देरके लिए मिला और मैंने उन्हें समझाया कि जो आदमी पांच फुट ऊंचा है वह अगर कहे कि मैं पांच फुटका हूं तो इसमें घमंडकी क्या बात है? उनका वह क्षणिक जोश था। फिर वे समझ गए कि उपवास करनेसे यह अच्छा है कि हिंदुस्तानके टुकडे हो गए यह बात हम दिलमें मानें ही नहीं। उन्होंने दूध-फल लेकर अपना उपवास छोड़ दिया। इसके लिए मैं

१. जिसे वह रखनेको मिली यहां उसकी जेबसे मतलब है, क्योंकि गांधीजी तो कपड़े पहनते नहीं थे।

उन्हें मुबारकबाद देता हूं। लेकिन उन्होंने मुझसे पूछा, "यह तो बताइए कि हम अनर्थका साथ कैसे दें?" तब मैंने कहा—"अनर्थसे जो लाभ मिल सकता है, उसे छोड़ दें।" हम किसी के साथ जबर्दस्ती न करें। अनर्थके कामका कोई लाभ न उठावें, यही अहिंसक युद्धका राजमार्ग है। इसी का नाम असहयोग है।

यह सहज प्रश्न है कि बादशाह खान कल जब जिन्ना साहबके पास गए थे तब मैंने कहा था कि हम प्रार्थना करें, तो उस प्रार्थनाका फल हमें क्या मिला? इस सिलसिलेमें अखबारोंमें जिन्ना साहबने जो कुछ निकाला है उससे ज्यादा मैं नहीं बता सकता। उन्होंने जो कहा है कि दोनोंकी बातें मुहब्बतसे हुईं, यह अच्छा है। मुहब्बतसे बात न करते तो क्या लड़ने लगते? पर नतीजा क्या निकला? कहते हैं कि नतीजा तो तब निकलेगा जब बादशाह खान सरहदसे समाचार भेजेंगे। यह तो कोई नतीजा नहीं हुआ। लेकिन कल जो प्रार्थना हमने की उसका नतीजा आज मिल जाय, ऐसा थोड़ा होता है? ऐसा जो कहे, वह भगवानको जानता ही नहीं। ईश्वर तो निराकार और निरंजन है। उसकी प्रार्थनाका महत्त्व मैं आज थोड़ा-सा आपको बताना चाहता हूं।

ईश्वरकी प्रार्थनाका फल नहीं मांगा जा सकता और न उसकी प्रार्थना छोड़ी ही जा सकती हैं। खाने-पीनेका उपवास भले ही हम करें—समय-समयपर करना भी चाहिए—पर प्रार्थनाका फाका नहीं हो सकता। हमें आखिरी सांसतक रामको भजना चाहिए। आजके भजनमें कबीरजीने कहा है न, 'साहब मिले सबूरीमें।' वह धैर्य, वह सबूरी हमें नाम-स्मरणसे ही मिल सकती है। शरीरकी खुराक जैसे अन्न है वैसे शरीरमें पड़ी आत्माकी खुराक राम-नाम है। गायत्री-पाठ, संध्या-वंदन, नमाज आदिका समय होता है। राम-नामके लिए तो समय ही नहीं होता। जिसके सांसके साथ राम-नामका जाप चले उसकी खैर। ऐसा करनेवाला आदमी १२५ वर्ष जिंदा रह सकता है। अगर मैं १२५ वर्षसे पहले मर जाऊं तो आप कह सकते हैं कि मैं उस स्थितितक नहीं पहुंच पाया हूं, जिसे मैंने बताया है। मैं चाहता हूं और कोशिशमें हूं कि दिन-रात सांसके साथ राम-राम कहता रहूं।

(इसके बाद गांधीजीने हनुमानजी और सीताजीवाली वह कथा सुनाई जिसमें हनुमानजीने सीताजीकी दी हुई मालाके मोतीमें रामको खोजनेके लिए एक-एक करके उन्हें चबाकर फेंक दिया था और कारण पूछनेपर

हनुमानजीने अपना हृदय चीरकर राम दिखा दिया था।)

इस कथाको याद करके अगर मैं हनुमान-जैसा भी बन जाऊं तो फिर पूछना ही क्या? तो फिर मेरा भी शरीर पहाड़-जैसा हो? शरीरकी बात छोड़ो, आत्मा तो उससे भी ऊंचे पहाड़के समान दृढ़ होनी चाहिए। यह सब कहना आसान है, करना कठिन है। मैंने आपके सामने वह आदर्श रख दिया। अगर आज उसतक हम न पहुंच सकें तो उसकी ओर कुछ-न-कुछ प्रगति तो करें। तो हम ऐसा न कहें कि 'बादशाह खान गए और कुछ हाथ नहीं आया तो प्रार्थना क्यों करें?' हम फल न देखें। पृथ्वीमें कोई कार्य ऐसा नहीं होता, जिसका फल न हो। और प्रार्थना तो सबसे उत्तम कार्य है। इसलिए अगर हम मंदिर जाते हैं, माला फेरते हैं, जो थोड़ा-सा ढोंग भी होता है, उसके पीछे भी अंतमें अच्छाई आनेवाली है, यह विश्वास रखें।

मैं परसों हरिद्वार जाऊंगा। मेरे साथ जवाहरलाल जायंगे। वे तो युक्तप्रांतमें अद्वितीय हैं। आज तो वे सारे हिंदुस्तानमें भी अद्वितीय हो रहे हैं। हमारे सामने पेचीदा प्रश्न है। वहां हजारों आश्रित पड़े हैं, उनके लिए क्या करें? बेकारमें किसीको खाना देनेके मैं विरुद्ध हूं। हम जो खाना खाते हैं, उसका बदला हमें चुकाना ही चाहिए। ईश्वरका यह कड़ा नियम है कि जो काम करे वह खाना खाय। बिना काम किए कोई न खाय। इसलिए उन आश्रितोंको भी मैं कहूंगा कि उन्हें काम करना जरूरी है। वैसे तो जितनी शीघ्रतासे हो सके, उन्हें घर लौट जाना चाहिए।

परंतु जो वाकये वहां हालमें हो गए हैं उन्हें देखते हुए मैं उन्हें मृत्युके मुंहमें जानेके लिए नहीं कह सकता।

लेकिन मुस्लिम लीगको मैं कहूंगा कि अपने पाकिस्तानमें उन सभी लोगोंको सजा देनेका इंतजाम करें, जिन्होंने गुनाह किया है। मैं यह नहीं कहता कि गालीके बदले गाली दी जाय और पिटाईके बदलेमें पीटा जाय। लेकिन हकूमतका फर्ज है कि अपने यहांके सब लोगोंकी, चाहे वे विधर्मी ही हों, रक्षा करें। ऐसा तो वे कहते हैं कि आओ। पर वे जायं और फिर मार खानेकी बात हो तो वे कैसे लौटें? इसलिए वहांकी हकूमतको ऐलान करना चाहिए कि वह गुनाह करनेवालोंको सजा देगी और जनताकी रक्षाका पक्का बंदोबस्त करेगी। यह ऐलान कहनेभरका न हो। ऐसा हो जिसपर हम भरोसा कर सकें। वे कहें कि पहले आपको खाना खिलायेंगे फिर हम

खुद खायेंगे। और विधर्मीको भी वे सभी हक हैं जो हमारे यहां मुसलमानको हैं। तो फिर मैं एक भी दिन शरणार्थियोंको हरिद्वारमें रुके रहने नहीं दूंगा।

जब वाइसरायने उनसे पूछा कि यह तो बताओ 'आप अलग जो हो रहे हैं, तो भाईकी तरह या दुश्मनकी तरह?' तब उनके चारों प्रतिनिधियोंने कहा था, 'हम भाई-भाईकी तरह ही अलग होनेवाले हैं।' अगर यह बात सिर्फ वाइसरायके कमरेतक ही सीमित रह जायगी, इसका अमल रोजके काममें न होगा, तो उन चारोंने और वाइसराय ने भी फरेब किया है, ऐसा कहना होगा। इसलिए वे आज ही अपना भाईपना दिखलावें। चार महीनेके बादतक रुके रहनेकी क्या जरूरत!

(बादशाह खानकी बात बताते हुए गांधीजीने कहा—) आज उनके प्रांतमें यह बात पैदा कर दी गई है कि दो बक्सोंमें से एक बक्सेमें पर्ची डालो। चाहे पाकिस्तानवालेमें, चाहे हिंदुस्तानवालेमें। और हिंदुस्तानमें उन्हें बिहारवाला हिंदूराज बताया जाता है। इस आबोहवामें कोई मुसलमान नहीं कहेगा कि वह मुसलमानका साथ छोड़कर हिंदूके साथ जायगा। आज उनमें यह कहनेका साहस नहीं है कि वह यह कहे कि बदमाश मुसलमानसे शरीफ हिंदूकी सोहबत अच्छी है।

इस हालतमें बादशाह खान कहते हैं कि वे अपने सूबेको सबसे पहले स्वतंत्र सूबा बनाना चाहते हैं। यानी हिंदुस्तान या पाकिस्तानसे न मिलकर पठान-पठान आपसमें मिल जायं और अपना कानून और अपना विधान बना लें।

कांग्रेसको पठानोंसे यह कह देना चाहिए कि वे अपना कानून बनाएं। आपके बनाए विधानमें हम जरा-सा भी दखल नहीं देंगे। हमें उतना दखल तो रहेगा जितना कि केंद्रका बंधन माननेवाले दूसरे प्रांतोंमें हो सकता है। बाकी अंदरूनी सारा काम आप अपनी शरीयतके मुताबिक चलावें।

इसी तरह लीग भी कह दे कि उसके जो दो-चार सूबे होंगे वे अपने अंदरूनी इंतजाममें आजाद रहेंगे और सिर्फ अमुक-अमुक बात केंद्रकी चलेगी। गोया हमारे यहां दो केंद्र अलग-अलग बनेंगे और हरेक सूबा अपने लिए आजाद होगा। तो फिर जन-मतसंग्रह की जरूरत न रहेगी। और मैं भी पठानोंसे कहूंगा कि चूंकि आप लोग पाकिस्तानके पास हैं, इसलिए उन्हींके साथ रहें। आज मैं उन्हें यह नहीं कह सकता; क्योंकि मैं

नहीं जानता कि पाकिस्तान कैसे चलनेवाला है।

ऐसी धुंधली आबोहवामें वे जन-मत लेना चाहें तो लें; पर फिर वह पाकिस्तानके मुकाबले हिंदुस्तानके नहीं, पर पाकिस्तानके मुकाबलेमें पठानिस्तानके लिए ही लिया जाय। इतनी सीधी-सी बात ही मैं उनसे कहना चाहता हूं।

॥ ४५ ॥

२० जून १९४७

भाइयो और बहनो,

कल प्रात:काल मैं हरिद्वार जाऊंगा और कल ही लौटनेकी उम्मीद है, इसलिए मोटरमें ही रात हो जायगी। यहां प्रार्थनामें मैं न रहूंगा। आप आना चाहें और प्रार्थना करना चाहें तो कर सकेंगे। मुझे वहां लोगोंको आश्वासन देनेके लिए जाना है। ज्यादा तो मैं क्या कर सकूंगा? पर धर्म समझकर जाता हूं।

आज इस छोटी लड़की[१]के पास किसीने एक पत्र भेजा दिया था कि तू अगर कुरानकी आयत बोलेगी तो तुझको मैं मार डालूंगा[२]।

---

१. कु० मनु गांधी।

२. पता चलानेपर मालूम हुआ कि आज सवेरे कु० मनु गांधीके पास डाकसे एक पत्र पहुंचा कि शामको प्रार्थनामें तुम कुरानका पाठ मत किया करो। करोगी तो गोलीसे उड़ा दी जाओगी। गांधीजीने और दूसरोंने इसे एक मजाक समझा और बात टाल दी। पर दोपहरमें कु० मनु गांधीको टेलीफोनपर बुलाया गया और पूछा गया—"बोलो, तुमने क्या विचार किया?"

"किस बारेमें?"

"प्रार्थनामें कुरान बोलोगी?"

"हां जी, वह तो नियमपूर्वक बोलूंगी ही।"

"तो गोलीसे मार दी जाओगी।"

"बस, इतना ही।"

"अच्छा, मानोगी नहीं?"

"गरजनेवाले मेघ कम बरसा करते हैं। पर आप अपना नाम तो बताइए?"

बस टेलीफोन बंद हो गया।

इस तरहसे किसीको धमकाना हमारी सभ्यताके अनुकूल नहीं है। और फिर मनु तो छोटी-सी लड़की है। अगर वह कुरान बोलती है तो मेरे सिखानेपर बोलती है। मेरा गला ऐसा नहीं चलता कि में मधुरता से वह गा सकूं। अगर यह विनोद ही है तो भी छोटी लड़कीसे ऐसा मजाक नहीं करना चाहिए।

और कुरानकी इस आयतके बारेमें तो मैं काफी समझा चुका हूं। उसमें कोई ऐसी बात नहीं है जो खटकनेवाली हो। उसका अर्थ मैं बता चुका हूं। जिन मुसलमान मित्रोंके साथ मैं उठता-बैठता हूं वे कहते हैं कि सच्चे दिलसे जो यह प्रार्थना करे तो उसे शैतान नहीं सता सकता। इसी तरह राम-नामकी महिमा गाते हुए तुलसीदासजी- ने सारी रामायण भरी है। गायत्री-मंत्रके बारेमें भी हम लोग ऐसी भावना रखते हैं। तो जो प्रार्थना करे उसपर क्रोध क्या करना? धमकी क्या लिख भेजना? इस तरह करनेका फायदा क्या? अगर फायदा है ही, तो इस तरह लिखनेवालेको कोई फायदा होनेवाला नहीं है, होगा तो उस लड़कीको, क्योंकि वह तो अब ज्यादा निर्भयता महसूस करती है।

मैं आपसे कहना चाहता हूं कि हम लोग आज स्वदेशीको भूल गए हैं। मैं शुरूसे कहता आया हूं कि अगर हम विदेशी रीति-रिवाज अपनाते हैं तो स्वदेशी राजकी बात करना बेकार है। आप ऐसी पश्चिमी तरीकेकी धमकी न दें। अपनेमें स्वदेशीपन रखें। जिससे हमें नुकसान हो, जिससे हम भूखे रहे वह स्वदेशी मनोवृत्ति नहीं है। वह परदेशी मनोवृत्ति है। पहले अगर कोई जरा भी परदेशी काम करता था तो मैं उसे बहुत डांटता था। लेकिन तब मेरा राज था, बंदूकका राज नहीं। पर सारे मुल्कमें प्रेमका राज था। अब मेरा वह सिक्का नहीं है। मैं अब बूढ़ा हो गया हूं। हर जगह दौड़कर नहीं जा सकता। अगर आज भी मेरी आवाज हर जगह पहुंचे तो मैं वही कहूंगा जो ३२ बरससे कहता आया हूं। वैसे मैं ७८ बरसका हूं, पर जवानीमें दक्षिण अफ्रीकामें मैं जलावतन रहा। वहांसे लौटकर मैंने जो ३२ बरसतक बात सिखाई है उसका नतीजा यह है कि इस सारे कामको हम अपने हाथों मारनेपर तुले हुए हैं और विदेशीपन अपना रहे हैं। स्वदेशी वह है जो आत्माको भाता है।

मैंने संपूर्ण स्वदेशीकी बात कही। उसका केंद्र खादी ठहराया। उस समय हमारे पास राष्ट्रीय झंडा नहीं था। तब तीन रंगका ऐसा झंडा बनाया गया

जिसमें हिंदुस्तानके सारे आदमियोंका प्रतिनिधित्व आ गया। लेकिन इकट्ठे होकर करें क्या? बोलते रहें? ना। 'काम करें?' 'हां'। तो क्या काम करें? सूत कातें। और ऐसा समझकर हमने हिंदुस्तानकी महाशक्ति चर्खेको झंडेमें रखा। यह तिरंगा झंडा आज मृतप्राय हो गया है। अगर उसे हम हृदयमें रखें तो बहुत ऊंचे उठ सकते हैं।

लेकिन आज तो हम खादी पहनते हैं या खादी टोपी पहनते हैं; पर भीतरसे तो पोल-ही-पोल रहती है। मैंने तब कहा था कि बाहरका कपड़ा ही नहीं, यहांकी मिलोंका कपड़ा भी, हमारे लिए परदेशी है। कपूर जो हम यहां पैदा नहीं कर सकते और जो बहुत कामका और उपयोगी है, उसे जापानसे मंगावें तो उसमें परदेशीपन नहीं है। लेकिन जो यहां पैदा कर सकते हैं उसे जापानसे मंगावें तो वह हमारे लिए जहर है। जब कि हमारे यहां करोड़ों आदमी पहले अपना कपड़ा बनाते थे, खुद ढके रहते थे और जहाज-के-जहाज भरकर बाहर भी भेजते थे, उन्होंने अब कौन-सा गुनाह किया है कि वे अपनी कपास तो विदेशोंमें भेज दें और उसीमें विदेशोंसे जो कपड़ा बनकर आवे, वह यहांकी रुईके दामोंसे भी सस्ता बिके? इसके पीछे क्या-क्या कारगुजारियां चलती हैं यह कोई सुने और समझे तो उसके रोंगटे खड़े हो जायं।

उस जमानेमें हमने विदेशी कपड़ेके पहाड़ चिन-चिनकर जला दिये थे और कोई यह नहीं कहता था कि इससे राष्ट्रकी निधि बरबाद हो रही है। श्रीमती नायडूने अपनी पेरिसकी साड़ी जला दी थी और स्व० मोतीलालजीने भी अपने विलायती कपड़ोंमें दियासलाई लगा दी थी। उनके पास तो आलमारीकी आलमारियां विदेशी कपड़े थे। इसके बाद जब वे जेल गए तब उन्होंने मेरे पास एक खत भेजा था— आज वह खत मैं खोज नहीं सकता—पर उसमें था कि मैं सच्चा जीवन अभी जी रहा हूं, आनंदभवनमें मेरे पास जो समृद्धि थी उससे मुझे यह सुख नहीं मिलता था। वहां उन्हें सिगार, शराब, गोश्त कुछ नहीं मिलता था। पूरा भोजन भी नहीं मिलता था, फिर भी उसमें उन्हें सुख मालूम हुआ। यह सही है कि उनकी यह चीज हमेशा नहीं चली। आदमी जो ऊंची उड़ान लेता है वह हमेशा टिक नहीं सकता। हम भी ऊंचे चढ़कर बार-बार गिर जाते हैं। पर मनुष्यके लिए अपनी वह ऊंची उड़ान पुण्यस्मृति बन जाती है। कम-से-कम मेरे लिए तो ऐसा ही है। तो क्या वह जमाना खराब था? आज वह जमाना

कहां चला गया?

आज तो जमानेने एकदम पलटा खाया है। एक छोटेसे भले व्यापारीने मेरे पास पोस्टकार्ड भेजा है कि वह पुराना जमाना कहां गया? आज तो हम सब स्वार्थी बने हुए हैं। हम व्यापारी तो स्वार्थी हैं ही, राजा भी स्वार्थी हैं; उनके दीवान भी स्वार्थी हैं। और ये अंग्रेज भी जाते-जाते इतने नखरे और इतना स्वार्थ क्यों करते हैं, वे इतनी लड़ाई कराते हैं और उसमेंसे अपने लिए पैसे पैदा करते हैं। अगर उन्हें जाना है तो मोह क्यों नहीं छोड़ते? अपने जानेमें सुगंध पैदा क्यों नहीं करते? लेकिन अंग्रेजकी क्यों कहें। कांग्रेसी भी स्वार्थी हो गए हैं। इन्हें क्या कहें? समुद्रमें आग लगी हो तो उसे कौन बुझायगा? नमक अगर अपना नमकीनपन छोड़ देगा तो रस कहांसे आयगा? कांग्रेसने इतना त्याग किया, इतनी लड़ाई की, वह उसका गौरव कहां गया? अब तो वे लोग प्रधान बनना चाहते हैं, सेक्रेटरी बनना चाहते हैं। मेरी रायमें यह सारा-का-सारा परदेशीपन है।

मैं सुन रहा हूं कि देशी मिलोंके कपड़ेकी बिक्रीपर हमारे देशमें अंकुश है पर बाहरसे आनेवाले कपड़ेपर कोई अंकुश नहीं है। यह सब क्या हो रहा है? मेरी समझमें नहीं आता। यह तो हम एक हाथसे स्वराज ले रहे हैं और दूसरे हाथसे उसे खोनेकी कोशिशमें लगे हुए हैं। यह बड़े ही दुःखकी बात है।

एक भाईने लिखा है कि पश्चिमी पंजाबको कुछ आश्वासन दो। मैंने कुछ आश्वासन दे भी दिया, लेकिन केवल सहानुभूति जतानेसे काम होनेवाला नहीं है।

आखिर पंजाब तो वही है न, जहां पंजाबके शेर लाला लाजपत राय पैदा हुए थे। पंजाब तो बहादुरोंका गढ़ ठहरा। वहां सिख पैदा हुए। मैं सिखोंकी तलवारकी बहादुरीकी सराहना नहीं कर सकता। मेरी निगाहमें निहत्थे रहकर जो बहादुरी दिखाई जाय। वही असली बहादुरी है। पर पंजाबके लोग आज हथियारकी ही बात करते हैं। मैंने पूछा था कि आपको पैसेकी आवश्यकता है क्या? तो उन्होंने (पंजाबियोंने) कहा कि हमें तो हथियारोंकी मदद दिलवाइए। मेरी समझमें यह मनोवृत्ति भी परदेशीपन ही है।

दुःख-निवारणकी बात क्या बताऊं? मैं तो उन्हें यही कह सकता हूं कि पंजाबमें बकरी नहीं, भेड़ नहीं, शेर पैदा होने चाहिए। मैं तो पंजाबको

जानता हूं। मैं वहांकी स्त्रियोंको भी जानता हूं। उन लोगोंका मजबूत शरीर होता है। पर मन भी तो मजबूत चाहिए। आजकल वहां जो प्रवाह बह रहा है उससे आदमी शेर-दिल नहीं बन पाते।

वहांकी स्त्रियोंको आज विदेशी और चटकीले कपड़े चाहिए। साड़ी भी उतनी बारीक चाहिए कि सारा बदन दीखता रहे। और पुरुष भी उनसे कम नहीं होते। वे खुद नहीं पहनते, पर स्त्रियों को पहिनानेका चाव रखते हैं। मेरे पास जब पंजाबी बहनें आती हैं और पूछ बैठता हूं कि इतने जेवर क्यों, ऐसे कपड़े क्यों? तो वे कहती हैं—हमारे भाई, पिता या पतिका आग्रह है कि इतने जेवर तथा कपड़े तो चाहिए ही। पुरुष क्यों अपने घरकी स्त्रियोंको गुड़िया बनाते हैं?

अगर यह सब छोड़ेंगे तो फिर हम डरेंगे नहीं। हमें डरना किससे है? मुसलमानोंसे? वे अगर हैवान बन जाते हैं तो हम इन्सान बनें। फिर वे भी इन्सान बन जायंगे। जब मैं निकम्मा बनिया भी नहीं डरता तो आप क्यों डरें? मैं तो कहता हूं कि वे मेरा क्या करेंगे? मारेंगे न? भले मारें। खून पीएंगे? तो पियें, एक दिनका भोजन बच जाएगा। और मैं मानूंगा कि मैंने सेवा की। लेकिन मैं सेवा करनेवाला कौन, ईश्वर ही सब करता है। इसलिए यह कहना सही होगा कि उसने मेरा उपभोग सेवाके लिए किया। इसी तरह मैं सबसे कहूंगा कि आप भी न डरें।

॥ ४६ ॥

२२ जून १९४७[१]

भाइयो और बहनो,

आप तो जानते हैं कि मैं पंजाब और सीमाप्रांतके शरणार्थियोंको देखने हरिद्वार चला गया था। वहां डेराइस्माइलखां और दूसरी जगहोंके ३२,००० आदमी आ गए हैं। वहां बहस करनेको तो समय नहीं था। मैंने उन लोगोंसे भरपेट बातें कीं। उनके कैंपोंमें भी चला गया। लोगोंने मुझसे उनके बारेमें तरह-तरहकी बातें कहीं। वहां दो किस्मके लोग आए हैं। एक सचमुच

---

१. २१ ता०को गांधीजी हरिद्वारसे देरमें लौटनेके कारण प्रार्थनामें सम्मिलित नहीं हो सके।

दुःखी, मिस्कीन हैं, और दूसरे वे जो अच्छे खाते-पीते हैं, पैसेवाले हैं। पर उनमें कुछ ऐसे हैं जो जुआ खेलते हैं, शराब पीते हैं और तरह-तरहसे पैसा पैदा करते हैं। मैं कहना चाहता हूं कि उनका यह धर्म नहीं है कि आपत्ति-कालमें वे ऐसा करें।

लोग वहां दुःखी होकर आए हैं। अपने रिश्तेदारोंसे अलग हो गए हैं। पर अब इसका रोना क्या? मैंने उन्हें बताया कि दुःखकी बात भूल जाओ। दुःखको भूलनेसे दुःख मिट जाता है। तुम्हें तो दुःखमें सुख पैदा करना है। इतनी बड़ी दुःखकी बात हो गई; हिंदुस्तानके दो टुकड़े हो रहे हैं, इसका मुझे बड़ा रंज है, पर क्या मैं रोऊं?

मैं आपको सुनाना चाहता हूं और आपके मार्फत उनको[१] कहना चाहता हूं कि सब लोग दुःखको भूल जायं। इन ३२,००० आदमियोंको अपना सहयोगी संगठन बना लेना चाहिए। उनको उद्यम करना चाहिए। जुआ नहीं खेलना चाहिए, शराब नहीं पीना चाहिए, गांजा नहीं पीना चाहिए। उन्हें कुछ-न-कुछ काम जरूर करना चाहिए। हकूमत उन सबको खाना देना चाहे तो भी नहीं दे सकती। आज तो सब जगह ब्लैक मारकेट चलता है, अगर सच्चे आदमी भी हों तो भी इस जमानेमें अन्नका पूरा राशन नहीं मिल सकता। लेकिन उन्हें रोना नहीं चाहिए। शिकायत करनेसे, रोनेसे, खाना नहीं मिल सकता। वे सहयोगसे काम लें।

दक्षिण अफ्रीकाकी ऐतिहासिक यात्रामें हम सब लोग रोज २० मील चलते थे। बहुत आदमी साथ थे। उनके देनेके लिए मेरे पास एक औंस चीनी और कुछ डबल रोटी होती थी। यह एक आदमीकी पूरी खुराक नहीं होती थी। जब २० मील चलकर पहुंचते थे तो शाम हो जाती थी। मैं देखता कि वहां कुछ पका करता था। जांच करनेपर मालूम हुआ कि वे लोग घासमेंसे कुछ पत्तियां और दूसरी खाने लायक चीजें चुन लेते थे। थोड़ा-सा नमक लेते थे। पानी वहां होता ही था। पकाना शुरू कर देते थे। मैं बहुत खुश हुआ कि ऐसे (उद्यमी) यात्रियोंके साथ तो सदा यात्रा की जा सकती है। वहां उन्होंने जंगलमें मंगल कर दिया था।

हरिद्वारकी मिट्टी और भी उपजाऊ है, वहां तो वे और भी उद्यम कर सकते हैं। वे ऐसा करेंगे तो लोग उससे थकेंगे नहीं। जो आश्रित हैं उन्हें तो ऐसी

---

१. शरणार्थियोंको।

खूबसूरतीसे रहना चाहिए कि वे दूसरोंके लिए भार न मालूम पड़े। सब साथ-साथ इस मुसीबतको काट लें।

लोगोंको कुछ-न-कुछ पेशा करना चाहिए। वहां मुझे कुछ बहनें मिलीं जो सिलाई-कताईका काम करती थीं, कुछ आदमी भी ऐसे मिले, जो कुछ काम निकाल लेते थे। यह मुझे अच्छा लगा। उन्हें भिक्षुक नहीं बनना चाहिए। उन्हें बहादुर बनना चाहिए और डरना नहीं चाहिए।

मैं तो सब जगह जा नहीं सकता था। डा० सुशीला नायर सब कैंपोंमें गईं। वहां उन्होंने बड़ी गंदगी देखी। गंदगी तो नहीं रहनी चाहिए। यह काम गवर्नमेंट नहीं कर सकती। हमें खुद अपनी सफाई करनी चाहिए। दूर-दूर रहना चाहिए। लोग कहते हैं कि वहां जानवरोंका डर है। मैं कहता हूं कि उन्हें जंगली पशुओंसे क्या डरना ? जैसे आदमी जंगली पशुओंसे डरता है, वैसे ही जंगली पशु स्वयं आदमीसे डरते हैं। ३२,००० आदमियोंको डर छोड़ देना चाहिए। वे तो जहां बस जायंगे वहां जंगली पशु भाग जायंगे। इन लोगोंको प्रेमसे जैसे दूधमें मिश्री रहती है ऐसे सबके साथ मिलकर रहना चाहिए।

मैंने एक दु:खकी बात सुनी है। वह बात काबुलकी है। काबुलमें जो हिंदू रहते हैं वह वहांवालोंकी मेहरबानीपर रहते हैं। उन्हें वहां एक खास रंगकी पगड़ी पहननी पड़ती है। मुझे यह सुनकर बड़ा बुरा लगा कि वहांके लोग पैसेके लोभके लिए ऐसी ज्यादती सह लेते हैं। हम अपने हक रखकर रहें तो रहें, नहीं तो नहीं। मैं इसको बर्दाश्त नहीं कर सकता। कोई बादशाह हो तो अपने घरका। फिर काबुल तो हमारा ही मुल्क है। हमारा मुल्क है, यानी पठानका मुल्क है। फर्क इतना है कि यहां ब्रिटिश है, वहां ब्रिटिश सल्तनत नहीं है। मेरी दक्षिण अफ्रीकाकी लड़ाई भी इसी तरहकी थी। हम उन-जैसी पगड़ी क्यों नहीं पहनें ? हमारे लोग वहां आजादीसे न रह सकें यह कोई सहन करने-जैसी बात नहीं है। मैं समझता हूं कि काबुलमें ऐसा नहीं होगा और इस कथनमें अतिशयोक्ति होगी। मैं देखूंगा और काबुलवालोंसे पूछूंगा।

॥ ४७ ॥

सोमवार २३ जून १९४७
(लिखित संदेश)

हिंदुस्तानका बटवारा और प्रांतोंके जो टुकड़े किए जानेवाले हैं, वह हमारे लिए कसौटी समझिए। आजके अखबारोंमें जिक्र किया जाता है कि लंदनमें हिंदुस्तानके बटवारेका जो बिल पार्लमेंटमें रखा जायगा उसकी रस्म धूमधामसे मनाई जायगी और हिंदुस्तान जो आजतक एक कौम रहा है, दो कौमें या दो नेशन बना दिया जायगा। ऐसे उदासीके मौकेपर खुशी किस बातकी! हमने तो यह श्रद्धा दिलमें रखी है कि हम जुदा हो रहे हैं तो भी वह जुदाई एक ही खानदानके भाइयोंकी होगी, और हम मित्र तो रहेंगे ही। अगर अखबारोंकी खबर ठीक है तो बरतानिया हमें दो राष्ट्र बनानेवाला है और वह भी खुशीके नारे लगाकर! क्या यह उनकी हमपर आखिरी गोली होगी? मैं उम्मीद करता हूं कि नहीं।

लेकिन अगर हिंदुस्तानके बड़े हिस्सेने, अर्थात् इंडियन यूनियनने अपने धर्मका पालन किया तो हम उनकी चालको मात कर सकेंगे। बटवारेसे तो हम आज बच नहीं सकते, चाहे वह हमें कितना ही नापसंद हो। लेकिन धर्मका पालन यह है कि हम सीधे रास्तेपर चलें, अपने आपको हमेशा एक ही कौम समझें और मुसलमान अल्पसंख्यकोंको कभी भी परदेशी माननेसे साफ इन्कार करें। हिंदुस्तान उनका भी उतना ही घर है जितना कि हमारा।

इसके स्पष्ट मानी यह हुए कि हमें हिंदू-धर्ममें क्रांतिकारी परिवर्तन करना होगा। हमारे ऊपर अछूतोंका कलंक लगाया जाता है और वह हमारी कमजोरी जरूर है। पढ़नेमें आता है कि मुस्लिम लीगके नेता आज अछूतोंको यह झांसा दे रहे हैं कि पाकिस्तानमें उन्हें अलग चुनावका हक मिलेगा। क्या यह पाकिस्तानी इस्लाममें शामिल होनेकी दावत है? जबर्दस्तीसे जो हालमें लोगोंसे मजहब बदलवाया ऐसी और बात चली है, उसके बारेमें मैं कुछ नहीं कहना चाहता। चूंकि मैंने अछूत भाइयोंसे खुद ऐसी बातें सुनी हैं। मुझे जरूर डर है कि क्या होनेवाला है।

इस डर या डरावेका जवाब एक ही हो सकता है, वह यह कि हिंदू-धर्ममेंसे छूतछातका भूत बिल्कुल निकल जाय। हिंदुस्तानमें कोई अछूत न हो। हिंदू सब एक हों। कोई ऊंचा, कोई नीचा नहीं। जिन गरीब लोगोंकी ओर,

मसलन अछूत या आदिवासी, हम आजतक बेदरकार रहे हैं, उनकी हम खास देखभाल करें। उन्हें पढ़ाएं, उनके रहन-सहनको देखें, आदि। वोटरोंकी फेहरिस्तमें सब एक ही हों। आजकी हालत न रहे, इससे कई दर्जे बेहतर हो। क्या हिंदू धर्म इतनी ऊंचाईतक चढ़ सकेगा या कि झूठी मिथ्या बातोंसे और दूसरोंकी खराबीका अनुकरण था नकल करके अपना आत्मघात करेगा? सवाल तो हमारे सामने यही है।

॥ ४८ ॥

२४ जून १९४७

भाइयो और बहनो,

इस भजनमें ऐतिहासिक रामकी करुण कहानी है, जिसे सुनकर आंखोंमें आंसू आ जाते हैं। कहां तो जानकीनाथका तिलक होनेवाला था और कहां उन्हें वनवास हो गया! इससे अधिक करुणाजनक चीज और क्या हो सकती थी! वही इतिहास आज हमारी आंखोंके सामने आ रहा है। एक ओर तो लंदनमें हिंदुस्तानको औपनिवेशिक स्वराज्य दिए जानेपर खुशियां मनानेकी चर्चा है, दूसरी ओर हम आज अपने धर्मकी रक्षाके नामपर आपसमें लड़ रहे हैं। मेरे पास कितने ही खत आते हैं जिनमें मुझपर तरह-तरहके कटाक्ष किए जाते हैं। कोई लिखता है कि 'तूने हिंदुओंको बर्बाद कर दिया। तू मुसलमानोंकी खुशामद करता रहता है,' आदि। मेरे दिलपर इन गालियोंका असर नहीं होता। मैं किसीकी खुशामद, नहीं करता और करता हूं तो केवल ईश्वरकी। उसकी भी खुशामद क्या, उसके तो हम सब गुलाम हैं, हम सब उसके बंदे हैं। वह किसीकी खुशामद नहीं मानता, क्योंकि वह तो सर्वशक्तिमान है। मैं इन खतोंपर गुस्सा करके भी क्या करूं? आखिर मेरा गुनाह क्या है? मैं यही तो कहता हूं कि कोई व्यक्ति पापी बननेसे या फरेब रचकर या दूसरोंपर अत्याचार करके अपने धर्मकी रक्षा नहीं कर सकता। यह बात हिंदू, मुसलमान सबपर लागू होती है। पाकिस्तान बुरी चीज है यह सब कोई कहता है। ऐसी हालत में वहां खुशियां और धूमधाम मनानेवाली क्या चीज है। हमारे देश के टुकड़े करके भी उनको नक्कारा क्या बजाना था! हमें एक लड्डू मिलता है और उसके

भी टुकड़े हो जाते हैं। इसमें उन्हें खुशी क्या मनानी थी? मैं ६० वर्षसे, जब कि मैं हाईस्कूलमें पढ़ता था, यही कहता आया हूं कि इस देशमें हिंदू, मुसलमान, पारसी और ईसाई जो भी रहते हैं सब भाई-भाई हैं। इतने वर्षोंके तजुर्बेसे मैं कहता हूं कि हमारी जमीनके टुकड़े हो गए तो क्या हम अपने भी दो टुकड़े करें? एक देशमें रहनेवाले लोग दो प्रजा कैसे बन सकते हैं? क्या यहां हिंदू और मुस्लिम प्रजा अलग-अलग होगी? हिंदुस्तानमें एक ही प्रजा रहेगी और वह हिंदुस्तानी प्रजा होगी। हम गलत इतिहास क्यों सीखें? हम यही कहेंगे कि हम दो प्रजा नहीं हैं। जब मैं ऐसा कहता हूं तो लोग गालियां देते हैं। क्या मैं उनकी बात मानकर अपने आपको खूनी बना लूं? इससे मैं अपनेको ही नुकसान पहुंचाऊंगा। आत्मा ही आत्माका बंधु और आत्मा ही आत्माका शत्रु हो सकता है। अतः हिंदूको मिटानेवाला हिंदू ही हो सकता है, दूसरा नहीं।

परंतु आज तो चारों ओर अंगार फैल रहे हैं। इस आगसे बचोगे तभी धर्म बच सकेगा। मैं कहां-कहां जाऊं, यह मुझे नहीं मालूम देता। मेरी शक्ति क्षीण होती जाती है। मेरा शरीर इस गर्मीको सहन करने लायक नहीं रहा। मैंने जो कहा है वह सत्य है। वह सबपर लागू होता है। वह सर्वसामान्य दुनियाका नियम है और सत्यकी हमेशा जय है और झूठकी क्षय होती है। मैं जो कह रहा हूं वह डरपोक और यूज- दिलके लिए नहीं, बल्कि उनके लिए जो बहादुर हैं और निःस्वार्थ है, जो अपनी मांकी, लड़कीकी और अपने धर्मकी रक्षा करते हुए मरना जानते हैं, दूसरोंको मारना नहीं। जो आदमी खुशीसे मर जाता है वह मारनेवालेसे कहीं ज्यादा बहादुर होता है। मैं चाहता हूं कि इस बहादुरीके स्तरतक सारा हिंदुस्तान पहुंचे।

मैं तो यह सब[१] देखकर कांप उठता हूं। किसको मैं जाकर समझाऊं। मैं तो धीरज रखकर यहां बैठ गया हूं। हम अंग्रेजोंकी ओर देख रहे हैं। ऐसे हम कबतक देखेंगे? १५ अगस्तके बाद, जब कि सब कुछ हमारे हाथोंमें आ जायगा, तब हम किसकी ओर देखेंगे?

पंजाबमें मार्शल-ला लागू करनेकी बात कही जाती है। वहां एक मार्शल-ला लागू हुआ मैं देख चुका हूं। मैं जानता हूं कि मार्शल-ला क्या चीज हो सकती है। मार्शल-ला दिलोंको नहीं बदल सकता।

---

१. लाहौर, अमृतसर और गुड़गांवके उपद्रव।

मैं तो यही कहूंगा कि मुसलमानोंको इस्लाम, हिंदुओंको हिंदू-धर्म और सिखको गुरुद्वारा बचाना है तो वे सब मिलकर यह फैसला कर लें कि हम आपसमें लड़ेंगे नहीं। यदि किसी चीजके बटवारेपर झगड़ा भी हो तो उसका फैसला तलवारसे नहीं, पंचद्वारा कराएंगे।

(त्रावनकोरके दीवान सर सी०पी० रामस्वामी अय्यरके ताजा वक्तव्यकी आलोचना करते हुए) सर सी०पी० कहते हैं कि गांधी और कांग्रेस सरहद्दी सूबेको तो आजादी देनेको तैयार हैं परंतु त्रावनकोरको नहीं। इतना बड़ा विद्वान होकर भी वह कितनी गलत बात करता है। यदि त्रावनकोर अलग हुआ तो हैदराबाद, काश्मीर और इंदौर आदि सब अलग हो जायंगे। इस तरहसे तो हिंदुस्तानके अनेक टुकड़े हो जायंगे। इसके अलावा फ्रांटियरके खान हिंदुस्तानसे पृथक् नहीं होना चाहते। वे कहते हैं कि हम पाकिस्तानमें नहीं जायंगे। तब फिर क्या वे हिंदुस्तानमें हिंदुओंकी गुलामी करेंगे? उनपर कांग्रेससे पैसा खानेका इल्जाम लगाया जाता है? कांग्रेस यदि इस तरहसे किसीको पैसा देकर अपनी तरफ करे तो वह अबतक जिंदा नहीं रहती। बादशाह खानने हमें विश्वास दिलाया है कि हिंदुस्तान पहले अपना विधान बना ले। इस दौरानमें वह किसी फैसलेपर पहुंच जायंगे। मगर रामस्वामी जो कहते हैं वह बिल्कुल गलत है। फ्रांटियरमें वहां रहनेवाली प्रजाकी आवाज है, जब कि त्रावनकोरमें तो एक राजा और उसका सचिव ही सारी प्रजाकी तरफसे बोल रहा है।

आजकी हालतमें राजा और प्रजा दोनोंका एक हक है, यह मेरा दावा है। फ्रांटियरकी मिसाल देकर सर सी०पी० लोगोंकी आंखोंमें धूल नहीं झोंक सकते। इस तरहसे न तो धर्म रहता है और न कर्म रहता है। मैं तो रामस्वामीसे यही कहूंगा कि सही चीज यही है कि त्रावनकोर राज्य विधान-परिषद् में आ जाए।

॥ ४९ ॥

२५ जून १९४७

भाइयो और बहनो,

हरिद्वारमें मुझे सूबा सरहद और पंजाबके शरणार्थियोंने यह बताया था कि

काबुलमें जो हिंदू लोग रहते हैं उनको एक अमुक रंगकी पगड़ी पहननी पड़ती है जिससे कि वे अलग पहचाने जा सकें। इस बारेमें आज अफगान राजदूतने एक लंबा बयान देते हुए उसका प्रतिवाद किया है। उनका कहना है कि काबुलमें ऐसी कोई चीज नहीं है। वे कहते हैं कि वहां तो हिंदुओंके मंदिर भी हैं और उन्हें मंदिर बनानेकी इजाजत है। यदि ऐसा है तो हमारे लिए यह बड़े फख्रकी है।

लाहौर, अमृतसर और गुड़गांवके उपद्रव हिंदू मुस्लिम और सिख तीनों कौमोंके लिए शर्मकी बात है। कुछ भी हो, ये झगड़े-फसाद बंद होने चाहिए। सच्चे दिलसे सब लोगोंको मिल जाना चाहिए। आजके अखबारोंमें मैंने पढ़ा है कि लाहौरमें कल मध्य रात्रितक नवाब ममदोतकी कोठीपर तीनों कौमोंके नेतागण बैठे और उन्होंने तय किया कि ये झगड़े बंद होने चाहिए। यह एक खुशखबरी है। आखिर क्या लाहौर और अमृतसरकी कब्रपर पाकिस्तान बन सकता है? और फिर ये कोई छोटे कस्बे भी नहीं हैं। इनको बनानेमें एक जमाना लगा है। अमृतसरमें तो सिखोंका एक सुनहरी मंदिर भी है।

आदमी अपना कर्तव्य भूलकर हैवान बन जाय, यह दुःखकी ही बात है। ये नेतागण कल फिर मिलनेवाले हैं। यदि वे सफल हो जाते हैं तो वहां मार्शल-ला लागू करनेकी जरूरत ही नहीं होगी। अतः ये नेतागण धन्यवादके पात्र हैं।

मुझपर आज धर्म-संकट आ पड़ा है। मेरा दिल कभी बिहार जानेके लिए करता है तो कभी नोआखाली। नोआखालीमें तो मैंने एक तरहसे अपना काम शुरू भी कर दिया है और इससे वहांके हिंदुओंको काफी साहस मिला है। बिहार मुझे जाना ही चाहिए। मैं यहां आठ दिनके लिए आया था, परंतु हो गया एक महीना। में कहां जाऊं और क्या करूं, यह मुझे मालूम नहीं होता। एक ईश्वर-भक्तके लिए यह अच्छा भी है कि वह केवल आजकी चिंता करे, कलकी नहीं। कल क्या होनेवाला है यह तो ईश्वर ही जान सकता है। कुछ लोग कहते हैं कि तू अहिंसाकी इतनी लंबी-लंबी बात करता है तो फिर अमृतसर या गुड़गांव क्यों नहीं जाता? मैं वहां जाकर क्या करूं और किसको कहूं कि तुम लड़ो मत। मेरे दिलमें संशय तो नहीं है। मैं चाहता हूं कि आप लोग जैसा मैं हूं वैसा मुझे पहचान लें। मेरे दिलमें संशय तो कभी हुआ ही नहीं। परंतु इस वक्त इतना गोलमाल

चल रहा है, दुनियामें, और हिंदुस्तानकी दुनियामें भी, कि कुछ पता नहीं चल पाता। गीतामें लिखा है कि 'जो तेरा आजका धर्म है, वही तेरे लिए श्रेयस्कर है।' चार-पांच जगह उपद्रव हो रहे हैं और मुझे नहीं सूझता कि मैं कहां जाऊं। ईश्वर मुझको कहता नहीं कि तुझको यह करना है। मैं दोस्तोंसे पूछता हूं। जब हमारे दिलमें शक पैदा हो जाता है तो अच्छा तरीका यही है कि हम धैर्य रखकर बैठे रहें, बजाय इसके कि हम कोई पत्थर फेंककर मामलेको और बिगाड़ें। परंतु ममदोतके नवाब साहबने तो कहा है कि पाकिस्तानमें अल्पसंख्यकोंके साथ अच्छा सलूक किया जायगा। वे फरेबसे ऐसी बातें कहते हों, यह मैं क्यों मान लूं? जब अफगानिस्तानमें हिंदू नागरिक बनकर रह सकते हैं तो पाकिस्तान, इससे भिन्न कोई अन्य चीज हो नहीं सकती।

॥ ५० ॥

२६ जून १९४७

भाइयो और बहनो,

मैं डेढ़ घंटेतक वाइसराय साहबके पास रहा। मैं वहां कुछ करनेके लिए तो गया नहीं था। न तो वाइसरायको कुछ देने गया था और न कुछ उनसे लेने। उनका काम करनेका अपना एक ढंग है। चूंकि मैंने भी हिंदुस्तानकी आजादीके लिए अनेक लड़ाइयां लड़ी हैं, कुछ सेवा की है, इसलिए जैसे वे औरोंको बुलाते हैं, उसी तरह उनको ऐसा लगा कि मुझको भी बुलाना चाहिए। वे सबकी राय तो ले लेते हैं और पीछे उनको जो करना होता है वह करते हैं। उनके दिलमें क्या भरा है यह तो ईश्वर ही जानता है।

मेरी डाकमें आनेवाले खतोंमें कुछ खत तो गालियोंसे ही भरे होते हैं। उन गालियोंका तो मेरे ऊपर कोई असर नहीं होता, क्योंकि मैं इन गालियोंको ही स्तुति समझता हूँ। परंतु वे लोग गालियां इसलिए नहीं देते कि मैं उनको स्तुति समझता हूं, बल्कि इसलिए कि मैं जैसा उनकी निगाहमें होना चाहिए वैसा नहीं हूं। एक वक्त वह था जब कि वे मेरी स्तुति भी करते थे। इसलिए गालियां देना या स्तुति करना तो दुनियाका एक खेल है। परंतु आज मैंने एक खतमेंसे दो सवाल चुन लिए हैं जिनका मैं यहां उत्तर देना

चाहता हूं। एक सवाल तो यह है कि 'तुम लोग बरसोंसे ब्रिटिश फौजके आदी हो गए हो। जब ब्रिटिश फौज यहांसे चली जायगी तब तुम्हारा क्या हाल होगा?' मैं दक्षिण अफ्रीकामें भी, और वहांसे आनेके बाद इस देशमें भी बरसों पहले इसका उत्तर दे चुका हूं। आज भी मैं वही कहता हूं कि ब्रिटिश फौजसे हमारा वास्ता क्या है। हमारी शक्ति उससे बढ़ती नहीं, बल्कि गिरती है। मैं तो अहिंसाका माननेवाला हूं, परंतु जो लोग हिंसाको मानते हैं उनके लिए भी यही बात है। यदि सब लोग सिपाही बन जायं और वे राइफल भी चलाने लगें तो फिर हमें ब्रिटिश फौजकी क्या जरूरत रह जाती है? यदि हमें ब्रिटिश फौजके चले जानेसे सदमा पहुंचता है तो फिर हम स्वराज्यके लायक कैसे हो सकते हैं? यदि किसी आदमीका फेफड़ा खराब हो जाय तो उसके जिंदा रहनेके लिए वह दूसरेके फेफड़ेसे काम नहीं चला सकता। स्वराज्य हिंदुस्तानका फेफड़ा है। अगर हमें जिंदा रहना है तो दूसरेकी मदद से वह नहीं चलेगा। हमें आज ऐसा लगता है कि जैसे कोई आदमी जन्मसे किसी अंधेरी कोठरीमें बंद रहा हो और एक दिन उसे अचानक बाहर निकालकर छोड़ दिया जाय। सूर्यका प्रकाश देखकर उसकी आंखें कुछ समयके लिए काम नहीं करेंगी। उसी तरहसे हम यहां अंधेरेमें रहनेवाले पक्षी-जैसे बन गए हैं। एक दिन हमें ऐसा लगेगा कि जैसे हम किसी नई दुनियामें आ गए हों। एक दिनके लिए चाहे हमें, ऐसा लगे, मगर सच्ची बात तो यही है। न हम ब्रिटिश फौजके जरिये यहां दबना चाहते हैं और न उससे हम अपनी रक्षा कराना चाहते हैं। हमें ब्रिटिश फौज तो क्या, कोई अन्य फौज भी नहीं चाहिए।

परंतु आज अमृतसर और लाहौर आदिके दंगोंकी वजहसे हमारा अपने ऊपरसे विश्वास उठ गया है। हम इतने बदमाश हो गए हैं कि एक-दूसरेसे डरने लगे हैं। हमारे अंदर यह खयाल जोर पकड़ता जा रहा है कि यदि फौज बीचमें न रहे तो लोग एक-दूसरेको खा जाएं। मगर हकीकत यह है कि जबतक तीसरी ताकत हमें दबानेके लिए तैयार है, तबतक हम अपनी ताकतको बढ़ा नहीं सकते। स्वराज्य बुजदिल आदमियोंके लिए नहीं होता।

दूसरा प्रश्न यह है कि 'तू कैसा बेअक्ल और मूर्ख आदमी है कि तुझे अभीतक तेरी अहिंसाकी बदबू नहीं आती! सब कुछ देखते हुए भी अहिंसाके लिए तेरे दिलमें नफरत क्यों नहीं होती? न तो अपनी अहिंसासे तू हिंदूको

बचा सकता है और न मुसलमानको बचा सकता है। तुझे हम जिंदा रहने देते हैं, सो तेरी अहिंसाकी खातिर नहीं, बल्कि इसलिए कि तू इस देशकी सेवा करते-करते इतना बूढ़ा हो गया है, सो तुझपर हमें रहम आता है।'

मुझको तो ऐसा लगता है कि मेरे चारों ओर जो खून बह रहा है और जो भीषण हिंसा हो रही है उससे मुझे बदबू आ रही है। उस बदबूको देखते हुए मेरी अहिंसामेंसे जो खुशबू आती है वह मुझे और अधिक मीठी लग रही है। जो आदमी हमेशा अमृत-ही-अमृत पीता हो उसको अमृत उतना मीठा नहीं लगता जितना कि जहरका प्याला पीनेके बाद अमृतकी दो बूंद भी बहुत मीठी लगती है।

हमेशा मुझको मेरी अहिंसाकी खुशबू नहीं आती थी; क्योंकि तब मेरे, चारों ओरका वातावरण अहिंसामय था। लेकिन आज जब मुझको हिंसाकी बदबू आती है तो उस बदबूको मिटानेवाली चीज मेरे पास अहिंसा ही है। खतमें यह भी लिखा है कि मैं बार-बार जिन्नासे मिलने क्यों जाता हूं। वे हमारे दुश्मन हैं जिनसे हमें दूर रहना चाहिए। बलूच भी हमारे दुश्मन हैं और उनसे कांग्रेसको कोई संबंध नहीं रखना चाहिए। कांग्रेस ऐसा कैसे कर सकती है ? उसका फर्ज सबकी सेवा करना है। मैं मानता हूं कि जिन्ना साहबने हिंदुओंको, और खास तौरसे सवर्ण हिंदुओंको, अपना शस्त्र बताकर देशका बुरा किया है। जो आदमी बुरा काम करता है वह बुरा तो लगता है, मगर आखिर तो वह हमारा ही भाई है। हिंदू उसके पीछे पागल थोड़े ही हो जायंगे। यह माना कि जिन्ना साहबने पाकिस्तान ले लिया, परंतु इसका मतलब यह नहीं कि हम आपसमें मिलना ही छोड़ दें। कितने ही और झगड़े हैं जिनको हम एक जगह बैठकर सुलझा सकते हैं। मैं तो 'सर्व-धर्म एक समान' का माननेवाला हूं। इसलिए अहिंसाके लिए मेरे दिलमें नफरत हो नहीं सकती और न मुझको हिंसासे खुशबू ही आनेवाली है। मैं मर जाऊं तब भी नहीं आनेवाली है। उस अहिंसाकी खुशबू यदि मैं आप लोगोंको भी दिला दूं तो मेरा काम पूरा हो जाता है। अहिंसासे बदबू कभी आ ही नहीं सकती, क्योंकि उसमें खुशबू ही भरी पड़ी है।

॥ ५१ ॥
२७ जून १९४७

भाइयो और बहनो,

आज मुझको एक दु:खद खत मिला है। उस खतमें दिल्लीके एक भाई लिखते हैं कि पंजाबसे आजकल काफी निराश्रित लोग यहां आ रहे हैं। वे वहांसे इसलिए भागे हैं कि उनको वहां अपने जान-मालका खतरा था; परंतु आखिर भागकर वे जायंगे कहा? यदि आज यह अफवाह उड़ जाए कि दिल्लीमें कल भूकंप होगा तो क्या हम यहांसे भाग जायंगे? जो बहादुर आदमी होता है वह भागकर कहां जायगा? मौत तो हमेशा उसके पीछे पड़ी है। कोई अमरपट्टा लेकर तो यहां आया नहीं। रहा जायदादका सवाल, सो वह तो आज हम पैदा करते हैं और कल गंवा देते हैं। परंतु वह भाई लिखते हैं कि ये जो शरणार्थी परेशान होकर पंजाबसे निकलकर आए हैं उनसे दिल्ली के मकान-मालिक अपने मकान किरायेपर देते समय पगड़ी[1] मांगते हैं। दिल्लीमें जो मकान-मालिक हैं या जिनके पास जमीनें हैं, मैं तो उनसे कहूंगा कि उन्हें बाहरसे निराश्रित होकर आए हुए लोगोंका अपने घरोंमें स्वागत करना चाहिए। यदि यह नहीं कर सकते तो उनसे पगड़ी लेकर पैसा क्या पैदा करना! वे अपने मकानोंका उतना ही किराया लेकर संतोष करें जितना कि शरणार्थी आरामसे दे सकते हैं। शरणार्थियोंको शरण देना उनका परमधर्म है। यह सबका सामान्य कर्तव्य है, इसमें मुझे कोई संदेह नहीं है। माना कि कुछ मकान-मालिकोंका निर्वाह मकानोंके किरायेपर ही होता है, परंतु वे उचित किराया लेनेमें ही अपने मकानोंका उपयोग करें। पत्रमें लिखा है कि अंतरिम सरकारको इस समस्यापर ध्यान देना चाहिए और जहांतक हो सके वह शरणार्थियोंकी रिहाइशकी समस्याको सुगम बनानेका यत्न करें।

मुझसे रोज अखबारों और डाकमें आनेवाले खतोंके जरिये अनेक सवाल पुछे जाते हैं। उन सबका उत्तर देना तो संभव नहीं, परंतु कुछ सवालोंका जवाब देना मुनासिब है। इसलिए आज मैंने तीन सवाल चुन लिए हैं। पहला सवाल यह है कि जब दुनियामें लोग पैसेको ही परमेश्वर मान बैठे

---

१. नजराना। कहीं-कहीं इसे 'सलामी' भी कहते हैं।

हैं तब हिंदुस्तानको इस बारेमें क्या करना है? पैसा-बल, शरीर-बल या पशु-बल ये सब जड़वादके द्योतक हैं, परंतु इन सबसे बड़ा ईश्वरका बल है। जैसा कि एक भजनमें कहा गया है, जब सारे बल हार जाते हैं तब तेरे नामका बल ही हमारे पास रह जाता है। परंतु आजके युगमें जब अमरीका, रूस और ब्रिटेन-जैसे देश ही पैसेको परमेश्वर मान बैठे हैं तब हमारी तो गिनती ही क्या है।

आज जड़वादका ही बोलबाला है और लोग ऐसा समझने लगे हैं कि चैतन्यवाद या आत्मिक बल कुछ है ही नहीं, क्योंकि हम न तो हाथोंसे उसे छू सकते हैं और न आंखोंसे देख सकते हैं।

परंतु मैं अध्यात्मवादी हूं और मेरे लिए नैतिक बलके सामने पशुबलकी कोई कीमत ही नहीं हैं। मैं तो अब भी यही कहूंगा कि पशुबल अस्थायी है और अध्यात्मबल या आत्मबल या चैतन्यवाद एक शाश्वत बल है। वह हमेशा रहने वाला है, क्योंकि वह सत्य है। जड़वाद तो एक निकम्मी चीज है।

दुर्भाग्यसे आज हिंदुस्तान भी इसमें फंस गया और यह समझने लगा है कि जड़वाद ही सब कुछ है। परंतु मेरा तो यह अटल विश्वास है कि आखिरमें तो चैतन्यवाद या आत्मवादकी ही विजय होगी।

दूसरा सवाल यह है कि जब अंग्रेज यहांसे चले जायंगे और डोमीनियन स्टेट्स भी तभीतक चलेगा जबतक कि विधान-परिषद् अपना विधान बनाकर तैयार नहीं कर लेती, तबतक इसके बाद आप यहां अंग्रेजके दुश्मन बनकर रहेंगे या दोस्त बनकर?

इसका उत्तर यह है कि मेरी तो हमेशा यह आशा रही है कि अंग्रेज हमारे साथ भले ही बने रहेंगे। यदि कोई आदमी बुरा भी होता है तो उसकी बुराई उसके साथ चली जाती है, केवल भलाई ही पीछे रहती है।

परंतु आज हिंदुस्तान प्रसव-वेदनामेंसे गुजर रहा है। यदि इस वेदनामें अंग्रेज पास हो जाते हैं; अर्थात् वाइसराय और उनके अंग्रेज सलाहकार वही काम करते हैं जिससे सारे देशका भला हो तो फिर पीछे वे हमारे दुश्मन कैसे रहेंगे?

डोमीनियन स्टेट्स भी तो हमने उनसे मित्र बनकर ही लिया है। उसे

लेनेके बाद हम एक बड़े कबीलेके हिस्सेदार बन जाते हैं। इस कबीलेसे अलग होनेके बाद भी हम उनके साथ दोस्ताना तरीकेसे ही रहेंगे। इसीमें हमारी और उनकी भलाई है। हमारी अंतरिम सरकारके वाइस प्रेसीडेंट जवाहरलालजीने तो पहले ही कह दिया है कि हिंदुस्तानकी आजादी किसीको खटकनेवाली नहीं होगी। आजाद भारत सब देशोंके साथ मित्रताके संबंध बनायगा।

तीसरा प्रश्न है कि इंडियन रिपब्लिकका प्रेसीडेंट कौन होगा? क्या आप किसी बड़े अंग्रेजको इस पदपर रखेंगे? यदि किसी अंग्रेजको नहीं तो फिर पंडित जवाहरलाल नेहरू बनें; क्योंकि वे बहुत पढ़े-लिखे हैं, अंग्रेजी और फ्रेंच बोल सकते हैं और विदेशोंका भी उनको अच्छा अनुभव है।

इसके उत्तरमें मैं कहना चाहता हूं कि भारतीय प्रजातंत्रकी प्रेसीडेंट एक भंगी लड़की बनेगी, यदि कोई पाक और बहादुर लड़की मुझे मिल गई। प्रेसीडेंट बहुत पढ़ा-लिखा ही हो और उसे कई भाषाओंका ज्ञान हो, यह कोई जरूरी नहीं है। किसी बड़े विद्वान ब्राह्मण या किसी क्षत्रियको प्रेसीडेंट बनाकर हम दुनियाको अपना घमंड दिखाना नहीं चाहते।

एक हरिजन लड़कीको उस पदपर बिठाकर हम अपना आत्मिक बल दिखाना चाहते हैं। हमें संसारको यह बताना है कि यहां न कोई उच्च है, न नीच है। परंतु वह लड़की दिलकी और शरीरकी साफ होनी चाहिए। उसमें किसी प्रकारका मैल न हो। यदि खड़ी हो तो सीता-जैसी पवित्र हो और उसकी आंखोंसे तेज बरसता हो। सीताजीमें इतना तेज था कि उन्हें रावण छू नहीं सकता था। यह तो एक ऐतिहासिक कथा है, परंतु इसका अर्थ यह है कि जिसमें इतनी पवित्रता हो उसे कोई छूनेका साहस नहीं कर सकता।

ऐसी लड़की यदि मुझे मिल गई तो वह हमारी पहली प्रेसीडेंट बननेवाली है। हम सब उसको सलामी देंगे और इस प्रकार एक नई बात दाखिल करके दुनियाके सामने एक मिसाल रखेंगे।

आखिर कोई हिंदुस्तानकी बागडोर तो उसे संभालनी है नहीं। उसका एक सचिव-मंडल रहेगा और वह जैसी सलाह देता जायगा उसीके अनुसार वह काम करेगी। उसे केवल अपने दस्तखत ही करने होंगे। यह कितनी बड़ी नैतिक बात है जो मैंने आज आपको बता दी। हिंदुस्तानमें रहनेवाले सब लोग, चाहे वे सवर्ण हिंदू हों या मुसलमान, या कोई अन्य कौम, एक

आवाजसे यही कहें कि जिस किसीको प्रेसीडेंट बनाया जायगा हम सब उसको सलामी देंगे। यही सच्चा नैतिक बल है और बाकी सब मिथ्या है। यदि मेरी कल्पनाकी लड़की हमारी प्रेसीडेंट बनी तो मैं भी खादिम, बनकर उसका काम करूंगा और सरकारसे अपने खाने तकके लिए भी पैसा नहीं मांगूंगा। जवाहरलालजी, सरदार पटेल और राजेंद्रबाबू आदिको भी मैं उसके सचिव-मंडलमें भेजकर उसके नौकर बना दूंगा।

॥ ५२ ॥

२ जून १९४७

भाइयो और बहनो,

आज जो मैं आपको सुनाना चाहता हूं वह एक निराली अनोखी बात है। आशा है, आप सब ध्यान से सुनेंगे और उसे हजम भी कर लेंगे। एक आदमी यदि अच्छा काम करता है तो वह उस भले काम में सारे जगतको हिस्सेदार बना लेता है। जो आदमी बुरा काम करता है, उसमें सारा जगत हिस्सेदार नहीं बनता, परंतु जगतको उससे दुःख तो पहुंचेगा ही। आज हमारी इस विधान-परिषद्में यही बात तो चल रही है कि एक शहरीके सच्चे हक क्या-क्या हैं? अर्थात् यह कि शहरीके मौलिक हक क्या होने चाहिए। हकीकत तो ऐसी है कि उन मौलिक हकोंके बदलेमें हम यह कहें कि शहरीके फर्ज क्या हैं। मौलिक हक वही तो हैं जिनको अमलमें लानेसे उनका भी भला हो और उनके पीछे सारे जगतका। आज हर आदमी यही सोचता है कि उसके हक क्या हैं? परंतु यदि आदमी बचपनसे ही धर्म-पालन करना सीख जाए और अपने धर्म-ग्रंथोंका अध्ययन करे तो उसको अपना हक भी साथ-साथ मिलता चला जाता है। मुझे तो अपनी माताकी गोदमें ही अपना धर्म सिखाया गया था। मेरी माता तो जंगली और बिना पढ़ी-लिखी थी। अपने दस्तखत भी नहीं कर सकती थी। छोटा-सा नाम था और वह भी लिखना नहीं सीखा था; हमको तो वह पढ़नेके लिए स्कूल भेज देती थी और खुद पढ़ी नहीं थी। उन दिनों शिक्षक रखकर कोई पढ़ता नहीं था और यह भी काठियावाड़-जैसे जंगली प्रदेशमें। यह मैं ७० साल पहलेकी बात करता हूं। पिताजी एक दीवान तो थे मगर उस जमानेमें

दीवान कोई बहुत अंग्रेजी पढ़ा-लिखा थोड़े ही होता था। वे तो एक अंगरखा पहनते थे और पांवोंमें सादी जूतियां होती थीं। पतलूनका तो नाम भी नहीं जानते थे। परंतु इस हालतमें भी मेरी मां मुझे यह सिखाती थीं कि बेटा, तुझे राम-नाम लेना चाहिए। वह मेरा धर्म जानती थीं। मतलब यह कि बचपनसे ही यह जानना चाहिए कि हमारा धर्म क्या है और उस धर्मका पालन करनेमें हमारा हक भी अपने आप हो जाता है। माता जो दूध पिलाती थीं वह दूध पीनेसे मुझे जीनेका हक मिलता था। यदि मैं दूध पीनेका धर्म-पालन न करूं तो मैं मर जाऊंगा और फिर मेरा जीनेका हक भी नहीं रहता। बच्चेको दूध पीनेका कर्तव्य पालन करनेसे ही जीनेका हक मिलता है। यह एक बड़ी, खूबीकी बात है। निचोड़ यह है कि कर्तव्य-पालन, से ही हक पैदा होता है। यदि हम अपना धर्म-पालन करें तो हक उसके पीछे दौड़ता है! वह हकसे छूट नहीं सकता। असल वही हक सच्चा भी है। यदि उसकी हम रक्षा करें तो उसमें सारे संसारको अपने साथ ले सकते हैं। सत्याग्रह भी तो ऐसे ही पैदा हुआ था, क्योंकि मैं यही सोचता रहता था कि मेरा धर्म क्या है?

परंतु आज तो एक अनोखी बात दिखाई दे रही है। जो राजा है वह ऐसा मानकर बैठ गया है कि उसे ईश्वरने रैयतपर राज्य करनेके लिए ही राजा बनाया है। उसको किसीको फांसी देना, किसीको दंड देना और किसीको जुर्माना करनेका हक है। वह हर चीजका प्रजासे ही पालन कराना चाहता है। वह कहता है कि यह हक उसको ईश्वरसे मिला है। कारखानोंके मजदूर और मालिक अपने-अपने हक मांग रहे हैं। जमींदार अपने हक मांग रहे हैं तो किसान अपने। यहां कोई ऐसे दो वर्ग तो हैं नहीं कि जिसमें एक वर्गको केवल हक हों और दूसरा केवल कर्तव्य-पालन ही करता रहे। जो राजा अपना कर्तव्य-पालन नहीं करता और प्रजा अपना धर्म-पालन करती रहे तो पीछे वह प्रजा राजाकी जगह ले लेती है।

यदि राजा अपना धर्म-पालन करे और रैयतका ट्रस्टी बनकर रहे, तब तो वह रह सकेगा और यदि हाकिम बनकर रहेगा तो वह इस युगमें रह नहीं सकता। आजतक हम अंधेरेमें पड़े थे। राजा अपना धर्म भूल गया और प्रजा अपना धर्म भूल गई।

राजा लोग अपना धर्म छोड़कर केवल यही कहने लगे कि मैं चंद्रवंशी हूं या कि सूर्यवंशी हूं। मगर हकीकतमें राजा प्रजाका सबसे आला दर्जेका

सेवक होता है। सेवकका धर्म है सब कुछ स्वामीको भेंट कर देना और फिर जो कुछ बच जाए उसे खाकर निर्वाह कर लेना। रैयत भी अपना धर्म-पालन करना सीखे। प्रजा लाखोंकी तादादमें पड़ी है; वह चाहे तो राजाको मार भी सकती है, परंतु इससे उसीको नुकसान पहुंचेगा। यदि हम अपनी गली साफ करते हैं, रोशनी करते हैं या और कुछ करते है तो उसे अपना कर्तव्य मानकर करें। हममेंसे हरएकको भंगी बनकर सेवा करनी चाहिए। जो मनुष्य पहले भंगी नहीं बनता वह जिंदा रह नहीं सकता है। और न रहनेका उसे हक है। हम सब किसी-न-किसी रूपमें भंगी तो हैं ही। मानते नहीं तो क्या, हकीकतमें तो हैं। यदि रैयत महसूल देती है तो वह इसलिए नहीं कि राजाका पेट भरना है, बल्कि इसलिए कि उसके बिना राजतंत्र चल नहीं सकता। जो मनुष्य अपने धर्मका पालन करता हो उसके पास हक अपने आप आ जाते हैं। मजदूरों और मालिकोंपर भी यही चीज लागू होती है। यहां हमारे पास ही हरिजन मजदूरोंकी एक बस्ती पड़ी है। वह जिस गंदगीमें विद्यमान हैं, उसे देखकर मेरा दिल रोता है। हम कितने नालायक हैं। मैं इतनी अच्छी और सुंदर जगहमें रहता हूं और वे बेचारे ऐसी गंदगीमें पड़े हैं। मालिकोंके दिलमें ऐसा होना चाहिए कि मजदूर लोगोंको खाना देकर पीछे आप खाएं। मान लिया कि मालिक अपने धर्मका पालन नहीं करते तो फिर क्या मजदूर उस मालिकका गला काट देंगे? वे काट तो सकते हैं, परंतु इससे तो सारे-का-सारा ढांचा बिगड़ जायगा और पीछे फिर वह जायगा कहां? मालिकको धमकी भी क्या देनी? इस तरहसे जो मजदूर हैं वे स्वतः मालिक बन जाते हैं। मजदूरोंको यदि अपनी स्थितिको दुरुस्त करना है तो उनको यह भूल जाना है कि उनके जो हक हैं वे धर्म-पालनमेंसे पैदा नहीं होते। मजदूर तो आज करोड़ोंकी संख्यामें पड़े हैं।

यदि मजदूर अपना कर्तव्य छोड़ दें तो सच्ची अराजकता और अंधाधुंधी मच जाती है। यही नजारा आज हम सारे हिंदुस्तानमें या सारे संसारमें देख रहे हैं।

मनुष्य जन्मसे ही कर्जदार पैदा होता है और शास्त्र भी यही सिखाता है कि इस कर्जको अदा करनेके लिए ही हम जन्म लेते हैं, और जन्मसे ही परवश बन जाते हैं। माता यदि खाना दे तो खा लेते हैं। इन्सान दूसरोंपर निर्भर रहकर ही अपने आपको इन्सान बनाता है।

॥ ५३ ॥

२९ जून १९४७

भाइयो और बहनो,

कल हमने फर्ज यानी धर्म-पालनके बारेमें बात शुरू की थी। मैं जो आपको कहना चाहता था वह सब-का-सब कल नहीं कह पाया था। आज मैं उसे कह दूंगा। हमेशा जब कोई आदमी कहीं भी जाता है, उसका वहां कुछ-न-कुछ फर्ज हो जाता है। लेकिन जो आदमी अपना फर्ज भूलकर सिर्फ हककी ही हिफाजत करना चाहता है, वह इस बातको नहीं जानता कि जो हक अपने कर्तव्य-पालनसे पैदा नहीं होता उसकी कोई हिफाजत कर नहीं सकता। हिंदू-मुसलमानोंके बारेमें भी यही चीज लागू होती है। कहीं भी, हिंदू रहें या मुसलमान रहें, या दोनों रहें, वे अगर अपना-अपना धर्म-पालनकरें तो उसमेंसे हक अपने आप पैदा हो जाता है। फिर उसके मांगनेकी जरूरत ही नहीं होती। जैसे बच्चा मांका दूध पीता है। दूध पीना उसका धर्म है, क्योंकि उससे उसको जिंदा रहनेका हक मिलता है। यह एक ऐसा सुनहरी कानून है कि उसमें कोई तब्दीली नहीं कर सकता। यदि हिंदू मुसलमानको अपना सहोदर समझकर उसके साथ अच्छा सलूक करता है तो मुसलमान भी बदलेमें दोस्तीका ही जवाब देगा। आप एक देहातकी मिसाल ले लीजिए। अगर एक गांवमें ५०० हिंदू और ५ मुसलमान रहते हैं तो इन ५०० हिंदुओं का उन ५ मुसलमानोंके प्रति फर्ज हो जाता है और पीछे हक भी। वे अपनी मगरूरीमें यह न मान लें कि हम तो इनको कुचल डालेंगे और मार देंगे। किसीको मारनेका हक तो पैदा ही नहीं होता। उसमें कोई बहादुरी नहीं, बुजदिली है; निर्लज्जपना और बेशर्मी है। उन ५०० हिंदुओंका तो यह धर्म हो गया कि जो मुसलमान वहां पड़े हैं, वे चाहें दाढ़ी रखते हों या पश्चिममें नमाज पढ़ते हों, उनके सुख-दुःखमें वे शामिल हों। उनका फर्ज है कि वे यह देखें कि उन्हें खाना मिलता है या नहीं, पानी पीनेको है या नहीं और उनकी अन्य जरूरत भी पूरी होती है या नहीं। जब ये ५०० हिंदू अपना धर्म-पालन करते हैं तब उन्हें यह हक मिल जाता है कि वे ५ मुसलमान भी अपना फर्ज पूरा करें। अगर किसी कारणसे गांवमें आग लग जाती है और वे ५ मुसलमान यह कहें कि गांव जलने दो और उलटा गांवको जलानेमें ही मदद करें तो फिर

अपना फर्ज अदा नहीं करते। गांवमें आग लगना तो एक आम बात है। किसीने बीड़ी फूंककर दियासलाई फेंक दी और वह किसी घासमें या रुईमें जा गिरी तो आग जलने लगी। हवाका जोर, और गांवमें घास-फूसके झोंपड़े ही होते हैं और सारा गांव जल जाता है। मगर हकीकतमें होगा ऐसा कि वे पांच मुसलमान भी यही कहेंगे कि हम भी उसमें पानी ले जायं और अंगारोंको बुझानेका यत्न करे। इस तरह यदि हर एक अपने-अपने धर्मका पालन करे तो फिर उनका हक भी आप-ही-आप मिल जाता है। परंतु आज हम लोग अपने फर्जका पालन नहीं करते। काम तो फिर भी चलता ही है, क्योंकि ईश्वरने यह दुनिया ऐसी पचरंगी बनाई है जिसका काम कभी नहीं रुकता। मगर फर्ज पालन करनेसे उसमें एक खूबसूरती पैदा हो जाती है।

यह तो मैंने आपको एक नमूना बताया। मान लो कि ये ५ मुसलमान बदमाशी करना ही चाहते हैं। आप उनको खाना दें, पानी भी दें और अच्छे-से-अच्छे सलूक करें और फिर भी वे गालियां ही दें, तब उन ५०० हिंदुओंका क्या फर्ज हो जाता है? उनका यह धर्म नहीं कि वे उनको काट डालें। यह तो जानवरोंकी बात हुई, मनुष्यका यह धर्म नहीं। यदि मेरा कोई सगा भाई है और वह दीवाना बन गया है तो क्या मैं उसपर मार-पीट शुरू कर दूंगा? मैं ऐसा नहीं करूंगा। उसको एक कमरेमें अलग रख दूंगा और दूसरोंको भी मार-पीट नहीं करने दूंगा। यह एक इन्सानियतका सलूक हुआ। इसी तरह यदि वे मुसलमान दोस्ताना तौरसे चलना ही नहीं चाहते और कहते जायं कि हम तो अलग नेशन हैं, हम पांच हैं तो क्या हुआ, हम बाहरसे ५ करोड़ मुसलमान बुला सकते हैं तो वे हिंदू उन बाहरके मुसलमानोंकी धमकीसे डरें नहीं। वे उनसे साफ कह दें कि हम तो उनसे दोस्ताना तौरसे चलनेको कहते हैं मगर वे चलते ही नहीं। अगर आप उन्हें मदद देना चाहते हैं तो दें, मगर हम डरनेवाले नहीं हैं और हम कभी भी डरके आगे सिर नहीं झुकायंगे। अंतमें बाहरकी दुनिया भी समझ जायगी कि वे ५०० हिंदू शरीफ आदमी हैं और अपना फर्ज पालन करनेको तैयार हैं। यही चीज उस गांवपर भी लागू होती है जहां ५०० मुसलमान और ५ हिंदू रहते हों जैसा कि पाकिस्तानमें बहुत जगह रहते हैं। अभी झेलमके कुछ आदमी मुझसे मिले। उन्होंने कहा कि हमारा वहां क्या हाल होगा? मैंने उनसे कहा कि अगर वहां मुसलमान अच्छे हैं, अपने आपपर काबू

रखनेवाले हैं और अपना धर्म-पालन कर रहे हैं तो फिर आपको डरनेकी बात क्या है? और यदि वे ५ हिंदू पाजी हैं तो फिर वे सारे हिंदुस्तानके हिंदू वहां बुलावें तो भी क्या बनता है? जब सब अपना-अपना धर्म-पालन करें तो पीछे उनके पास हक अपने आप आ जायगा। ईश्वरकी ऐसी खूबी है। यह मैं बहुत तजुर्बेकी बात कहता हूं और वह तजुर्बा भी एक वर्षका नहीं, बल्कि साठ वर्षोंका।

आजकल हिंदुस्तानके कुछ राजा लोग बहुत बिगड़ रहे हैं, वे समझते हैं कि वे 'यावच्चन्द्रदिवाकरौ' राजा ही हैं। वे कहते हैं कि हमें रैयतने थोड़े ही राजा बनाया है, या तो अंग्रेजने बनाया है या सूरज और चांद ने। परंतु यह तो धर्म-पालनकी बात नहीं, बल्कि घमंड और अहंकार की बात हुई। अबतक राजाओंपर अंग्रेजोंका साया था। करोड़ों रुपया उन्होंने अमरीका और इंग्लैंडमें खर्च किया। खूब खेल खेले। मगर अब किस मुंहसे वे खेल खेलेंगे। अब तो रैयत चाहेगी तभी वे राजा रह सकेंगे। अब तो वे रैयतके सेवक बनकर ही रह सकते हैं। मगर खाना तो सेवकको भी चाहिए। अबतक तो वे लूटकर खाते थे। महलोंमें भी उनको रहने दिया जाय, क्योंकि वे कह सकते हैं कि हम जन्मसे ही महलोंमें रहना सीखे हैं, झोपड़ोंमें कभी रहे ही नहीं। तो महलोंमें उनको रहने देनेसे रैयतका क्या बिगड़ता है?

परंतु राजा यदि रैयतके पास आता है, उसका सुख-दुःख सुनता और अपनेको रैयतका सेवक कहता है, तो फिर उस राजाको उस रैयत पर राज्य करनेका हक मिल जाता है। वह सेवककी हैसियतसे राज-काज करे। उसे रैयतसे कर लेनेका भी हक मिल जाता है क्योंकि कर के बिना रियासतका काम कैसे चल सकता है? रैयत भी स्वेच्छासे कर देते हैं और बड़ी खूबसूरतीसे सारा काम चलता है।

यदि राजा लोग कहें कि रैयत कौन होती है, हम उसे तोपसे उड़ा देंगे, तो वह राजाका धर्म-पालन नहीं हुआ। तब रैयत क्या करे? ऐसी स्थितिमें रैयतका धर्म क्या है?

तब रैयतका धर्म हो जाता है राजाका सामना करनेका और उसका राज-पाट बंद करनेका। मगर रैयतके बिगड़नेका मतलब यह नहीं कि वह महलोंमें आग लगा दे और सब कुछ छिन्न-भिन्न कर दे। वह तो अधर्म

हो जाता है। राजा यदि उलटे रास्तेपर है तो रैयतका यह धर्म नहीं कि उसे जमीनपर घसीटे। रैयत बाअदब, सत्यसे और अमनसे सामना करे। सत्याग्रह इसीमेंसे पैदा हुआ था।

रैयत अपने धर्मको छोड़कर अकेले हकके पीछे न भागे। जो केवल हकके पीछे दौड़ता है उसको वह मिलता नहीं है। उसकी दशा उस कुत्ते-जैसी होती है जो पानीमें अपनी ही परछाईं देखकर उसको काट खानेके लिए झपटता है। वह उसका काल्पनिक हक है। धर्म-पालनके बाद हक तो अपने-आप उसकी गोदीमें आ पड़ता है। यह एक बड़ी खूबसूरत और अनोखी बात मैंने आज आपको बताई है।

॥ ५४ ॥

सोमवार ३० जून १९४७
(लिखित संदेश)

लोगोंकी आंखें आज सरहदी सूबेमें होनेवाले जन-मतकी तरफ लगी हुई हैं, क्योंकि सरहदी सूबा कानूनन कांग्रेसका रहा है और आज भी है। बादशाह खान और उनके साथियोंसे कहा जाता है कि पाकिस्तान या हिंदुस्तान, दोमेंसे किसी एकको चुनो। हिंदुस्तानका आज गलत अर्थ हो गया है—हिंदुस्तानका हिंदू और पाकिस्तानका मुसलमान। बादशाह खान इस कठिनाईसे कैसे निकलें? कांग्रेसने वचन दिया है कि डा० खान साहबकी सीधी देख-रेखके नीचे सरहदी सूबेमें जनमत लिया जायगा। सो वह तो नियत तारीखपर ही होगा। खुदाई खिदमतगार मत नहीं देंगे। सो मुस्लिम लीगको सीधी जीत मिलेगी और खुदाई खिदमतगारोंको अपनी आत्माकी आवाजके खिलाफ काम भी नहीं करना पड़ेगा, बशर्ते कि उनकी आत्माकी आवाज है, ऐसा माना जाय। ऐसा करनेमें क्या जन-मतकी शर्तोंका भंग होता है? वही खुदाई खिदमतगार जिन्होंने बहादुरीसे ब्रिटिश सरकारका सामना किया, अब हारसे डरनेवाले नहीं हैं। हार होगी, यह पक्की तरह जानते हुए भी अलग-अलग दल रोज चुनावमें हिस्सा लेते हैं। जब एक दल चुनावमें हिस्सा नहीं लेता तब भी तो हार निश्चित ही होती है।

पठानिस्तानकी नई मांग पेश करनेके लिए बादशाह खानको ताना दिया जाता है। कांग्रेसकी वजारत बननेसे पहले भी, जहांतक मैं जानता हूं बादशाह खानके सिरपर यही धुन सवार थी कि अपने घरमें पठानोंको पूरी आजादी हो। बादशाह खान एक अलग स्टेट बनाना नहीं चाहते। अगर वह अपने घरमें अपना विधान बना सकें तो वह खुशीसे दोमेंसे एकएक संघको कबूल कर लेंगे। मुझे तो समझमें नहीं आता कि पठानिस्तानकी इस मांगके सामने किसीको क्या उज्र हो सकता है। हां, पठानोंको पाठ सिखाना हो और उन्हें किसी-न-किसी तरह झुकाना ही हो तो बात अलग है। बादशाह खानपर एक बड़ा इल्जाम यह लगाया जा रहा है कि वह अफगानिस्तानके हाथोंमें खेल रहे हैं। मैं समझता हूं कि वह कभी किसी तरहकी धोखाबाजी कर ही नहीं सकते। वह सरहदी सूर्यको अफगानिस्तानमें जज्ब होने नहीं देंगे।

उनके दोस्त होनेके नाते मैं मानता हूं कि उनमें एक ही कमी है। वे बहुत ही शक्की हैं, खासकर अंग्रेजोंके काम और नीयतपर वह हमेशा शुबहा करते हैं। मैं सबसे कहूंगा कि वे उनकी इस कमजोरीको, जो कि खास उन्हींमें नहीं है, नजरअंदाज कर दें। यह जरूर है कि इतने बड़े नेताके लिए यह शोभा नहीं देता। अगर्चे मैंने उसको एक कमजोरी कहा है और जो एक तरहसे ठीक ही है, मगर दूसरी प्रकारसे इसको एक खूबी मानना चाहिए। क्योंकि वे चाहें भी तो अपने विचारोंको छिपा नहीं सकते।

सरहदसे मैं आपकी रामेश्वरम् की ओर ले जाना चाहता हूं, जहांसे, कहा जाता है कि रामचन्द्रजीने शिलाओंका तैरता हुआ पुल बनाया था, ताकि उनकी सेना समुद्र पार करके लंका पहुंच जाए, जिसे उन्होंने जीता, लेकिन अपने पास नहीं रखा और उन्होंने उसे रावणके भाई विभीषणको सौंप दिया। वही मशहूर मंदिर आज हरिजनोंके लिए खोल दिया गया है। इस प्रकार दक्षिणमें कोचीनके मंदिरोंको छोड़कर तमाम मशहूर मंदिर हरिजनोंके लिए खुल गए हैं। राजाजीने खास-खास मंदिरोंकी जो सूची मुझे दी है, वह इस प्रकार है : मदुरा, तिन्नावेली, चिदम्बरम्, श्रीरंगम्, पलनी, तिरुलिरेन, तिरुपति, कांची और गुरवय्यूर। सूची इतनेपर ही खत्म नहीं हो जाती है। मद्रास असेम्बलीके हरिजन-स्पीकर अन्य हरिजनों और दूसरे पूजा करनेवालोंको साथ लेकर इनमेंसे अक्सर मंदिरोंमें घूमे हैं। शिक्षित हरिजन और अन्य लोग इस सुधारके महत्त्वको शायद कबूल न करें, लेकिन हम

इसका महत्त्व कम न करें; क्योंकि वह सुधार बगैर खून-खराबीके हुआ है। हमें उम्मीद रखनी चाहिए कि कोचीन भी त्रावनकोर, तामिलनाड़ और ब्रिटिश केरलकी तरह अपने मंदिरोंको हरिजनोंके लिए खुलवा देगा।

मंदिर-प्रवेश-सुधार तबतक अपूर्ण रहेगा जबतक मंदिर, जरूरी अंदरूनी सुधारसे वास्तविक रूपमें पवित्र न हो जायं।

॥ ५५ ॥

१ जुलाई १९४७

भाइयो और बहनो,

आप लोगोंने आजका भजन[१] समझ लिया होगा। यह भजन मध्य-प्रांतके तुकड़ोजी महाराजने बनाया है। इसमें खासी हिंदुस्तानी है। ऐसी हिंदुस्तानी नहीं है जिसमें ठूंस-ठूंसकर अरबी और फारसी भरी जाती है। यह तो दिल्लीवालोंकी-सी हिंदुस्तानी है। इसमें खूबी भी है, और मिठास भी है। भजनमें कहा है कि ये तीन बातें जिसने पाईं राम उसको मिलता है। तीन बातें यह कि घर-बार चला गया, सब कुछ लुट गया, लेकिन वह हाय-हाय न करके रामका नाम लेता है। संगी-साथी उसे-छोड़ देते हैं, उसका अपमान करते हैं तो भी वह ईश्वरको नहीं छोड़ता। रोग होता है, मामूली नहीं—बहुत भयानक, फिर भी वह रामको नहीं छोड़ता। जिसने ये तीन चीजें नहीं पाईं उसने रामको नहीं पाया। जिसने ये तीन नियामतें पाई है उसके घरमें तो राम बैठा ही है। भजनकी ये तीन चीजें आज हमारे लिए बड़ी फायदेमंद हैं। सो आज जो हम- पर गुजरती है उसमें हम हाय-हाय न करें।

एक भाई लिखते हैं कि तू रोज-रोज प्रार्थनामें कहता है कि हिंदुस्तानका जो टुकड़ा हो गया है उसे किसी तरहसे मिटा देना है। लोग जानते नहीं कि मैंने ऐसा नहीं कहा है। जिस चीजको कांग्रेस और लीगने मंजूर कर लिया और भूगोलके दो टुकड़े हो गए उसके पीछे सर क्या फोड़ना? मैं ऐसा

१. "किस्मतसे राम मिला जिसको
उसने ये तीन जगह पाई।" —तुकड़ोजी

आदमी नहीं हूं। दिलके टुकड़े थोड़े ही हुए हैं। कांग्रेसने जो मान लिया है उसे तो होने दो। उससे बिगड़ता क्या है? जमीनका टुकड़ा कर लिया तो उससे क्या दिलके टुकड़े हो गए? अगर हम एक-दूसरेके साथ मिल-जुलकर काम नहीं करेंगे तो हिंदुस्तानका काम कैसे चलेगा? मान लिया कि मुसलमान लोग मिल-जुलकर काम नहीं करना चाहते तो हम क्या करें? मैं कहता हूं कि जिंदगी एक खेल है। खेलमें हमेशा दो पार्टियां चाहिए। अगर एक (पार्टी) मान ले कि टुकड़ा नहीं हुआ है तो दो टुकड़े नहीं हो सकते। लेकिन इसका यह मतलब नहीं कि हम किसीकी खुशामद करें। हमें तो अपने धर्मका पालन करना चाहिए। जैसा मैंने परसों कहा था उसी प्रकार फिर कहता हूं कि धर्म सच्ची चीज है, हक अच्छी चीज नहीं। कोई आदमी अगर हमें तंग करता है तो हमें खुशामद नहीं करनी चाहिए, बल्कि धर्मपालन करना चाहिए।

मुझे एक सिख लड़केने लिखा है कि तू सिखोंसे मुहब्बत तो करता है पर उनके बारेमें करता क्या है? हिंदू और मुसलमान दोनोंने कुछ-न-कुछ पाया है; लेकिन सिखको क्या? उसके लिए तू क्या कहता है? उसके लिए कुछ हमदर्दी तो बताओ। मुझे उनसे यही कहना है कि पंजाबमें सिखोंका टुकड़ा हुआ उसके लिए मैं क्या कहूं? मैं कोई हाकिम तो हूं नहीं। मैं क्या करता? मेरे नजदीक तो सिख-धर्म और हिंदू-धर्ममें कोई भेद नहीं। मैं तो सब पढ़ चुका हूं। सिखोंका ग्रंथ साहब बड़ा आसान है। उसमें जो भरा है वही सब वैदिक-धर्ममें भी है। गुरु नानकने भी वही कहा है। लेकिन आज यह अलग माने जाते हैं। यह कौम बहुत छोटी है, लेकिन विख्यात है। इसकी तलवार मशहूर है। आज मेरे पास कनाडासे दो भाई आए थे। वे कहते थे कि कनाडामें काफी सिख पड़े हैं और काफी काम करते हैं। अफ्रीकामें भी सिख लोग हैं। जहां-तहां सब जगह सिख दिखाई पड़ते हैं। सिख खेती करते हैं, इंजीनियर हैं, रेल बनाते हैं, मोटर चलाते हैं। पर आज तो सिख बहुत ऐश-आराममें भी आ गए हैं। मेरे पास मुस्लिम लीगका मथुरासे एक तार आया है कि यहां हिंदू लोग हमारे साथ बड़ी ज्यादती कर रहे हैं। मैं नहीं जानता कि यह बात ठीक है या गलत। पर यह तरीका अच्छा नहीं। अगर हम संख्या-बल बताएं तो यह ठीक नहीं। संख्या-बलसे मगरूरी आती है और मगरूरीसे हमारा नाश हो जाता है।

आप जानना चाहेंगे कि आज वाइसरायसे मिलने गया तो वहां क्या हुआ?

मैं तो नेहरूजी और सरदारके साथ चला गया था। अखबारवालोंसे मैं कहूंगा कि जबतक वहांसे कोई अधिकृत वक्तव्य न निकले वे अपनी गप्प न चलाएं। आजकी हालतमें अखबारवालोंको चाहिए कि वह ऐसी कोई बात न करें जिससे देशको नुकसान हो।

एक पत्रमें लिखा है कि अंग्रेज बदमाश हैं और तू भी बदमाश है। लेकिन अंग्रेज फरेबी और बदमाश हैं ऐसा माननेको मैं तैयार नहीं। जब वह बदमाश साबित हो जायंगे तो वे खुद ही मर जायंगे। इसी तरह अगर मैं बदमाश हूं तो मैं भी मर जाऊंगा। यह ऐसा खूबसूरत कायदा ईश्वरने बना रखा है। दुनियाको चलने दें। हम कोई फरेब न करें। अपनेमें कोई गलती न रहे। यही धर्मका मार्ग है।

॥ ५६ ॥

२ जुलाई १९४७

एक भाई मुझे लिखते हैं कि 'जगतमें बहुत वस्तुएं होती हैं। कुछ ऐसी होती हैं जिन्हें लोग पसंद करते हैं और कुछ ऐसी जिन्हें पसंद नहीं करते। जिसे लोग कबूल नहीं करते उसको करना, जिसे लोग पसंद नहीं करते उस कामको हाथमें लेना यह तो मूर्खताकी इन्तिहा है। तू तो लोगोंको सच्ची राह बताता था। अब तुझे बुढ़ापेमें भी ऐसा ही करना चाहिए कि लोग जिस रास्तेमें जायं उसमें तुझे समर्थन देना चाहिए।'

लेकिन मुझे यह चीज चुभती है। जो चीज लोकप्रिय बन गई है उसे वजन (समर्थन) क्या देना? जो कोई नहीं करते ऐसा काम करो। अगर तू अकेला है तो कुछ गंवाता नहीं है। कानून तो यह है कि अकेला है तो भी तुझे काम करना है। फिर लोग चाहे राजी हों या नाराज। किसी शख्सने ऐसा माना कि छोटे-छोटे रेतके कणोंसे रस्सी बनाकर बिस्तर बांधूंगा, तो यह मूर्खता है। रस्सी तो मूंजसे ही बनती। जो काम करने लायक होता है वह तो करना ही है।

लोग कहते हैं कि तू तो बहुत दिनोंसे हिंदी-साहित्य-सम्मेलनमें था। जब वहां था तो हिंदीको बहुत बड़ी बताता था। दक्षिणमें पहले हिंदी चलाता

था। वहां तो लोग तमिलको मानते थे। वहां तूने हिंदी चला दी। तूने इतना हिंदीका काम किया यह बहुत था, फिर हिंदुस्तानी क्यों? इसका जवाब यह है कि मेरी हिंदुस्तानी हिंदीमेंसे आई है। मैं इंदौरके हिंदी-साहित्य-सम्मेलनमें गया। मारवाड़ी-सम्मेलन भी जमनालालजीके प्रेमसे चला गया। वहां जानेकी इच्छा नहीं थी, लेकिन प्रेमसे जाना ही पड़ता है। प्रेम मुझको घसीट ले गया। वहीं मैंने कह दिया था कि मेरी हिंदी तो अजीब प्रकारकी है। जिसे हिंदू भी बोलते हैं, मुसलमान भी बोलते हैं। उसे उर्दूमें लिखो, चाहे देवनागरीमें लिखो—ऐसी मेरी हिंदी है। मेरी हिंदी वह नहीं है जो साक्षर[१] बोलते हैं। मैं तो टूटी-फूटी हिंदी बोलता हूं। मगर आप समझ लेते हैं। मैंने तुलसीदास पढ़ लिया है, पर मैं हिंदीमें साक्षर नहीं हुआ हूं। उर्दूमें भी साक्षर नहीं बना हूं; क्योंकि मेरे पास उतना वक्त नहीं है। मैंने ऐसी हिंदी चलाई, पर वह नहीं चली तो मैं हिंदी-साहित्य-सम्मेलनसे निकल आया।

संस्कृतमयी बोली तो हिंदी हो सकती है और उर्दू भी आज ऐसी हो गई है जिसे मौलाना साहब बोल सकते हैं या सप्रू साहब। इसीलिए मैंने कहा कि न मुझे हिंदी चाहिए, न उर्दू। मुझे गंगा-जमुनाका संगम चाहिए। पर लोग कहते हैं कि तू तो मूर्ख है। जहां अन्जुमन तरक्की-ए-उर्दू है, हिंदी-साहित्य-सम्मेलन है जो हिंदीका बड़ा काम करता है, वहां तेरी बात नहीं चलेगी। और जब पाकिस्तान बन गया है तो भी तू हिंदुस्तानीकी बात करता है?

लेकिन मेरा दिल तो बागी हो गया है। वह कहता है कि मैं क्यों हिंदुस्तानीको छोड़ूं? वह चीज अच्छी है तो मैं उसे क्यों छोड़ दूं? जब हम प्रयागमें जाते हैं और संगममें स्नान करते हैं तो पवित्र हो जाते हैं। इसी तरह अगर हिंदी और उर्दूका संगम बना लूं तो मैं पावन हो जाऊंगा।

आज तो मुसलमान कहते हैं कि इस्लामका सबसे बड़ा दुश्मन गांधी है। लेकिन मैं कहता हूं कि अगर मैं जिंदा रहा तो वे लोग मुझ दुश्मनको भी बुलानेवाले हैं। मेरी गरज तो सबको है। लेकिन मैं कहूंगा कि हिंदुस्तानमें जो पागलपनका पूर[२] आया है उसमें हम डूब न जायं। बिना मौतके न मर जायं।

---

१. शिक्षित।

२. बाढ़।

अगर मैं अकेला रहूंगा तो भी यही कहूंगा कि मैं तो हिंदुस्तानीको ही राष्ट्रभाषा मानता हूं। मेरा राष्ट्र तो हिंदुस्तानमें भी है पाकिस्तानमें भी है। मुझे कोई कहीं नहीं रोक सकता। जिन्ना साहब रोकें। मैं कोई अलग प्रजा थोड़े ही बन गया हूं। जिन्ना साहब मुझे कैद करें। मैं पासपोर्ट लेनेवाला नहीं हूं।

यही हिम्मत आपमें भी होनी चाहिए। हमारी माता—हिंदमाता जिसका झंडा लेकर हम घूमे हैं, कुर्बानी की है तो क्या हम आज यह मान लें कि अब उस हिंदमाताका सिर कट गया है?

कोई ऐसी गलती न करे कि उर्दूको भूलकर हिंदी ही ले। जो चीज एक आदमी करेगा तो उस एकमेंसे अनेक हो सकते हैं। मैं मर जाऊंगा तो भी हटनेवाला नहीं हूं। जैसा मेरा दिल कहता है वैसे ही आप बनें तो अच्छा है। हिंदमाताके लिए भी अच्छा है।

॥ ५७ ॥

३ जुलाई १९४७

भाइयो और बहनो,

आप लोगोंने आजका भजन[१] तो सुन लिया। इसमें ऐसी बात है कि पानीमें मछली रहे और प्यासी रहे यह बड़ी हंसीकी बात है। हम ईश्वरकी दुनियामें पड़े हैं, पर उसे जानते नहीं। ऐसी भरमना पैदा हो जाय तो। यह हंसीकी ही बात है। ईश्वर तो हमारे पास पड़ा है। जैसे नाखून अंगुलीसे अलग नहीं है ऐसे ही ईश्वर भी अलग नहीं है। नाखून अलग होता है तब वेदना होती है, ऐसे ही ईश्वर अगर दूर रहेगा तो वेदना होगी ही।

आज हिंदुस्तानमें भी वेदना फैल रही है। लेकिन यह सब शहरोंमें है। ७ लाख देहात तो शहरोंके इर्द-गिर्द नहीं रहते। हिंदुस्तान तो १९०० मील लंबा और १५०० मील चौड़ा है। हिंदुस्तानके दो टुकड़े हो गए तो नक्शा थोड़े ही बदल गया। वह तो जैसा आज है वैसा ही रहेगा। अगर हम सब यह बात समझ लें और भूल न जाएं तो सब झगड़ा निपट जाता है।

---

१. ''पानीमें मीन पियासी रे, मोहिं सुन-सुन आवे हांसी।''

(एक ब्राह्मणने गांधीजीको पत्र लिखते हुए पूछा था कि महाशय! हमारा पढ़ने-लिखनेका पहला हक है मगर कालिजोंमें हमारे लड़कोंको स्थान नहीं मिलता, आप इसपर कुछ कहिए। गांधीजीने इसका उत्तर देते हुए कहा) एक भाईने मुझे लिखा है कि ब्राह्मण तो ४० करोड़में एक मुट्ठीभर हैं। समुद्रमें बिंदुवत् हैं। इसलिए अल्पमत हैं, मैं अगर अकेला हूं तो मैं भी अल्पमतमें हूं। लेकिन बिंदु अपने-आपमें अल्पमतमें नहीं। जब वह पानीसे अलग हो जाता है तभी अल्पमतमें होता है और सूख जाता है। अगर वह साथ रहता है तो वह बिंदु नहीं, समुद्र ही है। हिंदुओंके समुद्रमें ब्राह्मण अल्पमतमें कहां हैं? जितना बड़प्पन सबमें है वह उसमें भी है।

एक जमाना था कि ब्राह्मणके लड़के ही पढ़ने जाते थे। वह जमानेसे पढ़ते आते थे, इसलिए जब नई चीज आई तो वह भी पढ़ने लगे। लेकिन अब तो ब्राह्मणेतर भी शिक्षा लेते हैं। तब ब्राह्मण या दूसरेका दिल यों क्यों कहे कि मेरे लड़केकी भरती क्यों नहीं होती? मैं तो दो-तीन दिनसे आपको हककी बात समझा रहा हूं। हक-जैसी कोई चीज नहीं है। अगर ब्राह्मण हकसे पढ़ने आता है तो मैं पूछूंगा कि यह कहांसे पैदा हुआ? जन्मसे ब्राह्मणका हक है या किसी औरका हक है, मैं नहीं मानता। धर्मके साथ कर्म करनेसे हक पैदा होता है। पापीको भी पाप-कर्मका फल भोगनेका हक है ऐसा आप मानते हो, लेकिन मैं तो कहूंगा कि जिसने पुण्य-कर्म किया है उसे पुण्य-फलका हक हो जाता है।

ब्राह्मणका हक क्या है यह कोई मुझसे पूछे तो मैं कहूंगा कि वह ब्रह्मको जाने, यही उसका हक है। ब्राह्मणके तो दो ही धर्म हैं—एक तो ब्रह्मविद्याको जाने और दूसरे उसे जानकर दूसरोंको सिखाए। जो ब्राह्मण इस तरहसे धर्मका पालन करता है तो उसे जिंदा रहने का हक हो जाता है।

पहले जब ब्राह्मण ऐसा होता था तो लोग उन्हें जिंदा रखनेके लिए सीधा आदि देते थे, और वे ब्राह्मण भी ऐसे थे कि जितना उन्हें चाहिए उतना ही लेते थे, बाकी वापस कर देते थे। ब्राह्मणका हक तो ब्रह्मविद्या सिखाना है। जब ऐसा हक है तो रोना क्या कि कालेजमें नहीं जा सकते। सब कालेजमें कहां जा सकते हैं? ७ लाख देहातमें रहनेवाले लड़के-लड़की कालेजमें कहां जा पाते हैं। वह तो नई तालीमसे ही मुमकिन है। पर आज मैं उसकी बात नहीं करता।

इसलिए मैं कहता हूं कि कोई अपनेको अल्पसंख्यक न माने। सब एक हैं। हमारे धर्ममें जो सबसे नीचा है उसे सबसे ऊंचा बताया गया है। इसलिए हम सब भंगी बन जायं, मेहतर बन जायं, तभी हम सबकी खैर है। ब्राह्मणके लिए भी खैर है, फिर उसके लिए कोई दुविधा पैदा होनेवाली नहीं है।

॥ ५८ ॥

४ जुलाई १९४७

भाइयो और बहनो,

आज मैं आपलोगोंको एक बहुत बड़ी बात कहना चाहता हूं। कुछ लोग मुझे सुनाते हैं कि जो कुछ हो गया और हो रहा है और जो डोमिनियन स्टेटस[१] हमें मिलने जा रहा है, क्या उसमेंसे राम-राज्य पैदा हो जायगा? पूछनेवाले मुझे ताना देते हैं और मुझे कबूल करना पड़ता है कि मैं ऐसा नहीं कह सकता कि इसमेंसे राम-राज्य पैदा होगा। मैं सब चिह्न उसके विरुद्ध ही पाता हूं। अंग्रेजोंने हमारे देशके दो टुकड़े बनाए और पीछे उनके दो डोमीनियन स्टेटस भी बन जाते हैं। दोनों एक-दूसरेके दुश्मन बन गए, ऐसा मानकर जब वे चलते हैं तब उसमेंसे राम-राज्य कैसे पैदा हो सकता है? डोमीनियन स्टेटसका मतलब अंग्रेजोंके मातहत तो नहीं, उनके साथ हमारा बराबरीका रिश्ता हो जाता है। वह करीब-करीब आजादी-जैसा ही है, इसमें मुझे कोई शक नहीं है। परंतु ब्रिटिश कामनवेल्थमें बाकी जो डोमीनियनें हैं, वे सब तो ऐसी हैं जिन्हें हम एक कबीलेके कह सकते हैं। हिंदुस्तान तो एशियाका एक देश है। तब वह डोमीनियन कैसे रह सकता है? यदि दुनियामें जितने भी राज्य हैं उन सबका एक डोमीनियन बनता तब तो बात दूसरी थी और उसमेंसे राम-राज्य भी पैदा हो जाता। मगर जो कुछ बना है उसमेंसे राम-राज्य या खुदाई राज्य नहीं निकल सकता। पहले तो ब्रिटिश गवर्नमेंट-ने यह माना था कि वह ३० जून १९४८ तक भारतीयोंके हाथोंमें सारी सत्ता सौंप देगी। मगर अब उसने ऐसा ठान लिया कि वह जितनी जल्द हिंदुस्तानसे चली जाय उतना ही अच्छा है। मगर जल्दीसे छोड़कर जाय कैसे? इसके लिए उन्होंने फैसला किया यदि डोमीनियन

१. औपनिवेशिक स्वराज्य।

स्टेट्स आज वे बना दें तो उसमें कोई खटका नहीं रहता, क्योंकि डोमीनियन बननेपर कुछ-न-कुछ ताल्लुक तो उनका रह ही जाता है।

मैं नहीं चाहता कि हिंदुस्तान एक कुएंके मेंढककी तरह रहे। जैसे एक कुएंका मेंढक कहता है कि कुएंमें तो मेरा राज्य चलता है, बाहर चाहे कुछ होता रहे उसका मुझे पता नहीं। मगर हमारे यहां तो जवाहरलालजी तथा अन्य नेता लोग यह कह चुके है कि हम किसीके दुश्मन बनकर नहीं रहेंगे, अर्थात् दुनियामें सबके दोस्त बनकर रहेंगे। उसमें अंग्रेज भी आ जाते हैं। तो क्या वे एक विश्व-संघ बनाना चाहते हैं? एशियाई सम्मेलनमें मैंने कहा था कि ऐसा विश्व-संघ बन सकता है और उसमें किसी मूल्क को अपने यहां फौज रखनेकी जरूरत नहीं पड़ेगी।

कुछ देश आज अपने आपको डेमोक्रेट[1] कहते हैं। केवल कहनेसे ही वे डेमोक्रेट थोड़े ही बन जाते हैं। जहां लोक-राज्य होता है, वहां फौजकी क्या जरूरत? जहां फौजी राज्य होता हो वहां लौकिक या पंचायती राज्य हो नहीं सकता। फौजी राज्योंका कोई विश्व-संघ नहीं बन सकता। जापान और जर्मनीकी फौजी हकूमतोंने अपनी दोस्ती बताकर अन्य देशोंको अपने साथ मिलानेकी चाल चली थी, मगर वह चाल आखिर चली थोड़े ही। नतीजा यह कि आज जिस जगहपर भी नजर डालता है मैं आज राम-राज्यकी कोई निशानी नहीं पाता हूं।

कुछ लोग मुझसे पूछ रहे हैं कि तुमने ३२ सालतक सत्य और अहिंसाका नाम लिया। क्या उसीका यह नतीजा नहीं देखा जा रहा है कि आज देशमें हर जगह छुरों और गोलियोंसे मार-काट मची हुई है। इस तरहसे कौन कबतक यहां जिंदा रहेगा? इसपर मैं यह कहूंगा कि आज जब इतनी बेचैनी फैल रही है, तब वह अहिंसा तो नहीं हुई। तो क्या ३२ वर्षतक मेरा झूठ और फरेबका राज चलता रहा? ३२ वर्ष-तक करोड़ों आदमियोंने जो मुझसे अहिंसाकी तालीम ली, क्या वे एकाएक आज झूठे और हिंसक बन गए? मैं तो यह कबूल कर चुका हूं कि हमारी अहिंसा दुर्बलोंकी थी। मगर सचाई तो यह है कि दुर्बलोंके साथ अहिंसाका कभी मेल बैठता ही नहीं। अतः उसे अहिंसाकी बजाय निष्क्रिय प्रतिरोध कहना चाहिए। मगर मैंने जो अहिंसा चलाई थी वह दुर्बलोंकी नहीं थी, जब कि निष्क्रिय प्रतिरोध

१. जनतंत्र।

दुर्बलोंका होता है। उसमें सबलता नहीं आई थी। इसके अलावा निष्क्रिय प्रतिरोध सक्रिय और सशस्त्र प्रतिरोधकी तैयारी होती है। नतीजा यह हुआ कि लोगोंके दिलोंमें जो हिंसा भरी थी, वह एकाएक बाहर निकल पड़ी।

निष्क्रिय प्रतिरोध भी तो हमारा असफल नहीं हुआ। हमने अपनी आजादी करीब-करीब प्राप्त कर ली। आज जो हिंसा दिखाई दे रही है, वह भी नामर्दोंकी हिंसा है। एक मर्दकी हिंसा भी होती है। मान लीजिए, चार-पांच आदमी अपनी तलवारोंसे लड़ते-लड़ते मर जाते हैं। उसमें हिंसा जरूर है, परंतु वह मर्दोंकी हिंसा है। जब दस-बारह हजार सशस्त्र आदमी एक गांवके निहत्थे लोगोंपर हमला करके स्त्री-बच्चों समेत उन्हें काट डालते हैं तो वह नामर्दोंकी हिंसा हुई। अमरीकाका एटम बम एक तरफ और सारा जापान दूसरी तरफ। वह नामर्दोंकी ही हिंसा थी। मर्दोंकी अहिंसा तो देखनेकी चीज होती है। उसी अहिंसाको देखते हुए मैं मरना चाहता हूं। उसके लिए हृदयमें बल होना चाहिए। वह एक बड़ा खूबीदार हथियार है। यदि सबलोंकी अहिंसाको लोगोंने जान लिया होता तो हालमें ही जो जान-मालका नाश हुआ वह कभी नहीं होता।

मगर आज तो बहुत बुरी हालत पड़ी है इस देशकी। हिंदुस्तान-जैसे मुल्कमें, जहां ३२ सालसे मैं सत्य और अहिंसा सिखाता रहा हूं, कपड़ा और अनाजका राशन करनेकी क्या आवश्यकता थी यदि लोगोंका एक-दूसरेपर-विश्वास होता। यदि हम दयानतदारीसे अन्न खाएं और कपड़ा पहनें तो हिंदुस्तानमें दुष्काल हो नहीं सकता। यदि सब लोग सचाईसे रहें और अपने-आप अपनी मदद करने लगें तो हमें सिविल सर्विसकी तरफ देखनेकी भी जरूरत न हो। स्वर्गीय मांटगूने तो सिविल सर्विसको लकड़ीका ढांचा कहा था। वे अपनेको जनताके सेवक नहीं मानते और न वे इस मतलबके लिए रखे जाते हैं। वे तो जैसे भी हो विदेशी राजको यहां बनाये रखनेके लिए होते हैं। वे केवल दफ्तरोंमें बैठे चपरासियोंके जरिए हुक्मनामे जारी करते रहते हैं। यदि आप लोग स्वयं अपनी टांगोंपर खड़े हो जाएं और सिविल सर्विस पर निर्भर रहना छोड़ दें तो फिर हमें यहां न तो किसी चीजका राशनिंग चाहिए और न आजकलकी सिविल सर्विस चाहिए। मगर राजतन्त्र चलानेके लिए सिविल सर्विसकी जरूरत तो रहेगी ही। यदि वे समयके साथ बदल जाएं और जनताकीसेवा करनेके लिए तंत्र चलाए तो वह तंत्र हो जाता है।

॥ ५९ ॥

५ जुलाई १९४७

भाइयो और बहनो,

आज वाइसराय साहबकी पत्नी यहां आई थीं। उनके आनेका मेरे खयालमें कोई सबब नहीं था। मैंने टेलीफोनपर उनको कह भी दिया था कि आप यहां आनेका क्यों कष्ट करती हैं। उन्होंने उत्तर दिया कि जब आप हमारे पास इतनी दफा आ चुके तो मुझे भी आपके यहां आना ही चाहिए। मैंने कहा कि मैं तो अपने कामसे वाइसराय साहबके पास आता था और आना चाहिए था। मगर वे न मानीं और आखिर आईं। वे बड़ी सादगीसे रहनेवाली हैं और हमारे पास वैसे ही आकर बैठ गईं जैसे हम यहां बैठे हुए हैं। उन्होंने सब बातें दरयाफ्त कीं। यह भी पूछा कि हमारा जीवन यहां कैसे बीतता है और हर चीजमें दिलचस्पी ली। मैंने बताया कि मैं तो यहां मेहतरोंके बीचमें रहता हूं। परंतु मैंने यह कहा कि मैं तो एक मंदिरमें रहता हूं जो काफी स्वच्छ है और होना भी चाहिए। यदि आपको कुछ देखना है तो यहां पास ही भंगियोंकी एक बस्ती पड़ी है, उसे जाकर देख लें। उसे ढाकर दूसरी बनवा सकनेका अधिकार तो आपने छोड़ दिया और अच्छा किया। उन्होंने रसपूर्वक सब कुछ वहां जाकर देखा। मैं इसलिए उनके साथ नहीं गया कि लोगोंकी भीड़ वहां जमा हो जाती। इसके बाद वे हरिजन-निवास गईं जहांपर कि हरिजन लड़कोंको काम सिखाया जाता है। वहां तो उनके खुश होने-जैसी चीज ही थी। वहां एक मंदिर और स्तंभ भी बन चुके हैं। सारांश यह कि वे वहांसे खुश होकर लौटीं।

मेरा इरादा इस चिट्ठीका[१] जवाब आज देनेका नहीं था, परंतु मैंने ऐसा महसूस किया कि मुझे उसको कलके लिए नहीं रोकना चाहिए। पंजाब-विभाजनको लेकर सिखोंके बारेमें जो कुछ हुआ है, वह एक दर्दनाक बात है। हिंदू और सिखमें पहले कोई भेद नहीं था, मगर मेकालेने सिखोंका जो इतिहास लिखा उससे यह सारा जहर पैदा हुआ। चूंकि वह एक बड़ा इतिहास-लेखक था, इसलिए उसकी बातको सबने स्वीकार कर लिया। सिखोंका जो गुरु-ग्रन्थ साहब है वह सब हिंदू-शास्त्रोंके आधारपर बना है। सिख बहादुर तो हैं मगर छोटी तादादमें हैं। पंजाबके दो टुकड़े होनेसे

१. जिसका जिक्र आगेकी पंक्तियोंमें है।

वहां जो सिख रहते हैं उनके भी दो टुकड़े हो जाते हैं। चिट्ठीमें लिखा है कि पूर्वी पंजाबमें जो सिख आ गए वे तो ठीक हैं, परंतु पश्चिमी पंजाबके सिखोंका क्या होगा? यदि उनके साथ कुछ हुआ तो कांग्रेस कुछ मदद करेगी या नहीं? मैं यही कहूंगा कि जो बहादुर होते हैं उनको किसी की मददकी जरूरत नहीं होती। उन्हें केवल ईश्वरकी मदद होनी चाहिए? फिर आप ऐसा मानते ही क्यों हैं कि पश्चिमी पंजाबमें सिखोंके साथ कुछ होनेवाला है। यदि उनके साथ कुछ होगा भी तो क्या हिंदुस्तानमें जो इतने लोग पड़े हैं वे सब देखते ही रहेंगे? इसलिए सिख भाइयोंको कोई फिक्र करनेकी जरूरत नहीं है।

जो बिल[१] पेश हो चुका है वह शीघ्रतासे कानून बन जायगा। उससे हिंदुस्तानमें दो डोमीनियन बन जायंगे, अर्थात् ब्रिटिश कामनवेल्थके दो नये मेम्बर बन गए। बिलमें कुल २० कलमें[२] हैं, जिनको मैंने पढ़ा है। मैं यह नहीं कह सकता कि उसमें कोई फरेब है या अंग्रेजोंने उसमें ऐसी भाषा प्रयोग की है जिसका उल्टा-सीधा अर्थ निकलता हो। आज किसी अंग्रेजका हमें फंसानेका इरादा नहीं है। मगर जहर तो उस बिलमें है ही। उस जहरको हमने पी लिया और कांग्रेसने भी। अंग्रेजोंने डेढ़-सौ सालतक यहां हुकूमत चलाई और अंग्रेजी राजने सियासी[३] तौरपर यह मान लिया कि हिंदुस्तान एक मुल्क है। उन्होंने उसे एक मुल्क बनानेकी कोशिश की और उसमें वे सफल भी हुए। मुगल-राजने भी ऐसी कोशिश की थी, मगर उसे इतनी सफलता नहीं मिली।

इस मुल्कको एक बनाकर फिर उसे मिटा डालना कोई अच्छी बात नहीं थी। मैं यह नहीं कहता कि उन्होंने इरादतन ऐसा किया है। केबिनेट मिशनने भी हिंदुस्तानको एक मुल्क माना था और उसने अपनी दलीलें भी दी थीं। मगर आज वे सब दलीलें मिट गईं। दो आजाद और समान अधिकारवाले डोमीनियन पैदा करनेका जहर इस बिलमें मौजूद है। यह माना कि कांग्रेस और मुस्लिम-लीग दोंनोंने इस बिलपर रजामंदी दे दी थी, मगर कोई बुरी चीज स्वीकार करनेसे वह अच्छी थोड़े ही हो जाती है।

कायदे आजम जो कहते थे वही चीज आज वास्तवमें हो गई। उनकी पूरी-

१. ब्रिटिश पार्लामेंटमें उपस्थित भारतीय स्वाधीनता बिल।
२. धाराएं।
३. राजनैतिक।

पूरी जीत हुई है, ऐसा कहनेमें मुझे कोई हर्ज नहीं लगता। मेरी दृष्टिमें तो इस बिलसे तीनोंकी परीक्षा हो जाती है, जिनमें अंग्रेज भी आ जाते हैं। डोमीनियन स्टेटस तो इससे बन जाता है मगर वह तो चार दिनकी बात है, या कुछ महीने कह सकते हैं। विधान-परिषद् जो विधान बनायगी उसपर गवर्नर जनरलको दस्तखत देना होगा। वह उसमें एक अल्प-विराम भी नहीं बदल सकता। ऐसा ही पाकिस्तानकी विधान-सभामें होगा। विधान बनानेके बाद यदि दोनों अपनी आजादीकी घोषणा करें तो उनको कोई रोक नहीं सकता। दोनों करेंगे भी यही, ऐसा मैं मानता हूं। मगर यह तो आगेकी बात है जिसे कोई भी अभी निश्चित रूपसे नहीं कह सकता, परंतु यह तो साफ है ही कि हिंदुस्तानके दो टुकड़े किए गए और दोनोंमें खुदमुख्तार डोमीनियन बने। इसके अलावा अंग्रेजोंने एक और बातमें भी अपनी परीक्षा करवा दी है। हिंदुस्तानमें जितने देशी राज्य पड़े हैं वहां भी हकूमत हिंदुस्तान अथवा भारतीय संघकी होनी चाहिए। यह एक खतरा रह कता है जिसे रखनेकी कोई जरूरत नहीं थी, ऐसा मैं मानता हूं।

पाकिस्तानवालोंको उनकी इच्छाके मुताबिक पाकिस्तान तो मिल गया। जमीन उनको चाहे थोड़ी मिली हो मगर हक तो बराबरीका मिल गया। कलतक जब पाकिस्तानके लिए लड़ाई लड़ी जा रही थी, मैं पाकिस्तानको समझ ही नहीं पाया था। समझमें तो आज भी नहीं आता। पाकिस्तानका रंग-ढंग तो तब दिखाई देगा जब उसकी विधान-सभा कायदे-कानून बना लेगी। मगर पाकिस्तानकी असली परीक्षा तो यह होगी कि वह अपने यहां रहनेवाले राष्ट्रवादी मुसलमानों, ईसाइयों, सिखों और हिंदुओं आदिके साथ कैसा बरताव करते हैं। इसके अलावा मुसलमानोंमें भी तो अनेक फिरके हैं। शिया और सुन्नी तो प्रसिद्ध हैं। और भी कई फिरके हैं, जिनके साथ देखते हैं, कैसा सलूक होता है। हिंदुओंके साथ वे लड़ाई करेंगे या दोस्तीके साथ चलेंगे? क्या वे ऐसा तो नहीं मान बैठेंगे कि हम तो सरदार हैं और बाकी सब गुलाम हैं? इन सबका जवाब उन्हें अपनी विधान-सभामें देना होगा।

हिंदुस्तानको भी इस बिलके जरिएसे यह परीक्षा देनी होगी कि यहां जो मुसलमान हैं उनको वे भाई समझेंगे या दुश्मन? मेरे खयालमें तो सब धर्म एक ही हैं। वृक्षकी शाखाएं अलग-अलग होती हैं परंतु मूल पेड़ एक ही होता है। सब मजहबोंमें एक ही ईश्वर है। यूरोपमें भी पहले इस तरहके

मजहबी लड़ाई-झगड़े होते थे मगर अब वहां एक दूसरा वायुमंडल बन रहा है और लोग इन मजहबी झगड़ोंसे इतने तंग आ गए हैं कि वे अब ईश्वरतकको छोड़ते जा रहे हैं। जब दुनियाका यह रंग है तो क्या हिंदुस्तान ही पीछे पड़ा रहेगा?

जो लोग हिंदुस्तानको एक नेशन मानते हैं उनके यहां तो बहुमत और अल्पमतका सवाल ही पैदा नहीं होता। इस दृष्टिसे देखा जाय तो यह बिल सब पार्टियोंकी अंतिम परीक्षाका साधन है यदि हम सब अपने इम्तहानमें सफल होते हैं तो हम इसे ईश्वरकी भेजी हुई भेंट मान सकते हैं और अगर समझसे काम न लें तो वह फांसी बन जाती है।

॥ ६० ॥

६ जुलाई १९४७

भाइयो और बहनो,

मेरा खयाल है कि कल सीमाप्रांतमें रेफरेंडम (जनमत लेनेका कार्य) शुरू होनेवाला है। मैं तो बादशाह खानको और उनके सब मिनिस्टरोंको सलाह दे चुका हूं कि उनके लोग किसी भी डिब्बेमें अपने मत न डालें।

(मंचपर बैठे हुए एक सज्जनने गांधीजीको याद दिलाई कि जनमत-संग्रहका कार्य आज शुरू हो गया है। इसपर गांधीजीने कहा—) मुझे तो ऐसा खयाल रह गया था कि कल ७ ता० से शुरू होनेवाला है। कुछ भी हो, मैं तो यह कहने जा रहा हूं कि वे तो अमन रखनेवाले हैं। मगर मुझे यह देखना है कि वह अमन बुजदिलोंका है या बहादुरोंका। इस तरफ तो मैंने मंजूर कर लिया कि वह बुजदिलोंका अमन था।

मैंने तो उनसे कह दिया कि वे अपना मत डिब्बेमें न डालें। लीगसे भी मैंने यही बात कही है। मगर वे डालें या न डालें। खुदाई खिदमतगारोंसे तो मैं यही कहूंगा कि यह आपसकी लड़ाई क्यों?

कल जो बिल पेश किया गया है उसके मुताबिक हिंदुस्तानके दो टुकड़े हो जायंगे—एक पाकिस्तान और दूसरा हिंदुस्तान। अंग्रेजोंको दो टुकड़े करनेसे क्या मतलब था? सारा हिंदुस्तान एक था मगर उसके साफ दो टुकड़े बना

दिए गए। हम तीस सालसे जो लड़ाई चला रहे थे वह सारे हिंदुस्तानकी आजादीके लिए थी। उसका नतीजा यह हुआ कि देशके दो टुकड़े हो गए। हमारा दिल टूट गया है, इसलिए हमारी जमीनके भी दो टुकड़े हो गए हैं। ३० बरसतक हमने शोर मचाया कि हम अपने देशका कब्जा ले लें। मैं अपने दिलसे पूछता हूं कि क्या इसीलिए तू कोशिश कर रहा था? मैं १७ बरसका था, तबसे मैं कोशिश करता रहा हूं। मगर क्या सारी लड़ाई इसीलिए थी कि आखिरमें देशके दो टुकड़े हो जायं? तीस बरसकी लड़ाईका नतीजा क्या यह होना चाहिए था कि एक कैंपमें हिंदू, एकमें मुस्लिम हो जायं और सिख किसीमें भी शामिल हो जायं?

देशके टुकडे करनेके साथ-साथ हमारे लश्करके भी दो टुकड़े हो रहे हैं। यह क्या हमारे आपसमें लड़नेके लिए? सारी कांग्रेसका इतिहास फौजके खिलाफ आंदोलनसे भरा हुआ है। जबसे कांग्रेस बनी—और उस समय दादाभाई नौरोजी, जो राष्ट्रके 'दादा' कहे जाते थे, ह्यूम, फीरोजशाह मेहता और तिलक भी मौजूद थे—उस वक्तसे ही उसकी मांग थी कि हिंदुस्तानमें तालीमका जो इंतजाम है उसपर सबसे कम खर्च किया जाता है। दूसरी ओर फौजपर इतना ज्यादा खर्च क्यों?

उस फौजकी तो पैदाइश इसलिए हुई थी कि ४० करोड़ हिंदुस्तानियोंको दबा दे। दूसरे, इस देशमें फ्रेंच थे और थोड़ी-सी जगहपर पोर्चुगीज भी थे। इधर एक क्लाइव साहब थे, उन्होंने सोचा, फ्रेंच सेटिलमेंट और पोर्चुगीज सेटिलमेंट कायम हो रहे हैं। उनके खतरेको बचानेके लिए और अपने-आपको कायम रखनेके लिए फौज तैयार की। उस तरफ अफगानिस्तानमें ट्राइब्ज (कबीले) हैं। यह भी डर था कि रूस हमला न करे। इनसब कारणोंसे यहां इतनी बड़ी फौज तैयार की गई थी।

इतनी बड़ी फौजके रहते हुए भी हम अंग्रेजोंके साथ निबट लिए। मगर हमारी अहिंसा बहादुरीकी अहिंसा नहीं थी, वह बुजदिलोंकी अहिंसा थी। मैंने पैसिव रेजिस्टेन्स (निष्क्रिय प्रतिरोध) का रास्ता बताया था। उसको अख्तियार करके हमने अंग्रेजोंके साथ हथियारोंकी तैयारी नहीं की। फिर भी अभी आर्मी (फौज) रह ही जाती है। यह क्यों? यह आपके लिए सोचनेकी बात है। मेरे लिए दु:ख और शर्मकी बात है। मैं सोचता हूं, हमारी आंखोंमें खुशहाली क्यों नहीं है? हम आजाद हो गए हैं। हमारे देशके टुकड़े हो गए हैं। मगर यह टुकड़े दोस्त बननेके लिए किए गए हैं

या दुश्मन बननेके लिए? हमारे आजके तरीकोंका मतलब तो लश्कर बढ़ाना हो रहा है। दोनों ही लश्कर बढ़ायेंगे। अगर एक ओर बढ़ेगा तो दूसरी ओर भी बढ़ेगा। पाकिस्तानवाले कहेंगे कि हम हिंदुस्तानवालोंसे बचनेके लिए लश्कर बढ़ाते हैं, क्योंकि हम करोड़ों तो नहीं हैं। हिंदुस्तानवाले भी इसी तरहकी बातें कहेंगे। आखिर परिणाम लड़ाई आता है।

हम अपना पैसा तालीममें खर्च करेंगे, या दियासलाईमें, बारूदमें करोड़ों रुपये लगा देंगे? फिर तोपोंमें और फिर बंदूकोंमें खर्च करेंगे? और फिर अपने नौजवानोंको तालीम भी नहीं देंगे?

पाकिस्तानने तो अमनको नहीं माना। कहते हैं कि कुरानशरीफमें ऐसा नहीं लिखा। मगर मैं पूछना चाहता हूं कि आप क्या करनेवाले हैं? क्या आप भी वही करेंगे?

अगर हमें डोमीनियन स्टेट्स (औपनिवेशिक स्वराज्य) और मिलता है तो भी हमारे दो टुकड़े होते हैं। यदि हम आजाद होते हैं तो भी दो ही रहते हैं। मगर क्या हम लड़नेके लिए अलग होते हैं? अंग्रेजोंने जो कुछ किया है उसमें मुझे अपने लिए संतोष या शानका कोई कारण मालूम नहीं होता। मुझे भविष्य बहुत ही मनहूस दिखलाई पड़ता है। उसे बताते हुए मैं कांपने लगता हूं। अगर हिंदुस्तान और पाकिस्तान लड़ते-लड़ते बार-बार एक-दूसरेको शिकस्त दें तो इसमें कौन-सा रस है? सब जगह यदि ख्वारी-ही-ख्वारी हो तो इसे क्या मैं आजादी कहूं? मैं नहीं जानता। भगवान् हमें अंधेरेसे उजालेमें ले जा।

'तमसो मा ज्योतिर्गमय।'

॥ ६१ ॥

७ जुलाई १९४७

भाइयो और बहनो,

कल शामको मैंने आप लोगोंको बताया था कि आनेवाली आजादी हमारे दिलोंमें खुशी क्यों नहीं पैदा कर रही है। आज मैं आपको यह बताना चाहता हूं कि अगर चाहें तो हम बुराईसे भलाई किस तरह बना सकते हैं।

जो हुआ सो हुआ। उसपर खयाल दौड़ानेसे या किसीको बुरा-भला कहनेसे कुछ बननेवाला नहीं। कानून- की भाषामें आजादीके आनेमें अभी थोड़े दिन बाकी हैं। असलमें तो जब सब पक्षोंने बात मंजूर कर ली है तो वे उसपरसे वापस नहीं जा सकते। केवल भगवान ही हैं जो इन्सानकी तय की हुईं बातको उलट सकता है।

सबसे आसान रास्ता मुसीबतसे निकलनेका अब यह है कि कांग्रेस और मुस्लिम लीग आपसमें समझौता कर लें—बिना वाइसरायके दखल या मददके। ऐसा करनेमें लीगको पहला कदम उठाना होगा। मेरा यह मतलब हरगिज नहीं है कि पाकिस्तानको मिटा दिया जाय। उसे तो एक पक्की बात और बहसके बाहर समझना चाहिए। लेकिन अगर कांग्रेस और लीगके ज्यादा-से-ज्यादा दस नुमायंदे एक मिट्टीकी झोंपड़ीमें बैठें और निश्चय करें कि हम यहांसे उठेंगे नहीं, जबतक कि हम समझौता न कर लें, तो मैं दावेसे कहता हूं कि यह फैसला उस बिल या कानूनसे जो आज ब्रिटेनकी पार्लमेंटके सामने पेश है और जिससे दो बराबरकी रियासतें, या दो डोमीनियन बन रहे हैं हजार दर्जे बेहतर होगा।

अगर हिंदू और मुसलमान जो मेरे पास आते हैं या मुझे लिखते हैं, मुझे धोखा देनेकी कोशिश न कर रहे हों तो मुझे तो साफ यही नजर आता है कि बटवारेसे कोई भी खुश नहीं। उसे लाचार होकर स्वीकार किया जा रहा है।

पर यह अगर का शब्द जो मैंने इस्तेमाल किया है सो जरूर असंभव-सा लगता है। मुझसे कहा जा सकता है कि जब लीगने ब्रिटेनसे अपनी हकूमत कायम करवा ली है तो वह फिर अपने दुश्मनों के पास क्यों आए और किस तरह उनके साथ भाई-भाई और दोस्तोंके जैसा समझौता करे?

एक दूसरा तरीका भी है। वह भी शायद उतना ही मुश्किल हो। फौजका बटवारा हो रहा है—उस फौजका जो आजतक एक रही, जिसका मकसद भी एक ही रहा—चाहे वह कुछ भी था। इस बटवारेसे तो हर एक देश-प्रेमीके दिलमें डर ही पैदा होगा। ये दो सेनाएं किसलिए बनाई जा रही हैं? इसलिए नहीं कि अपने मुल्कके, दुश्मनका सामना करें बल्कि इस मतलबसे कि वे एक-दूसरेसे लड़ें और दुनियाको दिखाएं कि हम लोग सिवा आपसमें लड़ने और एक-दूसरेको मार-मिटानेके और किसी कामके लायक ही नहीं।

मैंने यह भयानक चित्र आपके सामने जैसा है वैसा जान-बूझकर खींचा है ताकि आप उसे पहचानें और उससे बचें। बचनेका तरीका तो लुभानेवाला है ही, कम-से-कम मेरी नजरोंमें क्या हिंदू जनता और वे सब लोग, जिन्होंने आजादीकी लड़ाईमें हिस्सा लिया, इस डरावनी तसवीरको समझकर आज कसौटीपर पूरे उतरेंगे ? क्या वे आज कहनेको तैयार होंगे कि अब उन्हें फौजकी जरूरत ही नहीं, या कम-से-कम यह प्रतिज्ञा ले लेंगे कि उसका उपयोग अपने मुसलमान भाइयोंके खिलाफ कभी नहीं करेंगे, चाहे वे संघमें रहते हों या पाकिस्तानमें ? मेरी इस मांगके शायद एक ही मानी किए जायंगे वह यह कि ऐसा करनेसे हिंदू जनता और उसके साथी ३० सालकी कमजोरीको एक सुंदर महाशक्ति बना सकेंगे। हो सकता है कि मेरा जो तरीका मसलेको हल करनेका है उसे आप मूर्खता समझें। जो भी हो, इतना तो मैं कहूंगा कि ईश्वर इन्सानकी मूर्खताकी दानापन या बुद्धिमानी बना सकता है। और उसके हाथोंसे इतिहासमें ऐसा हुआ भी है। जो लोग फौजके खतरनाक बटवारेपर तुले हुए हैं ताकि आपस-आपसमें लड़ें, इससे बचनेके लिए भी मेरी बताई हुई कोशिश करनी चाहिए।

॥ ६२ ॥

८ जुलाई १९४७

भाइयो और बहनो,

मैं आज आपसे क्षमा मांगता हूं, क्योंकि मैं १० मिनट देरसे आया। आज मेरे पास इतना काम था और इतने लोग मिलने आए कि शांति नहीं मिली। आजकल मैं जो कुछ बोलता हूं सोच-विचारकर बोलता हूं। पहले कुछ नोट लिख लेता हूं और फिर उसे बोलता हूं। मैं आज लिखता ही रहा और उसके बाद हाथ-मुंह धोने गया, क्योंकि हाथ-मुंह तो धोना ही चाहिए न, और इसी बीच लड़कियां मुझे कहने आईं कि समय हो गया। किंतु मैंने सुना नहीं। इसीलिए आज कुछ देर हो गई।

आज मैं कुछ कठिन बात करना चाहता हूं। एक भाईने अंग्रेजीमें पत्र लिखा है। वह लिखते हैं—''मैं राष्ट्रभाषा नहीं जानता। इसलिए अंग्रेजीमें खत लिखता हूं।'' उन्होंने कहा है कि मैं तमिल जानता हूं—अगर मैं तमिलमें

कुछ लिखूंगा तो आपको पढ़नेमें कठिनाई होगी—आप तमिल कुछ जानते हैं तो भी कठिनाई होगी। आप जानते ही हैं कि मैं चाहता हूं कि जो भाई मुझे चिट्ठी लिखें वे अपनी भाषामें लिखें। अच्छा तो यह है कि वे उत्तरी भारतकी भाषा—हिंदी और उर्दूके बीचकी भाषा—राष्ट्रभाषा हिंदुस्तानीमें लिखें। उस खतके लिखनेवालेने अपने खतमें अंग्रेजी लेखक बर्नार्ड शाकी कुछ पंक्तियोंको उद्धृत किया है। बर्नार्ड शा अंग्रेजोंको ऊंचा समझते हैं। अंग्रेज समझते हैं कि उनके जैसा खूबसूरत कौन है। वे बहुत अच्छा मजाक करते हैं। कहते हैं कि अंग्रेज कुछ गलती नहीं करते। वे धर्मके लिए ही सब कुछ करते हैं। वे कहते हैं कि अंग्रेज धर्मके लिए लड़ाई करता है। लूट करता है तो भी वह धर्मके नामपर, क्योंकि किसीके पास अधिक पैसा क्यों रहे। हमें गुलाम बनाता है तो भी धर्मके नामपर—अच्छा बनानेके लिए। राजाका खून करता है तो वह भी धर्मके लिए अर्थात् जनमतके लिए। वे सब काम धर्मके नामपर करते हैं!

खत लिखनेवाला बर्नार्ड शाकी नकल करता है और इसीलिए मेरा भी मजाक करता है और कहता है कि अंग्रेज आजादीके लिए देशको दो हिस्सोंमें बांट रहा है। सो अंग्रेज किस धर्मके नामपर हमें आजाद बना रहा है? लेकिन अंग्रेजको मैं जितना जानता उतना कोई नहीं जानता, तब मैं कहूंगा कि अगर कोई इन्सान कुछ कहता है तब उसपर क्यों न विश्वास किया जाय, जबतक कि वह ठग न साबित हो?

अंग्रेज भारत इसलिए छोड़ रहे हैं, क्योंकि वे समझते हैं कि अब पैसोंका लाभ नहीं होगा। सियासी मामलेमें भी वे हमें गुलाम बनाकर नहीं रख सकते, यह भी वे जान गए हैं।

पहली लड़ाईमें एक जगह मार्शल-ला लगाया था। अबकी लड़ाईके दिनोंमें भी वेवल साहबने सारे हिंदुस्तानमें मार्शल-ला लगा दिया। लेकिन अब सब अंग्रेज जान गए हैं कि अब हिंदुस्तानको गुलाम नहीं रख सकते। हमने जब अहिंसात्मक आंदोलन किया तब वे जान गए कि अब ज्यादा पैसा नहीं निकाला जा सकता। अब देशको कब्जेमें रखनेके लिए अंग्रेजको ज्यादा खर्च ही करना पड़ेगा। इसीलिए वे जाना चाहते हैं।

देशको बचानेके अब भी दो तरीके हैं, जैसा मैंने कल बताया। अब भी अंग्रेजोंके हाथमें है—अभी उनका बड़ा लश्कर पड़ा है। जबतक वह लश्कर

नहीं चला जायगा तबतक नहीं कह सकते कि वे चले गए। अंग्रेज चाहें तो अब भी दुरुस्त कर सकते हैं।

अंग्रेज देशको टुकड़ा कर जाना चाहते हैं। अंग्रेज हिंदुस्तानमें यदि नियम रखकर बाकायदा सबको ठीक कर जाय तो इसका मतलब यह नहीं कि हैदराबाद कहे, हम आजाद होंगे—त्रावनकोर कहे, हम आजाद होंगे—जब ऐसा सब कोई आजाद हो जायगा तब हिंदुस्तानकी आजादी कहां गई। मैं यह स्वीकार करता हूं कि हालकी कुछ घटनाओंसे लोगोंको अंग्रेजके इरादोंपर संदेह हो गया है किंतु मैं इसे तबतक बदमाशी नहीं कह सकता जबतक बदमाशी साबित न हो जाय।

इतना तो ठीक है कि अंग्रेज रियासतोंके बारेमें उचित काम करनेमें हिम्मतसे काम नहीं ले रहे हैं। लेकिन यदि अंग्रेज देशमें ऐसी स्थिति उत्पन्न करके छोड़ जाता है जिससे देशमें कई भाग एक-दूसरेसे अलग हो जायं और वे आराममें लड़ते रहें तो इससे बढ़कर अंग्रेजोंकी आबरूपर और कोई धब्बा नहीं लगेगा।

॥ ६३ ॥

९ जलाई १९४७

भाइयो और बहनो,

आजका भजन[१] तो आपने सुना ही है। उसमें प्रेमकी सगाई सबसे बड़ी बात कही गई है। कृष्ण तो बादशाह था। जो कुछ करना चाहता था कर लेता था। उन्होंने सबका पूजन किया तभी वे दासानुदास कहलाए। प्रेमके बदलेमें यदि हम अहिंसा शब्दका प्रयोग करें तो वही बात है। प्रेम कैसे पैदा कर सकते हैं यह दूसरी बात है।

आज आप लोग पूछेंगे कि मैं वाइसराय साहबके पास क्यों गया। आजादी तो अभी मिली नहीं है। अभी तो दुश्मनकी बात चलती है। जिस दिन चाहे वह ट्राम बंद कर देता है, लूट लेता है और छुरा भोंक देता है। आजादी

१. 'सबसे ऊंची प्रेम सगाई'।

सूर्य-जैसी है, लेकिन वह आ रही है, ऐसा मुझे नहीं लगता। वाइसराय तो मुझे मित्र कहते हैं। मैं भला उनका मित्र कैसे हो सकता हूं—मैं तो भंगीका मित्र हूं गरीबोंका मित्र हूं, लेकिन उनका कैसे! वे तो बादशाह हैं, लेकिन वे मुझे मित्र मानते हैं।

आज आपको कलके खतका दूसरा हिस्सा सुनाऊंगा। वह लिखता है कि सन् १९४० में मैंने ऐसा कहा था—उस समय मैंने लिखा था कि मैं सब जगह अहिंसाकी बू पाता हूं। वह लड़ाईका जमाना था। उस समय अहिंसाकी बू नहीं थी। वह पूछता है कि यदि उस समय हवामें खूनकी बदबू आती थी तो आज क्या निकलती है। उनको ऐसा पूछनेका हक है। आज हिंदुस्तानमें नियमबद्ध काम हो रहा है, ऐसा नहीं है। दिलमें आता है तो कोई रेल रोकता है, कोई आग लगाता है, कोई लूटता है और कोई छुरा भोंक देता है। इसे अव्यवस्था कहते हैं। लोग पैसे खा जाते हैं। लोग बेशर्म होकर अनुचित रास्तेसे पैसा कमाते हैं। देनेवाले चुपचाप दे भी देते हैं। कौन किसको कहे! लोगोंके दिलमें पैसा पैदा करनेकी धुन है, चाहे किसी ढंगसे हो। हवामें आजकल झूठ, हिंसा, तिरस्कार और अविश्वास जोरोंसे फैला है।

इन सबके ऊपर क्या आता है, ३ जूनकी बात। सबने—हिंदू, सिख व मुसलमानने—हिंदुस्तानका टुकड़ा करना मान लिया है। इसके बाद रोज अखबारमें क्या पाते हैं कि कई स्थानोंमें चोरी हो गई, लूट हो गई, आग लगा दी गई, हत्या कर दी गई, खंजर भोंक दिया—आदि। खत लिखनेवाला मुझे ताना देता है कि यही आपकी प्रेम-सगाई है। वह पूछता है कि आप सदा सत्यके पुजारी रहे, लेकिन अब वह कहां है? सब जगह झूठ-ही-झूठ है। कौन नीचा है कौन ऊंचा, यही सवाल है। सहिष्णुता कहां है? यह सब जब नहीं है तब कहो तो कौन इसके लिए जिम्मेदार है? आप, वाइसराय या और कोई? उनको ऐसा पूछनेका हक है। ३० वर्षमें कांग्रेसियोंने जो त्याग किया, कठिनाइयां सही, क्या आज उसका नतीजा देशका टुकड़ा करना है? आपका अमृतरूप स्वराज्य कहां गया? इसका वे जवाब मांगते हैं। आगे वह कहता है कि अगर इस जहरमेंसे अमृत पैदा करना है तो वह आप ही कर सकते हैं।

इसके जवाबमें मैं तो कहूंगा कि यह बात सच्ची है कि देशमें बदबू आ रही है। मैं कहूंगा कि मैं इसके लिए जिम्मेदार हूं। मैं ३० वर्षसे कहता आ रहा

हूं कि सत्य और अहिंसासे काम लो। यदि देश उसके अनुसार चलता तो आज ऐसा नतीजा नहीं होता। पेड़से ही उसका फल जाना जाता है।

यदि अंग्रेज चला जाता है तो क्या उसके बाद नियम न रहे? इसके लिए मुझे शर्मसे कहना पड़ता है कि मैं इसके लिए जिम्मेदार हूं। जो लोग अभीतक कह रहे थे कि वे सत्याग्रह कर रहे थे उनके भी दिल में था कि जब हथियार मिलेगा तब हथियारसे काम लेंगे। हमने पहले सत्याग्रहसे काम लिया, लेकिन अब नहीं दिखाई देता। जिस तरह के स्वराज्यकी कल्पना की जाती थी वह बहुत दूर है। हम आपसमें लड़ रहे हैं। मैं ऐसा देखना नहीं चाहता। मुल्तान, रावलपिंडी, गढ़मुक्तेश्वर, बिहार और बंगालमें क्या हुआ? मैं सिपाही हूं। मैं इनके लिए आंसू नहीं बहाना चाहता और न मरना ही चाहता हूं।

आज हम जो पागल बन गए हैं उससे न हिंदू जिंदा रह सकता है, न मुसलमान और न सिख। तलवारके जरिए पैसा कमा सकते हैं, लेकिन धर्म नहीं।

जब मैं ३० वर्षके अनुभवके बाद कुछ नहीं बता सकूंगा तो उससे काम नहीं निपटता। तब हमें अब क्या करना चाहिए! हम सत्याग्रह करनेके लिए तैयार तो हैं, लेकिन अहिंसाको ठीक रूपमें अपनानेमें हमारी ही नहीं संसारकी भलाई है। आज इन्सानियतका तकाजा है कि अंग्रेज हम दोनोंमें दोस्ती करा दे—दो लश्करोंमें दोस्ती करा दे। मैं आशा करता हूं कि इसके बिना अंग्रेजके जानेके लिए अभी जितना दिन बाकी हुए वह इसके लिए काफी है।

और रियासतका मसला पड़ा है। हम कहें कि टुकड़ा तो हो गया, अब क्या होगा। १५ अगस्त आखिरी दिन है। यह काफी समय है और इसके बीचमें सब कुछ हो सकता है। यदि १५ अगस्ततक तय नहीं होगा अर्थात् दोनों दलोंमें समझौता नहीं होगा तो मुझे डर है कि बादमें भी वह तय नहीं होगा। अंग्रेजकी ताकत हमसे ज्यादा है। उसके पास बहुत बड़ी सैनिक शक्ति है। जो कहते हैं कि उनकी सैनिक शक्ति खत्म हो गई, वे गलतीपर हैं।

॥ ६४ ॥

१० जुलाई १९४७

भाइयो और बहनो,

मुझसे हमेशा कई तरहके प्रश्न पूछे जाते हैं। आज भी कुछ ऐसे ही प्रश्न पूछे गए हैं। एक प्रश्न तो यह है कि आज पाकिस्तान तो बन गया, तब हम लोग यूनियनमें पड़े हैं, उनका धर्म क्या हो जाता है? मैं कई बार इसपर बोल चुका हूं। मगर यह इतना पेचीदा मामला है कि किसी-न-किसी तरहसे सामने आ ही जाता है। या तो हिंदुस्तान और पाकिस्तान दोनों एक-दूसरेके दुश्मन बन जाते हैं या ऐसा कहो कि दोनों दुश्मन बनकर बैठ गए हैं। मुस्लिम लीग तो कहती ही है कि हिंदू और उनमें भी सवर्ण हिंदू हमारे दुश्मन हैं। तो क्या हिंदू भी उनके दुश्मन बन जायं? एक तरीका तो यह है कि यदि कोई एक-दूसरेको दुश्मन मानता है तो दूसरा भी उसको अपना दुश्मन समझे। मगर कम-से-कम मेरा वह रास्ता नहीं है। जब सारा जीवन मैं दूसरे रास्तेसे चलता रहा हूं तो अब मैं कैसे उसे छोड़ सकता हूं। यहां मेरा इम्तहान होनेवाला है। मेरी इंसानियत मुझे यही सिखाती है कि सारी दुनिया मेरी दोस्त है। यदि वे लोग न मानें तो वे ही खोनेवाले हैं, मैं खोनेवाला नहीं। एक-दूसरेका गला काटनेमें किसीका भला होनेवाला नहीं है। वह तो जानवरके समान है।

दोस्तीका मतलब किसीको किसी-न-किसी तरहसे राजी करना नहीं है। दोस्त कभी एक-दूसरेकी खुशामद नहीं करते। यदि कटु शब्द कहने हैं तो वह भी कहने होंगे। यह पूछा गया है कि जब आप खुशामद नहीं करते तो १९४४ मैं १८ दिनतक तेज धूपमें कायदेआजमके घर जाकर क्या करते रहे? मैं वहां अपना धर्म समझकर गया था, खुशामद करने नहीं। जो चीज मैं उन्हें देने गया था, वह यदि वे ले लेते तो आज इतनी खूंरजी न हुई होती और जो बेइन्तिहा जहर फैल गया है, वह नहीं होता। इसके अलावा इस देशमें कोई तीसरी ताकत नहीं रहती और पाकिस्तान बननेके बाद भी हिंदुस्तान एक बना रहता। वह मेरी जिन्ना साहबसे एक दोस्ताना बातचीत थी। खुशामदको आज बहुत बुरे मानीमें लिया जाता है। जब जर्मनी और इंग्लैंड एक-दूसरेके विरोधी थे तब चेम्बरलेनने, जो कि उस समय इंग्लैंडके प्रधानमंत्री थे, हिटलरको संतोष देनेका तरीका अख्तियार किया। यह मेरी

राय नहीं है मगर अंग्रेज लोग ऐसा कहते हैं कि यदि चेम्बरलेनने हिटलरको संतोष देनेका तरीका अख्तियार न किया होता तो दूसरी ही बात बनती। उसमें तो खुशामद आ जाती है। मगर मैं जब किसीको अपना दुश्मन मानता ही नहीं तब मैं इस मानीमें किसीकी खुशामद करनेवाला नहीं हूं।

मगर मेरे सामने सवाल यह है कि यूनियनमें रहनेवाले हम लोग क्या करें? पाकिस्तानमें जो मंदिर और गुरुद्वारे मौजूद हैं, क्या उन्हें वे वहांसे उठा देंगे या नष्ट कर देंगे? मेरा दिल तो ऐसा नहीं कहता। क्या वे हिंदुओंको मंदिरोंमें जानेसे रोक देंगे? पाकिस्तानके ये मानी हैं, ऐसा मैं कबूल नहीं करता। आज ही तो मुस्लिम लीगके दौलताना साहबने कहा है कि 'पाकिस्तानमें हिंदू और सिख लोग अपने-अपने मजहबके मुताबिक नहीं चल सकेंगे, यह बात तो इस्लामके दुश्मन ही कह सकते हैं।' यदि वास्तवमें पाकिस्तानमें हिंदू और सिखको वही इन्साफ मिलेगा को मुसलमानको मिलनेवाला है तो मुझे कोई शक नहीं कि इस्लामकी डेमोक्रेसी एक बहुत बुलंद चीज है। यदि वे सबको एक ही आदमकी औलाद मानते हैं, तब फिर कैसे हो सकता है कि दूसरे मजहबके लोगोंको खुदाकी इबादत करनेसे रोक दिया जाय? दौलताना साहब ठीक कहते हैं, ऐसा मुझे लगता है। मैं तो पंजाब और सीमाप्रांतके हिंदुओं और सिखोंसे कहूंगा कि वे डरके मारे भागते न फिरें। सिखोंका सुनहरी गुरुद्वारा तो अमृतसरमें है, मगर ननकाना साहब कहां जायगा, जिसके लिए सिखोंने इतना त्याग किया था? वह तो पाकिस्तानमें ही रहेगा। हैदराबादमें कितने ही हिंदुओंके मंदिर हैं। हैदराबाद पाकिस्तानमें जायगा यह तो मैं नहीं कह सकता। वहां तो ९५ फीसदी हिंदू हैं यदि हिंदुओंको भी पाकिस्तानमें ले जायंगे तो फिर वह पाकिस्तानमें कहां रहा। मुसलमानकी सबसे आला दर्जेकी जुमामस्जिद भी यहां यूनियनमें पड़ी है। क्या हम मुसलमानोंको उसमें नमाज पढ़नेसे मना कर देंगे? आगरामें उनका ताजमहल है और अलीगढ़में मुस्लिम यूनिवर्सिटी है। क्या वहां मुस्लिम युवक पढ़ना छोड़ देंगे? यह तो ईश्वरकी मेहरबानी है कि पाकिस्तान बननेके बाद हमारा टुकड़ा हुआ ही नहीं है। क्या वे यहांसे जुमामस्जिद उठा ले जायंगे या उसके लिए लड़ाई लड़ेंगे? क्या एक और लड़ाई बाकी है? कौन-सी जगह ऐसी है जहां मस्जिद और मंदिर न हों? मैं जहां जाता हूं वहीं ये सब मुझे मिलते हैं। तब क्यों पंजाब, सरहद और सिंधसे हिंदू लोग भागकर आते हैं? आखिर वे जायंगे कहां? उनमें आला

दर्जेकी बहादुरी होनी चाहिए। हमें उस बहादुरीकी जरूरत नहीं जो मकानोंको जलाने और मासूम बच्चोंको मार डालनेमें काम आती है। वह बहादुरी नहीं, हैवानियत है। हमारी जमीनके टुकड़े भले ही हो जायं, मगर हम दोनों जगह इन्सान होकर रहें, हैवान बनकर नहीं।

परंतु यदि सिंध या और जगहोंसे लोग डरके मारे अपने घर-बार छोड़कर यहां आ जाते हैं तो क्या हम उनको भगा दें? यदि हम ऐसा करें तो अपनेको हिंदुस्तानी किस मुंहसे कहेंगे। हम कैसे 'जय हिंद'का नारा लगायंगे? नेताजी किसके लिए लड़े थे? हम सब हिंदुस्तानी हैं, चाहे कोई दिल्लीका हो या गुजरातका। वे लोग हमारे मेहमान बनकर रहें। हम यह कहते हुए उनका स्वागत करें कि आइए, यह भी आपका मुल्क है और वह भी आपका मुल्क है। इस तरहसे उन्हें रखना चाहिए। यदि राष्ट्रीय मुसलमानोंको भी पाकिस्तान छोड़कर आना पड़ा तो वे भी यहां रहेंगे। हम हिंदुस्तानीकी हैसियतसे सब एक ही हैं। यदि यह नहीं बनता तो हिंदुस्तान बन नहीं सकता।

१५ अगस्त आनेमें ३५ दिन और पड़े हैं। हम अबतक हैवान बने रहे, मगर चाहें तो अब भी इन्सान बन सकते हैं। हम सबका इम्तहान हो रहा है। उसमें अंग्रेज भी शामिल हैं। नोआखालीसे मेरे पास तार आया है कि पाकिस्तान बन जानेके कारण वहांके पीड़ित हिंदुओंको मुआवजा मिलनेकी संभावना नहीं रही। मुआवजा उन्हें क्यों नहीं दिया जाता? पाकिस्तान बन जानेसे तो वहांकी गवर्नमेंटका और अधिक, उनका रक्षा करनेका, धर्म हो गया। तारमें यह भी लिखा है कि जिन लोगोंने खून किया और जो आज हवालातमें बंद हैं, उनके छोड़ दिए जानेकी संभावना है। मेरी उम्मीद है कि यह होनेवाला नहीं है। पाकिस्तानवालोंको तो यह सिद्ध करना चाहिए कि उनके यहां जो हिंदू रहते हैं उनका कुछ भी बुरा होनेवाला नहीं है। तब मैं कहूंगा कि हम १५ अगस्तको आजादीका दिन मनायंगे। यदि ऐसा नहीं होता है तो वह आजादी मेरी नहीं और मुझे उम्मीद है कि वह आपकी भी नहीं होगी। अभी ३५ दिन बाकी पड़े हैं। हम चाहें तो इन ३५ दिनोंमें बहुत कुछ हो सकता है। मैं केवल भारतीय स्वाधीनता बिलसे ही अपनी आजादी माननेवाला नहीं हूं।

॥ ६५ ॥

११ जुलाई १९४७

भाइयो और बहनो,

हमने ईश्वरका नाम लेना तो छोड़ दिया,[१] परंतु काम, क्रोध और मोह आदि जो हमारे छः बुलंद शत्रु हैं, उनको हम प्रिय समझकर अपने पास रखते हैं।

नोआखालीसे मेरे एक साथी लिखते हैं कि "जब तुम नोआखालीमें आए तब बड़ी लंबी-चौड़ी बात करते थे और 'करूंगा या मरूंगा' का प्रण किया था। यदि अब १५ अगस्तसे पहले यहां नहीं आओगे तो तुम्हें पछताना होगा।" यह मैं कबूल करता हूं कि अगर मैं वहां १५ अगस्तसे पहले न पहुंचा तो मुझे पछताना ही होगा। मैं उन लोगोंके बीचमें रहता और उनके साथ खाता-पीता था। मैं यहां दिल्लीमें क्यों पड़ा हूं? मुझे बिहार या नोआखालीमें चले जाना चाहिए। यहां तो मैं बेहाल हूं। यदि मुझसे कोई पूछे कि मैंने यहां क्या किया तो मैं यही कह सकता हूं कि मैंने केवल हजामत की है, जो मैं खासी कर लेता हूं। नोआखालीमें मैं बेहाल नहीं रहता था। रोज पैदल चलता था, नए-नए देहातमें जाता और नए-नए आदमियों—हिंदू और मुसलमान—दोनोंसे मिलता था। नोआखालीमें मैं कुछ काम करता था और बिहार- में भी। मेरे भीतर आज अंगार जल रहा है। अगर मैं नोआखाली चला जाऊंगा तो वह नहीं जलेगा। अतः आप लोग प्रार्थना करें कि हे भगवान्, तू गांधीको जल्दीसे नोआखाली भेज दे।

मैंने वहां जो प्रतिज्ञा की थी उसे छोड़ा नहीं है। वहांसे मैं बिहार चला गया, क्योंकि जहां नोआखालीमें सिर्फ दो-चार सौ ही आदमी मरे थे वहां बिहारमें तो हजारों आदमी मारे गए। इसलिए नोआखाली और बिहार मेरे लिए एक-जैसे बन गए हैं। वहांसे जवाहरलालजीने मुझे बुला लिया और कृपलानीजीका भी तार गया। परंतु यहां आकर मैंने किया क्या? बहुतसे लोग मुझसे ऐसा भी कहते हैं कि तुम नोआखालीमें ही क्या करोगे? जब सब चीज हिंदुस्तानमें तय हो जायगी तब नोआखालीमें अपने-आप तय हो जायगी। मगर मैंने तो इससे उलटा ही सीखा है। मेरे पिता यद्यपि विद्वान्

१. आजका भजन था : 'नाम जपन क्यों छोड़ दिया?'

नहीं थे, पर यह मुझे कबूल करना चाहिए, इतना तो मुझे बचपनमें वह सिखा गए थे कि झूठ नहीं बोलना और डर लगने लगे तो रामका नाम ले लेना। 'यथा पिंडे तथा ब्रह्मांडे' अर्थात् जो पिंडमें है वही ब्रह्मांडमें है, यह मूल मंत्र मुझे बचपनहीसे मिल गया था। मेरी अनपढ़ और देहाती माताने भी मुझे यही सिखाया था कि तू जो भी करे अपनी आत्माकी प्रेरणासे कर, तुझे दुनियाकी क्या पड़ी! दुनियाको देखनेवाला तो ईश्वर है। अत: नोआखालीमें मैंने जो वचन दिया उसे मुझे प्राण देकर भी नहीं छोड़ना चाहिए।

॥ ६६ ॥

१२ जुलाई १९४७

भाइयो और बहनो,

मुझे एक भाई लिखते हैं कि 'आज हमारे यहां जो हो रहा है वह बहुत बुरा है।' बुरा क्यों है, यह भी उन्होंने बताया है। वे कहते हैं कि 'जो लोग सत्याग्रह आंदोलनमें जेल गए वे समझते हैं कि उन्होंने बहुत भारी काम कर लिया, जिसकी वजहसे उनको प्रधानमंत्री या किसी प्रांतका गवर्नर या मिनिस्टर या उसका पार्लामेंट्री सेक्रेटरी तो बनाना ही चाहिए। उनके पास मोटरकार होनी चाहिए, क्योंकि वे समझते हैं कि यदि जेल चले गए तो हिंदुस्तानका लाखों-करोड़ों रुपयेका काम उन्होंने कर दिया। मैं भी दो दफा जेल हो आया हूं और एक दफा तो यरवदा जेलमें आपके साथ भी था। परंतु मैं तो भिखारी ही रहा और किसीने मुझको पूछा तक नहीं।'

मैं कहता हूं, यदि जेलमें कोई चला गया तो क्या वह हिंदुस्तानपर मेहरबानी करने गया था? यदि यही सिलसिला रहा तो मुझे डर लगता है कि कांग्रेसका नाम मिट जायगा। कांग्रेसमें जो लोग हैं उनको ऐसी बात ख्वाबमें भी नहीं सोचनी चाहिए। इस तरहसे तो कोई कांग्रेसी यह कहेगा कि चूंकि वह जेल हो आया है इसलिए उसके लड़केकी शादी हिंदुस्तानकी सबसे अच्छी लड़कीके साथ होनी चाहिए या उसकी लड़कीकी शादी हिंदुस्तानके सबसे अच्छे युवकके साथ हो। जवाहरलालजी इसलिए बड़े मंत्री या वाइस-प्रेसिडेंट नहीं बने कि वे जेल हो आए हैं। यदि उनको ये पैसे न मिलें तो क्या वह भूखों मरनेवाले हैं? राजेंद्र बाबू तो पटना हाईकोर्टके

चीफ जस्टिस होनेवाले थे। लेकिन उन्होंने स्वेच्छा से उसे लात मारकर फकीरकी तरह रहना पसंद किया। राजाजी भी जेल जानेके कारण मिनिस्टर नहीं बने। मैं यह नहीं कहता कि वे सब फरिश्ते हैं। वे भी हमारी तरह इंसान हैं और इंसान तो भूलोंकी गठरी होते हैं, फिर, सरकारी दफ्तरमें कितने आदमी समा सकते हैं? यह तो एक निकम्मी बात है? जिसे शीघ्र ही भूल जाना चाहिए। हम इस बातका खयाल भी न करें कि हमें जेल जानेके बदलेमें कुछ मिले। जो आदमी अपना धर्म पालन करता है, धर्म ही उसका बदला है।

मुझसे पूछा गया है कि कायदेआजम जिन्ना पाकिस्तानके गवर्नर-जनरल बन गए और यहांका गवर्नर-जनरल वाइसराय बनकर बैठ गया, यह कहांका हिसाब है? हिंदुस्तानकी आजादीकी लड़ाई तो कांग्रेसने लड़ी, मुस्लिम लीगने उसमें कोई हिस्सा नहीं लिया या ऐसा कहो कि कांग्रेसने जब भी सिविल नाफर्मानी या सत्याग्रह किया, लीगने उसमें बिल्कुल सहयोग नहीं दिया, इसपर भी यदि कांग्रेसको हिंदुस्तानी गवर्नर-जनरल नहीं मिलता है तो यह कोई इंसाफकी बात नहीं हुई। इसका मतलब यह हुआ कि हम अंग्रेजोंकी खुशामद करेंगे तो आरामसे रहेंगे, नहीं तो मर जायंगे। मैं यह कहूंगा कि जो चीज बनी है या जो चीज १५ अगस्तको बा-कानून बननेवाली है, उसमें गवर्नर-जनरल चाहे अंग्रेज हो, फ्रेंच हो, डच हो, काली चमड़ीवाला हिंदुस्तानी हो, गौरवर्ण हो या हब्शी हो, उससे कोई फर्क नहीं पड़ता। यदि मेरे हाथमें हो तो मेहतर बस्तीकी एक हरिजन लड़की गवर्नर-जनरल बनाकर बिठा दी जाय। अतः माउंटबेटन यदि गवर्नर-जनरल बनते हैं तो वे हिंदुस्तानके खिदमतगार या नौकर होकर ही बनते हैं। आप कह सकते हैं कि यह तो बच्चोंको फुसलानेकीसी बात हुई। जो माउंटबेटन इंग्लैंडके शाही घरानेसे संबंध रखते हैं वह क्या तुम्हारी नौकरी करनेवाले हैं, आप तो धोखा देते हैं! मुझे आपको धोखा देकर माउंटबेटनसे कोई इनाम नहीं चाहिए। मैं तो आजतक उनसे लड़ता आया हूं, तो आज उनकी खुशामद करनेकी मुझे क्या जरूरत पड़ी है? आप शायद यह कहेंगे कि कांग्रेसी नेता उनके फुसलावेमें आ गए हैं। इसका मतलब यह हुआ कि जवाहरलालजी, सरदार और राजाजी ऐसे पागल हैं कि अपना सब नूर गंवाकर बैठे हैं, वे खुशामदी बन गए हैं। मैं वहांतक नहीं जा सकता। यह तो सही है कि मैं जो चाहता था वह नहीं बना और

बहुत दफा मैं यह कह भी चुका हूं। मगर मैं हर चीजका सीधा मतलब निकालता हूं। हमलोग माउंटबेटनको गवर्नर-जनरल बनाते हैं, इसीलिए तो वह बनते हैं। यदि हम न चाहते तो वह नहीं बन सकते। परंतु जिन्ना साहबने यह सोचा होगा कि सारी दुनिया कैसे मानेगी कि मैंने पाकिस्तान ले लिया, इसलिए मैं क्यों न गवर्नर-जनरल बनूं! हमें इसपर ईर्ष्या क्या करना और गुस्सा भी क्या करना! उनको गवर्नर-जनरल बनकर यह सारी दुनियाको बताना है कि इस्लाम नया चीज है। यह देखना है कि वह वहांके खादिम बनते हैं या बादशाह। यदि एक भी सिंधी सिंध छोड़कर चला आएगा तो उसकी जिम्मेदारी पाकिस्तानके गवर्नर-जनरलपर होगी। उनको तो खलीफा अबूबकर या उमर और अलीकी तरह सबके साथ इंसाफ करना होगा। मैं यह नहीं कहता कि वे सब अहिंसक थे। मैं तो केवल उनकी बहादुरी और शराफतकी बात कहता हूं।

अखबारोंसे मुझे मालूम हुआ कि पहले हिंदुस्तान और पाकिस्तान—दोनोंके लिए एक ही गवर्नर-जनरल रखना तय हुआ था। मगर बादमें जिन्ना साहब मुकर गए। तब कौन उन्हें पाकिस्तानका गवर्नर-जनरल बननेसे रोकनेवाला था? मेरी निगाहमें उन्होंने ठीक नहीं किया। एक दफा जब उन्होंने कहा था तो माउंटबेटनको बनने देते और पीछे यदि कोई गोलमाल होता तो उनको हटा देते। परंतु अब इस्लामकी परीक्षा जिन्ना साहबकी मार्फत होनेवाली है। सारी दुनियाके सामने वे पाकिस्तान स्टेटके गवर्नर-जनरल बन रहे हैं। अतः पाकिस्तानकी खूबियां ही देखनेमें आनी चाहिए। कांग्रेस तो हमेशा अंग्रेजोंसे लड़ती आई है। जवाहरलालजी तो सीधे आदमी हैं, मगर सरदार तो हमेशा लड़नेवाले हैं। वे तो मेरे साथ लड़ते थे कि तू इनका एतबार करता है। जब वही इनके दावमें आ गए तो आपकी तथा हमारी बात ही क्या है! जब वे यह कबूल करते हैं कि वाइसराय गवर्नर-जनरल बनकर रहें तो हमें कबूल करनेमें क्या संकोच है? हम देखते हैं कि वे हिंदुस्तानके खादिम बनकर गवर्नर-जनरल हो रहे हैं या दगा देनेके लिए। एक नया अनुभव हमको मिलेगा। अतः इसमें दूरन्देशी है और फिर हम कुछ खोते तो हैं ही नहीं। आखिर डोमीनियन स्टेटस भी हमने उनके कहनेपर स्वीकार किया है। वे एक बहुत बड़े एडमिरल हैं, बड़ी लड़ाई लड़नेवाले हैं। उनको हम रखें तो सही। यदि कोई बुराई निकली तो हम उनसे लड़ लेंगे।

जब मैं वाइसरायसे मिलने गया था तब उन्होंने मुझसे कहा कि जिस लड़केसे एलिजाबेथकी सगाई हुई वह मेरे लड़के-जैसा ही है, आशा है, कल आप आशीर्वादके तौरपर कुछ शब्द लिखेंगे। सो परसों जब वाइसरायकी लड़की यहां आई तब मैंने उसके हाथ मुबारकबादीका एक खत लिखकर भेज दिया। कितनी सादी लड़की है वह। प्रार्थनाके समय मैंने उसे कुर्सीपर बैठनेके लिए कहा, मगर कुर्सीपर न बैठकर वह हमारे साथ ही दरीपर बैठ गई। और फिर राजकुमारी अमृतकौरने तो आज मुझे यह भी बताया कि जिस लड़कीकी सगाई हुई है वही इंग्लैंडकी रानी बनेगी, क्योंकि बादशाहके कोई लड़का नहीं है। वाइसरायके भी कोई लड़का नहीं है। खैर वाइसराय अगर बुरा होता तो मैं आशीर्वाद लिखकर क्यों भेजता मैं उसे बुरा नहीं मानता। उनकी जगह अगर जवाहरलालजी या सरदार पटेल गवर्नर-जनरल बनकर बैठ जाते तो उन्होंने बहुत खतरनाक काम किया होता। इसके अलावा गवर्नर-जनरलके हाथमें किसी प्रकारकी सत्ता नहीं होगी। जवाहरलालजी या उनकी केबिनेट जो कहेगी वही उसको करना होगा। उसको तो केवल अपने दस्तखत देने होंगे।

मगर लार्ड माउंटबेटन एक बड़ा आदमी है और अंग्रेज शैतानियत ही कर सकते हैं, ऐसा हम लोगोंका ख्याल बन गया है। तो माउंटबेटनको भी अपनी शराफत और इन्साफ-पसंदीका सबूत देना होगा। और मुझे विश्वास है कि वह इन्साफ करनेके लिए ही यहां आया है।

मेरे पास इन दिनों काफी मुसलमान मिलने आते हैं। वे भी पाकिस्तानसे कांपते हैं। ईसाई, पारसी या दूसरे गैर मुसलमान डरें यह तो समझमें आ सकता है, मगर मुसलमान क्यों डरें? वे कहते हैं कि हमें क्विसलिंग[१] माना जाता है। पाकिस्तानमें हिंदुओंको जो तकलीफ होगी उससे ज्यादा हमें होगी। पूरी सत्ता मिलते ही हमारा कांग्रेसके साथ रहना शरियतसे गुनाह माना जायगा। इस्लामके ये मानी हैं, इसे मैं नहीं मानता। कांग्रेस यदि किसी मुसलमानकी अपने साथ रखती है तो क्या गुनाह करती है? क्या मुसलमान कांग्रेसी बननेसे गुनहगार हो जाते हैं? क्या वे कलमा या नमाज नहीं पढ़ते? क्या अली भाइयोंके जमानेके इस्लामसे आजका इस्लाम कुछ बदल गया है? राष्ट्रीय मुसलमानोंको कैसे क्विसलिंग कहा जा सकता

१. देशद्रोही।

है ? मुझे आशा है कि जिन्ना साहब जहां गैरमुस्लिम अल्पसंख्यकोंकी रक्षा करेंगे वहां इन मुसलमानोंको भी पूरा संरक्षण देंगे।

॥ ६७ ॥

१३ जुलाई १९४७

ऐसा समय एक-दो बार आया है जब मैं प्रार्थनामें ठीक वक्तपर नहीं पहुंच सका। आजका वक्त ऐसा ही था। मैंने बहुत कोशिश की कि सात बजेके पूर्व पहुंच जाऊं, लेकिन ऐसा नहीं हो सका। मैं वाइसरायसे मिलने चला गया था। मैं यहां पड़ा हूं तो कुछ बातें करनी ही पड़ती हैं। यहां बहुत बातें होती हैं इसलिए मेरे-जैसे आदमीको भी कुछ कहना होता है। यों तो मैं चार बजे ही चला गया था और आशा थी कि समयके पहले ही लौट आऊंगा। मगर दूसरे मित्र भी होते हैं, इसीलिए मैं वक्तपर नहीं आ सका। मगर मुझे यह देखकर बहुत अच्छा लगा कि प्रार्थना ठीक समयपर शुरू कर दी गई है।

जिन्ना साहबने एक प्रेस-कान्फ्रेंस की है। उसकी रिपोर्ट मेरे हाथमें आई है। उसमें उन्होंने कहा है कि पाकिस्तानमें जो अल्पमतवाले हैं उनको किसी किस्मकी तकलीफ नहीं होनेवाली है। उनके साथ वैसा ही बर्ताव किया जायगा जैसा कि मुसलमानोंके साथ। हिंदू मंदिरोंमें जा सकेंगे, सिख गुरुद्वारोंमें।

पर किसी एकके कहने मात्रसे वैसा हो नहीं जाता। आज भी खून-खराबी हो रही है, मकान जल रहे हैं और यह सब पाकिस्तानमें हो रहा है। यूनियनमें[१] भी हो रहा है। यह कौन कर रहा है ? क्या मुसलमान ही कर रहे हैं ? या हिंदू भी कर रहे हैं ? मेरे पास दोनों प्रकारके खत आते हैं। लोग कहते हैं कि अब हम शांतिसे क्यों नहीं रह पाते ? मैं जिन्ना साहबसे पूछता हूं कि आपकी बात कब अमलमें आएगी ? वह १५ अगस्तके बाद अमलमें आएगी या अभीसे ? सिंध तो पाकिस्तानका केंद्र-बिंदु होगा। वहां मुस्लिम लीगका बहुत जोर है। जिन्ना साहब पाकिस्तानके गवर्नर-जनरल भी बन

१. इडियन यूनियन।

गए हैं। ऐसा होनेपर भी इंग्लैंडमें बादशाह तो हैं ही। जबतक वह हैं तबतक जनताका कुछ-न-कुछ संबंध गवर्नर-जनरलके मार्फत उसके साथ रह ही जाता है। गवर्नर-जनरलको हम बनाते हैं। जिन्ना साहब पाकिस्तानके गवर्नर-जनरल बने हैं। फिर भी वह बादशाहके सामने जिम्मेदार तो रहते ही हैं। लीगके प्रेसीडेंट भी वे मिट नहीं जाते। उनकी हैसियत बढ़ जाती है। उन्हें सबको अदल[१] इन्साफ देना चाहिए। सिंधियोंको सिंधसे क्यों जाना चाहिए? अगर एक भी सिंधी वहांसे चला जाता है तो यह जिन्ना साहबके लिए शर्मकी बात है कि वह गवर्नर-जनरल हैं और उनके रहते हुए अल्पमतवाले जा रहे हैं।

मुझे लगता है कि एक आदमी जो कहता है वह वैसा करता है या नहीं, इसीसे उसकी जांच होती है।

इसी तरह यूनियनसे भी मेरे पास खत आते हैं। युक्तप्रांतमें कुछ हुआ या नहीं, मुझे नहीं मालूम। मगर वहांके मुसलमान यह भय महसूस करते हैं कि वे इस प्रांतमें रह सकते हैं या नहीं। मैं पूछता हूं कि वहां वे क्यों नहीं रह सकते? जिस तरह मैं जिन्ना साहबसे पूछता हूं उसी तरह युक्तप्रांत और बिहारसे भी पूछता हूं कि वहां मुसलमान रह सकते हैं या नहीं?

अंग्रेजोंसे तो हमें निजात (?) मिल गई। एक जमाना था जब वे हमें लड़ाते रहते थे। अब वह जमाना चला गया। अब उनको हमें लड़ानेका मौका नहीं रहा।

युक्तप्रांतके मुसलमानोंको नौकरीके अनुपातके प्रतिशतके बारेमें शिकायत है। वे कहते हैं कि 'अबतक जहां ६० और ७० प्रतिशत सरकारी नौकरियां उनके हाथमें थीं वहां अब आबादीके हिसाबसे १४ प्रतिशत ही देनेका निर्णय किया गया है।' मेरा दिल तो इसकी शिकायत नहीं कर सकता। सरकारी नौकरियां कितने लोगोंको मिल सकती हैं? उनसे हमारा क्या भला होनेवाला है? और फिर, वहां तो हम खिदमतके लिए जाते हैं, अपना भला करनेके लिए नहीं? अबतक जो कुछ होता रहा है वही होता रहे तो यह कोई न्याय न होगा। यदि डाक्टर और वकील अबतक लोगोंको लूटते रहे हैं तो क्या आगे भी वे लूटते ही रहेंगे?

---

१. पक्षपातरहित।

इसी तरह कोई पूछ सकता है कि हमें अबतक जो परसेंटेज[1] मिला हुआ था वह रहेगा या नहीं? मैं कहूंगा कि वह किसने दिया था? कैसे दिया था? यदि हरिजन कहें कि सरकारने हमें इतना दिया था, वह कायम रहना चाहिए, तो मैं पूछ सकता हूं कि सरकारने तुम्हें वह क्यों दिया था? कांग्रेस सरकारसे लड़ती थी, सरकारने कांग्रेससे लड़नेवालोंको रिश्वत दी। उसे उनकी खुशामद करनेकी जरूरत थी। अब हमारी हकूमत होगी। हमारी सरकार किसीकी खुशामद क्यों करे? हमारे लिए तो यह जरूरी है कि हम अछूतपन मिटा दें। सरकारकी हिम्मत थी कि कानून बनाकर सब मंदिर खोल दे? मगर जब मैं देखता हूं कि मद्रासमें एकके बाद एक मंदिर खुलता जाता है, वहांके बड़े-बड़े और पुराने मंदिर हरिजनोंके लिए खुल गए हैं, तो मेरा पेट (?) भर जाता है। धर्मकी रक्षा ऐसे ही हो सकती है। इसी तरह ईसाइयों और पारसियोंकी बात है।

हमारी हकूमतका काम तो जो मिस्कीन हैं, जाहिल हैं, उन्हें ऊपर लाना होगा। यदि वह हरिजनोंके लिए शूद्रों आदिके लिए कुछ करती है तो ब्राह्मणको शिकायत क्यों होनी चाहिए? हां, अगर कोई कहे कि ब्राह्मणोंको कोड़े लगाए जायं, उनका अपमान किया जाय, तो मैं कहूंगा कि ऐसा क्यों, वह भी तो बुरा है।

मुसलमानोंकी ओरसे या यूनियनकी ओरसे मैं जो कुछ कह सकता हूं वह यही है कि सबको अदल इंसाफ मिले। अगर ऐसा हो तो फिर कहनेको कुछ नहीं रहेगा। फिर देशके टुकड़े होनेका दुःख नहीं रहेगा।

देशके टुकड़े होनेके बारेमें लोग कहते हैं कि आज तो हिसाब हो गया— सेनाका हिसाब हो गया, नौ-सेनाका हिसाब हो गया। मैं कहता हूं कि हमारी ताकत कम हो गई। बाहरके लोग कहेंगे कि हिंदुस्तानके पास नौ-सेना कहां है? अपने मतलबके लिए वे दोमेंसे किसी एक हिस्सेको मिलाएंगे और यह सेनाका बटवारा हमेशाके लिए गृह-युद्धका कारण बन जायगा।

पर मुझे आशा है कि पाकिस्तान और शेष भारतमें मैत्रीका भाव रहेगा। दोनोंमें अल्पसंख्यकोंके प्रति न्यायका व्यवहार होना चाहिए। यदि यूनियनमें केवल हिंदू ही रह सकेंगे तो यह पक्षपात होगा। इसी तरह यदि पाकिस्तानमें

१. प्रतिशत।

सिर्फ मुसलमान ही रह सकेंगे तो वह भी पक्षपात होगा।

यद्यपि हमने अहिंसाका सबक नहीं सीखा तो भी हमें अपनी तीस बरसोंकी कोशिशसे यह सीख लेना चाहिए कि हम किसीके दास नहीं बनेंगे। ऐसा हम अहिंसासे करें, चाहे हिंसासे। अहिंसाका नाम तो मैंने छोड़ दिया। फिर भी, अगर हमारे पास बल आ गया तो हम किसीकी सलामी नहीं करेंगे। यही मैं बिहारसे कहता आया हूं। लोग कहते हैं कि हमें तलवार दो, बंदूक दो। मैं कहता हूं, तलवार और बंदूक क्यों मांगते हो? कहो, हम नहीं झुकेंगे। ऐसा ही मैंने नोआखालीमें भी कहा है।

अगर मुसलमानों और हिंदुओंके दिल, तीस बरसोंकी कोशिशसे यह आ गया है कि हम किसीकी गुलामी नहीं करेंगे तो मेरे लिए इतना बस है। अगर तीस बरसमें हमने इतना सीख लिया है, तो वह हिंसासे हो या अहिंसासे मुझे इसकी परवाह नहीं। हां, अगर मुझसे सीखने आओगे तो मैं कहूंगा कि यह अहिंसासे ही हो सकता है। एक अकेला आदमी अगर दुनियाका सामना करने चले तो वह अहिंसासे ही कर सकता है। अहिंसाके साथ ईश्वर होता है, उसके सामने तलवार टूट जायगी।

॥ ६८ ॥

१४ जुलाई १९४७

भाइयो और बहनो,

कहा जाता है कि मेरे भाषण आजकल निराशा पैदा करनेवाले होते हैं। कुछ लोग तो कहते हैं कि मुझे बिलकुल बोलना ही नहीं चाहिए। लोगोंके ऐसा कहनेसे मुझे एक चित्रकारकी कहानी याद आती है। उसने अपना चित्र एक दुकानमें रखा और नुक्ताचीनी करनेवालोंको दावत दी कि वे जहां-जहां भी उसमें गलतियां पाएं वहां-वहां निशान लगा दें। नतीजा यह हुआ कि वह तस्वीर तो रही नहीं, एक धब्बा-सा हो गया। चित्रकारका मतलब यह था कि लोगोंको दिखाए कि हरेकको खुश करना नामुमकिन है; और उसे खुद तसल्ली हो गई कि उसने एक अच्छा चित्र खींचा था। उसका तो काम ही था कि वह अपने मनके पसंदकी और अपनी लियाकतके मुताबिक एक तस्वीर बनाए। मेरा भी वही हाल है। मैं केवल बोलनेके लिए कभी

नहीं बोलता। मैं सिर्फ यह समझकर बोलता हूं कि मेरे पास लोगोंके लिए देनेके लायक संदेशा है।

यह सच है कि आज मेरे और मेरे घने दोस्तोंमें कुछ मतभेद है। बाज बातें जो उन्होंने कीं या कर रहे हैं, उनसे मैं सहमत नहीं। लेकिन दिल्लीमें रहकर मेरे लिए मौजूदा हालातपर अपनी राय न देना असंभव है। और असलमें मतभेद क्या है? अगर आप छानबीन करें तो आपको पता चलेगा कि मतभेदकी जड़ एक ही है। अहिंसा मेरा धर्म है, कांग्रेसका धर्म कभी नहीं रहा। कांग्रेसने तो उसे केवल नीतिके रूपमें स्वीकार किया था। नीति उसी वक्ततक धर्म रह सकती है जबतक कि उसे चलाया जाय। उसके बाद नहीं। कांग्रेसको पूरा अधिकार है कि जिस वक्त जरूरत न रहे उसी वक्त नीतिको बदल ले। धर्मकी और बात होती है। वह तो अमर है। वह कभी बदल नहीं सकता।

कांग्रेसके विधानमें नीति तो वही रखी गई है, लेकिन कांग्रेसवालोंके अमलने नीतिको बदल दिया है। कानूनके शास्त्री भले उसपर नुक्ताचीनी करें, लेकिन आप और हम ऐसा नहीं कर सकते और न करना चाहिए। आजके कांग्रेसी क्यों न अपनी नीतिको बदलें कानूनकी बात हो ही जायगी। और यह बात भी समझने लायक है कि कांग्रेसके विधानमें 'शांति'का शब्द इस्तेमाल किया गया है, 'अहिंसा'का नहीं।

१९३४ में जब कांग्रेसकी बैठक बंबईमें हुई थी तो मैंने बहुत कोशिश की कि 'अहिंसात्मक' शब्द 'शांतिमय'की जगह ले, लेकिन मैं असफल रहा। इसलिए अगर कोई चाहे तो 'शांति'के मानी अहिंसासे कुछ कम निकाल सकता है। मैं खुद तो कोई फर्क नहीं पाता। लेकिन मेरी रायसे यहां कोई मतलब नहीं। फर्क है या नहीं यह फैसला विद्वानोंको करना पड़ेगा। आपको और मुझे तो इतना ही समझ लेना चाहिए कि कांग्रेसका अमल आज हर्गिज अहिंसात्मक नहीं है। अगर 'अहिंसा' कांग्रेसका धर्म होता तो किस तरह फौजको सहायता देती, जैसा आज हो रहा है। फौज अगर चाहे तो जनताको खाकर फौजी-राज भी कायम कर सकेगी। क्या मैं यह आशा बिलकुल ही छोड़ दूं कि जनता मेरी बात कभी भी नहीं सुनेगी? और अगर न सुनना चाहे तो फिर मेरे ऊपर जो नुक्ताचीनी करते हैं उनका क्या बिगड़ता है; और वे मुझे बोलनेसे क्यों रोकें?

मुझे एक बात स्पष्ट करनी चाहिए सो यह कि मैंने साफ-साफ कह दिया और मान भी लिया है कि पिछले तीस साल जो लड़ाई हमने की वह अहिंसाके बलपर नहीं थी। वह तो सिर्फ मंद विरोध था और ऐसा विरोध कमजोरोंका हथियार है। उसे वे लोग इस्तेमाल करते हैं जो अहिंसाका उपयोग जानते नहीं, यह नहीं कि अहिंसाका उपयोग करना चाहते नहीं। अगर हममें अहिंसात्मक लड़ाई करनेकी बहादुरी होती— और उसके लिए वीरोंकी बहादुरी चाहिए—तो हम दुनियाके सामने आज आजाद हिंदका एक और ही चित्र दिखा सकते। लेकिन आज तो हम दो टुकड़ेका हिंद बना रहे हैं, एक ऐसा देश, जहां भाई-भाई आपसमें लड़ रहे हैं और एक-दूसरेपर जरा भी विश्वास नहीं रखते। ऐसा होनेके कारण हम खुराक और कपड़ेकी कमीपर काफी ध्यान नहीं दे पाते और उन करोड़ों गरीबोंको कुछ नहीं दिखा सकते—वे गरीब जिनका एक भगवान ही उनके सामने रोजकी जरूरतोंकी शक्लमें नजर आता है—जिनका लड़ाई-झगड़ोंसे क्या वास्ता, सिवा सिनेमाकी तस्वीरोंके, कि जिनसे एक-दूसरेको मारनेकी तदबीरके अलावा वे और क्या सीख सकते हैं?

॥ ६९ ॥

१५ जुलाई १९४७

भाइयो और बहनो,

मैंने कुछ दिन हुए तामिलनाडु और मलाबारके मंदिरोंके बारेमें कहा था, जो हरिजनोंके लिए खोले गए थे, और खासतौरसे रामेश्वरम्‌के मंदिरका उल्लेख किया था। वह एक बहुत बड़ा मंदिर है और उसके बारेमें वहां काफी वहम भरा हुआ था। उनका खयाल था कि हरिजनोंके अंदर जानेसे मंदिर अपवित्र हो जायगा। परंतु आजके एक खतमें मुझसे कहा गया है कि मैंने आंध्र देशके तिरुपति मंदिरका नाम नहीं लिया जो बहुत विशाल और प्राचीन मंदिर है। उसमें यह भी लिखा है कि यदि अपनी गलती दुरुस्त कर दूं तो आंध्र देशके लोगोंको बहुत संतोष मिलेगा। मैं तो इस मंदिरकी महिमा बराबर जानता था, परंतु मेरी दृष्टिमें तमिलनाडु और आंध्र जुदा-जुदा सूबे नहीं हैं। आज तो कुछ आबहवा ही ऐसी बिगड़ गई है कि सब

अलग-अलग रहना चाहते हैं। तो भी मुझे अच्छा लगा कि मैं अपनी गलतीको दुरुस्त कर लूं।

अभी कुछ बंगाली भाई मिलने आए हैं। वे कहते हैं कि पश्चिमी बंगालके जुदा हो जानेसे पूर्वी बंगालके हिंदुओंके दिलमें ऐसा लगता है कि पश्चिमी बंगालके हिंदू अब उनको भूल जायंगे। यदि ऐसा हुआ तो मुझको बड़ा दर्द होगा। अगर इस तरहसे हिंदू हिंदूको और मुसलमान मुसलमानको भूल जायं तो सब गोलमाल हो जायगा। हिंदू, मुसलमान, पारसी, ईसाई सब हिंदुस्तानी हैं और हिंदुस्तानके रहनेवाले हैं, ऐसा हमें मानना चाहिए। मजहब या धर्म तो निजी बात है। मैं ईश्वरको पूजना चाहता हूं, उससे दुनियाकी कौन ताकत मुझे रोक सकती है। परंतु यदि मुसलमान, पारसी, हिंदू और ईसाई आदि सब अपनेको अलग-अलग मानने लगें तो पीछे हिंदुस्तान रहा कहां? मैं तो कबूल करूंगा कि बंगालके हिस्से ही क्या करने थे। मैं बंगाली मुसलमानोंमें रहा हूं। नोआखालीमें मैं उनके बीच पैदल घूमता था। मैंने वहां सबके दिलोंमें मोहब्बत पाई है। हिंदुओंको मुसलमानोंसे डरना क्या था? जो मूर्खता और दीवानापन आ गया, वह क्या हमेशा थोड़े ही रहनेवाला है। मेरी समझमें तो पूर्वी बंगालके हिंदुओंके साथ बुरा होनेवाला नहीं है। मगर बहुत-सी बातें न चाहते हुए भी हुईं और हो रही हैं। बंगालके टुकड़े हुए और हिंदुस्तान तथा पाकिस्तान भी बन गए। परंतु जो चीज हो गई उसे बर्दाश्त करके आगे बढ़ना चाहिए और पीछे उसे दुरुस्त कर लेना चाहिए। पश्चिमी और पूर्वी बंगालके हिंदू-मुसलमान एक साथ रहे और एक भाषा बोलते हैं। अतः हिंदुओंका वहां कोई बिगाड़नेवाला नहीं है। यदि वहांका हिंदू भी मुसलमानको अपना दोस्त माने तो क्या पूर्वी बंगालके मुसलमान उनको मारते ही रहेंगे? जब एक भी हिंदू मुसलमानको अपना दुश्मन नहीं मानेगा तो फिर वे सब दोस्त ही रहनेवाले हैं, इसमें मुझे कोई शक नहीं है।

उन्होंने यह भी पूछा है कि क्या बंगाल-प्रांतीय कांग्रेस-कमेटी मिट जायगी, क्योंकि उसके भी तो दो टुकड़े हो गए। मेरी दृष्टिसे तो बंगाल-प्रांतीय कांग्रेस-कमेटीके हिसाबसे बंगालके टुकड़े नहीं हुए। जैसी वह आज है, वैसी ही रहनी चाहिए। वह हकूमतके कानूनसे बाहर है। अगर वह अपने टुकड़े कर लेती है तो मैं कहूंगा कि पश्चिमी बंगालने बेवफाई की है। आज कांग्रेसकी रचना इस तरहकी है कि देहातमें कांग्रेस-कमेटी होती है,

फिर मंडलमें, उसके बाद जिलेमें, सूबेमें और सबसे ऊपर अखिल भारतीय कांग्रेस-कमेटी है। ऐसा हमारा सिलसिला है। अत: कांग्रेस-कमेटी पूर्वी बंगालमें होगी और पश्चिमी बंगालमें भी। वे दोनों मिलकर बंगाल-प्रांतीय कांग्रेस-कमेटी बनाएंगे। कांग्रेस-मुसलमान, ईसाई और पारसी आदि सबकी है। उसमें आगे भी कोई फर्क नहीं पड़ना चाहिए। इन बंगाली भाइयोंने यह भी पूछा है कि क्या पूर्वी बंगाल बिलकुल भिखारी बन गया है कि उसके मंत्री भी पश्चिमी बंगालसे आए। यह तो उनके लिए और भी हितकर होना चाहिए, क्योंकि इससे पूर्वी और पश्चिमी बंगालमें संबंध बराबर बना रहता है। यह माना कि पूर्वी बंगालमें मुसलमान काफी पड़े हैं, परंतु यह कैसे मान लिया जाय कि सारे मुसलमान गंदे हैं। बिहारमें कितने ही मुसलमान मारे गए, परंतु तो भी मैं कह सकता हूं कि वहां लाखों हिंदू गंदे बिल्कुल नहीं बने। कुछ लोगोंकी गंदगीकी वजहसे सारी कौमको गंदा बताना बिल्कुल गलत है। इसका मतलब तो यह है कि हमारे अंदर स्वयं गंदगी है। हम नापाक और बुजदिल बन गए हैं। हमारे अंदर अहिंसाकी बहादुरी नहीं है। वह बहादुरी केवल मरनेका इल्म सिखाती है, मारनेका नहीं। दुनियामें बड़े-बड़े लश्कर पड़े हैं, मगर फिर भी सारी दुनियाकी आबादीको देखते हुए ये लश्कर मुट्ठी-भर हैं। एक ऐसा सिलसिला-सा बंध गया है कि जिससे हमारी आंख हमेशा टेढ़ा ही देखती है। जब भी कुछ हो जाता है, हम फौज भेजनेकी ही मांग करते हैं। नोआखाली, बिहार, पंजाब और सीमाप्रांत सब जगहोंसे यही मांग आई कि फौज भेजो तो हमारी रक्षा होगी। परंतु जो बहादुर हो सकते हैं, वे ऐसा क्यों कहें?

॥ ७० ॥

१६ जुलाई १९४७

भाइयो और बहनो,

आजका जो भजन[१] था वह मैंने बचपनमें ही, जबकि मैं अंग्रेजी हाई-स्कूलमें चला गया था, तब पढ़ लिया था। वह 'बालमित्र' नामक पुस्तककी

---

१. "इस तन धनकी कौन बड़ाई।"

प्रार्थना-मालामें आ गया था। भजन अच्छा और मीठा है और बात भी सच्ची है कि हम अपने शरीरकी फिक्र क्यों करें? वह आज है और कल चला जायगा। या तो जल जायगा या कब्रमें चला जायगा; राख हो जायगा या मिट्टीमें मिल जायगा, पर बात एक ही है। यदि पानीमें फेंका गया तो जीव-जंतु खा जाएंगे। मतलब यह कि आखिरमें शरीरका हाल एक ही-सा होता है। परंतु इस भजनमें—'आप मुए पीछे डूब गई दुनिया'—यह अच्छा नहीं लगता। भले ही यह कबीरका बनाया हुआ हो, मगर उससे क्या हुआ? मुझे तो यह बहुत चुभता है। ऐसा माननेमें कुछ स्वार्थ काम करता है, यह मेरी छोटी बुद्धि मुझे बताती है। इसको भजनमालामेंसे निकाल देना चाहिए। हमारे मरनेके बाद दुनिया कैसे डूबनेवाली है? पहले तो यह कि हम मरते ही नहीं हैं, क्योंकि आत्मा अमर है। फिर दुनियाका तो मरना ही क्या है, वह तो हमेशा बदलती रहती है। उसको तो परमात्माने एक खेल बना रखा है। मगर जितना भजनमें कहा गया है उसको हम मानकर ही नहीं बैठ जाते हैं। यदि वह सब मान लें तो पीछे यह विधान-परिषद् क्यों बैठती? क्यों हमारे नेता लोग कायदे-कानून बनाते। यदि वे सब यही मान लें कि हमारे मरनेके बाद दुनिया डूब जायगी तो फिर कोई किसीके लिए कुछ न करता। अत: इस वाक्यमें स्वार्थकी पराकाष्ठा आ जाती है।

मुझसे कुछ अखबारनवीस मिलने आए थे। उनके साथ बातचीतमें द्राविड़स्तानकी चर्चा आ गई थी। हिंदुस्तानके विंध्याचलके दक्षिणमें जो प्रदेश पड़ा है उसे द्राविड़स्तान कहते हैं। इस द्राविड़ प्रदेशमें तामिल, तेलगू मलयाली और कन्नड ये चार भाषाएं बोली जाती हैं। मैंने थोड़ा-थोड़ा सबको देख लिया है और मैं कह सकता हूं कि इनके मूलमें संस्कृत ही पड़ी है। तेलगू यदि आप सुनेंगे तो उसमें संस्कृतके ही शब्द सुनाई देंगे। तामिलमें संस्कृतके शब्द तो काफी हैं, परंतु उनको उन्होंने द्राविड़ी लिबास पहना दिया है। मलयाली भी संस्कृतसे मिलती-जुलती है। कर्नाटकमें कन्नड भाषाका भी यही हाल है। मतलब यह कि इन सब भाषाओंका मूल स्रोत संस्कृत ही है। मैं तो द्राविड़स्तानको हिंदुस्तानसे अलग मानता ही नहीं हूं। अंग्रेजोंने हम सबको एक कर दिया है। काश्मीरसे लेकर कन्याकुमारीतक जो लोग पड़े हैं वे सब हिंदुस्तानी हैं। उनमें आर्य और अनार्य या आर्यावर्त और द्राविड़स्तानका भेदभाव करना, कोरी अज्ञानता है। इस बारेमें मेरे दिलमें कोई शक नहीं है।

अब प्रश्न केवल भाषाका रह जाता है। हमारे यहां हिंदी और उर्दू ये दो भाषाएं हैं जो हिंदुस्तानमें बनीं और हिंदुस्तानियोंद्वारा बनाई गई हैं। उनका व्याकरण भी एक ही रहा है। इन दोनोंको मिलाकर मैंने हिंदुस्तानी चलाई है। इस भाषाको करोड़ों लोग बोलते हैं। यह एक ऐसी सामान्य भाषा है जिसे हिंदू और मुसलमान दोनों समझते हैं। यदि आप संस्कृतमय हिंदी बोलें या अरबी-फारसीके शब्दोंसे भरी हुई उर्दू बोलें, जैसा कि प्रो० अब्दुल बारी बोलते थे, तो बहुत कम लोग उसे समझेंगे। तो क्या हम द्राविड़स्तानकी चारों भाषाओंका अनादर कर दें? मेरा मतलब यह है कि वे मातृभाषाके तौरपर अपनी-अपनी प्रांतीय भाषाको रख सकते हैं, मगर राष्ट्रभाषाके नाते हिंदुस्तानीको जरूर सीख लें। यों तो हर सूबेकी अलग-अलग भाषा है। उड़िया, बंगला, आसामी, सिंधी, पंजाबी, गुजराती तथा मराठी, ये सब भाषाएं हिंदुस्तानीसे भिन्न हैं। तो क्या हम ये सब भाषाएं सीखें या अंग्रेजीको अपनी राष्ट्रभाषा मानने लगें? यदि मैं अब अंग्रेजीमें बोलना शुरू करे दूं तो आपमेंसे बहुत कम लोग समझेंगे। ८-१० वर्ष परिश्रम करें तब कहीं लंगड़ी अंग्रेजी हम सीख पाते हैं। इस तरहसे तो सारा हिंदुस्तान पागल बन जायगा। अत: अंग्रेजी हमारी राष्ट्रभाषा नहीं बन सकती। वह दुनियाकी भाषा या व्यापारकी भाषा रह सकती है, हालांकि दुनियाकी भाषा भी अभी तक कोई बा-जाब्ता तय नहीं हुई है! हिंदुस्तानकी भाषा तो हिंदुस्तानी रहनेवाली है, इसमें मुझे कोई शक नहीं है। प्रांतीय भाषाएं अपनी-अपनी जगह बनी रह सकती हैं, परंतु सबसे ज्यादा लोग जो भाषा बोलते हैं वह हिंदुस्तानी ही है। हिंदी-साहित्य-सम्मेलनमें भी मैं रहा हूं। वहां जिस प्रकारकी हिंदी बोली जाती है उसे बहुत कम लोग समझ सकते हैं। उसी प्रकार जो ठेठ उर्दू है उसे बहुत थोड़े लोग बोलते और समझते हैं। जन- साधारणकी भाषा तो हिंदुस्तानी है। जितना हमें चाहिए उतना साहित्य भी हम उसमेंसे पैदा कर सकते हैं। द्राविड़स्तानकी मातृभाषा तामिल या तेलगू बनी रहनी चाहिए, मगर वहांके लोगोंका धर्म या फर्ज यह हो जाता है कि वे जितनी जल्दीसे हिंदुस्तानी सीख सकें, सीख लें। यदि वे हिंदुस्तानीको हिंदी और उर्दू दोनों लिपियोंमें सीखें तो बहुत ही अच्छा हो, क्योंकि इसमें दोनों भाषाओंका साहित्य उनको मिल जायगा; परंतु यदि वे केवल बोलनेके लिए ही हिंदुस्तानी सीखना चाहते हैं तो उसे अपनी लिपिमें सीख लें। मद्रासमें हिंदुस्तानी-प्रचार-सभा हिंदुस्तानीको उनकी अपनी लिपियोंमें सिखानेका कार्य कर रही है। यदि वहांके लोगोंको

स्वदेशीका सच्चा अभिमान है तो उनको राष्ट्रभाषा सीख ही लेनी चाहिए।

मगर आज हम इतने बदनसीब हो गए हैं कि जहां एक ओर पाकिस्तान बना वहां दूसरी ओरसे द्राविड़स्तानकी मांग आने लगी। यदि यही हाल रहा तो हिंदुस्तान कहां रह जायगा! हम गुलामकी हालतमें तो एक रहे, परंतु आजादी मिलते ही टुकड़े-टुकड़े हो गए, इससे बड़ी मूर्खता हमारी और क्या होगी?

आज हम आजादी लेनेको तो तैयार हो गए, परंतु हम उसके लिए सामान क्या तैयार कर रहे हैं? सब लोग अपने-अपने शौकके मुताबिक चलना चाहते हैं। यही तो मूर्खताकी सबसे बड़ी निशानी है। अबतक तो एक तीसरी ताकतने हर सूबेको अपने मातहत रखा, परंतु अब हमारा परम धर्म हो जाता है कि हम खुशीसे सब एक होकर रहें। हमारे यहां जो लश्कर रहनेवाला है, उसका काम किसी सूबेको दबाकर संघके अधीन रखना नहीं होगा। इंग्लैंडमें जो लश्कर है वह वहां अंग्रेजोंको दबानेके लिए नहीं है। वहां जो पुलिस रहती है उसके हाथमें भी कभी बंदूक नहीं रहती, केवल लकड़ीका छोटा डंडा होता है। वे आम लामबंदी भी करते हैं तो अंग्रेजोंको दबानेके लिए नहीं, किसी बाहरी आक्रमणको रोकनेके लिए अथवा समुद्रपर अपनी सरदारी बनाए रखनेके लिए करते हैं। इंग्लैंडकी सेना वहांके लोगोंको बचानेके लिए नहीं होती। अत: यदि हमने अपने लश्करसे सही काम लिया जो अबतक लेते रहे हैं, तो वह लश्कर आपको ही खा जानेवाला है। हम अपनी ही तरफ देखना सीखें, लश्करकी तरफ नहीं। हिंदूमुसलमान, पारसी, ईसाई आदि सब इसी देशके रहनेवाले हैं। उनके मंदिर और मस्जिद अलग-अलग रह सकते हैं परंतु हिंदुस्तानरूपी जो बड़ा मंदिर है वह सबका है। सब मजहबोंके लोग एक ही ईश्वरकी इबादत करते हैं।

दूसरी बात, जो मैं कल सुनाऊंगा, वह सुनने लायक होगी। आजकी बात भी सुनने लायक थी और यदि उसपर अमल न किया गया तो हमारा निश्चय ही सत्यानाश होनेवाला है।

॥ ७१ ॥

१७ जुलाई १९४७

भाइयो और बहनो,

आज जो भजन[१] आप लोगोंने सुना वह सूरदासजीका बनाया हुआ है। वह हम सबको विनम्र बनानेवाला भजन है। सूरदास कहते हैं कि मुझ-जैसा कुटिल, खल और कामी कौन हो सकता है कि जिसने शरीर दिया उसीको मैं भूल गया। इसी भजनमें वे यह भी कहते हैं कि हरिजनोंको छोड़कर उसने हरि-विमुख लोगोंका साथ किया। 'हरिजन' शब्द मैंने सूरदाससे ही लिया है, वैसे तो एक गुजराती कविने भी इस शब्दका प्रयोग किया है। परंतु क्या सूरदास-जैसा भक्त कुटिल और खल हो सकता था? जबानीमें मैंने जब यह भजन पढ़ा तब मैंने यह सोचा कि ये साधु-संत लोग बहुत अतिशयोक्ति करते हैं। मगर पीछे मैंने इस बातको समझा कि उसने जो कुछ कहा वह अपने-आपको सामने रखकर ही कहा था। उसने अपने लिए कोई माप या गज बना रखा था जिसके मुताबिक वह यदि एक सेकिंडके लिए भी भगवानका नाम भूल जाता तो अपनेको कुटिल और खल समझता था।

आज जो दो बातें मैं आपसे कहना चाहता हूं उनपर भी यही चीज लागू होती है। अखबारी समाचारोंसे मालूम हुआ है कि दक्षिण अफ्रीकामें भारतीयोंके साथ गुंडाशाही बरती जा रही है। उनको हलाक किया जा रहा है। मैं २० वर्षतक वहां रहा हूं। इसलिए मैं जानता हूं कि वहां हिंदुस्तानियोंके साथ क्या गुजरती है। मैं तो वहां उनके-जैसा ही हब्शी बन गया था। वहां मुसलमान भी बहुत अधिक तादादमें हैं, मगर वे सब अपने-आपको हिंदुस्तानी कहते हैं। ईश्वर कम-से-कम हमें इतनी सद्बुद्धि तो दे कि बाहर दुनियामें हम अपने-आपको हिंदुस्तानी कहें। यदि वहां भी हम अपनेको हिंदू, मुसलमान या पाकिस्तानी कहने लगे तो निश्चयसे हमारा खात्मा हो जानेवाला है।

अभी पिछले दिनों स्वरूप[२] संयुक्त राष्ट्रीय संघके सामने दक्षिण अफ्रीकाके

---

१. "मो सम कौन कुटिल खल कामी।"

२. श्रीमती विजयलक्ष्मी पंडित।

भारतीयोंका पक्ष रखनेके लिए जस्टिस छागला आदिके साथ अमरीका गई थीं। उसके बाद अफ्रीकामें हिंदुस्तानियोंकी कानूनी तौरसे तो तंग नहीं किया जा रहा है, मगर गुंडाशाहीसे मारना-पीटना शुरू कर दिया है। यदि यही हाल जारी रहा तो जो मुट्ठीभर हिंदुस्तानी हैं वे कैसे वहां रह सकेंगे? मैं एक बार ट्रांसवाल चला गया था और दो हजार लोगोंके साथ वहां पैदल घूमा। एक बोअरने भी वहां हमको नहीं छूआ। हमें तो बोअर लोग पानी भी पिला देते थे। हमारे यहां तो पानी बहुत रहता है, मगर वहां पानी कम मिलता है। जब वर्षा होती है तब वे पानी जमा करके रख लेते हैं और उसे ताला लगाकर रखते हैं। हम बोअरोंके साथ दोस्ती करके जहां चाहते वहां चले जाते थे। परंतु आज तो मैं एक दूसरी ही शक्ल देख रहा हूं। चूंकि हमारे यहां अब दो सरकारें बन रही हैं इसलिए मैं जिन्ना साहब और जवाहरलालजी दोनोंसे कहूंगा कि उन्हें मिलकर स्मट्सके नाम तार भेजना चाहिए। स्मट्स साहब मुझको अपना दोस्त मानते हैं। मैं भी उनको एक दोस्तके नाते यह कहूंगा कि वे गोरे लोगोंसे कह दें कि वे दक्षिण अफ्रीकामें एक भी हिंदुस्तानीके साथ मारपीट न करें। यदि तब भी वे उनका कहना न मानें तो वे अपने पदसे इस्तीफा दे दें। लार्ड माउंटबेटनको भी खामोश होकर नहीं बैठना चाहिए। वह नौ-सेनाका आला दर्जेका एडमिरल है और शाही कुटुंबका है। फिलिप माउंटबेटन तो उनके लड़केके समान है, जिसकी कि शादी इंग्लैंडकी राजकुमारी एलिजाबेथसे होनेवाली है। इसके अलावा माउंटबेटन १५ अगस्ततक तो वाइसराय भी हैं और उसके बाद गवर्नर-जनरल रहेंगे। अतः उनको अपनी इन सब बातोंसे लाभ उठाकर जनरल स्मट्सको कहना चाहिए कि हिंदुस्तान भी उसके अपने देशकी तरह एक डोमीनियन बन गया है। अर्थात् एक बड़े ब्रिटिश कुटुंबका सदस्य हो गया है। अतः उनके देशमें भारतीयोंके साथ जो कुछ हो रहा है, वह बंद होना चाहिए।

डोमीनियन स्टेटसको आजादीसे भी बढ़कर बताया गया है। परंतु जबतक मैं इस फलको चख नहीं लेता तबतक कैसे कह सकता हूं कि अमृत है या उसमें जहर भरा है। उसमें शायद अमृत ही होगा, मगर हमें उसको चखने तो दो?

दक्षिण अफ्रीकाके भारतीयोंको मेरी यह सलाह है कि वे सब वहां भले आदमी बनकर रहें। उनमेंसे जो अच्छे पैसेवाले हैं वे अपने गरीब मुसलमान

भाइयोंको न छोड़ें; जो कि वहां अछूतोंकी तरह पड़े हैं।

मुझसे यह पूछा गया है कि दक्षिण भारतमें तो हरिजनोंके लिए इतना काम हो गया और तामिलनाडु तथा आंध्रके सब बड़े-बड़े मंदिर हरिजनोंके लिए खोल दिए गए, परंतु युक्तप्रांतका क्या हुआ? युक्तप्रांतमें हरिद्वार पड़ा है। क्या हरिद्वारके मंदिरोंमें अछूत जा सकते हैं? दक्षिण भारतकी त्रावनकोर रियासतमें तो बहुत पहलेसे ही यह सब हो गया था। वहांके दीवान सर सी०पी० रामस्वामी अय्यर आज तो हमसे बिगड़े हुए हैं, और बिगड़े हुए हैं भी या नहीं यह आज तो मैं नहीं जानता। मगर तब उन्होंने वहांके महाराजाको समझाकर अबसे बहुत पहले ही कानूनद्वारा अपनी रियासतमें अछूतपनको मिटा दिया था। युक्तप्रांतमें हरिद्वारके अलावा काशी विश्वनाथ भी है जहां गंगाजीमें स्नान करनेसे मोक्ष मिलता बताया जाता है। वहांके मंदिरोंमें हरिजन जा सकते हैं, ऐसा मैं नहीं कह सकता। परंतु मैं तो यही कहूंगा कि जहां हरिजन नहीं जा सकते वे मंदिर नापाक हैं।

आज दुनियामें सब धर्मोंकी कड़ी परीक्षा हो रही है। इस परीक्षामें हमारे हिंदू-धर्मको सौ फीसदी नंबर मिलने चाहिए, ९९ फीसदी भी नहीं।

॥ ७२ ॥

१८ जुलाई १९४७

भाइयो और बहनो,

आजका जो भजन[१] है, वह समझने-जैसा है, क्योंकि हम लोग भी तो आखिर भीरमें पड़े हुए हैं। न हमारे पास खानेके लिए अन्न है, न पहननेके लिए कपड़ा। तो क्या हम इसकी शिकायत जवाहरलालजीसे या सरदारजीसे करें, क्योंकि वही तो आज हमारे हाकिम बन गए हैं? वाइसराय साहबने गद्दी छोड़ दी या छोड़ने जा रहे हैं। गवर्नर-जनरल तो उनको हमने बनाया है, इसलिए बन रहे हैं। पहले जो अफसर होते थे वे लंदनसे नियुक्त होकर आते थे। मगर अब तो स्वाधीनता-बिल पास हो गया है और कलके अखबारोंमें आप यह भी पढ़ लेंगे कि बादशाहने उस बिलपर अपने दस्तखत

१. ''हरि तुम हरो जनकी भीर।''

दे दिए। अतः सारी सत्ता अब हिंदुस्तानकी आम जनताके हाथमें आ गई। मगर इस भजनमें जो चीज भरी है वह यह है कि जब हमपर भीर पड़ती है तब हम दूसरोंको नहीं, बल्कि तुमको, अर्थात् ईश्वरको ही पुकारेंगे। केवल वही हमारी भीर हर सकते हैं। यदि उसको याद करके हम अपना काम चलायेंगे तो हमारा काम ठीक चलता जायगा, नहीं तो वह बिगड़ जायगा। वह दुनियाका बादशाह है। अतः उसके मातहत रहकर काम करनेमें ही हमारी भलाई है।

'डॉन' नामका एक अंग्रेजी अखबार दिल्लीसे निकलता है। वह जिन्ना साहबका अखबार है और उसमें रोज कुछ-न-कुछ गालियां आ ही जाती हैं। मुझको भी आती हैं। मैं तो उनको देखकर केवल हंस देता हूं। मगर आज तो उसके एडीटरने मेरे नामसे एक खत छापा है। खासा लिखा हुआ है। वे कहते हैं कि आप जिन्ना साहबसे जो चीख-चीखकर कहते हैं कि आपका इम्तहान होनेवाला है, सो यह सब बंद कर दें।

क्या मैं एडीटर साहबसे पूछ सकता हूं कि करांचीसे, जहांपर कि पाकिस्तानकी राजधानी बन रही है, जो हिंदू लोग दुखी और डरके मारे भाग रहे हैं उसकी वजह क्या है? क्यों वे डरे हुए हैं? सिंधके हिंदू बहुत आला दर्जके व्यापारी हैं। वे क्यों बंबई, मद्रास या किसी और जगह भागकर जा रहे हैं? इससे सिंधकी ही हानि होगी, उनकी नहीं। मैं जानता हूं कि वे जहां भी जायंगे वहीं पैसे पैदा करेंगे। वे कहीं भी खोनेवाले नहीं हैं। दक्षिण अमरीका तकमें सिंधी मिल जाते हैं। दुनियामें कोई ऐसी जगह नहीं होगी जहां सिंधी न रहते हों। दक्षिण अफ्रीकामें तो उन्होंने अच्छा पैसा पैदा किया है और जब मैं वहां था तब मुझे भी वे गरीब लोगोंके हितमें खर्च करनेके लिए खूब पैसा देते थे; परंतु उनमें एक अवगुण यह है कि वे शराब पीते हैं। उसे वे छोड़ भी नहीं सकते, क्योंकि उसके छोड़नेसे वे मर (?) भी जाते हैं।

'डॉन' ने यह भी लिखा है कि आप जिन्ना साहब या अन्य लीगी नेताओंको ही क्यों कहते हैं? आज युक्तप्रांतमें क्या हो रहा है? वह तो आपका अपना सूबा है। पर सिंध भी तो मेरा ही सूबा है, जैसा युक्तप्रांत। मैं तो सारे हिंदुस्तानको, जिसमें पाकिस्तान भी शामिल है, अपना मानता हूं। मैं अपनेको पाकिस्तानका भी तो बाशिंदा कहता हूं। इसलिए नहीं कि मैं वहां कोई हकदार बनना चाहता हूं। मुझे कोई हाकिमी नहीं चाहिए। मैं तो केवल पेटके लिए रोटी चाहता हूं और वह ईश्वर मुझको दे देता है। मुझे तो

युक्तप्रांतके बारेमें कुछ पता ही नहीं था। इसके अलावा मैंने किसीपर इल्जाम तो लगाया ही नहीं। एडीटर बड़े आदमी हैं। वे अगर ऐसा समझते हैं कि मैं जो कुछ कहता हूं वह सही नहीं है तो उनको क्या परवाह पड़ी थी! मेरे-जैसे कितने ही कहते फिरते हैं। मगर युक्तप्रांतके बारेमें पंतजीसे मेरी बातें हुई हैं। उन्होंने मुझे बताया कि जितना हमसे होता है हम मुसलमानोंको बर्दाश्त करते हैं। मगर हम हर जगह तो नहीं पहुंच सकते। मुस्लिम लीगियोंने जब रोज हिंदुओंको गालियां देने और उनको सतानेपर कमर कस ली हो तब कहीं-कहीं हिंदू भी बिगड़ जाते हैं। हम जहांतक होता है सबके साथ इन्साफ करते हैं। पंतजीने यह कहा है कि गढ़मुक्तेश्वरमें हिंदुओंने जो किया वह अच्छा नहीं किया। और अखबारी समाचारोंके अनुसार तो युक्तप्रांतके मुस्लिम लीगी नेताओंतकने पंत-मंत्रिमंडलके कामकी सराहना की है।

परंतु मैं 'डॉन' के एडीटर साहबको यह कहना चाहता हूं कि अगर यह मान भी लिया जाय कि उनकी सब बातें ठीक हैं और पंतजीने जो कुछ कहा वह कोई वेद-वाक्य नहीं है, तो भी कोई वजह नहीं कि अगर युक्त-प्रांतमें एक मुसलमानका गला कटता है तो उसके बदलेमें सिंध या पंजाबमें दस हिंदुओंके गले काटे जायं। मैं तो यह देखनेके लिए जिंदा रहना चाहता हूं कि हम इस मजहबी खुराफातको बिल्कुल भूल जायं। हमने चाहे किसी भी मजहबमें जन्म लिया हो, मगर कर्मसे हमें हिंदुस्तानी होना चाहिए। जब यह हो जायगा तभी हम अपने देशकी आजादी कायम रख सकेंगे।

'डॉन' के एडीटर अगर सचमुच इस्लामकी खिदमत करना चाहते हैं, तो मैं कहूंगा कि इस्लाम यह तरीका नहीं सिखलाता। जहांतक जिन्ना साहबसे कहनेका संबंध है, मैं तो लार्ड माउंटबेटन और जवाहरलालजीको भी कहता रहता हूं। जवाहरलालजीके कहने और करनेमें अगर फर्क हो तो वे भले ही अपने घरके पंडित बने रहें, मेरेलिए तो वे बदमाश हैं। ऐसा कहकर मैं जवाहरलालजीको कोई गाली थोड़े ही देता हूं। मगर 'डॉन'के एडीटरसे मैं इतना अवश्य कहूंगा कि उनकी कलममें जो जहर है उसको वे छोड़ दें। राष्ट्रीय पत्रोंमें भी कभी-कभी भली-बुरी बातें आ जाती हैं। पर अगर सब मिलकर आपसी झगड़ेकी खबरें न छापें, तो मैं कहूंगा कि हमने एक बड़ा भारी काम कर लिया।

॥ ७३ ॥

१९ जुलाई १९४७

भाइयो और बहनो,

आज वर्किंग कमेटीकी बैठक यहां हुई थी, परंतु उसमें ऐसी कोई बात नहीं हुई जो मैं आपको बता सकूं, अर्थात् उसमें कोई बता सकने लायक बात ही नहीं हुई। एक बातकी ओर मैं आज आपका ध्यान दिलाना चाहता हूं और वह यह कि कांग्रेसी लोगोंमें आज ऐसी बेसब्री, या इसे गंदगी कहना चाहिए, पैदा हो गई है कि किसी-न-किसी तरह कांग्रेसकी मार्फत ऊपर चले जायं। अगर कांग्रेस केवल मुट्ठीभर लोगोंकी होती और वे ऐसी इच्छा रखते, तब तो बात समझमें आने लायक थी। परंतु कांग्रेसमें तो करोड़ोंकी तादादमें लोग हैं और यदि ये सब-के-सब ऐसी इच्छा करें तो हकूमत तो मर जायगी। नौकरी दो ही तरहके लोग किया करते हैं। एक तो वे जो और सब तरफसे लाचार हो जायं और दूसरे वे जो अपने सब स्वार्थ छोड़कर सेवाकी दृष्टिसे ऐसा करें। चूंकि कांग्रेसके हाथमें शासनकी बागडोर आ गई है, इसलिए करोड़ों रुपयेकी आय और व्ययका हक भी उसको मिल गया है। अगर सब कांग्रेसी यह समझ लें कि कांग्रेस जो खर्च करे उसमेंसे उनके पल्ले भी कुछ पड़ना चाहिए और कर-दाता यह मान बैठे कि चूंकि कांग्रेसके हाथमें सत्ता है इसलिए अब कर देनेकी कोई जरूरत नहीं, तब कोई काम नहीं चल सकेगा। इसका मतलब तो यह हुआ कि हम अपना धर्म तो भूल गए और अधर्मको अपना रहे हैं।

आजकल मेरे पास तार-पर-तार आ रहे हैं। मैं यह नहीं कहता कि मेरे पास ही ये तार आ रहे हैं। जिनके हाथोंमें हकूमत है उनके पास तो और भी अधिक तार आ रहे होंगे। उनमें लिखा है कि हिंदुस्तानमें गो-वध रुकना चाहिए और वह भी ऐसी गायोंका जो दूध देती हैं तथा हलमें चलाने लायक बैलोंका। तार भेजनेवालोंको शायद यह मालूम नहीं है कि मैं जब दक्षिण अफ्रीकामें था तब भी गायका पुजारी और उसका भक्त था; परंतु जिसकी भक्ति हम करते हैं उसे हमारी रक्षा करनी चाहिए या हम उसकी रक्षा करें? मगर हकीकत तो यह है कि जो अपनेको गो-रक्षक कहते हैं, वही गो-भक्षक हैं। वे यही समझकर मुझे तार देते हैं कि मैं जवाहरलाल या सरदारसे ऐसा कानून बनानेके लिए कहूं; परंतु मैं उनसे नहीं कहूंगा।

मैं तो इन गो-रक्षकोंसे कहूंगा कि आप क्यों व्यर्थ इतना पैसा तारोंपर खर्च करते हैं? उस पैसेको गायोंपर ही क्यों न खर्च करें? अगर आप नहीं खर्च कर सकते तो उसे मेरे पास भेज दें। मैं तो यह कहूंगा कि गायकी पूजा करनेवाले भी हम हैं और उसका वध करनेवाले भी हमीं हैं। गायोंको हम इतना कम चराते हैं और बैलोंपर इतना अधिक वजन लादते हैं कि उनकी हड्डी-ही-हड्डी देखनेमें आती है। लकड़ीमें भी चोभनी लगा लेते हैं और जब बैल नहीं चलता तब उसके बदनमें चुभो देते हैं। ऐसे जो लोग हैं उनको यह कहनेका क्या हक है कि गौकुशी बंद होनी चाहिए। आखिर गो-धन तो सारा हिंदुओंके ही घरोंमें भरा है। वे क्यों कसाइयोंके हाथ उन्हें बेच देते हैं? हिंदू तो कम दूध देनेवाली गायकों खरीदेगा नहीं, चाहे गौशालावाले भले ही खरीद लें? क्योंकि उनके पास तो धर्मादेका पैसा होता है। तब बाकी गाय बूचड़खानेमें ही जाती हैं। इसके अलावा आज कोई जमाना तो बदल नहीं गया है। हम जो थे वही आज हैं और वही १५ अगस्तके बाद रहनेवाले हैं। जैसी दुर्बल गायें मैं आज हिंदुस्तानमें देखता हूं वैसी मैंने दुनियाके किसी हिस्सेमें नहीं देखीं। हम तो यहां धर्मके नामपर ही अधर्म कर रहे हैं। सरदार या जवाहरलाल कानून बनाकर इस गोकुशीको बंद कर दें ऐसी चीज नहीं है। कानून तो लड़ाईके दिनोंमें भी बनाए गए थे, क्योंकि दूध तो आखिर उनको भी चाहिए था। उस वक्त भी दूध देनेवाली गायोंका वध बंद था और यह सब जगह हो सकता है। यह तो पाकिस्तानमें भी होनेवाला है, क्योंकि दूध तो उनको भी पीनेको चाहिए।

मुझसे कुछ प्रश्न पूछे गए हैं जिनके जवाब इस प्रकार हैं—

प्रश्न : अभी हमने सुना है कि जो हमारा राष्ट्रीय झंडा होनेवाला है उसके एक कोनेमें यूनियन जैक होगा। यह केवल सुनी हुई और अखबारोंकी पढ़ी हुई बात है। अगर यह सच है तो हम उस झंडेको फाड़ डालेंगे और उसके पीछे अपनी जान तक दे देंगे।

उत्तर : अगर हमारे झंडेके एक कोनेमें यूनियन जैक लगाया गया है तो क्या गुनाह किया? गुनाह अगर किया होगा तो अंग्रेजोंने किया। उनके झंडेका क्या दोष है? अंग्रेजोंकी खूबी भी तो आप देखिए। वे स्वेच्छासे आपके हाथमें बागडोर देकर जा रहे हैं। कितनी खूबीकी बात है कि इतना बड़ा बिल जिसमें सारी सल्तनतको उन्होंने फेंक दिया, पार्लामेंटने पास करनेमें एक सप्ताह भी नहीं लगाया। एक जमाना वह था जब कि हम लोगोंके

मिन्नतें करते रहनेपर भी छोटेसे बिल पास होनेमें भी एक-एक साल लग जाता था। उस बिलमें उन्होंने कोई सफाई की है या नहीं, यह तो बादमें तजुर्बेसे ही पता चलेगा। मगर यूनियन जैक रखनेमें तो हमारी शराफत ही थी। हम अपने सबसे बड़े दरबानके तौरपर लार्ड माउंटबेटनको यहां रखते हैं। वह पहले इंग्लैंडके बादशाहका नौकर होता था मगर अब हमारा नौकर है। जब हम उसको अपनी नौकरीमें रखते हैं तब एक कोनेमें उसका झंडा भी रख लेते हैं तो उससे हिंदुस्तानके साथ कोई बेवफाई नहीं होती।

पर यह तो मैंने आपको अपनी राय बताई है। मगर मैंने आज यह सुन लिया है कि यूनियन जैककी जो बात थी वह हमारे झंडेमें नहीं होनेवाली है। मुझको तो इस बातका दर्द होता है कि कांग्रेसी नेताओंने इतनी उदारता क्यों नहीं दिखाई? हम उससे अंग्रेजोंके साथ अपनी मित्रताका सबूत देते। आज अगर मेरी वैसी ही चलती जैसी पहले चलती थी तो मैं उन लोगोंको डांटनेवाला था। आखिर हम लोग अपनी इन्सानियत और शराफतको क्यों छोड़ें?

॥ ७४ ॥

२० जुलाई १९४७

भाइयो और बहनो,

मुझको कुछ लोग ऐसा सुनाते हैं, और सुनानेका उनको हक भी है, कि मैं आजकल ऐसी बातें कहता हूं जिससे लोगोंका उत्साह नहीं बढ़ता। वे कहते हैं कि जिस आजादीके लिए आप लड़ रहे थे वह तो मिल गई और राजनैतिक आजादीके साथ-ही-साथ आर्थिक आजादी भी मिल जायगी। यह सब कुछ होनेपर भी मैं आजादीके दिन, अर्थात १५ अगस्तको खुशी नहीं मना सकता। मैं आपको धोखा देना नहीं चाहता, इसलिए मैं जाहिरा यह बात कह रहा हूं। मगर मैं आपसे यह नहीं कह सकता कि आप भी खुशी न मनाएं। आखिर सब काम मेरी मर्जीके मुताबिक थोड़े ही होते हैं। मैं तो हिंदुस्तानके टुकड़े करना भी नहीं चाहता था, मगर वे होकर रहे। जब वे हो गए तो उसके लिए रोना क्या? अगर इससे भी बुरी चीज हो जाती तब भी मैं नहीं रोता। हिंदुस्तानके टुकड़े होनेका जो दुःख आपको है उससे

अधिक मुझको होगा। मेरी सारी जिंदगी लड़ाई लड़नेमें बीती है या यह कहिए कि मेरा सारा जीवन करीब-करीब बागी रहा है। तब ऐसे आदमीको रोना कैसे आ सकता है? जब नोआखालीमें गया तब मैंने वहां रोते हुओंके आंसू सुखा दिए। मैंने उनको बताया कि जो लोग मर गए उनके लिए रोना क्या? परंतु जिन लोगोंके हाथोंमें हमने बागडोर सौंपी है वे बहुत बड़े आदमी हैं। वे जब कहते हैं कि खुशी मनाई जानी चाहिए तब आपको वह मनानी ही चाहिए। यह न सोचें कि गांधी क्यों नहीं खुशी मनाता। अगर कोई न मनाना चाहे तो कांग्रेस किसीको मजबूर तो करती नहीं; परंतु मेरी अपनी यह राय है कि वह दिन खुशी मनानेके लिए नहीं है। इसका मतलब यह नहीं है कि अंग्रेज यहांसे जायंगे नहीं। १५ अगस्त तक तो बहुतसे गोरे अफसर यह देश छोड़ चुकेंगे। जो रहेंगे भी, तो वे हमारे गुमाश्ते बनकर रहेंगे। अब उनकी भी नियुक्ति लंदनसे न होकर यहांसे हुआ करेगी।

मगर हकीकत तो यह है कि आज जो आजादी हमें मिली है वह हिंदुस्तान और पाकिस्तान दोनोंको आपसमें लड़ाई लड़नेका सामान भी साथ देती है। तब हम उस दिन दिया-बत्ती क्या जलाएं? मैं तो उस दिन आजादी मिली समझूंगा जब कि हिंदू और मुसलमानोंके दिलोंकी सफाई हो जायगी। अभी पंजाबके कुछ मुस्लिम-लीगी भाइयोंने यह धमकी दी है कि अगर सीमा-कमीशनने अपना फैसला, जैसा हम चाहते हैं वैसा न दिया तो हम लड़कर लेंगे। सिख भाई भी इसी तरहकी धमकियां दे रहे हैं। जब हम सब किसीको पंच मान लेते हैं तो वह जो फैसला दे उसे कबूल कर लेना चाहिए। 'लड़के लेंगे पाकिस्तान' और 'लड़के लेंगे सिक्खिस्तान'—यह चीज हममेंसे कब जानेवाली है? मैं तो केवल एक ही लड़ाई जानता हूं और वह सत्याग्रहकी लड़ाई है। उस लड़ाईसे आत्म-शुद्धि होती है। वह लड़ाई अगर दुनियामें हमेशा चलती रहे तो अच्छा ही है। मैं अपने हिंदू, सिक्ख और मुस्लिम भाइयोंसे कहता हूं कि जब हमने सीमा-कमीशनको अपना पंच मान लिया तो उसका फैसला मानना उनका धर्म हो जाता है। मगर आजकी आबहवासे मुझे जब वह सुगंधि नहीं मिलती तब खुशी किस बातकी? अंग्रेजोंका यहांसे चले जाना ही मेरे लिए काफी नहीं है।

ब्रह्मदेश भी हिंदुस्तानकी तरह आजाद हो रहा है। वहांके नेता जनरल यू आंग-सांगने आधुनिक बर्माको जन्म दिया और उसे आजादीके दरवाजेपर लाकर छोड़ दिया। वह सत्याग्रही नहीं था तो उससे क्या हुआ? वह एक

बहादुर लड़ाका था और उसीके फलस्वरूप आज बर्मा आजाद होने जा रहा है। एक सशस्त्र गिरोहने उनको और उनके चार अन्य साथियोंको कत्ल कर दिया, यह कोई छोटी बात नहीं है। हम चाहे उनसे कितनी ही दूर हों, मगर हमारे लिए यह बड़े रंजकी बात है। अगर ऐसी घटनाएं होती रहीं तो दुनियाका क्या हाल होगा? हत्यारे सचमुच लुटेरे थे, ऐसा मुझे नहीं लगता। मैं बर्मामें काफी रहा हूं। रंगून और मांडले आदि स्थान सब मेरे देखे हुए हैं। वहां बुद्ध-धर्म चलता है। बर्माके लोग अधिकांश बुद्ध-धर्मको मानते हैं। जहां बुद्ध-धर्म प्रचलित है वहां ऐसे खून-खच्चर क्यों? इन हत्याओंमें लुटेरूपन नहीं, बल्कि उनके पीछे कुछ पार्टीबाजी रही है। इस तरहकी लड़ाइयोंने दुनियाका सत्यानाश कर दिया है। इस तरहसे तो जो हमारे मुखालिफ हैं वे आकर हमारा खून करने लगें तो कैसे काम चलेगा। बर्मा जब आजादीके दरवाजेमें दाखिल हो गया है तब ऐसा होना बहुत दुःखदायी बात है। हम ऐसे जाहिल क्यों बन जाते हैं?

मुझे आशा है कि हिंदुस्तान इससे सबक लेगा; क्योंकि यह न केवल बर्माके लिए बल्कि सारे एशिया और संसारके लिए एक दुःखद घटना हुई है। हम सब यह प्रार्थना करें कि हे भगवान, बर्माके जो लोग हैं वे हमारी ही तरहसे आजादीके लिए तड़प रहे हैं, उनको तू इस दुःखमें सांत्वना दे और मृत व्यक्तियोंके परिवारोंको शोक सहन करनेकी शक्ति दे। जिन लोगोंने खून किया है उनके दिलोंकी भी तबदीली कर।

'डॉन' अखबारके एडीटरने आजके अंकमें मेरे दो सुझाव मान लिए हैं। यह पढ़कर मुझको अच्छा लगा। वे कहते हैं कि हम गांधीको इतमीनान दिलाते हैं कि पाकिस्तानमें हिंदू और मुसलमान सब आपसमें दोस्ताना तौर पर रहेंगे। उन्होंने एक बात और लिखी है। वे कहते हैं कि अखबारनवीसोंकी एक कमेटी बना दें। वह कमेटी सांप्रदायिक समाचारोंकी जांच करे और उसके बाद उसे प्रकाशित करे। मुझको संबोधन करते हुए वे कहते हैं कि तू भी तो अखबारनवीस है। उस कमेटीका अध्यक्ष बन जा। मैं उनसे कहना चाहता हूं कि मैं तो लाचार हूं। मेरे पास वक्त नहीं है। दूसरे, मैं इस कामके लायक भी नहीं रह गया हूं। इसके अलावा मैं आज यहां और कल वहां, मैं कैसे उसकी सदारत कर सकता हूं? अगर वे दिलसे कुछ करना चाहते हैं तो वे और सम्पादकोंसे मिलकर कर सकते हैं।

मैं अंतमें फिर कहता हूं कि जब पाकिस्तान और हिंदुस्तान दोनोंमें रहनेवाले

अल्पसंख्यक यह कह देंगे कि हम वहां बहुत खुश हैं, तब मैं कहूंगा कि अब हमारे पास सच्ची आजादी आ गई है और हमको उसकी खुशियां मनानी चाहिए।

॥ ७५ ॥

सोमवार २१ जुलाई १९४७
(लिखित संदेश)

पाकिस्ताननिवासी एक भाई लिखते हैं—'आप लोग पंद्रह अगस्तका दिन मनानेकी बातें कर रहे हैं। क्या आपने सोचा है कि उसे हम हिंदू कैसे मनावें? हम तो सोच रहे हैं कि उस रोज हमारे हाल कैसे होंगे और हमें क्या करना होगा? इस बारेमें कुछ कहोगे? हमारे लिए तो वह दिन मुसीबतका सामना करनेका होगा, उत्सव मनानेका हरगिज नहीं। यहांके मुस्लिम आजसे ही हमें डरा रहे हैं। क्या जाने हिंदुस्तानके मुस्लिम क्या समझते होंगे क्या वे भी भयभीत नहीं होंगे। हम लोगोंको यहांतक डर लग रहा है कि बड़े पैमानेपर लोगोंको मुस्लिम बनानेका यत्न किया जायगा। आप कहेंगे कि धर्मकी रक्षा सब अपने-आप करें। यह संन्यासीके लिए भले ही सच्चा हो, गृहस्थीके लिए नहीं।'

जिन्ना साहब अब तो पाकिस्तानके गवर्नर-जनरल बन रहे हैं। उन्होंने कहा है कि हरेक गैर-मुस्लिमके प्रति ऐसा ही बरताव होगा जैसा मुस्लिमके प्रति। मेरी सलाह यह है कि हम उनके लफ्जोंपर भरोसा रखें और मानें कि वहां गैर-मुस्लिमोंके प्रति- कुछ भी बुरा बरताव नहीं होगा और न मुसलमानोंके प्रति हिंदुस्तानमें। मेरा खयाल तो ऐसा भी है कि अब जब दो राज होते हैं तो हिंदुस्तानको पाकिस्तानसे जवाब मांगना होगा।

मैं इतना जरूर मानता हूं कि १५ अगस्त किसी तरह उत्सव मनानेका दिन नहीं है, वह दिन प्रार्थनाका और अंतर्विचारका है। लेकिन अगर दोनों समझ जाएं तो दोनोंको आजसे दोस्त बननेकी तजवीज करनी चाहिए। या तो १५ अगस्तको सब भाई-भाई मिलकर खुशी मनावें या बिलकुल नहीं। आजादीकी खुशी मनानेका दिन ही तब हो सकता है जब हम सच्चे दिलसे दोस्त बनें। लेकिन यह तो मेरा विचार है और इस विचारमें मुझे

कोई साथ देनेवाला नहीं है।

फिर वह भाई पूछते हैं कि कष्टके मारे अगर सब या बहुत लोग पाकिस्तानसे निकल जाएं तो उनको हिंदुस्तानमें आश्रय मिलेगा या नहीं ? मैं तो मानता हूं कि ऐसे लोगोंको जरूर आश्रय मिलना चाहिए। लेकिन धनिक लोग अगर पुराने ढंगसे रहना चाहें तो मुसीबत होगी। ऐसे लोगोंको जगह मिलनी चाहिए और कामके बदले दाम भी। मेरी उम्मीद तो यही रहेगी कि कोई गैर-मुस्लिम डरके मारे पाकिस्तानका अपना वतन नहीं छोड़ेगा, और न हिंदुस्तानका कोई मुस्लिम हिंदुस्तानका अपना वतन छोड़ेगा।

वह भाई यह भी पूछते हैं कि जो जमीन व मकान पाकिस्तान में छूटेंगे उनका क्या होगा ?

मैंने तो कहा है कि जमीन व मकानका बाजार-दाम पाकिस्तानी सरकारको देना चाहिए। रिवाज तो यह भी है कि ऐसे कामोंमें दूसरी सरकार दखल भी देती है। यहां तो हिंदुस्तानकी सरकार होगी। लेकिन मैं क्यों मानूं कि मामला वहांतक जायगा। पाकिस्तान सरकारका फर्ज होगा कि ऐसे लोगोंको अपनी जमीन व मकानका बाजार-दाम दे।

वही भाई फिर पूछते हैं कि आप तो अपनेको व्यावहारिक आदर्शवादी मानते हैं। आजकल जो चल रहा है सो तो वहशियाना काम है। आततायीके प्रति अहिंसा चल सकती है क्या ? यदि हां, तो कैसे ?

मेरी कोशिश तो रहती है कि मैं अपने आदर्शको इस तरह चलाऊं कि वह काममें आ सके, चाहे भले ही मैं हमेशा सफल न बनूं। आततायी किसे कहें मनु महाराजने जिनको आततायी माना है उन सबका वध आज नहीं होता है। आज तो वध-मात्रका प्रतिबंध करनेकी चेष्टा होती है। फिर सुधारक लोग यहांतक जाते हैं कि दंड-नीति हटनी चाहिए। आततायी भी बीमार माने जायं और जैसे बीमारोंका इलाज होता है वैसे इन आततायियोंके लिए भी अस्पताल बनाये जायें। कहनेका मतलब इतना ही है कि शास्त्रके नामसे जो चलता है सबको शास्त्र न माना जाय और शास्त्र वही माना जाय जिसमें कम-बेश हमेशा होता रहे। युग-युगमें नीति बदलती रहती है। जिसमें फर्क नहीं हो सकते, ऐसे कानून बहुत कम होते हैं। और आततायीको दंड देनेका काम हरेकका कभी नहीं होता है। यह काम पंचायतका या हकूमतका होता है। हकूमत कानून बनाती है और उसके मुताबिक इंसाफ

करनेके लिए अदालत बनती है। ऐसा न हो तो हम सबके आततायी बननेका डर होता है। बर्मामें जो भयानक खून हुए वे भयानक थे; लेकिन अब हम समझे कि वे सियासी थे। मुझे यकीन है कि जिनका उन्होंने खून किया वे उनके हिसाबसे आततायी थे। हमारे आतंकवादियोंने मेरा कहा नहीं माना था। ऐसा उन्होंने सच्चे दिलसे मुझको कहा है कि जिनका खून उन्होंने किया वे आततायी थे। अपनेको उन्होंने कभी आततायी नहीं माना था। इसी कारण मैं कहूंगा कि जो आदमी अपने हाथोंमें कानून लेता है वह गुनहगार बनता है। वह लोगोंकी हिंसा करता है। अहिंसासे अगर छूट हो सकती है तो वह सिर्फ लोगोंकी बनाई हुई पंचायतसे। आज जो जगतमें हो रहा है वह अत्याचार है, आततायीपन है।

॥ ७६ ॥

२२ जुलाई १९४७

भाइयो और बहनो,

आज मेरे पास एक खत आया है। इस प्रकारकी जो चीजें मेरे पास आती हैं उनका खुलासा मैं यहां कर देता हूं। खतमें लिखा है—"आजकल आप लार्ड माउंटबेटनको बहुत बढ़ा रहे हैं। वे कोई गलती ही नहीं कर सकते, ऐसा आप कह रहे हैं। लेकिन आपको याद होगा कि आपने दूसरी राउंट टेबुल कान्फ्रेंसमें चीख-चीखकर यह कहा था कि जब हिंदुस्तानको आजादी मिल जायगी तब वाइसराय साहबका जो घर है उसमें हरिजन बालक रहेंगे या वहां अस्पताल खोला जायगा। आज आपका इस तरहसे लार्ड माउंटबेटनको चढ़ाना उस चीजसे मेल नहीं खाता।"

मैं कभी किसीको नहीं चढ़ाता। न तो मुझे उनसे कुछ चाहिए और न उनको मुझसे। मुझको तो खिताब भी नहीं चाहिए, और दूसरी चीज उनके पास देनेके लिए है ही क्या? मुझपर इलजाम तो यह लगाया जाता है कि मैं अपने आदमियोंको केवल डांटता ही रहता हूं और उनकी कभी तारीफ नहीं करता। जहांतक लार्ड माउंटबेटनका संबंध है, अभी तो उसी घरमें—घर तो क्या एक किला कहना चाहिए—उनको रहना चाहिए। अगर मैं

उनको बाहर घसीट सकूं तो मैं उनको अपने पास ही रखूं। मगर उनको वहां राजाओंसे मिलना है और भूतकालकी गलतियोंको उन्हें दुरुस्त करना है। उन गलतियोंसे जो दुष्परिणाम हो सकते हैं उसको उन्हें मिटाना है। गवर्नर-जनरल भी तो उनको इसीलिए बनाया गया है कि वह बहुत तेजीसे काम करनेवाले हैं। उनको यह पद देनेका मतलब उनकी खुशामद करना नहीं है। और फिर क्या जवाहरलालजी और सरदार पटेल किसीकी खुशामद करनेवाले थे? इसमें मुझे कोई गलती नहीं दिखाई देती। अगर वह बदमाश ही हैं तो उसका नतीजा उनको मिलनेवाला है। मेरे ६० वर्षोंका अनुभव तो यही बताता है कि जो किसीके साथ धोखा करता है, वह किसीका कुछ नहीं बिगाड़ सकता। वह केवल अपना ही बुरा करता है। मगर अभी मैं नहीं जानता कि लार्ड माउंटबेटन साहब उसी किलेमें रहेंगे या कहीं और, या वहां अस्पताल बनेगा। उस बारेमें तो जवाहरलालजी और सरदारको ही मालूम होगा। मुझे इसका कोई ज्ञान नहीं।

एक-दूसरे भाई लिखते हैं कि लश्करका जो विभाजन हो रहा है और उसमें जो ब्रिटिश अफसर रखे जायंगे उससे क्या तुम सहमत हो? इस भाईको पहले तो मुझसे यही पूछना चाहिए कि जो लश्कर रहनेवाला है, क्या उससे मैं सहमत हूं। लश्करको रखनेमें, चाहे वह कैसा और कितना ही क्यों न हो, मेरी मदद हो ही नहीं सकती। मगर दुःखकी बात तो यह है कि आज हम पुराने-जैसे नहीं रह गए। पुराना जमाना बदलकर अब नया शुरू हो गया। मैंने तो यह माना था कि हमारे लोग सब अहिंसक हैं। सबसे मेरा मतलब है एक बड़े पैमानेपर।

परंतु अब ३२ वर्षके बाद मेरी आंखें खुली हैं। मैं देखता हूं कि अबतक जो चलती थी वह अहिंसा नहीं थी, बल्कि मंद-विरोध था। मंद-विरोध वह करता है जिसके हाथमें हथियार नहीं होता। हम लाचारीसे अहिंसक बने हुए थे, मगर हमारे दिलोंमें तो हिंसा भरी हुई थी। अब जब अंग्रेज यहांसे हट रहे हैं तो हम उस हिंसाको आपसमें लड़कर खर्च कर रहे हैं। मैं तो केवल इतना ही जानता हूं कि मेरे दिलमें कभी हिंसा नहीं थी। मगर जो दूसरे लोग हैं उनका मैं क्या करूं। वे कहते हैं कि अंग्रेजोंके वक्त हमने अहिंसा रखी। हम अब भी अहिंसा रखें, यह तू किस तरहसे कहता है? इसमें दोष मेरा ही है। ३२ वर्षतकका जो शिक्षण था वह दोषपूर्ण था। मगर यदि वे भाई मुझसे पूछें तो मैं आज भी यही कहूंगा कि लश्कर रखनेमें मैं

शरीक नहीं हूं। क्या हिंदुस्तानमें आखिर फौजी-राज्य होना है? बंगाल, पंजाब, बिहार जहां देखो, वहींसे लश्करकी मांग आती है। कहीं हिंदुओंको अपनी रक्षाके लिए लश्कर चाहिए तो कहीं मुसलमानोंको। ऐसे बेहाल हैं हम आज। इसलिए लश्करका किस तरहसे बटवारा होता है या नहीं होता इसका मुझे कुछ पता नहीं। जिस चीजमें मेरी दिलचस्पी ही नहीं उसमें मैं क्यों अपना वक्त खर्च करूं?

आज चार बहनें मुझको इस बातके लिए मुबारकबाद देने आई थीं कि तिरंगा झंडा जिसमें चर्खेका चक्र मौजूद है, अब सारे भारतका राष्ट्रीय झंडा बन गया है। मैं तो उसमें अपने लिए कोई मुबारकबादी नहीं देखता हूं। मुझे बताया गया है कि उसमें चर्खेके स्थानपर एक चक्र है। यदि वह चक्र चर्खेका ही है तो, तब तो खैर है और अगर नहीं है तो भी मुझे उसकी क्या पड़ी है। अगर उन्होंने चर्खेको फेंक दिया तो फेंक दें, मेरे दिलमें और मेरे हाथोंमें तो वह रहेगा ही।

एक भाईने बताया कि चर्खा उसमें है और दूसरे कहते हैं कि चर्खा तो अब खत्म हुआ और तेरे जिंदा रहते हुए ही वह खत्म हो गया। मैं नहीं जानता कि चर्खा है या खत्म हो गया। मगर इतना जरूर जानता हूं कि अगर चर्खा झंडेमें लगा भी दिया जाता और वह लोगोंके दिलोंमें नहीं है तो मेरी दृष्टिसे झंडा और चर्खा दोनों जलाने लायक हैं। परंतु अगर चर्खा झंडेमें नहीं है और लोगोंके दिलोंमें है तो मुझे झंडेमें चर्खा न लगानेकी कोई चिंता नहीं है। मैं तो यह चाहता हूं कि सारे देशका एक झंडा हो और हम सब उसको सलामी दें। मुझको यह सुनकर अच्छा लगा कि आज विधान-परिषद चौधरी खलीकुज्जमा और मोहम्मद सादुल्ला दोनोंने इस झंडेको सलामी दी और यह भी कहा कि यूनियनका जो झंडा होगा उसके प्रति वे वफादार रहेंगे। अगर दिलसे उन्होंने ऐसा किया है तो यह अच्छा लक्षण है।

लेकिन सिलहटसे जो तार आया है वह बहुत खतरनाक है। वहां जनमत-संग्रह तो हो गया मगर त्रास अभीतक चल रहा है। क्यों वहांके मुसलमान अपना मिजाज खो बैठे हैं? वहां जो राष्ट्रीय मुसलमान हैं उनको हलाक किया जा रहा है। तारमें लिखा है कि यहांसे किसीको देखनेके लिए तो भेज दो। मैं किसको भेज सकता हूं। या तो कृपलानी जी भेजें या जवाहरलालजी भेज सकते हैं। मैं चाहता हूं कि मुझे यहांसे अब नोआखाली चला जाना चाहिए। सिलहट तो उसके नजदीक ही है। मगर कैसे जाऊं,

मैं तो यहां कैद पड़ा हूं। मैं उल्लंघन करके जा भी नहीं सकता।

मैं मानता हूं कि पत्रमें जो लिखा है उसमें एक शब्द भी झूठ नहीं है। उसमें भेजनेवालोंने अपने दस्तखत भी दिए हैं। यह भी बताया गया है कि जनमतके बाद एक हरिजन बस्तीको भी मुसलमानोंने जला दिया। यह बड़े शर्मकी बात है। एक तरफ तो हम देखते हैं कि खलीक साहब और सादुल्ला यूनियनके झंडेकी सलामी करते हैं और दूसरी तरफ पाकिस्तानमें ये घटनाएं हो रही हैं।

करांचीसे एक और खत आया है जिसमें एक धनिक आदमी लिखते हैं कि पाकिस्तान सरकारने उनके मकानपर कब्जा कर लिया है। वह लिखते हैं कि अब मैं रहूंगा कहां ? मैं तो जिन्ना साहब या वहांके और लोगोंसे कहता हूं कि अगर ऐसा कुछ होता है तो बड़े आश्चर्यकी बात है। ऐसे मौकेपर तो हमें खुशियां मनानेके बजाय यह प्रार्थना करनी चाहिए कि हे ईश्वर, हमको इस झंझटमेंसे छुड़ा दे और आजादीमें जो मिठास होती है उसको चखनेका मौका दे। उस आजादीका, जिसका, हम अबतक ख्वाब लेते रहे हैं, हमें स्वाद तो लेने दिया जाय? वास्तवमें यह प्रार्थना करनेका ही मौका है।

॥ ७७ ॥

२३ जुलाई १९४७

भाइयो और बहनो,

(आज प्रार्थना-सभामें किसी व्यक्तिने गांधीजीको लिखकर यह पूछा कि क्या आपने ईश्वरसे साक्षात्कार कर लिया? इसका उत्तर देते हुए उन्होंने कहा—) हमारे लोग ऐसे भोले दीखते हैं कि किसीके इतना कह देनेपर ही कि वह आदमी महात्मा है, उसे महात्मा मान लेते हैं। हमारे देशमें महात्मा बनना तो आसान बात हो गई है। मैंने तो साक्षात्कार किया नहीं है; अगर कर लेता तो आपके सामने बोलनेकी कोई जरूरत नहीं रहती। मैंने तो ऐसी गलती की कि अबतक जो चीज चलती रही उसे अहिंसा समझता रहा। जब ईश्वरको किसीसे काम लेना होता है तो वह उसको

मूर्ख बना देता है। मैं अभीतक अंधा बना रहा। हमारे दिलोंमें हिंसा भरी हुई थी और उसीका आज यह नतीजा है कि हम आपसमें लड़े और लड़ें भी बहुत वहशियाना तौरसे।

आज जो भजन गाया गया है—'साधो मनका मान त्यागो'—उसका मतलब है कि यदि मनुष्य काम और क्रोधको छोड़ दे तो उसको निर्वाण मिल सकता है। उसके मानी रामराज्य भी है। मगर वह रामराज्य ऐसा नहीं जैसा कि आज हमें मिल रहा है। आज तो हम रामराज्यसे करोड़ों मील दूर पड़े हैं। केवल अंग्रेजोंके चले जानेसे ही रामराज्य नहीं मिल जाता। आज तो रामराज्यकी मेरे नजदीक कोई निशानी नहीं है।

आज तो मैं नमकके बारेमें कहना चाहता था। कुछ लोग कहते हैं कि कभी तो तुमने नमकके लिए डांडी कूंचतक किया था और आज नमक नहीं मिलता और अगर मिलता है तो उसके लिए बड़ा दाम देना पड़ता है। मुझको यह सब सुनकर अपना सिर झुकाना पड़ता है। लोग कहते हैं कि नमकपरसे कर तो उठ गया मगर हमको तो इसका पता नहीं चलता। नमकपर कोई राशन तो नहीं है, मगर चोरबाजार तो है। व्यापारी लोग ऐसे बदमाश हैं कि वे नमकपर भी नफा निकालते हैं। मगर हम लोग भी आलसी बन गए हैं। देहातोंमें बहुत-सी जगहें ऐसी हैं जहां लोग मुफ्तके बराबर नमक पैदा कर सकते हैं। इस बातकी छूट तो उस वक्त भी मिल गई थी जब कि मेरा लार्ड इरविनसे समझौता हुआ था। अगर हम आलसी न बनें तो नमक अच्छा मिले और सस्ता भी। आज जो नमक बाजारमें मिलता है वह कितना गंदा होता है। इसका कारण यही है कि लोग मेहनत नहीं करते। जेलमें मुझे मेरे हिस्सेका जो नमक मिलता था उसको भी मैं स्वयं साफ कर लेता था। हम आज इतने स्वार्थी हो गए हैं कि लोगोंको सस्ते भावपर नमक भी खानेके लिए नहीं दे सकते। जहां गरीबोंको नमक भी खानेको नहीं मिलेगा, उसे हम रामराज्य कैसे मान लेंगे। नमककी केवल मनुष्यके लिए ही नहीं पशुओंके लिए भी जरूरत होती है। डर तो इस बातका भी है कि चूंकि हिंदुस्तानके दो हिस्से हो गए हैं और दोनोंको पैसेकी जरूरत होगी इसलिए वे नमकपर कर न बढ़ा दें। मगर क्या वे इस कदर पागल बन जायंगे कि लोगोंको नमक भी खानेको नहीं देंगे? अगर ऐसा हुआ तो निश्चय ही हमें यह आजादी बहुत महंगी पड़ेगी।

॥ ७८ ॥

२४ जुलाई १९४७

भाइयो और बहनो,

मैं कई बार पहले भी इस बातकी ओर ध्यान दिला चुका हूं कि जब हम प्रार्थना करने जाते हैं या कोई अन्य पवित्र कार्य करने बैठते हैं तब हम सिगरेट या बीड़ी नहीं पीते। ईसाई लोग वैसे खूब सिगरेट और शराब पीते हैं, मगर गिरजाघरमें मैंने कभी किसी ईसाईको शराब या बीड़ी पीते हुए नहीं देखा। मस्जिदों और गुरुद्वारोंमें भी यही नियम चलता है। फिर इस स्थानको तो हम मंदिर, गिरजाघर, मस्जिद जो चाहें मान सकते हैं, क्योंकि हमारी प्रार्थनामें सब मजहबोंसे चुन-चुनकर चीजें ली हुई हैं। आप बीड़ी पीना छोड़ दें तो सबसे अच्छा हो; मगर मेरे कहनेसे आप छोड़नेवाले नहीं हैं, यह मैं जानता हूं। तो भी, जिनको बीड़ी पीना है वे अलग जाकर पी लें। इसके अलावा कुछ लोग प्रार्थनाके बीचमें ही उठकर चल देते हैं। शायद उनको रस नहीं आता होगा। मगर रस नहीं आता तो क्या हुआ, हमारा मतलब तो ईश्वरका नाम लेनेसे है। प्रार्थनाका यह नियम है कि जबतक खत्म न हो और खत्म तब होती है जब मैं करता हूं, तबतक कोई आदमी बीचमें उठकर न जाय।

चर्खा-संघके पास दो लाख रुपयेकी कीमतके पुराने ढंगके तिरंगे झंडे बने पड़े हैं। चर्खा-संघ बहुत गरीब लोगोंकी संस्था है। उसका मैं सदर हूं। उसमें जो लोग नौकरी करते हैं उनको भी बहुत कम पैसा मिलता है। सो उन्होंने पूछा है कि जो दो लाख रुपयेकी कीमतके झंडे उनके पास पड़े हैं उनका क्या होगा? नए और पुराने झंडेमें कोई अंतर नहीं है, केवल पुरानेको नई खूबसूरती दे दी है। पहलेमें चर्खा था, जब कि इसमें चर्खेका चक्र तो है, मगर माल और तकुआ नहीं है। नया झंडा बन जानेसे पुरानेकी कीमत किसी तरहसे कम नहीं हो जाती। जिस तरहसे एक बादशाह तो मर जाता है, मगर बादशाहत कभी नहीं मरती। वह हमेशा बनी रहती है। एक सिक्का पलटता है तो दूसरा सिक्का आ जाता है। मगर दूसरा सिक्का आनेसे पहलेके सिक्केकी कीमतमें फर्क नहीं पड़ता। महारानी विक्टोरियाके शासनमें रुपया कुछ और तरहका था, जार्ज पंचमके समयमें कुछ और तथा अब कुछ और किस्मका है मगर रुपयेकी कीमत वही सोलह आने

बनी रही। अतः दोनों झंडोंकी कीमत तबतक एक ही रहेगी जबतक कि गांधी-आश्रममें एक भी पुराना तिरंगा झंडा बाकी बचा रहेगा। अतः जिन लोगोंके पास पुराने झंडे हैं वे उनको फाड़ न डालें और गांधी-आश्रमसे भी उसी झंडेको खरीदें ताकि दो लाख रुपयेकी रकम नष्ट न हो। मगर आगेसे चर्खा-संघ नए सिक्केके झंडे ही बनाएगा।

आज मेरे पास दो सवाल आ गए हैं। एक भाई लिखते हैं कि १५ अगस्तके बाद कांग्रेसका क्या होगा और उसका प्रोग्राम क्या रहेगा? वे यह भी लिखते हैं कि अबतक कांग्रेसमें आदमी यह शपथ लेकर शामिल होता था कि वह सत्य और अहिंसाके द्वारा हिंदुस्तानकी आजादी प्राप्त करेगा, मगर अब जब कि आजादी मिल गई तब उसके बाद क्या होगा?

कांग्रेसका क्या प्रोग्राम रहेगा यह तो कांग्रेस ही बता सकती है। मगर कांग्रेसके एक खादिमके नाते मैं तो इतना जानता हूं कि अबतक तो हमारा काम हकूमतका सामना करना था। हम हकूमतके बागी बने और उसको हमने हटाया। हमने बाहरसे तो सत्य और अहिंसाको बनाए रखा मगर हमारे भीतर तो हिंसा भरी हुई थी। हमने ढोंगी बनकर काम किया। उसीका फल हम आज आपसकी लड़ाईके रूपमें भोग रहे हैं। आज भी हम अपने दिलोंमें लड़ाईका सामान तैयार कर रहे हैं और अगर यही सिलसिला जारी रहा तो हमें १८५७के गदरसे भी अधिक भयानक रक्तपातका सामना करना होगा। तब तो हिंदुस्तान इतना जाग्रत नहीं था और इसके अलावा वह केवल सिपाहियोंका बलवा था। उसमें सिर्फ अंग्रेजोंको ही हमने काटा था। मगर अंतमें अंग्रेजी लश्करने बलवाइयोंका सामना किया और उन्हें शिकस्त भी दी। लेकिन ईश्वर न करे कि आज हमारे दिलोंमें जो लड़ाई भरी है वह उस हदतक चली जाय। अतः केवल सत्य और अहिंसाकी दृष्टिसे ही नहीं, बल्कि हिंदुस्तानके हितकी दृष्टिसे, जिसके लिए लाखों लोग जेल गए और अनेक कष्ट झेले, मैं यह सलाह दूंगा कि इस प्रकारकी तैयारी न करो। उससे न केवल तुम हिंदुस्तानकी आजादीको खोओगे, बल्कि उसे फिर गुलाम बना दोगे। अंग्रेज, रूस, अमरीका या चीन कोई देश हमपर हमला करके हमें गुलाम बना लेगा। क्या आप यह देखनेवाले हैं कि १५ अगस्तको हिंदू और मुसलमान आपसमें लड़ें और सिख उनके बीचमें फंसकर मर जायं? इससे तो मुझे यह पसंद होगा कि एक भूकंप आ जाय और उसमें हम सब दबकर मर जायं। अतः कांग्रेस चूंकि सारे

हिंदुस्तानकी है, इसलिए उसे चाहिए कि वह हिंदुओं, मुसलमानों, पारसियों तथा अन्य सब जातियोंको संतुष्ट करे। मैं यह नहीं कहता कि आप मुसलमानोंकी खुशामद करें या खुद बुजदिल बन जायं। बुजदिली तो मैं कभी किसीको सिखाता ही नहीं हूं। हम बहादुरीके साथ सबको शांत करें, यही कांग्रेसका मुख्य प्रोग्राम होना चाहिए।

यद्यपि मैं हिंदी-साहित्य-सम्मेलनका दो बार सदर रहा हूं, मगर फिर भी मेरा यह दावा है कि हिंदुस्तानकी राष्ट्र-भाषा हिंदी और देवनागरी लिपि नहीं हो सकती। आज हमारे बहुतसे कार्यकर्ता यह कहते हैं कि गांधी तो सब ऐसी-वैसी बातें करता है। वह तो हमेशा मुसलमानोंकी खुशामदमें ही लगा रहता है। मगर जिन्ना साहबने भी दो नेशनकी बात कहते समय मुझपर उर्दू भाषाको मिटानेका इल्जाम लगाया था। आज तो मैं दोनों भाषाओंका दुश्मन बना हुआ हूं। मगर मैं दोनोंका दोस्त रहना चाहता हूं। ईश्वरके सामने मेरा यह दावा मंजूर होगा कि अगर हिंदुस्तानका कोई सच्चा खैरख्वाह था तो वह गांधी ही था। आज मैं काफी हिंदू आपको ऐसे बता सकता हूं जो न तो हिंदी जानते हैं और न देवनागरी लिपिमें लिख सकते हैं। अगर यहां हिंदू, मुसलमान, ईसाई, पारसी और सिख सबको रहना है तो हिंदी और उर्दूके संगमसे जो भाषा बनी है उसीको राष्ट्रभाषाके रूपमें अपनाना होगा। जो शब्द आप सब लोग बोलते हैं उनसे एक बुलंद भाषा बन सकती है इसमें मुझे कोई संदेह नहीं है।

यहां इंडोनेशियाके नेता शहरियार आए हैं। वे नेहरूजी और जिन्ना साहबसे मिलेंगे। हिंदुस्तान तो उनको नैतिक मदद दे सकता है, जो कि किसी भी फौजी मददसे अधिक प्रभावशाली होगी।

एक अंग्रेजका खत आया है कि चूंकि अब हिंदुस्तानके दो टुकड़े हो गए, इसलिए अब उसका दर्जा संसारके बड़े राष्ट्रोंमें नहीं हो सकेगा। मैं इस बातको नहीं मान सकता, बशर्ते कि दोनों टुकड़े दोस्त या भाई-भाई बनकर रहें।

॥ ७९ ॥

२५ जुलाई १९४७

भाइयो और बहनो,

आज राजेंद्रबाबूने मुझको बताया कि उनके पास करीब ५० हजार पोस्टकार्ड, २५–३० हजार पत्र और कई हजार तार आए हैं जिनमें गो–हत्या बाकानून बंद करनेके लिए कहा गया है। इस बारेमें मैंने आपसे पहले भी कहा था। आखिर इतने खत और तार क्यों आते हैं? इनका कोई असर तो हुआ नहीं है। एक तार और आया है जिसमें बताया गया है कि एक भाईने तो इसके लिए फाका भी शुरू कर दिया है। हिंदुस्तानमें गो–हत्या रोकनेका कोई कानून बन नहीं सकता। हिंदुओंको गायका वध करनेकी मनाही है, इसमें मुझे कोई शक नहीं। मेरा गो–सेवाका व्रत बहुत पहलेसे लिया हुआ है, मगर जो मेरा धर्म है वही हिंदुस्तानमें रहनेवाले सब लोगोंका भी हो, यह कैसे हो सकता है? इसका मतलब तो जो लोग हिंदू नहीं हैं उनके साथ जबर्दस्ती करना होगा। हम चीख–चीखकर कहते आए हैं कि जबर्दस्तीसे कोई धर्म नहीं चलाना चाहिए। हम प्रार्थनामें हमेशा कुरानकी आयत पढ़ते हैं परंतु यदि यही चीज मुझसे कोई जबर्दस्तीसे कहलवाना चाहे तो मैं कैसे कहूंगा? जो आदमी अपने–आप गोकुशी नहीं रोकना चाहता उसके साथ मैं कैसे जबर्दस्ती करूं कि वह ऐसा करे? भारतीय यूनियनमें अकेले हिंदू तो हैं नहीं। यहां तो मुसलमान, पारसी और ईसाई आदि सभी लोग रहते हैं। हिंदुओंका यह कहना कि अब हिंदुस्तान हिंदुओंकी भूमि बन गई है, बिल्कुल गलत है। जो लोग यहां रहते हैं उन सबका इस भूमिपर अधिकार है। अगर हम यहां गो–हत्या रोक देते हैं और पाकिस्तानमें इसका उलटा होता है? तो क्या स्थिति रहेगी? मान लीजिए कि वे यह कहें कि तुम मंदिरमें नहीं जा सकते, क्योंकि तुम पत्थरोंकी पूजा करते हो, जो शरियतके अनुसार वर्जित है। मैं पत्थरमें भी ईश्वर मानता है तो उसमें दूसरोंका क्या दोष करता हूं! अत: अगर वे मुझे वहां जानेसे रोकेंगे तब भी मैं वहां जाऊंगा। इस तरह मैं ईश्वरका भक्त बन जाता हूं। इसलिए मैं तो यह कहूंगा कि तार और पत्र भेजनेका सिलसिला बंद होना चाहिए। इतना पैसा इनपर बेकार फेंक देना मुनासिब नहीं है। आखिर हम ऐसा सोचनेका घमंड क्यों करते हैं कि दो पैसेका पोस्टकार्ड भेजनेमें कौन–सी कमी आ जाती

है। मैं तो आपकी मार्फत सारे हिंदुस्तान को यह सुनाना चाहता हूं कि वे सब तार और पत्र भेजना छोड़ दें।

इसके अलावा जो बड़े-बड़े हिंदू हैं, वे खुद गोकुशी करते हैं। वे अपने हाथसे तो गायको काट नहीं सकते, परंतु आस्ट्रेलिया तथा अन्य देशोंको यहांसे जो गायें जाती हैं उन्हें कौन भेजता है? वे वहां मारी जाती हैं और उनके चमड़ेकी जूती बनकर यहां आती है, जिन्हें हम पहनते हैं। एक कट्टर वैष्णव हिंदूको मैं जानता हूं। वह अपने बच्चेको गो-मांसका शोरबा पिलाते थे। मेरे पूछनेपर उन्होंने कहा कि दवाईके तौरपर उसे इस्तेमाल करनेमें कोई पाप नहीं है। अतः धर्म असलमें क्या चीज है यह तो लोग समझते नहीं हैं और पीछे गोहत्या बाकानून बंद करनेकी बात करते हैं। देहातोंमें हिंदू लोग बैलोंपर इतना बोझ लादते हैं कि वे मुश्किलसे चल पाते हैं। क्या यह गो-हत्या नहीं है, चाहे शनैः-शनैः ही क्यों न हो? अतः मैं तो यह सलाह दूंगा कि विधान-परिषद्पर इसके लिए जोर न डाला जाय।

जिस जगह वृक्ष अधिक होते हैं वे बादलोंसे पानी अपने आप बरसा लेते हैं। पेड़की पत्तियोंमें कुछ ऐसा आकर्षण होता है कि पानी दूधकी धारकी तरह ऊपरसे गिरने लग जाता है। यह प्रकृतिका कानून है। जिस भूमिमें वृक्ष नहीं होते वह मरुभूमि हो जाती है, क्योंकि पानी तो वहां बरसता नहीं, इसलिए सब रेत-ही-रेत हो जाता है। अगर वर्षा बंद करनी हो तो वृक्षोंको काट दीजिए। मैं जोहान्सबर्गमें कई वर्षतक रहा। वहांका जलवायु बहुत अच्छा है। वहां जबसे वृक्षारोपण हुआ तबसे वर्षा पड़नी भी शुरू हो गई। इसलिए दिल्लीके अफसरने वृक्षारोपणका जो काम उठाया वह बहुत अच्छा है। जिन लोगोंके पास खाली जमीनें नहीं हैं वे मिट्टीके गमलोंमें थोड़ी-थोड़ी मिट्टी डालकर सब्जी पैदा कर सकते हैं।

एक भाईने यह प्रश्न पूछा है कि आज हमपर मुसलमानोंकी तरफसे जो ज्यादतियां हो रही हैं उनको दृष्टिमें रखते हुए हम किस मुसलमानका ऐतबार करें और किसका नहीं, यूनियनमें जो मुसलमान रहते हैं उनके साथ हम कैसा सलूक करें और पाकिस्तानमें जो गैर-मुस्लिम हैं, वे क्या करें?

इस बारेमें मैं पहले भी कई बार कह चुका हूं और आज फिर कहता हूं कि

अब हिंदुस्तानमें सारे धर्मोंका इम्तहान हो रहा है। सिख, हिंदू, मुस्लिम और ईसाई आदि सब धर्म किस तरहसे चलते हैं और कैसे हिंदुस्तानकी बागडोर सम्हालते हैं, यह देखना है। पाकिस्तान तो चाहे मुसलमानोंका कहो, मगर यूनियन तो सबका है। अगर आप यहां बुजदिल न रहकर सचमुच बहादुर बन जाते हैं तो आपको यह सोचना भी नहीं पड़ेगा कि आपको मुसलमानोंके साथ कैसा सलूक करना चाहिए? मगर आज तो हम सब बुजदिल पड़े हैं। उसके लिए मैंने तो अपना गुनाह मंजूर कर लिया। हमारा ३० वर्षका शिक्षण क्यों गलत तरीकेसे हुआ, यह मेरे लिए एक कठिन प्रश्न हो गया है। मैंने कैसे यह मान लिया कि अहिंसा बुजदिलोंका हथियार हो सकती है? अगर अब भी हम सचमुच बहादुर होकर मुसलमानोंके साथ प्रेम करें तो मुसलमानोंको भी सोचना होगा कि वे आपके साथ धोखा करके क्या लेंगे। वे भी बदलेमें मोहब्बत ही दिखाएंगे। क्या हम यूनियनके करोड़ों मुसलमानोंको अपना गुलाम बनाकर रख सकते हैं? दूसरोंको गुलाम बनानेवाला खुद गुलाम बन जाता है। अगर हम यहां तलवारका बदला तलवारसे, लाठीका बदता लाठीसे और लातका बदला लातसे देने लगे तो फिर पाकिस्तानमें उससे भिन्न सलूककी आशा रखना फिजूल है। अगर ऐसा हमने किया तो जिस हाथसे हमने आजादी ली उसी हाथसे हम उसे खो देंगे। जो सीधा और सरल रास्ता है वही हमें अपनाना चाहिए और फिर हम देखेंगे कि पाकिस्तानमें एकभी हिंदू या एक भी ईसाईको कोई छूनेवाला नहीं है।

आज पाकिस्तान और भारतकी भावी सरकारोंकी ओरसे जो वक्तव्य प्रकाशित हुआ है वह मुझे अच्छा लगा है। मगर मैं तो उसे प्रत्यक्षमें देखना चाहता हूं। इस वक्त तो हम ऐसा क्यों मानें कि जो कुछ वे कहते हैं उससे भिन्न ही पाकिस्तानमें होनेवाला है। होता भी है और हम बुजदिल नहीं हैं तो हम उसका जवाब भो दे देंगे। जबतक ऐसा नहीं हुआ है तब उसे मानकर ही हम बैठ जायं यह तो हमारी बुजदिली है। इस तरहसे माननेका मतलब होगा लड़ाईका सामान तैयार करना। तब तो हमारे और पाकिस्तानके लश्करोंमें आमने-सामनेकी लड़ाई छिड़ जायगी और जिन्ना साहब जो दो नेशनकी बात करते थे वह सही साबित होगी। इसलिए मैं तो ईश्वरसे यही प्रार्थना करता हूं कि तू हमें उस आपत्तिसे बचा ले।

॥ ८० ॥

२६ जुलाई १९४७

भाइयो और बहनो,

मैं चाहता तो यही हूं कि एक बैरिस्टरको जितना पैसा मिलता है उतना ही एक भंगीको भी मिले, परंतु यह बात कहनेमें जितनी आसान है, करनेमें उतनी ही मुश्किल है। दूसरे, ये सब बातें हड़ताल करनेसे पूरी नहीं होतीं। वेतन-कमीशनकी सिफारिशोंसे जो वेतन बढ़े हैं, पहले हमें उन्हें हजम करना चाहिए और फिर बादमें अपने पक्षमें लोकमत तैयार करना चाहिए। हड़तालका भी एक शास्त्र होता है। यों ही हड़ताल कर बैठनेसे कोई लाभ नहीं।

आज तो हिंदुस्तानमें हड़तालोंका एक वातावरण-सा बन गया है। जहां लोगोंकी अपनी हकूमतें हैं वहां भी हड़तालें होती हैं। जब हमारे यहां अंग्रेजी हकूमत थी तब, जहांतक मुझे याद है, इतनी हड़तालें नहीं होती थीं। आज कलकत्तासे तार आया है और अखबारोंमें भी छपा है कि वहां एकाउंटेंट जनरल आफिसके कर्मचारियोंने कलमबंद हड़ताल कर दी है। इस आफिसमें डाक और तारघर शामिल हैं जो किसी एक आदमीकी खातिर नहीं, बल्कि, सब लोगोंकी भलाईके लिए चलते हैं। यह माना कि उनमें बड़े-बड़े अमलदार भी हैं जिन्हें काफी पैसा मिलता है। फिर छोटोंने क्या गुनाह किया कि उन्हें थोड़ा पैसा मिले? आखिर इतना बड़ा अंतर क्यों रहता है? अंग्रेजोंने यह आदत डाली, मगर हमको भी वह मीठी लगी और उसे हम जारी रख रहे हैं, परंतु इस तरहसे यदि लोग कलमबंद करके बैठने लगे तो हिंदुस्तानका क्या होगा? हड़तालके जरिए दबाव डालकर यदि कुछ पैसे उन्होंने बढ़वा भी लिए तो उससे क्या हुआ? मगर यह तरीका तो गलत है और इससे हिंदुस्तानका सत्यानाश होनेवाला है।

आजकी हिंदुस्तानकी हालत देखकर मुझे उस मुर्गीकी मिसाल याद आती है जो सोनेके अंडे देती थी। मुर्गीवालेने सारे अंडे एक साथ निकालनेके लिए उस मुर्गीको मार डाला। मगर नतीजा यह हुआ कि सोनेके अंडे भी नहीं निकले और मुर्गी भी मर गई। आज जो हमारे हाथमें हकूमत आई है वह उसी किस्मकी मुर्गी है। हम अगर यह उम्मीद करें कि उस मुर्गीसे सब सोनेके अंडे आज ही निकालकर खा जायं तो निश्चय ही वह मुर्गी तो

मरेगी ही, उसके साथ हम भी मरनेवाले हैं।

इसके अलावा हड़तालका तो मैंने शास्त्र बना रखा है। दक्षिण अफ्रीकामें पहले-पहल हमने इसकी आजमाइश की थी। वहां हिंदुस्तानी कुली और मजदूर समझे जाते थे। वहां उनका हड़ताल करना कुछ मानी रखता था, क्योंकि और तरहसे वहां उनकी बात कोई सुननेवाला नहीं था। अत: वह आदमी जो हड़तालका शास्त्र जानता है, वह उन लोगोंसे जो कि आज इधर-उधर हड़ताल कर रहे हैं, यह सूचना देना चाहता है कि जो तरीका उन्होंने अपनाया है उससे वे अपना ही खात्मा कर लेंगे। हमारे देशके-दो टुकड़े तो हो गए, मगर अब भी अगर हमारे आपसके झगड़े इसी तरह जारी रहे तो ईश्वर ही जानता है कि हमारा क्या हाल होनेवाला है! अब तो हमारा यह धर्म हो गया है कि हम अपना काम करते जायं, क्योंकि वह हकूमत का काम है। वेतन-कमीशनकी सिफारिशोंके फलस्वरूप छोटे लोगोंका दर्जा काफी ऊंचा हो गया है। अगर इस तरहसे हम मांगते ही रहेंगे तब तो हिंदुस्तानका दिवाला निकल जायगा। यह ठीक है कि हकूमतके पास करोड़ों रुपये आते हैं मगर वह सब केवल मुट्ठीभर लोगोंपर तो खर्च नहीं किया जा सकता। उस रुपएका अधिक भाग तो उन देहातियोंपर खर्च किया जाना चाहिए जिनसे वह पैसा आता है।

बंबईमें, हाल ही में, मजदूरोंकी एक नाममात्रकी हड़ताल हो चुकी है। वहांकी सरकारने एक-दो करोड़ रुपया तो मजदूरोंको दिया, मगर उससे भी उनको संतोष नहीं हुआ और अपनी ताकत जाहिर करनेके लिए उन्होंने एक नाममात्रकी हड़ताल की। उन्हें चाहिए तो यह था कि जो कुछ मिल गया उसे तो हजम करते और उसके बाद अपने पक्षमें लोकमत बनाते। इसके बजाय उन्होंने हड़ताल करके पैसे बढ़वानेका मार्ग अपनाया। कांग्रेसमें भी आज कितनी ही पार्टियां बन गई हैं और उनमेंसे ही एक पार्टीका इस हड़तालमें हाथ है, ऐसा मुझे बताया गया है। मगर इस नाममात्रकी हड़तालमें तो चाहे वह दो घंटेके लिए ही क्यों न हो, एक तरहका घमंड भरा रहता है। उससे वह पार्टी यह सिद्ध करनेकी कोशिश करती है कि उसकी मजदूरोंमें कितनी चलती है। अन्यथा इस नाममात्रकी हड़तालका क्या उद्देश्य हो सकता था? मुल्कका इस प्रकारकी हड़तालसे कोई भला नहीं हो सकता। इसलिए वहांके मजदूरोंने जो कुछ किया वह मुझे अनर्थ लगता है।

दूसरी लड़ाई तो जब होगी तब होगी, मगर क्या हम इस आपसकी लड़ाईमें ही कटकर मर जाना चाहते हैं? यह कोई देशका काम नहीं है, कोरा स्वार्थका काम है। एक ओर तो हमें आजादी मिली, अंग्रेज यहांसे गए और हुकूमतका काम हमने चलाना शुरू ही किया कि दूसरी ओर हम पैसोंके बंटवारेपर ही लड़ाई करने लगे। मैं तो यहांतक मानता हूं कि एक बैरिस्टरको जितना पैसा मिलता है उतना ही एक भंगीको भी मिलना चाहिए। मगर बैरिस्टर तो अधिक छीन लेता है और हम खुशीसे उसे दे देते हैं। मैं भी तो कभी बैरिस्टरी करने लगा था मगर मैंने कुर्सीपर पड़े रहकर पैसे लूटना एक निकम्मी बात समझी और इसलिए भंगी बन गया। मगर ये सब बातें कहनेमें तो अच्छी लगती हैं, करनेमें मुश्किल होती हैं। आखिर हम ऐसे आदमी कहांसे लाएं जो गवर्नर-जनरल, बैरिस्टर और व्यापारी हो सकें और साथ-ही-साथ पैसा भी उतना ही लें जितना एक भंगीको मिलता है। एक दर्जी भी चार-पांच रुपये रोज कमा लेता है, मगर भंगीको कौन इतने पैसे देता है? अतः आज जरूरत इस बातकी है कि मनुष्य अपना स्वभाव बदले, मनुष्यमें उदारता पैदा होनी चाहिए। यह नहीं कि हम अपनी स्वार्थपूर्तिके लिए सबका गला काट दें। बर्मामें जो खून हुए हैं, उनसे भी अगर हम कोई सबक नहीं लेंगे तो हिंदुस्तान और सारी दुनियाका क्या हाल होगा? यह हिसाब आप अपने घर जाकर करें।

॥ ८१ ॥

२७ जुलाई १९४७

भाइयो और बहनो,

हिंदुस्तान देशी राज्योंसे भरा पड़ा है। उनकी संख्या पांच-सौसे ऊपर है, जिनमें कोई बड़े हैं और कोई छोटे हैं। हाल हीमें वाइसराय साहबने राजाओंको यहां बुला लिया था। अबतक तो उनपर ब्रिटिश साम्राज्यका छत्र था, परंतु वह तो अब उठ गया। वाइसराय साहबमें उनको बहुत नम्र शब्दोंमें जो व्याख्यान दिया वह मुझको अच्छा लगा। उन्होंने राजाओंको सलाह दी कि भारतीय यूनियन और पाकिस्तानके रूपमें जो दो स्वतंत्र राज्य बन रहे हैं उनको उन दोनोंके भीतर आना है। वह कोई छोटा व्याख्यान

नहीं था। मगर उसमें जो चीज मुझे चुभी वह यह कि इतने बड़े व्याख्यानमें रियासतोंकी रैयतका कहीं जिक्र नहीं था। ब्रिटिश गवर्नमेंटके साथ जो करार था वह तो राजा लोगोंसे ही था। उसमें रैयत कहीं आती ही नहीं थी। इसलिए जब ब्रिटिश साम्राज्यसत्ता हट गई तब बाकानून वे आजाद तो हो जाते हैं और ब्रिटिश सल्तनत उसमें कोई दखल भी नहीं दे सकती। मगर राजा लोगोंका धर्म और कर्तव्य भी तो कोई चीज है। अब बंदूकका राज्य तो चला गया जिससे किसी रियासतको मजबूर किया जा सकता था। मगर ब्रिटिश साम्राज्यके मातहत जो वे सुरक्षित रहते थे वह सुरक्षितता तो अब नहीं रही। फिर कोई भी बड़ी-बड़ी रियासत ले लीजिए; मैं कोचीनको ही लेता हूं, क्योंकि एक खासा बड़ा समुद्र भी उसके साथ लगता है। वह अपनी सुरक्षाके लिए सारी दुनियाके साथ तो समझौते कर नहीं सकती। ऐसी हालतमें उनको ठीक सलाह देना वाइसरायका धर्म था। मगर रैयतका भी अगर वे अपने व्याख्यानमें कुछ जिक्र कर देते तो मुझको बहुत अच्छा लगता। चूंकि मैं काठियाबाड़ राज्यमें, पैदा हुआ था, इसलिए एक रैयत होनेके नाते मुझे उस बारेमें कहनेका दुख है। अबसे पहले राजा लोग अगर दीवान भी रखते थे तो उसमें वाइसरायकी इजाजत लेते थे। वह उनको अच्छा तो नहीं लगता था। इसलिए अब जहां उनके ऊपरसे ब्रिटिश-सुरक्षाका छत्र हटा उसके साथ-साथ उनका दबाव भी तो उनपरसे हट गया। मगर दूसरी तरफसे प्रजाका दबाव अब उनपर पड़ता है। नतीजा यह हुआ कि राजा लोग प्रजाके सेवक बनकर रहेंगे तभी वे राजा रह सकते हैं। उनके यहां जो प्रजा-मंडल हैं उनके साथ उनको मशविरा करना चाहिए और शासन-प्रबंधमें उनका सहयोग लें। यह बात तो ठीक है कि उन्होंने कभी राज्य तो चलाया नहीं। राज्य तो हमारे इन नेताओंने भी पहले कभी नहीं किया था जो आज केंद्रीय सरकारमें हैं। वे बाहर तो शेर बने हुए थे, मगर आज तो बकरी-जैसे बन गए हैं। इसका यह मतलब नहीं है कि राजा लोग यों ही अपने राज्यमें बीस-पच्चीस आदमियोंको खड़ा कर दें और उनको प्रजा-मंडल कहने लगें। वे जो कुछ करें वह सच्चाई और नेकनीयतीसे करें।

जहांतक यूनियन या पाकिस्तानमें शामिल होनेका संबंध है, उसमें भौगोलिक स्थितिका पूरा ध्यान रखना होगा। गुजरात या काठियावाड़का कोई राज्य अपनेको बंगालके साथ थोड़े ही कह सकता है? अत: रियासतें भूगोलके

दबावसे नहीं निकल सकतीं। अंग्रेज जाते समय क्या राजाओंको यह नहीं कह सकते थे कि जो सर्वोच्च सत्ता उनके पास थी वह अब हिंदुस्तान और पाकिस्तानके पास चली गई है। निश्चय ही यह बहुत खटकनेवाली बात है और हिंदुस्तान तथा पाकिस्तान दोनोंके लिए वह एक पेचीदा प्रश्न बन गया है। मैं तो यही कहूंगा राजाओंके लिए भी यह इम्तिहानका समय है। वे नामके राजा रहे, मगर असलमें प्रजाके सेवक बन जाएं, तब तो हिंदुस्तानकी खैर है।

मैंने जो आज यह रुदन किया है वह इस वजहके नहीं कि राजाओं के विरुद्ध वाइसरायने मुझसे शिकायत की हो या हमारी स्वदेशी हकूमतने, जिसमें जवाहरलालजी और राजेंद्रबाबू आदि हैं, मुझसे कुछ कहा हो। हकीकत तो यह है कि लोग आज इस बातकी तुलना करते हैं कि हिंदुस्तानकी हकूमत क्या करती है और पाकिस्तानकी क्या ?

मगर देशी राज्योंकी प्रजापर क्या बीत रही होगी ? वहांका रैयत क्या इस आजादीपर खुश होगी ? क्या वहांके लोग आजादीके उत्सवमें शामिल होंगे ? मैं तो उस दिन उपवास करूंगा और मेरी प्रार्थना भी खासतौरसे उस दिन यही होगी कि हे ईश्वर ! हिंदुस्तान आजाद तो हुआ, परंतु उसे बर्बाद न कर !

देशी राज्य हिंदुस्तानका एक-चौथाई हिस्सा है। क्या वहांकी दस करोड़ प्रजा १५ अगस्तको आजादीका उत्सव मना सकेगी ? अगर राजा लोग यह कहें कि हम तो तुम्हारे नौकर बनकर रहेंगे तबतो खैर है। तब वे प्रजासे जो पैसा लेंगे वे प्रजाको ऊपर उठानेके लिए ही लेंगे। वे दस गुना करके उसे वापिस दे देंगे, पैसेके रूपमें नहीं, बल्कि अपने राज्यमें शिक्षाके लिए स्कूल, रोगियोंके लिए अस्पताल, सड़कें तथा बाग-बगीचों आदिके रूपमें। इसलिए मुझे ऐसा लगा कि मैं आज राजाओंके बारेमें इतना तो कह दूं। वाइसरायके भाषणके बारेमें जवाहरलालजी और सरदार पटेलने तो कुछ कहा नहीं। मगर दिलमें तो वे भी महसूस करते ही होंगे। दिलमें फिर जहर क्या रखना था ? यह तो एक तरहका खेल-सा है जिसमें खेलके सब खिलौने- मेजपर रखे रहने चाहिए। जब हमारे दिलमें किसी प्रकारका जहर नहीं होगा तभी तो हम १५ अगस्तका दिन दिल खोलकर मना सकेंगे।

॥ ८२ ॥

२८ जुलाई १९४७

भाइयो और बहनो,

आज मैं कुछ प्रश्नोंके जवाब दूंगा।

प्रश्न—१५ अगस्तके बाद दोनों राज्योंमें दो कांग्रेसें होंगी या एक ही रहेगी? या कांग्रेसकी आवश्यकता ही न रहेगी?

उत्तर—मेरे विचारसे उस समय ऐसी संस्थाकी जरूरत और भी ज्यादा होगी। बेशक, उसका काम बदल जायगा। यदि कांग्रेस मूर्खतापूर्वक दो धर्मों के आधारपर दो राष्ट्रोंका सिद्धांत मंजूर नहीं कर लेती तो सारे हिंदुस्तानके लिए केवल एक कांग्रेस रह सकती है।

हिंदुस्तानके बटवारेसे आज उसके समूचेपनका बटवारा नहीं होता—नहीं होना चाहिए। दो सार्वभौम राज्योंमें बांट दिये जानेके कारण हिंदुस्तानके दो राष्ट्र नहीं होते। मान लिया जाय कि कोई एक या ज्यादा रियासतें दोनों राज्योंके बाहर रहती हैं तो क्या कांग्रेस उन्हें और उनकी जनताको राष्ट्रीय कांग्रेससे निकाल देगी? क्या उनकी मांग यह नहीं होगी कि कांग्रेस उनकी ओर विशेष ध्यान दे और उनकी विशेष परवाह करे? जरूर ही पहलेसे ज्यादा उलझे हुए सवाल उठेंगे। उनमेंसे कुछका हल कठिन भी हो सकता है। मगर कांग्रेसके टुकड़े कर देनेके लिए यह कोई कारण न होगा। उससे अबतककी अपेक्षा अधिक बड़ी राजनीतिज्ञता, अधिक गहरे विचार और अर्थिक शांत निर्णयको उत्तेजना मिलेगी। पंगु बना देनेवाली कठिनाइयोंपर ही हमें पहलेसे विचार नहीं करते रहना चाहिए। आजतक जो खराबियां हो चुकीं वे काफी हैं।

प्रश्न—क्या कांग्रेस अब सांप्रदायिक संस्था बन जायगी? आज जोरोंसे मांगकी जा रही है कि चूंकि अब मूसलमान अपने आपको परदेशी समझने लगे हैं, इसलिए हमें भी अपने संघको हिंदू भारत कहकर क्यों नहीं पुकारना चाहिए और उसपर हिंदू-धर्मकी अमिट छाप क्यों नहीं लगा देनी चाहिए?

उत्तर—इस सवालमें घोर अज्ञान भरा है। कांग्रेस कभी हिंदू-संस्था नहीं बन सकती। जो उसे ऐसा बनावेंगे, हिंदुस्तान और हिंदू-धर्मसे दुश्मनी

करेंगे। हिंदुस्तान करोड़ोंका मुल्क है। उनकी आवाज किसीने नहीं सुनी। अगर कोई दो प्रजाकी बातपर जोर देनेवाले हैं तो वे शहरोंके शोर-गुल मचानेवाले लोग ही हैं। हम उनकी आवाजको हिंदुस्तानके देहातोंके करोड़ोंकी आवाज न समझें।

तीसरी बात यह है कि हिंदुस्तानके मुसलमानोंने नहीं कहा है कि वे हिंदुस्तानी नहीं हैं और अंतमें याद रखा जाय कि हिंदू-धर्ममें कितनी ही कमियां क्यों न हों, हिंदू-धर्मने कभी अलहदगीका दावा नहीं किया। अलग-अलग धर्मोंके लोगोंने मिलकर हिंदुस्तानको एक प्रजा या राष्ट्र बनाया है उन सबका हिंदुस्तानी कहलानेका समान हक है। बहुमतको दूसरोंको दबानेका हक नहीं है। बहुमतके जोरसे या तलवारके जोरसे मिली हुई ताकत सच्ची ताकत नहीं है। दरअसल सचाई ही सच्ची ताकत है।

प्रश्न—तीसरा सवाल है कि जो मुसलमान नहीं उनका पाकिस्तानके झंडेकी तरफ क्या रुख रहे?

उत्तर—पाकिस्तानका झंडा अभी तो लीगका झंडा होगा। अगर मुस्लिम लीग और इस्लाम एक चीज है तो सारी दुनियाके मुसलमानोंका झंडा एक होना चाहिए और जिनकी इस्लामसे दुश्मनी नहीं उनको उसकी इज्जत करनी चाहिए। मैं इस्लामका, हिंदू-धर्मका, ईसाई-धर्मका, या किसी दूसरे धर्मका झंडा जानता नहीं हूं। मगर मैंने इस्लामका गहरा अभ्यास नहीं किया तो मैं भूल कर सकता हूं। अगर पाकिस्तानका झंडा, चाहे उसका रूप-रंग कुछ भी हो, पाकिस्तानमें रहनेवाले सब लोगोंका झंडा होगा, तो मैं उसकी सलामी करूंगा और आपको भी ऐसा ही करना चाहिए। दूसरे लफ्जोंमें उपनिवेश एक-दूसरेके दुश्मन नहीं बन सकते। मैं तो बहुत रस और दुःखसे देख रहा हूं कि दक्षिण अफ्रीकाका उपनिवेश हिंदुस्तानके उपनिवेशकी तरफ क्या रुख रखता है? क्या दक्षिण अफ्रीकाके लोग हिंदुस्तानको नफरत कर सकते हैं? क्या अफ्रीकाकी यूनियनके गोरे अब भी हिंदुस्तानियोंके साथ रेलके एक डिब्बेमें सफर करनेसे इन्कार करेंगे?

॥ ८३ ॥

२९ जुलाई १९४७

भाइयो और बहनो,

आज मैं बहुत कामकी बातें कह रहा हूं। मुझसे ऐसा कहा जाता है कि मुझे काश्मीर जाना चाहिए। मुझे वहां जानेका शौक नहीं है और होना भी नहीं चाहिए। लेकिन वह खूबसूरत जगह है। वहां हिमालय पहाड़ भी है। लेकिन दुनियामें कई और भी खूबसूरत जगह हैं। तीर्थ-क्षेत्र भी काफी पड़े हैं।

एक बार मैं काश्मीर जाना चाहता था। उस समयके काश्मीर महाराजाने मुझे बुलाया भी था। उस समय सर गोपालस्वामी आयंगर वहांके दीवान थे। लेकिन ईश्वर जब मुझको मौका दे तभी तो मैं जाऊंगा। जब पिछली बार पंडित जवाहरलाल काश्मीरमें रोक लिए गए तब उनकी यहां जरूरत थी। उस समय मौलाना आजाद कांग्रेसकी सदारत करते थे। वे जवाहरलालको काश्मीरसे बुलाना चाहते थे; क्योंकि यहां उनकी जरूरत थी। उस समयके वाइसराय लार्ड वेवेलने भी उनकी जरूरत महसूस की। वेवेल और मौलाना साहब दोनों परेशान थे। तब मौलानाने जवाहरलालके पास खबर भेजी कि आपने जो काम अपनाया है वह कांग्रेसका काम है, इसलिए अनुशासनके मुताबिक आप यहां आइए। उस समय जवाहरलालने यहां आना तो मंजूर कर लिया, लेकिन यह भी उन्होंने कहा कि बादमें फिर काश्मीर जाऊंगा। मौलानाने कहा कि बादमें यह काम किया जा सकता है और जरूरत होगी तो गांधीजीको भी आपके साथ भेज दिया जायगा। मैंने भी जवाहरलालसे कहा कि ऐसा करनेसे तुम्हें कोई नहीं रोक सकता।

अब तो सरकार ही बदल गई। वाइसराय बदल गया। मैं अब काश्मीर जानेको तैयार हो गया, जिससे जवाहरलाल अपना काम करते रहें। चूंकि वहां कई झंझट थे, इसलिए मैंने कह दिया था कि यदि वाइसराय कह दे कि वहां जाओ तो मैं जाऊंगा। वाइसरायने कुछ समय पहले मुझसे कहा कि मैं अभी वहां जाता हूं, आप न जायं। इसलिए मैं नहीं गया। अब सिलसिला ऐसा हो गया कि या तो मैं वहां जाऊं या जवाहर जायं। लेकिन वह तो जा नहीं सकते। यहीं काम बहुत पड़ा है। वैसे तो वहांकी आबहवा

अच्छी है। यदि वहां वह जायंगे, तो वह तंदुरुस्त होकर आयेंगे। लेकिन यहांके झंझटको भी तो सम्हालना होगा। यदि अंतरिम सरकारके उपाध्यक्ष वहां जायं तो उसका ऐसा भी मतलब निकाला जा सकता है कि वे काश्मीरको भारतीय संघमें मिलाने गए हैं—इस तरहका भ्रम पैदा हो सकता है। इसलिए मैं वहां जाऊंगा।

काश्मीरमें राजा है और रैयत भी। मैं राजाको कोई ऐसी बात नहीं कहने जा रहा हूं कि वे पाकिस्तानमें न सम्मिलित हों और भारतीय संघमें सम्मिलित हों। मैं इस कामके लिए वहां नहीं जाऊंगा। वहां राजा तो है, लेकिन सच्चा राजा तो प्रजा है। यदि राजा प्रजाका सेवक नहीं है तो वह राजा नहीं है, मैं यही मानता हूं। मैं तो इसीलिए बागी बना; क्योंकि अंग्रेज अपनेको यहांका राजा समझते थे, जिसे मैं नहीं मानता था। अब वे भारत छोड़ रहे हैं। जो हाकिमी करने आया था वह अब नौकर बनना चाहता है। मनसा-वाचा-कर्मणा वे अब नौकर बनना चाहते हैं। वे अब इसलिए गवर्नर-जनरल नहीं बनते, कि राजाने नियुक्त किया है; बल्कि हम—अंतरिम सरकार—उन्हें गवर्नर-जनरल बना रहे हैं। मैं तो कहता था कि हरिजनकी एक लड़कीको गवर्नर-जनरल बना देना चाहिए, लेकिन मैं यह मानता हूं कि अभी इस हालतमें हरिजनकी लड़कीको गवर्नर-जनरल नहीं बनाया जा सकता, क्योंकि राजाओंसे बात करनी है, और भी कई बड़े-बड़े काम पड़े हैं। हां, जब प्रजातंत्र बन जायगा तब ऐसा हो सकता है। मैं कहना चाहता हूं कि अंग्रेजके इस काममें फरेबी नहीं दिखाई देती। आज यह भी नहीं है कि वे पैसा चाहते हैं—यदि रखना है तो उन्हें नौकरी दो नहीं तो वे जा रहे हैं। १५ अगस्तको काफी अंग्रेज चले जायंगे; ऐसी उनकी मंशा है—वाचा और कर्मणा तो ऐसा है ही।

अभीतक वाइसरायकी छत्रछायामें काश्मीरके महाराजा जो करना चाहते थे कर सकते थे। अब तो वे रैयतके हैं। सर्वोच्च सत्ता लोगोंके हाथमें है। मैं यह नहीं कहता कि मैं महाराजा साहबको तकलीफ देना चाहता हूं। वहां काम करनेवाले जो पंडित और मुल्ला हैं वे मुझे नामसे तो जानते ही हैं। मैंने काश्मीरके लोगोंको काफी पैसा दिया है। उनका नक्काशीका काम व शाल बनानेका काम अच्छा होता है। चर्खा संघने भी अच्छा काम वहां किया है। वहांके गरीब लोग मुझे पहचानतें हैं।

वहांके लोगोंसे पूछा जाना चाहिए कि वे पाकिस्तानके संघमें जाना चाहते

हैं या भारतीय संघमें। वे जैसा चाहें करें। राजा तो कुछ है ही नहीं। प्रजा सब कुछ है। राजा तो दो दिन बाद मर जायगा लेकिन प्रजा तो रहेगी ही। कुछ लोगोंने मुझसे कहा कि यह काम मैं पत्र-व्यवहारके जरिये ही क्यों न करूं? तो मैं कहूंगा कि वैसे तो मैं, पत्र-व्यवहारके जरिये ही नोआखालीका काम भी कर सकता हूं। काश्मीरमें मैं कोई काम सार्वजनिकरूपसे नहीं करूंगा। मैं प्रार्थना भी सार्वजनिक सभामें नहीं करना चाहता, करूं वह दूसरी बात है। प्रार्थना तो मेरे जीवनका एक अंग है।

अब रही बात यह कि मैं जो कहता हूं कि १५ अगस्तको फाका करो और प्रार्थना करो, यह क्या है? मैं दु:ख तो नहीं मनाना चाहता हूं। लेकिन दु:खकी बात यह है कि हमारे पास खुराक नहीं है, कपड़ा नहीं है। आज एक आदमी बिगड़ जाता है और दूसरे आदमीको मार डालता है। लाहौरमें ऐसा चल रहा है कि जरा बाहर निकले और मार डाले गए। सो हम मौज करें और मिठाई खायं, ऐसा उत्सव ऐसे अवसरमें कैसे मनाया जाय?

६ अप्रैल १९१९ को सारे हिंदुस्तानमें जागृति हो गई थी। उस दिन कोई उत्सव इस तरहसे नहीं मनाया गया। मैंने हिंदुओं और मुसलमानोंसे कहा कि वे उस दिन फाका रखें, प्रार्थना करें और चर्खा चलाएं। उन दिनोंमें हिंदू और मुसलमानोंमें कोई दुश्मनी नहीं थी, इसलिए सबोंने वैसे ही फाका रखकर उत्सव मनाया। ६ तारीखको जितना बड़ा उत्सव उस समय था वैसी तारीख हिंदुस्तानके इतिहासमें आनेवाली नहीं है। आज ६ तारीखसे भी ज्यादा अवश्यकता है कि लोग फाका रखें। करोड़ों लोग भूखों मर रहे हैं। उस समय तिलक-स्वराज्य-फंडके लिए एक करोड़ रुपये जमा करना मुश्किल था—वह जमाना ही वैसा था। हमारे पास सत्ता नहीं थी। आज तो करोड़ों रुपया हमारे हाथमें आ गया है। ऐसी जिम्मेदारी आ गई है। यदि ऐसे समयमें हम नम्र न बनेंगे तो क्या होगा? अगर १५ अगस्तको खूब खा-पीकर मजे उड़ाएंगे तो १६ अगस्तको राजेंद्रबाबू क्या करेंगे—क्या खिलाएंगे? इसलिए मैं कहूंगा कि उत्सव जरूर मनाएं, लेकिन फाका रखकर, प्रार्थना करके और चर्खा चलाकर मनाएं। हां, हमें मातम नहीं मनाना चाहिए।

॥ ८४ ॥

३० जुलाई १९४७

आज मेरा यहां अखीरका दिन है। कलसे प्रार्थना नहीं हो सकती। अगर आप करेंगे तो अच्छा होगा, मगर मैं तो नहीं रहूंगा। ईश्वरकी कृपा हो गई तो परसों श्रीनगर पहुंच जाऊंगा। मैंने कल कहा था कि मैं वहां दो-तीन दिन रहूंगा। मुझे वहां कोई खास काम करना है, ऐसी बात नहीं है। मुझे वहां किसी सार्वजनिक सभामें हिस्सा नहीं लेना है। मैं तो लोगोंसे मिलने जा रहा हूं। किसी उम्मीदसे नहीं। मैं खाली हाथ भी लौटकर नहीं आनेवाला हूं; लेकिन मेरे हाथ भरना या न भरना ईश्वरके हाथ है। आज तो मैं प्रतिज्ञाके वश होकर जाता हूं। प्रतिज्ञाका पालन हो जानेपर पीछे भाग आऊंगा। वहांसे मैं नोआखाली जाऊंगा।

बिहारके एक मुसलमानके पाससे मेरे पास खत आया है कि वहां हिंदू और मुसलमान सब लोग पहले-जैसे भाई-भाईके समान रहने लगे हैं। बिहारके मंत्री श्रीअंसारीने भी मुझे बताया है कि अब कोई झगड़ा नहीं रहा। पहले जिस तरह भाई-भाईके-जैसे लोग रहते थे वैसे ही अब फिर रहने लगे हैं। स्पेशल ट्रेनोंसे लोग आ रहे हैं। वे बिहार-सरकारके खर्चसे नहीं आ रहे हैं। बिहार-सरकारने तो उन्हें नहीं भेजा था। बंगालवाले ले गए थे। उनका काम था कि वे उन्हें भेज देते। मैं तो बिहारके हिंदुओंसे कहूंगा कि जो मुसलमान आ रहे हैं उन्हें अपनाना चाहिए। अपनेमें पहले-जैसा मिला लेना चाहिए। हकूमतपर भरोसा किए बैठे नहीं रहना चाहिए। अबतक तो हमारे हाथमें सत्ता नहीं थी। अंग्रेजोंका राज था। तब उनपर भरोसा करना पड़ता था। अब सल्तनत हमारे हाथमें आ गई है। रैयतकी हकूमत है। इसलिए अब कोई ऐसा नहीं कह सकता कि हकूमतका काम है। अगर रैयत ही नहीं है तो हकूमत कहां? इसलिए बिहारके हिंदू ऐसी आबोहवा रखें कि वहांके मुसलमान ऐसा न समझें कि हमारी पीठपर पाकिस्तान नहीं है। अभी दो भाग हो गए हैं, मेरे ख्यालसे यह बुरा हुआ है। मगर बुरा या अच्छा, अब तो हो ही गया है। जो पाकिस्तानको माननेवाले थे उनके मनमें तो वह भरा ही हुआ है। दोनोंने मान लिया है कि अब हम अलग-अलग हो गए। यदि मुसलमानोंने ऐसा समझकर किया तो मुझे बुरा लगेगा। पाकिस्तान तो कोई चीज नहीं है। उससे सिर्फ हकूमतका बटवारा हुआ है।

मैं बिहारियोंसे इतना ही कहना चाहता हूं।

अब मैं बंबईके बारेमें कुछ कहना चाहता हूं। बंबईकी हकूमतने तय किया है कि कमीशनकी बताई हुई वृद्धिके मुताबिक तनख्वाह दी जायगी। मैंने अतिशयोक्ति की थी। कह दिया था कि अभीसे कर दिया। मगर अभीतक ऐसा नहीं किया गया। मगर इससे क्या हुआ? जो तय हो गया है उसके मुताबिक किया जायगा। फिर वहांके कर्मचारी भूख-हड़ताल क्यों करें?

वहांसे एक तार आया है कि अगर गांधी इस मामलेमें दखल दें तो फैसला हो सकता है। मैंने कहा, गांधीके हाथमें कोई सत्ता नहीं है। यों तो वह सब मेरे दोस्त हैं। उन्होंने मेरे मातहत काम किया है। वह कहते हैं कि गांधी जैसा कहेगा वैसा हम मान लेंगे। मगर मैं ऐसा नहीं कह सकता। अशोक मेहता वहां है। वह भी कहता है कि गांधी फैसला कर दे तो हमें मंजूर होगा। मगर मैं कहता हूं कि मैं ऐसा नहीं कह सकता। अबतक हमारे हाथमें ताकत नहीं थी। अब ताकत आई है। क्या मैं दखल देकर उसे नष्ट कर दूं? मुझे लोग डिक्टेटर बनाकर फैसला कराएं, ऐसा घमंडी मैं कभी नहीं बन सकता। परमेश्वर मुझसे काम ले सकता है। हकूमतने अपना काम कर दिया। उसने कमीशनके मुताबिक वृद्धि करना तय कर लिया है। मैं बादमें उसमें शिरकत दूं तो ऐसा हो नहीं सकता। इसलिए उनका यह कहना कि ऐसा तो ठीक नहीं और हम टोकेन स्ट्राइक[१] करेंगे, यह ठीक नहीं। मैं उनसे अदबके साथ कहूंगा कि वे ऐसा न करें। मैं उनका दोस्त है, हकूमतका दोस्त हूं, और राजा लोगोंका भी दोस्त हूं। उन्हें मुझसे अनुचित काम नहीं कराना चाहिए। सभी पार्टियोंका फर्ज है कि १५ अगस्तसे जो हकूमत बननेवाली है उसके मारफत सब काम कराएं। अंग्रेजोंके जमानेमें हम कुछ नहीं कर पाते थे। हमने कोशिश की। अहिंसात्मक युद्ध किया। अब भी कर सकते हैं। मगर उसके लिए सामान तो चाहिए, लोकमत तो बनना चाहिए।

उदाहरणके लिए गो-रक्षाका मामला है। इसमें मजबूर करोगे तो मुसलमानोंको! हिंदुओंको क्यों नहीं? पारसियोंको क्यों नहीं? इस तरह गो-रक्षा नहीं हो सकती। अपने धर्मपर चलनेसे सब काम बिना कानून हो सकता है। मैं तो चाहता हूं कि मुसलमान भी गो-वध न करें। वे गायका

---

१. सांकेतिक हड़ताल।

मांस न खाएं। लेकिन ऐसा करना या न करना उनकी इच्छा पर है। हमें यह घमंड नहीं होना चाहिए कि हमारी हकूमत आ गई है इसलिए हम जबरन या कानूनन सब काम करा सकते हैं।

मैं चाहता हूं कि जो स्वराज्य मिला है उसका ठीक उपयोग किया जाय। हम धर्मकी वृद्धि करें, ताकि जो स्वराज्य हम चाहते हैं वह जल्दी आ जाय।

॥ ८५ ॥

१० सितम्बर १९४७

भाइयो और बहनो,

जब मैं शाहदरा पहुंचा, तो मैंने अपने स्वागतके लिए आए हुए सरदार पटेल, राजकुमारी और दूसरे लोगोंको देखा। लेकिन मुझे सरदारके ओठोंपर हमेशाकी मुस्कराहट नहीं दिखाई दी। उनका मसखरापन भी गायब था। रेलसे उतरकर मैं जिन पुलिसवालों और जनतासे मिला, उनके चेहरोंपर भी सरदार पटेलकी उदासी दिखाई दे रही थी। क्या हमेशा खुश दिखाई देनेवाली दिल्ली आज एकदम मुर्दोंका शहर बन गई है? दूसरा अचरज भी मुझे देखना बदा था। जिस भंगी-बस्तीमें ठहरनेमें मुझे आनंद होता था, वहां न ले जाकर मुझे बिड़लाके आलीशान महलमें ले जाया गया। इसका कारण जानकर मुझे दुःख हुआ। फिर भी उस घरमें पहुंचकर मुझे खुशी हुई, जहां मैं पहले अक्सर ठहरा करता था। मैं भंगी-बस्ती वाल्मीकि भाइयोंके बीच ठहरूं या बिड़ला-भवनमें ठहरूं, दोनों जगह मैं बिड़ला भाइयोंका ही मेहमान बनता हूं। उनके आदमी भंगी-बस्तीमें भी पूरी लगनके साथ मेरी देखभाल करते हैं। इस फेरबदलके कारण सरदार नहीं हैं। वह वाल्मीकि-बस्तीमें मेरी हिफाजतके बारेमें किसी तरह डरनेकी कमजोरी कभी नहीं दिखा सकते। भंगियोंके बीच रहकर मुझे बड़ी खुशी होती है, हालांकि नई दिल्लीकी कमेटीके कसूरसे मैं बिलकुल उन घरोंमें तो नहीं रह सकता, जिनमें भंगी लोग मछलियोंकी तरह एक साथ ठूंस दिए जाते हैं।

मुझे बिड़ला-भवनमें ठहरानेका कारण यह है कि भंगी-बस्तीमें, जहां मैं ठहरा करता था, वहां इस समय निराश्रित लोग ठहराए गए हैं। उनकी

जरूरत मुझसे कई गुना बड़ी है। लेकिन हमारे यहां निराश्रितोंका कोई भी सवाल खड़ा हो, यह क्या एक राष्ट्रके नाते हमारे लिए शरमकी बात नहीं है? पंडित नेहरू और सरदार पटेलके साथ कायदेआजम जिन्ना, लियाकतअली साहब और दूसरे पाकिस्तानी नेताओंने यह ऐलान किया था कि हिंदुस्तानी संघ और पाकिस्तानमें अल्पमतवालोंके साथ वैसा ही बरताव किया जायगा, जैसा कि बहुमतवालोंके साथ। क्या हर डोमीनियनके हाकिमोंने यह मीठी बात दुनियाको खुश करनेके लिए ही कही थी, या इसका मतलब दुनियाको यह दिखाना था कि हमारी कथनी और करनीमें कोई फर्क नहीं है और हम अपना वचन पूरा करनेके लिए जान भी दे देंगे? अगर ऐसा ही है, तो मैं पूछता हूं कि हिंदुओं, सिखों, गौरवभरे आमिलों और भाईबंदोंको अपना घर पाकिस्तान छोड़नेके लिए क्यों मजबूर किया गया? क्वेटा, नवाबशाह और करांचीमें क्या हुआ है? पच्छिमी पंजाबकी दर्दभरी कहानियां, सुनने और पढ़नेवालोंके दिलोंको तोड़ देती हैं। पाकिस्तान या हिंदुस्तानी संघके हाकिमोंके लाचारी दिखाकर यह कहनेसे काम नहीं चलेगा कि यह सब गुंडोंका काम है। अपने यहां रहनेवाले लोगोंके कामोंकी पूरी जिम्मेदारी अपने सिर लेना हर डोमीनियनका फर्ज है। उनका काम 'क्या और क्यों' करनेका नहीं, बल्कि करने और मरनेका है। अब वे साम्राज्यवादके कुचल डालनेवाले बोझके नीचे चाहे या अनचाहे कोई काम करनेके लिए मजबूर नहीं किए जाते। आज वे आजादीसे, जो चाहें कर सकते हैं। लेकिन अगर उन्हें ईमानदारीसे दुनियाके सामने अपना मुंह दिखाना है, तो इसका मतलब यह नहीं हो सकता कि अब दोनों डोमीनियनोंमें कोई कानून-कायदा रहेगा ही नहीं। क्या यूनियनके मंत्री अपना दिवालियापन जाहिर करके दुनियाके सामने बेशर्मीसे यह मंजूर कर लेंगे कि दिल्लीके लोग या निराश्रित खुशीसे और खुद होकर कानूनको नहीं पालना चाहते? मैं तो मंत्रियोंसे यह आशा करूंगा कि वे लोगोंके पागलपनके सामने भूलनेके बजाय उनके पागलपनको दूर करनेकी कोशिशमें अपने प्राणोंकी बाजी लगा देंगे।

जिस मकानमें मैं रहता हूं, उसमें भी फल या शाक-भाजी नहीं मिलती। क्या यह शर्मकी बात नहीं है कि कुछ मुसलमानोंके मशीनगन या बंदूक वगैरासे गोलीबार करनेके कारण सब्जीमंडीमें शाक-भाजीका मिलना बंद हो गया? शहरके अपने दौरेमें मैंने यह शिकायत सुनी कि निराश्रितोंको

राशन नहीं मिलता। जो कुछ दिया भी जाता है, वह खाने लायक नहीं होता। इसमें अगर दोष सरकारका है, तो उतना ही दोष निराश्रितोंका भी है जिन्होंने जरूरी कामकाजको भी रोक दिया है। उन्होंने यह क्यों नहीं समझा कि ऐसा करके वे अपने-आपको नुकसान पहुंचा रहे हैं? अगर उन्होंने अपनी तमाम सच्ची शिकायतोंको दूर करनेके लिए सरकारपर भरोसा किया होता और कायदा पालनेवाले नागरिकोंकी तरह बरताव किया होता, तो मैं जानता हूं और उन्हें भी जानना चाहिए कि उनकी ज्यादातर मुसीबतें दूर हो जातीं।

मैं हुमायूंके मकबरेके पास मेवोंकी छावनीमें गया था। उन्होंने मुझसे कहा कि हमें अलवर और भरतपुर रियासतोंसे निकाल दिया गया है। मुसलमान दोस्तोंने जो कुछ भेजा है, उसके सिवा हमारे पास खानेकी कोई चीज नहीं है। मैं जानता हूं कि मेव लोग बड़ी जल्दी उभाड़े जा सकते और गड़बड़ी पैदा कर सकते हैं। लेकिन उसका यह इलाज नहीं है कि उन्हें न चाहनेपर भी यहांसे निकालकर पाकिस्तान भेज दिया जाय। उसका सच्चा इलाज तो यह है कि उनके साथ इन्सानोंका-सा बरताव किया जाए और उनकी कमजोरियोंका किसी दूसरी बीमारीकी तरह इलाज किया जाए।

इसके बाद मैं जामिया-मिलिया गया, जिसके बनानेमें मेरा बड़ा हाथ रहा है। डा० जाकिरहुसेन मेरे प्यारे दोस्त हैं। उन्होंने सचमुच दु:खके साथ मुझे अपने अनुभव सुनाए; लेकिन उनके मनमें किसी तरहकी कड़ुवाहट न थी। कुछ समय पहले उन्हें जालंधर जाना पड़ा था। अगर एक सिख केप्टन और रेलवेके एक हिंदू कर्मचारीने समयपर वहां उनकी मदद न की होती, तो मुसलमान होनेके कसूरमें गुस्सेसे पागल बने सिखोंने उन्हें जानसे मार दिया होता। डा० जाकिरहुसेनने इन दोनोंका अहसान मानते हुए अपना यह अनुभव मुझे सुनाया। जरा खयाल तो कीजिए कि इस राष्ट्रीय संस्थाको, जहां कई हिंदुओंने शिक्षा पाई है, यह डर है कि कहीं गुस्सेसे भरे निराश्रित और उन्हें उकसानेवाले लोग उसपर हमला न कर दें। मैं जामिया-मिलियाके अहातेमें किसी तरह ठहराए गए १००से ज्यादा निराश्रितोंसे मिला। जब मैंने उनकी मुसीबतोंकी दर्दभरी कहानी सुनी तो मेरा सिर शर्मसे नीचा हो गया। इसके बाद मैं दीवान हॉल, वेवेल केंटीन और किंगसवेकी निराश्रितोंकी छावनियोंमें गया। वहां मैं सिख और हिंदू निराश्रितोंसे मिला। वे पंजाबकी

मेरी पिछली सेवाओंको अबतक भूले नहीं थे। लेकिन इन सारी छावनियोंमें कुछ गुस्सेभरे चेहरे भी दिखाई दिए, जिन्हें माफ किया जा सकता है। उन्होंने मुझे हिंदुओंकी तरफ कठोरता दिखानेके लिए कोसते हुए कहा, 'हम लोगोंकी तरह आपने मुसीबतें नहीं सही हैं। हमारी तरह आपके भाई-बेटे और सगे-संबंधी नहीं मारे गए हैं। हमारे-जैसे आप दर-दरके भिखारी नहीं बनाए गए हैं। आप यह कहकर हमें कैसे धीरज बंधा सकते हैं कि आप दिल्लीमें इसीलिए ठहरे हैं कि हिंदुस्तानकी राजधानीमें शांति और अमन कायम करनेमें भरसक मदद कर सकें?' यह सच है कि मैं मरे हुए लोगोंको वापिस नहीं ला सकता। लेकिन मौत सारे प्राणियोंको—इन्सान, जानवरों वगैरा—भगवानकी दी हुई देन है। फर्क सिर्फ समय और तरीकेका है। इसलिए सही बरताव ही जीवनका सही रास्ता है, जो उसे जीने लायक और सुंदर बनाता है।

आज दिनमें एक सिख दोस्त मुझसे मिले थे। उन्होंने कहा कि वे जन्मसे तो सिख हैं, लेकिन ग्रंथ साहबकी दृष्टिसे वे सच्चे सिख होनेका दावा नहीं कर सकते। मैंने उन भाईसे पूछा कि आपकी नजरमें कोई ऐसा सिख है? वे एक भी ऐसा सिख नहीं बता सके। तब मैंने नरमीसे कहा कि मैं ऐसा सिख होनेका दावा करता हूं। मैं ग्रंथ साहबके मानोंमें सच्चे सिखका जीवन बितानेकी कोशिश कर रहा हूं। एक समय था, जब ननकाना साहबमें मुझे सिखोंका सच्चा दोस्त करार दिया गया था। गुरु नानक मुसलमान और हिंदूमें कोई भेद नहीं मानते थे। उनके लिए सारी दुनिया एक थी। मेरा सनातन हिंदू-धर्म ऐसा ही है। सच्चा हिंदू होनेके नाते मैं सच्चा मुसलमान होनेका भी दावा करता हूं। मैं हमेशा मुसलमानोंकी महान् प्रार्थना गाता हूं, जिसमें कहा गया है कि खुदा एक है और वह दिन-रात सारी दुनियाकी हिफाजत करता है।

निराश्रितोंसे मेरा कहना है कि वे सचाई और निडरतासे रहें और साथ ही किसीसे वैर या नफरत न करें। गुस्सेमें बिना सोचे-समझे नादानी-भरे काम करके महंगे दामों मिली आजादीके सुनहले सेब को फेंक न दें।

॥ ८६ ॥

१२ सितम्बर १९४७

भाइयो और बहनो,

पहली बात तो मैं आपको यह कहना चाहता हूं कि आज जो खबर मेरे पास सरहदी सूबेसे आ गई है वह खतरनाक बात है। मेरा दिल तो उससे दुखी होता ही है। सरहदी सूबेमें मैं काफी दिनोंतक रहा हूं। बादशाह खान मेरे साथ थे। डाक्टर खानसाहबके घरपर रहता था। लीगवाले दोस्तोंसे मुहब्बतसे मिलता था। जब मैं यह सुनता हूं कि वहां अब तो कोई हिंदू या सिख आरामसे नहीं रह सकता तो मुझे आश्चर्य होता है। हिंदू और सिख वहां काफी तादादमें थे, लेकिन मुसलमानोंके सामने उनकी तादाद छोटी ही थी। कितनी भी छोटी क्यों न हो, उससे क्या? बात तो यह है कि एक भी मासूम बच्चा वहां रहे तो उसको भी सुरक्षित होना चाहिए।

जैसा मैं अपने लिए सोचता हूं वैसा ही मैं आपको कह सकता हूं कि हम कभी गुस्सेमें न आएं। दुःख मानना है तो मानें। हमारे दिलमें हमारे दुःखी भाइयोंके लिए दिलचस्पी होनी चाहिए, उनके लिए हमारे दिलमें हमदर्दी होनी चाहिए। वे मारे जाते हैं तो हम मुसलमानोंको क्यों न मारें, यह दिलमें आ सकता है। लेकिन जिन्होंने हमारे भाइयोंको मारा उन्हें तो मैं मार नहीं सकता। उनके बदले दूसरे बेगुनाहोंको मारनेकी तैयारी करूं? कितनोंको मार सकते हैं? वहां जो हुआ उसका जितना हो सके बदला लेना, इसका नाम वैरभाव हुआ—मैं इस चीजको नहीं मानता कि कोई बुराई करता है तो उसका बदला बुरा बनकर लूं। जो बुराई करता है, वह वहशियाना बात करता है, वह जंगली बन जाता है, मूर्ख बन जाता है, तो क्या मैं भी मूर्ख और जंगली बनूं? मेरे ही लोग मूर्ख बन गए, दीवाने बन गए तो क्या उनको मारूं? मैं आपको अपने बचपनकी बात सुनाऊं। उस वक्त मैं शायद दस वर्षका था। मेरा बड़ा भाई बीमार पड़ गया। दीवाना-सा बन गया। मगर सबने उसपर दया ही की। उसके लिए डाक्टर बुलाया, यह बुलाया, वह बुलाया लेकिन जेलरको नहीं बुलाया। इसको कैदमें भेज दो ऐसा नहीं कहा। यह दीवाना हो गया है, फौज बुलाओ ऐसा नहीं कहा। मेरा बाप सब कुछ कर सकता था, क्यों नहीं किया? वह उसका लड़का था। बाप कहता था, क्या लड़केको मार डालूं? तो जैसे अपना लड़का है, भाई

है, ऐसे मेरे सभी भाई हैं। मैं आपको कहूंगा कि हम ऐसा न कहें कि मुसलमान हमारे दुश्मन हैं। कितने मुसलमान मैं बता सकता हूं जो मेरे दोस्त हैं। उनके घरमें मैं रह सकता हूं। वे मेरे घरमें रहते हैं। उनके घरमें मैं रहूं तो वे मेरी बड़ी हिफाजत करेंगे। चूंकि यहां हिंदुस्तानमें आज पाकिस्तान बन गया, हिंदुस्तानमें जो सब मुसलमान हैं उन्हें काटना इन्सानका काम नहीं है। इसलिए मैं आपको यह सुनाता हूं और आपकी मार्फत सबको। वहांकी, पाकिस्तानकी, हकूमत तो अपना काम भूल गई। कायदेआजम जिन्ना साहब, जो पाकिस्तानके गवर्नर-जनरल हैं, वहांके जो गवर्नर हैं, उनको मैं कहूंगा कि आप ऐसा न करें। जितनी बातें अखबारमें आई हैं, अगर वे सही हैं, तो मैं उनसे कहूंगा कि वहां हिंदू-सिख आपकी सेवाके लिए ही पड़े हैं। आज वे क्यों डरते हैं? इसलिए कि उनको और उनकी बीबियोंको मर जाना पड़ेगा, उनकी बीबियोंको कोई उठा ले जायगा। उन्हें खतरा है सो वे भागते हैं। वहांकी हकूमतमें ऐसा क्यों? अपने लोगोंको भी मैं कहना चाहता हूं कि आप ऐसे जाहिल न बनें। यहां दिल्लीमें हिंदू-सिख कहें कि चूंकि पाकिस्तानमें हिंदू-सिख मुसीबतमें पड़े हैं, वहां उन्हें बर्बाद कर दिया गया है, करोड़ोंकी जायदाद वहां छोड़कर वे आए हैं, उसका बदला यहां लेंगे तो यह जहालत है। मैंने पाकिस्तानके हिंदू-सिखोंकी दशा देखी है। मैं लाहौरमें रहा हूं। क्या मुझे दुःख नहीं होता? मेरा दावा है कि मेरा दुःख किसी पंजाबीके दुःखसे कम नहीं। अगर कोई पंजाबी हिंदू या सिख मुझे आकर कहेगा कि उसकी जलन ज्यादा है; क्योंकि उसका भाई मर गया है, लड़की मर गई है, बाप मर गया है, तो मैं कहूंगा, उसका भाई मेरा भाई है, उसकी लड़की मेरी लड़की है, उसकी मां मेरी मां है। मेरे दिलमें भी उसके जितनी ही जलन है। मैं भी इन्सान हूं, गुस्सा आ जाता है, पर उसे पी जाता हूं। उससे मुझमें शक्ति पैदा होती है। उस शक्तिसे क्या बदला लूं? बदला कैसे लूं कि वे खुद अपने गुनाहके लिए पश्चात्ताप करें। कहें, हमसे बड़ा गुनाह हो गया है। जो मुसलमानोंने वेस्ट[१] पंजाबमें किया है वह सबके सामने है। वे हिंदू-सिख ऐसा करके मारें उससे क्या? लेकिन वे धमकी मारते हैं, उसको वे क्या करेंगे? उसका जवाब वे किसको देनेवाले हैं? यह सब मैं जानता हूं। लेकिन वे जाहिल बनते हैं इसलिए मैं यह कहूं कि दिल्लीके हिंदू दिल्लीके सिख और जो

१. पश्चिमी।

कोई भी यहां बाहरसे आए हैं वे जाहिल बनें? मैं उम्मीद करता हूं कि वे ऐसा नहीं करेंगे, ऐसे पागल नहीं बनेंगे, ताकि बादमें आनेवाले यह कहें कि हमारे बाप-दादे—हिंदू, सिख, मुसलमान सब ऐसे पागल बन गए कि उनको एक मोटी रोटी जिसका नाम आजादी था वह मिल गई, पर उसको वे हजम नहीं कर सके, खा नहीं सके, उस रोटीको उन्होंने दरियामें फेंक दिया और ऐसा कहकर हमपर थूकें। मैं आपको कहता हूं कि हम सावधान नहीं बन जाते हैं तो ऐसा जमाना आ रहा है।

आज मैं जुमा मस्जिदमें गया था। उनकी बीबियोंसे मिला। कोई रोती थी, कोई अपने बच्चेको मेरे पास लाती थी कि मेरा यह हाल है। इनको मैं क्या कहूं कि वहां वेस्ट-पंजाबमें हिंदुओंका, सिखोंका क्या हाल हुआ है, यह सब उनको जाकर सुनाऊं कि सरहदी सूबेमें क्या हुआ वह सुनाऊं? वह सब सुनाकर क्या करूं? ऐसा करनेसे पंजाबके हिंदू-सिखोंका दर्द क्या मिट जायगा?

पाकिस्तानवाले जाहिल बने, उसके सामने हिंदू और सिख भी जाहिल बन गए। तो एक जाहिल दूसरे जाहिलको क्या कहनेवाला था? इसलिए तो आपसे यह कहूंगा, आप सारे हिंदू-धर्मको, सिख-धर्मको बचानेका काम करें। हिंदुस्तानको और पाकिस्तानको, सारे देशको बचानेका काम करें। हम आखिरतक शरीफ रहें तो पाकिस्तानमें मुसलमानोंको शरीफ बनना ही है। यह दुनियाका कानून है। इस कानूनको कोई बदल नहीं सकता। यह आपको एक बूढ़ा सुना रहा है, जिसने धर्मका काफी अभ्यास किया है। हरेकका भला करनेकी कोशिश की है। ७८, ७९ वर्षमें मैंने काफी तजुर्बा लिया है। मैं कोई आंखें बंद करके दुनियामें नहीं घूमा। बीस वर्षतक हिंदुस्तानके बाहर रहा हूं। दक्षिण अफ्रीका-जैसे जंगली मुल्कमें जो हब्शी लोगोंसे भरा हुआ है, उनके बीचमें मैं रहा और राम-नाम नहीं भूला। रामका नाम याद रखता था और तभी तो मैं वहां रह सका। इसलिए मैं आपको अपने तजुर्बेसे कह सकता हूं कि हमारा काम नहीं है कि अगर किसीने हमारे साथ बुरा किया हो तो हम उसका बुरा करके बदला लें। बुरेका बदला हम भला करके लें, यह सच्ची इन्सानियत है। जो भलेके बदले भला करता है वह तो बनिया बन गया और झूठा बनिया। मैं कहता हूं, कि मैं बनिया हूं। मगर सच्चा। आप झूठे बनिया न बनें। सच्चा वह इन्सान हैं जो बुरेका बदला भलेसे करता है। यह मैंने बचपनसे सीखा और

इतना तजुर्बा होनेके बाद समझ सकता हूं कि यह सच्ची बात है। तो मैं आपको कहता हूं कि बुरेका बदला हम भले बनकर लें।

वे लोग मस्जिदमें बेहाल पड़े थे। जुमेके रोज इतने इकट्ठे हो गए, तो नाटक करनेके लिए नहीं। उन्होंने सुन लिया था, मैंने कलकत्तेमें मुसलमानोंके लिए कुछ किया, बिहारमें कुछ किया, नोआखालीमें हिंदुओंके लिए कुछ किया, सो उन्होंने सोचा, अच्छा वह आ गया है। अपने-आपको सनातनी हिंदू कहता है और इसलिए मुसलमान, सिख, पारसी और क्रिस्टी होनेका भी दावा करता है। तो उससे पूछो तो सही कि हमारे लिए क्या करना चाहता है?

एक माताने कहा मेरा बच्चा मर गया है, मैं क्या करूं? मैंने कहा—मां, मैं तुझे क्या बताऊं? खुदाको याद कर, ईश्वर तेरा भला करेगा। बच्चा मर गया, सब मर गए तो क्या हुआ। तू भी तो इसी रास्तेपर जानेवाली है। छुरीसे नहीं तो शायद कालरेसे मर जायगी। तू हमेशा जिंदा थोड़े ही रहनेवाली है? इसलिए खुदाका नाम ले और हंस—रोकर क्या करेगी?

ऐसी घटनाएं क्यों होती हैं? ऐसे हम जाहिल क्यों बनें? हम अपने धर्मको पहिचानें। उस धर्मके मुताबिक मैं सब लोगोंको कहूंगा कि यह हमारा परम धर्म है कि हम किसी हिंदूको पागल न बनने दें, किसी सिखको पागल न बनने दें। मैं कहना चाहता हूं कि सब मुसलमान जो अपनी-अपनी जगहोंसे हट गए हैं उन्हें वापिस भेजो। मेरी हिम्मत नहीं है कि मैं आज उन्हें भेजूं, मगर उन्हें वापिस भेजना है यह आप अपने दिलमें रक्खें। मैं तो रखता हूं। हमें शांति नहीं हो सकती है जबतक सब मुसलमान जिन जगहोंसे निकले हैं, वहीं फिर न चले जायं। हां, एक बात है। आज मुझे लोग सुनाते हैं कि मुसलमान आज तो अपने घरोंमें छुरा रखता है, गोला-बारूद रखता है, मशीनगन रखता है—स्टेन-गान, मैंने तो देखी भी नहीं है, वह सब रखता है, जैसे कि सब्जी-मंडीमें। मैंने सब सुना है, देखा तो नहीं, लेकिन मैं सब माननेको तैयार हूं। पर उससे हम क्यों डरें? मैं तो मुसलमानोंको कहूंगा और दिल्लीमें तो सबको कहता हूं कि आप एक ऐलान निकालें और खुदाको हाजिर-नाजिर जानकर, ईश्वरको साक्षी करके उसमें कहें कि पाकिस्तानमें कुछ भी हो उस गुनाहके लिए हमको आप क्यों मारें? हम तो आपके दोस्त हैं, हम हिंदुस्तानके हैं और रहेंगे। दिल्ली कोई छोटी नहीं है, देशकी राजधानी है, पायेतख्त है। यहां बड़ी आलीशान जुमा मस्जिद

पड़ी है, यहां फोर्ट भी है वह आपने नहीं बनाए हैं, मैंने नहीं बनाए हैं, हिंदूने नहीं बनाए हैं। वह तो मुगलोंके बनाए हुए हैं, जो हमारे ऊपर राज्य करते थे। वे तो यहांके बन गए थे, हमारे रीति-रिवाज सब चीज ले ली थी। मुसलमानोंको आज हम कहें कि यहांसे जाओ, नहीं तो हम तबाह कर देंगे तो क्या जामा मस्जिदका कब्जा आप लेनेवाले हैं? और अगर हम कब्जा लेते हैं तो उसके मानी क्या होते हैं? आप समझें तो सही! उस जुमा मस्जिदमें क्या हम रहेंगे? मैं तो यह कभी कबूल नहीं कर सकता। मुसलमानोंको वहां जानेका हक होना ही चाहिए। वह उनकी चीज है। हमें भी उसका फख्र है। उसमें बड़ी कारीगरी भरी पड़ी है। हम क्या उसे ढा देंगे? यह कभी नहीं हो सकता।

मुसलमानोंसे मेरा कहना है कि आप साफ दिलसे कह दें कि आप हिंदुस्तानके हैं। यूनियनके वफादार हैं। अगर आप ईश्वरके वफादार हैं और आपको इंडियन यूनियनमें रहना है तो आप हिंदुओंके दुश्मन नहीं बन सकते। उनके साथ लड़ नहीं सकते। आपको यह कहना है। पाकिस्तानमें जो मुसलमान हिंदुओंके दुश्मन बने पड़े हैं उन्हें सुनाना है कि आप पागल न बनें। अगर आप पागल बनेंगे तो हम आपका साथ नहीं दे सकते। हम तो यूनियनके वफादार रहेंगे। इस तिरंगे झंडेको सलाम करेंगे। हकूमतका जैसा हुक्म होगा, उसके मुताबिक हमें चलना है। वे सब मुसलमानोंको कह दें कि जिनके पास मशीनगनें हैं गोला-बारूद है, वह सब हकूमतको दे दें। हकूमतका यह धर्म है कि किसीको इसके लिए सजा न करे। ऐसा ही मैं कलकत्तेमें करवाकर आया हूं। कलकत्तेमें मेरे पास काफी हथियार लोगोंने जमा कर दिए थे। ज्यादा तो हिंदुओंने ही दिए थे। यहां मुसलमानोंके पास हथियार हैं तो क्या हिंदुओंके पास नहीं हैं? मैं हिंदूको तो कहता हूं कि हथियार रखना ही न चाहिए। रखना है तो उसके लिए लाइसेंस होना चाहिए, उसके लिए परवाना होना चाहिए। पंजाबमें कहते हैं कि सबको हथियार रखनेका हक दे दिया है। मैं नहीं जानता कि पंजाबमें क्या हो रहा है। अगर सबको हक है तो सब हथियार रक्खेंगे। उससे पंजाबका कोई भला नहीं होनेवाला है। सबके पास हथियार रहेंगे तो आपस-आपसमें लोग लड़ेंगे और एक-दूसरेको मारेंगे। सब हथियार रक्खें और सब लड़नेवाले हो जायं तो तिजारत कौन करेगा? क्या आपसमें मारनेका पेशा रह जायगा? इसलिए मैं कहूंगा कि अगर पंजाबमें या पाकिस्तानमें ऐसा है तो उसमें

तबदीली करनी चाहिए और कहना चाहिए कि हथियार कोई न रक्खेगा, हथियार सब हकूमतके पास रहेंगे। शहरीको हथियारकी क्या जरूरत है, इसकी तो हकूमतको जरूरत है। कुछ भी हो, आज तो किसी शहरीके पास हथियार नहीं होना चाहिए। मैं कहूंगा कि जितने भी हथियार मुसलमान रखते हों, सब हथियार हकूमतको दे देना चाहिए। हिंदुओंको भी सब हथियार दे देना चाहिए। पीछे हिंदू-सिख मुसलमानोंसे कहें कि आप क्यों डरते हैं। हम आपसे नहीं डरेंगे और आप हमसे न डरें। बाहर कुछ भी हो, दिल्लीमें तो हम भाई-भाई होकर रहेंगे। ऐसा कलकत्तेमें भी हुआ और हिंदू-मुसलमान भाई-भाई होकर रहने लगे। बिहारमें भी हिंदू ऐसा करते हैं। मैं उम्मीद करता हूं कि दिल्लीमें भी वही होगा जो कलकत्तेमें हुआ। आप लोग जल्दी दिल्लीमें वैसी हालत लाएं जिससे मैं जल्दी पंजाब जा सकूं और वहां जाकर कह सकूं कि दिल्लीमें मुसलमान शांतिसे रह रहे हैं। उसका बदला मैं वहां मांगूंगा। मेरे बदला मांगनेकी बात कैसी है, वह मैंने आपको समझा दिया और वही सच्चा बदला है। वह बदला मैं ममदोतके नवाब साहब और वहांकी हकूमतसे मांगूंगा। ईस्ट[१]-पंजाबमें भी मैं चला जाऊंगा। वहां सिखोंको, हिंदुओंको डांटूंगा उन्हें कड़ी सुनाऊंगा, क्योंकि मैं सबका खादिम हूं, दोस्त हूं। मैं सब मजहबका हूं, तो मुझे सबको कहनेका हक है और मैं कहूंगा कि आप पागल क्यों बनते हैं। सिख इतनी बहादुर कौम है। एक सिख सवा लाख इन्सानसे ज्यादा कहलाता है। वह क्या किसी कमजोरको मारेगा? मारकर क्या पानेवाला था?

मुसलमानोंको चाहिए था पाकिस्तान, उन्हें मिल गया। पीछे क्यों लड़ते हैं किसके साथ लड़ते हैं? क्या पाकिस्तान मिल गया तो सारा हिंदुस्तान ले लेंगे? वह कभी होनेवाला नहीं। क्यों वे कमजोर हिंदू-सिखोंको मारते हैं? यह सब मैं उनको कहना चाहता हूं। मैं तो अकेला हूं। आपके पास हकूमत पड़ी है, दोनों हकूमतें आमने-सामने बातें करें कि उनके यहां जो अल्पमत—माइनारिटी—पड़ी है, उसकी रक्षा आपको करनी है। यहां जो हैं उनकी रक्षा हमें करनी है। नहीं तो यहां किस मुंहसे जवाहरलाल कह सकता है, किस मुंहसे सरदार पटेल कहनेवाले हैं कि हम बराबर अल्पमतकी हिफाजत करते हैं और यहां कोई मुसलमान लड़का ऐसा नहीं है, जिसको कोई छू सकता है या उसपर लाल आंखें निकाल सकता है। अगर कोई ऐसा

१. पूर्वी।

मुसलमान है, जो पागल बन जाता है, अपने घरके अंदर मशीनगन रखता है तो हम उसको सजा करेंगे, मारेंगे। लेकिन जो मुसलमान यहां वफादार होकर रहता है, उसे कोई छू नहीं सकता। ऐसे हालात आप पैदा करें कि जिससे जवाहरलाल; ऐसा कह सकें, सरदार बल्लभभाई ऐसा कह सकें कि दिल्ली थोड़े दिनोंके लिए पागल बन गई थी, लेकिन दिल्ली शुद्ध बन गई है। आज हिंदू कहते हैं कि मुसलमान अगर हमारे बीच रहे तो मशीनगन चलाएंगे, हमारे पास मशीनगन नहीं हम क्या करें? तो क्या हम मुसलमानोंको मार डालें, या निकाल दें? यह शराफत नहीं। हम इस तरह डरपोक न बनें।

मुसलमान भाइयोंको मैं कहना चाहता हूं कि उन्हें एक खासा स्टेटमेंट[१] निकालना चाहिए। दिलोंको बिलकुल साफ कर लेना चाहिए। सिखोंने भी कुछ निकाला है, हिंदुओंने भी। दिल और दिमाग साफ हो जावें तो हम मेलजोल कर सकते हैं। आखिर दिल्लीकी इतनी बड़ी तिजारत, इतनी खूबसूरत इमारतें, दिल्लीकी तहजीब यह सब हिंदू-मुसलमान दोनोंकी है, महज एककी नहीं।

॥ ८७ ॥

१३ सितम्बर १९४७

भाइयो और बहनो,

एक जमाना था, शायद १५की सालमें, जब मैं दिल्लीमें आया था, हकीम साहबको मिला और डाक्टर अंसारीको। मुझको कहा गया कि हमारे दिल्लीके बादशाह अंग्रेज नहीं हैं, लेकिन ये हकीम साहब हैं। डाक्टर अंसारी तो बड़े बुजुर्ग थे, बहुत बड़े सर्जन थे, वैद्य थे। वे भी हकीम साहबको जानते थे, उनके लिए उनके दिलमें बहुत कद्र थी। हकीम साहब भी मुसलमान थे, लेकिन वे तो बहुत बड़े विद्वान् थे, हकीम थे। यूनानी हकीम थे लेकिन आयुर्वेदका उन्होंने कुछ अभ्यास किया था। उनके वहां हजारों मुसलमान आते थे, और हजारों गरीब हिंदू भी आते थे। साहूकार, धनिक मुसलमान और हिंदू भी आते थे। एक दिनका एक हजार रुपया

---

१. वक्तव्य।

उनको देते थे। जहांतक मैं हकीम साहबको पहचानता था, उन्हें रुपएकी नहीं पड़ी थी, लेकिन सबकी खिदमतकी खातिर उनका पेशा था। और वह तो बादशाह-जैसे थे। आखिरमें उनके बाप-दादा तो चीनमें रहते थे, चीनके मुसलमान थे, लेकिन बड़े शरीफ थे। जितने हिंदू लोग मेरे पास आए, उनसे पूछा आपके सरदार यहां कौन हैं? श्रद्धानंदजी? श्रद्धानंदजी यहां बड़ा काम करते थे। लेकिन नहीं, दिल्लीके सरदार तो हकीम साहब थे। क्यों थे? क्योंकि उन्होंने हिंदू-मुसलमान सबकी सेवा ही की, खिदमत की। तो वह १५के सालकी बात मैंने कही। लेकिन बाद में मेरा ताल्लुक उनसे बहुत बढ़ गया और उनको और पहचाना—डाक्टर अंसारीको पहचाना। डाक्टर अंसारीके घर मैं काफी दिनोंतक रहा और उनकी लड़की जोहरा और उनके दामाद शौकतखांको पहचानता हूं। सब भले हैं, आज भी यहां पड़े हैं। लेकिन दिलमें रंज क्यों है? उनको आज डर लग गया है, क्या यहां कोई हिंदू उनको भी मारेगा? उनके घरमें तो वे रहते नहीं हैं। होटलमें जाकर रहते हैं। इत्तिफाकसे बच गए हैं, उनका दरबान हिंदू था। उसने जो लोग आए थे उनको भगा दिया। तो ऐसे आज हम क्यों हैं? ऐसे पागल हिंदू क्यों बनें, सिख क्यों बनें, जिसका उनको डर लगे। आप मुझको कह सकते हैं काफी हिंदू कहते हैं, गुस्सेमें आ जाते हैं, लाल आंख करते हैं कि तू तो बंगालमें पड़ा रहा, बिहारमें पड़ा रहा, पंजाबमें आकर देख तो सही, पंजाबमें हिंदुओंकी क्या हालत मुसलमानोंने की है, सिखोंकी क्या हालत की है, लड़कियोंकी क्या हालत की है। मैं यह सब नहीं समझता हूं, ऐसा तो नहीं है। लेकिन मैं उन दोनों चीजोंको साथ-साथ रखना चाहता हूं। वहां तो अत्याचार होता ही है। पर मेरा एक भाई पागल बने और सबको मार डाले तो मैं भी उसके समान पागल बनूं और गुस्सा करूं? यह कैसे हो सकता है? मेरे पास सब एक हैं, मेरे पास ऐसा नहीं है कि यह गांधी हिंदू है इसलिए हिंदुओंको ही देखेगा, मुसलमानोंको नहीं। मैं कहता हूं कि मैं हिंदू हूं और सच्चा हिंदू हूं और सनातनी हिंदू हूं। इसलिए मुसलमान भी हूं, पारसी भी हूं, क्रिष्टी भी हूं, यहूदी भी हूं। मेरे सामने तो सब एक ही वृक्षकी डालियां हैं। तो मैं किस डालीको पसंद करूं और मैं किसको छोड़ दूं। किसकी पत्तियां मैं ले लूं और किसकी पत्तियां मैं छोड़ दूं। सब एक हैं। ऐसा मैं बना हूं। उसका मैं क्या करूं। सब लोग अगर मेरे-जैसा समझने लगें तो पूरी शांति हो जाय।

आज मैं पुराने किलेमें गया। वहां मैंने हजारों मुसलमानोंको देखा। और दूसरी मुसलमानोंसे भरी गाड़ियां किलेकी तरफ चली आ रही थीं। सारे मुसलमान आश्रित थे। किलेमें उनको रहना पड़ा, तो किसके डरसे? आपके डरसे, मेरे डरसे? मैं जानता हूं कि मैं तो नहीं डराता हूं, लेकिन मेरे भाई डराते हैं, जो अपनेको हिंदू मानते हैं, जो अपनेको सिख मानते हैं। उन्होंने डराया सो मैंने डराया और आपने डराया। तो मुझसे तो बरदाश्त नहीं होता कि वे डरके मारे भागकर पाकिस्तानमें जायं। पाकिस्तानमें स्वर्ग है और यहां नरक है, ऐसा नहीं। हम इस नरकमें क्यों पड़ें? मैं जानता हूं कि न पाकिस्तान नरक है और न हिंदुस्तान नरक है। हम चाहें तो उन्हें स्वर्ग बना सकते हैं और अपने कामोंसे नरक भी बना सकते हैं। पाकिस्तानमें, मुसलमानोंकी बड़ी तादाद है, वे उसे नरक बना सकते हैं। हिंदुस्तानमें जहां हिंदू बड़ी तादादमें हैं, हिंदुस्तानको नरक बना सकते हैं। और जब दोनों नरक-जैसे बन गए, तो उसमें फिर आजाद इन्सान तो नहीं रह सकता। पीछे हमारे नसीबमें गुलामी ही लिखी है। यह चीज मुझको खा जाती है। मेरा हृदय कांप उठता है कि इस हालतमें किस हिंदूको समझाऊंगा, किस सिखको समझाऊंगा, किस मुसलमानको समझाऊंगा। किलेमें काफी मुसलमान गुस्सेमें आ गए, दूसरोंने उन्हें रोका। यह भी मैंने देखा उनके दिलोंमें मुहब्बत थी, वह समझाते थे, रोकते थे, कहते थे कि यह बूढ़ा आया है, वह तो हमारी खिदमत करने आया है। हमारे आंसू हैं, उसको पोंछनेके लिए आया है। हम भूखे हैं, सो देखनेके लिए आया है कि उनको रोटीका टुकड़ा कहींसे मिल सके तो पहुंचाए, उनको पानी नहीं मिलता है, तो उनको पानी कहांसे पहुंचाए। मुझे पता नहीं है कि वहां पानी मिलता है या रोटी मिलती है कि नहीं। किसीने कहा कि हमारे पास रोटी नहीं है, पानी भी नहीं है। मैं तो देखने गया था। कोई शौकसे थोड़े ही गया था, कोई मजा तो मुझे लेना नहीं था। कुछ लोगोंने मुझे बड़ी मोहब्बतसे सुनाया। मुझे अच्छा लगा। घर-बार छोड़ना किसीको पसंद नहीं आएगा। जैसे वे वैसे आज हिंदू आश्रित पड़े हैं। अपना घर छोड़ा, जायदाद छोड़ी, कोई मर गया और कोई यहां जिंदा आ पड़े हैं। पीछे यहां खाना कहां है, पीना कहां है, घर कहां पड़ा है? कहीं भी पड़े रहते हैं? यह अच्छी बात नहीं है। सबके लिए शर्मकी बात है। तो मैं तो इनको भी समझाता था। आप लोगोंकी मार्फत दूसरे जिसको मेरी आवाज पहुंच सके, उनको भी पहुंचाना चाहता हूं। आपकी दिल्ली बड़ी आलीशान नगरी है, जिसमें वह पुराना किला है,

वह तो इंद्रप्रस्थ कहा जाता है। कहते हैं कि महाभारतके कालमें पांडव यहां पुराने किलेमें रहते थे। इसको इंद्रप्रस्थ कहें, दिल्ली कहें, यहां हिंदू-मुसलमान दोनों इकट्ठा होकर पले। मुगलोंकी यह राजधानी थी। आज तो हिंदुस्तानकी है, मुगल बादशाहका तो कोई है नहीं। मुगल बाहरसे आए थे। लेकिन उनका सब कुछ यहां देहलीमें था। वे देहलीके बने। उसमेंसे अंसारी साहब भी बने, हकीम साहब भी बने और कहीं हिंदू भी बने। हिंदूने भी उनकी नौकरी की। ऐसी आपकी इस दिल्लीमें, हिंदू-मुसलमान सब आरामसे पड़े रहते थे। बाज दफा लड़ लेते थे। दो दिनके लिए लड़ें पीछे एक बन गए। जिसमें एक दफा किसी कातिलने, खूनी आदमीने हमारे श्रद्धानंदजीका खून किया, लेकिन उसके पहले मुसलमान श्रद्धानंदजीको दिल्लीकी जामा मस्जिदमें मोहब्बतसे ले गए थे और वहां उन्होंने भाषण दिया। यह है आपकी दिल्ली।

लेकिन आज क्या हो रहा है? सरदार ऊंचा सिर रखकर चलनेवाला, आज मैं आपको कहता हूं कि उसका सिर नीचा हो गया है। वह जवाहरलाल, वह बहादुर जवाहरलाल, हवामें उड़नेवाला, किसीकी परवाह न करनेवाला, आज वह लाचार बनकर बैठ गया है। क्यों लाचार बना? हमने उसको लाचार बनाया। अगर ऐसा ही रहता कि पश्चिमी पंजाबके मुसलमान दीवाने बन गए, वह भी खतरनाक बात है, नहीं बनना चाहिए। मगर एक पागल बने तो उसकी तो दवा हो सकती है, लेकिन सब पागल और दीवाने बनें तो कौन दवा करेगा? वह जवाहरलाल कोई ईश्वर तो है नहीं। सरदार ईश्वर थोड़े ही है। दूसरे जो उनके मंत्री पड़े हैं, वे ईश्वर तो हैं नहीं। उनके पास ईश्वरी ताकत तो कोई नहीं है। बाहरकी ताकत, दुनियाकी ताकत भी कहां उनके पास पड़ी है?

मैं तो बस यही बात सबको कहता हूं। काफी हिंदू आ गए, मुसलमान आ गए, उनसे काफी बहस की, लेकिन आखिरमें मेरी आवाज ईश्वरको जाती है। मैं कहता हूं, मुझको यहांसे उठा ले तू। नहीं तो दिल्लीमें जो आज दीवाने बन गए हैं वे लड़ते हैं उनको तू जैसे पहले थे वैसे बना दे। किसी हिंदूके दिलमें या सिखके दिलमें मुसलमानोंके लिए गुस्सा न हो। मुझको लोग सुनाते हैं कि मुसलमान तो फिफ्थ कालमिस्ट[१] हैं, उसका मतलब है बेवफा हैं, आज जो हकूमत है उसके प्रति वे बेवफा हैं। साढ़े चार करोड़

१. पंचमांगी।

मुसलमान पड़े हैं। साढ़े चार करोड़ अगर बेवफा बनते हैं तो उसमें खोएगा कौन? उनको ही गंवाना है। वे इस्लामको गड्ढेमें डालेंगे। लेकिन हिंदू और सिखको वे खतरेमें नहीं डाल सकते हैं। साढ़े चार करोड़ मुसलमान अगर ऐसी बदगुमानी करें कि हुकूमतकी बेवफाई कर सकते हैं सो उनको गड्ढेमें पड़ना है। मगर साढ़े चार करोड़ मुसलमानोंको आप न सतावें। मरें, नहीं तो वे पाकिस्तान जायं ऐसा कहें, यह ठीक नहीं। क्यों जायं? किसकी शरणमें जायं? मैं आपको कहता हूं वे आपकी शरणमें हैं, मेरी शरणमें हैं। कम-से-कम मैं वह दृश्य देखना नहीं चाहता। मैं ईश्वरको यही कहूंगा कि उससे पहले वे मुझको यहांसे उठा ले। काफी दिन जिंदा रखा है, कोई ७८, ७९ बरस कम नहीं हैं। मुझको पूरा संतोष है। जो मेरेसे बन सकती है वह सेवा मैंने कर ली, लेकिन अगर जिंदा रखना चाहता है तो मेरे पाससे ऐसा काम ले जिससे मेरी आत्माको संतोष पहुंचे। दोनों कहें तू दोनोंका दोस्त है। इसलिए सब तेरी बात सुनते हैं और सुनेंगे। मैं काफी मुसलमानोंके साथ बैठता हूं, किसे कहूं कि वह दगाबाज है और मुझको दगा दे रहा है! मैं कहता हूं कि अगर वह दगा देता है, तो दगा किसीका सगा नहीं हो सकता।

मुसलमानोंके पास काफी हथियार पड़े हैं, यह मैं कबूल करता हूं। थोड़े तो मैंने ले लिए, थोड़े-से पड़े हैं तो क्या करेंगे? मुझको मारेंगे? आपको मारेंगे? ऐसा करें तो हकूमत कहां गई है? मैं आपको कहता हूं कि अगर हम आज अच्छे बन जायं, शरीफ बन जायं तो हकूमतको हमें इन्साफ दिलाना ही है। हकूमतोंको आपस-आपसमें लड़ने दें, हम आपस-आपसमें नहीं लड़ें, हम आपस-आपसमें दोस्त ही रहें। हम डर न करें कि हमको मार डालेंगे। मारनेवाला कितना ही बलवान हो, मार नहीं सकता जबतक ईश्वर हमारी रक्षा करता है। इसलिए मैं कहता हूं, दोनोंसे कहता हूं, डरको छोड़ो। कायदेआजमकी बहस मुझे बुरी लगी। कहते हैं, यूनियनमें मुसलमानोंको सताया गया, इसलिए उन्हें पाकिस्तान लाया जा रहा है, उनके लिए खाना चाहिए, जमीन चाहिए। पाकिस्तान गरीब है, इसलिए जिसके पास पैसे हैं वे पैसे भेज दें। मुझे उसकी शिकायत नहीं। मगर साथ ही यह क्यों नहीं कहते कि पश्चिमी पंजाबमें हिंदुओंपर क्या हुआ? बिहारने बुराई की तो उसका कफ्फारा किया। कलकतेमें हिंदुओंने आकर मेरे सामने पश्चाताप किया। ऐसे ही मुसलमान आकर कहें, हमने बुराई

की, गलती की तो वह शराफत होगी। मैंने देख लिया है, मैं कैसे आंखें बंद कर सकता हूं। हिंदू गुनाह करते हैं उसको भी छिपा नहीं सकता हूं। इसी तरह कोई मुसलमान गुनाह करे तो उसे भी मैं नहीं छिपाऊंगा। छिपाऊंगा तो मैं इस्लामका बेवफा बनूंगा। मैं उसका बेवफा नहीं बनना चाहता। गुरु ग्रंथका भी बेवफा नहीं बनूंगा। मैं सबका वफादार ही रहना चाहता हूं। न मैं खुदाका बेवफा बन सकता हूं न इन्सानका। सबकी तरफ वफादारी करना चाहता हूं।

मुसलमान सब बेवफा होते हैं, ऐसा नहीं है। मैं काफी मुसलमानोंके बारेमें कहनेको तैयार हूं कि वे बावफा हैं। अगर बेवफा होंगे तो ईश्वर उन्हें पूछेगा और वे अपने-आप इस्लामको खतरेमें डालेंगे। काफी मुसलमानोंने इरादा किया, इसलिए मैंने कल कहा कि मुसलमानोंका यह धर्म है कि जितने खास-खास लोग हैं वह कहें कि हम ऐसे निकम्मे नहीं हैं। हम हिंदुस्तानके वफादार हैं और रहेंगे; हिंदुस्तानके लिए दुनियासे लड़ेंगे। तब तो वे सच्चे मुसलमान हैं नहीं तो वे बुरे मुसलमान हो जाते हैं। मेरी ऐसी उम्मीद है कि ऐसे बुरे मुसलमान हमारे यहां हिंदुस्तानमें हैं नहीं और अगर हैं तो उन्हें अच्छा करनेके लिए हमको अच्छा बनना है, बुरा नहीं।

॥ ८८ ॥

१४ सितम्बर १९४७

भाइयो और बहनो,

जैसे कल गया था वैसे आज भी मैं वहां चला गया था, जहां हमारे मुसलमान आश्रित लोग रहते हैं। वहां कैंपमें जो गंदगी थी वैसी मैंने देखी नहीं। मैं हिंदुओंके कैंपमें भी गया और मुसलमानोंके कैंपमें भी गया। हिंदुओंके कैंप दूसरी जगह हैं। मुस्लिम कैंपोंमें इतनी बदबू निकलती है, इतनी गंदगी है, क्यों उसको नहीं साफ करते? अगर मैं उस कैंपका कमांडर हूं तो मैं तो उसे बरदाश्त नहीं करूंगा। मैं तो कैंपोंमें रहा हूं, मैंने कैंप देखे हैं। कैंप ऐसे गंदे नहीं रह सकते। मुझको बड़ा रंज हुआ। इतने सिपाही बने हैं, इतनी मिलिटरी पड़ी है, तो वे इतनी गंदगी क्यों बर्दाश्त करते हैं? वे कहेंगे कि सफाई करना हमारा काम कहां है। हमको तो बंदूक

चलानेका हुक्म है। यहां शांति रखनेकी हमारी ड्यूटी है। वे आपसमें लड़ते हैं, तो हम उनको बंदूकसे साफ कर देते हैं। इतना ही हमको हुक्म है, हुक्मके बाहर हम नहीं जा सकते। ठीक है, लेकिन वह हमारी मिलिटरी है, हमारे वे सिपाही हैं। मेरी निगाह है कि उनके हाथमें एक कुदाली भी होनी चाहिए। एक फावड़ा भी। कहीं भी गंदगी हो उसे साफ करें। पहिले-पहल उनका काम सफाई होना चाहिए। कैंपको अगर अच्छा रखना है तो हमारे मुस्लिम और हिंदू भाइयोंको खुद वहां सफाई रखनी है। जैसे वे पड़े हैं ऐसे ही पड़े रहें, उन्हें हम कुछ न कहें तो हम उनके दुश्मन बनते हैं। अगर हम उनके दोस्त हैं, उनके सेवक हैं तो हमें उन्हें साफ कहना है कि आप यहां आए हैं, लाचार न बनें। अगर पाकिस्तानसे हिंदू शरणार्थी आ जायं तो क्या उनको कुएंमें डाल दें। क्या यहां रक्खें नहीं और देखभाल न करें। हम उनको ऐसा कहें कि आप दु:खी हैं इसलिए आपको झाड़ू नहीं लगानी है, यह चलनेवाला नहीं है। आपको सफाई करनी है। हम आपको खाना भी देंगे, पानी भी देंगे मगर भंगी नहीं देंगे। मैं तो बहुत कठिन हृदयका आदमी हूं।

हरिद्वारमें जब कुंभका मेला था तो मैंने कुदाली चलाई। हमारे पास वहां कैंप सैनिटेशन[१] के सब काम थे। वहांके जो कैंप-कमांडर थे वे चार-पांच आदमियोंकी टोली करके निकल जाते थे और सब काम करते थे और जितनी गंदगी होती थी उसको साफ करते थे। इसके लिए सबको तालीम दी गई थी। तो मैं तो यह कहूंगा कि यहांके जो कैंपके कमांडर हैं, कोई भी हों, मुसलमान हों, हिंदू हों, मुझे परवाह नहीं है, उनका पहिला काम है अपने कैंपको बिल्कुल साफ रखना। उसमें कोई पैसा तो खर्च नहीं होता। अगर कैंपके पास फावड़े नहीं हैं तो हकूमतका काम है कि वह उस चीजको सफाई करनेके लिए दे। अगर नहीं देती, उसके पास इतने काम पड़े हैं कि उसमेंसे उसे फुर्सत नहीं मिलती तो कमांडरको फावड़ा कहींसे पैदा करना है और लोगोंको देना है। जिस तरहसे हकूमतका काम कैंपमें खाना पहुंचानेका है, उसी तरहसे सफाईका इंतजाम करनेका है। पीनेका पानी है और कपड़े साफ करनेका पानी है, टट्टी-पेशाबका पानी है, चूंकि उसकी निकासीका इंतजाम नहीं होता, इसलिए कालरा[२] हो जाता है। कभी

---

१. सफाई।

२. हैजा।

कैंप-सैनिटेशन अधूरा रहना ही नहीं चाहिए। मुझे कहना पड़ेगा कि यह चीज मैंने अंग्रेजोंके पाससे सीखी। मुझे पता नहीं था कि कैंप-सैनिटेशन कैसे चलाया जा सकता है। किस तरहसे हजारों-लाखों आदमी रहते हैं, उनको किस तरहसे काम दें कि जिससे वह सैनिटेशनका काम करें। और जो कुछ उनको काम करनेको दिया जाय वह करें। मिलिटरीवाले यह सब करते हैं। मिनटोंमें सारा शहर खड़ा हो जाता है। तम्बू, डेरे लग जाते हैं। कैंपका पहला काम यह है कि पहली पार्टी जो पहुंच जाती है, उसको पानी कहां है, यह देख लेना है। किस तरीकेसे पानी इस्तेमाल करें। दूसरी जो पार्टी है उसको ट्रेंचें[1] खोदना है, जिससे पेशाब व पाखाना बाहर न जा सके। जाहिर है, ऐसा करें तो पीछे वहां कालरा नहीं हो सकता। डिसेन्ट्री[2] नहीं हो सकती? वे आरामसे रह सकते हैं। बाकी चीजोंको मैं छोड़ देना चाहता हूं। यहां तो अंधाधुंध पड़े हैं। सब जैसे-तैसे पड़े हैं। कैंपको कोई साफ-सुथरा नहीं रखता।

मैं किसका गुनाह निकालूं। मुस्लिम शरणार्थी कैंपका जो कमांडर है वह मुस्लिम है। वह उनको कह सकता है, उनको समझा सकता है कि उनको यह करना है। उनको समझाकर काम लेना है। उनको कहा जाय कि तुम अगर ऐसे रहोगे तो तुम मर जाओगे। तुम्हारे बच्चे साफ-सुथरे नहीं रह सकते हैं, इससे बेहतर है कि कैंपको साफ रखो। वहां हम सफाई सिखा दें तो बड़ा काम कर सकते हैं। हिंदूके कैंप देखें तो वहां भी मैला पड़ा रहता है और कचड़ा पड़ा रहता है। मगर कुछ फर्क तो है। नंगे पैर जाओ तो मैं तो वहां चल ही नहीं सकता। तालाबमें कुछ पानी ही नहीं था, सूखा पड़ा था। कहांसे पानी निकले उसका इंतजाम नहीं। आखिरमें जानवर तो मुसलमान भी नहीं हैं, और हिंदू भी नहीं। आज हम जानवर-जैसे बन गए हैं। तो मुझको यह सब बड़ा बुरा लगा। पीछे मेरा खयाल दूसरी चीजकी तरफ चला गया। ऐसे तो हम हैं, लेकिन ऐसे हम क्यों बनें? क्यों पाकिस्तानसे डरके मारे हिंदू भागे, सिख भागे। ठीक है, हिंदूने यहां कुछ बुरा किया। मगर वहां तो नहीं किया। पश्चिमी पंजाबमें हिंदू क्या बुरा करेंगे, सिख क्या करेंगे? उन्हें वहांसे क्यों भागना पड़े? किसीने गुनाह किया है तो उसको सजा करो। यह तो हकूमतका काम है। इसी तरह मैं कहूंगा कि

---

१. खाइयां।
२. पेचिश।

किसीको यहांसे भागना क्यों पड़े? मुसलमान हुए तो क्या मुसलमान होनेका गुनाह उसने किया है? मुसलमान है तो भी हमारा है, हमारी हकूमतमें पड़ा है। उस मुसलमानको भागना क्यों पड़े? वे शरणार्थी हैं तो खुली बात है कि यह दिल्लीके लिए शर्मकी बात है। जो मुसलमान यहां पड़े हैं वे बाहरसे नहीं आए हैं। लेकिन वे करीब-करीब सब यहां दिल्लीके मोहल्लोंसे आए हैं। थोड़े बाहरसे आए होंगे। दिल्लीमेंसे हमने उनको मारकर भगा दिया है। मैं आपको कहूंगा, कल भी सुनाया था कि यह हमारे लिए तो बड़े शर्मकी बात है। पीछे मेरा विचार चला कि हम दोनों पागल क्यों बनें। पाकिस्तानकी हकूमतकी यह कमजोरी है कि जो वहांके अल्पमत हैं उनको वहांसे भागना पड़ा। वे उनकी रक्षा न कर सके, पाकिस्तानकी हकूमत उनकी रक्षा नहीं कर सकी, इसलिए उनको भागकर यहां आना पड़ा। पाकिस्तानकी हकूमतका फर्ज है कि उनकी मिन्नत करे कि भाई, आप कहां जाते हैं, क्यों जाते हैं? आपको कोई हलाक करता है तो हमको बताइए, हम उनको मारेंगे, जेलमें भेजेंगे, सजा करेंगे। लेकिन आपको तो यहां रहना है। आज तो वहां ऐसा बन गया है कि शरीफ आदमी भी भाग रहे हैं। लाहौर खाली हो गया है। जिस लाहौरको हिंदुओंने बनाया, उस लाहौरमें जहां हिंदुओंके बड़े-बड़े महलात मैंने देखे, इतनी तालीमकी जगहें देखीं। इतने कालेज और कहां हैं? मैं तो सबको पहिचाननेवाला ठहरा। आज वे कालेज वगैरा किसके कब्जेमें हैं? यह सब बहुत बुरा लगता है और मुझको शर्म आती है कि पाकिस्तानकी हकूमत ऐसे कैसे बन सकती है। पीछे यहां देखता हूं तो भी मुझको शर्म आती है कि हमारी हकूमत होते हुए और ऐसा शेर जैसा जवाहरलाल होते हुए ऐसे सरदारजी-जैसे यहां होम मिनिस्टर[१] होते हुए, दिल्ली क्यों बिगड़े और उनकी हकूमत क्यों न चले? उनका हुक्म निकले कि एक बच्चेको यहां रक्षित खड़ा रहना है तो बच्चेको सुरक्षित रहना चाहिए। तब तो हमारी हकूमत चली। लेकिन आज तो उनके पास मिलिटरी पड़ी हुई है, पुलिस पड़ी हुई है, उसके मार्फत वे शांति करवा रहे हैं। लेकिन आखिर हकूमत है किसकी? आपकी है। आपने बनाई है। वह जमाना चला गया जब अंग्रेज फौजसे राज्य करते थे। आज सच्ची हकूमत आप ही हैं। आपने उनको बड़ा बनाया, आप उनको छोटा बना सकते हैं।

---

१. राजनीति।

मान लो, कि यहां सब मुसलमान बिगड़े हैं, सबके पास हथियार पड़े हैं, बारूद-गोला पड़ा है। उनके पास स्टैनगन पड़ी है, ब्रेनगन पड़ी है, मशीनगन पड़ी है। सब मारनेको तैयार हैं। लेकिन फिर भी आपको हक नहीं है कि आप उन्हें मारें। हर एक आदमी हकूमत बन जाता है तो किसीकी हकूमत नहीं रहती। अगर हर एक आदमी अपनी बनाई हुई हकूमतका हुक्म मानता है तो पीछे सब काम हो सकता है। नहीं तो दुनिया हंसेगी, अरे देखो, तुम्हारी दिल्ली दूसरी योरुपकी कोई ताकत रूसकी ताकत हो, फ्रांस हो, अंग्रेज हों, अमरीका हो सब मिलकर हमको चिढ़ा सकते हैं, आप आजादी रखना कहां जानते हो, आप तो गुलाम बनना ही जानते हो। वैसा होना नहीं चाहिए। इसलिए मैं मुसलमानोंको कहूंगा कि जितने हथियार उनके पास यहां पड़े हैं वह सब हथियार उनको अपने-आप दे देना चाहिए। किसीके डरसे नहीं। लेकिन वे हिंदुस्तानके हैं और हिंदुस्तानमें पड़े हैं और भाई बनकर अगर यहां रहना चाहते हैं तो हथियार दे दें। पीछे वे बतला दें कि हम तो वफादार हैं, हिंदुस्तानके हैं और हम कभी बेवफा नहीं हो सकते हैं; हिंदू क्या मुसलमान क्या, सब आपके हैं। मुसलमानोंको यह भी कहना है कि अगर पश्चिमी पंजाबमें, सरहदमें, बिलोचिस्तानमें, सिंधमें मुसलमान बिगड़ते हैं और वहां हिंदू और सिख चैनसे और आरामसे नहीं रह पाते हैं तो पीछे हमारे लिए यहां दुश्वारी हो जाती है। आखिरमें सब इन्सान हैं, इन्सानियतको समझें। हम कहांतक समझाते रहें। इन्सान बिगड़ भी जाता है, अच्छा भी होता है। अच्छे तरीकेसे रह सकता है तो यहां अच्छे तरीकेसे रहे। कोई शख्स ऐसा बिगड़ जाता है कि वह हैवान बन जाता है। तब मैं दिल्लीके हिंदुओंको कहूंगा आप खबरदार रहें, बहादुर बनें, बुजदिल न बनें। मुसलमानोंके हथियारोंसे डरना बुजदिलीका काम है। हमें क्या परवाह है कि मुसलमान कहीं हथियार लेकर बैठे हैं। उनसे हथियार लेना हकूमतका काम है। मिलिटरीका काम है उनके पाससे हथियार छीन ले। अगर वे शरीफ बनते हैं, अगर वे हिंदुस्तानके सच्चे हैं और हिंदुओंके पास सब भाई-भाईकी तरह मिलकर रहना चाहते हैं तो हथियार दे दें। और मुसलमान कहें कि हमने गलती की, हम ऐसा समझते थे कि हम दिल्ली सर कर लेंगे और सारे हिंदुस्तानको पाकिस्तान बना लेंगे, लेकिन अब हम समझ गए हैं कि हिंदुस्तानकी पाकिस्तान बनाना है तो वह ऐसे नहीं हो सकता। हमारे पास पाकिस्तान तो है उससे हमें इतमीनान होना चाहिए। हम वहां हिंदुओंको

बचा सकते हैं। खुश रख सकते हैं। तब तो यह होगा कि पाकिस्तान और हिंदुस्तान दोनों भले होनेमें मुकाबला करने लगेंगे और भलमन्सीमें कौन ज्यादा खुदापरस्त है, इसमें मुकाबला करेंगे। मक्केकी तरफ देखें, या पूरबकी तरफ देखें, सच्चाई तो हम लोगोंके दिलमें पड़ी है, सफाई तो दिलसे होना चाहिए। हम एक-दूसरेका भलाईमें मुकाबला करें तो हम सब ऊंचे होकर काम कर सकते हैं।

मैं यहां आया हूं, तो मैंने आपको कह दिया है कि मैं तो यहां मरना चाहूंगा। अगर हम दीवाने बनते रहें और गुस्सेमें आ जाएं और मुसलमानोंको मारें तो वह काम तो मेरा नहीं है। उसका गवाह मैं नहीं बनना चाहता हूं। मुसलमान माने कि हिंदू सब गुनहगार हैं, सिख सब गुनहगार हैं और हिंदू और सिख कहें कि मुसलमान गुनहगार हैं, तो दोनों गलती करते हैं। मैं तो सबको एक जानता हूं। मेरे नजदीक हिंदू हो, मुसलमान हो सब एक दर्जा रखते हैं। इसमें जो सच्चे हैं वे ईश्वर को मान्य हैं। जो बुरे हैं उनकी बुराईकी सजा आप क्या देनेवाले हैं? वे अपने आप सजा पानेवाले हैं। इसमें मुझे कोई शक नहीं है। सारी दुनियाके धर्मोंका यह मैंने निचोड़ निकाला है। इसलिए मैं कहूंगा कि मुसलमान कैसा भी बुरा करें; लेकिन आपको तो भलाई ही करनी है। बुराईका बदला देना है सचमुच तो वह भलाईसे हो सकता है। ऐसा मैं कम-से-कम आपको करते देखना चाहता हूं। इतना हम करें तो हिंदुस्तानकी अपनी हुकूमतको अच्छा रख सकते हैं। अगर नहीं तो हम सब गंवा देते हैं।

॥ ८९ ॥

मौनवार, १५ सितम्बर १९४७
(लिखित संदेश)

रातमें जब मैंने धीरे-धीरे गिरनेवाले जीवनप्रद पानीकी आवाज सुनी—जो और मौकोंपर जीवनको खुश करनेवाली होती—तो मेरा मन दिल्लीकी खुली छावनियोंमें पड़े हुए हजारों निराश्रितोंकी तरफ दौड़ गया। मैं चारों तरफसे अपनेको पानीसे बचानेवाले बरामदेमें अरामसे सो रहा था। अगर इन्सान बेरहम बनकर अपने भाईपर जुल्म न करता तो ये हजारों मर्द,

औरतें और मासूम बच्चे आज बेआसरा और उनमेंसे बहुतसे भूखे न रहते। कुछ जगहोंमें तो वे घुटने-घुटने पानीमें ही होंगे। इसके सिवा उनके लिए कोई चारा नहीं। क्या यह सब अनिवार्य है? मेरे भीतरसे मजबूत आवाज आई—नहीं। क्या यह महीनेभरकी आजादीका पहला फल है? इन पिछले २० घंटोंमें ये ही विचार मुझे लगातार सताते रहे हैं। मेरा मौन मेरे लिए वरदान बन गया है। उसने मुझे अपने दिलको टटोलनेकी प्रेरणा दी है। क्या दिल्लीके नागरिक पागल हो गए हैं? क्या उनमें जरा-सी भी इन्सानियत बाकी नहीं रही है? क्या देशका प्रेम और उसकी आजादी उन्हें बिलकुल अपील नहीं करती? इसका पहला दोष हिंदुओं और सिखोंको देनेके लिए मुझे माफ कर दिया जाय। क्या वे नफरतकी बाढ़को रोकने लायक इन्सान नहीं बन सकते? मैं दिल्लीके मुसलमानोंसे जोर देकर यह कहूंगा कि वे सारा डर छोड़ दें, भगवानपर भरोसा करें और अपने सारे हथियार सरकारको सौंप दें। क्योंकि हिंदुओं और सिखोंको यह डर है कि मुसलमानोंके पास हथियार हैं। इसका यह मतलब नहीं कि हिंदुओं और सिक्खोंके पास कोई हथियार नहीं है। सवाल सिर्फ डिग्रीका है। किसीके पास कम होंगे, किसीके पास ज्यादा। या तो अल्पमतवालोंको न्याय करनेके लिए भगवानपर या उसके पैदा किए हुए इन्सानपर भरोसा रखना होगा, या जिन लोगोंपर वे विश्वास नहीं करते उनसे अपनी हिफाजत करनेके लिए उन्हें अपने बंदूक, पिस्तौल वगैरा हथियारोंपर भरोसा करना होगा।

मेरी सलाह बिलकुल निश्चित और अचल है। उसकी सचाई जाहिर है। आप अपनी सरकारपर यह भरोसा रखिए कि वह अन्याय करनेवालोंसे हर नागरिककी रक्षा करेगी, फिर उनके पास कितने ही ज्यादा और अच्छे हथियार क्यों न हों। आप अपनी सरकारपर यह भी भरोसा रखिए कि वह अन्यायसे बेदखल किए गए अल्पमतके हर मेंबरके लिए हरजाना मांगेगी और वसूल करेगी। दोनों सरकारें सिर्फ एक ही बात नहीं कर सकतीं। वे मरे हुए लोगोंको जिला नहीं सकतीं। दिल्लीके लोग अपनी करतूतोंसे पाकिस्तान सरकारसे न्याय मांगनेका काम मुश्किल बना देंगे। जो न्याय चाहते हैं; उन्हें न्याय करना भी होगा। उन्हें बेगुनाह और सच्चे होना चाहिए। हिंदू और सिख सही कदम उठाएं और उन मुसलमानोंसे लौट आनेको कहें, जिन्हें अपने घरोंसे निकाल दिया गया है।

अगर हिंदू और सिख हर तरहसे यह उचित कदम उठानेकी हिम्मत दिखा

सकें, तो वे निराश्रितोंकी समस्याको एकदम आसान-से-आसान कर देंगे। तब पाकिस्तान ही नहीं, सारी दुनिया उनके दावोंको मंजूर करेगी। वे दिल्ली और हिंदुस्तानको बदनामी और बरबादीसे बचा लेंगे। मैं तो लाखों हिंदुओं, सिखों और मुसलमानोंकी आबादीके फेरबदलके बारेमें सोच भी नहीं सकता। यह गलत चीज है। पाकिस्तानकी बुराईको हम हिंदुस्तानसे आबादीका फेरबदल न करनेका पक्का और सही इरादा करके ही मिटा सकते हैं। मेरा खयाल है कि मैं आखिरतक हिम्मतके साथ इस बातकी हिमायत करूंगा, फिर चाहे मैं अकेला ही इसे माननेवाला क्यों न होऊं।

॥ ९० ॥

१७ सितम्बर १९४७

भाइयो और बहनो,

कल शामको मेरे अनुभवके बाद मैंने यह तय कर लिया है कि जबतक सभाका एक-एक आदमी प्रार्थना करनेके लिए राजी न हो, तबतक आम प्रार्थना न करूंगा। मैंने कभी कोई चीज किसीपर जबरन नहीं लादी। तब फिर प्रार्थना-जैसी ऊंची आध्यात्मिक या रूहानी चीज तो मैं लाद ही कैसे सकता हूं? प्रार्थना करने या न करनेका जवाब दिलके भीतरसे मिलना चाहिए। इसमें मुझे खुश करनेका तो कोई सवाल ही नहीं उठ सकता। मेरी प्रार्थना-सभाएं सचमुच जन-प्रिय बन गई हैं। मालूम होता है कि उनसे लाखों आदमियोंको फायदा पहुंचा है। लेकिन इस आपसी खिंचावके समय मैं उन लोगोंके गुस्सेको समझ सकता हूं, जिन्होंने बड़ी-बड़ी मुसीबतें सही हैं। मेरी प्रार्थना करने की शर्त यही है कि उसका जो भाग किसीको एतराजके लायक मालूम हो, उसे छोड़नेकी मुझसे आशा न रखी जाय। या तो प्रार्थना जैसी है वैसी ही दिलसे स्वीकार की जाय या उसे नामंजूर कर दिया जाय। मेरे लिए कुरानकी आयत पढ़ना प्रार्थनाका ऐसा हिस्सा है, जिसे छोड़ा नहीं जा सकता।

मैं आपके गुस्से और उससे पैदा होनेवाले उतावलेपनको समझनेके लिए तैयार हूं। लेकिन अगर आप अपनी आजादीके लायक बनना चाहते हैं, तो आपको अपना गुस्सा दबाना होगा और न्याय पानेकी भरसक कोशिश करनेके

लिए अपनी सरकारपर विश्वास रखना होगा। मैं आपके सामने अपना अहिंसाका तरीका नहीं रख रहा हूं, हालांकि मैं उसे रखना बहुत पसंद करूंगा। लेकिन मैं जानता हूं कि आज मेरी अहिंसाकी बात कोई नहीं सुनेगा। इसलिए मैंने आपको वह रास्ता अपनानेकी बात सुझाई है, जिसे लोकशाही हकूमतवाले सारे देश अपनाते हैं। लोकशाहीमें हर आदमीको समाजी इच्छा यानी राजकी इच्छाके मुताबिक चलना होता है और उसीके मुताबिक अपनी इच्छाओंकी हद बांधनी होती है। स्टेट, लोकशाहीके द्वारा और लोकशाहीके लिए राज चलाती है। अगर हर आदमी कानून अपने हाथमें ले ले, तो स्टेट नहीं रह जायगी। वह अराजकता हो जायगी, यानी समाजी नियम या स्टेटकी हस्ती मिट जायगी। यह आजादीको मिटा देनेका रास्ता है। इसलिए आपको अपने गुस्सेपर काबू पाना चाहिए और राजको न्याय पानेका मौका देना चाहिए। मेरी रायमें अगर आप सरकारको अपना काम करने देंगे, तो इसमें कोई शक नहीं कि हर हिंदू और सिख निराश्रित शान और इज्जतके साथ अपने घरको लौट जायगा। मैं यह कबूल करता हूं कि आप लोगोंको पाकिस्तानमें बहुत कुछ सहना पड़ा है कई घर उजाड़ और बरबाद हो गए हैं, सैकड़ों-हजारों जानें गई हैं, लड़कियां भगाई गई हैं, जबरन लोगोंका धर्म बदला गया है। लेकिन आप अपनेपर काबू रखें और अपनी बुद्धिपर गुस्सेको हावी न होने दें, तो लड़कियां लौटा दी जायंगी, जबरदस्तीके धर्म-परिवर्तनको झूठ करार दिया जायगा, और आपकी जमीन-जायदाद भी आपको लौटा दी जायगी। लेकिन अगर आप शांतिसे न्याय पानेके काममें दखल देंगे और अपना मामला बिगाड़ लेंगे तो यह सब नहीं हो सकेगा। अगर आप यह आशा करते हो कि आपके मुसलमान भाई-बहनोंको हिंदुस्तानसे निकाल देना चाहिए, तो आप इन सब चीजोंके होनेकी आशा नहीं रख सकते। मैं तो ऐसी किसी बातको बहुत भयानक समझता हूं। आप मुसलमानोंके साथ अन्याय करके न्याय नहीं पा सकते। इसके अलावा, अगर यह सच है कि पाकिस्तानमें अल्पमतवालों यानी हिंदुओं और सिखोंके साथ बहुत बुरा बरताव किया गया, तो यह भी सच है कि पूर्वी पंजाबमें भी अल्पमतवालों यानी मुसलमानोंके साथ बुरा बरताव किया गया है। अपराधको सोनेकी तराजूमें नहीं तोला जा सकता। दोनों तरफके अपराधको मापनेका मेरे पास कोई सबूत नहीं है। यह जान लेना सचमुच काफी होगा कि दोनों पार्टियां दोषी हैं। दोनों राज्योंके लिए ठीक-ठीक समझौता करनेका आम रास्ता यह है कि दोनों पार्टियां साफ दिलसे अपना पूरा-पूरा दोष स्वीकार करें

और समझौता कर लें। अगर दोनोंमें कोई समझौता न हो सके, तो सामान्य तरीकेसे पंच-फैसलेका सहारा लें। इससे दूसरा जंगली रास्ता और है लड़ाईका; मुझे तो लड़ाईके विचारसे ही नफरत होती है। लेकिन आपसी समझौते या पंच-फैसलेके अभावमें लड़ाईके सिवा कोई चारा नहीं रह जायगा। फिर भी इस बीच मुझे आशा है कि लोग अपना पागलपन छोड़कर समझदार बनेंगे और जिन मुसलमानोंने अपनी इच्छासे पाकिस्तान जानेका चुनाव नहीं किया है, उन्हें उनके पड़ोसी सुरक्षा या सलामतीसे पक्के विश्वासके साथ अपने घरोंको लौट आनेके लिए कहेंगे। यह काम फौजकी मददसे नहीं किया जा सकता। यह तो लोगोंके समझदार बननेसे ही हो सकता है। मैंने अपना आखिरी फैसला कर लिया है कि मैं भाई-भाईकी लड़ाईमें हिंदुस्तानकी बरबादीको देखनेके लिए जिंदा नहीं रहना चाहता। मैं लगातार भगवानसे प्रार्थना किया करता हूं कि हमारी इस पवित्र और सुंदर धरतीपर इस तरहका कोई संकट आए उसके पहले ही वह मुझे यहांसे उठा ले। आप सब इस प्रार्थनामें मेरा साथ दें।

मैं हिंदू और मुसलमान मजदूरोंको एक साथ मिल-जुलकर काम करनेके लिए धन्यवाद देता हूं। अगर आप पूरे एकेसे काम करेंगे, तो देशके सामने एक उम्दा मिसाल रखेंगे। मजदूरोंको अपने बीच सांप्रदायिकताको कोई जगह नहीं देनी चाहिए। क्या मैंने यह नहीं कहा है कि अगर आप अपनी ताकतको पहचान लें और समझदारीके साथ रचनात्मक कामोंमें उसे लगाएं, तो आप सच्चे मालिक और शासक बन जाएंगे और आपकी रोजी देनेवाले आपके ट्रस्टी और मुसीबतोंमें साथ देनेवाले दोस्त बन जाएंगे। यह सुखकी घड़ी तभी आएगी, जब वे यह जान लेंगे कि सोने और चांदीकी पूंजीके बनिस्बत, जिसे मजदूर जमीनके भीतरसे निकालते हैं, मजदूर ही ज्यादा सच्ची पूंजी हैं।

॥ ९१ ॥

१८ सितम्बर १९४७

भाइयो और बहनो,

आज हम सब दीवाने बन गए हैं, मूरख बन गए हैं, ऐसा नहीं है कि सिख

ही दीवाने बने, हिंदू ही या मुसलमान ही दीवाने बन गए हैं। मुझसे कहा जाता है कि सारा आरंभ तो मुसलमानोंने किया। वह ठीक है, मैं तो मानता हूं कि उन्होंने आरंभ किया, इसमें कोई शक नहीं है। लेकिन वह याद करके मैं करूंगा क्या? आज क्या करना है, मुझको तो वह देखना है। हिंदुस्तानरूपी गजराजको हो सके तो छुड़ाना चाहता हूं। मुझको क्या करना चाहिए? मुझको तो ईश्वरका सहारा लेना चाहिए। मेरा पराक्रम कुछ कर सके तो मुझको खुशी है। पर मेरा शरीर तो थोड़ी हड्डी है, थोड़ी चर्बी। ऐसा आदमी क्या कर सकता है? किसको समझा सकता है? लेकिन ईश्वर सब कुछ कर सकता है। तो मैं रात-दिन ईश्वरको पकड़ता हूं। हे भगवान, तू अब आ, गजराज डूब रहा है। हिंदुस्तान डूब रहा है, उसे बचा।

हिंदुस्तानमें सिवा हिंदूके कोई रहे ही नहीं, मुसलमान रहे तो गुलाम होकर रहे तो ऐसी बात तो नहीं है। आप देखें तो जवाहरलाल क्या कहता है। हम तो तंगीमें पड़े हैं। दूसरे जो काम करने हैं उन्हें नहीं कर सकते। इसी एक काममें पड़े हैं। अगर मान लें कि सब मुसलमान गंदे हैं, पाकिस्तानमें सब बिगड़ गए हैं तो उससे हमको क्या? पाकिस्तानमें सब गंदे हैं तो क्या हुआ? मैं तो आपको कहूंगा कि हम तो हिंदुस्तानको समुंदर ही रखें जिससे सारी गंदगी बह जाय। हमारा यह काम नहीं हो सकता कि कोई गंदा करे तो हम भी गंदा करें। तो आज मैं दरियागंज चला गया। मेरे पास मुसलमान भाई भी आते हैं। उनसे बातें करता हूं, मोहब्बत करता हूं और उनको कहता हूं कि आप क्यों डरते हैं। आप तगड़े बन जायं। आप क्यों घर-बार छोड़ते हैं। आप जाकर बैठिए अपने घरमें। यहां वे तो शरारत नहीं कर सकते। इसलिए मैं चाहता हूं कि सब हिंदू भले हो जायं। सब सिख भले बन जायं। जो मुसलमान पड़े हैं और जो पाकिस्तान नहीं जाना चाहते हैं उनसे सिख और हिंदू कहें कि आप अपने घरमें जाकर बैठो। यहां तो दुनियामें सबसे बड़ी मस्जिद, जुमा मस्जिद पड़ी है। हम बहुतसे मुसलमानोंको मार डालें और जो बाकी बचें वे भयके मारे पाकिस्तान चले जायं, तो फिर मस्जिदका क्या होगा? आप मस्जिदको क्या पाकिस्तानमें भेजोगे, या मस्जिदको ढाह दोगे या मस्जिदका शिवालय बनाओगे? मान लो कि कोई हिंदू ऐसा गुमान भी करे कि शिवालय बनाएंगे, सिख ऐसा समझें कि हम तो वहां गुरुद्वारा बनाएंगे। मैं तो कहूंगा कि वह सिख-धर्म और हिंदू-धर्मको दफनानेकी कोशिश करनी है। इस तरह तो

धर्म बन नहीं सकता है।

पाकिस्तानमें जानेवाले जो जाना चाहते हैं वे यहांसे चले जायं। मगर जो हिंदुओंके डरके मारे चले गए, पुराने किलेमें हैं, हमायूंके मकबरेमें हैं, वे क्यों वहां रहें? मैंने तो उनको कहा है कि जो अपने घरोंमें हैं वे वहीं पड़े रहें और पीछे हिंदू मारें-पीटें, काट डालें तो भी न हटें। मैं आपके पीछे कट जाऊंगा। मेरी जान है, वह जान मैं फिदा कर दूंगा। या तो करूंगा या मरूंगा। उनको कुछ हौसला आया और उन्होंने कहा कि हम यहीं मरेंगे, घर है वहांसे हटेंगे नहीं। मेरा खयाल है कोई मुसलमान वहांसे हटेगा नहीं। अपने घरोंमें पड़े हैं, सदियोंसे यहां हैं। उनको आज हम निकाल दें? लेकिन वह नहीं हो सकता। जो यहांसे चले गए हैं उनका क्या करें? मैंने कहा कि उनको हम अभी नहीं लाएंगे। पुलिसके मार्फत, मिलिटरीके मार्फत थोड़े ही लाना है? जब हिंदू और सिख उन्हें कहें कि आप तो हमारे दोस्त हैं, आप आइए अपने घरमें, आपके लिए कोई मिलिटरी नहीं चाहिए, कोई पुलिस नहीं चाहिए, हम आपकी मिलिटरी हैं, पुलिस हैं, हम सब भाई-भाई होकर रहेंगे तब उन्हें लायेंगे। हमने दिल्लीमें ऐसा कर बतलाया, तो मैं आपको कहता हूं कि पाकिस्तानमें हमारा रास्ता बिल्कुल साफ हो जायगा। और एक नया जीवन पैदा हो जायगा। पाकिस्तानमें जाकर मैं उनको नहीं छोड़ूंगा। वहांके हिंदू और सिखोंके लिए जाकर मरूंगा। मुझे तो अच्छा लगे कि मैं वहां मरूं। मुझे तो यहां भी मरना अच्छा लगे, अगर यहां जो मैं कहता हूं नहीं हो सकता है तो मुझे मरना है। मुझको भी गुस्सा आता है, लेकिन इन्सान तो ऐसा होना चाहिए कि गुस्सेको पी जाय। मैंने सुना कि काफी औरतें जो अपनी शर्मको गंवाना नहीं चाहती थीं मर गईं। काफी मर्दोंने खुद अपनी औरतोंको मार डाला। मुझे तो यह बड़ा अच्छा लगता है। क्योंकि मैं समझता हूं कि वे हिंदुस्तानको बुजदिल नहीं बनाते हैं। आखिर मरना-जीना यह तो थोड़े दिनोंका खेल है। गया तो गया, लेकिन बहादुरीसे गया। अपनी शर्म नहीं बेच डाली। यह नहीं था कि उनको जान प्यारी न थी; लेकिन उनको मुसलमान जबर्दस्ती इस्लाममें लाएं और उनकी मिट्टी ख्वार करें, उससे बेहतर था बहादुरीसे मर जाना। औरतें मर गईं, दो-चार नहीं, काफी औरतें मरीं। यह सब सुनता हूं। मेरी तो आंख खुशीसे नाचना शुरू कर देती है कि ऐसी बहादुर औरतें हिंदुस्तानमें पड़ी हैं। लेकिन जो लोग भागे हैं वे लोग कहां जायं? उनको वापस जाना

है और शानके साथ। हम अपने यहां तो न्याय ही करें। अपना दामन शुद्ध रक्खें और अपने हाथ शुद्ध रक्खें, तब हम सारी दुनियाके सामने न्याय मांग सकते हैं। मैंने कह दिया है कि जो मुसलमान हथियार रखते हैं, उन मुसलमानोंको हथियार छोड़ देना चाहिए। परसों जैसा मैंने कहा है, सब लोग हथियारोंको दे दें। मैं समझता हूं कि उसमें कुछ देर लगेगी, लेकिन बात चल गई है हथियार तो छोड़ना ही है। हथियारसे बच नहीं सकते।

दूसरी, मेरे पास बड़ी शिकायत आती है जो हमारे सिपाही लोग, मिलिटरीवाले हैं, हिंदू हैं, सिख भी हैं, उसमें क्रिस्टी भी पड़े हैं, गोरखे पड़े हैं, वे सब रक्षक हैं पर भक्षक बन गए हैं। यह कहांतक सच है और कहांतक झूठ है, मैं नहीं जानता हूं। लेकिन मैं अपनी आवाज उन पुलिसवालोंतक पहुंचाना चाहता हूं कि आप शरीफ बनें। कहीं तो ऐसा सुना है कि वे खुद लूट लेते हैं। मुझको आज सुनाया गया कि कनाट-प्लेसमें कुछ हो गया और वहां जो सिपाही और पुलिसके लोग थे उन्होंने लूटना शुरू कर दिया। मुमकिन है कि वह सब गलत हो। लेकिन उसमें कुछ भी सच्चाई हो तो मैं सिपाही और मिलिटरीसे कहूंगा कि अंग्रेजका जमाना चला गया। तब जो कुछ करना चाहते थे वे कर सकते थे, लेकिन आज तो वे हिंदुस्तानके सिपाही बन गए हैं, उन्हें मुसलमानका दुश्मन नहीं बनना है, उनको तो हुक्म मिले कि उसकी रक्षा करो तो वह करनी ही चाहिए।

॥ ९२ ॥

१९ सितम्बर १९४७

भाइयो और बहनो,

मुझे एक पर्चा मिला है। यह पहले सरदारके पास पहुंचा, पीछे मेरे पास। उसमें कहते हैं, जबतक हम मुसलमानोंके बीच पड़े हैं, आरामसे रहनेवाले नहीं। पाकिस्तानसे हिंदुओंको भागना पड़ा। कूचा ताराचंदमें उनके चारों तरफ मुसलमान हैं, उन्हें डर रहता है कि मुसलमान कुछ गोलाबारी करें तो? वे कहते हैं, अच्छा होगा कि सब मुसलमान यहांसे चले जावें। काफी तो चले गए हैं, पर काफी अभी यहां पड़े हैं। मैंने आपको सुनाया कि कल मैं गया था तो उससे उल्टी बात मैं मुसलमानोंको कहकर आया। सो, जो

लोग यहां पड़े हैं उनकी जानका सवाल नहीं उठता। जो चले गए हैं उनको भी मैं तो यही कह सकता हूं कि आप आ जायं। जबरदस्तीसे लानेकी बात नहीं। जब हम पंचायतका राज्य चलाते हैं तो जबरदस्तीसे थोड़े ही चला सकते हैं। लोगोंको समझाएं, लोगोंको तालीम दें। ऐसे हम क्यों डरें ? जिन मुसलमानोंके साथ इतने बरसोंसे रहे हैं वे ही मुसलमान आज ऐसे बिगड़ गए हैं कि उन्हें रखा नहीं जा सकता ? बिगड़ भी सकते हैं, मैं यह नहीं कह सकता कि वे नहीं बिगड़ सकते। लेकिन जो अच्छे थे वे बिगड़ें तो पीछे वे अच्छे भी हो सकते हैं। हम अगर अच्छे होते हैं और अच्छे होना ही काफी नहीं, बहादुर भी होना चाहिए और इसके साथ ज्ञान भी होना चाहिए, तो हमारे संपर्कमें जो बुरे आदमी आ जाते हैं वे भी भले हो जाते हैं। यह मेरा न्याय नहीं है, यह दुनियाका न्याय है। मैं अपनी बात आपसे नहीं कहता हूं। तो मैंने जो कल बताया था आज भी वही कहूंगा कि मैं बचपनसे ऐसा ही सीखा हूं। अब मैं नया सबक नहीं ले सकूंगा। और मुझे अब जीना कितना है ? मैंने कहा, आप मुझे यह सुनाते तो हैं, लेकिन उसे मैं बर्दाश्त नहीं कर सकता हूं। बर्दाश्त नहीं करूंगा तो किसीको मारूंगा, ऐसा नहीं। मैं मर जाऊंगा, ऐसा हो सकता है। इत्तफाकसे मेरे हाथमें एक दूसरा पर्चा आ गया। वह भी रास्तेमें किसीने दिया। जो पर्चा रास्तेमें मिले वह मैं मोटरमें पढ़ लेनेकी कोशिश करता हूं। उस पर्चेमें लिखते हैं, पश्चिमी पंजाबमें इतना अत्याचार हो गया, अभी भी तुम क्यों नहीं समझते हो। उसके साथ एक और पर्चा है, जिसमें न नाम है न दस्तखत। उसमें लीगवालोंसे कुछ कहा है, गंदी बातें भरी हैं। वैसे लीगवाले करें तो पीछे पाकिस्तानका क्या होगा और हिंदुस्तानका क्या होगा, उसका पता ही नहीं चल सकता। तो क्या हम भी गंदे बनें ? यह मेरी नजरमें न्याय नहीं।

वहां इर्द-गिर्दमें मुसलमान रहते हैं। कुछ मुस्लिम कार्यकर्ताओंने वहीं रहना पसंद किया। मुसलमानोंके वे सेवक हैं। कोई मार डाले तो भले मार डाले, वे बहादुर हैं सो रहते हैं। मेरे पास चले आए। काफी मुसलमान पड़े हैं। उनका कहना है कि बहुत लोग घर छोड़ चुके हैं। लेकिन मैंने देखा, काफी मुसलमान तो भी वहां थे, हिंदू थोड़े ही थे। जितने हिंदू भाई वहां भागे हैं उनको मैंने सुनाया कि मैं तो बचपनसे ऐसा ही सीखा हूं। पॉलिटिक्स[१]में दाखिल हुआ उससे पहलेसे मानता आया हूं कि मुसलमान, हिंदू सबको

१. राजनीति।

मिल-जुलकर रहना है। ऐसे ही हिंदुस्तान बना है, ऐसे हिंदुस्तान रहना चाहिए। तो जो आदमी बारह बरसकी उमरसे वही काम करता आया है, तो आज उसकी जबानसे दूसरी चीज नहीं निकल सकती। मुझको तो यह पसंद होगा, कि कोई अपनी जगहसे हटे नहीं, वहीं मर जावे। यही मैं मुसलमानोंसे कहता हूं और यही हिंदुओंको कहता हूं।

हिंदू कहते हैं मुसलमानोंके पास इतने हथियार पड़े हैं, वे निकलें तो हम समझें, नहीं तो हम कैसे मानें कि वे पीछे हमला न करेंगे। मैं कहूंगा कि उसमें हम न पड़ें, वह हकूमतका काम है। किसीके पास परवाना नहीं है, लाइसेन्स नहीं है तो उसके पास हथियार नहीं रख सकते हैं, भले ही वे लोग अपनी रक्षाके लिए हथियार रखते हों। रखना है तो लाइसेन्स ले लो। लेकिन हथियारसे रक्षा क्या करनी थी, पांच मुसलमान हैं, पांच सौ हिंदू और सिख, उनका मुकाबला क्या? वे पड़े रहे। भले ही हिंदू, सिख उन्हें काट डालें। जो पांच ऐसे कट जायंगे, बिना हथियार ईश्वरका नाम लेते चले जायंगे, वे बड़े बहादुर हैं। वे कहते हैं, आप हमारे भाई हैं, मारना है तो मार डालें। यही मेरी सलाह सबके लिए है। आज मेरे पास काफी हिंदू पाकिस्तानके आ गए और सबने अपना दुःख मुझको सुनाया। कई हंसकर सुनाते थे, कई बहनोंने रो दिया। मैंने उन्हें सुनाया, आपकी मार्फत सबको सुना देना चाहता हूं कि हम बुजदिल न बनें। पाकिस्तानमें मुसलमानोंने अत्याचार किया। इसलिए हम यहांके मुसलमानोंसे न डरें, न उन्हें डरावें। ऐसे ही मुसलमान पड़े हैं जो पाकिस्तानमें रह ही नहीं सकते।

तो जो पर्चा मुझे मिला है, उसमें लिखा है कि अब तो पाकिस्तानमें कोई गैर-मुसलमान रहनेवाला नहीं है, तो पीछे हिंदुस्तानमें मुसलमान क्यों रहें? तो मैं कहता हूं कि एक आदमी आज गंदगी करता है तो गंदी चीजकी हम नकल न करें। पाकिस्तानमें एक भी गैर-मुसलमान नहीं रह सकता। वह पाकिस्तानके माने हो नहीं सकते हैं, और इस्लामके भी नहीं हैं। इस्लामकी सल्तनत फैली हुई है, कहीं ऐसा कानून नहीं बना है कि वहां कोई गैर-मुसलमान न रहे। गैर-मुसलमान थे और आरामसे रहते थे, सुखसे रहते थे, उनके पास पैसा भी रहता था। तो अब क्या नया इस्लाम हिंदुस्तानमें दाखिल होनेवाला है? इस्लाम १३०० बरससे चल रहा है, उसके पीछे इतनी तपश्चर्या हुई, इतनी कुर्बानियां हुईं। पीछे कोई नया इस्लाम निकले तो वह सच्चा इस्लाम नहीं, जिसे सब मुसलमान अच्छा कह सकते हों।

सोचो। इसका मतलब यह है कि सच्चा हिंदुस्तान वह नहीं है जिसमें हिंदूके सिवा कोई रह न सकता हो, सच्ची क्रिश्चियैनिटी[१] तो वह नहीं है जिसमें सिवा क्रिश्चियनके कोई रह ही नहीं सकता हो। वह धर्म नहीं है, अधर्म है। इस तरहसे दुनिया नहीं चली है, न चलती है और न चलनेवाली है। तो हम नया इतिहास लिखनेके प्रपंचमें क्यों पड़ें? ऐसा करके हम हिंदुस्तानको तबाह न करें और पाकिस्तानको तबाह होने न दें। यहां आज साढ़े चार करोड़ मुसलमान हैं, वे सब वहां चले जायं और पीछे जुमा मस्जिद है उसको भी ले जायं, अलीगढ़ यूनिवर्सिटी है उसको भी ले जायं, और तमाम मुस्लिम मकबरेमें पड़े हैं, वे सब पाकिस्तानमें चले जायं, पीछे जो गुरुद्वारे हैं वहां वेस्ट[२] पंजाबमें हैं उन्हें ईस्ट[३] पंजाबमें ले जायं? वहां जितने हिंदू रहते थे उनके मंदिर वहां पड़े हैं, वे पाकिस्तानमें रह नहीं सकते तो मंदिरोंको यहां लाना चाहिए? इसका मतलब यह होगा कि सबको तबाह होना है, अपना धर्म है उसको तबाह करना है। मैं तो इसका गवाह बनना ही नहीं चाहता हूं। उससे पहले ईश्वर मुझको उठा ले। और मैं तो कहूंगा कि जो पीछे सब नौजवान पड़े हैं, वे करते-करते मरे। उनके रहते हुए हिंदुस्तान बेहाल न हो। यह मैं देखना नहीं चाहता हूं। देखना चाहता हूं तो यह कि खराबीको साफ करनेमें हम सब मर जायं—

॥ ९३ ॥

२० सितम्बर १९४७

भाइयो और बहनो,

आप ईश्वरका भजन करें और उसीका भरोसा करें। यह सबकी समझमें नहीं आता। वे कहते हैं कि ईश्वर कहां पड़ा है? ईश्वर रहे तो इतने झंझटमें हम क्यों पड़ें? अगर मुसलमान जहमतमें[४] पड़ जाते हैं तो वे कहें ईश्वर कहां है, अल्लाह कहां है, खुदा कहां है, कुरान शरीफ कहां है। बहुत लोग कहते हैं, लेकिन वे सब गलती करते हैं। खुदा है, अल्लाह है, ईश्वर है, राम है, उसे याद करनेके लिए ऐसे मौके हैं। वह हमको मदद देता ही है।

---

१. ईसाइयत; २. पश्चिमी; ३. पूर्वी; ४. मुसीबत।

वह हमें थोड़े पूछनेवाला है कि हम उसको पहिचानते हैं या नहीं। वह हमारे हाथोंमें ही आता, उसे आंखोंसे नहीं देख सकते हैं, कानोंसे नहीं सुन सकते हैं, इसलिए वे कहते हैं कि इंद्रियोंसे बाहर पड़ा है? ऐसी एक वह हस्ती है, दूसरे सब नास्ति हैं। हम सब नास्ति हैं। हम कहें जब हम जिंदा रहते हैं तो नास्ति कैसे हो सकते हैं? आजतक तो मैं जिंदा रहा, लेकिन कलके लिए मुझे कोई नहीं बता सकता कि रहूंगा या नहीं। ऐसे ही, कल-कल करके ७८ वर्ष निकाल दिए। और अभी शायद दो-चार दिन निकाल दूं या वर्ष निकाल दूं। लेकिन हम क्या जानें, मैं कैसे कह सकता हूं कि कोई आदमी अभी जिंदा है तो वह एक मिनट बाद भी जिंदा रहेगा या नहीं। कोई नहीं कह सकता। इसलिए मैं कहता हूं कि हम तो नास्ति हैं, जिसका कोई ठिकाना नहीं है। हमेशाके लिए नहीं रह सकते। 'अस्ति' वह तो एक ही हो सकता है। हस्ती शब्द अस्तिसे निकला है। अस्तिके माने, हैं आदि है, अनादि है, और आयंदा रहेगा। ऐसा हमेशा रहनेवाला अस्ति है, जिसने हमको बनाया है और जो हमको बिगाड़ सकता है, यहांसे उठा सकता है। मेरे नजदीक तो वह बिगाड़ता नहीं, हमको बनाता ही है। इसलिए अगर आज हम मानें कि वह नहीं मिल सकता, और बिगड़े तो वह मूर्खता होगी। लेकिन वह तो है और सब कुछ कर सकता है। वह रहीम है और उसके लिए सब एक हैं। वह किसीका बिगाड़ेगा नहीं, न किसीको मारेगा, न किसीको गाली देगा। वही उसका कानून है।

मुसलमान भी मेरे पास आ जाते हैं। वे यहांकी बात सुनाते हैं कि हम दिल्लीमें अभीतक रहे हैं लेकिन अब तो हम रह नहीं पा रहे और भाग रहे हैं। तो मैं उनको कहता हूं कि जब तक मैं जिंदा पड़ा हूं तबतक आपको यहीं रहना चाहिए, खिलाफतके जमानेमें हिंदू, मुसलमान, सिख सब साथ-साथ पड़े थे। मैं तो गुरुद्वारेमें गया हूं और मुसलमान भी मेरे साथ आए हैं। ननकाना साहबका जो बड़ा किस्सा बन गया, उस वक्त मौलाना साहब थे, अलीभाई थे और मैं था। सब ऐसा मानते थे कि सिख हो, मुसलमान हो, हिंदू हो, वे तीनों एक हैं। जलियांवाला बागमें क्या हुआ? सब पुकार-पुकारकर और चीख-चीखकर कहते थे कि यहां तो सबका खून मिल गया। क्योंकि उसमें सब थे। हिंदू थे, मुसलमान थे और सिख थे, सबका खून मिला। उस वक्त तो बड़े जोरसे कहते थे कि अब तो हमारा खून एक हो गया। उसको कौन जुदा कर सकता है? तो आज फिर वह जुदा बन

गया? मुसलमान कहता है कि सिख है वह तो हमारे साथ मिल नहीं सकता है। सिख कहते हैं कि मुसलमानोंके साथ क्या मिलना था। क्या गुनाह किया है एक-दूसरेका, जो एक-दूसरेके दुश्मन बन गए। तो मैं तो हैरान हो जाता हूं। मैं पड़ा हूं, जिंदा रहता हूं, तो मैं तो तीनोंका खून आज भी एक है, वही मानकर। हो सकता है तो उसे सिद्ध करनेके लिए। ऐसा चीखते-चीखते, ईश्वरके पास रोते-रोते। इन्सानके पास तो मैं रोता नहीं हूं, लेकिन ईश्वरके पास तो रो सकता हूं, उसकी मिन्नत कर सकता हूं; क्योंकि उसका तो गुलाम मैं हूं। सबको उसका गुलाम बनना चाहिए। पीछे किसी इन्सानको किसीके गुलाम रहनेकी आवश्यकता नहीं रहती। कहता हूं कि अगर मैं ऐसा कर सकूं तो जिंदा रहना चाहता हूं, नहीं तो ईश्वर मुझको यहांसे उठा ले।

मेरा सिर शर्मसे झुक जाता है और मैं शर्मिंदा बन जाता हूं कि वही हिंदू, वही सिख, वही मुसलमान जो कलतक एक-दूसरेको भाई-भाई कहते थे आज एक-दूसरेके दुश्मन हो गए हैं। कोई तो समझे कि वह हमारे दुश्मन नहीं हो सकते। चार-पांच भाई आए, उन्होंने मुझे कहा कि यहां जो सारे साढ़े चार करोड़ मुसलमान पड़े हैं वे ऐन मौकेपर बागी हो जायंगे। वे तो आखिर मुसलमान हैं, पाकिस्तानमें भी मुसलमान हैं। मानो कि हिंदुस्तान और पाकिस्तानमें लड़ाई हो गई या कुछ और ऐसा हो गया तो क्या वे पाकिस्तानको खुफिया तौरसे मदद नहीं देंगे? तो मैंने उनसे कहा कि माना कि कोई दे, मगर सब-के-सब तो ऐसा कर नहीं सकते। मैं आपको कहना चाहता हूं कि साढ़े चार करोड़ मुसलमान ऐसे बन नहीं सकते हैं। मैंने उन भाइयोंको कहा कि अगर आप शरीफ रहें, हम शरीफ रहें, जितने यहां अक्सरियतमें[१] हिंदू पड़े हैं, सिख पड़े हैं वे सब शरीफ बनें, वे अगर किसी मुसलमानकी दुश्मनी नहीं करते हैं तो मैं जोरोंसे कहूंगा कि साढ़े चार करोड़ मुसलमानोंमेंसे एक भी बेवफा नहीं बन सकता है। हमको बहादुर बनना चाहिए। अक्सरियतमें होते हुए हम बुजदिल न बनें। साढ़े चार करोड़ मुसलमान हिंदुस्तानमें हैं मगर सब तो ४० करोड़ हैं। वे ऐसे बुजदिल बनें कि साढ़े चार करोड़ मुसलमानोंसे डरें? मैं कहता हूं कि साढ़े चार करोड़ अगर हिंदुस्तानके बेवफा बनते हैं तो वे इस्लामसे बेवफाईका काम करेंगे और इस्लामको खत्म कर देंगे। लेकिन अगर हम भी ऐसे ही

१. बहुसंख्यक।

बनें, बुजदिल बनें, दगाबाज बनें और उनका भरोसा बिल्कुल न करें और यहां एक भी मुसलमानको न रहने दें तो मैं आपको कहता हूं कि हिंदुस्तानमें हिंदू अकेला तो कुछ खा नहीं सकेगा। उनका रोटी खाना पीछे जहर-सा हो जायगा।

हिंदुस्तानके बाहर कोई भी मुसलमान या दूसरी सल्तनत हो, या तो पाकिस्तानमें जो मुसलमान हैं वे हिंदुस्तानपर हमला करते हैं तो मैं आपको कहता हूं कि साढ़े चार करोड़ मुसलमान जो यहां पड़े हैं उनको हिंदुस्तानकी वफादारी करनी है। अगर नहीं करते हैं तो उनको शूट करो, यह तो कानूनमें पड़ा है। मेरा कानून तो दूसरा है, जो मैंने बतला दिया। लेकिन उसको कौन मानेगा? लेकिन जो दुनियाका कानून बना है, उसमें तो जो ट्रेटर[१] होता है, फिफ्थ कॉलमिस्ट[२] होता है—जिस मुल्कमें रहता है अगर उस मुल्कको डुबोनेका काम करता है, तो वह ट्रेटर है, वह बेवफा है। उसके लिए एक ही सजा है कि उसको मार डालो। मैं कहता हूं कि आखिर इतनी बड़ी सल्तनत पड़ी है, साढ़े चार करोड़ मुसलमान सब-के-सब तो बेवफा हो नहीं सकते। साढ़े चार करोड़ मुसलमानोंको किसने देखा है? वे तो ७ लाख देहातोंमें पड़े रहते हैं, थोड़े शहरोंमें पड़े हैं। यू०पी० में पड़े हैं, बिहारमें पड़े हैं, सब देहातोंमें फैले हुए हैं। मैं तो देहातमें रहा हूं और उन सबको जानता हूं। वे कभी बेवफा नहीं हो सकते हैं। सेवाग्राममें भी मुसलमान पड़े हैं। वे सेवाग्राममें काम करते हैं। वे सेवाग्रामके लिए वफादार रहेंगे, उसके लिए मर जायंगे। वे क्या जानें कि दूसरी जगह मुसलमान क्या करते हैं। वे तो सेवाग्राममें रहते हैं, वे सेवाग्रामके आश्रमकी रक्षा करते हैं और सबको भाई-भाई समझकर रहते हैं। कोई कहे कि सारे-के-सारे साढ़े चार करोड़ मुसलमान जो यहांके रहनेवाले हैं बेवफा हो सकते हैं, तो वह नहीं होनेवाला। और बेवफासे हम क्यों डरे? मैं तो नहीं डरता हूं। अगर वे हिंदुस्तानमें पड़े हैं और बेवफाई करते हैं तो मैं कहूंगा कि उनको मरना है और इस्लामको मार डालना है।

सच्चे काफिर तो वे हैं जो हमारी रोटी खाएं, हमारे यहां नौकर बनें, लेकिन काम हमारे दुश्मन बनकर करें और हमारा गला काटें। ऐसे हिंदू भी बने हैं, सिख भी बने हैं, मुसलमान भी बने हैं। दुनियामें हर किस्मके लोग रहते

---

१. देशद्रोही; २. पंचमांगी।

हैं, लेकिन ऐसा समझना कि साढ़े चार करोड़ मुसलमान जो यहां पड़े हैं इस तरहसे दगाबाज बनेंगे हमारी बुजदिली है, और इससे यह पता चलता है कि हम सच्चे हिंदू नहीं हैं, हम सच्चे सिख नहीं है। हमारी शराफत, जितने अफसर पड़े हैं उनकी शराफत, हिंदू हैं, सिख हैं उन सबकी शराफत और बहादुरी इसीमें पड़ी है कि कहें कि तुमको जाना ही नहीं चाहिए। उनकी मिन्नत करना चाहिए कि आपको कोई छू नहीं सकता। छोड़िए, हमने काफी बुरा काम किया है, पर आगे नहीं करनेवाले। क्यों जाते हो, पाकिस्तान पहुंचोगे तो वहां क्या होगा और वहां जाकर क्या करोगे, उसका क्या पता है? यहां तो तुम्हारा घर पड़ा है, सब कुछ है। ऐसी मोहब्बतसे हम उनको रक्खें तो सरहदी सूबेमें, डेराइस्माइल खां वहांके जो मुसलमान अफ्रीदी लोग हैं वे भी हमारे लोगोंको कहेंगे कि आपको भागना नहीं है। यह शराफतका असर है। अगर हम दिल्लीमें शांति कायम रखें, डरके मारे नहीं या गांधी कहता है इसलिए नहीं, लेकिन अगर सच्चे दिलसे आप इस तरह चलेंतो मैं आपको कौल दे सकता हूं कि कोई मुसलमान आपको ईजा[१] नहीं कर सकता है, और अगर करेगा तो ईश्वर तो पड़ा है। वह सर्वशक्तिमान है, सबको पूछनेवाला है, वह हमारी रक्षा करेगा, इसमें मेरे दिलमें कोई शंका नहीं है।

॥ ९४ ॥

२१ सितम्बर १९४७

भाइयो और बहनो,

जिस तरहसे आज हिंदू, सिख और मुसलमान रह रहे हैं इस तरीकेसे नहीं रह सकते हैं। मुझको यह बड़ा बुरा लगता है और एक इन्सान जितनी कोशिश कर सकता है उतनी मैं इस चीजको हटानेकी करूंगा। आपको मैं कह दूं कि मुझको दिलमें खुशी नहीं हो सकती है कि मैं जिंदा रहूं और जो मैं चाहता हूं वह न कर सकूं। ईश्वर मेरे पाससे वह काम लेता है, तब तो भला है, अच्छा है, लेकिन अगर ऐसा नहीं होता तो मैं समझता हूं कि मेरा काम खत्म हो गया। मैं कोई आत्महत्या करके मरना चाहता हूं ऐसा

१. पीड़ित।

नहीं। यह सही है कि जो अपने जीवनको दूसरोंकी ही सेवामें काटना चाहते हैं उनके लिए दूसरी परीक्षा नहीं हो सकती है। जो वे करते हैं उसमेंसे कुछ भी फल नहीं निकले उसके लिए वे हैरान न हों। लेकिन जब फल नहीं मिलता है तो जिस तरहसे एक वृक्ष, जिसमें फल नहीं आते और वह सूख जाता है, उसी तरह मनुष्य भी एक वृक्ष-जैसा है, उसको सूख जाना चाहिए, और वह सूख जाता है, यह सृष्टिका नियम है। हिंदू धर्मके मुताबिक आत्मा तो अमर है; वह मरती नहीं, एक शरीर जो निकम्मा हो गया है और उसकी कोई उपयोगिता नहीं है, उसको तो खत्म होना चाहिए। उसकी जगह नया आ जाता है। परंतु आत्मा अमर होती है और सेवाके द्वारा अपनी मुक्तिके लिए नए-नए चोले धारण करती है।

तो आज मैं चला गया जहां एक ओर बहुतसे हिंदू और दूसरी ओर बहुतसे मुसलमान एक साथ पड़े थे। उन्होंने कहा—'महात्मा गांधी जिंदाबाद'। उसके क्या मानी? हिंदू भी वैसे कहें, वह भी क्या मानी रखता है, अगर दोनोंके दिल अलग-अलग हैं और वे एक-दूसरेके साथ शांतिसे नहीं रह सकते। तो मुझको वह जयघोष कठोर-सा लगा। मैंने उन मुसलमानोंसे कहा कि आप लोगोंकी घबराहट क्या करनी थी? आखिरमें मरना है तो मर जायंगे। मरेंगे अपने भाइयोंके हाथसे, दूसरेके हाथसे मरनेवाले नहीं हैं। आप उनपर रोष भी न करें, उनको मारनेकी चेष्टा भी न करें; खुद मर जायं, लेकिन वहांसे आप डरके मारे न भागें और न वहांसे हटें। मैं तो उसपर कायम हूं। लेकिन एक बात मैंने यहां सुनी कि वह महात्मा कैसा बुरा आदमी है? वह ऐसा कर रहा है कि हमने जिन मुसलमानोंको उनके घरोंमेंसे हटा दिया, उनको उन्हीं घरोंमें फिर वापिस लाना चाहता है। बात सच्ची है, मैं उनको वापिस लाना चाहता हूं? लेकिन किस तरहसे लाना चाहता हूं? मैंने तो उनको कहा, और आज भी उनको कहकर आया हूं कि जो डरसे भागे हैं उन्हें वापिस लाना चाहता हूं। जो खुशीसे अपने आप पाकिस्तान जाना चाहते हैं, उनको तो जानेमें कोई रुकावट नहीं होनी चाहिए। लेकिन डरके मारे, दुखके मारे और हकूमत आपकी रक्षा नहीं कर सकती है, हिंदू, सिख, तो रक्षा करते ही नहीं हैं, ऐसा समझकर आप जाना चाहते हैं तो मुझको बड़ा दु:ख होगा। जो लोग पाकिस्तान नहीं जाना चाहते हैं और यहीं रहना चाहते हैं मैं कहूंगा उनको कि तुम्हें यहांसे नहीं जाना है। मैंने उनको कहा कि जो लोग बाहर चले गए हैं वे तो तभी आ सकते हैं,

और तब ही आना चाहिए जब यहांके हिंदू और सिख खुशीसे कहें कि आप आइए। पुलिस और मिलिटरी—उनके जरिएसे उन्हें लाना मुझको तो अच्छा भी नहीं लगता। मैं तो कहता हूं कि यह सब छोड़ दें। पुलिस नहीं चाहिए, मिलिटरी नहीं चाहिए। जो कुछ हमें करना है, हम कर लेंगे। मरना है तो मर जायंगे। अगर कोई किसीको मारता नहीं है तो। वह मरता नहीं है। लेकिन अगर एक मारता है, दीवाना बन गया है तो उसके सामने मैं क्यों दीवाना बनूं? मैं तो उसके हाथसे मर जाऊं, वह तो मुझे बड़ा प्रिय लगेगा। वह मुझे काट दे, वह अच्छा लगेगा। मैं हकूमतकी तरफसे कह नहीं सकता हूं। मेरे हाथमें हकूमत है नहीं। मैं जैसा बना हूं, वह तो आप जानते हैं। एक आदमी पागल बनता है और वह बुरा करता है, तो मैं वैसा नहीं कर सकता। पीछे वह भी मुझसे भलाई सीख लेता है। चालीस करोड़ हिंदू-मुसलमान पड़े हैं, उसमेंसे पाकिस्तानमें थोड़े करोड़ चले गए, लेकिन तब भी साढ़े चार करोड़ मुसलमान तो यहीं हिंदुस्तानमें पड़े हैं, बाकी तो सब-के-सब हिंदू ही हैं। थोड़े पारसी, थोड़े क्रिष्टी, थोड़े यहूदी भी पड़े हैं, उसकी तो गिनती नहीं हो सकती है। तो वे आपसमें लड़कर मर जायं तो भले मर जायं, लेकिन पुलिस-मिलिटरीकी मारफत जिंदा रहना वह जिंदगी नहीं। दोनों लड़ते हैं तो हकूमत क्या करे? हकूमत कहे कि हम तो इस तरहसे रह सकते हैं, नहीं तो हम हकूमत छोड़ देते हैं। पीछे जो ऐसा मानते हों कि हिंदुस्तानमें तो हिंदू ही रहें, क्योंकि पाकिस्तानमें मुसलमान ही रहते हैं, तो वे हकूमत बनावें। इसका मतलब यह होगा कि पाकिस्तानमें वे निकम्मे बन जाते हैं, दीवाना बन जाते हैं, ऐसे ही हम भी यहां दीवाना बनें? हम चाहें तो ऐसा कर सकते हैं। मेरा एक दोस्त है, उसको मैं गाली देता हूं तो वह मुझको दो गाली दे, वह ठीक है। वह गाली देता है, उसे सहन कर लिया, तो वह कहांतक गाली देगा? मारता है, वह भी मैं सहन कर लेता, मैं उसको मुक्के के सामने मुक्का नहीं देता हूं। तब पीछे क्या होता है, आपने देखा है? मैंने तो देखा है कि कोई आदमी ऐसा हवामें मुक्का मारता है तो उसके हाथ टूट जाते हैं। जो बाक्सिंग[१] करता है, वह भी रुईका मोटा तना गद्दा-सा होता है, उसपर मुक्का चलाता है, तब तो उसको कुछ लज्जत आती है। लेकिन अगर बाक्सर[२] कोई चीज सामने नहीं रखता है तो वह निकम्मा बन जाता है और कुछ नहीं कर सकता है।

---

१. मुक्के बाजी; २. मुक्के बाज।

मैंने तो आपको सनातन सत्य बतला दिया। मैं उसपर अकेला कायम हूं। लोग तो आज उसपर नहीं चल रहे हैं। मैं आखिरतक उस सत्य पथपर पड़ा रह सकूंगा कि नहीं, यह तो ईश्वर ही जानता है। मैं तो आज सीधी बात करता हूं कि अरे बाहर चले गए हैं, उनको बाहर रहने दें। लेकिन बाहर रहते हैं पीछे उनको खाना-पानी तो देना है। चूंकि वे बाहर चले गए हैं, उनको भूखों रहने दें और उनको कहें कि तुम पाकिस्तान भाग जाओ, ऐसा नहीं हो सकता। ऐसा करके हम लड़ाईका सामान तैयार करते हैं। कांग्रेस हकूमत, अगर वह हकूमत सचमुच देशकी सेवा करनेके लिए है, पैसोंके लिए नहीं है, सत्ताके लिए नहीं है, लेकिन सबकी खिदमत करनेके लिए है—एक कौमकी नहीं, दो कौमकी नहीं, सबकी है। अगर वे खिदमत करते हैं और लोग बिगड़ते हैं और उन्हें खिदमत करने नहीं देते तो उन्हें हट जाना है। पीछे जो लायक हैं, जो हिंदुस्तानमें हिंदुओंको ही रखना चाहते हैं, वे उनकी जगह लें, हकूमतमें। वह हिंदूधर्मको डुबोनेवाली चीज होगी, हिंदुस्तानको भी डुबोनेवाली चीज होगी। पाकिस्तानको हम छोड़ दें; वह जो कुछ भी चाहें करें। हम तो हिंदुस्तानको ही देखें। उसका नतीजा यह आ जाता है कि सारी दुनिया हमारी तारीफ करेगी, हमारे साथ होगी। नहीं तो दुनिया जो अबतक भारतकी ओर देखती आई है, अब उसकी ओर देखना बंद कर देगी। वे मानते थे कि हिंदुस्तान एक बड़ा मुल्क है, उसमें अच्छे आदमी रहते हैं, वे बुरे होनेवाले नहीं, यह विश्वास खत्म हो जायगा। आपको इस तरहसे करना है तो कर सकते हैं। लेकिन जबतक मेरे सांस-में-सांस है तबतक मैं सबको सावधान करता ही रहूंगा और सबको कहता रहूंगा कि अगर इस तरहसे करोगे तो इसमेंसे कोई भलाई निकलनेवाली नहीं है।

॥ ९५ ॥

मौनवार, २२ सितम्बर १९४७
(लिखित संदेश)

एक सभ्य समाजमें मूल अधिकारोंपर अमल करनेके लिए बंदूकोंसे रक्षाकी आवश्यकता नहीं होनी चाहिए, यह सबको मान लेना चाहिए। कांग्रेसके वार्षिक अधिवेशनोंमें प्रदर्शनीकी भूमिपर अन्य धर्मों, सम्प्रदायों और

राजनैतिक संस्थाओंकी बैठकें होती देखकर मुझे अत्यंत हर्ष होता था। वहां बिना पुलिसकी सहायताके विरोधी विचार प्रकट किए जा सकते थे। अब लोग इस रास्तेसे हट गए हैं और जनतामें इस रास्तेको अच्छी निगाहसे भी नहीं देखा जाता। अब वह अनुकूल वातावरण और बरदाश्तकी भावना कहां चली गई? क्या यह इसलिए हुआ कि हमने राजनैतिक स्वतंत्रता प्राप्त कर ली है? क्या हम स्वतंत्रताका दुरुपयोग करके उसकी आजमाइश कर रहे हैं? आशा रखें कि यह मनोवृत्ति अधिक दिन नहीं रहेगी। अगर रही तो वह हिंदुस्तानके लिए अत्यंत दु:खद बात होगी। हमारे टीकाकारोंके लिए, जो बहुत हैं, हम यह कहनेका मौका न दें कि हम स्वतंत्रताके लायक नहीं थे। इन आलोचकोंके लिए मेरे दिलमें कई उत्तर खड़े होते हैं। लेकिन इनसे कुछ संतोष नहीं होता। भारतवर्षके करोड़ोंके जन-समुदायसे प्रेम करनेवालेके नाते मेरे स्वाभिमानको हानि पहुंचती है कि हमारी सहनशक्तिका दीवाला निकला। हम आशा करते हैं कि हमारी कौमी जिंदगीका यह एक गुजरता हुआ नजारा है। मुझसे फिर यह न कहा जाय, जैसा कि कहा जाता है कि यह सब मुस्लिम लीगके बुरे कामोंका परिणाम है। इसको हम सत्य मान लें तो क्या हमारी सहनशीलता इतनी कमजोर हो गई है कि वह मामूलीसे बोझके सामने घुटने टेक दे? शिष्टाचार और सहनशक्ति तो इस तरहकी होनी चाहिए कि हमारी संस्कृति अपना स्वयं परिचय दे। यदि भारतवर्ष सफल न हुआ तो एशिया मरता है। ठीक ही तो कहा गया है कि हिंदूने अन्य संस्कृतियों और सभ्यताओंको ढाला है। ईश्वर करे कि हिंद संसारमें उन सब देशोंका—चाहे वे एशियाके हों या अफ्रीकाके—आशा-स्थल बना रहे।

अब मैं बिना लाइसेंसके और छुपे हुए हथियारोंके भयकी बातपर आता हूं। इसमें संदेह नहीं कि कुछका तो पता चल गया है। कुछ अपनी इच्छासे मुझे दिए जा रहे हैं। ऐसे सब हथियारोंको निकाल देना चाहिए। जितना कुछ मुझे मालूम है उससे दिल्लीमेंसे अभी भी बहुत कम निकल पाए हैं। मगर इन हथियारोंसे हम डरें क्यों? अंग्रेजी राजमें भी कुछ छुपे हुए हथियार रहते थे। उस समय इनकी कोई चिंता नहीं करता था। जब तुमको विश्वास हो जाय कि शस्त्रके गुदाम किसी जगह छिपे हुए हैं तो उन सबकी जरूर खबर दो। ऐसा न हो कि शोर तो ज्यादा हो और निकले कुछ भी नहीं। स्वतंत्र होनेपर हम एक कानून अंग्रेजोंके लिए और दूसरा अपने लिए लागू

न करें। कुत्तेको मारनेका कारण बतानेके लिए उसको बुरा नाम न दें। इतना सब करने और कहनेके पश्चात् अंतमें साठ वर्षके परिश्रमसे पाई हुई स्वतंत्रताके लायक होनेके लिए कैसी ही कठिनाइयां क्यों न हों, हमको वीरतासे उनका मुकाबला करना चाहिए। यदि हम उनका सामना सफाईसे करें तो हम ज्यादा योग्य बन सकते हैं। ऐसा समझकर कि मुसलमान अक्सरियतसे बेवफा बनेंगे उनको मार डालें या जलावतन करें तो हमसे ज्यादा बुजदिल कौन?

अक्लियतके लिए सम्मान रखना अक्सरियतका भूषण है। उसका तिरस्कार करनेसे अक्सरियतपर दुनिया हंसेगी। अपनेमें विश्वास, और जिसको दुश्मन मानें उसका उद्धार करनेमें हमारी रक्षा होती है। इसीलिए मैं जोरोंसे कहता हूं कि हिंदू, सिख और मुस्लिम जो देहलीमें हैं वे दोस्ताना तौरसे एक-दूसरेसे मिलें और सारे मुल्कको वैसा करनेके लिए कहें। आप दुनियाके लिए नमूना बनें। दूसरे हिस्सेमें हमारे लोग क्या करते हैं सो देहली भूल जाय। तब ही देहलीको इस जहरीले वायुमंडलको दूर करनेका गौरव हासिल हो सकता है। अगर वैरका बदला लेना मुनासिब हो तो वह हकूमत हीके जरिए हो सकता है, हर एक आदमीके जरिए हरगिज नहीं।

॥ ९६ ॥

२३ सितम्बर ११४७

भाइयो और बहनो,

प्रार्थना कोई मामूली चीज नहीं है, वह बड़ी बुलंद चीज है। जीवनभरमें हम सब तरहकी बात करते हैं, २४ घंटेमें काफी बातें करते हैं; गुनाह करते हैं, पैसेके लिए मारे-मारे फिरते हैं तो कम-से-कम प्रार्थना तो कर लें। समाजमें अगर प्रार्थना करें तो वह बहुत बड़ी चीज हो जाती है। ४० करोड़ आदमी ऐसा मानकर कि ईश्वर एक है अपनी भाषामें प्रार्थना करें तो वह एक बहुत बुलंद बात हो जाती है। और पीछे उनमें कुरान शरीफकी कोई आयत आए तो उससे भी न घबरावें। जो भाई ऐसा कहते हैं कि कुरानसे कुछ भी प्रार्थनामें न पढ़ा जाय, वे तो गुस्सेमें ऐसा कहते हैं। मुसलमान चूंकि हिंदुओंको तंग करते हैं, सिखोंको तंग करते हैं, उनको मारते हैं,

इसलिए क्या हम कुरानपर गुस्सा करें? मुसलमानोंने जो कुछ किया वह अच्छा नहीं किया, लेकिन कुरान शरीफने क्या बुराई की? भगवानका एक भक्त पाप करता है तो इसलिए हम क्या भगवानका नाम नहीं लेंगे? भगवान तो एक ही है। जो भगवानके भक्त हैं वे ऐसा कहेंगे कि हिंदुओंने भी बुरा किया है तो क्या गीता बुरी है? सिखोंने अगर बुरा किया तो क्या हम गुरु-ग्रंथसाहब न पढ़ें? गुरु-ग्रंथने क्या गुनाह किया? सिख बिगड़े, हिंदू बिगड़े, मुसलमान बिगड़े, पारसी बिगड़े उससे क्या हुआ? उनके जो धर्म हैं और उनके पीछे जो तपश्चर्या हो गई है वह तो कायम ही रहेगी।

मेरे पास रावलपिंडीसे जो भाई आज आ गए वे तो तगड़े थे, बहादुर थे और बड़ी तिजारत करनेवाले थे। रावलपिंडी बनाई थी तो हिंदुओंने और सिखोंने, लाहौर भी उन्हीं लोगोंने बनाया। पाकिस्तान सारे-का-सारा मुसलमानोंने थोड़े ही बनाया है, तो पाकिस्तान जो है, उसके बनानेमें सबने हिस्सा लिया, किसी एक कौमने नहीं। हिंदुस्तानको कहें कि यहां हिंदुओंकी संख्या ज्यादा है इसलिए इसको हिंदुओंने ही बनाया है तो यह बात ठीक नहीं। उसको हिंदुओंने, मुसलमानोंने और सिखोंने बनाया; पारसियोंने बनाया, ईसाइयोंने बनाया। जैसा आज हिंदुस्तान बना है उसके बनानेमें सबने हिस्सा लिया है। मैंने तो उस भाईसे कहा, आप शांत रहें और आखिरमें तो ईश्वर पड़ा है। ऐसी कोई जगह नहीं जहां ईश्वर नहीं। उसका भजन करो और उसका नाम लो, सब अच्छा हो जायगा। उन्होंने कहा, वहां पाकिस्तानमें जो पड़े हैं उनका क्या करें? मैंने उनको कहा, आप यहां आए क्यों, वहां मर क्यों नहीं गए? मैं तो इसी चीजपर कायम हूं कि हमपर जुल्म हो तो भी हम जहां पड़े हैं वहींपर पड़े रहें, मर जायं। लोग मार डालें तो मर जायं। मगर ईश्वरका नाम लेते हुए बहादुरीसे मरें। यही मैंने लड़कियोंको सिखाया है। मरनेका इल्म तो हासिल कर लें और ईश्वरका नाम लेती रहें। कोई इन्सान है, बुरा आदमी है, उसकी नजर बंद हो जाती है, वह हिंदू हो, सिख हो, पारसी हो, कोई भी हो, हम यह तो कर सकें कि उसके बसमें न हों। वह कहे कि चलो, पैसा देते हैं तो उसको यही कहना चाहिए कि ५ मिनट बाद मारना है तो तू अभी मार दे; लेकिन हम तेरे बसमें आनेवाली नहीं हैं। पैसे देकर छूटनेवाली नहीं। मैं तो, जबतक मेरेमें सांस है, यही शिक्षा दूंगा। दूसरी बात मैं नहीं कर सकूंगा। मैं ईश्वरको नहीं भूलना चाहता। इसलिए मैं सब लोगोंको कहता हूं कि सबसे बड़ी

बहादुरी और सबसे बड़ी समझ दुनियाकी इसीमें पड़ी है कि मरनेका इल्म सीखो तब जिंदा रहोगे। अगर मरनेका इल्म नहीं सीखते हो तो बिना मौत मारे जाओगे। मैं नहीं चाहता कि कोई बेमौत मरे। मैंने मुसलमानोंको भी कहा, आप क्यों जाना चाहते हैं, यहीं पड़े रहो और मरो। मैंने रावलपिंडीके लोगोंको भी यही कहा। मैं उन लोगोंकी मिन्नत करूंगा। हकूमतवाले जो कुछ कर सकते हैं करें। मैंने उन लोगोंको कहा है कि यहां आए हैं तो आप कैंपोंमें जावें, वहां मेहनत करें। आप लोग तगड़े हैं, हिम्मत न हारें। यह न कहें कि हम अब क्या कर सकते हैं, मकान नहीं, कुछ नहीं। मकान तो पड़ा है, धरती माता हमारा मकान है, ऊपर आकाश है। जो मुसलमान डरसे भाग गए, उनके मकान पड़े हैं, जमीन पड़ी है। तो क्या मैं कहूं कि आप मुसलमानोंके घरोंमें चले जायं? मेरी जुबानसे ऐसा नहीं निकल सकता। मुसलमानोंके घर जो कलतक थे वे आज भी उनके हैं। वे भाग गए डरके मारे। अगर वे अपने-आप भाग गए हैं और उनको ऐसा लगता है कि वे पाकिस्तान- में खुश रहेंगे तो चले जायं, वहां खुश रहें। उनको ईजा[१] न पहुंचाओ, आरामसे जाने दो। उनकी जायदाद और जेवर जो है वे ले जायं। पीछे जो घर वे छोड़ जाते हैं वह तो हकूमतके कब्जेमें रहता है, वह जो चाहे कर सकती है। उसमें जो हमारे शरणार्थी हैं वे अपने-आप चले जायं, यह तो अच्छा नहीं। मैं एक चीज जानता हूं कि आप तगड़े बनें और जो मैं आपको कहता हूं उसको आप करें ताकि आप मुझको यहांसे भेज सकें। मैं पंजाब जाना चाहता हूं, लाहौर जाऊंगा। मैं पुलिस और मिलिटरीकी इस्कोर्ट[२] लेकर नहीं जाना चाहता हूं, मैं तो भगवानके भरोसे अकेले जाना चाहता हूं और वहांके जो मुसलमान हैं उनके भरोसेपर जाना चाहता हूं। अगर उनको मारना है तो मार डालें। मैं हंसते-हंसते मर जाऊंगा और दिलमें कहूंगा कि भगवान उनका भला करे। उनका भला भगवान कैसे कर सकता है? उनको भला बनाकर। ईश्वरके पास भला करनेका यही तरीका है—दिलके मैलको शुद्ध कर देना। वह मेरा शत्रु बने तो भी मैं उसका शत्रु नहीं हूं, मैं उसका बुरा नहीं चाहता तो ईश्वर मेरी बात सुनेगा। उस आदमीके दिलमें लगेगा मैंने मारकर क्या लिया, इसने मेरा क्या गुनाह किया था? मुझे वे मारें तो मारनेका उन्हें अधिकार है। इसलिए मैं लाहौर जाना चाहता हूं, रावलपिंडी जाना चाहता हूं। हकूमत मुझे रोके

१. कष्ट; २. दस्ता।

तो रोके, लेकिन मुझे रोक कैसे सकती है? रोकना चाहे तो मुझे मार डाले। अगर मुझको मार डाले तो आप लोगोंको एक पाठ देकर मैं चला जाऊंगा। वह मुझको बड़ा अच्छा लगेगा। वह पाठ क्या है, तू मरेगा, लेकिन किसीका बुरा खयाल भी नहीं करेगा।

ध्रुव बालक था, बच्चा था। उसने भगवानकी प्रार्थना की। प्रह्लाद क्या था? १२ वर्षका लड़का। उन सबने यही किया, तो हम तो उनके वारिस हैं। गुरुओंने, नानक साहबने, जो गुरु-ग्रंथ जानने वाले हैं वे सब जानते होंगे, कि उन्होंने यही सिखाया है कि किसीका बुरा नहीं सोचना, किसीको तलवार नहीं लगाना। मरनेकी हिम्मत रखना वह तो सबसे बड़ी बहादुरी है। अगर हमारे लोग इस तरहसे खप जायं तो किसीपर गुस्सा नहीं करना है। आपको समझना है कि वे खप गए, तो ठीक गए, भले गए। ऐसा ही ईश्वर हमको भी कर दे। ऐसी हमारी हमेशा हार्दिक प्रार्थना रहे। मैं आपसे यह कहूंगा, रावलपिंडीवालोंसे भी कहा कि आप वहां जायं और जो सिख और हिंदू शरणार्थी हैं उनको मिलें, उनसे कहें कि भाई, आप वापिस जायं और अपने-आप—पुलिसके मारफत नहीं, मिलिटरीके मारफत नहीं। दिल्लीमें आप ऐसा करें कि हम झगड़ा नहीं करेंगे तो मैं समझूंगा कि ईश्वर मेरी सुनता है। उस चीजको लेकर मैं पंजाब चला जाऊंगा, मैं एक दिन भी यहां उसके बाद न रहूंगा, यह मैं आपको कहना चाहता हूं। मैं यहां कोई शौकसे नहीं पड़ा हूं, यहां सेवा करनेके लिए पड़ा हूं। जो आग यहां भड़कती है उसके बुझानेमें एक इन्सान जितना कर सकता है वह करनेके लिए मैं यहां पड़ा हूं। तो मैं आपको, रावलपिंडीके जो भाई आए हैं उनको, बतला देता हूं कि उनको किस तरहसे रहना है और किस तरहसे वे काम करें कि उनकी खुशबू हिंदुस्तानमें, सारी दुनियामें, फैल जाय।

॥ ९७ ॥

२४ सितम्बर १९४७

भाइयो और बहनो,

आज जो भजन आप लोगोंने सुना वह हमारे लिए आज ठीक है। हम सब आज कह सकते हैं—"मेरी टूटी-सी किश्ती है।" और पीछे भगवानको

हम कहते हैं कि—"कृपा करके हमको पार उतारिए, अगर आपकी कृपा नहीं रहनेवाली है तो यह किश्ती पार उतर नहीं सकती।" यही आज हिंदुस्तानका हाल है, इसे मैं प्रतिक्षण देख रहा हूं। हममें, किसी-न-किसी तरहसे कहो लेकिन वैर-भाव आ गया है। हिंदू-मुसलमान दोनोंके दिलोंमें इतना गुस्सा आ गया है कि दिल्लीमें मुसलमानोंको हम रहने नहीं देंगे। हिंदू-सिखोंको पाकिस्तानसे भगाया गया है। मैं सुनता हूं कि छोटे-छोटे बच्चोंको भी यह सिखाया गया है। यह ठीक है कि यह सब प्रचार मुस्लिम लीगका है। मुस्लिम लीगने यह सिखाया और इसका मैं साक्षी हूं कि हम तो लड़कर पाकिस्तान लेनेवाले हैं, मश्विरा करके नहीं, हिंदू और जितने गैरमुसलमान हैं उनके साथ मिन्नत करके नहीं। यह तो हमारा दुर्भाग्य था कि वर्षोंसे यह चलता रहा कि वे हमारे साथ लड़ेंगे। लेकिन यह कभी चल नहीं सकता। लड़कर क्या लेना था? तो एक तरहसे तो कह सकते हैं कि लड़कर नहीं लिया है। लेकिन हमने पाकिस्तान माना, हमने कबूल कर लिया, अंग्रेजोंने कबूल कर लिया। अगर अंग्रेज कबूल न करते तो पाकिस्तान हो नहीं सकता था। कांग्रेस कितना ही कबूल करे; लेकिन आखिरमें तो सत्ता अंग्रेजोंके हाथमें थी। उनको उसे छोड़ना था। क्यों? सत्ता अब यहां चल नहीं सकती थी। हम उनसे तलवारसे नहीं लड़े थे। हमारा निःशस्त्र युद्ध था। हम तो कहते हैं कि हमारा अहिंसात्मक युद्ध था। सो हिंदुस्तानको आजादी मिली। हिंदुस्तानके टुकड़े हुए। कांग्रेसने उसमें शिरकत दी। कांग्रेसने सोचा कि भाई-भाई कबतक इस तरहसे लड़ते रहेंगे, इससे तो अच्छा है चलो दो जो मांगते हैं। पाकिस्तान चाहिए? दे दो। तो पाकिस्तान तो दिया। मुल्कका पूरा-पूरा हिस्सा हुआ, पाकिस्तान मिला। मगर कइयोंको लगता है पूरा नहीं मिला, पूरी रोटी नहीं मिली, आधी-पौनी ही मिली, तो इसे तो खा लो, पीछे देखेंगे। सो आजादी तो मिली, पर उसे हम हजम न कर सके, जहर जो भरा था। सो हमारे बीचकी लड़ाई खत्म नहीं हुई। लीगवालोंने जहरीली तकरीरें कीं। वे लोग जो पाकिस्तानमें रहते हैं, सब मुसलमान थोड़े हैं? वहां हिंदू रहते हैं, पारसी रहते हैं, सिख रहते हैं, ईसाई रहते हैं। उन सबको खुश करें, बतावें कि सबका हक एक-सा होगा, हकूमत तो हमारी होगी, इसमें शक नहीं है; क्योंकि हमारी अक्सरियत है। वह ठीक है, लेकिन हकूमत आखिर इन्साफसे चलाना है। ऐसा कहा तो सही; लेकिन हो नहीं सका। क्यों नहीं हो सका, इसमें तो मैं क्यों जाऊं। मुझको सब पता है, वहां क्या-क्या हुआ। मुसलमान सब हदसे बाहर चले गए।

उन्होंने सोचा कि अब तो हमारा राज्य हो गया है, तो काटो-मारो। वहांसे शुरू हुआ। जब शुरू हुआ तो पीछे सिख भी तो लड़नेवाले हैं। वे कैसे बरदाश्त करनेवाले थे। उन्होंने भी काटना-मारना शुरू कर दिया। यह हमारा किस्सा है और अभी वह खत्म नहीं हुआ।

हजारों भाई मेरे पास आते हैं कि हम वहां नहीं रह सकते, वहां हमारे लिए यह है कि इस्लाम कबूल करो, नहीं कबूल कर सकते तो जिस तरह हम रखते हैं वैसे रहो, यानी गुलाम होकर रहो। वह हम कैसे कबूल कर सकते हैं? मजबूर होकर वहांसे भागे हैं। हमको पसंद पड़े तो हम मुसलमान भले हो जायं। डरके मारे मुसलमान होना दूसरी बात है। पेट पालनेके लिए कोई धर्म नहीं छोड़ सकता है। मजबूर होकर धर्म छोड़ना धर्म नहीं अधर्म है। जो पुरुष या स्त्री अपना मान खो देता है—और मान धर्ममें ही है, उसका बचना क्या? क्योंकि पैसा चाहिए, जेवर चाहिए, नौकरी चाहिए, इसलिए जो धर्म खो देता है, मैं कहता हूं कि उसके पास कोई धर्म ही नहीं। न वह हिंदू धर्मके लायक है, न वह अच्छा मुसलमान ही बन सकता है। और मजबूर करके हमें कलमा पढ़ाए तो हम थोड़े ही मुसलमान हो सकते हैं? मैं यहां कलमा नहीं पढ़ता हूं, मैं तो फातेहा पढ़ता हूं। दोनोंमें खूबी पड़ी है। कलमामें तो ऐसा है कि सिवा खुदा दूसरा नहीं है, ऐसा कहो। और पीछे उनके रसूल तो मोहम्मद साहब थे। बाकी जो रसूल हो गए हैं, वे कोई नहीं हैं। लेकिन फातेहामें तो बिल्कुल साफ है, तू मालिक है, सबको बचा सकता है तो हमको भी बचा। लेकिन अच्छा हो तो भी जबर्दस्ती क्या पढ़ाना। उसे हम पढ़ें तो खुशीसे पढ़ूं। लेकिन कोई कहे—तू यह चीज पढ़, पढ़ेगा या नहीं, पढ़ना होगा, नहीं पढ़ेगा तो बंदूक लगेगी। तो मैं नहीं पढ़ना चाहूंगा। मेरे पास मुट्ठीभर हड्डी है; लेकिन दिल तो मेरे पास है, वह दिल आपके पास है, वह दिल लड़कियोंके पास है। वे कह सकती हैं कि अपना धर्म नहीं छोड़ेंगी। लेकिन आज तो हम एक बाजी खेल रहे हैं। आज ऐसी हालतमें हिंदुस्तानमें, हमें क्या करना चाहिए? यह बड़ा प्रश्न आप लोगोंके सामने है। आज पाकिस्तानसे जो ट्रेन भरकर आती है, पाकिस्तानसे तो मुसलमान नहीं आते हैं, हिंदू आते हैं, सिख आते हैं, तो उस ट्रेनमें कुछ-न-कुछ कत्ल हो जाते हैं। यहांसे जाते हैं तो, यहांसे मुसलमान जायंगे, उनका कत्ल हो जाता है। उसमें मुझको कहा जाता है कि हिसाब तो सुनो। मैं क्या हिसाब सुनूं? मेरे पास हिसाब तो है नहीं। हिसाब सुनकर क्या

करूंगा? मैं तो यह कहूंगा कि एक आदमी है वह शराबकी एक बोतल पीता है, दीवाना बन जाता है, दूसरा आदमी शराबकी दो बोतल पीता है, वह बिल्कुल दीवाना बन जाता है। दोनों दीवाने बन जाते हैं। एक पीनेकी चीज ऐसी पीता है कि वह दीवाना नहीं बन सकता, जैसे कि साफ नदीका पानी है। उसको शराबका नाम भले दे दो, लेकिन वह किसीको दीवाना नहीं बना सकती है। उसको शराब कौन कहनेवाला है? शराब तो वह है जो हमारी अक्लको ले जाय और हमको दीवाना बना दे। बात यह है कि आज हमको नशा चढ़ गया है। मान लो कि आज मुस्लिम लीगने नशा दिया; क्योंकि उसके मनमें आया सो कर लिया। तो हम सोचें कि वह कर सकते हैं तो हम भी वैसा करें। हम सोचें कि हम तो सारे हिंदुस्तानमें राज्य चलाएंगे और पाकिस्तानको मिटा देंगे, मैं आपको कहता हूं कि पाकिस्तानको हमने कबूल कर लिया, पीछे उसको मिटाना क्या है? मिटा नहीं सकते हैं। ताकतसे, अपनी तलवारकी ताकतसे तो नहीं मिटा सकते। और मिटानेकी चेष्टा करें तो हम दोनों डूबनेवाले हैं। हमारी किश्ती फूटी किश्ती है। आज हम डूब रहे हैं। आज चाहे आप हम लोगोंसे कहें कि लड़ो और पीछे जीत लेकर आओ। तो मैं कहूंगा कि जीत लेकर आओगे उससे पहिले ही दुनियाकी दूसरी ताकत आपको खा जानेवाली है, दोनोंको खा जाएगी। इतनी चीज मेरे सब दोस्त जो समझदार आदमी हैं, जिन्होंने इतने वर्ष ऐसे कामोंमें काटे हैं समझ लें, तो हमारी खैर हो सकती है। मगर जब दोनों ह्विस्कीकी बोतल पी रहे हों और उसमें लज्जत आती हो तब कैसे होगा? मैं कहूंगा कि भाई, तू ह्विस्कीकी बोतल छोड़ दे, उसमें हमारे लिए विष भरा है, तो इसलिए हम इसे दरियामें डाल दें। मुसलमानोंको हम इस वक्त ईजा नहीं पहुंचायेंगे। उन्हें जाना हो तो उनको राजी-खुशीसे भेज देंगे; लेकिन उनको जबर्दस्ती और मजबूर करके नहीं भेजेंगे। वे अपने घरमें पड़े हैं, यहां अक्सरियत उनकी है नहीं, हम क्यों ऐसे बुजदिल बनें कि उन्हें सतावें? हम आजाद हैं, सारा हिंदुस्तान आजाद है, वे ऐसा क्यों मान लें कि हम उन्हें खा जाएंगे? क्या वे ऐसे हैं कि हिंदू उन्हें पाएं तो खा सकते हैं? कांग्रेसने इतनी कुर्बानियां कीं, वर्ष-प्रतिवर्ष ज्यादा-से- ज्यादा कुरबानी करती गई, उसमें काफी हिंदू-मुसलमान थे, तो क्या स्वराज्य मिलनेपर वे पागल हो गए हैं। इन कुरबानियोंसे, तकलीफें सहनेसे हिंदुस्तानको आजादी मिली, उसको शराबके नशेमें फेंक देंगे क्या? यह कितनी बुरी बात है। मैं तो आपको यह कहूंगा कि अखबारमें आप खबर पढ़ते हैं और गुस्सा करते

हैं यह समझने लगते हैं कि वे हमारे कभी नहीं बनेंगे तो मैं आपको वह बात नहीं सुनाता हूं। मैंने कल भी कहा था कि यह सब बंद हो सकता है। किस तरहसे ? हम साफ बन जायं। साफ बनें उसके मतलब यह हैं कि हम बहादुर बन जायं। जो आदमी बहादुर बनता है वह ऐसी हरकतें नहीं करेगा। आपके पीछे आपकी हकूमत है, हुकूमत बदला लेगी। हकूमतको कहो। राज्य तो हकूमत चलाती है। वह जमाना चला गया जब अंग्रेजोंकी हकूमत थी और जब हम उनको कुछ पूछ नहीं सकते थे। आज आपकी हकूमत है, उसको पूछो। सबको पूछना है। उनको हम कह सकते हैं कि इस तरहसे करो और इस तरहसे न करो। आखिर साढ़े चार करोड़ मुसलमानोंसे क्या डरना था। मानो कि साढ़े चार करोड़ मुसलमानोंको मार डाला, तब पीछे क्या करोगे ? पाकिस्तानमें तो बहुत मुसलमान पड़े हैं, वहां किसको मारोगे ? पाकिस्तानवाले आपके पाससे साढ़े चार करोड़का हिसाब लेंगे और वह हिसाब आप नहीं दे सकेंगे, क्योंकि उसके साथ सारी दुनिया होगी। इसलिए मैं कहता हूं कि हम पाक रहें, हमारी जो किताब है, बहीखाता है, अमलनामा है, उसको हम साफ रक्खें। हम कभी कर्जदार नहीं बनेंगे, लेनदार बनेंगे। ऐसा हम कर लें और पीछे मैं कहूंगा कि आपकी जो हकूमत है उसको तो पाकिस्तानको अल्टीमेटम[१] देना है। जितने हिंदू, सिख वहांसे चले आए हैं उनको सबको वापस जाना है और उनकी हिफाजत पाकिस्तानको करनी है। पाकिस्तानने तो अब कह भी दिया है कि जितनी अक्लियत पाकिस्तानमें है उनको वही हक होंगे जो मुसलमानोंको हैं। उनको बोलनेका, रहनेका, अपने मंदिरोंमें जानेका, गुरुद्वारोंमें जानेका, सब हक रहेगा। हकूमत उनके हाथमें नहीं आ जायगी। आज एक-दूसरेका एतबार टूट गया है, वह मैं समझ सकता हूं। लेकिन इलाज क्या यह है कि मेरे पास यहां मुसलमान पड़े हैं, उनकी जायदाद पड़ी है, घर पड़े हैं, उनके बच्चे हैं, उनको हम मारें और भगाना शुरू कर दें ? ऐसा नहीं होना चाहिए। इसमें बड़ी बुजदिली है। हम क्यों बुजदिल बनें ? ऐसी सीधी-सीधी बात मैं आज आपको सुनाना चाहता हूं। मैं तो यही कहता हूं कि हम हिंदुस्तानमें बदला लेना भूल जायं और दिलको ऐसा बहादुर रक्खें कि हिंदुस्तान देख सके कि दिल्लीमें कुछ होनेवाला नहीं है। दिल्ली, में हमने कुछ कर लिया है, मुसलमानोंको निकाल दिया है। मैं नहीं

१. अंतिम चेतावनी।

कहता हूं कि जो चले गए हैं उनको आप आज वापस लाएं। लेकिन जितने यहां पड़े हैं उनसे कहें कि चलो आरामसे रहो। बादमें जो पीछे चले गए हैं उनको आप दिल्लीमें लाएंगे। जो कोई मुसलमान बुराई करे उसके लिए हकूमतको कहो। आज जो करना चाहिए वह करने नहीं देते। वह आपकी हकूमत है, ईस्ट[1] पंजाबमें भी आपकी हकूमत है और वह तो हिंदुस्तानमें है। तो हिंदुस्तानमें जो पड़े हैं वे तो हिंदुस्तानकी हकूमतमें पड़े हैं। उनको हकूमत जैसा कहे करना है। अगर हकूमत कहे कि मारो, हमारे पास तो लश्कर नहीं है, तो पीछे हकूमत मर जाती है। तब तो पीछे गुंडा-राज्य बन जाता है और वह तो हकूमतका काम ही नहीं है। मैं आपको कहना चाहता हूं कि हकूमतको आप जितना और दे सकते हैं दें, लेकिन आप अपने हाथमें कानून न लें, बंदूक न लें और किसीको मारें नहीं। इतना करो तो हम जीत जाते हैं और हमारी किश्ती जो आज डूब रही है वह बच जायगी। और पीछे जो सच है उसके साथ तो हमेशा ईश्वर है ही। ईश्वर हमको कभी छोड़ नहीं सकता है। हम अगर ईश्वरको छोड़ दें, उसको भूल जाएं और सच्चा रास्ता छोड़ दें तो ईश्वर क्या कर सकता है?

॥ ९८ ॥

२५ सितम्बर १९४७

भाइयो और बहनो,

यह सब आपत्ति हमारे सिरपर यकायक आ पड़ी है। हमारी आजादी अभी दो-डेढ़ महीनेकी नहीं हुई। १५ अगस्तसे १५ सितम्बरतक और आज २५ तारीख है, तो एक महीना १० दिन हुआ। वह आजादी अभी तो एक छोटी-सी बच्ची है। एक महीना १० दिनका बच्चा क्या कर सकता है? उसके तो हाथ-पैर चलने चाहिए। एक महीने १० दिनके बच्चेमें वह दिमाग नहीं हो सकता। लेकिन हम तो तगड़े हैं और अंग्रेजी सल्तनतसे आजतक लड़ते आए हैं, तो हम थोड़े ही मुसीबतके सामने झुकनेवाले थे। आजादी के बादकी ही बात करें। यह तो हो नहीं सकता कि हम तैयार नहीं थे। आजाद तो हम बन गए; लेकिन हमारे जो लोग हैं उन्होंने आजादीके

---

१. पूर्वी।

यह माने मान लिए कि अब हम जो कुछ चाहे वह करें। इससे हिंदकी हकूमतका काम हमने बहुत ही मुश्किल कर दिया है। जो आदमी अपने हाथ साफ नहीं रखता वह साफ चीज क्या देखेगा और उसकी कहांतक कदर करेगा? आज हममें बदमाश आदमी पड़े हैं तो उसमेंसे कौन आदमी किसको कहे कि तू बुरा है? अगर दूसरा उसका जवाब दे कि तू बदमाश है तो इससे वह सवाल और पेचीदा हो जाता है। यह स्वराज्य नहीं है और न यह स्वराज्य लेनेका रास्ता है। इसलिए मैं कहूंगा कि हमें तो जितना हो सकता है हमारी हकूमतको कहना चाहिए, उसको हमें मदद देनी चाहिए। मानो कि यह मदद नहीं मिलती, तो क्या जो पाकिस्तानमें होता है और हो रहा है ऐसा हम भी करने लगे? इससे उनको पाठ मिल जायगा? मैं आपको कहूंगा कि उनको पाठ ऐसे नहीं मिल सकता। दुनियाका काम इस तरह नहीं चलता। कुछ आदमी लड़ते-भिड़ते हैं तो हकूमत कहती है कि तुम आपसमें क्यों लड़ते हो, पुलिस पड़ी है उसको कहना चाहिए। पुलिस नहीं सुनती है तो मजिस्ट्रेटका मकान तो है, आप वहां निवेदन कर सकते हैं। वहां जो कुछ हो सकता है, वह होगा। एक-दो आदमी आपसमें लड़ें तब तो मजिस्ट्रेट फैसला करे, लेकिन यहां तो दो बड़ी कौमें आपसमें लड़ीं। हकूमत क्या करे? यह अंग्रेजी हकूमत नहीं है जिसको इंग्लैडसे हुक्म आते थे। आज तो हकूमत आपकी है। उसके माने हुए कि आप हुक्म निकाल सकते हैं। आप हकूमतको कह सकते हैं, यह मत करो। उसे हटाना चाहें तो हटा सकते हैं। ऐसी आपकी ताकत है। अगर उस ताकतका आप सच्चा इस्तेमाल न करें तो बड़े खतरेमें पड़ जाएंगे और मैं कहूंगा कि हम आज बड़े खतरेमें पड़े हैं। पाकिस्तान तो खतरेमें पड़ा ही है और हम भी खतरेमें पड़े हैं। मैं इसके जवाबमें यही कहूंगा कि हमारी सरकार है, सल्तनत है, हकूमत है, उसको जो करना चाहिए कर रही है। और अगर कुछ बाकी रह गया तो उसको भी करना है। मैंने आपको बतला दिया है कि आपका धर्म क्या है, बाकी मैं कहना नहीं चाहता। आप लोगोंका धर्म क्या है? मिल-जुलकर रहें, मुसलमानोंको दुश्मन न समझें। जो दुश्मन हैं वे अपने-आप मर जायंगे। लेकिन हम एक आदमीको दुश्मन समझें, उसको मारें-पीटें तो उसमें हमारी बुजदिली है, इससे हममें दुर्बलता आती है। जो हिम्मत रखते हैं, बहादुर हैं उनका यह काम नहीं है कि वे किसीसे लड़ें-भिड़ें। क्योंकि किसीपर हम अविश्वास रखते हैं, उससे हम लड़ते हैं, यह सब व्यर्थ है। लड़ना क्या था। उसके बीचमें हमारे बीचमें भगवान हैं।

मैंने आपको सुनाया था कि यह सब तुम्हारे हाथमें नहीं (?) है; ईश्वरके हाथमें है। वह हमारी लाज रखे तो रहती है, नहीं रखे तो नहीं रहती है। उसको कहो, मनुष्यको नहीं। जो पतितका उद्धार करनेवाला है, उसको कहो। वह हमारे बीचमें है। वह हमारा उद्धार करनेवाला है। तो हम क्यों किसीसे बिगड़ें या डरें? भले ही मुसलमान कुछ भी करे, भले ही कितने हथियार रक्खे, भले वह बदमाश बन जाय, बेवफा बने। तो बेवफाईका बदला हकूमत लेगी। हकूमतके लिए तो यह कानून सारी दुनियामें पड़ा है कि बेवफाको गोली मारकर उड़ा देती है। अगर कोई बेवफाई करे तो वह स्टेटके लिए बड़ा भारी गुनाह हो जाता है। वह एक खूनसे भी ज्यादा गुनाह हो जाता है। इसलिए उनको उड़ा देते हैं। तो वे ऐसा करें यह मैं समझ सकता हूं। लेकिन वे बेवफा हो गए हैं, ऐसा शक करके उन्हें मारना इन्सानका काम नहीं है, वह बुजदिलका काम है। मैं कहूंगा हम ऐसा न करें।

कल मैंने कहा और आज फिर कहता हूं कि हमारी टूटी-फूटी किश्ती है। उसको कृपा करके तुम ही पार उतार सकते हो। नहीं तो किश्ती दरियामें पड़ी है। उसको डूबना है, उसमें एक बड़ा छिद्र हो गया है। पानी उसमें फक-फक करके भर जायगा और जो लोग उसमें बैठे वे भी डूब जायंगे। भजनमें कहा है कि मेरी टूटी हुई किश्ती है उसको हे प्रभु, तू कृपा करके पार उतार। यह बिलकुल ठीक बात है कि हमारी ऐसी टूटी हुई किश्तीको भगवान ही पार उतारेगा। लेकिन हमें प्रयत्न करना चाहिए। अगर किसी जगहपर किश्ती टूट गई है तो हमारे पास जो सामान हो सकता है वह लेकर उसमें पानी भरने न दें। पानी भर जाता है तो मैंने देखा है कि जितने जोरसे पानी अंदर आता है उतने ही जोरसे उसे निकाल फेंकते हैं। तब छिद्र होते हुए भी वह नय्या चलती है, लेकिन कब चल सकती है जब ईश्वरका उसमें हाथ हो। ईश्वर कृपा करें तो वह नय्या चलनेवाली है और वह पार उतर आती है, नहीं तो डूब जाती है। इसलिए मैं कहूंगा कि मनुष्यको प्रयत्न करना चाहिए और ईश्वरका सहारा रहना चाहिए।

दिल्लीमें आग भभक रही है, दूसरी जगह हिंदुस्तानमें आग लग रही है, हर जगह आज आग जल रही है तो हमारा धर्म हो जाता है कि हम उसको मिटा दें, उसपर पानी डालें, नहीं तो वह आग बुझ नहीं सकती। हमारा पहला काम यह हो जाता है कि हम लोगोंको समझाएं। उनको, आप

लोगोंको, सबको मैं वही चीज समझाता हूं। जबतक मुझमें सांस है, मैं सारी दुनियाको वही चीज कहनेवाला हूं। हिंदुस्तान इतना आलीशान मुल्क, आज बिलकुल एक श्मशान-सा हो गया है। ऐसा हैवान हो गया है!

मुझको तजुर्बा है और मैं कहता हूं कि हमारी पुलिस, मिलिटरीको लोगोंका सेवक बनकर रहना है, लोगोंका अमलदार बनकर नहीं। अमलदारीका जमाना चला गया। मेरा तो उसूल यह है कि मुहब्बतसे काम लेना चाहिए। अगर हम ऐसा कहेंगे कि हिंदू मिलिटरी है, पंजाबी मिलिटरी है, हिंदू पुलिस मुसलमानको कटवा देगी यह सब में सुनता हूं तो मुझको दुःख भी होता है, हंसी भी आती है। अगर यह बात सच्ची है तो मैं समझता हूं कि पुलिस-मिलिटरी दोनों हिंदुस्तानको दबा देंगी और हिंदुस्तानकी किश्ती डूब जायगी। आज तो हमारी मिलिटरी है। मैं ऐसा नहीं मानता कि अंग्रेज सब निकम्मे हैं। मगर अंग्रेज तो उसमेंसे काफी चले गए हैं, अफसर लोग हैं। माना कि वे सब निकम्मे हैं। मैं तो ऐसा मान नहीं सकता, मगर ऐसा है तो वे जा सकते हैं। माना कि पाकिस्तानमें मिलिटरी कोई गंदा काम करे तो क्या हिंदुस्तानमें जो मिलिटरी है वह भी गंदा काम करे? वहांकी पुलिस गंदा काम करती है तो यहांकी पलिस भी गंदा काम करे? मैं आपको कहना चाहता हूं और उसका नतीजा बतलाता हूं। सब ऐसे बनें तो हमारा हिंदुस्तान बिलकुल ख्वार हो जायगा और हमारी आजादी जो एक महीना १० दिनकी है वह दो महीने भी नहीं चल सकेगी। ऐसा हम न करें। ऐसा न करनेके लिए हमें क्या करना चाहिए? हमको बहादुर होना चाहिए। किसीसे न डरें। सिर्फ भगवानसे हम डरें। भगवानसे हम प्रार्थना करें कि जो हमारी किश्ती है उसको पार उतार दे। हमारी और उसकी शर्त यह हो जाती है कि पाकिस्तानमें कुछ भी हो, दूसरे कुछ भी करें, हमें साफ रहना है। हम दिल शुद्ध रक्खें। अगर ऐसा नहीं करते तो पीछे हम राक्षस बनेंगे, यह समझनेकी बात है। मुसलमान कहीं भी हों, सारी दुनियामें वे कुछ करें, उससे हमें क्या पड़ा है? हम तो अपने हिंदुस्तानको स्वच्छ रक्खें, शुद्ध रक्खें, सहिष्णु रक्खें। मुसलमानोंको हिंदुस्तानका वफादार बनना है। अगर वे वफादार नहीं रहते हैं तो वे शूट[१] होते हैं। हम थोड़े ही गोली मार सकते हैं? वह हमारा काम नहीं। लेकिन अगर साबित हो जाता है कि उन्होंने

---

१. गोली मारना।

हिंदुस्तानकी बेवफाई की है तो उनके लिए एक ही इलाज है कि उनको गोलीसे शूट किया जाय या फांसीपर चढ़ाना होगा। दूसरा तरीका नहीं। यह शर्त है उन लोगोंके लिए जो हिंदुस्तानमें रहते हैं। मुसलमान तो हमारे भाई हैं, मुसलमानोंका तो सब घर-बार यहां पड़ा है। इसलिए हमको समझ लेना चाहिए कि जो यहां रहना चाहें वे खुशीसे रहें। हमको एक-दूसरेका डर न हो। मैं तो आपको कहूंगा कि आप विश्वास रखिए; क्योंकि विश्वाससे विश्वास बन सकता है और दगाबाजीसे दगाबाजी। तो विश्वासको बढ़ाते रहो।

॥ ९९ ॥

२६ सितम्बर १९४७

भाइयो और बहनो,

यह जो चल रहा है वह न सिख-धर्म है, न इस्लाम है, न हिंदू-धर्म। सबको थोड़ा-थोड़ा हम जानते हैं। ऐसा कोई धर्म रह सकता है कि जो न करनेका काम करे? गुरु नानकसे सिख पंथ चला। गुरु नानकने क्या सिखाया है? वे कहते हैं कि ईश्वरको तो बहुत नामसे हम पहिचानते हैं, उनकी बयानमें अल्लाह आ जाता है, रहीम आ जाता है, खुदा आ जाता है, सब धर्मोंमें यह है। नानक साहबने भी यह यत्न किया कि सबको मिला देंगे। कबीर साहबने भी वही कहा। वह जमाना चला गया। यह हमारे लिए दुःखकी बात है।

आज एक भाई मेरे पास आ गए—गुरुदत्त। वे बड़े वैद्य हैं। अपनी कथा सुनाते-सुनाते वे रो दिए। उन्होंने यह कबूल किया कि तुम्हारी शिक्षा यह थी कि मुझे वहां मर जाना था, लेकिन उसकी हिम्मत मुझमें नहीं थी। उन्होंने कहा कि 'मैंने तुम्हारा सदा सम्मान किया है और मैं समझता आया हूं कि जो तुम बताते हो वही सच्ची बात है। लेकिन सच्ची बातके मुताबिक चलना दूसरी बात है। सच बात है कि वह मुझसे नहीं बना। अभी मुझसे कहो तो मैं—वापिस चला जाऊं।' मैंने कहा कि अगर हम समझें, हमको बिलकुल साबित हो जाता है कि पाकिस्तान गवर्नमेंटसे हम कभी इन्साफ नहीं ले सकते हैं—वह अपने-आप कबूल नहीं करते कि उन्होंने कुछ

गुनाह किया है—अगर उनको आप समझा न सकें तो आपकी कैबिनेट[1] है, बड़ी कैबिनेट है, उसमें जवाहरलाल हैं, सरदार पटेल हैं, दूसरे अच्छे आदमी पड़े हैं, वे भी उनको समझा न सकें कि ऐसा मत करो, तो आखिर लड़ना होगा। हम आपसमें दोस्ताना तौरसे तय कर लें। क्यों न ऐसा कर सकें? हम हिंदू-मुसलमान कलतक दोस्त थे तो क्या आज ऐसे दुश्मन बन गए कि एक-दूसरेका भरोसा ही नहीं करते? अगर आप कहें कि भरोसा नहीं ही करनेवाले हैं तो पीछे दोनोंको लड़ना पड़ेगा। लॉजिक[2] बताती है जिसके पास फौज रहती है, पुलिस रहती है और जिनको उनके मारफत काम करना पड़ता है वह ऐसा न करें तो क्या करें। अगर यही करते हैं कि वे पाकिस्तानमें, एकको मारते हैं तो हम दोको मारेंगे, तो कौन किसका रहेगा? अगर हमको इन्साफ लेना है तो हम यह समझ लें कि यह मेरा और आपका काम नहीं है। वह हमारी हकूमतका काम है। हकूमतको कहो वह तो हमारी मददके लिए पड़ी है। हमें हमला नहीं करना है। लेकिन लड़नेके लिए तैयार रहें, क्योंकि लड़ाई जब आती है तो हमें नोटिस देकर नहीं आती है। किसीको लड़नेके लिए आगे कदम बढ़ाना नहीं है, लेकिन अगर कोई कदम बढ़ाता है तो पीछे दोनों हकूमतोंका सत्यानाश हो जाता है। लड़ाई कोई मामूली चीज नहीं है। मैं आखिर कबतक यह बताऊंगा। अगर दोनोंके बीच समझौता नहीं हो सकता तो हमारे लिए दूसरा कोई चारा नहीं। पीछे जितने हिंदू हैं वे लड़ते-लड़ते बरबाद हो जायं, या मर जायं तो मुझे इसमें कोई दुःख नहीं। लेकिन हमें इन्साफका रास्ता लेना है। मुझे कोई परवाह नहीं है कि सब-के-सब मुसलमान या हिंदू इन्साफके रास्तेमें मर जाते हैं। पीछे जो ४॥ करोड़ मुसलमान हैं अगर यह साबित होता है कि वे तो फिफ्थ कॉलमिस्ट हैं, पंचम स्तंभ हैं तो उन्हें तो गोलीपर जाना है, फांसीपर जाना है, इसमें मुझे कोई संदेह नहीं है। तो जैसे उनको जाना है वैसे हिंदूको, सिखको जाना है। अगर वे पाकिस्तानमें रहकर पाकिस्तानसे बेवफाई करते हैं तो हम एक तरफसे बात नहीं कर सकते। अगर हम यहां जितने मुसलमान रहते हैं उनको पंचम स्तंभ बना देते हैं तो वहां पाकिस्तानमें जो हिंदू, सिख रहते हैं क्या उन सबको भी पंचम स्तंभ बनानेवाले हैं? यह चलनेवाली बात नहीं है। जो वहां रहते हैं अगर वे वहां नहीं रहना चाहते तो यहां खुशीसे आ जायं। उनको काम देना, उनको

१. मंत्रिसभा; २. तर्कशास्त्र।

आरामसे रखना हमारी यूनियन सरकारका परम धर्म हो जाता है। लेकिन ऐसा नहीं हो सकता कि वे वहां बैठे रहें और छोटे जासूस बनें, काम पाकिस्तानका नहीं, हमारा करें। यह बननेवाली बात नहीं है और इसमें मैं शरीक नहीं हो सकता। मेरे पास कोई जादूकी लकड़ी नहीं है, तलवार नहीं है। मेरे पास एक ही बात रही है, ईश्वरका नाम लेना, ईश्वरका काम करना। उससे हमारे सब काम निबट जाते हैं। यह साधन मेरे ही पास थोड़े है, यह आपके पास भी है, और जो छोटी लड़की खड़ी है उसके पास भी है। जो जादू है वह ईश्वरके पास पड़ा है। ईश्वरकी कृपा न हो तो मैं क्या करनेवाला हूं? लेकिन इतना समझ सकता हूं मैं तो बहुत वर्षोंसे, ६० वर्ष हो गए, बस लड़नेवाला हूं, तलवारसे नहीं, बल्कि सत्य और अहिंसाके शस्त्रसे। आज भी वह शस्त्र हमारे पास है, लेकिन वह मेरी अकेलेकी शक्ति नहीं। अगर आप सब मेरा साथ न दें तो मैं बेकार हो जाता हूं?

हमको जिस शक्तिसे यह आजादी मिली है उसी शक्तिसे हम उसे रखनेवाले हैं। इस शक्तिसे हमने अंग्रेजोंको हरा दिया। बम-गोलोंसे नहीं हराया। लेकिन जो कुछ हमारी शक्ति रही वह निःशस्त्र थी, उससे हमने उनको हरा दिया। हिंदू हों, सिख हों, पारसी हों, क्रिस्टी हों अगर हिंदुस्तानमें बसना चाहते हैं तो उनको हिंदुस्तानके लिए लड़ना है और मरना है। सब हिंदुस्तानी अपने देशके लिए लड़ेंगे तो हमारे पास लश्कर हो या न हो, हमें कोई ताकत नहीं हरा सकती और न हटा ही सकती है। उन्होंने कहा है वे हिंदुस्तानके वफादार रहेंगे हम उनका विश्वास करें और दिलसे करें। याद रखें कि 'सत्यमेव जयते' सत्यकी जय होती है। सत्य हमेशा जय पाता है। 'नानृतम्' अर्थात् झूठ कभी नहीं। यह महान् वाक्य है। इसमें हमारे धर्मका निचोड़ है। उसको आप कंठ कर लें, दिलमें रख लें। तो मैं कहूंगा और जोरोंसे कहूंगा कि अगर सारी दुनिया हमारा सामना करे तो हम खड़े रहनेवाले हैं हमको कोई नहीं मार सकता है। हिंदू-धर्मका कोई नाश नहीं कर सकता। अगर उसका नाश हुआ तो हम ही करेंगे। इसी तरह इस्लामका हिंदुस्तानमें नाश होता है तो पाकिस्तानमें जो मुसलमान रहते हैं वे कर सकते हैं, हिंदू नहीं कर सकते हैं।

॥ १०० ॥

२७ सितम्बर १९४७

भाइयो और बहनो,

मेरा खास वैद्य कौन है वह मैं आपको बतला दूं ? वह मेरे लिए भी अच्छा है और आपके लिए भी अच्छा है। आज मेरा वैद्य, मनसे, वचनसे और कर्मसे राम है, ईश्वर है, रहीम है। वह वैद्य कैसे बन सकता है ? एक भजन सुनाया। —'दीनन दुखहरन नाथ' दुःखमें—सब दुःख आ जाते हैं, शारीरिक, मानसिक, आध्यात्मिक जितने दुःख एक अदमीको भुगतने पड़ते हैं। शरीरके जितने दुःख हैं उनका हरण करनेवाला राम है, यह भजनमें कहा है। सो मैंने समझ लिया कि सबसे बड़ा अचूक इलाज या उपचार है रामनाम। जो लोग मेरे पास आ जाते हैं उनके लिए मेरे पास तो दूसरी दवाई ही नहीं है। हां, रामनाम है। पीछे थोड़ी मिट्टी ले लो, पानीका उपचार कर लो। मैं जानता हूं कि जिसके हृदयमें रामनाम अंकित हो गया है उसको तो मिट्टी भी नहीं चाहिए और पानीका उपचार भी नहीं। जिंदा रहते हैं तो जिंदा रहेंगे, मर जायंगे तो भले मर जायं। दो घोड़ों पर कोई सवारी नहीं कर सकता। अगर मुझको रामनाममें विश्वास है तो मुझको उसीपर कायम रहना चाहिए। उससे डरे तो मरे। राम तो तारणहार है। जो मनुष्य रामनामको अपने हृदयमें अंकित करता है उसको मरना है ही कहां। यह शरीर क्षणभंगुर है। आज है, कल नहीं, अभी है दूसरे क्षणमें नहीं। तो इसका मैं अहंकार करूं ? नाशका समय आ जानेपर उसको जिंदा रखनेकी चेष्टा करना वह व्यर्थ है। उस मनुष्यका क्या होगा जो शरीरपर इतना अहंकार करता था ? नानक गुरु बड़े गुरु हो गए हैं। उनके पीछे जितने गुरु आए उन्होंने भजन-कीर्तन लिखे तो सही, लेकिन आखिरमें उन्होंने गुरु नानकका नाम दिया। यह हमारी हिंदुस्तानकी सभ्यता है। मैं ऐसा मानता हूं कि बहुतसे देशोंमें ऐसा होता होगा। कुछ भी हो, मैं तो यहां हिंदुस्तानकी जो सभ्यता है उसकी ही बात कर सकता हूं। मीराबाई बड़ी भक्त थी। बहुत भजनोंके अंतमें मीराका नाम आता है। उसने अपना नाम नहीं दिया; लेकिन अपने भजनोंमें मीराका शब्द लगानेसे मीराके भक्तोंको संतोष मिला। वह बड़ी खूबसूरत चीज है। कहते हैं कि अर्जुनदेव बहुत बड़े गुरु हो गए हैं और कवि भी थे। वे लिखते हैं—"कोई बोले रामनाम, कोई

खुदाई, कोई सेवे गोसइयां कोई अल्लाह।'' यह देखने लायक बात है, यह गुरुग्रंथमें दिया है। आज जो सिखोंके बारेमें कहा जाता है वह तो नानक गुरुकी जो शिक्षा थी उसको दबानेकी बात है। ऐसी चीजोंसे गुरुग्रंथ साहिबकी प्रतिष्ठा बढ़ नहीं सकती, सिख भी बढ़ नहीं सकते। कुछ सिख भाइयोंने ऐसे सादे भावसे मुझसे बात की। गुरु अर्जुनदेवने ऐसा नहीं कहा है कि रामके साथ रहीमका क्या मिलना था, कृष्णके साथ करीमका क्या मिलना था? और उन्होंने पीछे मुझे और सुनाया कि कोई जावे तीर्थ और कोई हज जाय, तो सब एक है। कोई पूजा करे कोई सिर नवाए, पूजा कोई मंदिरमें करता है और कोई अपना शरीर है वह ईश्वरके नामपर झुका लेता है। पीछे कहते हैं कि कोई पढ़े वेद, कोई किताब। किताबके माने कुरानशरीफके हैं। कोई नीला कपड़ा पहनता था कोई सफेद। मुसलमान नीला कपड़ा पहनता है और जो खासा हिंदू रहता है वह सफेद पहनता है। पीछे कोई कहे तुर्क, कोई कहे हिंदू। तुर्कके माने मुसलमान हैं। प्रभु और साहब इनके बीचमें भेद रहा, रहस्य रहा वह जान लेते हैं। अगर वक्त मिले तो हिंदू भजनोंमें, कीर्तनोंमेंसे इतनी चीजें मैं सुना सकता हूं कि आप हैरान हो जायंगे कि यह हिंदू-धर्म है या सिख-धर्म है। आज हम ऐसा क्यों कहते हैं कि बस मुसलमानोंको यहांसे जाना ही है, मुसलमानोंको हिंदुओंके साथ बसानेकी जो योजना रखी जा रही है वह भूल है और कांग्रेसकी यह चौथी भूल है। कांग्रेस इसको करे या न करे, लेकिन यह मेरी योजना है और भूल है तो यह मेरी भूल है। दूसरे आते हैं, वे कहते हैं कि तू महात्मा कहांका रहा? महात्मा होकर हिंदू-धर्मका नाश करनेमें पड़ा है। लेकिन मैं तो कहता हूं कि जो मेरी भूल बतलाते हैं वह भूल नहीं है। सही बात यह है कि आज हम दीवाने बन गए हैं और दीवानेपनमें उल्टी-सीधी बातें करते हैं। जब हमारा दीवानापन निकल जायगा तब हम जो सही बात है वह कहेंगे। इसलिए मैं कहता हूं कि मेरी बात भूल नहीं हो सकती। जो लोग ऐसा मानते हैं, कि मैं भूल करता हूं वे खुद भूल करते हैं। अगर ४॥ करोड़ मुसलमानोंको यहांसे निकाल दोगे तो सारा जगत थूकेगा। तब क्या यह कहोगे कि पाकिस्तान क्या कर रहा है? पाकिस्तान अपना धर्म नहीं पालता, इसलिए मैं हिंदुओंको सिखाना शुरू कर दूं कि तुम भी धर्म छोड़ो? यह तो मैंने सीखा नहीं। हम तो अगर यहां जो मुसलमान भाई हैं इनकी रक्षा कर लेते हैं और खुद साफ रहते हैं तो पाकिस्तानमें भी उसका असर होगा। यह मेरा जवाब है।

आज मैं सोचता हूं और यह समझनेकी बात है कि एक क्रिस्टी बहन उसे आप जानते हैं, राजकुमारी अमृतकौर, वह तो हेल्थ मिनिस्टर[१] है, जितने लोग कैंपोंमें पड़े हैं, हिंदू-मुसलमान, सबके लिए वह कुछ करना चाहती है। मगर उसे किसीका सहारा न मिले तो वह क्या कर सकती है? वह पक्षपात तो कर नहीं सकती। जो कुछ हो सकता है सबके लिए करती है। वह थोड़ी क्रिस्टी भी है, थोड़ी मुसलमान भी है, थोड़ी हिंदू भी, इसलिए उसके सामने सब धर्म एक समान हैं। वह चली गई और उसके साथ लड़कियां भी गईं, वे सब तो सेवाके लिए गई थीं। सेवामें डर क्या? लेकिन उन्होंने मुझको सुनाया कि वहां जो हिंदू, सिख पड़े हैं वे कहते हैं कि खबरदार, तुम मुसलमानोंकी सेवा करनेके लिए जाती हो तो यहांसे भागना होगा। जब मैंने यह सुना तो हंस दिया। वह कहनेकी बात थी, कुछ करना थोड़े ही था। लेकिन आखिरमें तो जो बेचारे मुसलमान पड़े हैं या थोड़े क्रिस्टी पड़े हैं, वे कोई मारधाड़ करनेवाले थोड़े ही हैं। कहांसे मारधाड़ करेंगे? उनके पास है क्या? उनकी तो आज दुर्दशा है। उन्हें धमकी क्या देना था? इसलिए मैंने सोचा कि आपको यह कहूं जिससे हम सावधान बनें और ऐसी बातें न करें।

आखिरमें जो मैं कहना चाहता हूं वह यह है कि मैंने लड़ाईकी बात की थी तो समझ-बूझकर की थी। लेकिन हमारे अखबारनवीस हैं उनका काम है बातको बढ़ाना। उन्होंने हेड लाइन[२] दी कि गांधी तो लड़ाई करना चाहते हैं। कलकत्तेसे तार आता है कि गांधी भी लड़ाईकी बात कहते हैं। क्या लड़ाई होगी? मैंने जो बात कही वह तो यह है कि मेरे मनमें स्वप्नमें भी, ख्वाबमें भी लड़ाईकी बात हो नहीं सकती। क्या आखिर मैं एक ऐन मौकेपर अपना धर्म छोड़ दूंगा? मेरा धर्म तो अहिंसा है। मैंने तो कभी लड़ाई नहीं की और न किसीको लड़ना चाहिए। जो काम हमें करना है वह लड़कर हम कैसे कर सकते हैं? मैंने तो बतलाया है कि अगर पाकिस्तान गुनाह करता है और हिंदुस्तान भी गुनाह करता है, क्योंकि दोनों हकूमतें अलग हो गईं, आजाद हो गईं, तो एक हकूमत दूसरी हकूमतसे इन्साफ करवाना चाहे तो कैसे करवा सकती है? हां, मिल-जुलकर काम करें तो वह दूसरी बात है। अगर मिल-जुलकर नहीं कर सकते हैं तो पंच रक्खें। वह भी नहीं करते तो हम लाचार बन जायंगे। यह कहना कि आप मेहरबानी

---

१. स्वास्थ्यमंत्रिणी; २. सुर्खी।

करके आपसमें मिलकर कोई फैसला करें, अगर वह नहीं कर सकते तो पंच रक्खें और अगर वह भी नहीं करते हैं तो हम लाचार बन जायंगे और लड़ाई होगी, क्या लड़ाईकी हिमायत करना है? मुझे तो हिंदुस्तानको यही कहना है, और पाकिस्तानको भी यही कहना है कि आपसमें मिल-जुलकर फैसला करें या पंच रक्खें। लेकिन पाकिस्तानवाले कहें कि नहीं, 'हम तो लड़कर लेंगे हिंदुस्तान' तो मैंने कल सुनाया कि अगर ऐसा गुमान रक्खें तो यहां हिंदुस्तानकी हकूमत लड़ेगी नहीं तो क्या करेगी? अगर हकूमतका चार्ज मेरे पास दें तो मेरे पास तो कोई मिलिटरी नहीं है, न कोई पुलिस है, मेरा तो रवैया दूसरा है। मगर उसमें तो मैं अकेला हूं, मेरा साथ कौन देगा? जो हकूमत आपकी है, जो सल्तनत आपकी है वह जब ऐन मौका आएगा तो जो कुछ कर सकती है सो करेगी। मैं तो एक ही बात कहता रहूंगा। मगर अहिंसाको अगर लोग नहीं समझते हैं तो मैं किसको सुनाऊं?

॥ १०१ ॥

२८ सितम्बर १९४७

भाइयो और बहनो,

सभामें कोई ऐसा आदमी है जिसे कुरानकी खास आयतें पढ़नेपर एतराज हो? (सभाके दो आदमियोंने विरोधमें अपने हाथ उठाए। गांधीजीने कहा—) मैं आपके विरोधकी कदर करूंगा, हालांकि मैं जानता हूं कि प्रार्थना न करनेसे बाकीके लोगोंको बड़ी निराशा होगी। अहिंसामें पक्का विश्वास रखनेके कारण इसके सिवा दूसरा कुछ मैं कर नहीं सकता; फिर भी यह कहे बिना नहीं रह सकता कि आपको अपना विरोध करनेवाले इतने बड़े बहुमतकी इच्छाओंका अनादर नहीं करना चाहिए। आपका यह बरताव हर तरहसे अनुचित है। मैं आगे जो बात कहूंगा, उससे आपको यह समझ लेना चाहिए कि किसीके बहकावेमें आकर आपने जो गैर-रवादारी दिखाई है, वह उस चिड़चिड़ेपन और गुस्सेकी निशानी है जो आज सारे देशमें दिखाई देती है, और जिसने मि० विन्स्टन चर्चिलसे हिंदुस्तानके बारेमें बहुत कड़वी बातें कहलवाई हैं। आज सुबहके अखबारोंमें रूटरद्वारा तारसे भेजा हुआ

मि० चर्चिलके भाषणका जो सार छपा है, उसे मैं हिंदुस्तानीमें आपको समझाता हूं। वह सार इस तरह है :

"'आज रातको यहां अपने एक भाषणमें मि० चर्चिलने कहा—'हिंदुस्तानमें जो भयंकर खूंरेजी चल रही है, उससे मुझे कोई अचरज नहीं होता।'

"'उन्होंने कहा—'अभी तो इन बेरहमीभरी हत्याओं और भयंकर जुल्मोंकी शुरुआत ही है। यह राक्षसी खूंरेजी वे जातियां कर रही हैं, ये जुल्म एक-दूसरीपर वे जातियां ढा रही हैं, जिनमें ऊंची-से-ऊंची संस्कृति और सभ्यताको जन्म देनेकी शक्ति है और जो ब्रिटिश ताज और ब्रिटिश पार्लियामेंटके रवादार और गैर-तरफदार शासनमें पीढ़ियोंतक साथ-साथ पूरी शांतिसे रही हैं। मुझे डर है कि दुनियाका जो हिस्सा पिछले ६० या ७० बरससे सबसे ज्यादा शांत रहा है, उसकी आबादी भविष्यमें सब जगह बहुत ज्यादा घटनेवाली है। और, आबादीके घटावके साथ ही उस विशाल देशमें सभ्यताका जो पतन होगा, वह एशियाकी सबसे बड़ी निराशापूर्ण और दुखभरी बात होगी'।"

आप सब जानते हैं कि मि० चर्चिल खुद एक बड़े आदमी हैं। वे इंग्लैंडके ऊंचे कुलमें पैदा हुए हैं। मार्लबरो-परिवार इंग्लैंडके इतिहासमें मशहूर है। दूसरे विश्वयुद्धके शुरू होनेपर जब ग्रेट ब्रिटेन खतरेमें था, तब मि० चर्चिलने उसकी हकूमतकी बागडोर संभाली थी। बेशक, उन्होंने उस समयके ब्रिटिश साम्राज्यको खतरेसे बचा लिया। यह दलील गलत होगी कि अमेरिका या दूसरे मित्र-राष्ट्रकी मददके बिना ग्रेट ब्रिटेन लड़ाई नहीं जीत सकता था। मि० चर्चिलकी तेज सियासी[१] बुद्धिके सिवा मित्र-राष्ट्रोंको एक साथ कौन मिला सकता था? मि० चर्चिलने जिस महान् राष्ट्रकी लड़ाईके दिनोंमें इतनी शानसे नुमाइंदगी की, उसने उनकी सेवाओंकी कदर की। लेकिन लड़ाई जीत लेनेके बाद उस राष्ट्रने ब्रिटिश द्वीपोंको, जिन्होंने लड़ाईमें जन-धनका भारी नुकसान उठाया था, नया जीवन देनेके लिए चर्चिल-सरकारकी जगह मजदूर-सरकारको तरजीह देनेमें कोई हिचकिचाहट नहीं दिखाई। अंग्रेजोंने समयको पहचानकर अपनी इच्छासे साम्राज्यको तोड़ देने और उसकी जगह बाहरसे न दिखाई देनेवाला दिलोंका ज्यादा मशहूर साम्राज्य कायम करनेका फैसला कर लिया। हिंदुस्तान दो

---

१. राजनीतिक

हिस्सेमें बंट गया है फिर भी दोनों हिस्सोंने अपनी मरजीसे ब्रिटिश कामनवेल्थके मेंबर बननेका ऐलान किया है। हिंदुस्तानको आजाद करनेका गौरवभरा कदम पूरे ब्रिटिश राष्ट्रकी सारी पार्टियोंने उठाया था। इस कामके करनेमें मि० चर्चिल और उनकी पार्टीके लोग शरीक थे। भविष्य अंग्रेजोंद्वारा उठाए गए इस कदमको सही साबित करेगा या नहीं, यह अलग बात है। और इसका मेरी इस बातसे कोई ताल्लुक नहीं है कि चूंकि मि० चर्चिल सत्ताके फेरबदलके काममें शरीक रहे हैं, इसलिए उनसे उम्मीद की जाती है कि वे ऐसी कोई बात नहीं कहें या करें, जिससे इस कामकी कीमत कम हो। यकीनन आधुनिक इतिहासमें तो ऐसी कोई मिसाल नहीं मिलती, जिसकी अंग्रेजोंके सत्ता छोड़नेके कामसे तुलना की जा सके। मुझे प्रियदर्शी अशोकके त्यागकी बात याद आती है। मगर अशोक बेमिसाल हैं और साथ ही वे आधुनिक इतिहासके व्यक्ति नहीं हैं। इसलिए जब मैंने रूटरद्वारा प्रकाशित किया हुआ मि० चर्चिलके भाषणका सार पढ़ा, तो मुझे दुःख हुआ। मैं मान लेता हूं कि खबरें देनेवाली इस मशहूर संस्थाने मि० चर्चिलके भाषणको गलत तरीकेसे बयान नहीं किया होगा। अपने इस भाषणसे मि० चर्चिलने उस देशको हानि पहुंचाई है, जिसके वे एक बहुत बड़े सेवक हैं। अगर वे यह जानते थे कि अंग्रेजी हकूमतके जुएसे आजाद होनेके बाद हिंदुस्तानकी यह दुर्गति होगी, तो क्या उन्होंने एक मिनटके लिए भी यह सोचनेकी तकलीफ उठाई कि उसका सारा दोष साम्राज्य बनानेवालोंके सिरपर है; उन 'जातियों' पर नहीं जिनमें चर्चिल साहबकी रायमें 'ऊंचीसे ऊंची संस्कृतिको जन्म देनेकी ताकत है।' मेरी रायमें मि० चर्चिलने अपने भाषणमें सारे हिंदुस्तानको एक साथ समेट लेनेमें बेहद जल्दबाजी की है। हिंदुस्तानमें करोड़ोंकी तादादमें लोग रहते हैं। उनमेंसे कुछ लाखने जंगलीपन अख्तियार किया है, जिनकी कि कोई गिनती नहीं है। मैं मि० चर्चिल को हिंदुस्तान आने और यहांकी हालतका खुद अध्ययन करनेकी हिम्मतके साथ दावत देता हूं। मगर वे पहलेसे ही किसी विषयमें निश्चित मत रखनेवाले एक पार्टीके आदमीकी हैसियतसे नहीं, बल्कि एक गैरतरफदार अंग्रेजकी तरह आएं, जो अपने देशकी इज्जतका किसी पार्टीसे पहले खयाल रखता है और जो अंग्रेज सरकारको अपने इस काममें शानदार सफलता दिलानेका पूरा इरादा रखता है। ग्रेट ब्रिटेनके इस अनोखे कामकी जांच उसके परिणामोंसे होगी। हिंदुस्तानके विभाजनने बेजाने उसके दो हिस्सोंको आपसमें लड़नेका न्यौता दिया। दोनों हिस्सोंको अलग-अलग

स्वराज देना, आजादीके इस दानपर धब्बे-जैसा मालूम होता है। यह कहनेसे कोई फायदा नहीं कि दोनोंमेंसे कोई भी उपनिवेश ब्रिटिश कामनवेल्थसे अलग होनेके लिए आजाद है। ऐसा करनेसे कहना सरल है। मैं इसपर और ज्यादा कुछ नहीं कहना चाहता। मेरा इतना कहना यह बतलानेके लिए काफी होगा कि मि० चर्चिलको इस विषयपर ज्यादा सावधानीसे बोलनेकी जरूरत क्यों थी। परिस्थितिकी खुद जांच करनेके पहले ही उन्होंने अपने साथियोंके कामकी निंदा की है।

आप लोगोंमेंसे बहुतसोंने मि० चर्चिलको ऐसा कहनेका मौका दिया है। अभी भी आपके लिए अपने तरीकोंको सुधारने और मि० चर्चिलकी भविष्यवाणीको झूठ साबित करनेके लिए काफी वक्त है। मैं जानता हूं कि मेरी बात आज कोई नहीं सुनता। अगर ऐसा नहीं होता और लोग उसी तरह मेरी बातोंको मानते होते, जिस तरह आजादीकी चर्चा शुरू होनेसे पहले मानते थे, तो मैं जानता हूं कि जिस जंगलीपनका मि० चर्चिलने बड़ा रस लेते हुए बढ़ा-चढ़ाकर बयान किया है, वह कभी नहीं हो पाता और आप लोग अपनी माली और दूसरी घरेलू मुश्किलोंको सुलझानेके ठीक रास्तेपर होते।

॥ १०२ ॥

मौनवार, २९ सितम्बर १९४७
(लिखित संदेश)

सुनता हूं कि मेरे भाषणमें पाकिस्तान और यूनियनमें लड़ाईकी शक्यताके जिक्रसे पश्चिममें शोर-सा हो गया है। मैं नहीं जानता कि अखबारवालोंने बाहर क्या रिपोर्टें भेजी हैं। किसी बयानका सार बनानेमें मानी बदल जानेका खतरा रहता है। १८९६ में दक्षिण अफ्रीकाके बारेमें मैंने हिंदुस्तानमें कुछ लिखा था। उसका छोटा-सा सार दक्षिण अफ्रीकाके अखबारोंमें छपा। नतीजेमें मेरी तो जान ही जानेवाली थी। सार इतना गलत था कि मुझे मार-पीट करनेके बाद २४ घंटोंके अंदर वहांके गोरोंका गुस्सा पश्चात्तापमें बदल गया। उन्हें अफसोस हुआ कि एक बेगुनाह आदमीपर उन्होंने बिना कारण जुल्म किया। यह कहानी याद करनेका मेरा मतलब इतना ही है कि

किसीपर जो उसने नहीं कहा या नहीं किया, उसकी जिम्मेदारी न डाली जाय।

मैं दृढ़तासे कहना चाहता हूं कि मेरे किसी भाषणमेंसे यह अर्थ नहीं निकाला जा सकता कि मैंने लड़ाईको उत्तेजन दिया है या लड़ाईकी हिमायत की है। क्या लड़ाईका नाम लेना ही गुनाह है? गुजरातमें एक वहम है कि अगर किसी घरमें सांपका नाम लिया जायतो चाहे किसी बच्चेके मुंहसे ही वह क्यों न निकला हो, सांप निकलकर रहता है। मैं उम्मीद रखता हूं कि हिंदुस्तानके आम लोगोंमें लड़ाईके बारेमें ऐसा कोई वहम नहीं है।

मेरा यह दावा है कि आजकी परिस्थितिपर अच्छी तरह गौर करके और साफ-साफ कहकर कि किन हालातमें लड़ाई हो सकती है, मैंने दोनों हिस्सोंकी सेवा की है। मेरे कहनेका हेतु लड़ाई कराना नहीं था, जहांतक हो सके लड़ाईको रोकना था—मैंने यह बतानेकी कोशिश की है कि अगर लोगोंने पागलपनमें लूट-मार, आग लगाना, कत्ल करना वगैरह बंद न किया तो उसका अनिवार्य परिणाम लड़ाई होगा। एकमेंसे एक निकलनेवाली चीजोंकी तरफ ध्यान खींचनेमें क्या बुराई है?

हिंदुस्तान जानता है और दुनियाको भी जानना चाहिए कि मैं अपनी पूरा ताकतसे यह कोशिश कर रहा हूं कि भाई भाईका गला न काटे। अगर यह न रुके तो उसका परिणाम लड़ाई ही हो सकता है। जब एक ऐसा इन्सान जो अहिंसाको जिंदगीका कानून मानता है, लड़ाईका जिक्र करता है तो उसका हेतु लड़ाईको रोकना ही हो सकता है। मेरी उम्मीद है कि मेरे इन बुनियादी विचारोंमें मेरी मृत्युतक फर्क नहीं आनेवाला है।

॥ १०३ ॥

३० सितम्बर १९४७

भाइयो और बहनो,

मेरा ऐसा खयाल है कि हम तो हैवान बन गए हैं। आज हिंदू और मुसलमान दोनों हैवान बन गए हैं। कौन किसको कहे कि किसने कम किया और किसने ज्यादा किया। किसने कम मारा और किसने ज्यादा मारा। उसमें हम नहीं जा सकते। हकूमतको वहांसे शरणार्थियोंको बुलानेकी चेष्टा

करनी चाहिए, और वह ऐसा दूसरी हकूमतसे मिलकर ही कर सकती है। वे सब पेचीदगियां पड़ी हैं। पेचीदगियां तो हैं; लेकिन हकूमत बनी है तो वह पेचीदगियां रफा करनेके लिए है। हकूमतके जो अपने मातहत[१] रहते हैं उसे उनकी हिफाजत करनेका धर्म पालन करना है और नहीं तो हकूमत छोड़ देना है। इसमें मुझे तनिक भी संदेह नहीं है। हमारी हकूमत आज तो ऐसी ही है कि जिसको हम बना सकते हैं और उसको मिटा सकते हैं। इसका नाम डेमोक्रेसी[२] है। लोगोंको खुद ऐसा होना चाहिए कि जो काबूमें रहते हैं, जो संयममें रहते हैं, नियमन क्या चीज है उसे जानते हैं, पालन करते हैं। ऐसा न करें तो पीछे वे निकम्मे बन जाते हैं। हमको अगर अपने धर्मपर कायम रहना है तो यह सीख लेना चाहिए। हमारे बच्चोंको जबसे समझ आ जाती है तबसे उनको यह समझाना है। आप उनको ऐसी तालीम दें कि धर्म तुम्हारे दिलमें है, उसकी रक्षा मैं नहीं कर सकता हूं। मैं तो पिता हूं, लेकिन पिताको अपने लड़कोंको, अपनी लड़कियोंको सिखाना है। मैंने तो सिखाया है कि अपने धर्मकी रक्षा खुद करो। मेरा लड़का एक जनूबी[३] अफ्रीकामें पड़ा है। एक कहीं शराब पीता है। कहां पड़ा है, मुझको पता भी नहीं है। एक बेचारा मुसीबतसे अपनी रोटी कमा लेता है। वह नागपुरमें पड़ा है। एक लड़का यहां पड़ा है। वह मुसीबतसे कमाता है ऐसा तो नहीं। तो क्या उन सबके धर्मका ख्याल मैं करूं? मैं तो करता नहीं हूं। और क्यों करूं? वे बड़े हो गए हैं। अगर छोटे हों तो उनके धर्मकी रक्षा मैं कर सकता हूं। वह भी कैसे? लड़केको सिखा दिया कि अगर सचमुच तेरा हिंदू धर्म है तो तुझमें उसके लिए मरनेकी ताकत होनी चाहिए, मारकर तू नहीं बच सकता। मानो कि लड़का है उसके पास एक लाठी है, दूसरेके पास रिवाल्वर पड़ी है तो रिवाल्वरवाला लाठीवालेको मार डालेगा। ऐसे, धर्मकी रक्षा नहीं हो सकती।

क्यों नहीं हो सकती? लाठीवाला लड़का मारा गया। उसका रिश्तेदार आया। रिवाल्वरवाला लड़का एक है। एकसे दो नहीं बन सकता है। वह एक रिवाल्वर लाता है। या एक ब्रेनगन और स्टेनगन लाता है तो सामनेके लोग १० स्टेनगन लावेंगे। उसको कहेंगे, बोल इस्लाममें आता है या नहीं, या क्रिस्टी बनता है या नहीं, नहीं तो देख हम १० आदमी हैं, तेरे हाथमें जितने हथियार पड़े हैं वे सब बरबाद हो जायंगे। बोल, जल्दी कर, नहीं

---

१. नीचे; २. जनतंत्र; ३. दक्षिण।

तो हम तुझे शूट कर देंगे। तो वह डरके मारे कहेगा कि आप मुझे मजबूर करते हैं, मगर मेरा धर्म तो ऐसा है कि वह अपनी देहसे मुझे प्यारा है। धर्मका पालन करना उसके माने है कि हम ईश्वरके बनें। प्रह्लादके साथ यही हुआ। वह तो रामका नाम लेता था। पिताने कहा, तू रामका नाम लेता है, छोड़ दे इसे। तो वह कहता है कि मैं दूसरा नाम नहीं लूंगा। इसपर एक भजन है, कितना सुंदर है। प्रह्लादने पाटीपर लिखा है रामनाम और गुरु लिखाता है दूसरा। तो कहता है कि मेरी पाटीपर रामका ही नाम लिखा जा सकता है, दूसरा नाम मेरे पास नहीं है। वह बड़ा मीठा भजन है। प्रह्लाद कहता है कि रामनामके सिवा उसकी कलम कुछ लिख ही नहीं सकती। कहा तो यह जाता है कि वह १२ वर्षका लड़का था। १२ वर्षके लड़केने अपने बापका सामना करके अपने धर्मकी रक्षा की। कैसे धर्मकी रक्षा की उसको छोड़ता हूं। उसे सब हिंदू जानते हैं। लेकिन बात यह है कि प्रह्लाद अपने धर्मकी रक्षा अपने आप कर सका। ऐसे हजारों दृष्टांत हर मजहबमें पड़े हैं। तो हमारे लड़के-लड़कियां हैं, कोई लड़कीको ऐसा मानकर बैठे कि वह हमेशाके लिए अबला है तो मैं कहता हूं कि जगत्‌में कोई अबला है ही नहीं, सब सबला हैं। जिसके दिलमें अपने धर्मकी चोट पड़ी है वे सब सबल हैं वे दुर्बल नहीं हैं। इसलिए मैं कहूंगा कि हम पहली तालीम अपने लड़के-लड़कियोंको यह दें कि वे अबल नहीं हैं। बच्चेका धर्म बच्चेके पास है। हमारे भाई जब आते हैं मैं उनको कहता हूं कि हकूमत जितना कर सकती है करे, लेकिन अगर आप ऐसा मानते होंगे कि हकूमत कुछ न करे तो सब-के-सब इस्लाममें चले जायंगे, तो यह खराब बात है। हिंदुस्तानमें आज करोड़ों मुसलमान हैं, यह बहुत सोचनेकी चीज है, वे हैं कौन? वे कोई अरबिस्तानसे नहीं आए। अरबिस्तानसे जो आए वे करोड़ोंकी तादादमें नहीं थे। करोड़ोंकी तादादमें जो मुसलमान बने वे सब-के-सब हिंदू थे। या कहो कि वे बुद्धिस्ट[१] थे। तो बुद्धिस्ट और हिंदूमें फर्क क्या पड़ा है? मेरे पास तो कोई फर्क है नहीं। अफगानिस्तानमें कौन थे, उसका तो सबको पूरा पता होना चाहिए या नहीं? बादशाह खानने मुझसे कहा कि हम तो पहले बौद्ध थे, पीछे इस्लाममें आए। इसलिए जो हमारी पुरानी सभ्यता थी उसे हम भूल थोड़े ही गए हैं। उसे भूल कैसे सकते हैं? उन्होंने बताया कि हमारे जो देहात पड़े हैं उनके नाम भी पहले संस्कृतमें थे। अब

---

१. संस्कृति।

हमने उनका नाम बदल दिया है। यह सब किया, लिबास बदला, सब कुछ बदला, लेकिन जो चीज हममें पड़ी थी उसको हम नहीं बदल सकते हैं। उसे कैसे भूल सकते हैं? और पीछे यहां मद्रासमें, बंगालमें क्या, सब जगह, जिधर जाओ वहां, सब-के-सब आपके हिंदू पड़े थे। आप पूछो, जैसा कि मैं अपने दिलको पूछता हूं, वे खुद इस्लाममें आए। क्यों आए? वे इस्लाममें आए उसके लिए गुनहगार मैं। प्रायश्चित्त आपको करना है, मुझको करना है। हां, अगर उन्होंने अच्छा काम किया और हिंदू-धर्मसे भी बुलन्द धर्म ले लिया तो पीछे हम भी उसके साथ चलें और सब कलमा पढ़ें, इस्लामका नाम लें और इस्लामका जयघोष करें। लेकिन ऐसा हुआ तो नहीं। तो आज हम किससे मारपीट करेंगे? किसको यहांसे निकाल देंगे? वे हमारे ही लोग हैं। हमारे ही दादा-परदादाके वक्त, चार पीढ़ी कहो, पांच पीढ़ी कहो, छः पीढ़ी पहले कहो, लेकिन ये हमारे लोग थे। वे सब हिंदू थे और मुसलमान बने। मैंने हिंदू-धर्मियोंको सारे हिंदुस्तानमें घूमकर बताया है कि याद रखो आप लोगोंमें बड़ी दुष्टता है, आपने अस्पृश्यताको धर्मका हिस्सा मान लिया है, उसका नतीजा क्या हुआ? एक हिस्सा हमारा पंचम वर्ण बन गया। वर्ण चार, हमने पांच बनाए और वह पांचवां अति शूद्र कहा जाता है। वे हमसे बाहर रहे। उसका खाना भी अलग। हमारे बीचमें नहीं रह सकते उन्हें तो हमारा गुलाम रहना चाहिए। उसमेंसे पीछे वे मुसलमान बने। तो सब ऐसे नहीं थे। पीछे तो काफी ब्राह्मण भी मुसलमान बने। काफी तादादमें क्षत्रिय भी बने और वैश्य भी बने। लेकिन वे थोड़ी-थोड़ी तादादमें ही बने। आज करोड़ोंकी तादादमें जो मुसलमान बन गए हैं, उसका हिसाब तो यह है जो मैंने बताया। वे अस्पृश्यतामेंसे मुसलमान बने। आज हम कितना तूफान हिंदुस्तानमें करते हैं और कहते हैं कि मुसलमानोंको यहांसे मार-पीटकर, किसी-न-किसी तरहसे उनको रंज पहुंचाकर हटा दें। कहां हटाएं, किस जगहसे हटाएं इसका कोई खयालतक नहीं करता। हमको सोचना चाहिए जब हमपर कोई हमला करता है और कहता है कि तू इस्लाममें आ, पीछे हमारा खात्मा हो जाता है। मैं मानता हूं कि इस्लामने जबर्दस्ती मुसलमान बनाना कभी नहीं सिखाया। मैं तो मुसलमानोंके साथ बैठनेवाला हूं। मेरे जो दोस्त हैं वे कहते हैं कि इस्लाम कभी नहीं सिखलाता है कि किसीपर जुल्म करके उसको इस्लाममें लाना। वह अपने-आप आना चाहते हैं तो आएं। उसके पास इस्लामकी खूबियां रक्खो। लेकिन यह नहीं कि फुसलाकर, धोखा

देकर, पैसा देकर या जालसे इस्लाममें लाना। लेकिन हमारे जो मुसलमान पड़े हैं वे हमारे सगे भाई हैं। इसलिए मैं कहूंगा कि हम सोच-विचारकर काम करें। हम सोचें, वे लोग क्यों इस्लाममें गए? पैसेके लिए। अरे, पैसा कमाना है, कुछ भी करना है, जाओ, कहीं भी दुनियामें, लेकिन अपने धर्मको साथ लेकर जाओ। अगर वह छोड़ देते हैं तो आपने सब कुछ छोड़ दिया। मैं तो आपसे एक ही बात कहना चाहता हूं, हम किसी मुसलमानको मारनेकी चेष्टा न करें। मुसलमान मारें तो मारें। मारें तो वह बुरा है, उसको हम बुरा मानेंगे लेकिन अगर वह बुरा है तो हम उसके बुरेका बदला बुराईसे कैसे दें। बुराईका बदला भलाईसे दे सकते हैं। वह शराब पीता है तो हम शराब पीवें? रंडीबाजी करता है तो रंडीबाजी करें? वह जुवा खेलता है तो हम जुवा खेलें? एक आदमी तलवार चलाता है तो हम भी तलवार चलाएं, और बच्चोंको मार जाता है तो हम भी बच्चोंको मार डालें? वह अगर लड़कियोंको ले जाता है तो हम उसकी लड़कीको ले जायं? तो उसमें और हममें फर्क क्या हुआ? मैं तो कोई फर्क नहीं पाता हूं। मैं तो कहता हूं, ''ऐ मुसलमान, हिंदू और सिख, कुछ समझो तो सही, मजहब क्या सिखाता है?'' इकबालने कहा—''मजहब नहीं सिखाता आपसमें बैर करना।'' इकबालने ऐसा कहा उस वक्त वह लंदनमें रहता था। वह बड़ा कवि था। उस वक्त वह राउंड टेबुल कान्फ्रेंसमें आया हुआ था। वहां उसके लिए सबने एक खाना किया तो मुझको भी बुलाया गया। मैं चला गया। उसने कहा कि मैं तो ब्राह्मण हूं। क्यों ब्राह्मण हूं? क्योंकि मेरे बापदादे ब्राह्मण थे। कहांके? काश्मीरके। मैं तो काश्मीरका हूं। ब्राह्मण हूं और अब मैं इस्लाममें आया हूं। अभी नहीं बहुत पीछे हम इस्लाममें आए। तो भी हममें ब्राह्मण खून पड़ा है, और इस्लामका तमद्दुन[१] हमारेसे पड़ा है। तो इकबालने कहा—''मजहब नहीं सिखाता आपसमें वैर करना।'' पीछे उसने दूसरा-तीसरा भी लिखा है। वह दूसरी बात है। इकबाल तो चले गए, लेकिन हम इतना तो सीख लें कि हमको हमारा धर्म नहीं सिखाता है कि हम किसीसे वैर करें। इसलिए मैं कहूंगा कि हम इन्सान बनें। इन्सान बनें तो हम हिंदुस्तानको ऊंचा ले जाते हैं। आज तो हम हिंदुस्तानको गिरा रहे हैं। ईश्वर करे कि हम हिंदुस्तानको कभी गिराएं नहीं।

---

१. बौद्ध।

॥ १०४ ॥

१ अक्तूबर १९४७

भाइयो और बहनो,

एक बहनने मुझको कल खत लिखा है, उसमें वह लिखती है कि मैं कुछ सेवा करना चाहती हूं और मेरे पतिदेव भी कुछ सेवा करना चाहते हैं। लेकिन हमको कोई बताता नहीं कि क्या करें। यह प्रश्न बहुत लोग करते हैं; लेकिन मैंने ऐसे प्रश्नोंका एक ही जवाब दिया है कि हकूमतका क्षेत्र, सरकारका क्षेत्र, वह तो छोटा रहता है लेकिन सेवाका क्षेत्र बहुत बड़ा रहता है। इतने दु:खी और पीड़ित भूखे और नंगे हैं, लंबा-चौड़ा सेवाका क्षेत्र पड़ा है। इसमें किसीको पूछने की गुंजाइश ही नहीं रहती है। जो सेवा करना चाहता है वह करे। लेकिन हम ऐसे पंगु बन गए हैं कि हमको किसीको पूछना पड़ता है। तो मैं बता दूं क्या करें? आखिरमें देहली स्वच्छताके लिए कितनी मशहूर है? उसमें इतने कैंप पड़े हैं और उनमें कितनी स्वच्छता है, वह मैं जानता हूं। लोग वहां बीमार हो जाते हैं यहां जितने शिविर पड़े हैं उनमें इतनी गंदगी भरी रहती है कि उसका बयान करना बड़ी मुसीबतका काम है। जहां खून-खराबा हो गया है, वहां भी बस ऐसा ही पड़ा है। दिल्लीकी म्यूनिसिपैलिटी कभी भी सफाईके लिए मशहूर नहीं रही। देहली शहरकी म्युनिसिपैलिटीने शहरको साफ-सुथरा कभी रखा हो और दुनियामेंसे लोग आकर देहली देखें और कहें कि अगर कोई स्वच्छ शहर देखना चाहे तो देहली देखे, ऐसी तो बात नहीं है। सफाई हो तो लोगोंके मकान साफ हों, लोगोंके पाखाने साफ हों, लोगोंके बैठनेका, सोनेका स्थान साफ हो। ऐसे ही लोगोंके दिल भी साफ हों। तो अगर दूसरा काम न मिल सके तो मैं कहूंगा कि इतना काम तो है ही। यह हो सकता है कि वह कैंपोंमें न जा सकें तो और भी जगहें हैं। कहीं भी हम पूरी सफाई रखें तो उसका असर सारे दिल्लीके शहरपर पड़ता है। ऐसा मानकर हर एक आदमी अपने मकानको, और अपने दिलको, आत्माको साफ ही रखे। उसका नतीजा मुझे बतानेकी जरूरत नहीं। मैं तो उस बहनको कहता हूं कि अगर वह सचमुच सेवा करना चाहती है, सेवा-भावसे—नामके लिए नहीं, तो सेवा करनेके लिए आपके लिए बहुत बड़ा क्षेत्र दिल्लीमें पड़ा है। उसको मुझे कुछ भी बतलानेकी आवश्यकता नहीं और अगर यह

कर सकें, दिल्लीवासियोंके लिए दिल साफ हो जायं, यहां जितने आश्रित लोग आते हैं वह भी साफ हो सकें तो वह तो एक बहुत बुलंद काम होगा और वे आदर्श दंपति बन जायंगे। दूसरे उनकी नकल करेंगे।

अभी मेरे पास दो तार आए हैं। एक लिखता है कि हमको तो ऐसा लगता था कि हिंदुस्तानके लोग बहुत अच्छे हैं और वहां हिंदू-मुसलमान सब मिले-जुले ही रहते हैं। यह तार मुसलमान भाईका है। अब हिंदुस्तानमें क्या हो गया है कि हिंदू-मुसलमान एक-दूसरेके साथ बैठ भी नहीं सकते। एक-दूसरेके साथ झगड़ते हैं, एक-दूसरेको काटते हैं और जंगली पशु-से बन गए हैं। दिल्लीको लें। दिल्लीके हिंदू, सिख, मुसलमानोंको अपनाना चाहते हैं, और उनको भाई बनाकर रखना चाहते हैं, बशर्ते कि वे अपनी वफादारी यूनियनके प्रति सच्चे दिलसे जाहिर कर दें। जो यूनियनमें रहना चाहते हैं, मैं हूं या आप हैं या कोई भी, ऐसा तो सबको करना ही चाहिए। यह मुसलमानोंके लिए खास नहीं है, सबके लिए है और जरूरी है। फिर मुसलमानोंके पास काफी हथियार पड़े हैं, बहुतसे मिल गए हैं, लेकिन सब नहीं आए। पुलिसके जरिए तहकीकात चल रही है, लेकिन पुलिसके जरिएसे सब तो आ नहीं सकते हैं। तो वे अगर साफ-दिल हैं और हिंदुस्तानके साथ लड़ना नहीं चाहते तो वे हिंदुस्तानके वफादार बनें। कोई मुसलमान ताकत हो और हिंदुस्तानपर हमला करे तो उससे भी लड़ना चाहिए। यह ठीक है कि अगर उन्हें हिंदुस्तानके साथ लड़ना नहीं है, तो उन्हें हथियारोंकी क्या जरूरत है? हमारे यहां क्रिस्टी बहुत थोड़े हैं, लेकिन अगर किसी क्रिस्टी-मुल्कके साथ, जर्मनके साथ लड़ाई छिड़ गई तो उन्हें उसके साथ हमारी ओरसे लड़ना होगा और यूनियनका वफादार रहना होगा। यह तो ठीक है कि अगर मुसलमान वफादार हैं, उनको हिंदुस्तानसे लड़ना नहीं है तो फिर हथियारोंकी जरूरत क्या है? उनको हथियार अपने-आप दे देना चाहिए। यह तो सब ठीक है लेकिन जिस तरह वह बात कही गई उसमें जहर भरा था। आज तो शायद ५० हजार या इससे ज्यादा मुसलमान कैंपोंमें पड़े हैं, उनको दिल्लीमें से हमने निकाल दिया है। कुछको कत्ल कर दिया है। कैसा ही बहादुर आदमी हो, लेकिन मौत तो कोई पसंद नहीं करता। कोई तिजारत करना चाहता है, कोई और कुछ करना चाहता है, वह सोचते हैं, चलो, जिंदा तो रहेंगे, यहांसे भाग-भागकर कहां जाएं? सो उन्होंने पनाह ले ली है पुराने किलेमें, और हुमायूंकी

कब्रके नजदीक जो बगीचा है उसमें। उनपर पानी आता है, सब कुछ होता है। पूरी डाक्टरी मदद नहीं मिल सकती है। यह डाक्टर नैयर मुझको वहांकी हालत सुनाती हैं। चार घंटे रोज उनको देती हैं। वहां काफी गर्भवती पड़ी हैं। उनके बच्चे पैदा कराने हैं। उसके लिए नर्सें चाहिए, कुछ दवा भी चाहिए, सब कुछ चाहिए। वह सब आहिस्ते-आहिस्ते होता है। वे ऐसी हालतमें पड़े हैं तो क्यों पड़े हैं? हिंदू कहते हैं कि हमने उन्हें निकाल दिया है उसमें हमने कोई गुनाह नहीं किया। लोग कहते हैं कि उन्हें हम वापिस भी ला सकते हैं कब, जब वे देशके लिए वफादार हो जायं। मैं कहता हूं कि उनको तभी वापिस लाया जा सकता है जब उनके लिए दिल साफ हो जायं। मान लो, वे वफादार भी नहीं रहे मान लो कि वे असला[१] भी नहीं देते, क्या इसीलिए हम मुसलमानोंको मारें-काटें? चार करोड़ या साढ़े चार करोड़ मुसलमान पड़े हैं, अगर उसमें एक करोड़ या एक लाख भी कहो, वह अपने घरोंमें छुपाकर अस्त्र रखते हैं तो आपकी मिलिटरी है, पुलिस है, वह सब उनको घरसे बाहर ला नहीं सकती? आज पुलिस अंग्रेजोंके जमानेकी नहीं है। अगर हम मुसलमानोंको मारें, उनके बच्चोंको काटें, बहनोंको काटें, तो उसका नतीजा क्या होगा, यह आप देख लें। मैंने कहा है कि हम गिर गए हैं। जब १५ अगस्तको आजादीका दिन मनाया गया, हम आजाद बन गए, तब दो-चार दिनके लिए तो सब भाई-भाई होकर रहे, तो उस वक्त कोई अस्त्रोंके लिए कुछ नहीं कहता था। उस वक्त वफादारीकी भी बात नहीं थी। सब बिलकुल ठीक था। आज सब भूल गए हैं कि वे भाई हैं। वे हमें, आपको मारते हैं, उसमें गुनहगार तो मुस्लिम लीग थी। दिलमें गुस्सा भरा था। लेकिन आजादीका एक तेज आ गया और घड़ीभर हम भूल गए कि वे कभी दुश्मन थे। यह नजारा मैंने कलकत्तेमें देखा। सारे हिंदुस्तानभरमें ऐसा हो गया। लेकिन बादमें वह गुस्सा निकल आया और उन्होंने कहा कि अब तो हिंदुओं, सिखोंको काटना चाहिए। काटो, निकाल दो। तो अब हम क्या करें। हम और आप मुसलमानोंके साथ शर्त करें? हम करें भी तो वह काम हमारा नहीं है। लेकिन हमारे नामसे हमारे लिए, जो हमारे नुमाइंदे[२] हकूमत चला रहे हैं उनको करना है। वे नहीं करते तो ऐसा नहीं है। आप देख लें, वे कोशिश कर रहे हैं और थोड़े-बहुत असला ले भी लिये हैं। ऊंचे पहुंचकर हम एकदम नीचे गिर

१. लड़ाईके हथियार; २. प्रतिनिधि।

गए और रोज-बरोज गिरते जा रहे हैं। मैंने कहा है कि दोनों शर्तें भले कायम रखो लेकिन इसके साथ एक और शर्त भी लगा दो तो पीछे आप आरामसे काम कर सकते हैं। वह शर्त यह है कि हम कानून अपने हाथोंमें नहीं लेंगे। उन्हें सजा करना हमारा काम नहीं था, हम कबूल करते हैं कि हम बेवकूफ बने। मैं मानता हूं कि मुस्लिम लीगने पहिले बेवकूफी की, लेकिन एक आदमी घोड़ेकी सवारी करता है और दूसरा भी सवारी करता है, तो पहिला आदमी घोड़ेपरसे किसी कारणसे गिर जाता है, तो क्या जो दूसरा घुड़सवार है वह भी गिर जाय? पीछे दोनोंका नाश हो जाता है। हमें इस तरह उनका मुकाबला क्या करना था? हम मुकाबला करेंगे किस चीजमें? जैसा कि मैंने बतलाया है, जितना ज्यादा भलापन उनमें है उससे ज्यादा हम लाएं। लेकिन जितनी दुष्टता उनमें है, उतनी ही दुष्टता हम करेंगे ऐसा मुकाबला करें तो हम दोनों गिरते हैं। वे बुराई करते हैं तो इस चीजको हमारी हकूमत दुरुस्त करेगी। हमारी हकूमत देख लेगी कि हमारा कोई भी आदमी पाकिस्तानमें पड़ा है, हिंदू हो, सिख या क्रिस्टी हो, वह वहां माइनारिटी[१]में है और उसकी देखभाल अगर पूरी तरह नहीं होती है, उनको वहां काटते हैं, उनकी लड़कियोंको उठा ले जाते हैं, उनकी जायदाद ले लेते हैं और उन्हें जबर्दस्तीसे इस्लाममें लाते हैं तो उसका जवाब हमारी हकूमत देगी। हम कौन जवाब देनेवाले हैं?

जवाब देनेकी कोशिश करके हम जाहिल[२] बन जाते हैं। हम कभी जाहिल नहीं बनेंगे। यह आजादीकी बड़ी भारी निशानी है। उसमें हम बिलकुल नापास साबित हुए हैं। उसका नतीजा क्या हुआ? मेरे दिलमें आता है कि हममेंसे जो सचमुच कातिल बने हैं, वे कौन हैं यह तो मैं जानता नहीं हूं, लेकिन हैं तो सही और वे तजवीजसे काम कर रहे हैं कि आज इतना खून करें, आज इतने घर जला दें, इतने मकान खाली करवा दें। वे करनेवाले कहां हैं, यह मैं जानता नहीं, लेकिन ऐसा होता है तो हम तो गिरते ही हैं। इसलिए हमको कबूल कर लेना है कि यह हमारी बेवकूफी है। उस बेवकूफीको हम निकाल देंगे और पीछे जितने पड़े हैं उनको लाएंगे। सलतनतको और हुकूमतको, यह देखना है कि जितने लोगोंको पाकिस्तानमें ईजा हुई है, जितने तबाह कर दिए गए हैं उन सबको पाकिस्तान मिन्नत करके बुलावे और जिनकी जायदाद लाहौरमें है, वह जायदाद उनको

---

१. अल्प संख्या; २. मूर्ख।

वापिस मिले। उनके मकान जो ले लिए गए हैं उनको वापस देना है। कितने बुलंद मकानात मैंने देखे हैं। लड़कियोंकी कितनी तालीमगाह[1] वहां हैं। तालीमका जो इंतजाम लाहौरमें रहा, वह हिंदुस्तानमें किसी जगहपर नहीं रहा। लाहौर तालीमके बारेमें पहिले दर्जेपर था। वह लाहौर आज कहां है? लाहौरको, वहांकी संस्थाओंको बनानेमें लाहौरकी हुकूमतने हिस्सा नहीं लिया है, पैसा नहीं दिया है। पंजाबके लोग तगड़े हैं, बड़ी तिजारत करनेवाले हैं, पैसा पैदा कर लेते हैं, बड़े-बड़े बैंकर पड़े हैं, वे लोग जैसा पैसा पैदा करनेमें होशियार हैं वैसे पैसा खर्च करने हैं। मैंने यह सब आंखोंसे देखा है। उन्होंने इतने मकानात बनाए, इतने कालेज औरतों और मर्दोंके लिए रक्खे और पीछे ऐसे आलीशान अस्पताल बनाए, वे सब उनको वापस करना चाहिए। ५० मील लंबा कारवां आ रहा है, बेहाल पड़ा है। हकूमतके हाथमें अगर हम अपने दु:खका बदला लेना छोड़ देते तो हम जाहिल नहीं बनते। यह मैंने बतलाया। मेरे पास विदेशसे मुसलमान भाईका तार आया है। लोग ऐसे क्यों बन गए हैं, भाई-भाई बनें, हम तो मुसलमान हैं मगर हम नहीं चाहते हैं कि आपसमें लड़ें, इस्लाम ऐसा नहीं सिखाता। मैंने कहा ही है कि आप लोग जागें। इतना मैं कह दूं, आप मेरी न मानें तो न मानें, मगर मैं ऐसी चीजोंका गवाह तो नहीं बनना चाहता हूं। मैं यह गिरावट देखना नहीं चाहता हूं। मेरी तो यही ईश्वरसे प्रार्थना है कि मुझे इससे पहले उठा ले। अगर हालत न सुधरी तो मेरे दिलमें ऐसा अंगार पैदा हो जायगा कि मुझे भस्म कर डालेगा। मेरा दिल कहता है तू यह देखकर क्या करेगा। हिंदुस्तानकी आजादीके लिए तूने अपनी जान कुरबान करनेकी कोशिश की, जान तो नहीं गई लेकिन आजादी तो मिल गई। लेकिन आजादीके साथ-साथ तू यह नतीजा देखनेके लिए जिंदा रहकर क्या करेगा? तो मेरी तो दिन-रात ईश्वरसे यह प्रार्थना रहती है कि मुझको तू यहांसे जल्दी उठा ले। या मेरे हाथमें एक बाल्टी[2] रख दे ताकि उसके मार्फत इस अंगारको बुझा दूं।

यहां एक अस्पताल है। अस्पतालमें बहुतसे घायल मुसलमान पड़े हैं, सब मुसलमान नहीं हैं थोड़े हिंदू भी पड़े हैं। उनको घायल और कत्ल करनेकी किसीने कोशिश की। ऐसी कोई पार्टी पड़ी है, देहातसे आई है। उन्होंने बिलकुल एक छापा मारा, दरवाजेसे नहीं, लेकिन छोटी-छोटी खिड़कियां

---

१. शिक्षणालय; २. पानी की बाल्टी।

रहती हैं उसमेंसे भीतर घुसे, और चार या पांच मरीजोंको कत्ल करके भागे। इससे ज्यादा कोई जहालत[१]की वहशियाना[२] बात मैं नहीं जानता। किसी लड़ाईमें भी ऐसा नहीं होता। लड़ाइयोंमें काफी अस्पतालोंमें गोलियां चली हैं लेकिन इस तरहसे तो कभी नहीं हुआ।

और एक बात सुनाता हूं। ट्रेन आती है तो उसमें पांच आदमी एक आदमीको खिड़कीसे फेंक देते हैं जैसे सामान फेंक दिया। तो वह तो मर ही जायगा। यह आजकी बात है और अस्पतालका किस्सा वह कलकी बात है या परसोंकी होगी। इसमें शर्मिंदा होना किसको है? सिर झुकाना किसको है? आपको, मुझको। जितने हम पड़े हैं हिंदू, उनको। पीछे ऐसा कहते हैं कि मुसलमान भी ऐसे हैं। मैं वह समझता हूं। वहां पश्चिम पंजाबमें जो होता है उसका जवाब हकूमत मांगे।

॥ १०५ ॥

२ अक्तूबर १९४७

भाइयो और बहनो,

आज एक सिख भाई मेरे पास आए थे। उन्होंने कहा कि मुझसे किसीने पूछा कि आपने गुरु अर्जुनदेवकी वाणी तो सुनाई, परंतु दसवें गुरु गोविंदसिंहजीने उसमें तबदीली करदी, इस बारेमें आप क्या कहोगे? इतिहास सिखाया जाता है कि गुरु गोविंदसिंह तो मुसलमानोंके दुश्मनकी हैसियतसे पैदा हुए। लेकिन ऐसा माननेका कोई सबब नहीं, क्योंकि दसवें गुरु साहबने करीब-करीब वही कहा है जो गुरु अर्जुनदेवने कहा था। गुरु नानककी बात ही क्या। वह तो कहते हैं कि मेरे नजदीक हिंदू, मुसलमान, सिखमें कोई अंतर नहीं है। कोई पूजा करे, कोई नमाज पढ़े, सब एक है। एक ब्राह्मण पूजा करता है तो दूसरे धर्मवाला भगवानको कोसता है, ऐसा नहीं, मुसलमान नमाज पढ़ते हैं। पूजा और नमाज दोनों एक ही चीज हैं। मानुस सब एक हैं, वाणी दूसरी-दूसरी है। गुरु गोविंदसिंहने कहा है कि मानुस सब एक हैं और एक हीके अनेक प्रभाव हैं तो पीछे मैं मान लेता

---

१. मूर्खता; २. जंगली

हूं कि हम सब एक हैं, अनेक हैं। और देखनेमें तो अनेक भेष हैं, लेकिन वैसे सब एक हैं। व्यक्ति तो करोड़ों हैं, लेकिन स्वभावसे एक हैं। गुरु गोविंदसिंहने कहा हैं, "एकै कान, एकै देह, एकै बैन।" पीछे कहा, "देवता कहो, अदेव कहो, यक्ष कहो, गंधर्व कहो, तुर्क कहो" वह सब न्यारे-न्यारे हैं, वही गुरु गोविंदसिंहजी कहते हैं—"देखत तो अनेक भेष हैं, उसका प्रभाव एक है।" बैनके माने बाणी है, बाणी तो एक है, जबान एक है। और आतिश[१] वह एक है। क्या मुसलमानके यहां एक सूरज है और हम और आप लोगोंके लिए कोई दूसरा सूरज है? वह तो सबके लिए एक ही है। वह कहते हैं आब, पानी भी एक है। गंगा बहती है तो गंगा नहीं कहती है कि खबरदार, कोई तुर्क हो तो मेरा जल नहीं पी सकता है, बादलोंमेंसे जल आता है तब बादल नहीं कहते हैं कि मैं आता हूं पर मुसलमानोंके लिए नहीं, पारसियोंके लिए नहीं, मैं तो सिर्फ हिंदुओंके लिए हूं। यूनियन सरकार हिंदुओंके ही लिए हो, ऐसा नहीं; यह हो नहीं सकता। कुरान कहो, गीता कहो, पुराण कहो, सब एक ही हैं, लेकिन लिबास अलग-अलग पहना दिया है। अरबी जबानमें लिखो तो पीछे उसको कहो कुरान है, नागरी लिपिमें लिखो, संस्कृतमें लिखो, मगर समझकर पढ़ो तो चीज एक ही है। तो वह कहते हैं कि सब एक हैं, और ऐसा कहकर खत्म करते हैं। गुरु गोविंदसिंहने यह सिखाया है। मैंने पूछा कि पंडितजी, अगर गुरु गोविंदसिंहजीने, आप कहते हैं वैसे किया भी हो, तो वह गलत बात थी। जब लड़ाई होती थी तो हिंदू-मुसलमान लड़ाईमें मरते थे, घायल भी होते थे और जख्मी भी; लेकिन जो जिंदा होते थे उनको गुरु साहबका एक समझदार शिष्य पानी देनेका काम करता था। उसने मुसलमानोंको भी पानी पिलाया, हिंदुओंको भी और सिखोंको भी। उसने कहा, मुझको गुरु महाराजने ऐसा ही सिखाया है कि तेरे नजदीक न कोई मुसलमान है, न कोई सिख है, न कोई हिंदू है, सब-के-सब इन्सान हैं और जिसको पानीकी हाजत हो तो उसको पानी देना है। वह ऐसा थोड़े ही कहते थे कि अगर कोई हिंदू जखमी हो गया है तो मरहम-पट्टी लगा दें लेकिन अगर कोई मुसलमान जख्मी पड़ा है तो उसको वैसे ही छोड़ दो। उन्होंने पूछा, लेकिन गुरुजी तो मुसलमानोंके साथ लड़े थे? तो लड़े तो सही, लेकिन उन मुसलमानोंके साथ लड़े जिन्होंने इन्सानियत और इन्साफके

---

१. प्रकाश।

रास्तेको छोड़ दिया था, जिन्होंने अपने मजहबको छोड़ दिया था। वह दानी पुरुष थे, निर्लिप्त थे, अवतारी पुरुष थे, उनके लिए मेरे-तेरेका सवाल नहीं था। लेकिन हां, वह अपनी रक्षा तो करते थे, लड़ाई करते थे, इसमें कोई शक नहीं। सिख दावा करे कि नहीं, हम तो अहिंसक हैं तो वह तो गलत बात होगी। वह कृपाण रखते हैं, लेकिन गुरुजीने सिखाया कि कृपाण रक्षाके लिए है, वह कृपाण तो मासूम[१]की रक्षाके लिए है। जो दूसरोंको तंग करता है उस जालिमके साथ लड़नेके लिए वह कृपाण है। कृपाण बूढ़ी औरतोंको काटनेके लिए नहीं है, बच्चोंको काटनेके लिए नहीं है, औरतोंको काटनेके लिए नहीं है, जो निर्दोष बेगुनाह आदमी हैं उनको काटनेके लिए नहीं है। कृपाणका तो वह काम नहीं है। जो गुनहगार है और जिसपर इल्जाम साबित हो गया है कि यह गुनहगार है, पीछे वह मुसलमान हो, कोई भी हो, सिख भी क्यों न हो, उसके पेटमें वह कृपाण चली जाएगी। आप लोग कृपाण जिस तरीकेसे आज खोलते हैं वह तो जहालतकी बात है। ऐसे लोगोंके पाससे कृपाण छीनी जाए तो कोई गुनाह नहीं माना जायगा, क्योंकि उन्होंने धर्म तो छोड़ दिया है, सिखने कृपाणका दुरुपयोग किया है।

आज तो मेरी जन्मतिथि है। मैं तो कोई अपनी जन्मतिथि इस तरहसे मनाता नहीं हूं। मैं तो कहता हूं कि फाका[२] करो, चर्खा चलाओ, ईश्वरका भजन करो, यही जन्मतिथि मनानेका मेरे खयालमें सच्चा तरीका है। मेरे लिए तो आज यह मातम[३] मनानेका दिन है। मैं आजतक जिंदा पड़ा हूं। इस पर मुझको खुद आश्चर्य होता है, शर्म लगती है, मैं वही शख्स हूं कि जिसकी जबानसे एक चीज निकलती थी कि ऐसा करो तो करोड़ों उसको मानते थे। पर आज तो मेरी कोई सुनता ही नहीं है। मैं कहूं कि तुम ऐसा करो "नहीं, ऐसा नहीं करेंगे"—ऐसा कहते हैं। "हम तो बस हिंदुस्तानमें हिंदू ही रहने देंगे और बाकी किसीको पीछे रहनेकी जरूरत नहीं है।" आज तो ठीक है कि मुसलमानोंको मार डालेंगे, कल पीछे क्या करोगे ? पारसीका क्या होगा और क्रिस्टीका क्या होगा और पीछे कहो अंग्रेजोंका क्या होगा ? क्योंकि वह भी तो क्रिस्टी हैं ? आखिर वह भी क्राइस्टको मानते हैं, वह हिंदू थोड़े हैं ? आज तो हमारे पास ऐसे मुसलमान पड़े हैं जो हमारे ही हैं, आज उनको भी मारनेके लिए हम तैयार हो जाते हैं तो मैं यह कहूंगा कि

---

१. निरपराध; २. उपवास; ३. शोक।

मैं तो ऐसे बना नहीं हूं। जबसे हिंदुस्तान आया हूं मैंने तो वही पेशा किया कि जिससे हिंदू, मुसलमान सब एक बन जाएं। धर्मसे एक नहीं, लेकिन सब मिलकर भाई-भाई होकर रहने लगें। लेकिन आज तो हम एक-दूसरेको दुश्मनकी नजरसे देखते हैं। कोई मुसलमान कैसा भी शरीफ हो तो हम ऐसा समझते हैं कि कोई मुसलमान शरीफ हो ही नहीं सकता। वह तो हमेशा नालायक ही रहता है। ऐसी हालतमें हिंदुस्तानमें मेरे लिए जगह कहां है और मैं उसमें जिंदा रहकर क्या करूंगा? आज मेरेसे १२५ वर्षकी बात छूट गई है। १०० वर्षकी भी छूट गई है और ९० वर्षकी भी। आज मैं ७९ वर्षमें तो पहुंच जाता हूं, लेकिन वह भी मुझको चुभता है। मैं तो आप लोगोंको जो मुझको समझते हैं, और मुझको समझनेवाले काफी पड़े हैं, कहूंगा कि हम यह हैवानियत छोड़ दें। मुझे इसकी परवाह नहीं कि पाकिस्तानमें मुसलमान क्या करते हैं! मुसलमान वहां हिंदुओंको मार डालें, उससे वे बड़े होते हैं ऐसा नहीं, वह तो जाहिल हो जाते हैं, हैवान हो जाते हैं तो क्या मैं उसका मुकाबला करूं, हैवान बन जाऊं, पशु बन जाऊं, जड़ बन जाऊं? मैं तो ऐसा करनेसे साफ इन्कार करूंगा और मैं आपसे भी कहूंगा कि आप भी साफ इन्कार करें। अगर आप सचमुच मेरी जन्म-तिथिको मनानेवाले हैं तो आपका तो धर्म यह हो जाता है कि अबसे हम किसीको दीवाना बनने नहीं देंगे, हमारे दिलमें अगर कोई गुस्सा हो तो हम उसको निकाल देंगे। मैं तो लोगोंसे कहूंगा भाई, आप कानूनको अपने हाथमें न लें, हकूमतको इसका फैसला करने दें। इतनी चीज आप याद रख सकें तो मैं समझूंगा कि आपने काम ठीक किया है। बस इतना ही मैं आपसे कहना चाहता हूं।

॥ १०६ ॥

३ अक्तूबर १९४७

भाइयो और बहनो,

मैं देख रहा हूं कि हमारे मुल्कमें काफी जगहपर आज सत्याग्रह चलता है। मुझको बड़ा शक है कि जिस जगहपर वह कहते हैं कि सत्याग्रह चलता है वहां सचमुच वह सत्याग्रह है या दुराग्रह है। ऐसा हमारे मुल्कमें हो गया

है कि एक चीजका नाम ले लिया, लेकिन काम उससे उल्टा किया। और आज जब कोई भी आदमी, चाहे वह पोस्टआफिसका हो, टेलीग्राफ आफिसका हो, रेलवेका हो या तो देशी राज्यमें हो, जिस जगहपर वह सत्याग्रह करनेकी कोशिश कर रहा है इन सबको इतना समझ लेना चाहिए कि यह काम जो वे कर रहे हैं सत्य है या असत्य। अगर असत्य है तो उसका आग्रह क्या करना था और अगर सत्य है तो सत्यका आग्रह हमेशा और हर हालतमें करना ही चाहिए। 'हमको कुछ मिल जाय', इस उद्‌देश्यसे जो सत्याग्रह करते हैं वह सत्याग्रह नहीं हो सकता। वह तो असत्यका आग्रह होगा। सत्याग्रहके लिए मैंने बहुत-सी चीजें बतला दी हैं। दो चीजें तो अनिवार्य बतलाई हैं। एक तो यह कि जिस चीजके लिए लड़ते हैं वह सचमुच सत्य है और दूसरे यह कि उसका आग्रह रखनेमें अहिंसाका ही उपयोग हो सकता है।

जितने लोग आज सत्याग्रह चला रहे हैं वे समझ-बूझकर काम करें। अगर मूल चीज असत्य है और उसके आग्रहमें जबर्दस्ती की जाती है तो उसको छोड़ना अच्छा होगा। अगर उसमें जहर भरा है, अगर वह दुराग्रह है और असत्य हैं, जो वह मांगते हैं वह हक उनको मिल नहीं सकता, तो भी वह मांगना शुरू करते है, तो मैं कहूंगा कि ऐसी चीज मांगनेमें अहिंसा इस्तेमाल हो नहीं सकती। वह अहिंसा नहीं हुई; वह तो हिंसा हुई। जो आदमी एक असत्य चीज मांगता है और पीछे कहता है कि अहिंसासे कर लेगा, वह कर नहीं सकता है।

अगर कैंपोंको चलानेका काम मेरे हाथमें हो तो कैंपोंगें रहनेवालोंको मैं कहूंगा कि कैंपोंकी सफाईका काम तो आपको ही करना है। क्या कैंपोंमें जो लोग पड़े हैं वे ताश खेलेंगे, चौपड़ खेलेंगे, जुआ खेलेंगे और पड़े रहेंगे या तो सोते रहेंगे? खाना तो पूरा नहीं मिलता है, पानी नहीं मिलता है, यह मैं जानता हूं। 'तो पीछे मैं क्यों काम करूं?' ऐसा करते हैं तो हम ऐबी बन जाते हैं। वहां कोई ५ या ७ आदमी थोड़े ही हैं, हजारोंकी तादादमें पड़े हैं। कब पहुंचेंगे अपने घरमें, यह भी पता नहीं। खाना तो हम उनको देंगे, लेकिन उस खानेके लिए वे कुछ काम तो करें। कम-से-कम सफाई करनेसे शुरू करें, पीछे कह दें कि हम दूसरा भी काम कर सकते हैं सूत कात सकते हैं, बुन सकते हैं, बढ़ईका काम कर सकते हैं, लुहारका काम कर सकते हैं, दर्जीका काम कर सकते हैं। या तो हम खटीकका काम करें,

वह निकम्मी चीज नहीं है। इतने काम हिंदुस्तानमें पड़े हैं। कल वह भले ही करोड़पति थे, आज तो करोड़ चले गए। ऐसा दुनियामें हो जाता है। अब सबको नए सिरेसे काममें जुट जाना ठीक है। कोई कहे कि हम करोड़पति थे हम क्यों यह काम करें, तो हमारा काम बिगड़ जाता है। हम जो काम करना चाहते हैं वह बन नहीं सकता। मैं बड़े अदबसे कहूंगा इस तरह हमारा काम चल नहीं सकता। हर दृष्टिसे जितना काम हमारा चलता है वह तो आदर्श होना चाहिए। उसमें सफाई हो, गंदगी बिलकुल नहीं। लोग पड़े हैं उन्होंने अपना सब काम खुद किया है। ऐसा करें तो मैं आपको कहता हूं कि हमें आज जो तकलीफ हो रही है वह काफी हदतक रफा होनेवाली है। और अगर हम इस तरह काम करनेवाले बन जाते हैं तो पीछे हमारा गुस्सा भी शांत हो जायगा। हमारे दिलोंमें जो वैर-भाव पड़ा है वह भी शांत हो जायगा। भलाई तो इसीमें है कि बुरे कामको बुरा समझना और पीछे उसका बदला देना है वह भलाईसे देना। उसका नाम भलाई है। ऐसा नहीं कि कोई पागल बन जाय, तो हम भी मूरख बन जायं। भलाईकी निशानी यह है कि हम दुष्टताका बदला दुष्टतासे न दें, दुष्टताका बदला हम साधुतासे दें। हमारे मुल्कका तो इसीमें कल्याण है। हम किसीको रंज नहीं पहुंचाएंगे लेकिन खुद दुःखको बर्दाश्त करके दूसरोंको सुखी करनेकी कोशिश करेंगे। अगर यह किया तो पीछे हिंदुस्तानका तो भला होता ही है आप जगतका भी भला कर सकते हैं। आज तो हिंदुस्तानकी ओर लोग देख रहे हैं कि हिंदुस्तान क्या करता है? अभी तो हमारे सच्चे इम्तहानका वक्त आ गया है। आजादी मिली है। अब हम क्या करेंगे।

॥ १०७ ॥

४ अक्तूबर १९४७

भाइयो और बहनो,

मैं आप लोगोंको कैसे मनवा सकूंगा कि अगर हम लोग पागल नहीं बनते तो यह सब जो आज हो रहा है होनेवाला नहीं था। इसमें मुझको कोई संदेह नहीं, मान लो कि मुसलमान पागल बने, इसलिए ये शरणार्थी लोग पाकिस्तानसे भागकर आते हैं। इन्हें वहां चैन मिले तो हिंदू वहांसे क्यों

भागेंगे? पश्चिमी पंजाबसे क्यों भागेंगे? दूसरा पाकिस्तानका हिस्सा है, वहांसे भी लोग भाग-भागकर आते हैं, यह दुःखकी कथा है। लेकिन वहांसे क्यों हटते हैं वे, यह समझने लायक चीज है। वहांके लोग जालिम बने हैं ऐसा हम मान लें, लेकिन उसके सामने क्या हम भी जालिम बन जायं? क्या हम हकूमत अपने हाथोंमें ले लें; कानून अपने हाथोंमें ले लें कि चलो, वह मारते हैं तो हम भी मारेंगे, वे बूढ़ोंको मारते हैं तो हम भी मारेंगे, औरतोंको मारते हैं तो हम भी मारेंगे, बच्चोंको मारते हैं तो हम भी मारेंगे, जवानोंको मारते हैं तो हम भी मारेंगे? मैंने बहुत दफा कहा कि यह वहशियाना कानून है। यह कानून चले और साथ-साथ मेरा जीवन चले, तो ये दो काम नहीं चल सकेंगे। तो आजतक मेरी प्रार्थना ईश्वरसे यही रहती थी कि मुझको १२५ वर्ष जिंदा रख जिससे मैं कुछ-न-कुछ और भी देशकी सेवा कर सकूं। और हिंदुस्तानमें खुदाई राज, राम-राज्य, जिसका नाम ईश्वरीय राज्य है, वह स्थापित हो तब मुझको चैन आ सकता है। तब मैं कह सकता हूं कि हिंदुस्तान सचमुच आजाद बन गया है। लेकिन आज तो वह ख्वाब-सा[1] हो गया है। रामराज्य तो छोड़ दो, आज तो किसीका राज्य नहीं। ऐसी हालतमें मेरे-जैसा आदमी क्या करे? अगर यह सब नहीं सुधर सकता तो मेरा हृदय पुकार करता है कि हे ईश्वर! तू मुझको आज क्यों नहीं उठा लेता? मैं इस चीजको क्यों देखता हूं? अगर तू नहीं उठाता और चाहता है कि मुझको जिंदा रहना है तो कम-से-कम वह ताकत तो मुझको दे दे जो मैं एक वक्त रखता था। मुझे ऐसा गुमान था कि मैं लोगोंको समझा सकूंगा। लोगोंके पास आया और कहा, खबरदार, इस तरहसे न करना, तो वे समझ जाते थे। उनके दिलमें मेरे प्रति इतनी मुहब्बत थी। मैं नहीं कहूंगा कि आज मेरे लिए लोगोंके दिलमें मुहब्बत कम हो गई है। मगर कम हो या बेशी, उसके पीछे तो अमल होना चाहिए। वह नहीं है। तो मैं कहता हूं कि मेरा असर चला गया है। जब हम गुलामीमें थे तब तो मेरा काम अच्छा चलता था, लेकिन अब जब हम आजाद हो गए हैं, तब मेरा काम नहीं चलता। जो पाठ मैंने प्रजाको उस वक्त सिखाया था मैं तो वही पाठ आज भी दे सकता हूं। अगर वह पाठ आज आप ले लें तो हम खूब आगे बढ़ जाते हैं।

मैं कहना तो यह चाहता था कि आप लोगोंके लिए अब जाड़ेके दिन आते

---

१. सपना-सा

हैं। मेरे लिए तो आप देखते हैं यह गरम चादर ये लड़कियां लेकर आई हैं कि शायद मुझको ठंड लगे। खांसी भी है। इस वक्त कम है, सो यह सूती चादर काफी है। लेकिन वे जो यहां कैंपोंमें पड़े हैं, पुराने किलेमें पड़े हैं उनका क्या? आप कह सकते हैं कि मुसलमानोंको हम क्यों दें? मैं तो ऐसा नहीं बना हूं। मेरे लिए तो मुसलमान भी वही हैं, सिख भी वही हैं, पारसी भी वही हैं, ईसाई भी वही हैं। मैं ऐसा भेद नहीं कर सकूंगा। इन जाड़ेके दिनोंमें उन सबका क्या होगा? अगर हम यह कहें कि यह तो हकूमतका काम है, हकूमत उन्हें जाड़ेके दिनोंमें कंबल दे देगी, तो मैं आपको कहता हूं कि हकूमत नहीं दे सकेगी। हकूमत कोशिश तो करेगी, लेकिन आज हमारे पास वह स्टाक कहां है? हकूमत कंबल कहींसे निकालेगी? छू-मंतर करके उनके पास आ जाता हो, ऐसे नहीं बनते। आज सारे यूरोपमें, अमरीकामें भी वह चीज नहीं मिलती। हमको वहांसे कोई वस्तु भेज नहीं सकते। कुछ रहम करके कोई भेजे भी तो दस-बीस हजार कंबलोंसे क्या होगा? यहां तो लाखों लोग पड़े हैं, ऐसे हर एकको थोड़े ही मिल सकते हैं। मैं जितने आप लोग हैं सबसे कहूंगा कि जाड़ेके दिनोंमें वे सर्दीको बर्दाश्त करते रहें यह ठीक नहीं। इसके साथ आप अपने सब कंबल भी नहीं दे सकते। लेकिन मैं जानता हूं कि हमारे पास बहुतसे लोग ऐसे पड़े हैं जो अपने लिए कंबल रखते हैं और जितने चाहिए उससे ज्यादा रखते हैं। दिल्लीमें काफी गरीब पड़े हैं, जिन्हें मुसीबतसे कंबल मिलते हैं। जितने कंबल आप बचा सकते हैं उन्हें दे दें।

मैंने देखा है, मैं दिल्लीमें रहा हूं और जाड़ेके दिनोंमें रहा हूं। मैं समझता हूं कि दिल्लीमें काफी गरीब लोग भी पड़े हैं; लेकिन मैं तो इतना ही कहूंगा कि जो ऐसे गरीब नहीं हैं, जिनके पास एक कंबलसे काम चल सकता हो, और उनके पास दो हों तो एक मुझे दे दें। इसी तरहसे आप आजसे चीजें देना शुरू करें। आप ऐसा न सोचें कि यहां हकूमत करनी है सो आपको कुछ करना नहीं। ठंड तो शुरू हो गई है; लेकिन अभी बर्दाश्त हो सकती है। लेकिन १७ अक्तूबरके बाद मैं वाइसरायके घर गया था, तब वहां आग जलती थी। क्योंकि ठंड हो गई थी और यहांकी ठंड ऐसी होती है कि आदमीकी बर्दाश्तके बाहर हो जाती है। अक्तूबरसे वह जल्दी-जल्दी बढ़ने लगती है और तेज हो जाती है। नवंबर, दिसंबर, जनवरी, फरवरी यह सब जाड़ेके खुशनुमा दिन हैं। जिनके पास खाना है, कपड़ा है, काफी पहनकर

चलते हैं, बड़े बूट पहने हैं, मोजे पहने हैं, वह तो जाड़ेको खुशनुमा कह सकते हैं, लेकिन जिनके पास नहीं हैं उनका क्या हाल होता है, उसका मैं गवाह हूं। आप भी हो सकते हैं। इसलिए मैं कहूंगा कि इतना तो हम करें कि जितनेको हम बचा सकते हैं, बचा लें। जिनके पास जाड़ेमें पहनने लायक कपड़े हैं, यह भी हो सकता है कि आपके पास ऊनी कपड़ा न हो, ऊनी कमलिया नहीं तो लिहाफ तो रहता है, लिहाफ काफी हो जाता है, अगर वह अच्छा हो तो आप लिहाफ भी ला सकते हैं। चद्दर भी रहती है, जो चद्दर पुराने जमानेकी मोटे कपड़ेकी, मोटे खद्दरकी रहती है वह काफी गरम रहती है, मुझे और कपड़े नहीं चाहिए। लेकिन यह चद्दरकी शक्लमें ऊनकी हों, लिहाफ हों, या तो मोटी चद्दर पड़ी हों, उन तीनों चीजोंमेंसे जो आपके पास आरामसे बच सके, आप अपने-आप मुझे दे दें। अगर आप भेजना शुरू कर दें तो इंतजाम हो जायगा कि कौन उसका कब्जा लेंगे। मैं आप तो करनेवाला नहीं हूं। ऐसा भी नहीं होगा कि चीज आ गई तो सब गोदाममें पड़ी सड़ जायगी या नालायक आदमीको मिल जायगी। जितनी चादरें आप देंगे, जितने ऐसे कपड़े आप देंगे, मैं आपको इतना कह सकता हूं कि वे सब योग्य पुरुष और योग्य स्त्रीके पास जानेवाली हैं। मैं उम्मीद तो करूंगा कि आप मुझको ऐसा न कहें कि यह तो हम हिंदुओंके लिए देते हैं, यह सिखके लिए देते हैं। इन्सान सब एक हैं। पीछे कोई न कहें कि इसमेंसे मुसलमानोंको न देना। यहां काफी मुसलमान तो मारे गए, काफी भाग गए। हमने भगा दिए। जो बाकी रहे हैं, उनके पास कितनी जायदाद पड़ी है यह मुझको पता नहीं। जो मुसलमान हिंदुस्तानमें पड़े हैं वे भी अगर कंबल वगैरह भेजें और कहें कि हम तो मुसलमानोंको ही देंगे, तो मैं मुसलमानोंको दे दूंगा। लेकिन मैं यह उम्मीद करूंगा कि जितने लोग मेरी बात सुनते हैं और दूसरे जो इस रेडियोकी मार्फत सुननेवाले हैं, वे सब मुझे परेशान न करें, और कह दें कि हमने तुझको यह चीज कृष्णार्पण[१] की, तो जो उसके लायक है उसको मिल जायगा। इसलिए मेरी उम्मीद है, विश्वास है कि इतना आप करेंगे। तो मैं यह कहूंगा कि आपने बहुत बड़ा काम किया है। ऐसा न करें कि चलो, जो टूटा-फूटा निकम्मा हो, मैला पड़ा हो, वह लाकर मुझको दे दें कि धोऊं, रफू करूं। मैला कपड़ा है तो आप धोनेकी कोशिश करें, इतनी

१. दान

अपनेको तकलीफ दें, धोबीको देनेकी कोई जरूरत नहीं रहती है। आरामसे थोड़ा पानी तो मिल जायगा, तो उसको अच्छा साफ करके लपेट करके आप मुझे दे दें। तो मुझको बड़ा अच्छा लगेगा।

॥ १०८ ॥

५ अक्तूबर १९४७

भाइयो और बहनो,

पहले तो मैं अपनी तबियतके बारेमें आपसे कुछ कहूं, क्योंकि आज भी अखबारोंमें मेरी बीमारीकी बाबत कुछ खबर आई है। किसने दी है, मुझको पता नहीं है। जो डाक्टर मेरे इर्द-गिर्द रहते हैं, उनकी तो यह खबर दी हुई नहीं हो सकती। लेकिन बहुत आदमी यहां आते-जाते हैं, वे देखते हैं कि मुझे कुछ खांसी वगैरह है, थोड़ा बुखार भी आ जाता है और फिर वे रजका गज बना देते हैं। ऐसा क्यों? कुछ मेरी तंदुरुस्तीके बारेमें लिखें तो, क्योंकि मैं महात्मा माना जाता हूं इसलिए वह चीज सारी दुनियामें फैल जाती है। गांधी मर जायगा तो क्या होगा? सब मरनेवाले हैं तो गांधीको भी मरना है। कोई अमृत-फल खाकर तो आया नहीं है। मुझे कुछ दुर्बलता और खांसी तो है, पर इसे अखबारोंमें देनेसे क्या लाभ? मैं यह कहूंगा कि जिन्होंने यह खबर दी उन्होंने न तो मेरा और न किसी अन्यका ही भला किया। आप तो देखते हैं, मैं आता हूं, बात भी करता हूं, इसमें कोई रुकावट नहीं होती है। हां, थोड़ी दुर्बलता है, खांसी है, लेकिन उसको जाहिर क्या करना था? मेरी इच्छा है कि लोग ऐसा न करें।

दूसरे, मैंने तो कल आप लोगोंसे कहा था, प्रार्थना की थी कि अगर दे सकते हों, तो गरीबोंके लिए, अभी जाड़ेके दिन आते हैं, तो कंबल दें, रजाई दें, और दूसरी ओढ़ने लायक चीजें हों, उनको भी दें। आज तीन सज्जनोंने कंबल भेजे हैं। उनमेंसे दो सज्जन हैं वे तो यहीं इर्द-गिर्दमें रहते हैं। नाम तो मैं उनका भूल गया हूं। उन्होंने दो कंबल मुझे भेजे हैं, अच्छे-खासे हैं। एक शख्स हैं, उनका भी नाम तो मैं भूल गया हूं, उन्होंने दस कंबल दिए हैं और वे तो नए ही हो सकते हैं। वह सब जैसा मैंने आपको कहा है, सुरक्षित रखे जा रहे हैं और जैसा आपको कल कहा था उनका

इस्तेमाल योग्य भाई और बहनोंको देनेमें होनेवाला है। मेरी उम्मीद है कि आज अगर आप सब लोग समझ गए हैं तो जो कोई चीज आप दे सकते हैं मुझको दीजिए।

अभी एक तार मेरे पास आ गया है, जिसे कई आदमियोंने मिलकर साथ भेजा है। तार मेरे सामने पड़ा है। उसमें जो लिखा है; वह मुझे अच्छा नहीं लगता। लिखनेका तो उनको अधिकार है। तार भेजनेवाले लिखते हैं कि जैसा हिंदुओंने किया है यदि वे वैसा न करते तो शायद तुम भी जिंदा नहीं रह सकते थे। यह बहुत बड़ी बात हो गई। मुझको जिंदा रखनेवाली कोई ताकत मैं मानता ही नहीं हूं, सिवा एक ईश्वरके। वह जबतक चाहता है तबतक मैं जिंदा हूं, और उस वक्त तक मेरा कोई नाश नहीं कर सकता है। जो मेरे लिए सही है, वह सबके लिए सही है। तो ऐसी बात वे क्यों लिखें? मुझको कहना पड़ेगा कि लिखा तो मुहब्बतसे है यह, पर मेरा यह विश्वास है कि मुझे या किसीको भी जिंदा रखना सिर्फ भगवानके हाथोंमें है।

वे पीछे लिखते हैं कि याद रक्खो, (कुछ नाम भी दिये हैं उनको मैं छोड़ना चाहता हूं) तुम बहुत भोले हो, जो अबतक मुसलमानोंका विश्वास करते हो। कोई एक नहीं जो मुझको ऐसा बतलाते हैं, सब मिलकर मुझको सुनाते हैं कि यहां मुसलमान ऐन मौकेपर दगा देनेवाले हैं; वे पाकिस्तानका साथ देनेवाले हैं और वे पाकिस्तानके लिए हिंदुस्तानके सामने लड़नेवाले हैं। वे लिखते हैं कि १०० में से ९८ मुसलमान दगाबाज हैं। मुझको कहना पड़ेगा मैं यह नहीं मानता। यहांके साढ़े चार करोड़ मुसलमान तो ज्यादातर देहातोंमें पड़े हैं, और जो थोड़े मुसलमान शहरोंमें पड़े हैं, वे हममेंसे ही मुसलमान बने हैं, वे सब-के-सब दगाबाज नहीं हो सकते। तो क्या सब मुसलमान दगाबाज हैं, यह मानकर प्रत्येक मुसलमानके घरमें प्रवेश करो और उन्हें तबाह कर दो? हर एकके पास हथियार हैं, उनको छीन लो? उनके कहनेका बिल्कुल ऐसा ही मतलब हो जाता है कि उनको तबाह करो और सबके सबको यहांसे हटा दो। मैं उन भाइयोंको कहूंगा कि यह तो कायरोंकी बातें हैं। मैं तो एक ही चीज कहूंगा कि मान लो यदि मुसलमान ऐसे हैं तो वह चीज हकूमतको साबित कर दो। हकूमतको कहो कि इसका फैसला करे। ऐसा ही करें जैसा कि वे भाई कहते हैं तो उससे तो हम दोनों दुश्मन बनेंगे और फिर उसका नतीजा होगा दोनोंकी लड़ाई। दोनों लड़ते हैं तो पीछे दोनोंका नाश होनेवाला है या यह कहो कि हम पाई हुई

आजादीका नाश करेंगे। कोई हिंदू दूसरोंके मातहत जाकर अपना हिंदूपन नहीं रख सकता है। अंग्रेज थे तो हम उनकी गुलामीमें सोचते थे कि हमारे धर्मकी रक्षा होती है, वह भूल थी।

जब मैं बच्चा था तो मैंने एक अंधे-कविकी, जो एक अच्छे कवि थे, कविता पढ़ी थी, जिसके अर्थ यह होते हैं—'खैर, अब तो वैर गया, हमें आरामसे रहना है, अंग्रेज आ गए हैं।' एक जमाना था कि हम अंग्रेजोंपर मुग्ध हो गए थे और सोचते थे कि इनके नीचे हम सुरक्षित हैं। वह भूल सुधारो। अब यदि हम ऐसे बुजदिल बनें कि साढ़े चार करोड़ मुसलमानोंको मार भगानेकी सोचें तो उससे तो हम कायर सिद्ध होंगे। ऐसी बातोंसे हम अपने धर्मको कभी भी बचा नहीं सकेंगे। मैं तो ऐसा नहीं मानता कि हिंदू, मुसलमान जन्मसे एक-दूसरेके दुश्मन पैदा हुए हैं। और अगर ऐसे बने तो पीछे हिंदुस्तान कैसे जिंदा रह सकता है? क्या दोनों, हिंदू और मुसलमान गुलाम बननेवाले हैं और दोनों अपने धर्मको भूल जानेवाले हैं? यह कैसे हो सकता है? हमारा-आपका तो धर्म हो जाता है कि हम इस संबंधमें सब बातें सरकारको पहुंचा दें।

आज मैं आपको कहूंगा कि मैं तो मंत्रियोंके साथ बैठता-उठता हूं। पंडितजी तो हमेशा करीब-करीब रोज मेरे पास आते हैं, सरदार भी करीब-करीब रोज आते रहते हैं हालांकि उतना नहीं जितना पंडितजी आते हैं। लेकिन दोनों आते हैं, दोनों मित्र हैं, दोनों मेरे साथ रहते हैं। दोनोंने बड़ी खूबीसे मेरे साथ लड़ाई भी की है। तो मैं ऐसा नहीं कहना चाहता हूं कि मैं उनको कुछ कह नहीं सकूंगा। सरकारको हिंदू, मुसलमान, पारसी और ईसाई सबकी रक्षा करनी है, तभी वे कह सकते हैं कि वे सच्चे कांग्रेसी हैं। हिंदू-सभा है—तो उसका काम तो हिंदू-धर्मकी रक्षा करना है। सिखों और हिंदुओंके धर्मकी रक्षा करना, बुराइयों और बदियोंको हटाना, उनका अपना काम है। दूसरा थोड़े ही कोई मिटानेवाला है? हम दूसरोंको कहें कि आप मेहरबानी करके? हमारा धर्म बचा दें, तो इस तरह धर्म बचता नहीं है। मेहरबानीसे कहीं धर्म बचता है? यदि हम कहें कि हमारा धर्म बचाओ तो वह तो धर्मका सौदा हुआ। हमें जान प्यारी है इसीलिए हम ऐसा कहते हैं। हम कभी एक चोला पहिनें, कभी दूसरा, तो यह भी कोई धर्म होता है? इस कारण मैं कहूंगा कि ये जो तार देनेवाले हैं उन्होंने कोई बड़ा सयानापन नहीं किया है। वह चीज कहकर मैं आपको दूसरी बात बतलाना चाहता

हूं। हमारे चर्चिल साहबने दुबारा भी वही चीज कही है और बढ़ाकर, बनाकर कही है। यह मुझको चुभता है। क्योंकि मैं तो अंग्रेज लोगोंका दोस्त हूं। मुझको किसीके साथ दुश्मनी तो है ही नहीं। उनमें बहुत भले लोग पड़े हैं और अभी उन्होंने भारतको आजादी देकर बहादुरीका काम किया है। पीछे उसका कुछ भी असर हो, मुझे उसकी परवाह नहीं। चर्चिल साहब उसपर हमला करते हैं और कहते हैं कि जैसा उन्होंने पहले भाषणमें भी कहा था, ''मैं तो हमेशासे मानता आया हूं। हिंदोस्तानी ऐसे हैं, वैसे हैं''। अगर हमेशा मानते आए हैं तो अब पीछे उसको दोबारा दुहरानेकी क्या जरूरत थी?

लेकिन ऐसा लगता है कि उन्होंने केवल अपनी पार्टीके लिए ही मजदूर सरकारपर हमला किया है, ताकि लेबर पार्टीकी मिनिस्ट्री मिट जाय और फिर उनकी पार्टीकी हकूमत हो जाय। इंग्लैंडमें आज मजदूरोंका राज्य है। वह एक छोटा-सा टापू है, लेकिन मजदूरोंकी शक्तिपर वह इतना बढ़ा है और अपने उद्योगके कारण दुनियामें मशहूर हो गया है। जो मजदूर सरकार अब वहां बनी है, उसको हटा दो, यह चर्चिल साहबकी मंशा है। और उसको हटा देनेके लिए वे कहते हैं कि इस लेबर मिनिस्ट्रीने बेवकूफी की है, उसने यह भद्दा काम किया, एम्पायरको[१] मलियामेट कर दिया, हिंदुस्तान जो एम्पायरमें था, उसको गंवा दिया और अब बर्माका भी वही हाल होनेवाला है जो हिंदका हुआ। अब मैं कैसे कहूं चर्चिल साहबको कि आपका इतिहास बहुत देखा, बर्मा किस तरहसे आप लोगोंने लिया, हिंदुस्तानमें कैसे आपने अंग्रेजोंकी हकूमत कायम की, उस इतिहासपर कोई आदमी अभिमान कर सके यह मैं नहीं मानता हूं।

हम आज जो कर रहे हैं, वह वहशियाना काम करते हैं, और हमारे हाथमें जो हकूमत आई है, उसको मिटानेकी चेष्टा कर रहे हैं। मैं कबूल करता हूं कि आज आपके नजदीक मैं एक नाकिस[२] आदमी बन गया हूं, मेरी आपके पास आज नहीं चलती, लेकिन मैं आपको कहूं कि अगर चर्चिल साहबकी बात अंग्रेजोंने मान ली, जिसको कि कंजरवेटिव[३] पक्ष कहते हैं उसने मजदूरोंको हराया और मजदूरोंके राज्यको शिकस्त दे दी तो वह बुरा होगा। मैं आपको कहूंगा कि हम किसी शक्तिके मार्फत आजाद हुए हैं,

---

१. साम्राज्य; २. खराब; ३. कट्टरपंथी।

ऐसा सारी दुनिया कहती है। वह शक्ति कैसी है? उस वक्त सत्ता मजदूरवर्गके हाथमें थी, सोशलिस्ट हकूमत उस वक्त इंग्लैंडमें थी और उसने हमें आजादी दी। सोशलिज्म[1]को कौन मिटा सकता है? उसको न तो चर्चिल साहब मिटा सकते हैं और न कोई और ही मिटा सकते हैं। उनका राज्य दूसरी तरहसे चल ही नहीं सकता, यह तो मैं देख चुका। लेकिन माना कि अंग्रेजी प्रजाने अपनापन गंवा दिया और मजदूरोंकी शिकस्त हो गई और चर्चिल साहबके हाथ फिर सत्ता आ गई, तो क्या वे हमें अल्टीमेटम दे देंगे कि नहीं, हम तुमको फिरसे गुलाम बनानेवाले हैं, हमला करनेवाले हैं? दें तो सही। किस तरहसे वे दे सकते हैं, मेरी अक्ल काम नहीं करती। कैसे भी हम हिंदुस्तानी बुरे हों, भले हों, हम बदमाश बन जाते हैं, हम दीवाने बन जाते हैं तो भी उन्हीं लोगोंने मुझको सिखाया है कि आजादी सबसे बड़ी चीज है। ऐसी बड़ी आजादीमें जितनी गलतियां हों वह सब करनेका तुमको हक है। आजादीका मतलब यह नहीं है कि हम भले बनें, तब तो आजादी मिलेगी और अगर लुटेरे रहते हैं, बुरे रहते हैं तो आजादी न मिले। यह कहांकी बात है? अंग्रेजोंके लिए तो वह कानून नहीं हुआ। कोई भी प्रजा-जितनी दुनियामें पड़ी है, इनके लिए यह कानून नहीं था और अगर ऐसा रहता कि जो भला रहता है, उसके पास ही आजादी रह सकती है, तो आज सारी दुनियामें जो हो रहा है, उसे देखकर कहीं भी आजादी कैसे रह सकती है? अंग्रेजोंने ही हमें सिखाया है कि आजादी गुलामीकी अपेक्षा भली है। एक अंग्रेज लेखक कहता है कि हम चाहे शराब पिए पड़े रहें पर आजाद रहें, परंतु गुलाम होकर सुधरना स्वीकार नहीं। पर हम उनकी बुराइयां ले लेते हैं, भलाइयां नहीं।

हिंदुस्तानमें तो सात लाख देहात पड़े हैं, सात लाख देहातके लोग तो आज पागल नहीं हो गए। सात लाख देहातके लोग अगर पागल बन जाते हैं तो हिंदुस्तानका नक्शा बदल जायगा। लेकिन सात लाख देहात हिंदुस्तानके हैं, वे सब-के-सब पागल बन जायं, लेकिन आजाद बने रहें तो मुझको बड़ा मीठा लगेगा। लेकिन चूंकि वे पागल बन गए हैं, इसलिए कोई हिंदुस्तानपर बद-नजर करे और कब्जा लेनेकी कोशिश करे तो वह चलनेवाली चीज नहीं है।

---

१. समाजवाद।

मैंने कह दिया है और आज फिर कहता हूं कि अगर हम पागल रहें तो उसका नतीजा यह आनेवाला है कि अंग्रेज तो अब यहां आनेवाले हैं नहीं, वे अब यहां नहीं आ सकते हैं, उन्होंने एक चीज उगल दी तो पीछे दुबारा थोड़े ही वापिस लेनेवाले हैं मगर दुनियाके सामने तो सब है, वह तो देखेगी कि क्या हो रहा है? दुनिया उसको यह नहीं करने देगी और न हिंदुस्तान ही करने देगा। लेकिन दूसरी जो ताकतें हैं, जिसको यू०एन०ओ० कहते हैं, जिसके पास बड़ी ताकत पड़ी है, यदि वह यहां जांच-पड़तालके लिए आए तो हम उसे रोक नहीं सकेंगे। पीछे हम ऐसे पागल बन जाते हैं कि अपनापन छोड़ देते हैं तो हम आजादीको खोकर उनको दे देंगे।

मैं चाहे बिलकुल अकेला रह जाऊं, लेकिन मेरी जबान तो यही सुनाएगी कि खबरदार, सारी दुनिया भी आए, वह हमारा बिलकुल नाश करना चाहती है, तो कर सकती है, लेकिन हमको दुबारा गुलाम बनाकर नहीं रख सकती। मेरी तो ऐसी प्रतिज्ञा है कि हम दुबारा गुलाम न बनें। उस प्रतिज्ञाका आप पालन करेंगे, उसको सच्चा बनाना वह तो आप लोगोंका काम है, मेरे अकेलेका नहीं है। मैं अकेला तो भारतको बचा नहीं सकता। मेरा क्या ठिकाना है? कौन जाने कबतक चलता हूं। ईश्वर मुझे उठा लेता है तो हिंदुस्तानका क्या होनेवाला है? मैं अकेला थोड़े ही हिंदुस्तानको बचा सकता हूं। वह तो ईश्वरपर निर्भर है और अगर वह साथ रहेगा और उसकी मेहरबानी रही तो हिंदुस्तान बच सकेगा। जबतक मैं जिंदा हूं मैं समझता हूं कि कोई ऐसा नहीं कर सकता कि चलो, हिंदुस्तानमें कुछ तूफान हो रहा है, इसलिए उसको गुलाम बनाओ और कब्जा करो। ईश्वर मेरी इस प्रतिज्ञाका पालन आपकी मार्फत कराए! यही मेरी इच्छा है।

॥ १०९ ॥

मौनवार, ६ अक्टूबर १९४७
(लिखित संदेश)

जिन लोगोंको हमारी खुराककी समस्यापर जानकारी होनी चाहिए वे डा० राजेंद्रप्रसादके निमंत्रणपर, उनको खुराकके बारेमें, सलाह देनेके लिए यहां जमा हुए हैं। इस जरूरी मामलेमें यदि कोई भूल हो जाए तो उसका

परिणाम यह हो सकता है कि उस भूलसे, जिससे बचा जा सकता है, लाखों आदमी मर जाएं। हिंदुस्तानके, भूखे रहनेसे, करोड़ों नहीं तो लाखोंकी संख्यामें, कुदरती तथा इन्सानके बनाए हुए दुष्कालसे मरनेसे कुछ अपरिचित नहीं हैं। मैं कहता हूं कि किसी अच्छे संगठित समाजमें हमेशा पानीकी कमीसे और अनाजकी फसल बिगड़नेसे होनेवाली आपत्तिसे बचनेका कामयाब इलाज पहले ही सोच रखा जाता है। इस बातकी चर्चा करनेका यह मौका नहीं है। इस वक्त तो हमें यही देखना है कि आया[१] हम मौजूदा खुराककी भयंकर परिस्थितिसे बचनेकी उम्मीद रख सकते हैं या नहीं।

मेरा खयाल है कि हम ऐसी उम्मीद रख सकते हैं। पहला पाठ जो हमें सीखना चाहिए वह है खुदकी मदद और स्वाश्रय। अगर हम इस पाठको हजम कर लें तो तुरंत ही अपनेको विदेशी मुल्कोंकी मददपर भरोसा रखनेसे और आखिरमें दिवालियापनसे बचा लेंगे। यह बात कुछ अभिमानके तौरपर नहीं कही जा रही, बल्कि यह तो एक हकीकत है। हमारा कोई छोटा मुल्क नहीं है जो अपनी खुराकके लिए बाहरकी मददपर निर्भर रहे। हमारी जनसंख्या तो चालीस करोड़ है जो एक बर्रे-आजमके[२] हिस्सेमें रहते हैं। हमारे देशमें बाकी दरिया हैं और भांति-भांतिकी फसलें होती हैं और असंख्य मवेशी हैं। यह तो हमारा ही कसूर है कि यह मवेशी हमारी जरूरतसे भी कम दूध देते हैं, मगर उनमें इतनी शक्ति आ सकती है कि वह हमारी जरूरतके मुताबिक दूध दे सकें। यदि गत चंद सदियोंमें हमारेदेशको भुलाया न गया होता तो वह न सिर्फ अपने लिए पूरी खुराकका प्रबंध कर सकता बल्कि वह बाहरके देशोंको भी कुछ खुराक पहुंचा सकता, जिसकी कमी दुर्भाग्यवश पिछली लड़ाईके कारण तमाम संसारमें हो गई है। इसमें भारतवर्ष भी शामिल है। मुसीबत घटनेके बजाय बढ़ती ही जा रही है। मेरी तजवीजका यह अर्थ नहीं है कि यदि कोई देश हमें खुशीके साथ खुराक देना चाहे तो हम उसे नामंजूर कर दें। मेरे कहनेका आशय तो केवल यही है कि हम भीख मांगते न फिरें। इससे हममें गिरावट आती है। इसके अलावा यह खयाल करो कि खुराकको एक जगह पहुंचानेमें कितनी कठिनाइयां आती हैं। हमें यह भी डर रहना चाहिए कि विदेशसे जो अनाज आवेगा वह शायद अच्छा नहीं होगा। हम इस बातको नजरअंदाज नहीं कर सकते कि मनुष्य-स्वभाव हर मुल्कमें कुदरती तौरपर कमजोर

---

१. अथवा; २. महाद्वीप।

है। वह कहीं भी न पूर्ण हुआ है न पूर्णताके नजदीक पहुंचा है। अब हमें यह देखना है कि हमें विदेशी सहायता क्या मिल सकती है। मुझे बताया गया है कि जरूरतका केवल तीन फीसदी बाहरसे आ सकता है। यदि यह बात सच है और मैंने कई निपुण जानकारोंसे इस संख्याकी सच्चाई मालूम कर ली है, तो विदेशोंपर भरोसा रखनेके कोई मानी नहीं रहते हैं; क्योंकि विदेशोंपर थोड़ा-सा भी भरोसा रखें तो इसका परिणाम यह आ सकता है कि हमें अपनी हर एक इंच जीती जानेवाली जमीनपर जितना ध्यान देनेको है, वह नहीं देंगे। अगर हम स्वाश्रयी बननेका निर्णय करें या धन पैदा करनेवाली फसलकी बजाय खुराककी फसलपर ध्यान दें तो जो जमीन बेकार पड़ी है उसे हमें तुरंत काममें लाना चाहिए।

खुराक के केंद्रीकरणको मैं नुकसानदेह मानता हूं। विकेंद्रीकरणसे काले बाजारपर बड़ी आसानीसे आघात पहुंचता है तथा खुराकको इधर-उधर ले जानेमें जो समय और पैसा खर्च होता है वह बचता है। इसके अलावा किसान तो हिंदुस्तानका अनाज और दालें पैदा करता है। वह जानता है कि अपनी फसलको चूहों वगैरहसे कैसे बचाए। अनाज जब एक स्टेशनसे दूसरे स्टेशनपर जाता है तो चूहोंको नुकसान करनेका मौका मिलता है। देशको करोड़ोंका नुकसान उठाना पड़ता है और लाखों टन अनाजकी कमी पड़ जाती है जिसकी हर एक छटांक हमारे लिए कीमती है। अगर हर एक हिंदुस्तानी खुराक पैदा करनेकी, जहां-जहां वह पैदा किया जा सकता है, जरूरत महसूस करने लगे तो बहुत मुमकिन है कि हम यह भूल जाएं कि देशमें अनाजकी कमी है। मैंने अनाज अधिक पैदा करनेके लिए सुंदर आकर्षक विषयको पूरी तरह बयान नहीं किया; लेकिन जितना मैंने बयान किया है उससे बुद्धिमान इस बातकी ओर ध्यान देंगे कि हर एक आदमी इस शुभ काममें किस प्रकार मदद दे सकता है।

अब मैं यह बताना चाहता हूं कि जो तीन फीसदी अनाज हम बाहरसे शायद हासिल कर सकते हैं यह घाटा कैसे सहें। हिंदू हर एकादशीको या पंद्रह रोज बाद उपवास या अर्ध-उपवास करते हैं, मुसलमान और दूसरे लोगोंको इस बातकी मनाही नहीं है कि कभी-कभी भोजनका त्याग कर दें, खासकर जब कि लाखों भूखोंके लिए उसकी जरूरत है। अगर तमाम मुल्क इस बातकी खूबीको महसूस कर ले तो हिंदुस्तान विदेशी अनाजकी कमीको जरूरतसे ज्यादा मिटा देगा। मेरा अपना खयाल है कि राशनिंगका

अगर कुछ लाभ है भी, तो वह बहुत कम है। यदि काश्तकारोंको उनकी मर्जीपर छोड़ दिया जाय तो वे अपनी पैदावारको बाजारमें ले आएंगे और हर एकको अच्छा खाने लायक अनाज मिलने लगेगा जो आजकल आसानीसे नहीं मिलता। मैं खुराककी कमीके इस मुख्तसिर[१] बयानको खत्म करता हुआ प्रेसीडेंट हर्मनकी सूचनाकी ओर ध्यान दिलाता हूं जो उन्होंने अमेरिकन लोगोंको दी है कि उन्हें रोटी कम खानी चाहिए, ताकि यूरोपवालोंके लिए अनाज बचा सकें, जिसकी उन्हें सख्त जरूरत है। प्रेसीडेंटने यह भी कहा है कि इस त्यागसे अमेरिकन लोगोंकी सेहत खराब नहीं हो जायगी। मैं प्रेसीडेंट ट्रूमैनको उनके पारमार्थिक बयानके लिए बधाई देता हूं। मैं नहीं मान सकता कि इस दानके विचारके पीछे अमेरिकाको पैसा बनानेका खयाल रहा होगा। मनुष्यको उसके कार्यसे जांचना चाहिए न कि उस भावनासे जिससे वह प्रेरित हुआ है। केवल परमात्मा ही मनुष्यके हृदयको जानता है। यदि अमेरिका भूखे यूरोपके लिए खुराकका त्याग कर सकता है तो क्या हम अपने ही लिए यह छोटा-सा त्याग नहीं कर सकते? अगर बहुतको भूखे मरना ही है तो कम-से-कम हम इतना श्रेय तो लें कि हमने अपनी मदद करनेके लिए जो बन सकता था वह किया। यह मेहनत हमारे देशको ऊंचा उठाती है।

हमें उम्मीद करनी चाहिए कि डा० राजेंद्रप्रसादने जो कमेटी बुलाई है वह जबतक कोई अमली[२] हल इस खुराककी स्थितिको सुधारनेका न निकाल लेगी, काम न छोड़ेगी।

॥ ११० ॥

७ अक्तूबर १९४७

भाइयो और बहनो,

कल जो मैंने कहा उसमें तो एक शब्द भी, आज जो हिंदू-मुसलमानके बीचमें चल रहा है उस बारेमें नहीं था। लेकिन आज ऐसा कुछ हो गया है कि मुझको बिलकुल खामोश रहना नहीं चाहिए। यहां नहीं हुआ है, वह

---

१. संक्षिप्त; २.व्यावहारिक।

हुआ तो है देहरादूनमें। खासा सज्जन मुसलमान था; उसको कत्ल कर दिया। जहांतक मुझको पता है, उसने कुछ गुनाह नहीं किया था, और कोई कानून हाथमें लिया हो ऐसा भी नहीं है। लेकिन चूंकि वह मुसलमान था, इसलिए उसको काट डाला। मुझको बुरा लगा कि ऐसा ही हम करते रहे तो आखिरमें हम कहां जाकर ठहरेंगे। आज तो मैं देखता हूं कि मेरे पास काफी मुसलमान भाई-बंद पड़े हैं। मेरा दिल झिझकता है। अगर मैं उनको कहूं कि आज यहांसे जाओ, उस जगहपर चला जा—वह कैसे जाए? आज मैं पाता हूं कि ट्रेनमें मुसलमान सही-सलामत हैं, ऐसा भी नहीं। जिसको जो चाहे कंपार्टमेंटसे उठाकर फेंक देते हैं या दूसरी तरह कत्ल कर डालते हैं। मैं यह समझता हूं कि पाकिस्तानमें ऐसी ही चीज हो रही है, लेकिन ऐसा हम करते रहें तो उससे हमको क्या फायदा पहुंचनेवाला है। आखिरमें हम अपने-आपको पहचानें तो सही। अपने धर्मको भी तो पहिचानें। सबका धर्म सबके पास रहता है। हमारा धर्म क्या सिखाता है? क्या हम धर्मको छोड़कर काम कर रहे हैं? क्या कांग्रेस पागल थी? आखिर ६० बरसतक कांग्रेस क्या करती आई? अगर कांग्रेसने आजतक गलती की तो वह मुल्ककी दुश्मन थी, और मैं कहूंगा कि पीछे कांग्रेसको हटा देना चाहिए। आज जो अपनेको कांग्रेसी मानते हैं वे भी साफ-साफ कह दें कि हम कांग्रेसको छोड़ देते हैं, दूसरी कोई पार्टी बना लेते है। उसमें कोई शिकायत नहीं हो सकती है। लेकिन कुछ भी करो, सारी दुनियाके सामने और हमारे लोगोंके सामने, मैं इतना तो कह सकता हूं कि हम अपने हाथोंमें कानून न लें। ले लेंगे तो हम अपनेको मार डालनेकी कोशिश करेंगे और आजादी गंवा बैठेंगे; तो पीछे जब दूसरा कोई आकर हिंदुस्तानपर कब्जा कर लेगा तो हम हाथ मलना शुरू कर देंगे कि हमने क्या गजब कर दिया। वह कोई अच्छी बात नहीं है। ऐसी बातोंमें एक पाठ हमें सिखाया जाता है। एक नेवला था। उसने बच्चेको बचानेके लिए एक सांप मार डाला। उसका मुंह खूनसे लाल हो गया। मां तो आती है बेचारी बाहरसे। सरपर पानीका बर्तन है। कुएंपर गई थी, पानी लेने। मिट्टीका बर्तन था। वह नेवला तो नाचता-नाचता आया कि मैंने तुम्हारे बच्चेको बचा लिया, पर वह समझी कि उसने बच्चेको मार डाला है। वह बर्तन उसपर डाल दिया। बर्तनका पानी गया, बर्तन टूटा, नेवला मर गया। भीतर जाकर देखती है बच्चा तो पालनेमें पड़ा था और खेल रहा था। वह भी खुशीसे अपनी मांको मिलना चाहता था। और

सामने सांप मरा पड़ा है। तो वह समझ गई कि नेवला उसका दोस्त था। अफसोस हुआ। कहा, मैंने खामखाह उसे मार डाला। तो ऐसा हम न करें कि आखिरमें हम, जैसे उस मांको पछताना पड़ा वैसे पछताएं कि अरे, हमने अपनी हकूमतका कहना न माना। हकूमत हमने बनाई है, क्या हम उसे बिगाड़ेंगे?

हमारे हाथोंमें आज हकूमत आ गई है, अपने प्रधान आ गए हैं। आज मुख्य प्रधान यहां जवाहरलाल हैं। वह तो सच्चा जवाहर है और उसने काफी लोगोंकी सेवा की है। सरदार हैं, दूसरे हैं। क्या वे हमको नापसंद हैं? आज कहें जवाहरलाल तो निकम्मा है, वह ऐसा हिंदू कहां है, और हमको तो जैसा हम कहते हैं ऐसा ही करनेवाला चाहिए कि जो मुसलमानोंको छोड़ दे, उनको निकाल दे, तो ऐसा जवाहरलाल नहीं है, न मैं ही हूं, यह मैं कबूल करता हूं। मैं अपनेको सनातनी हिंदू मानता हूं, तो भी ऐसा सनातनी नहीं कि सिवा हिंदूके और किसीको हिंदुस्तानमें रहने नहीं दूं। कोई किसी धर्मका हो, लेकिन हिंदुस्तानका वफादार है तो वह हिंदुस्तानी है और उसको यहां रहनेका उतना ही हक है जितना मुझको है। भले ही उसके जातिवालोंकी तादाद बहुत छोटी हो। धर्म मुझको यही सिखाता है। बचपनसे मुझको सिखाया गया कि इसको रामराज्य कहो या ईश्वरीय राज्य कहो। कभी हो नहीं सकता है कि एक आदमी इस वक्त विधर्मी है इसलिए वह नालायक है, नापाक है। तो आप समझें कि गांधी भी तो कैसा हिंदू है। गांधीके हाथमें ताकत नहीं है, वह प्रधान नहीं है। जवाहरलाल है, तो उसे चाहो तो हटा सकते हो। सरदार है। कौन सरदार? वह बारदोलीका सरदार है। उसकी मानते हो? तो उसके भी मुसलमान दोस्त पड़े हैं। उनके दोस्त इमाम साहब जो गुजरातमें हमारी कांग्रेसके सदर[१] थे, मर गए। अब इमाम साहबके दामाद अहमदाबादमें हैं। मेरा खयाल है वे डिस्ट्रिक्ट कांग्रेसके प्रधान हैं। खासा आदमी है, बड़ा भला है। मैं तो उसे बहुत जानता हूं। उसने इमाम साहबकी लड़कीसे शादी की। वे इमाम साहब, जो दक्षिण अफ्रीकासे मेरे साथ आए थे, अपना कारबार छोड़कर अपनी बीबीको साथ लेकर आए और मेरे साथ रहे। वे मर भी गए, उनकी जवान लड़की बैठी है। क्या मैं उसे छोड़ दूं और कहूं कि अब तू हमारे कामकी नहीं है; क्योंकि आखिरमें तू मुसलमान है? मुसलमान है इसमें कोई शक नहीं; लेकिन वह

१. प्रधान।

भली है, अच्छी है, ऐसा मैं कह सकता हूं। उसको पता नहीं है कि उसको जाना पड़ेगा। अगर सरदार उसे जाने दे तो पीछे वह कहां रहनेवाली है? हम अपने हाथोंमें कानून न लें। और जो कानून होनेवाला है वह सरदार या जवाहरलाल करें, आर्डिनेंस बनावें और पीछे वह प्रजापर छोड़ दें, ऐसा प्रधान आज हो नहीं सकता। माना कि अंग्रेजोंके समय वह सब पहले चला था, उन्होंने जो किया सो हम भी करें क्या? हम जिसकी शिकायत आजतक करते रहे हैं, वही शिकायत हमारे लिए की जाए? ऐसा हम बर्दाश्त न करें। यही मैं तो कहना चाहता था।

॥ १११ ॥

८ अक्तूबर, १९४७

भाइयो और बहनो,

एक सज्जन मेरे पास आते हैं अच्छे हैं। वे देहरादूनसे आ रहे थे। ट्रेनमें काफी आदमी थे। तो किसी स्टेशनपर, मैं स्टेशनका नाम तो भूल गया, उनके डिब्बेमें एक आदमी आ गया। बाकी तो उस डिब्बेमें सब हिंदू थे, सिख थे। किसीके हाथमें तलवार थी, किसीके छुरा था। उन्होंने नए आनेवालेको देखा। किसीने पूछा कि आप कौन हैं। वह तो बेचारा अकेला आदमी था, उसने कहा भाई मैं तो चमार हूं। लेकिन उनको शक हुआ। उसका हाथ देखते हैं तो उसका नाम हाथोंमें गुदा हुआ है। कभी लोग हाथोंमें अपना नाम लिखवा लेते हैं। तो वह तो मुसलमान साबित हो गया और किसीने उसके छुरा भोंक दिया और पीछे जमुनामें, जो बीचमें रास्तेमें आती हैं, उठाकर फेंक दिया। यह कार्रवाई तो की एक ही आदमीने, लेकिन इतने आदमी थे, वे भी उनके गवाह रहे। मुझसे बात करनेवाले सज्जन यह सब देख न सके और मुंह दूसरी ओर फेर लिया। मैंने तो उनको कहा कि अगर आपके दिलमें रहम आ गया था और आप उस चीजको ठीक नहीं समझते थे तो आपने क्यों नहीं उस आदमीको कहा कि अरे ऐसी वहशियाना बात न करो। पचास-साठ हिंदू, सिख उस डिब्बेमें थे, उनमें एक बेचारा मुसलमान। यह कहांकी इन्सानियत है कि उसको कोई मार डाले और जमुनामें फेंक दे। वह बिल्कुल मर गया था ऐसा तो

न था, उसके छुरा भोंका गया था और वैसा ही फेंक दिया गया था। आपमें इतना रहम था तो इतना आपने क्यों नहीं किया, क्यों नहीं उसको मरनेसे बचाया? उसने कहा कि मुझको दु:ख तो हुआ, लेकिन मैं अपना फर्ज भूल गया। मुझको सूझा नहीं कि क्या करना चाहिए तो मैंने कहा यह तो कोई अच्छी बात नहीं है, यह कोई इन्सानियत नहीं है। हम इतने लोग पड़े हैं, एक हमारा मुसलमान भाई आता है, उसका इस तरहसे खून कर देते हैं, फेंक देते हैं, ऐसा करनेवालेका हाथ पकड़ो और रहमसे, मुहब्बतसे कहो कि आप यह क्या करते हैं, किसको मारते हैं, उसने तो कोई गुनाह नहीं किया है, उसको आप न मारें। और अगर वह न माने तो उस भाईकी जान बचानेके लिए आप अपनी जान कुर्बान कर दें, तो मुझे बड़ा अच्छा लगेगा। एक आदमीको पचास साठ मिलकर मार डालें, इसमें क्या बहादुरी है? लेकिन इतने आदमी जमा हुए हैं उसमेंसे एक आदमीको किसीने मारनेका इरादा कर लिया और वह उसको मार डालता है तो सब बैठे देख रहे हैं, उनके दिलमें या तो यह खयाल होता है कि चलो, मार डाला अच्छा है, इसमें बात क्या है। मैं कहूंगा कि जो लोग इस तरह सोचते हैं वे बहुत भारी गलती कर रहे हैं। वे मारनेवाले ऐसे भी लोग होते हैं जिनके दिलोंमें रहम तो है और वे मारनेको अच्छा काम नहीं समझते, लेकिन चूंकि उनको अपनी देह प्यारी है, इसलिए वे कुछ नहीं कर सकते और वे भूल जाते हैं कि उनको ऐसे मौकेपर क्या करना चाहिए था। इसमें भूलना क्या था, एक आदमी इस तरहकी वहशियाना हरकत करे तो आप उससे कहें कि ऐसा मत करो। यह कितनी बुरी बात है कि जिन आदमियोंको यह काम पसंद नहीं था वे भी उसके गवाह होते हैं। मैं आपको कहना चाहता हूं, क्योंकि मैंने नजरोंसे देखा है कि एक आदमी ऐसा बुरा काम करता है तो दूसरे आदमी जो खड़े रहते हैं वे उसको पसंद भी नहीं करते लेकिन हिम्मत नहीं कर सकते कि आगे बढ़कर रोकें। एक भी भाई हिम्मत करके उठ खड़ा होता है और उसे रोकता है और कहता है कि अगर उसे मारोगे तो मैं तुम्हारा हाथ पकड़ लूंगा, नहीं मानोगे तो खुद मरूंगा लेकिन उसको नहीं मरने दूंगा, तो वह तो मैं समझूंगा। लेकिन अगर मेरे जैसा आदमी है वह तो अहिंसापर रहेगा, खुद मर जायगा, मार तो सकता नहीं, लेकिन उसकी जान अपनी जान देकर बचाएगा। मुझे तो इसमें कोई शक नहीं है कि अगर कोई इस तरह हिम्मत करता तो वह आदमी बच जानेवाला था। और अगर उसे बचानेकी कोशिशमें अपना खून हो जाता तो वह तो सच्चा बहादुर

आदमी साबित हो जाता। इसीका नाम सच्ची अहिंसा है। सच्ची अहिंसा यह नहीं है कि बलवानके सामने तो हम अहिंसाका उपयोग करें, लेकिन कमजोरपर हिंसा करें।

अंग्रेजोंके लिए हमने अहिंसाका इस्तेमाल किया लेकिन आज हम हिंसा अपना रहे हैं। किनके साथ? अपने भाइयोंके साथ। तो अंग्रेजोंके साथ जो हमने अहिंसाको अपनाया वह बहादुरोंकी अहिंसा नहीं थी। उसका नतीजा हिंदुस्तान आज पा रहा है और उसका नतीजा आज मैं भी पा रहा हूं, आप भी पा रहे हैं। मैं कबूल करता हूं कि मैं आपको सच्ची अहिंसा नहीं सिखा सका। मैं तो आपको बहादुरकी अहिंसा बतलाता हूं। आज यहां मुसलमान पड़े हैं, पाकिस्तान वहां हिंदुओंके साथ बुरा करता है, तो हम भी यहां वही करें? वे क्या कोई बहादुरीका काम करते हैं! मैं तो कहता हूं कि पाकिस्तान जो करता है वह बुरा करता है और हम यूनियनमें अगर उसकी नकल करते हैं तो वह भी बुरा है। पीछे यह कहना कि किसने पहले किया, किसने बादमें किया, किसने कम किया, किसने ज्यादा किया, यह तरीका दोस्त बनानेका नहीं है। सच्चा तरीका दोस्तीका तो यह है कि हम हमेशा इन्साफपर रहें और शरीफ बने रहें। इस तरह करनेसे जंगली और दीवाना भी आखिरमें सुधर जाता है। हम इसमें नहीं जाना चाहते कि किसका गुनाह बड़ा है और किसका छोटा और किसने पहले शुरू किया। ऐसा कहें तो यह सब मैं जहालत समझता हूं। वह दोस्तीका तरीका नहीं है। जो कलतक दुश्मन थे उनको दोस्त बनना है तो भले ही कलतक उनमें दुश्मनी रही हो, लेकिन आज जब उन्होंने दोस्ती कर ली है तो पीछे वे सब कलकी बात भूल जाते हैं। उसको याद क्या रखना था? दोस्तीका यह तरीका नहीं है कि लड़ना होगा तो लड़ेंगे, उसके लिए भी तैयारी कर लें और अगर दोस्ती हो गई तो दोस्त बनकर रहेंगे। इसमेंसे सच्ची दोस्ती पैदा नहीं हो सकती।

अब मैं दूसरी चीजपर आ जाता हूं और इस बारेमें थोड़ासा कह दूं तो अच्छा है। आज दुनियामें अखबारोंकी ताकत बहुत बढ़ गई है जब एक मुल्क आजाद हो जाता है तब पीछे उसकी ताकत और भी बढ़ जाती है। आजादीके जमानेमें यह नहीं हो सकता है कि जो अखबार निकालनेवाले हैं उनको सिर्फ इतनी रिपोर्ट देनी है और यह खबर नहीं देनी है, वह सब बन नहीं सकता। मगर लोकमत ऐसे वक्तमें बड़ा काम कर सकता है।

अखबार जो गंदी बात कहते हैं या झूठी बात कहते हैं या दूसरोंको उकसानेवाली बात लिखते हैं या तो हकूमत उनको बंद करे और उनपर कानून लगावे, कोर्टमें चली जाय। लेकिन वहां जानेसे हुल्लड़ मच जाता है, और काम बढ़ जाता है। हकूमत ऐसा भी नहीं कर सकती। अंग्रेजोंका जमाना दूसरा था। उनको क्या पड़ी थी? तिलक महाराज–जैसे आदमीको पकड़कर छः बरसके लिए सजा कर दी। अखबारमें उन्होंने कुछ दिया था। ऐसी कोई खास बात भी नहीं लिखी थी। तो भी उनको छः बरसकी सजा मिली। और पूरी सजा भुगतनी पड़ी। इस तरहसे बहुतोंको जेल जाना पड़ा। मुझको भी छः बरसकी सजा हो गई थी। छः वर्ष रहा नहीं यह दूसरी बात है। लेकिन सजा हुई छः बरस की, क्योंकि मैंने 'यंग इंडिया'में एक लेख लिखा था। कोई बुरा नहीं लिखा था, लेकिन सजा मुझको दी गई। आज आजादीके जमानेमें यह सब नहीं हो सकता! आज तो जो अखबारनवीस हैं, एडीटर हैं और जो अखबारोंके मालिक हैं, उनको सच्चा बनना है, लोगोंका सेवक बनना है। अखबारोंमें गलत और झूठी खबरोंको न आने देना चाहिए और न लोगोंको उकसानेवाली बातें छापनी चाहिए। आज आजादीके जमानेमें तो यह पब्लिकका फर्ज हो जाता है कि गंदे अखबारोंको न पढ़ें, उनको फेंक दें। जब उन्हें कोई लेगा नहीं तो वे अपने–आप ठीक रास्तेपर चलने लगेंगे। आज मुझे बड़ी शर्म लगती है यह देखकर कि गंदी और गलत खबरोंको पढ़नेकी लोगोंकी आदत–सी हो गई है। ऐसे अखबार आज चलते हैं। एक चीज मैंने देखी, वह रिवाड़ीका किस्सा है। एक अखबारने लिख दिया कि रिवाड़ीके मेव लोगोंने, जो वहां पड़े थे, सारे हिंदुओं को मार डाला, मकान जला डाले और माल, मवेशी लूट लिए। मेवोंने इतना बुरा काम किया यह खबर देखकर मुझे बड़ी चोट लगी। दूसरे रोज अखबार रिवाड़ीके बारेमें कोई खबर ही न थी। यह सब बनाई हुई बात थी। मैं परेशान था कि उस अखबारमें रिवाड़ीकी बात कैसे आ गई। मैं तो कहूंगा कि जिस सज्जनने रिवाड़ीकी बातें लिखी थीं उसे यह साफ करना चाहिए। अगर गलती की थी तब भी और अगर जान–बूझकर ऐसा लिख दिया था तो भी उसको साफ होना चाहिए। उसने खुदाके सामने बड़ा गुनाह कर लिया है, ऐसा नहीं होना चाहिए था। ऐसा वह करे तो हमारा काम आगे नहीं बढ़ सकता है। हकूमत तो आज अबारवालोंकी चौकसी नहीं कर सकती, वह चौकसी तो मुझको करनी चाहिए, आपको करनी चाहिए। हम अपने हृदयको साफ करें, गंदी चीजको पसंद न करें। गंदी

चीजको पढ़ना छोड़ दें। अगर हम ऐसा करेंगे तो अखबार अपना सच्चा धर्म पालन करेंगे। एक बात और कहकर मैं खतम करूंगा।

जैसे अखबार हैं वैसे ही हमारी मिलिटरी है और पुलिस है। मिलिटरी और पुलिस सबके दो हिस्से हो गए। वह उन्होंने नहीं किया यह मैं कबूल करता हूं लेकिन हो गया। तो यहांकी जो मिलिटरी है, उसमें हिंदू हैं, सिख हैं। और मुसलमान फौज पाकिस्तानमें चली गई है। अगर हिंदू, सिख फौज और पुलिस अपने दिलमें ऐसा समझे कि हम तो हिंदू हैं, सिख हैं, इसलिए हिंदूकी ही रक्षा करेंगे, हिंदू हैं, उसने एक गुनाह किया है तो उसको छिपाएंगे, जो मुसलमान हैं तो उनके लिए हम सिपाही कहां हैं, मिलिटरी कहां है, उनकी हम रक्षा क्यों करें? ऐसा हमारे लोग समझ लें, और पाकिस्तानमें जो मुसलमान फौज है, पुलिस है वह ऐसा समझे कि जो हिंदू है उसको मारो, उसकी रक्षा करना हमारा धर्म नहीं है। ऐसा अगर हो तो हिंदुस्तानका भला नहीं हो सकेगा। हकूमतके पास तो पुलिस है, फौज है। लेकिन मुझे न तो पुलिस चाहिए न मिलिटरी चाहिए। मैं तो लोगोंसे कहूंगा कि आप हमारी पुलिस बन जाइए, फौज बन जाइए। हिंदू अगर यहां मुसलमानोंको मारते हैं तो उन्हें बचाना है। हमें उस कामसे हटना नहीं है। मैं मर भी जाऊं लेकिन पीछे नहीं हटूंगा। तो मेरी हकूमत तो ऐसी है। यह कोई मैं हवामें बात नहीं कर रहा हूं, सच्ची बात है सो कहता हूं। तो वही बात मैं हकूमतकी मिलिटरी और पुलिससे कहता हूं। उनका पहला धर्म यह हो जाता है कि मुट्ठी भर भी मुसलमान अगर यहां पड़े हैं तो उनकी रक्षा करनी है। अगर उनपर, जो यहां पड़े हैं, हिंदू हमला करते हैं, सिख हमला करते हैं, तो पुलिस और फौजको उनको बचाना चाहिए। अपनी जानको खतरेमें डालकर भी उनको बचाना चाहिए। तब वह सच्ची पुलिस है, सच्ची मिलिटरी है। हिंदुस्तानको जो आजादी मिली है, वह भी एक अजीब किस्मकी है। सारी दुनिया ऐसा कहती है और मैं भी कहता हूं कि इस तरहसे किसी भी हकूमतने किसी मुल्कको आजादी वहांके लोगोंको नहीं दी है। बिना किसी लड़ाई-झगड़ेके और खून-खराबीके हमने अपनी आजादी पाई है। तो जरूरी है कि हमारी मिलिटरी हो, पुलिस हो, वह ऐसी न हो कि जेब भरनेके लिए काम करे। उनको जितना मिलता है, उससे संतोष रखना चाहिए। उनको यह नहीं सोचना कि मिठाई मिले, जलेबी मिले और दूसरे स्वादिष्ट भोजन मिलें। सिपाही

तो वह है जो सूखी रोटी नमक मिलता है उसको खाकर पेट भर लेता है और अपने धर्मका पालन करता है। लेकिन अगर वह समझे कि दूसरे आदमी- का लड़का तो कालिज-मदरसेमें जाता है, उसके लिए तो मोटर रहती है बाईसिकल रहती है और क्या-क्या चीजें नहीं रहती हैं, और हमारे पास तो कुछ भी नहीं है, इसलिए रिश्वत लेना है, प्रजाको खाना है, तब वह प्रजाके सेवक नहीं रहते। इस कारण मैं कहता हूं कि रोटीका टुकड़ा खाकर जो मिले उसमें राजी रहकर अपना काम बिना धर्मके भेदभावके करे वही सच्चा फौजी और सिपाही है। वह कभी ऐसा न सोचे कि मैं हिंदू हूं इसलिए मुसलमानको मारूं। मुसलमान अगर बदमाशी करे तो उसे पकड़े और सजा दिलवाए वह दूसरी बात है। लेकिन क्या जो बेगुनाह आदमी है मगर मुसलमान है, उसकी हम यहां इसलिए मारें कि दूसरे मुसलमान जो वहां हैं वे बिलकुल बदमाश हैं? अगर कोई भी हिंदू ऐसा करता है तो सिपाहीका धर्म हो जाता है कि वह उस मुसलमानकी रक्षा करे। तब मैं कहूंगा कि वह जो हिंदुस्तानका नमक खाता है उसको सही अदा करता है। और अगर हमारी पुलिस और मिलिटरी ऐसा नहीं करती तो वह नमकहराम बनती है।

ऐसा मैं पाकिस्तानकी मिलिटरी और पुलिसके लिए भी कहूंगा। लेकिन वहां तो मेरी कुछ चलती नहीं है। मैं किसको कहूं किसको न कहूं। लेकिन मैं जो यहां कहता हूं अगर यहां वैसा होता है, तो वहां अपने-आप बादमें वैसा होना है, इस बारेमें मुझे कोई शक नहीं है। तो आज तो लोगोंके दिमाग बिगड़ गए हैं, वे कहते हैं कि वहां हमारे भाइयोंपर ऐसा होता है तो हम यहां भी वैसा क्यों न करें? लेकिन ऐसा कहना इन्सानियत नहीं है। इसलिए मैं तो जबतक मेरेमें सांस हैं, चीख-चीखकर यही कहता रहूंगा कि हम अपनेको साफ रक्खें, शरीफ बने रहें, हमारे अखबारोंको शरीफ रहना है, मिलिटरी और पुलिस है उसको शरीफ रहना है। यह चीज अगर नहीं रहती है तो हमारी हुकूमत चल नहीं सकती है और पीछे हम बेहाल हो जायंगे। पाकिस्तानमें कुछ भी हो, हमें शरीफ रहना है। वह दीवाना बनें, तो भी हमें तो शरीफ ही रहना है। तो मैं कहता हूं हमें शराफत हर हालतमें अपनेमें रखनी है। इतना तो करो। अगर मेरी न सुनी, तो मैं कहता हूं कि सब बेहाल होनेवाले हैं।

॥ ११२ ॥

९ अक्तूबर, १९४७

भाइयो और बहनो,

हमेशा मैं किसी-न-किसी रूपमें वही बात कह देता हूं। लाचार बैठा हूं। इसी कामके लिए तो यहां पड़ा हूं। मुझे कहना चाहिए कि क्योंकि आप उदार हैं भले हैं, इसलिए शांतिसे मेरी बात सुन लेते हैं, इसलिए मैं आपका उपकार मानता हूं। धन्यवाद ही दे सकता हूं। लेकिन मेरेमें ऐसा तो है नहीं कि चलो मैंने सुना दिया और लोगोंने शांतिसे सुन लिया और खतम हुआ। उससे मेरा पेट नहीं भरता। हमारे इतने लोग परेशान पड़े हैं हिंदुस्तानमें बहुत जगह पड़ी हैं, उनके लिए क्या करना चाहिए? उन लोगोंका धर्म क्या है? हकूमतका धर्म क्या है? जो लोग एक किस्मकी खराब आबोहवा पैदा करते हैं उन्हें हमें समझना है, समझाना है, तब तो पीछे जो लोग दूसरी जगह पड़े हैं उनतक भी मेरी आवाज पहुंचेगी।

मेरे पास कुछ लोग, जो लोग परेशानीमें हैं, वे आ गए थे। वे लोग बड़े अच्छे हैं। पाकिस्तानके पश्चिमी पाकिस्तानके हैं। मेरे पास दस-बारह रोज पहले आ गए थे। पहले मैंने कहा, मुझे सब कुछ लिखकर दो। उन्होंने लिखकर बयान दे दिया, ताकि मुझसे कुछ हो सकता है तो करूं। उनका कहना यह था कि जो पाकिस्तानमें पड़े हैं; उन लोगोंके आनेका कुछ प्रबंध हो, नहीं तो वे आ नहीं सकते। रास्तेमें खतरा रहता है। उनके पास अनाज है, पर अनाज साथमें कैसे ला सकते हैं? रखने कौन देगा? हवाई जहाजमें आ जायं, मोटरसे आ जायं ऐसा ही रास्ता आज हो सकता है। ट्रेनमें आज बड़ी दुश्वारियां हैं। जैसे पहले चलती थीं ऐसे ट्रेनें चलती भी नहीं। जो अबतक आ नहीं पाए हैं उनका पीछे क्या हाल हुआ वह भी पता नहीं। ऐसी हालतमें वे आ जायं तो अच्छा है। लेकिन मैं सोचता हूं कि हम हैं कहां, और कहां जा रहे हैं?

अब मैं जरा मनको बंगालकी ओर ले जाऊं। वहां भी तो मैंने काफी काम किया है। पूर्वी बंगालमें भी और पश्चिमी बंगालमें भी। पूर्वी बंगालमें तो नोवाखाली है, जो आज पाकिस्तानमें है। वहां मैं चला गया था और वहां बड़ी लंबी पैदल यात्रा की। रोज अलग-अलग जगहपर चला जाता था। वहांके लोगोंसे बातचीत करता था। हिंदू बहनों, भाइयोंमें जो डर भरा था

उसे निकालता था। राम नामसे निकालना ठहरा। राम नाम लेते हुए कोई मार डाले तो मर जाएं। ऐसा हमें क्या जीनेका मोह पड़ा है? क्या जिंदा रहनेके लिए राम नामको छोड़ दें? डरके मारे राम नाम न लें? औरतें अगर कुमकुम लगाती हैं तो वह न लगाएं वहां जो औरत विधवा नहीं होती वह शंखकी चूड़ियां पहनती है, यह सौभाग्यकी निशानी है। जो विधवा बन जाती हैं वे नहीं पहनतीं। तो क्या डरके मारे शंखकी चूड़ी न पहनें, हालांकि वे विधवा नहीं हैं? जो शुभ चिह्नके रूप शंखकी चूड़ियां पहनती थीं वे आज पहननेसे झिझकती थीं तो मैंने उनको समझाया कि ऐसे नहीं करना चाहिए। वे समझ गईं और कहा कि अब पहनेंगी। अब मैं सुन रहा हूं कि वहांसे आहिस्ते-आहिस्ते लोग चले आते हैं। इसका मुझे पता नहीं चला, वहां तो मेरे आदमी पड़े हैं। शायद मैंने आपको कहा है कि जो अच्छे आदमी मेरे साथ थे वे सब वहां पड़े हैं। प्यारेलाल वहां पड़े हैं, खादी प्रतिष्ठानके लोग वहां पड़े हैं, कनु गांधी वहां पड़े हैं। ऐसे काबिल लोग वहां पड़े हैं। सतीशचन्द्र भी वहां पड़े हैं। वे सब लोगोंको हिम्मत देते हैं। लेकिन फिर भी लोग भागे चले आते हैं। वहां लोगोंको परेशानी है। होनी भी चाहिए। लेकिन वहांसे भागना क्या था? कहांसे भागेंगे और भागकर वे करेंगे क्या? वे सोचें। हमारे यहां कुरुक्षेत्रमें २५००० शरणार्थी पड़े हैं, औरतें हैं, मर्द हैं। कुछ औरतें हैं जिनके बच्चे होनेवाले हैं। उनमेंसे कोई मर जाय तो बड़ी बात नहीं होगी, क्योंकि वहां उनका इलाज आज कौन करेगा? वहां मकान भी नहीं हैं, लोग परेशान हैं, क्योंकि वे पंजाबसे भागकर आए हैं। तो मैं अपने दिलमें सोचता हूं कि मुझे उन लोगोंको क्या सलाह देनी चाहिए? जितने आए हैं इससे ज्यादा तो अब भी पड़े हैं। हम कोई दस-बीसकी तादादमें हों, लाख दो लाखकी तादादमें हों तो उन्हें समझा सकें, संभाल सकें। करोड़ोंकी तादादमें, इस बड़े मुल्कमें लोग पड़े हैं, वहां लोगोंको तबदील[१] करना, एक जगहसे दूसरी जगहपर ले जाना छोटी बात मत समझो। इसमें परेशानी इतनी है कि वे बिचारे बगैर मौतके मर जाते हैं, भूखों मर जाते हैं। हकूमत सबको सब चीज पहुंचानेकी कोशिश करे तो भी पहुंचा नहीं सकती है, चाहे कितनी भी कोशिश करे। हकूमतके पास आज जो सिपाही हैं, मिलिटरी है, सबका इंतजाम अंग्रेजोंके पास जैसा था वैसा तो हो नहीं सकता। होना नहीं चाहिए। हकूमतके पास

१. बदलना।

जो फौज है वह लोगोंकी मारफत काम चला सकती है। लोग चाहें तो वे हकूमतके हाथ हैं, पैर हैं। अगर वे उन लोगोंको मदद न दें और उनके पाससे मददकी उम्मीद करें तो वह मिल नहीं सकती। यह मैं वजीरोंसे भी कहता हूं। मैं देखता हूं कि हकूमत बेफिकर नहीं है। मैं करीब-करीब हमेशा उनको मिलता हूं। वे लोग भी परेशान हैं यह मैं आपको कहना चाहता हूं। मगर वे करें क्या? आखिरमें हकूमत तो वे जानते नहीं थे। कांग्रेस चलाई मगर वह तो मुट्ठी भरकी थी। हमारे दफ्तरमें जितने नाम रजिस्टर हैं उतने भी तो कभी हाजिर नहीं हुए और हमारे दफ्तरमें जितने हैं वह तो मुट्ठी-भर आदमी हैं, थोड़े पैसोंमें काम करना रहा। आज करोड़ोंका काम करना है। करोड़ों रुपया पड़ा है और हजारोंकी तादादमें जो आदमी पड़े हैं उनका थोड़ोंकी मारफत काम करना है।

यह काम कैसे हो सकता है। और कैसे पचीस हजार आदमियोंको समयपर खाना पहुंचा सकते हैं, वह सोचना है। हजारों नए आदमी रोज आते हैं तो वे भूखों रहते हैं। कपड़ा पूरा नहीं है और जाड़ेके दिन आ रहे हैं। जो हाल यहांका है वही हाल आप समझें कि पाकिस्तानमें है। पाकिस्तानमें कोई जन्नत है और हमारे यहां दोजख है ऐसा नहीं है। या यह कहो हमारे यहां जन्नत है तो वह है नहीं, यह मैं नजरोंसे देखता हूं और पाकिस्तानमें दोजख हो ऐसा भी नहीं। आखिरमें दोनों जगहमें इन्सान हैं, कोई अच्छा है, कोई बुरा है लेकिन, उस अच्छापन और बुरापनका हिसाब कौन निकाले? निकालकर हम क्या पाएंगे? मेरे सामने तो बड़ा प्रश्न ही यह हो जाता है और आपके सामने भी यही होना चाहिए, कि ऐसे लोग जो पड़े हैं, जिन्हें आना है या जो आ गए हैं, उनकी जो हो सके हिफाजत करें। लेकिन जो आए हैं उनके लिए भी हमारी कोशिश यही होनी चाहिए कि वे आखिर अपने घर चले जाएं। मैं आपको कहता हूं कि उन्हें अपनी जगहपर जाना है। मैं तो जानता हूं कि जो देहातमें रहनेवाला आदमी है वह अपने देहातको छोड़कर नहीं जायगा। एक एकड़ जमीन हो तो उसके पीछे वह ख्वार हो जायगा। हजारोंकी तादादमें, लाखोंकी तादादमें लोग चले जाएं तो कहा जाएं, कैसे रहें। जाते-जाते तो रास्तेमें मरते जाते हैं। इसलिए मैं कहता हूं कि हमें मरना है तो हम मरेंगे। किसी जगहपर पड़े हैं तो वहां पड़े रहेंगे। पीछे क्या होता है देखेंगे। पाकिस्तानमें रहते हैं तो वह देखनेवाला नहीं है, ऐसा नहीं है। देखनेवाला ईश्वर तो है और दूसरा कोई है या नहीं, हकूमत तो है।

अभी बंगालमें मैंने कहा हमारे दोस्त सब पड़े हैं। तो जो हकूमत पश्चिमी बंगालमें है वह पूर्वी बंगालकी हकूमतको लिखे, कि यहां क्या है। लेकिन वहांके लोग, वहां भी क्या, हर जगहपर, जो हकूमत कहे उसकी तामील[१] नहीं करते। अफसर लोग उसकी तामील नहीं करते। उनके दिल-दिलमें ऐसा गुमान आ गया है, अब तो आजादी आ गई है, अब कौन है हमें पूछनेवाला। अंग्रेज थे, वह तो गए। उनकी लाल आंखें देखकर तो यह कांप उठते थे। अब क्या हो गया है? अंग्रेजोंके सामने कांपते थे इसका गवाह हूं। लेकिन आज सबको लगे कि हमको कौन पूछनेवाला है, हम अपने जनरल हैं, सिपाही हैं, ऐसी आजादी हम पा गए हैं, उस आजादीमें अच्छा लगे सो करेंगे, तो मैं आपको कहना चाहता हूं कि इस तरह काम नहीं चल सकता।

दोनों हकूमतें मानती हैं कि हमें इन्साफ करना ही है, तो पीछे जोर आ जाता है। लेकिन माना कि हकूमत इन्साफ नहीं करना चाहती तो क्या होगा? आखिर हो क्या सकता है? मैं तो लड़ाई करनेवाला आदमी हूं नहीं, मैं तो लड़ाईसे भागूंगा। लेकिन जिसके पास हथियार रहते हैं, सिपाही या पुलिस रहती है, मिलिटरी रहती है, उसको लड़ना नहीं तो दूसरा क्या करना है? मैं तो कुछ कर नहीं सकता हूं, लेकिन जिसको करना है उसे तो करना ही है। तब लड़ना होगा। मेरे धर्मके आदमी जहां पड़े हैं, वहां वे परेशान पड़े नहीं रह सकते हैं। तो हमको कुछ करना होगा। वह तो दोनों हुकूमतके लिए मैं बात करता हूं। दोनों हकूमतके लिए होता है। उसमें जो जालिम है उसको यह हक नहीं कि दूसरे जालिमको सजा दे। जो हकूमत लोगोंको अच्छी तरहसे नहीं रखती या नहीं रख सकती वे दूसरी हकूमतका इसी दोषके लिए सामना करेंगे क्या? ऐसा कोई कर सकता है? इन्साफके लिए लड़ते-लड़ते हम मर गए, हकूमत मर गई तो मैं समझ सकूंगा। लेकिन हम आज इस तरह डरके मारे मर जाएं मरते-मरते वहांसे भाग आवें? आधे तो आते-आते मर जाते हैं, पीछे आते हैं तो, लेकिन रखना कहां? उनको खाना कहांसे दोगे? वे क्या बेकार बैठे रहेंगे? बेकार न बैठें तो उनको काम-धंधा देना होगा। इस देशमें आपके करोड़ों लोग भूखसे मरते हैं, करोड़ों बेकार बैठे हैं, उनके लिए तो हम कुछ कर नहीं पाते, तो जो लोग बाहरसे आते हैं, बाहरसे नहीं किसी दूसरे प्रांतसे आते हैं; परेशानीमें पड़े

---

१. पालन।

हैं, उनके लिए काम कहांसे निकालोगे वह जो पेशा करते थे, वह कैसे होगा, वे कैसे करेंगे और क्या करेंगे? झंझट यह बड़ी है, इसमेंसे खराबी पैदा होती है, वह खराबी जो मैं बताता हूं, उसमें हो नहीं सकती और पीछे लोग बहादुर बनते हैं। लोग मरनेका इल्म सीख जाते हैं। मरनेका इल्म सीख लें तो हमारा भी भला है और जगतका भी भला है। मैंने आपको जो उपाय बताया है वह हम हिंदुस्तानको समझा दें तो सबका भला है। हम बहादुर बनते हैं और पीछे सारा जगत हमारी तारीफ करनेवाला है, उसमें मेरे दिलमें कोई संदेह नहीं।

॥ ११३ ॥

१० अक्तूबर, १९४७

भाइयो और बहनो,

आज भी काफी कंबलियां वगैरह आ गई हैं। थोड़े भाई पैसे भी दे गए हैं। बड़ौदासे एक तार भी आया है कि हम काफी कंबलियां यहांसे भेज सकते हैं। मेरा खयाल है कि उन्होंने लिखा है कि आठ सौ कंबल तो तैयार हैं, लेकिन यहां रेलवाले ले नहीं सकते। ठीक है कि आज रेलपर इतना बोझ पड़ा है कि हर कोई कुछ भेजना चाहे तो वह नहीं हो सकता। हो सकेगा तो मैं यहांकी हकूमतके पाससे चिट्ठी ले लूंगा कि वहांसे कंबलियां आ जायें। तब हमारे पास ठीक-ठीक सामान तैयार हो जायगा। पूरा तो अभी नहीं हुआ है, लेकिन मेरी उम्मीद ऐसी है कि भगवान किसी न किसी तरह से वह पूरा कर देगा और कोई ठंडके मारे परेशान न होगा।

अभी एक बहनने अंगूठी भेजी है, उसका भी आज तो मैं यही उपयोग कर सकता हूं कि अंगूठीको इसी काममें लगा दूं और ऐसा ही करनेकी चेष्टा होगी।

अब हमारे सामने एक गहरा प्रश्न है जिसके बारेमें मैंने तो काफी कह दिया है। खुराककी तंगी है और इसलिए परेशानी होती है। आजादी तो मिली लेकिन आजादी मिलते ही हमारी परेशानियां बढ़ गई हैं, ऐसा हम महसूस करते हैं। मुझे लगता है कि अगर हम सच्ची आजादीको हजम कर लेते

हैं तो ऐसी परेशानी नहीं होनी चाहिए। सच्चे आजाद लोग किस तरहसे चलें? हमारी आजादी भी कैसी कीमती आजादी है कि जिसमें हमको किसीके साथ सोल्जर[1] जैसे लड़ते हैं ऐसी लड़ाई नहीं करनी पड़ी। लड़ाई तो एक किस्मकी थी, लेकिन उस लड़ाईकी सारी दुनिया तारीफ करती है। उस लड़ाईके अंतमें हमको आजादी मिली तो उस आजादीकी कीमत हमारे पास बहुत ज्यादा होनी चाहिए। लेकिन है नहीं। यह हमारी कमजोरी है। तो मैं क्या पाता हूं कि जो मैंने बात कही है वह तो बड़ी सीधी है और बिल्कुल व्यवहारकी बात है। यानी बाहरसे खुराक नहीं मंगवाना। ऐसी व्यवहार की बात सुनते ही लोग कांप क्यों उठते हैं? कहते हैं आदत पड़ गई है। आदत तो पड़ी है पर वह तो कई बरसोंकी नहीं। वह हमारी आदत कहीं भी नहीं जा सकती है कि हमको कोई रोटी खिलावे तो हम खाएं। हमारे लिए ऐसा इंतजाम बने कि हमें छः आउंस, आठ आउंस, बारह आउंस अनाज, जो कुछ भी हो उतना अनाज हमें मिले तब हम खा सकते हैं और उसके लिए नई- नई चिट्ठियां लिखें। वह तो व्यवहारके बाहरकी बात हो गई। जो मैं कहता हूं वह बिल्कुल व्यवहारकी बात है। और उसमें परेशान क्या होना था। हिंदुस्तान जैसा बड़ा मुल्क जिसमें करोड़ोंकी तादादमें हम पड़े हैं, जमीन भी हमारे पास काफी पड़ी है, ईश्वरकी कृपासे पानी भी बहुत है! ऐसे स्थान हैं हिंदुस्तानमें कि जिस जगह पानी नहीं मिलता। ऐसे रेगिस्तान पड़े हैं यह मैं जानता हूं, लेकिन ऐसा नहीं कहा जा सकता कि हिंदुस्तानमें किसी जगह पानी मिलता ही नहीं है। तो हमारे पास पानी पड़ा है, जमीन पड़ी है, करोड़ोंकी तादादमें लोग पड़े हैं, हम क्यों परेशान बनें।

मेरा तो कहना इतना ही है कि लोग इसके लिए तैयार हो जायं कि हम अपने परिश्रमसे अपनी रोटी पैदा कर लेंगे। रोटी खानेके लिए अनाज पैदा कर लेंगे। इससे लोगोंमें एक किस्मका तेज पैदा हो जाता है और उस तेजसे ही आधा काम हो जाता है। कहा जाता है और वह सच्ची बात है कि मौतके डरसे जितने आदमी मरते हैं उससे बहुत कम सच्ची मौतसे मरते हैं। एक आदमीको ऐसा हो गया कि मैं तो आज चला कल चला। किसी आदमीको क्यों, मुझको ही ले लो। मुझे खांसी हो गई तो खांसीके कारण मैं समझ लूं कि मैं तो अब मर जाऊंगा, तो मरना तो जब है तब मरूंगा, वह तो भगवानके हाथमें पड़ा है, लेकिन मैं अगर आजसे परेशान

१. सिपाही।

हो जाऊं और ऐसा मान लूं कि मैं तो अब मरा तो वह बेमौत मरना है। और रोज मरना अब चला हाय! अब क्या होगा, तो इस तरह जो मेरे समीपमें लोग पड़े हैं उनको भी परेशान करूंगा और मैं भी परेशान हूंगा और हमेशा सूखता जाऊंगा। हमेशा रोता ही रहूंगा कि अब मैं चला। उससे अच्छा तो यह है कि जबतक हमको मौत नहीं आती तबतक हम आरामसे पड़े रहें और समझें कि कोई हमको मारनेवाला नहीं है, कोई मारनेवाला है तो ईश्वर है। जब उसका जी चाहेगा उठा लेगा। एक तो यह चीज कि हम मौतका डर छोड़ देते हैं तो हमको हमारी परेशानी भी छोड़ देती है। इस तरहसे मैं कहता हूं कि जब हम यह करेंगे, तब हम परेशान न होंगे। किसीको यह नहीं सोचना चाहिए कि हम किसीकी मेहरबानीसे अपनी खुराक पावें। बल्कि हम अपनी मेहनतसे उसे पैदा करें। तभी मैं कह रहा हूं कि हम बगैर मौतके न मरें। आज जो चिटें मिलती हैं, राशनिंग होती है और इसी तरहके जो तरीके हमें बेमौत मारनेके हैं, उनको हम छोड़ दें। यह तो खुराककी बात है।

ऐसी ही बात कपड़ों की है। मैंने तो कह दिया है कि अब जितना कपड़ा मिलता है, उससे चौगुना मिल सकता है। हमारे मुल्कमें कपड़ोंकी तंगी कैसी ? मेरा तो ऐसा विश्वास है कि खुराककी तंगी तो थोड़ी-सी हो भी सकती है, लेकिन कपड़ोंकी तंगी इस हिन्दुस्तानमें नहीं होनी चाहिए। क्यों नहीं होनी चाहिए ? क्योंकि हिंदुस्तानमें जितनी रुई पैदा होती है वह हमको जितनी कपड़ोंके लिए रुई चाहिए उससे बहुत अधिक है। हिंदुस्तानमें कातनेवाले, बुननेवाले, इतने काफी पड़े हैं कि अपने-आप कात सकते हैं और सूतको बुन सकते हैं और आरामसे पहन सकते हैं, तब तो पीछे हम बिल्कुल आजाद बन जाते हैं खानेके लिए, कपड़ेके लिए, और मिलसे भी हम आजादी पा लेते हैं। आज तो नहीं पाई और अभी पा नहीं सकते तो उसमें हमारा अनजानपन है। मेरा खयाल था कि हम ऐसा करेंगे। लेकिन आज तो वह नहीं है, वह जमाना तो चला गया कि जब मैं सारे हिंदुस्तानमें घूम-घूमकर खद्दरका प्रचार करता था। बहनोंको कहता था कि कातो, जितना कात सकती हो उतना कातो। उन्होंने कताई की भी, लेकिन काता बिना समझके। उन्हें मजदूरीकी परवाह नहीं थी, वह कातती थीं और कपड़े बनवा लेती थीं। यह होता था, लेकिन आज तो शक्ल दूसरी है। आज तो तुम्हारे पास कपड़ा ही नहीं है। तो मैं तो कहता हूं कि अब हम

अपने कपड़ोंके लिए सूत पैदा करें, कातें और उसको बुनवा लें और बुनें। अपने-आप बुननेमें कोई तकलीफ तो है नहीं। लेकिन वह भी न करें तो क्या करें ? हां, तो जो मैं बात कर रहा था उसमेंसे नतीजा यह आता है कि लोग तो जो कपड़ेकी दूकानें पड़ी हैं वहां चले जायं, कपड़ा ले लें। हकूमत है वह भी मिलोंके पाससे कपड़ा ले और पीछे लोगोंमें बांटना शुरू कर दे। इसके अलावा जो लोग कर सकते हों वह एक, दो महीनेके लिए, चार महीनेके लिए, यह व्रत ले लें कि हम कुछ कपड़ा लेनेवाले नहीं हैं। कपड़ेके लिए खद्दर चाहिए। छींट वगैरह जो महीन कपड़े हैं वह न लें। हम इतने महीने तक वह न लेंगे, इसका मतलब तो यह होता ही नहीं कि हम नंगे रहनेवाले हैं। इतनेमें खादी तैयार कर लेंगे तो जाड़ेके दिनोंमें झंझटसे छूट जायंगे। यहां कंबलकी बात तो नहीं है। यहां तो इतनी ही बात है कि हमें पहननेके लिए जो खद्दर चाहिए वह खुद बना लेंगे, बाजारसे नहीं खरीदना चाहते हैं। इतना हम करें तो कपड़ेका दाम एकदम गिर जाता है। आज तो कपड़ेका बाजार भी गरम होता जाता है। सभी बाजार गर्म होता जाता है। थोड़ा कपड़ा तो हमें चाहिए, कमीज बनवाना है, कुर्ता बनवाना है, उसके लिए थोड़ा गज कपड़ा तो चाहिए। तो खद्दर लो। और मैंने कहा है कि चाहिए तो यह कि वह खद्दर हम अपने हाथसे बना लें। तय कर लें कि कपड़ेकी दूकानपर न जाएंगे। ऐसा हम व्रत लेकर बैठ जायं कि इतने महीनेतक नहीं खरीदेंगे, तो मैं कहता हूं कि सब झंझट निकल जाता है और कपड़ोंके लिए और खुराकके लिए हम आजाद हो जाते हैं। दूसरा क्या होता है कि लोगोंमें मेरी समझमें आत्म-विश्वास आ जाता है और लोग स्वावलंबी बन जाते हैं और वह समझते हैं कि कपड़ेकी तंगी हमें क्या होनेवाली है। हम तो कपड़ा अपने लिए खुद पैदा कर लेंगे, करवा लेंगे। हमारी अपनी खुराक है वह पैदा कर लेंगे या तो करवा लेंगे। यह सब करें तो उसमेंसे एक बड़ा भारी बुलंद नतीजा आ जाता है। हम आजाद तो बने मगर राजनीतिक अर्थोंमें आजाद बने। हमारी करोड़ोंकी आर्थिक स्थिति आज सही नहीं हो गई। वह हम महसूस नहीं करते। पीछे महसूस करेंगे जब यह समझें कि अब हमारे यहां हम खुराक पैदा कर लेते हैं, उसका दाम हम जितना चाहें उतना ले लेते हैं, कपड़ा हम अपने-आप बना लेते हैं। रूई तो पड़ी है। या तो कहीं मिलोंसे ले लेते हैं। कपड़ा मिलमें मिलनेकी कोई गुंजाइश नहीं है ऐसा समझ लेना चाहिए। कुछ भी हो, लेकिन कम-से-कम इतना तो समझें कि हम परेशानी उठानेवाले नहीं हैं।

तो हम कम-से-कम आर्थिक आजादी पा जाते हैं। और जो गरीब लोग हैं उनको भी पता चलता है कि हमको आजादी मिल गई है। इतना काम हम करें, पीछे इसका दूसरा नतीजा खुद ही आ जायगा। आज हम आपस-आपसमें झगड़ते हैं लेकिन झगड़ा करनेके लिए फुर्सत तो होनी चाहिए। जब हम काममें गिरफ्तार हो जायंगे और सब मजदूर-जैसे बन जाएंगे तब एक मिनट भी हमको न झगड़ा करनेको रहेगा न किसीसे मार-पीट करनेको। खाना तो हमारे पास है। पहिनना, उसका भी हमारे पास इंतजाम है। हम शराबखोरी छोड़ दें, जुआ खेलना छोड़ दें। इस तरहसे सिलसिलेवार हम सीधे चलते जाते हैं तो मैं कहता हूं पीछे कोई दोष ही हममें नहीं रहता। ऐसा अपने-आप हम महसूस कर लेते हैं कि अब हम आपस-आपसमें लड़ेंगे ही नहीं। न कोई मुसलमान रहा न हिंदू रहा। कोई बदमाशी करेगा तो उसका जवाब हम दे देंगे। उसके साथ लड़ना है तो लड़ेंगे। लेकिन आज हम क्यों बगैर मौतसे मरना शुरू कर दें इसलिए मैं तो कहूंगा कि जो चीज मैंने आपको सिखा दी है और सुनानेकी चेष्टा की है वह अगर अच्छी तरहसे आपके दिलोंमें जम जाय और उसपर चलनेका फैसला हम करें तो मैं कहता हूं कि हम बहुत ऊंचे चढ़नेवाले हैं। और हमें किसीकी ओर देखना नहीं पड़ेगा कि कौन हमें मदद देता है। हमें मदद किसकी चाहिए? मदद तो हमको ईश्वर देनेवाला है और वह किसको मदद देता है? जो आदमी अपने-आपको मदद देनेके लिए खुद तैयार रहता है उसीको ईश्वर मदद देता है।

॥ ११४ ॥

११ अक्तूबर, १९४७

भाइयो और बहनो,

आज भाद्रपदकी कृष्णपक्षकी द्वादशी है। यह दिन गुजरातमें यानी काठियावाड़ कच्छमें रेंटिया बारसके नामसे समझा जाता है और उस वक्त लोगोंका ध्यान रेंटियाकी ओर यानी चर्खेकी ओर और चर्खेके इर्द-गिर्दमें जो चीजें समझी जाती हैं उनकी ओर खिंच जाता है। एक सिलसिला चलता है तो पीछे उसको कोई छोड़ता नहीं, लेकिन मैं आज ऐसा नहीं पाता हूं कि

रेंटिया द्वादशीका हम कोई उत्साहसे पालन करें। रेंटियाका विस्तृत अर्थ भी मैंने दिया है और हिंदुस्तानने मान लिया है कि चर्खा अहिंसाका प्रतीक है। उसकी निशानी है। आज वह निशानी तो गुम हो गई है। अगर वह निशानी रहती तो आज हमारे सामने जो चीजें बन रही हैं वह बननेवाली नहीं थीं। लेकिन बनती हैं तो भी उस निशानीका स्मरण तो मैं आपको करा दूं। मेरा जन्म दिन दो अक्तूबरको मनाया था सो काफी था। लेकिन कई वर्षोंसे अंग्रेजी तारीख भी मानी जाती है और जो हिंदी तिथि है उसको भी माना जाता है। इस तरहसे वह दो दिन हैं और उनके बीचमें जितना फर्क रह जाता है वह सबका सब समय उत्साहसे चर्खा उत्सव मनानेमें दिया जाता है। लेकिन आज जैसा मैंने कहा ऐसा कोई मौका मैं पाता नहीं हूं। तो भी अगर दैवयोगसे कोई भी चर्खेको और जिसपर वह निशानी है उस अहिंसाको मान ले तो अच्छा ही है। पांच आदमी भी इसे मान लें तो अच्छा ही है। और करोड़ करें तो और भी अच्छा है। लेकिन एक ही करे तो भी वह अच्छा है। इसलिए मैंने आप लोगोंका ध्यान इस ओर खींचा है।

कराचीमें हमारे मंडल साहब हैं और वे पाकिस्तानका जो प्रधान मंडल है उसमें कोई प्रधान हैं। ऐसा कहा जाता है कि वे हरिजन हैं और बंगालके हैं। तो भी कायदे आजमने उन्हें पाकिस्तानके प्रधान मंडलमें स्थान दे दिया है। उन्हींकी सूचनासे एक बात बन गई है। उसमें दूसरे दो-तीनका नाम मैं भूल गया हूं, वे भी शरीक हो गए हैं। सबके सब शरीक हैं, ऐसा तो नहीं हो सकता। लेकिन दो हुए तो भी क्या, एक हुआ तो भी क्या। लेकिन एक सरक्युलर निकल गया है कि जितने हरिजन भी सिंधमें रहते हैं उनको हाथपर एक पट्टी रखनी चाहिए। उस पट्टीपर ऐसा लिखा जायगा कि यह हरिजन है, याने अछूत है अस्पृश्य है। जिससे उन्हें कोई हलाक न करे, कोई निकाल न दे। उसका लाजमी नतीजा मेरी समझमें यह आता है—(वह अगर मेरे शककी ही बात है तो अच्छी ही बात है लेकिन वैसा एक आ ही जाता है) कि वह हरिजनोंको आज तो नौकरी मिल जायगी और पीछे मान लें कि वे हरिजन वहां ही रहे तो (सबके सब रहनेवाले तो नहीं हैं बाज तो वहांसे निकल भी गए हैं और निकलनेवाले हैं, ऐसा मैंने सुना है। मेरे पास बहुत खत आ गए हैं, लेकिन जितने वहां रह जायं) उनको पीछे आखिरमें इस्लाम कबूल करना है। ऐसा नतीजा आ जाता है, मेरे सामने तो यह भयंकर नतीजा है। एक आदमी ऐसा मानकर कि वह सच्ची

चीज है अपना मजहब छोड़ देता है और कोई भी धर्म कबूल कर लेता है तो उस चीजका मैं कहूंगा कि सबको हक है। आज मैं अपनेको सनातनी हिंदू मानता हूं, कल मुझको ऐसा लगे कि सनातन हिंदू क्या है इस धर्मको मैं पसंद नहीं करता, तो उसे छोड़ सकता हूं। लेकिन वह बहुत भारी बात है। मैं अपने धर्मको कबूल नहीं करूं तो मुझे कौन रोक सकता है? मेरे दिलमें कोई लालच नहीं है कि मैं क्रिस्टी हो जाऊंगा तो मेरी आर्थिक स्थितिको दुरुस्त करूंगा या और कोई भी फायदा उठाऊंगा। मैंने तो अपने ईश्वरके साथ हिसाब कर लिया फिर दुनिया इसकी मुखालिफत[१] करे तो भी मैं वही करूंगा। मैं मानता हूं कि यह हालत आज एक भी हरिजनकी नहीं होगी। यह बात मैं दावेसे कहना चाहता हूं क्योंकि मैं हरिजन बन गया हूं, अछूत बन गया हूं, उनका धर्म मैंने कबूल कर लिया है। मैं यह उम्मीद करता हूं कि आज पाकिस्तानमें जितने हरिजन पड़े हैं या कोई दूसरे पड़े हैं उनके लिए इतना ऐलान कर देना चाहिए कि वे सुरक्षित हैं। पीछेसे वह बिल्ला लगानेकी जरूरत नहीं रहती। सबके लिए ऐसा ऐलान होना चाहिए कि कोई भी शख्स आज ऐसा कहेगा कि मैंने धर्मका परिवर्तन राजीसे कर लिया है तो वह माना नहीं जायगा। धर्म अपने दिलकी बात है। इन्सान जाने और उसका ईश्वर जाने। लेकिन पाकिस्तानकी हकूमतमें कोई भी आदमी ऐसा दावा आज नहीं कर सकता कि उसने अपने धर्मका परिवर्तन जान-बूझकर किया है। ऐसा ही माना जायगा कि उसने किसी डरकी वजहसे या मजबूर होकर ऐसा किया है इसलिए आज ऐसा उनके कहना है किसीके धर्मका परिवर्तन हो ही नहीं सकता।

दूसरी एक बात रह जाती है। हमारे सामने इसी महीने दो त्योहार आ रहे हैं। एक तो दशहरा है। वह बड़ा बुलंद त्योहार है। उसको बहुत लोग मानते हैं, सारे हिंदुस्तानमें हिंदू लोग मानते हैं। लेकिन उसकी महिमा बंगालमें बहुत अधिक है। मैं बंगालमें रहा हूं, इसलिए मैं जानता हूं कि दशहरेकी क्या महिमा वहां मानी जाती है। वह त्योहार आता है उससे ठीक दो दिनके बाद बकरीद आती है। पहले जब बकरीद होती थी तो हिंदू-मुसलमान कोई बड़ा वैमनस्य नहीं था। आजकी तरह लड़ाई नहीं करते थे तो भी दिलमें खटका रहता था। और जो अंग्रेजी सल्तनत थी उसको भी कुछ तैयारी रखनी पड़ती थी कि बकरीदके दिन कुछ हो न जाय, हिंदू-मुसलमानोंके

---

१. विरोध।

बीचमें लड़ाई न चल जाय। कोई भी मौका मिल सकता था गाय को काटे, गायको सजावटके साथ ले जाय, और हिंदुओंको उकसानेके लिए ऐसा करे। दशहरेमें तो सब जगह सजावट करते हैं, बाजा तो बजाना है, औरतों-मर्दोंकी सजावट होनेवाली है, नए कपड़े पहनकर कोई गाड़ीपर सवार होंगे, कोई घोड़ेपर सवार होंगे, वह सब करेंगे तो क्या, वह भी एक लड़ाईका मौका हो जायगा और बकरीद भी लड़ाईका मौका हो जायगा। मैं तो कहूंगा कि जो हिंदू और मुसलमान दोस्ताना तौरसे साथ-साथ रहना चाहते हैं उनका यह धर्म हो जाता है कि वे मर्यादासे इन त्योहारोंका पालन करें। ऐसी चीज कोई न करें जिससे सामनेका आदमी गुस्सेमें आ जाय। बगैर इस सबके आज हम गुस्सेसे भरे हैं और गुस्सेमें जब आ जाते हैं तो एककी दस बना देते हैं। ऐसी हालतमें ऐसी कोई बात हम न करें जिससे गुस्सा बढ़े।

अंग्रेजी हकूमतने जाते हुए जो काम किया उसमें एक दोष रह गया। हिंदुस्तानके दो टुकड़े कर डाले और दो हकूमतें बन गईं। आज तो दोनों दुश्मन-जैसे बन गए हैं। संभव है कि आपस-आपसमें कभी भी लड़ाई न करें। लेकिन ऐसा सामान बन रहा है कि जिससे यह कोई समझ नहीं सकता है कि आगे क्या होगा। लेकिन आशा रखें कि हम दोनों समझ जायं और अगर नहीं समझेंगे तो अपनी आजादी हार बैठेंगे। मुल्कको हार बैठना धर्मकी बाजी है, उसको गंवाकर बैठ जाना वह बड़ी भारी गलती होगी। मेरी तो यह प्रार्थना है ईश्वर सबको ज्ञान दे और हम सब शुद्ध हो जायं। वह बड़ी अच्छी बात होगी।

एक और चीज मैंने कह दी है, दक्षिण अफ्रीकामें हमारे जो लोग पड़े हैं उन्हें सावधान होकर काम करना है और यहां जो दो हकूमतें हैं उन दोनोंको हमारे जो भाई वहां पड़े हैं उन्हें पूरी सहायता देना चाहिए और उनका उत्साह बढ़ाना चाहिए।

॥ ११५ ॥

१२ अक्तूबर, १९४७

भाइयो और बहनो,

आज भी काफी कंबलियां आ गईं। रजाई भी। और रजाईके बारेमें तो मैं

यहांतक कह सकता हूं कि मिलोंकी तरफसे भी रजाइयां तैयार हो रही हैं। वह रजाइयां भी आ जायंगी। मेरे दिलमें इतनी आशा जरूर हो गई है कि जिस रफ्तारसे ये रजाई और कंबलियां वगैरह आ रही हैं उससे इस जाड़ेके दिनोंमें जो लोग यहां इकट्ठे हो गए हैं यहांके माने दिल्लीमें और उसके इर्दगिर्द, उनको तकलीफ नहीं होनी चाहिए। यह तजवीज भी हो रही है कि वह सबकी सब रजाइयां जिनको मिलनी चाहिए या कंबलियां या जो दूसरी चीजें पहिननेको आ जाती हैं वह सब जरूरतमंदोंको मिलें। एक बात उसमें समझनेके लायक है कि जो कंबलियां जाती हैं वह आखिरमें फट जायगी, मगर आज वह पानीसे और ओससे बचा सकती हैं। लेकिन रजाई आ गई तो खतरा रहता है कि वह पानीसे नहीं बचेगी। बाकी तो ईश्वरकी कृपा रहेगी तो जाड़ोंके दिनोंमें पानी नहीं आना चाहिए लेकिन ओस काफी पड़ती है और सबको कंबलियां शायद न मिल सकें, सबको तंबू भी मिल सकेंगे या नहीं सो मेरे दिलमें शक है। एक चीज है, मैं आज बात कर रहा था तब बता दिया था। वह मैं यहां भी बता देना चाहता हूं कि जिन लोगोंके हाथोंमें रजाइयां चली जाती हैं वह समझें कि न्यूज पेपर काफी पड़े हैं, वह मिल जाय तो रजाईपर अगर न्यूज पेपर रखें तो पीछे ओस रजाईमें से होकर नहीं आ सकती। दूसरी खूबी रजाईकी यह है कि उसमें काफी रुई आ जाती है और उसमें काफी गरमी रहती है। जब रुई टूट जाती है तब रजाईको खोल सकते हैं। रजाईका कपड़ा धोकर रुईको धुनकर फिरसे भर सकते हैं। तो वह नई चीज बन सकती है। जो देखभाल करके उस चीजको इस्तेमाल करनेवाले हैं उनके लिए वह बड़ी कामकी चीज है। हमारेपर यह एक बड़ी भारी आपत्ति आ पड़ी है, लेकिन जो ईश्वरका स्मरण करते हैं और ईश्वरका काम कर लेते हैं उनको ऐसी अपत्तिसे भी सीख मिल जाती है। दो किस्मकी बातें हो सकती हैं। एक तो जब आपत्ति आ गई तो आदमी घबराहटमें पड़ जाता है या तो गुस्सेमें आ जाता है, तब पीछे वह ज्यादा दुख पाता है। लेकिन आपत्तिमें यह सोचें कि हम बेगुनाह हैं तो भी आपत्ति आती है, लेकिन तो भी हम इस वक्त ईश्वरको भूलनेवाले नहीं हैं, उनकी मदद मांगनेवाने हैं। ऐसे लोग उस आपत्तिमेंसे भी सुखको पैदा कर सकते हैं। काफी लोग जो इधर आ गए हैं और आश्रित बन गए हैं वह ताजिर लोग थे, उनके पास काफी पैसा था, दूसरे प्रकारका धन था। बड़ी-बड़ी हवेलियां थीं, वे सब चली गईं, खो गईं। मैंने तो कह दिया है जो जहांसे आ गया है जबतक वहां वापिस पहुंच

नहीं सकता है, और वहां सही-सलामत नहीं रह सकता है तबतक हमारी दोनों हकूमतोंके लिए कष्टकी बात है। अगर हम लोग जिंदा रहना चाहते हैं, आजाद रहना चाहते हैं तो कभी-न-कभी हमें इस तबादलेके पापका पश्चात्ताप करना है। पश्चात्ताप उसका नाम है कि हमने जो भूल की उसको दुरुस्त करें। तब वह सच्चा प्रायश्चित्त है। दूसरा नहीं हो सकता। जो सचमुच गलतीको दुरुस्त कर लेता है उसका पश्चात्ताप काफी हो गया। गलतियां दुरुस्त करना है तब तो जो लोग आज आए हैं जान लेकर, जान बचाकर भाग आए हैं, उनको वापस जाना है। वह जब होनेवाला है तब होगा, लेकिन दरमियानमें क्या करोगे? मैं यह कहना चाहता हूं कि दरमियानमें लोगोंको अगर अच्छे डाक्टर लोग मिल जायं—जो निराधार बन गए हैं उनमें डाक्टर भी रहते हैं, वकील भी रहते हैं, सब किस्मके लोग रहते हैं—वे डाक्टर सेवाका ही काम करें और दूसरे भी जो उनके मातहत पड़े हैं वे भी ऐसा करें, तब बहुत बुलंद काम कर सकते हैं और हम उस आपत्तिमेंसे एक नया पाठ सीख लेते हैं।

मैं शरणार्थियोंके बीच गया तो मुझे बताया गया है कि उनमें करीब ७५ फीसदी आदमी ताजिर थे। तो मैं चौंक उठा कि इतने ताजिर लोग यहां तिजारत कैसे कर सकेंगे। लाखोंकी तादादमें ताजिर आ गए हैं, वे सब एकाएक तिजारत करने लगेंगे तो सब जगह गोलमाल हो जायगा। अगर ऐसे मनमें रक्खें कि हम तो कुछ-न-कुछ मेहनत करेंगे, हम नई चीज सीखेंगे और वह सीख लें तब तो काम चल सकता है। वर्षोंसे जो ताजिर रहे हैं वे अपनी तिजारत भूल जायं। जगतमें ऐसा होता है अगर एक चीज नहीं मिल सकती है तो पीछे दूसरी चीज ढूंढ़ो। हम बेकार नहीं बैठेंगे, जुआ नहीं खेलेंगे, शराबमें अपना समय गंवाना नहीं चाहते हैं, कुछ काम तो करेंगे ही। मेहनत करेंगे। जो ताजिर है लेकिन जिसका शरीर अच्छा है, हाथ-पैर अच्छे चल सकते हैं वे थोड़ी मेहनतका काम करें। ऐसी मजदूरी काफी रहती है जिसमें बहुत सीखनेकी जरूरत नहीं रहती। ऐसी चीजें वह करें और सब मिलजुलकर काम करें। साथमें कैसे काम होता है वह सीख लें। तब हमारे लिए जो यह एक नरक-जैसी चीज तैयार हो गई उसमेंसे हम स्वर्ग बना सकते हैं।

मैं समझा रहा था और मैंने सोचा कि आज तो यह चीज अच्छी तरहसे आप लोगोंके सामने रखूंगा और आपकी मार्फत सबको सुना दूंगा। जो

निराधार लोग पड़े हैं वे यह सुनेंगे और करेंगे तो उनको बड़ा फायदा होगा और मुल्कको भी बड़ा फायदा होगा। और जो हमारे ऊपर दु:ख आ गया है उस दु:खमेंसे हम सुख पैदा कर लेंगे।

इस सिलसिलेमें मैं यह कहना चाहता था कि जो रजाइयां हमारे पास अभी नहीं आई हैं लेकिन हर जगहसे आनेवाली हैं उसका हम क्या करें? उसमें जो कपड़ा रहता है वह मैला बन गया हो तो उसको निकालकर धो सकते हैं। उसकी जो रुई पड़ी है उसको हम रख लेते हैं। रुई तो बिगड़ती ही नहीं। उसको सुखा लेते हैं और उसको हाथसे साफ कर लेते हैं, धुनकीकी भी जरूरत नहीं। हां, उसे कातना हो, तब दूसरी बात है। उस रुईके दुबारा गदेले बनाना है या रजाई बनाना है तो वह आरामसे हो सकता है। मेरी समझमें हाथोंसे वह सस्ते दाममें बन सकती है, और जल्दी बन सकती है। मिलोंके पास काफी कपड़ा पड़ा है। यहां मैं खानेकी चीजकी बात नहीं करना चाहता। काफी कपास पड़ी है। उसमेंसे रजाई बहुत शीघ्रतासे बन जाती है और लोगोंको वह दे दी तो जाड़ेसे वे बच जाएंगे। इसलिए यह चीज किस तरहसे हो सकती है वह लोगोंको बताना है और पीछे जो एक निराशा फैल गई है उसमेंसे हमें आशा खड़ी करना है। एक भजन है कि आशा तो लाखों निराशासे पैदा होती है। यह बात सच्ची है। वह कविका वाक्य है। लाखों निराशामें छिपी हुई आशाको हम देख लेना चाहते हैं। उसको देखनेके लिए हमको क्या करना है? जितने निराधार लोग बन गए हैं उनको पहले तो यह समझ लेना चाहिए कि वे सारे हिंदुस्तानके हैं पंजाबके ही नहीं, सरहदी सूबेके नहीं या सिंधके ही नहीं। जितने सूबे हैं वे हिंदुस्तानमें पड़े हैं सो वहांके लोग हिंदुस्तानके हैं। एक शर्तसे हम सब हिंदुस्तानी बन सकते हैं और रह सकते हैं, हम किसीपर बोझ न पड़ें। जैसे दूधमें मिश्री दाखिल करो तो वह दूधको मीठा बनाती है और दूधमें मिल जाती है और दूधमेंसे निकाली नहीं जा सकती है, दूध वैसाका वैसा रह जाता है, इसी तरहसे मिश्रीकी तरह वे लोग जिधर चले जायं वहां एक-दूसरेके साथ लड़ते नहीं रहे, द्वेष नहीं करें, मिलजुलकर रहें, आपस-आपसमें सहयोग बना लें और सबके सब मेहनती आदमी बन जाते हैं। तब होता यह है कि जिस सूबेमें वे चले जाते हैं उसे दुरुस्त कर लेते हैं। तब सूबेके लोग ऐसा कहेंगे कि हमारे यहां ऐसे चाहे जितने आदमी आ जायं उनको हम समा सकते हैं।

मेरी उम्मीद तो ऐसी है कि जिन्हें मेरी आवाज पहुंच सकती है ऐसे जो निराधार लोग पड़े हैं उनमें जो काम करनेवाले हैं वे उन लोगोंको यह चीज बता दें कि आप भले आदमी बनें। किसी जगह भी जाकर बोझ न बनें और हर जगह पर रहें तो जैसे मैंने बता दिया है इस तरह मुहब्बतसे रहें, साथ-साथ मिलजुलकर रहें। किसीको धोखा न दें। हमको अपना वक्त गंवाना नहीं चाहिए। एक-एक मिनट ईश्वरके लिए हो, ईश्वरके कामके लिए, सेवाके लिए हो। हम तो सेवाके लिए पैदा हुए हैं। पीछे हम भूल जायंगे कि हम दु:खमें गिरफ्तार होकर पड़े थे, शोकमें हैं। हमारे पास इतने लाखोंकी तादादमें लोग पड़े हैं, वे सेवा करें। हम पैदा हुए हैं सेवा करनेके लिए। हम तय करें कि हम अपने मुल्कको ऊंचा ले जायंगे, गिराएंगे नहीं। इतना अगर हम सीख लें तो समझता हूं कि हमारी धन्य घड़ी होगी और पीछे हमें कोई फिक्र न रहेगी। गलती तो होती है, इन्सान गलतियोंका पुतला है। मगर आखिरमें गलतियां दुरुस्त करना भी इन्सानका काम है। हम अपनी गलतियां दुरुस्त कर लेते हैं तो हम इन्सान बन जाते हैं।

॥ ११६ ॥

१३ अक्तूबर, १९४७

भाइयो और बहनो,

कल मैंने शरणार्थी कैंपोंके बारेमें कुछ बातें कही थीं। अंग्रेजी तर्जुमेमें कुछ छूट गया था, आज उसे विस्तारसे कहता हूं, क्योंकि मैं उस चीजको बहुत महत्त्व देता हूं। अगरचे हमारे यहां धार्मिक और दूसरे मेले होते हैं, कांग्रेस मिलती है, कान्फ्रेंसें होती हैं मगर आम तौरपर हमें कैंप जीवनकी आदत नहीं। मैं १९१५में हरिद्वार कुंभ मेलेपर गया था। मुझे और मेरे साथियोंको भारत सेवक संघ (सर्वेंट्स आफ इंडिया) के कैंपमें काम करनेका मौका मिला था। अगरचे मेरी और मेरे साथियोंकी अच्छी तरह देखभाल की गई, मगर मेरे मनपर यह असर पड़ा कि हमारे लोगोंको कैंपमें रहना नहीं आता। हमें सार्वजनिक सफाईकी तरफ ध्यान देनेकी आदत नहीं। परिणाममें भयानक गंदगी पैदा होती है और छूतकी बीमारियां फूट निकलनेका खतरा रहता है। हमारे पाखाने इस कदर गंदे होते हैं कि क्या बात करना। शायद

यह कहना ज्यादा सही होगा कि पाखाने बनाए ही नहीं जाते। लोग समझते हैं कि पाखाने तो कहीं भी बैठा जा सकता है। और गंगाजी या जमनाजीका किनारा इस कामके लिए खास पसंद किया जाता है। पड़ोसियोंका ध्यान किये बिना, जहां-तहां थूकना तो अपना हक समझा जाता है। खाना पकानेका इंतजाम भी अच्छा नहीं होता। मक्खियां तो हर जगह हमारी साथिन होती हैं। हम भूल जाते हैं कि मक्खी एक क्षण पहले गंदगीपर बैठी होगी और किसी छूतकी बीमारीके कीड़े उससे चिपके छुए होंगे। रहनेकी जगह, तंबू वगैरह भी ठीक तरीकेसे नहीं लगाए जाते। मैं कोई चीज बढ़ा-चढ़ाकर नहीं कह रहा। कैंपोंमें जो शोर होता है उसकी तो बात ही क्या करना।

तरीकेसे कैंप बनाने और पूरी तरहसे सफाई रखनेके लिए किसी मिलिटरी कैंपको देखिए। मैं मिलिटरीकी जरूरत नहीं समझता। मगर उसका यह मतलब नहीं कि मिलिटरीमें खूबियां नहीं। वे हमें नियमनमें, साथ रहने, सार्वजनिक सफाई, समयपर काम करना, हर एक जरूरी कामके लिए वक्त रखना, इन सब चीजोंमें पाठ सिखा सकते हैं। उनके कैंपोंमें पूर्ण शांति रहती है। वे घंटोंमें कैनवसका शहर खड़ा कर लेते हैं। मैं चाहता हूं हमारे शरणार्थी कैंप उस आदर्शको पहुंचें। तब वर्षा आवे या ना आवे उन्हें तकलीफ नहीं होगी।

अगर सब काम करें तो ऐसे कैंप खड़े करनेमें बहुत खर्च नहीं होता। शरणार्थियोंको खुद खेमे लगाने चाहिए। खुद सफाई करना, झाड़ू लगाना, सड़कें बनाना, खंदकें खोदना, खाना पकाना, कपड़े धोना वगैरह कोई काम ऐसा नहीं, जो उनकी शानके खिलाफ समझा जाय। कैंपका हर एक काम हर एकके करने लायक है। ध्यानपूर्वक और समझपूर्वक काम किया जाय तो जनताके मनोभावमें यह तबदीली जरूर लाई जा सकती है। तब आजकी विपत्तिको भी ईश्वरकी छिपी प्रसादी समझा जा सकता है। तब कोई शरणार्थी कहीं भी बोझ रूप नहीं होगा। वह कभी अकेले अपने-आपका खयाल नहीं करेगा। बल्कि अपने सब मुसीबतजदा[१] भाइयोंका ख्याल रखेगा और जो दूसरोंको नहीं मिल सकता वह अपने लिए नहीं मांगेगा। यह बात सिर्फ विचार करते रहनेसे नहीं बल्कि जानकार आदमियोंकी देखरेख और रहनुमाईमें काम करनेसे हो सकती है।

---

१. विपत्तिग्रस्त।

रजाइयां और कंबल आ रहे हैं। आशा है जल्दी ही सर्दीसे बचनेका काफी सामान इकट्ठा हो जायगा।

॥ ११७ ॥

१४ अक्तूबर, १९४७

भाइयो और बहनो,

आज भी काफी कंबलियां आ गईं। यहां एक आर्य-कन्या-विद्यालय है, उसकी दो शिक्षिकाएं और विद्यार्थिनियां आ गई थीं। उन्होंने पैसा इकट्ठा किया है, वह भी कंबलियां लेनेके लिए। वह बिचारी कितनी ला सकती थीं। थोड़ी कंबलियां लाई। लेकिन एक बड़ी बात मुझको सुनाई, मुझे वह अच्छी लगी। उन्होंने सुनाया कि जब वह व्रत रखनेकी बात निकली मैंने कहा कि महीनेमें कृष्ण पक्ष और शुक्ल पक्ष होते ही हैं, तो एक पक्षमें एक दिन सब निकाल दें और उस रोज खाना छोड़ दें तो जितना बाहरसे खाना आता है वह सबका सब हमें मिल जाता है, क्योंकि इतना बच जाता है। पैसा देकर बाहरसे अन्न लेना मैं एक बड़ा दोष समझता हूं। उस दोषसे हम बच जाते हैं, यह सुनकर विद्यालयकी शिक्षिका ने विद्यार्थिनियोंके साथ मशविरा किया। उन्होंने किसीको मजबूर नहीं किया। मगर सबने तय किया कि हम हर गुरुवारको व्रत रक्खेंगे और उससे जो बच जाता है वह दान दे देंगे। उनके पास जो बचा करता है, वह देनेकी कोशिश करती हैं। उन्होंने यह भी कहा कि थोड़ी जमीन है उससे हम अनाज भी पैदा करेंगी। दोनों काम खुराक बचाना और अधिक पैदा करना हमने अपने सरपर ले लिया है। यह सब मुझको उनकी जो कंबलियां और पैसे आ गए हैं उससे ज्यादा प्रिय था। पीछे एक ईरानके एलची साहब और उनकी धर्मपत्नी आए। थोड़ा बैठे लेकिन एक बड़ा ढेर कंबलियां दे गए। कहा, यह कंबलियां किसीको दे सकते हो तो दो। मैंने कहा, मैं तो एक भिक्षुक हूं, जितना मुझको मिल जायगा लगा लूंगा और उसकी जिसे दरकार है उसे दे दूंगा।

मेरे पास काफी सिख भाई आ गए थे। दो-तीन हिस्सेमें आए थे। उनसे काफी बातें हुईं। बातें क्या हुईं वह तो मैं आपको बताकर क्या करूंगा

उसमें कोई ऐसी खुफिया[१] बात नहीं थी लेकिन बातोंका निचोड़ मैंने निकाल लिया है और वह यह है कि वह भी पूरा-पूरा समझ जाय और इसी तरहसे दूसरे भी समझ जायं कि हम इस तरहसे आपस-आपसमें लड़कर कुछ हासिल नहीं करनेवाले। न्याय देना, सजा देना, बदला लेना इत्यादि काम करना है तो हकूमत करे। हकूमत के मार्फत से जितना हो सकता है उतना हम करें। मेरा ऐसा खयाल है कि वह सबके सब इस बातपर राजी हैं। बाकी हिस्सेको मैं छोड़ देता हूं।

पीछे एक तीसरी बात मैंने सुन ली। कुछ आदमीको गिरफ्तार किया गया है। हमारी हकूमत है, गिरफ्तार करे तो वह हकूमतके हाथ है। बाज दफा उनसे निर्दोष आदमी भी गिरफतार हो सकते हैं। जान-बूझकर बेगुनाहोंको गिरफ्तार करें, ऐसी गलती तो हमारी हकूमतसे होनी नहीं चाहिए। और स्वच्छंदतासे किसीको गिरफ्तार करें ऐसा भी नहीं होना चाहिए। लेकिन कुछ भी करें आखिर इन्सान तो इन्सान है, गलतियोंसे भरा हुआ पुतला है, वह कोई फरिश्ता नहीं है, वह ईश्वर तो है ही नहीं। तो गलतियां करेगा। गलती से कुछ बेगुनाह आदमियोंको पकड़ लिया तो उसमें क्या आंदोलन करना था? लेकिन मैं सुनता हूं कि कुछ आंदोलन हो रहा है कि ऐसे आदमियोंको क्यों पकड़ा, वह तो बेगुनाह आदमी है। बेगुनाह आदमी है या नहीं वह तो हकूमतको देखना है। हकूमतके पास अगर कोई सामान पैदा करके रक्खे कि फलां आदमी बेगुनाह है वह तो मैं समझ सकूंगा। लेकिन हकूमतको इस तरह हलाक करें, आंदोलनके बलसे किसीको छुड़वा लें, तो वह ठीक नहीं है। जब अंग्रेजी सल्तनतसे लड़ते थे और बाज दफा जो जेल वगैरहमें भेजे जाते थे उनके लिए कहते थे कि उनको क्यों नहीं छोड़ते, वे बेगुनाह हैं। वह तो था लेकिन राज्यकी नजरमें वह गुनहगार थे, हमारी नजरमें नहीं थे। उस वक्त तो हमने अंग्रेजी हकूमतके सामने आंदोलन किया कि उन्होंने हमारे नेताओंको क्यों पकड़ लिया। लेकिन आज किसके सामने आंदोलन करें। अपनी सारी सरकार पंचायती राज है। पंचायतके वह प्रतिनिधि हैं, उन्हें नेता भी तो हमने बनाया है। इसलिए मैं कहूंगा कि आज वह मौका नहीं कि आंदोलनके दबावसे हम हमारी हकूमतको दबालें। एक तो यह हमारी हकूमत है, उसके पास वह मिलिटरी ताकत नहीं है जो अंग्रेजके पास पड़ी थी। अंग्रेजोंके पास सारी

---

१. गुप्त।

नौका-सेना पड़ी थी। जिस नौका-सेनाके लिए एक वक्त कहा गया था कि वह अजित है, बेजोड़ है। आज तो वह दावा नहीं चल सकता, वह दूसरी बात है। लेकिन कैसा भी हो उसके पास सब पड़ा था। उसके बल हमारे ऊपर राज्य चलता था। आज हमारे ऊपर हम राज्य चलाते हैं। अगर हमको मालूम है कि कोई दूसरी ताकत हमारे ऊपर राज्य नहीं चलाती है और जो राज्य करते हैं उनको हमने बनाया है तो जिनको हम बनाते हैं उसको हम उठा भी सकते हैं। इसलिए मैं कहूंगा कि ऐसा आंदोलन हमें नहीं करना चाहिए।

चौथी बात मैं आपको सुनाना चाहता हूं वह यह है, मैंने इस बारेमें काफी तो कहा है कि किस तरहसे हिंदुस्तानमें पूरी-पूरी शांति पैदा हो सकती है। यह पेचीदा प्रश्न है। मैं कोई खुश नहीं होता हूं कि आज तो दिल्लीमें कुछ गड़बड़ चलती ही नहीं। कहीं एकाध आदमी मार दिया इस तरहसे कुछ चले भी लेकिन जैसा सिलसिलेवार पहले चलता था वैसा नहीं है। यह अच्छा है। इससे हकूमत तो खुश रह सकती है, लेकिन मैं नहीं रह सकता। क्योंकि मैं हकूमत करनेके लिए नहीं आया हूं। इत्तफाक[१]से यहां रह गया। मैं तो इस उम्मीदमें रहा कि दोनोंके दिल फूट गए हैं, उनको दुरुस्त करना है और ऐसा करनेमें मदद करना है। इससे पहिले भी आपस-आपसमें लड़ते थे, मगर लड़ लिया तो पीछे एक हो गए। आज तो हमारे दिल जहरीले हो गए हैं कि मानो एक-दूसरेके सदियोंसे दुश्मन हैं, इस तरहसे मानना शुरू कर दिया है। हमारे लिए बड़ी नामुनासिब बात है। होना तो यह चाहिए कि हम कोई बुजदिल न रहें, न मुस्लिम, न सिख और न हिंदू। तो पीछे हमको किसीका डर न रहेगा। मुसलमानोंको सिखोंका डर छोड़ना चाहिए, और डरके मारे भाग जाते हैं उसे बन्द करें। हिंदुओंको और सिखोंको मुसलमानोंका डर छोड़ देना चाहिए। तब, जब हम आपस-आपसका डर छोड़ देंगे और सिख, हिंदू, मुसलमान, जब एक दूसरोंसे नहीं डरेंगे तब पीछे हम चाहें तो एक बड़ी भारी मिलिटरी ताकत बन सकते हैं। और हम चाहें तो हिंदुस्तान एक बड़ी अहिंसक और अजीत सैन्य बन सकता है। दो रास्ते हमारे पास पड़े हैं, तीसरा नहीं है। आज जो चलते हैं वह कोई रास्ता नहीं है। वह तो हैवानियतका रास्ता है। उसमें आगे बढ़नेका रास्ता नहीं है। तो मैं बतलाना चाहता हूं कि किस

---

१. संयोग।

तरहसे हम एक-दूसरोंके नजदीक आ सकते हैं। सबसे बड़ी चीज तो यह है कि मुसलमान, हिंदू, सिख एक-दूसरोंकी गलतियां निकालते रहे जैसे आज निकालते हैं, वह छोड़ दें। सब अपनी गलतियां देखें और अपनी गलतियोंको पहाड़-सा बनाकर देखें। ऐसा नहीं कि मुसलमान कहे कि हमने भी एक जमानेमें गलतियां की लेकिन उससे क्या हुआ, देखो तो सही हिंदू और सिखकी जो पहाड़-सी गलतियां हैं उनके सामने हमारी गलतियां कुछ भी नहीं हैं। और ऐसा ही हम कहना शुरू कर दें कि अच्छा चलो हिंदू, सिख हैं उन्होंने गलतियां की हैं लेकिन मुसलमानोंने जो किया उसके सामने वह कुछ नहीं। यह जवाब नहीं। गलतियोंका जवाब गलतियोंसे दे दिया इसमें कौनसी बड़ी बहादुरी है? यह तो जगतमें होता आया है। ऐसा कहकर हम हिंदू और सिख अपने दिलको फुसला लें, मैं कहूंगा कि यह कोई तरीका ही नहीं है। इस तरह हम कभी आपस-आपसमें दिल साफ करके बैठ नहीं सकते। आज तो नौबत यहांतक आ गई है कि पाकिस्तान सरकार कहती है कि इतने मुसलमानोंको हम नहीं लेंगे, तो हमारे दिलमें शक पैदा हो जाता है कि उसमें भी कुछ दगेकी बात है। उसमें दगेकी बात क्या होनी थी। और अगर है तो दगा उसके दिलमें पड़ा है उससे हमें क्या? हम इतने बहादुर नहीं रहेंगे कि शकसे कुछ न करें, तो पीछे मरनेवाले हैं। इस बातको मैं छोड़ दूं। मैं तो इतनी बात कहता हूं मुसलमानोंको, हिंदुओंको और सिखोंको कि दूसरेकी गुनाहकी तरफ इशारा भी न करें। अपने ही गुनाहको कबूल करें। अगर मानते हैं कि यह गुनाह हुआ है तो उसको कबूल कर लेना चाहिए। मैंने कल कहा कि एक जहरी बात है कि बस हिंदू हैं वह तो हमारे दुश्मन हैं। ऐसे हम दुश्मन बनें तो उसका नतीजा बुरा ही आनेवाला है। पाकिस्तान तो हो गया उससे क्या? लेकिन हम पागल नहीं बनेंगे। कलतक दुश्मन थे, आज दोस्त बने। लेकिन जब दोस्त बने तब हमें ऐसा कहना है कि हम किसी जमानेमें दुश्मन थे तब हमने दुश्मनी की लेकिन अब तो दोस्त हो गए हैं। दुश्मनी भूल गए हैं। हकूमतको हिंदू, सिख और हिंदुस्तानमें जो कोई भी रहता है उनको साफ-साफ दिलसे कहना है कि इतनी गलती तो हमसे हो गई, आपकी गलती हुई है सो आप जानें। मगर हम क्यों गलती करें? नहीं करेंगे। ऐसा अगर दोनों आपसमें सच्चा मुकाबला करें, एक मुकाबला तो यह है कोई आकर एक मुक्का दे तो हम उसके दो मारें, लेकिन उसके बदलेमें यह मुकाबला करें कि हम तो बदलेमें बेगुनाह ही रहेंगे और भले

बनेंगे। मुकाबला करेंगे भलेपनमें, अच्छा होनेमें, तब मैं कहता हूं कि हमारे लिए खैर है। तब मैं आरामसे दिल्ली छोड़ सकता हूं। मेरे नसीबमें अगर दिल्लीमें, यहीं पड़ा रहना है और दिल्ली हीमें मरना है तो मर जाऊंगा। ऐसा करना मैं जानता हूं, दूसरा मैंने सीखा नहीं है। मरना तो एक दिन है ही, कर नहीं सकते हो तो मरो तो सही। लेकिन मारना नहीं है। मैं तो सबको यही कहता है कि अरे इतना तो सीख लो। करेंगे या मरेंगे। तीसरी चीज नहीं है। अब हमें भागना नहीं। हमारे नसीबमें जो होगा वह दूसरा तो बन नहीं सकता। हमें किसीसे दुश्मनी नहीं करनी, वह हिंदुस्तानकी शांतिका मार्ग नहीं है। हिंदुस्तानकी शांतिका मार्ग तब हो सकता है जब हम किसीसे लड़ें ही नहीं। सब डर छोड़ देते हैं। मुसलमान यहां रहते हैं तो रहें। क्या हमें वे मार डालेंगे, कैसे मारेंगे, क्यों मारेंगे? क्या सब यहांसे हट जायं? क्यों हट जायं और कहां हट जायं? आज पाकिस्तानवाले कहते हैं कि हम तो इतने मुसलमानोंको हजम कर सकते हैं। मुसलमान तो सारे हिंदुस्तानमें पड़े हैं। एक छोटा पाकिस्तान पड़ा है, उसमें कैसे सब भरें? वह कहे हम और नहीं ले सकते तो सुनना होगा। उसमें क्या फरेब पड़ा है? पड़ा या नहीं पड़ा है, उससे हमें क्या? लेकिन हम इस चीजको तो समझ लें कि हमारे पास हमारे भाई भी पड़े हैं। मुसलमान अगर बदमाश हैं तो उनको मारो, कानून करो, जो आदमी दगाबाज साबित होगा, हिंदुस्तानका बेवफा साबित होगा, उसको शूट करना है तो करो। पांचको करो पचासको करो, चार करोड़को करो, मुझे कोई परवाह नहीं है, वह तो मैं समझ सकता हूं, लेकिन एक आदमी यों ही आकर उसको मार डाले वह कैसे बरदाश्त हो सकता है? नहीं करना चाहिए। और हम खुद भी ऐसे पागल क्यों बनें? ऐसे बुजदिल क्यों बनें? इसलिए मैंने आपको बतला दिया है कि अगर दोनों हकूमतोंको अच्छी तरहसे रहना है तो एक-दूसरेके साथ भलाईमें मुकाबला करें। तुम्हारी गलती ज्यादा है यह बताते रहनेसे हमारी जय नहीं होनेवाली है। लेकिन हम समझ जायं कि हां, यह सब गलतियां हुई हैं, इनको हम दुरुस्त करेंगे। और सब साफ कर देंगे तो खैर है। कह तो काफी सकता हूं लेकिन आजके लिए मैंने आपको काफी कह दिया, इतना हजम कर लें तो बस है।

॥ ११८ ॥

१५ अक्तूबर, १९४७

भाइयो और बहनो,

मेरे पास काफी लोग हमेशा आते हैं। उनमेंसे कई लोग शरणार्थियोंके लिए कंबलियां और कुछ पैसा भी दे जाते हैं। एक बहनने आज दो हजार रुपएका चेक भेज दिया है। दो भाई मुसलमानोंकी तरफसे भी आए हैं। उन्होंने इकट्ठा करके कुछ कंबलियां और कुछ पैसे भी दिए हैं। वे कारीगर लोग हैं। उन्होंने अपने नामतक भी नहीं बताए। मैंने उनसे इन चीजोंको अपने-आप अपने पीड़ित भाइयोंमें बांट देनेको कहा था। मगर उन्होंने कहा कि हम ये चीजें गांधीके हाथमें ही सुपुर्द करना चाहते हैं, क्योंकि पश्चिमी पंजाबमें जो हिंदू और सिख बर्बाद हुए हैं उनको ये चीजें बटनी चाहिए। मुझको यह बहुत अच्छा लगा। ऐसे मौकेपर अगर चंद मुसलमान भी ऐसा करते हैं या चंद हिंदू और सिख ऐसा करते हैं तो वह स्वर्ण अक्षरोंमें लिख लेना चाहिए। उन्होंने कहा कि एक जमानेमें हम आपको मुसलमानोंका शत्रु मानते थे, मगर अब हमें विश्वास हो गया कि आप सबके दोस्त हैं। मैं तो हूं और मेरा यह दावा भी है। इसके लिए मुझे किसीके प्रमाण-पत्रकी जरूरत नहीं है। कोई पांच-सात वर्षसे नहीं, बल्कि ६० वर्षसे इसी धाराके मुताबिक मेरा जीवन चला है।

आम तौरसे यह कहा जाता है कि हर एक सिख मुसलमानोंको अपना दुश्मन मानता है और हर मुसलमान सिखको। यह बात बिलकुल गलत है। यह सच है कि काफी तादादमें सिख लोग दीवाने बने, जैसे कि काफी हिंदू और मुसलमान भी बने। मगर यह कहना कि सारी सिख-जाति ऐसी है या सारे मुसलमान ऐसे हैं, एक बड़ी अधर्मकी चीज है। मेरे पास तो ऐसे अनेक उदाहरण पड़े हैं जहां सिखों और हिंदुओंने मुसलमानोंको बचाया या मुसलमानोंने सिखों और हिंदुओंको अपने घरोंमें रखकर बचाया। पंजाब और सरहदी सूबेमें ही नहीं, हर जगहसे ऐसे उदाहरण मिले हैं। अखबारोंको ये चीज अच्छे ढंगसे छापनी चाहिए। वे हिंदुओंद्वारा मुसलमानोंको काटने या मुसलमानोंद्वारा हिंदुओंको काटनेकी खबर छापना छोड़ दें। उससे नुक्सान ही होता है। अखबार आजकलकी दुनियामें एक बड़ी सत्ता हो गए हैं और यदि चाहें तो वे बड़ा काम कर सकते हैं।

(युक्तप्रांतीय सरकारकी उस घोषणाकी कि जिसमें कि देवनागरी लिपिमें लिखी हुई हिंदीको राजभाषा घोषित किया गया है, चर्चा करते हुए गांधीजीने कहा—) सारे हिंदुस्तानके एक-चौथाई मुसलमान यू०पी०में भरे हैं। वे उर्दू बोलते हैं। अगर उनको वहां रहने देना है तो देवनागरी लिपि नहीं होनी चाहिए। मालवीयजी महाराजने भी हिंदीके लिए बहुत काम किया था। मगर उर्दू जबानको काट डालो, ऐसा कहते मैंने उनको कभी नहीं सुना। यू०पी०में आज जिन लोगोंके हाथमें सत्ता है वे बहुत बड़े हैं और अच्छे काम करनेवाले हैं। वे मुसलमानोंको अपने साथ रखते हैं। मगर एक तरफ तो मैं यह कहूं कि मुसलमान यहांसे न जाएं और दूसरी तरफ उनकी तौहीन[१] करता रहूं और उनको गुलाम बनाकर रखनेकी कोशिश करूं तो फिर वे खुद ही मजबूर होकर चले जाएंगे। मगर मेरी तादाद वहां बहुत ज्यादा है तो क्या मैं इतना घमंडी बन जाऊं कि दूसरे लोगोंको बर्दाश्त ही न करूं। ऐसा तो हमसे होना ही नहीं चाहिए। सबको हिंदी और उर्दू दोनों लिपियोंमें लिखना सीखना चाहिए। अगर मुसलमान अपनी खुशीसे जायं तो जाने दिया जाय, मगर हमें तो अपना फर्ज पालन करना चाहिए। अखिर यू०पी०में हर जगह मुसलमानोंकी निशानियां पड़ी हैं। आगरा, लखनऊ, देवबंद, आजमगढ़ आदि शहरोंमें उनकी आलीशान जगहें हैं। वहां काफी राष्ट्रीय मुसलमान हैं। इसके अलावा हिंदू भी ऐसे कितने ही हैं जो केवल उर्दू जानते हैं। सर तेजबहादुर सप्रू तो एक बड़े उर्दूदां हैं। क्या उनको देवनागरी लिपिमें लिखनेके लिए मजबूर किया जायगा? क्या उनसे यह कहा जायगा कि तुम उर्दूको भूल जाओ? क्या हम अपने हाथसे ही अपने हाथोंको काटनेवाले हैं? अगर हमने ऐसा किया तो हमारी ज्यादतीकी इन्तहां[२] होनेवाली है। हम इस तरहसे हिंदू-धर्मकी रक्षा नहीं कर सकते, इसमें मुझे कोई शक नहीं है। हमें पाकिस्तानकी नकल नहीं करनी है। अतः वहांकी हकूमतको, यद्यपि वह मेरे हाथमें नहीं है, मगर मुहब्बतसे मैं उससे कह सकता हूं कि जो सर्कुलर उन्होंने जारी किया है उसे वे वापिस ले लें।

---

१. अप्रतिष्ठा; २. अंत।

॥ ११९ ॥

१६ अक्तूबर १९४७

भाइयो और बहनो,

अबतक मैसूरको तो मैं भूल ही जाता था। वहां क्या हुआ यह तो आप लोगोंने देखा होगा। श्रीरामास्वामी मुदालियर मैसूरके दीवान साहब हैं। मैसूर भारतीय यूनियनमें भी आ गया है। वहांके लोग काफी लिखे-पढ़े हैं। उन्होंने काफी दफा सत्याग्रह किया है और इस वक्त भी उन लोगोंकी तरफसे कुछ सत्याग्रह हुआ। वे चाहते थे कि राजतंत्रमें काफी हिस्सा लोगोंका रहे। राजा लोग तो रहें और जनता उनके प्रति वफादार भी रहे, परंतु वे राजतंत्रसे हट जाएं। होना भी यही चाहिए था, मगर हुआ नहीं, इसलिए लोगोंने सत्याग्रह किया। सत्याग्रह शुरू करनेसे पहले उन्होंने एक तार भी मुझे दिया था, जिसमें उन्होंने कहा था कि आपको डरनेकी जरूरत नहीं, हम बहुत समझ-बूझकर सत्याग्रह कर रहे हैं और सत्याग्रहके कानूनसे बाहर नहीं जाना चाहते। उसमें जो तकलीफें आएंगी उनको हम बर्दाश्त करेंगे। मगर वहांके दीवान श्रीरामास्वामी मुदालियर तो बहुत बड़े आदमी हैं। उन्होंने सारी दुनियामें भ्रमण किया है। उन्होंने समझा कि आखिर कबतक लोगोंको हलाक[१] करते रहेंगे? ऐसा कबतक चल सकता है। नतीजा यह हुआ कि जो लोग कैदमें चले गए थे वे छूट गए और मैसूर राज्य और उसके लोगोंके बीच एक सुलहनामा हो गया। लोगोंकी जो बाकानून शर्तें थीं वे राज्यकी तरफसे स्वीकृत हो गईं। मैसूरमें यह जो कुछ हुआ उसके लिए वहांके राजा, दीवान साहब और लोगोंको धन्यवाद देना चाहिए। राज्यने वहां लोगोंको राजी रखकर ही काम चलाना कबूल कर लिया है। ऐसे ही और भी काफी राजा लोग पड़े हैं। वे भी सब ऐसा ही करें और लोगोंको राजी रखते हुए इंग्लैंडके राजाकी तरह राज करें। जो प्रजा कहे वही वे करें और उसके बाहर न जाएं तो कितना अच्छा हो।

दूसरी बात मैं यह कहना चाहता हूं कि जहां मैं ठहरा हुआ हूं वह एक गृहस्थका मकान है—बिरला भाइयोंका। वे सबको आने देते हैं। हमें उनके इस शिष्टाचारकी कद्र करनी चाहिए। वैसे तो प्रार्थना-सभामें लाखों लोग

---

१. दमन।

आए हैं, मगर यहां तो छोटी प्रार्थना-सभा होती है और मैं तो इतनी भी आशा नहीं करता था। जो लोग आते हैं उनमें पंजाबसे आए हुए लोग भी रहते हैं। मुझे यह जानकर बहुत दुःख हुआ कि कुछ लोग वृक्षोंके फल तोड़ लेते हैं। किसीको पेड़का एक भी फल छूना नहीं चाहिए। फल तो क्या, एक पत्तीतक नहीं तोड़नी चाहिए। यदि लोग इस तरहसे तोड़ने लगे तो बागके मालीको अच्छा नहीं लगेगा। फल काटनेका भी एक समय होता है। अतः उनके साथ किसीको जबर्दस्ती नहीं करनी चाहिए। यहां जो लोग आते हैं वे ईश्वरका नाम लेनेको आते हैं। कम-से-कम प्रार्थना-सभामें तो हम लोग पवित्र और पाक बनकर रहें। सिवाय भगवानके और कोई चीज दिलमें होनी ही नहीं चाहिए। तो फिर चोरी हम कैसे करें। हम सब लोग दुःखमें पड़े हैं, यह एक दूसरी बात है। परंतु हम अपनी सज्जनताको कभी न छोड़ें।

एक शिकायत और मेरे पास आई है। सारे दिनभर लोग मेरे पास आते रहते हैं। उनमेंसे कोई कहते हैं कि प्रार्थना-सभामें तुमने सरकारी अफसरों, पुलिस और मिलिटरीकी प्रशंसा करके उनको योग्यताका प्रमाण-पत्र दे दिया है। ऐसा मैंने कहा तो है नहीं। यदि कह भी दिया तो बेवकूफी की या असावधानीमें कह दिया। मगर मैंने कहा ही नहीं। मैंने यह कहा था कि उन्हें ऐसा होना चाहिए। यह नहीं कि वे ऐसे हैं। वह आदमी ऐसा था, एक बात है और वह ऐसा होना चाहिए बिलकुल दूसरी बात है। प्रमाण-पत्र तो मैं दे ही कैसे सकता था, क्योंकि मैं तो किसीको पहचानता ही नहीं! मुझे क्या पता कि वे सब बाकायदा काम करते हैं। हमारा धर्म तो है कि जो पुलिस और मिलिटरी कहे, क्योंकि वे अधिकारके साथ कहते हैं, उसका पालन करें।

यदि हम पंचायत राज्य चाहते हैं तो उसका पहला नियम यह है कि वह जो हुक्म करें उसका हम पालन करें। हमने अभी पंचायत राज्यका पूरा नतीजा नहीं पाया है। यदि हम दिलसे अहिंसक होते तो आजका यह नजारा हमें देखनेको नहीं मिलता। फिर भी अंग्रेजी हकूमत तो यहांसे हट गई। यहां जो गवर्नर-जनरल हैं, वे नौ सेनाके एक बड़े अफसर और बादशाही कुटुंबके होनेपर भी आज हमारे नौकर बनकर रह रहे हैं। हमारा जो प्रधान मंडल कहें उसपर उनको चलना पड़ता है। वे हमारे हाकिम नहीं, बल्कि हम उनके हाकिम हैं। इस प्रकार जो हमारी हकूमत हो गई है वह पंचायत

राज है और उसके हुक्मपर सबको चलना चाहिए। अगर किसीको इन सरकारी अफसरोंके खिलाफ कोई शिकायत है तो उसका इलाज यह है कि वे हकूमतके पास चले जायं या अखबारोंमें छपवा दें। यदि किसी अफसरने रिश्वत खा ली है या वह निकम्मा है तो उसके खिलाफ कार्रवाई की जाय। जो लोग रिश्वत लेते हैं वे अपने और अपने मुल्कके साथ गुनाह करते हैं। अभी कुछ मिलिटरीके लोगोंने स्टेशनपर कोड़ा मारना शुरू कर दिया। किसी अफसरको कोड़ा मारनेका अधिकार ही नहीं है। मगर हम भी यदि उसके जवाबमें कोड़ा मारें तो हम भी वही चीज सीख जाते हैं। स्वराजसे पहले तो सरकारी अफसर हमारे नौकर नहीं, बल्कि हाकिम बनकर बैठ गए थे। वे अंग्रेजी हकूमतके प्रति वफादार थे और यदि उस वक्त रिश्वत खाते थे तो अंग्रेजी हकूमतका गुनाह करते थे। मगर आज भी यदि वे ऐसा करें तो हिंदुस्तानके साथ गुनाह करते हैं। इतना बड़ा फर्क हो गया है। नोआखालीके लोग मेरे पास आ गए हैं। पूर्वका पाकिस्तान कोई छोटा मुल्क थोड़ा ही है। उसमें ढाका और त्रिपुरा-जैसे पड़े हैं। उनका कहना है कि ढाकासे हिंदू लोग भाग रहे हैं। उनको ऐसा लगता है कि यहां कुछ ज्यादती होनेवाली है। इन बंगाली भाइयोंने मुझसे कुछ कहनेके लिए कहा है। मैं तो वही कह सकता हूं जो कहता आया हूं। किसीको इस तरहसे अपना वतन या अपना स्थान नहीं छोड़ना चाहिए। जो बहादुर लोग होते हैं वे किसीसे डरते नहीं। यदि डरते हैं तो केवल ईश्वरसे। उन्हें बुजदिल बनकर भागना नहीं चाहिए। मरनेकी ताकत उनमें होनी चाहिए। पाकिस्तान हकूमतको वे कह दें कि आप मारना चाहें तो मारो, हम आपको तकलीफ देना नहीं चाहते। पाकिस्तानके वफादार बनकर हम यहां रहना चाहते हैं। हम यह, पाकिस्तानकी जड़ काटनेकी बेवफाई नहीं करेंगे। मगर हकूमत यदि चाहे तो हमको काट सकती है, हमारी लड़कीको उठा या छीन नहीं सकती। यदि हकूमत यह कहे कि रामनाम मत लो, तो उसे तो हम लेंगे। यदि वह कहे कि दशहरेके दिन नक्कारा न बजाओ, तो नक्कारा हमारा जरूर बजेगा क्योंकि वह हमारे धर्मका अंग बन गया है। मगर यह बात बुरी है कि बड़े-बड़े आदमी तो अपनी जान बचानेका लिए भाग जाएं और बेचारे मिस्कीन[१] आदमी वहां पड़े रहें। वहां शूद्र लोग काफी तादादमें पड़े हैं। वे इतनी बहादुरी कैसे दिखाएंगे। अगर मैं तिजारत करता हूं और

१. दीन।

मेरे पास काफी पैसे पड़े हैं तो क्या मैं भाग जाऊं? वह मेरा धर्म नहीं है। जो डाक्टर, वकील और व्यापारी वहां हैं वे इस बातको देखें कि यदि वहांसे छोड़कर जाना ही है तो गरीब लोग उनसे पहले जाएं। गरीब लोगोंको वहीं छोड़कर खुद भाग आनेमें कोई इन्सानियत नहीं है। इस तरहसे वे हिंदू, सिख या इस्लाम-धर्मको बढ़ा नहीं सकते। आप जहां भी जाएं गरीबोंको अपने साथ रखें। बदकिस्मतीसे मैं आज पूर्वी पाकिस्तानमें नहीं हूं। ईश्वरने मुझको कहां ऐसा बनाया कि मैं हर जगह हो सकूं। मैं तो इन्सान पड़ा हूं और वह भी बहुत मिस्कीन हूं। मगर आवाज तो वहांतक पहुंचा ही सकता हूं और वह पहुंचा देता हूं।

इन बंगाली भाइयोंने कहा है कि मैं हमारे सचिव डा० अम्बेदकर साहबसे भी कहूं कि वे इस बारेमें कुछ करें। उन्होंने दलित जातियोंमें काफी काम किया है। उनको भी इस मौकेपर वहांके लोगोंको कुछ कहना चाहिए। वे उनको यह सुना दें कि अपना धर्म छोड़कर जिंदा रहना पाप समझना चाहिए। ऐसा कहनेसे उनमें एक ताकत आ जाएगी।

मुझसे सुहरावर्दी साहबको भी वहां भेजनेके लिए कहा गया है। उनका जाना भी ठीक ही होगा। मगर सुहरावर्दी साहब यहां हैं नहीं। एक-दो दिनमें यहां आ जायंगे। मगर ख्वाजा नाजिमुद्दीन तो वहां हैं। वे भी तो ऐसा कहते हैं कि पूर्वी पाकिस्तानमें किसी हिंदू या सिखको हलाक नहीं किया जायगा। सुहरावर्दी साहब भी उनकी मदद करनेके लिए वहां चले जायंगे। नहीं जायंगे तो करेंगे क्या? आज सबका स्वार्थ इसीमें है कि हिंदू-मुसलमान और सिख सब मिलकर रहें। अगर ऐसा नहीं होता तो हिंदुस्तान और पाकिस्तान दोनों मर जाते हैं।

॥ १२० ॥

१७ अक्तूबर १९४७

भाइयो और बहनो,

मेरे पास कुछ खत भी आए हैं और यों भी जो लोग सुनते हैं वे बताते हैं कि मेरी खांसी अबतक मिटी नहीं है। मैं प्रार्थनाके बाद जब कुछ कहता

हूं तो भी खांसी आ जाती है। मैं डाक्टर या वैद्यकी दवाई नहीं करता हूं। डाक्टर कहते हैं कि जो तीन दिनमें खत्म होनेवाली चीज है उसको तीन सप्ताह लग गए। पेनिसिलीन लेनेसे तीन दिनमें ठीक हो सकती है। लेकिन मैं समझता हूं कि रामनाम सबसे ऊंची दवा है। वह रामबाण दवा है। जैसे रामका बाण काम करता था और जाकर कभी निष्फल नहीं होता था, वैसे ही यह दवा कभी निष्फल नहीं जाती। लेकिन धीरज तो चाहिए। इस अवस्थामें और आजकल दिल्लीमें क्या सारे मुल्कमें जो चल रहा है उसमें मैं अपने लिए दूसरा कोई चारा नहीं पाता। सिवा ईश्वरकी मददके और कोई चारा ही नहीं है। मैं मनुष्यकी हैसियतसे कितनी ही कोशिश करूं वह सब निष्फल होती है। मेरे शब्द एक जमानेमें बड़ा असर रखते थे, आज वे नहीं रखते। तो क्या मैं कोई गुनहगार हो गया हूं या पहले दिलसे बात करता था आज दिलसे नहीं करता? मैं तो दिलसे ही करता हूं और आप भी सुनते हैं। लेकिन युग बदल गया है। युगकी तासीर[१] होती है, होनी चाहिए और हो भी रही है। लेकिन मुझपर नहीं होनेवाली है। मैं नहीं होने देता मैं तो जैसा था वैसा ही हूं। मैं जानता हूं कि मैं जैसी बात कहता था वही बात आज भी कहता हूं। मेरी सत्य और अहिंसापर पहले जो श्रद्धा थी, वह अब भी है और हो सकता है कि आज ज्यादा है। युग बदल गया है मगर मैं तो नहीं बदला हूं। श्रद्धासे जो प्रार्थना सुनते हैं उनपर असर होता है। आदमी स्वभावसे जैसा बना है वैसा ही कर सकता है। इसमें कृत्रिमताको कोई स्थान नहीं है।

आज जो काम कर रहा हूं वह रामका नाम लेकर कर रहा हूं। उसपर मेरी श्रद्धा है। तो क्या वजह है कि इस मामूली व्याधिके लिए छोड़ दूं। या तो यह व्याधि दूर हो जाती है या मुझको दूर कर देती है। आदमी मर जाता है तो कौन-सी बड़ी बात है? सबके जन्मके साथ मरण भी लिखा है। अगर रामको मुझसे काम लेना है तो जिंदा रखेगा और अगर नहीं लेना है तो मुझे इसी खांसीसे मार डालेगा। अभी लड़कीने जो रामनामका भजन गाया है उसमें कहा है कि तू रामनाम ले, तू कामको भूल जा, क्रोधको भूल जा, रागको भूल जा, मोहको भूल जा, लेकिन रामनामको मत भूल, वही तेरा सहारा है। भजनको गाना और चिंतनकरना तेरा काम है। लेकिन ऐसे मौकेपर जब खांसी आती है तो डाक्टर या वैद्य बताते हैं कि तू पेनिसिलीन

---

१. असर।

ले। वहां रामनाम कहां आया। जब इसी छोटे काममें रामनामपर श्रद्धा नहीं होगी तो बड़े काममें उससे मैं कैसे सफल होऊंगा। इसमें मैं अपने पुरुषार्थसे काम न करूं तो हीन बन जाऊंगा, निकम्मा बन जाऊंगा। दूसरे चाहे न समझें मैं अपनी दृष्टिसे बहुत हीन बन जाऊंगा। इस मामूली-सी खांसीको हटानेमें रामनामको क्यों भूल जाऊं।

हमेशा जैसे आते हैं आज भी कंबलियां आ गईं। कुछ चेक भी आ गए। बड़े शौकसे एक मुसलमान भी लिहाफ दे गए। उसमें ढाई रतल रूई है। जिनके पास नहीं है उनके पास ये पहुंचनी चाहिए और उनके पास पहुंचानेकी चेष्टा की जा रही है। कहते हैं कि लोगोंको जितने उत्साहसे भेजनी चाहिए उतने उत्साहसे नहीं भेज रहे हैं। मैं तो लोगोंको धन्यवाद ही देना चाहता हूं कि वे इतनी तेजीसे कंबलियां भेज रहे हैं और पैसे भी भेज रहे हैं। कुछ लोग पैसा इसलिए भेजते हैं कि वे कंबलियां सस्ते नहीं खरीद सकते और कहते हैं कि तुम सस्ते खरीद लो।

राजेंद्रबाबूने खुराकके बारेमें एक कमेटी बुलाई थी। कपड़ेके बारेमें उसमें कुछ नहीं हुआ। कपड़े और खुराकके बारेमें महीनोंसे जिस चीजको मैं मानता आया हूं उसीपर मैं आज भी कायम हूं। मैं मानता हूं कि गरीब लोग उससे परेशान होते हैं और वह परेशानी और भी बढ़ जाएगी। मुझको कोई खत लिखता है और जो किसानोंमें काम करते हैं वे कह गए हैं कि जो तुमने कहा है उससे किसान लोग बहुत खुश हो गए हैं। उनपर जो अंकुश लादा गया है उससे तो वे छूट जाएंगे। उनको कुछ तो मौका मिल जाएगा। उनके यहां अनाज तो भरा पड़ा है। वे सारा अनाज क्या खाएंगे? पैसा भी उनको पैदा करना है तो क्या वे अनाजपर ब्लैक मारकेट करेंगे? किसान बेचारे स्वभावसे सीधे होते हैं, उन्हें ब्लैक मारकेट क्या करना है। थोड़ा दस-बीस रुपया उनको मिल जाय; इसीलिए वे खुश हो रहे हैं। उनको ब्लैक मारकेट या प्रपंच क्या करना है। इसीलिए मैं फिर कहूंगा और आपके मारफत हुकूमतको भी कहूंगा कि आखिर इतनी श्रद्धा तो लोगोंपर रखो। इतनी हिम्मत क्यों नहीं करते कि राशनिंगको छोड़ दो। उसका नतीजा कभी बुरा नहीं हो सकता। लोग बदमाश हो गए हैं और अनाजको छिपा बैठे हैं ऐसा मानकर आप क्यों बैठ गए हैं। आखिर हकूमत तो आपके हाथमें पड़ी है। दुबारा करना हो तो फिर करो। इतनी भी हिम्मत आप न रखें और उसके कारण लोग इतने परेशान

हों कि उसका कुछ हिसाब नहीं मिलता। जो पंचायतका स्वभाव है वही होना चाहिए।

मिल-मालिक कहते हैं कि उनके पास कपड़ेका ढेर लग गया है, उसपर अंकुश है, वे कैसे निकालें? वे अपने फायदेकी बात नहीं करते ऐसा मैं मानता हूं। बिल्कुल लोगोंकी दृष्टिसे ही बात करते हैं। अगर छूट दे दी जाय तो जो कपड़ा पड़ा है वह लोगोंतक पहुंच तो जाए। यह कितनी भयानक बात है कि हिंदुस्तानमें अनाज तो पड़ा है, लेकिन जिनके पास पहुंचना चाहिए उनके पास पहुंच नहीं रहा है। मुझे ऐसा लगता है कि इसमें कोई बड़ा दोष है। हमारे सिविल सर्विसके लोग कुर्सीपर बैठे-बैठे काम करना चाहते हैं। उनके सामने टेबुल है, डेस्क है, लाल पट्टी है, वैक्स है और लाल पट्टी लगाना, फाइल बनाना यही उनका काम रहता है। कब वे किसानोंके बीच रहे हैं? किसानोंका कब उन्होंने परिचय किया है? बड़े अदबसे मैं उनसे कहूंगा कि आप ऐसा क्यों मान बैठे हैं कि लोग मर जाएंगे? आपके अंकुशसे लोग मर रहे हैं यह तो हम अपनी खुली आंखोंसे देख सकते हैं। जो लोग बदमाशी और पागलपन करनेवाले हैं वे अब भी कर रहे हैं, लेकिन उनकी अच्छी चीजें छिप जाती हैं। मैं तो कहूंगा कि दोनों चीजें जितनी जल्दी हो सके निकाल देनी चाहिए। अगर स्टाक थोड़ा भी पड़ा है तो भी लोग जाग्रत हो जाएंगे। कपड़ा, अनाज और सब चीजोंके दाम जो आज बढ़ गए हैं वे गिर जाएंगे। जंग तो अब है नहीं और हिंदुस्तानसे बाहर कुछ जाता नहीं है, लेकिन दाम बढ़ता ही जाता है। यह बड़ी नामोशी[१]की बात है। हमारा सिर झुक जाता है। ऐसा मैं मानता हूं। सरकारको लोगोंपर श्रद्धा रखना चाहिए और हिम्मत रखनी चाहिए। हिम्मतके साथ हम जितनी जल्दी हटा सके हटाना चाहिए। ऐसा मेरा विश्वास है और यह विश्वास मेरा दिन-पर-दिन बढ़ता जाता है।

आज तो हम बेचैनीमें बैठे हैं। दिनभर हम यही बात सोचते रहते हैं कि मुसलमान मार डालेंगे, हिंदू मार डालेंगे, सिख मार डालेंगे। यही काम रहता है और कोई बेहतर काम दीखता ही नहीं। वैमनस्य तो है मगर उसका विचार करनेसे हम उसे भूलनेवाले नहीं हैं। हमारा शास्त्र भी कहता है कि जो उसका विचार करता रहता है वह उस समय बन जाता है। उसका जहर

---

१. शब्द 'नामूसी' है जिसके माने हैं बदनामी।

चढ़ जाता है। उसका नशा हमको भी हो जाता है और हम भी यही सोचने लगते हैं कि मुसलमानोंको काटो और मुसलमान सोचते हैं कि हिंदुओं और सिखोंको काटो। अगर हम ऐसा ही सोचते रहे तो यह हमारा स्वभाव बन जाएगा। क्या आजादीमें हमारा यही हाल होनेवाला है? इसका नाम पंचायती राज में कभी नहीं कह सकता।

दक्षिण अफ्रीकासे मेरे पास तार आया है। तारमें वे लिखते हैं कि तुमने (गांधीजी) हमपर बड़ा उपकार किया है। मैंने क्या उपकार किया; जो मुझे अच्छा मालूम हुआ उसे कह दिया। सत्याग्रहमें यह बड़ा गुण तो पड़ा है। जब पंजाबमें मार्शल-ला चलता था तो उसमें बड़ी ज्यादतियां होती थीं। लाखों आदमियोंको पेटके बल चलना पड़ता था। पेटके बल वे चलते थे; क्योंकि उनको अपनी जान प्यारी थी। वे चले। उस गलीका नाम मैं भूल गया—वह छोटी-सी गली अमृतसरमें है। पेटके बलसे सिर्फ जिंदा रहनेके लिए चलते थे। नहीं चलोगे तो मार डाले जाओगे, ऐसा उनसे कहा जाता था। सिर्फ जिंदा रहनेके लिए उन्हें ऐसा क्या करना था, वे खड़े होकर कहते कि हम ऐसा नहीं करेंगे—'कदी नहीं हारना भावे साडी जान जावे।' यह सत्याग्रहमें बिल्कुल सही है कि चाहे जान चली जाए, पैसा चला जाए; लेकिन हारना नहीं। उसमें सत्य आ जाता है। असत्य काम करनेसे उसमें असत्य आ जाता है। दक्षिण अफ्रीकामें चाहे लोग मुट्ठीभर क्यों न हों उससे क्या हुआ—ऐसा करनेवाले करोड़ों हो कैसे सकते हैं। वहां लाखोंकी तो आबादी ही है। यदि सैकड़ों क्या, दस भी ऐसे मिल जाएं तो वे हिंदुस्तानका नाम करनेवाले हैं। वे कहते हैं कि तुम यहांके लोगोंको यह भी क्यों नहीं कहते कि वे पैसे भेजें। वह मुझको चुभता है। वे मिस्कीन नहीं हैं। दक्षिण अफ्रीकामें वे पैसा कमाने गए हैं; लेकिन हमपर उपकार करने नहीं गए। जो वहां लड़नेवाले लोग पड़े हैं उनके पास पैसे ज्यादा नहीं हैं और पैसेवाले उनको पैसे नहीं देते। जो पैसेवाले होते हैं उनको पैसा ही प्रिय हो जाता है। वे अपना मान और सम्मान पैसेमें ही समझते हैं। हम तो लड़नेवाले हैं; लेकिन पैसे थोड़े हैं; लेकिन पैसे नहीं तो अबतक कैसे चलता रहा।

पूर्वी अफ्रीकामें हमारे लोग बहुत हैं और पूर्वी किनारा तो हमारे लोगोंसे भरा पड़ा है। मैं उनसे कहूंगा कि वे पैसे भेजें। हमारा हिंदुस्तान तो आज मिस्कीन-सा बन गया है। किस मुंहसे मैं यहां किसीसे कहूं। यहां करोड़पति

तो हैं और करोड़ों कमा भी रहे हैं, किंतु उनपर टैक्स वगैरह लगा देनेसे उनके पास भी कम पैसा रह गया है। हमारी कमनसीबीसे लड़ाई भी कर रहे हैं। उसमें भी करोड़ोंका नुकसान हो जाता है। मैं कैसे कहूं कि दक्षिण अफ्रीकामें भेजनेके लिए पैसे दो। दक्षिण अफ्रीकामें मैं जब था तब आप लोग पैसे भेजते थे—गोखले महाराज पैसे भेजते थे। पंजाब और सारे हिंदुस्तानने मेरे पास ५ से ७ लाख रुपए तक भेजा। आज तो मैं ऐसा नहीं समझता कि मैं ऐसा कह सकता हूं। मारीशसमें बहुत हिंदी पड़े हैं—वे वहां कुली हैं। वहां हिंदू-मुस्लिम-सवाल नहीं है। मुंबासामें भी काफी हिंदी पड़े हैं। उनके पास पैसे भी हैं। वे शराब पीते नहीं हैं, रंडीबाजी भी नहीं करते। उन्हें खानेके लिए पैसे चाहिए। खानेमें कितना पैसा लगता है? वे कह सकते हैं कि हम अपने लिए थोड़े लड़ रहे हैं—हिंदुस्तानके लिए लड़ रहे हैं। हां, मैं यहांसे पैसे भेजनेवालोंपर रुकावट नहीं डाल सकता लेकिन कह नहीं सकता कि आप लोग पैसे भेजें।

॥ १२१ ॥

१८ अक्तूबर १९४७

भाइयो और बहनो,

कंबल और चेक आ तो अब भी रहे हैं, किंतु उनकी गति संतोषजनक नहीं है।

मैंने देखा है कि सरदार पटेलने भी एक निवेदन निकाला है, जिसमें उन्होंने भी लोगोंसे भिक्षा मांगी है। वह बताता है कि अगर हकूमतकी ओर देखकर बैठे तो काम निपट नहीं सकता। हकूमत उसतक पहुंच नहीं सकती है। अच्छा है उन्होंने भी निवेदन निकाल दिया। जो लोग आज जाड़ेको बर्दाश्त नहीं कर सकते उनके पास किसी-न-किसी तरह ओढ़ने और पहननेको कुछ पहुंचाया जा सके तो बड़ी अच्छी बात है। डाक्टर सुशीला नायर भी यही काम कर रही है। वह हमेशा पुराने किलेमें जाती है और इधर-उधर भी जाती है। आज कुरुक्षेत्र चली गई है; क्योंकि वहां एक नया शिविर बन गया है। वहां सब लोग इंतजाम तो कर रहे हैं; लेकिन वह बड़ी डाक्टर है। उसके साथ दूसरी लेडी डाक्टर भी गई हैं। दूसरे लोग

भी गए हैं। श्रीमती जान मथाई भी गई हैं। उन लोगोंको जितनी मदद पहुंचाई जा सकती है पहुंचाई जाए।

कल मैंने आपसे हिंदुस्तानीके बारेमें बातचीतकी थी। अब उसके बारेमें काफी लोग मुझे लिख रहे हैं कि आप यह कैसा भद्दा काम कर रहे हैं। मैं मानता हूं कि यह भद्दा काम नहीं है। मैं समझता हूं कि मैं हिंदुस्तान और संघके लिए बड़ा अच्छा काम कर रहा हूं। उससे उसकी खिदमत होती है। वे लिखते हैं कि आखिरमें हिंदुस्तानीका जो सिलसिला चला वह ऐसे जमानेमें चला जब कि हम कुछ गिरे हुए थे, गुलामीमें थे। हम यह भूल जाते हैं कि जो लोग आए थे वे आए तो थे चढ़ाई करनेके लिए; लेकिन रह गए इसी मुल्कमें। इस मुल्कमें किस तरह जीवन बसर हो सकता है यह उन लोगोंने सोचा। सच पूछिए तो उसीमेंसे पीछे उर्दू निकली और उसे ठेठतक पहुंचा दिया गया। चलते-चलते उसमें उन्होंने ठूंस-ठूंसकर अरबी और फारसीके शब्द डाल दिए। उसको जामा भी पहना दिया। उसका व्याकरण भी वहींसे है। हिंदुस्तानीमें तो ऐसा नहीं है, उसका व्याकरण भी यहांका है। उर्दूमें जो फारसीके शब्द हैं वे वर्षोंसे हैं। उनको चुन-चुनकर निकाल देना हमारा धर्म थोड़े ही हो जाता है। जो यहां आए पीछे वे यहीं रह गए। उन्होंने यहांके रीति-रिवाज सब ले लिए। उससे हमारा आज द्वेष करना तो निजी द्वेष हो जाता है, ऐसा मैं मानता हूं। लेकिन आज जो कहता हूं उसका तो दूसरा सबब है। मैंने काफी लिखा है। अंग्रेजीका तो ऐसा है कि अंग्रेज यहां सल्तनतके लिए आए थे। उनका दिमाग ऐसा नहीं चलता था। वे हिंदुस्तानके तो होकर बैठे नहीं। वे यहां बसनेके लिए थोड़े आए थे। वे हमेशा ऐसा सोचते थे कि वे बाहरके हैं, बाहर ही रहेंगे, बाहर ही पलेंगे और बाहर ही उनके बच्चे पलेंगे। पीछे उन्होंने अंग्रेजी भाषा भी दाखिल कर दी। उन्होंने धीरे-धीरे उसका ढांचा भी बनाया। वहां तो ऐसी कोई बात नहीं हुई जो उर्दूमें हुई। उर्दू तो अवधी या उस वक्त जो और दूसरी तीसरी भाषाएं चलती थीं उनमेंसे निकली। लेकिन अंग्रेजीका यह हाल नहीं है। आज तो यह ठीक है कि अंग्रेजी हकूमत हमारे घरसे चली गई है, लेकिन अगर अंग्रेजी भाषाकी हकूमत हमपर चले, वह हम पर काबू करे, हम उसके बिना कारोबार चला न सकें तो हमारा क्या हाल होगा? क्या करोड़ों लोग अंग्रेजी सीखेंगे? क्या अंग्रेजी हमारी राष्ट्रभाषा होनेवाली है? बहुत साफ-साफ मैं कहना चाहता

हूं कि वह तो कभी हो ही नहीं सकती। इसमें पड़नेकी कोशिशतक न करें। यदि करते हैं तो इसमें हमें हारना है।

एक सज्जन लिखते हैं कि तुम तो भूल जाते हो। हिंदुस्तानमें जो लोग काम करनेवाले हैं वे सब अंग्रेजी पढ़े-लिखे हैं। अंग्रेजी पढ़े-लिखे मुट्ठीभर हैं। ठीक है कि वे कोर्ट दरबारमें चले जाते थे और वहां अंग्रेजी काम करते थे; क्योंकि उनका उनपर प्रभाव चलता था। जो गुलामीमें रहता है उसकी तो यह आदत हो जाती है कि वह राज्यभाषाको पसंद करे। यह तो हुआ, मगर वे बेचारे जिनकी मातृभाषा हिंदुस्तानी या हिंदी है, वे अगर कहीं कोर्ट दरबारमें जाएं और अंग्रेजीमें सब काम चले तो वे समझेंगे ही नहीं। यह तो हमारा अक्लका दिवाला निकालना हो गया। हम बिल्कुल समझना नहीं चाहते। हमारा स्वार्थ किसमें है वह भी हम समझना नहीं चाहते। अब अंग्रेजी सल्तनत तो चली गई। उसके साथ ही अंग्रेजी जबानको भी उस जगहसे निकालना होगा जो हमने उसे दे दी है, और जिस जगहके लिए वह हो नहीं सकती। एक भाई मुझको लिखते हैं कि यह जो तुम कहते हो उसमेंसे तो एक चीज और निकल जाएगी। लोग तो ठीक-ठीक मतलब लगाते नहीं हैं।

आज हम दीवाने जो बन गए हैं। हिंदू मुसलमानसे लड़ाई करें, उसके साथ न बैठें, उसका गला काटें, यही रह गया है। राजकुमारी अमृतकौर, जो कल या परसों ही शिमलेसे लौटी हैं, मुझको सुनाती थीं कि शिमलेमें जो गरीब लोग वर्षोंसे पड़े हैं उन्हें वहांसे हटना है, क्योंकि वे लोग मुसलमान हैं। हम ऐसे जाहिल बन गए हैं। उनको हटनेमें कितनी तकलीफ बर्दाश्त करनी पड़ी। पाकिस्तानमें काफी हिंदू पड़े हैं—वे भी यही शिकायत करते हैं। यह सब सिलसिलेवार चलता गया।

कुछ लोग कहते हैं कि संस्कृतमयी जो हिंदी है वह राष्ट्रकी जबान है। अंग्रेजी तो अब जानेवाली है। मगर लोग सूबेकी भाषामें अपना काम चलाएंगे। वहां झगड़ा होनेवाला है ऐसा डर है, और सही है। उसमें आपसमें घृणा पैदा हो जाएगी। अंग्रेजी तो रह नहीं सकती क्योंकि अंग्रेज तो अब मुट्ठीभर हैं। वे हकूमत तो चला नहीं सकते।

॥ १२२ ॥

१९ अक्तूबर १९४७

भाइयो और बहनो,

आप लोग महसूस करते हैं कि ६ बजे प्रार्थना जो शुरू करते हैं उसमें देर हो जाती है, क्योंकि दिन छोटे ही होते जाते हैं। रोज दो-तीन मिनट कम हो जाते हैं। इस तरहसे प्रतिमास १५ मिनट कम हो जाते हैं और दिसंबरकी २३ तारीखको तो दिन कम हो ही जाता है। आजकल अंधेरा जल्दी हो जाता है। इसलिए कलसे प्रार्थना ५॥ बजे होगी।

आजका भजन तो आपने सुन लिया। मेरा खयाल है कि उस भजनका करुण हिस्सा मैंने आपको नहीं सुनाया है। यों तो एक भजन-माला बन गई है। वह जो भजन-माला है उसमें जितने भजन हैं उसका कुछ-न-कुछ इतिहास है ही। उसमें कोई सब गिने-चुने तो नहीं हैं। हां, चंद गिने-चुने भी हैं, लेकिन सारा-का-सारा संग्रह आश्रममें तैयार हुआ है। आश्रममें एक बड़े भक्त थे जो संगीत-शास्त्री भी थे। उनका नाम गणेश शास्त्री था। उन्होंने भजनोंका यह संग्रह किया। हां, उन्होंने मदद ली काका साहबकी भी। उसमें यह भजन था। यह भजन तो मेरा भतीजा मगनलाल गांधी गाता था, जो दक्षिण अफ्रीकाके आश्रममें मेरे बहुत साथ रहा था। ऐसा संग्रह तो बहुतोंने किया, अकेला गणेश शास्त्रीने थोड़े किया। हम आखिर इन्सान पड़े हैं तो जब थोड़ा-सा भी सत्याग्रह लंबा हो जाता है; क्योंकि उस जमानेमें तो लड़ाई चल रही थी सत्याग्रहके मारफत स्वराज हासिल करनेकी। थोड़ेसे वर्ष बीत गए तो कई लोगोंको चोट लगी कि अभीतक हमको स्वराज नहीं मिला। उसमें हमारी कोई गलती होगी—ऐसा ही मानना चाहिए यही अच्छा है। आदमीको तो ऐसा ही मानना चाहिए कि कोई चीज टेढ़ी हो जाती है तो उसका सबब दूसरा है। हमारा पड़ोसी है, या हमारा भाई है, हम नहीं है—यह शुद्ध रास्ता नहीं है, अशुद्ध है। दूसरोंपर सब कुछ दोष डाल देना या जब कुछ टेढ़ी हो जाती है तो उसमें दूसरोंका दोष है, हमारा तो है ही नहीं, ऐसा मानना गलत है। जितने भक्त हो गए हैं उन्होंने यही कहा है। तुलसीदासजी भी वही कहते हैं, या कहो कि सूरदासजी भी वही कहते हैं 'मो सम कौन कुटिल खल कामी', मेरे-जैसा कुटिल कौन है, खल कौन है, कामी कौन है? तुलसीदासजी या सूरदासजी ऐसे नहीं थे

हमारी दृष्टिमें, अब वे अपनी दृष्टिसे ऐसा मानते थे। जितने ईश्वरसे दूर रहते थे उससे कुछ गुस्सा होता था, पीछे चाहे भाई, बहन, लड़के, दोस्त सब क्यों न पास हों। उसके दिलमेंसे यह आह निकलती है कि कुटिल, खल, कामी कौन होगा ? ऐसा उन्होंने कह दिया और वह अस्का है कि वे हमेशा अपना दोष अपनेमें ही ढूंढ़ते रहे। ऐसा ही यह भजन हैं—'अजहु न निकसे प्राण कठोर'। वह कहता है कि 'अबतक ईश्वरके दर्शन न हुए' तो अबतक प्राण क्यों न निकले ? हमेशा तो इस भजनको गणेश शास्त्री गाते थे, लेकिन बाज दफा जब वह हाजिर न होता या बीमार पड़ जाता तो मगनलाल उसको गाता था। वह संगीत-शास्त्री तो नहीं था लेकिन उसका कंठ अच्छा था। उसका वह भजन अब भी मेरे कानोंमें गूंजता है। वह तो आश्रमका स्तंभ था। आश्रमको चलानेमें वह पहाड़-सा था, बहुत मजबूत। कुदाली अपने आप चलाता था तो सबसे आगे चला जाता था। दक्षिण अफ्रीकामें तो उसका शरीर बहुत मजबूत था। यहां उसको कोई बीमारी तो नहीं थी, लेकिन शरीर क्षीण हो गया था; क्योंकि उसपर सारा बोझ तो वहांपर भी था; लेकिन यहां तो एक अनोखी चीज यह है कि करोड़ों आदमियोंमें काम करना पड़ता था। रचनात्मक कामका भी बोझ उसपर पड़ता था। रचनात्मक कामके बिना हम रह भी कैसे सकते हैं! उसके बगैर स्वराजने चीज हो भी क्या सकती है? आज स्वराज तो मिला, लेकिन उसकी कितनी कीमत है ? मिला तो भी क्या, आज हम सिद्ध करते हैं कि अगर हम रचनात्मक काम उस वक्त कर लेते तो हमें यह वक्त नहीं देखना पड़ता जो हम आज प्रत्यक्षमें देख रहे हैं। स्वराज्यकी जो कल्पना हमने की थी और वह कल्पना बढ़ भी गई थी, क्या वह यही है ? अगर उस वक्त हम इतना कर लेते तो आज हिंदुस्तानका इतिहास अनोखा होनेवाला था, इसमें मुझे कोई शक नहीं। मगनलालका जो भगवान था वह तो स्वराज्यमें ही था। उसका स्वराज्य तो राम-राज्य था।

भगवानके दर्शन तो स्वराज्यमें ही हैं। भगवानका कोई शरीर थोड़ा है। कोई कहते हैं कि वे चतुर्भुज मूर्ति हैं—उनके हाथोंमें शंख, चक्र, गदा, पद्म हैं। यह सब हमारी कल्पना है। ईश्वरके पास शंख, चक्र, गदा, पद्म क्या होना था। वह तो निरंजन और निराकार है, वह तो देहातीत है तब उसकी देह कहांसे ? हम मनसे कल्पना कर लेते हैं, मान लेते हैं। तो फिर हम अपना भगवान कहां देखें ? उसको हम अपने कर्मोंमें देखें। अगर यज्ञ समझकर

कार्य करें तो भगवानकी स्थापना होती है, जैसे कि एक आदमी चर्खा चलाता है और सूत कातता है तो वह उसी सूतके धागेमें भगवानका दर्शन करता है या करती है। जब उसके दिलमें ऐसा है कि सारी दुनिया हमारी है और हमारी दुनिया तो भारतवर्ष है, जहां गरीब हैं। उनको खानेको नहीं मिलता। उनके निमित्त या दरिद्रनारायणके निमित्त जो वह एक धागा निकालता है उसमें वह भगवानका दर्शन करता है। स्वराज्य तो तब दूर था; लेकिन जब आश्रम चलता नहीं था तब मगनलालके दिलसे बाज दफा यह आह निकलती थी—'अजहु न निकसे प्राण कठोर।' अबतक भगवानको दर्शन नहीं हुआ तो भी यह प्राण क्यों नहीं निकला? पीछे वह कहता है कि चारों प्रहर चार युग-से बीते हैं। याने चार पहरकी जो रात्रि थी बीत गई, लेकिन मेरे प्राण तो नहीं गए। उसको चार पहर चार युगके-से लंबे लगते हैं। मुझको भी ऐसे ही लंबे लगते हैं। अबतक हमें स्वराज्य नहीं मिला था, लेकिन १५ अगस्तको तो वह मिल गया, यह माना; लेकिन मैं उसे स्वराज्य नहीं मानता हूं। मेरी व्याख्याका तो स्वराज्य मिला ही नहीं और न यह स्वराज्य राम-राज्य हो सकता है। आज तो हम एक-दूसरेको दुश्मन समझकर बैठ गए हैं। हिंदूके दुश्मन मुसलमान हैं और मुसलमानके दुश्मन हिंदू और सिख हैं। हम दुनियामें किसीको दुश्मन बनाना नहीं चाहते और न हम किसीके दुश्मन बनना चाहते हैं, यह मेरी व्याख्याका स्वराज्य है। तो वह अभी आया नहीं है। हिंदुस्तानमें क्या मुसलमान हिंदूके दुश्मन बनें और हिंदू मुसलमानके दुश्मन बनें? क्या हमारे भाई आपस-आपसमें दुश्मन बनेंगे? तो मैं यह क्यों कहता हूं, एक दफा तो थोड़ा-सा कह दिया था लेकिन मैं बार-बार यही कहना चाहता हूं कि अगर हम सचमुच ऊपर जाना चाहते हैं तो हम भाई-भाई बनकर रहें। आज तो हम गिर गए हैं और अभी भी शायद गिरते जा रहे हैं। हमारे दिलमें खून भरा है, द्वेष भरा है, हम मुसलमानको देखकर भड़क जाते हैं, उसको मस्जिदमें ईश्वरको भजता हुआ देखते हैं तो उसको मार डालते हैं, उसको अपना दुश्मन मानते हैं और सोचते हैं कि कब उसको यहांसे निकाल दें, उसकी मस्जिदको मंदिर बना लें। और उसमें क्या गुनाह होगया है, जैसा मंदिर है, वैसी ही मस्जिद है, फिर क्या चीज है इसमें कि मुसलमान मंदिरको ढा दें और हिंदू मस्जिदको ढा दें। ईश्वरकी दृष्टिमें दोनों ही गुनहगार हैं। जो हम करें वह मुसलमानको बुरा लगे और जो मुसलमान करे वह हमें बुरा लगे तो वह स्वराज्य कैसे हो सकता है? आज तो हम ऐसा बन गए हैं लेकिन हम इस अंगारमेंसे निकलना चाहते हैं।

वह तो मैंने कह दिया कि दिल्लीमें मैं 'करूं या मरूं', ऐसा कहकर आया था। किया तो नहीं, हां यह ठीक है कि अब हमेशा लड़ाईकी खबर आती नहीं और यों लगता है कि हम भाई-भाई-जैसे पड़े हैं; लेकिन यह तो मनको धोखा देनेकी बात है। जो मिलिटरी और पुलिस यहां पड़ी है, यह तो उसकी वजहसे है। जो चंद मुसलमान हैं क्या उनके दिलमें ऐसा होगा, क्या मेरे दिलमें भी ऐसा होगा। मैं तो ऐसा नहीं समझता। मेरे पास भी यहां मुसलमान हैं। क्या आप यहां भी उनका अपमान करेंगे? क्या आप मेरे देखते उनको मार डालेंगे? उनके मारनेके पहले आपको मुझे मारना होगा। शेख अब्दुल्ला साहब कल यहां पीछे बैठे थे। कुछ काश्मीरी पंडित भी उनके साथ थे। शेख साहब हमारे दोस्त हैं। हमारे रफी साहबके भाईको भी किसीने काट डाला मसूरीमें। कितना बेगुनाह आदमी था। हमारा तो वह खादिम[१] था। उनकी विधवा बेगम यहां आकर बैठी हैं। लोगोंके दिलमें घृणा न हो, इसलिए मैं इस करुण कथाको खोलना नहीं चाहता। बहुत बातें भरी हैं मेरे दिलमें। बहुत कुछ जानता भी हूं; लेकिन मैं उस कथाको बढ़ाना नहीं चाहता। लेकिन निचोड़ तो बता दूं। अगर हम ऐसा बनें, जैसा गाते हैं कि जब हम भगवानका दर्शन नहीं करते हैं तब यह प्राण क्यों नहीं निकल जाता, ऐसी आह दिलमें निकले तो उसका पहला कदम यह है कि हम अपने दोषोंको पहाड़ जैसे देखें और दूसरोंके दोषोंको नहीं। अगर हम सारी दुनियाके सामने यह जाहिर करें कि हमारा ही सब दोष है, दूसरे सब भले आदमी हैं तो वह बुजदिली नहीं है, इससे हम गिरते नहीं हैं, हम बढ़ते ही हैं। हम बहादुर बनते हैं।

अगर हम रामराज्य या ईश्वरका राज्य हिंदुस्तानमें स्थापित करना चाहते हैं तो मैं कहूंगा कि हमारा प्रथम कार्य यह है कि हम अपने दोषोंको पहाड़-जैसे देखें और मुसलमानोंके दोषोंको कुछ नहीं। मैं यह नहीं कहता कि मुसलमानोंने कुछ नहीं किया। बहुत किया है। छिपाकर रखना या उसे मैं नहीं जानता, ऐसी बात नहीं है। लेकिन जानते हुए मैं ऐसा नहीं देखूंगा। देखूंगा तो दीवाना बन जाऊंगा, हिंदुस्तानकी खिदमत नहीं कर सकूंगा। जब मैं यह समझूं कि मेरा कोई दुश्मन ही नहीं है और अपना सारा दोष दुनियाके सामने रखूं और दूसरोंके दोषोंको न देखूं। तो क्या हुआ, भगवान तो देखने ही वाले हैं। अगर मेरेको कोई थप्पड़ मारे, कान काट ले, गर्दन

१. सेवक।

काट ले तो उसमें कौन-सी बात है। मरना तो है ही। इन्साफ करनेवाला ईश्वर तो है; लेकिन मैं जो कुछ करूं उसको न भूलूं। इसलिए मैं इसी चीजको बार-बार सुनाना चाहता हूं कि आप अपने दिलोंको ऐसा साफ करें कि सारी दुनियामें मुझे कोई सुनानेवाला न हो। आज मैं गया था तो मुझसे पूछा कि दिल्लीमें कैसा है? तो मेरा सिर झुक गया। क्योंकि अभी भी हिंदू-मुसलमानोंका दिल एक नहीं हुआ है। दिल तो अब भी जुदा है। यह तो ठीक है कि कोई एक-दूसरेका गला तो नहीं काटता है, क्योंकि पुलिस पड़ी है, मिलिटरी पड़ी है, सरदारजी सब इंतजाम करते हैं, जवाहरलालजी करते हैं। इसलिए एक-दूसरेको काटते नहीं हैं। उससे क्या हुआ, अंग्रेज भी तो ऐसा ही करते थे। जो दिल्लीमें हम देख रहे हैं, वह देखना नहीं चाहते। आज मेरी पांख कट गई है। अगर वह पांख फिर आ जाये तो उड़कर पाकिस्तान चला जाऊंगा और वहां भी देखूंगा कि हिंदू या सिखने क्या गुनाह किया है और अगर किया भी है तो उससे क्या। उनका वहां मकान है उसमें वे क्यों न रहें? लेकिन आज मैं किसको किस मुंहसे कह सकता हूं। मैं तो सबको यही समझाता हूं कि अगर ईश्वरका दर्शन करना है और यहां सच्चे स्वराज्यकी स्थापना करना है तो एक दिल होकर सारी दुनियाको कह दो कि हिंदुस्तान कोई गिरा हुआ मुल्क नहीं है। इसका क्या नतीजा आता है? यही कि एक तो हम ऊंचे जाते हैं, दूसरे हमारे, मुल्कमें जो भूख है, प्यास है उसे दूर करनेके लिए वक्त मिलेगा।

आज सारी दुनिया हमारी ओर यह देख रही है कि अगर एशियाको ऊंचा जाना है, अगर अफ्रीकाके हब्शीको ऊंचा चढ़ना है तो हिंदुस्तानको उठाना चाहिए। हिंदुस्तान तो एशियाका या अफ्रीका और कहो कि यूरोपका भी मध्य-बिंदु बना हुआ है। अगर हिंदुस्तान कुछ कर पाए तो सारी दुनिया उससे आश्वासन लेगी।

दुनिया तो ठंडीसे कांप उठी है। अगर दुनियाकी गर्मी आनेवाली है तो हिंदुस्तानसे ही। मेरी तो भगवानसे प्रार्थना है और आप लोगोंसे भी कि हम इस तरहका बर्ताव रखें कि हमको गर्मी मिले और हमारी मार्फत सारी दुनियाको गर्मी मिले। सारे एशियाके लोग और अफ्रीकाके लोग हमारी ओर देख रहे हैं। उन सबको ऐसा लगे कि यहां अभी तो कुछ होगा तो फिर सारी दुनिया मानना शुरू कर देगी।

॥ १२३ ॥

मौनवार २० अक्तूबर १९४७
(लिखित संदेश)

राजकुमारीने प्रार्थनाके बाद कल खबर दी कि एक मुस्लिम भाई जो हेल्थ आफिसर थे, वह जब कामपर थे, उनको कत्ल किया गया। वे कहती हैं कि वह अफसर अच्छे थे, अपना फर्ज बराबर अदा करते थे। उनके पीछे विधवा है और बच्चे हैं। विधवाका क्रंदन यह है कि खूनीके हाथसे उनका और उनके बच्चोंका भी खून हो। उनका शौहर सब कुछ था, रोटी वही पैदा करते थे।

मैंने कल ही आपको कहा था कि जैसे देखनेमें आता है, ऐसे दिल्ली सचमुच शांत नहीं हुई है। जबतक इस तरहके दुःखद किस्से बनते हैं, हम देहलीकी ऊपर-ऊपरकी शांतिपर खुशी नहीं मना सकते। यह तो कबरकी शांति है। जब लार्ड इर्विन, जो अब लार्ड हैलिफैक्स हैं, देहलीके वाइसराय थे, तब उन्होंने ऊपर-ऊपरकी हिंदुस्तानकी शांतिको कबरकी शांति कहा था। राजकुमारीने मुझे यह भी बताया कि कुरान शरीफके मुताबिक शवको दफन करनेके लिए काफी मुसलमान मित्र इकट्‌ठे करना भी कठिन हो गया था।

इस किस्सेको सुनकर मेरी तरह हरेक रहमदिल स्त्री-पुरुष कांप उठेंगे। देहलीकी यह हालत! बहुमतके लिए अल्पमतसे डरना, चाहे वह कितना ही ताकतवर क्यों न हो, बुजदिलीकी पक्की निशानी है। मैं आशा रखता हूं कि सत्तावाले गुनहगारोंको ढूंढ़ निकालेंगे और उन्हें सजा देंगे। अगर यह आखिरी गुनाह है, तो मुझे कुछ कहना नहीं, अगरचे इस किस्मके गुनाह हमेशा शर्मनाक तो होते ही हैं। मगर मुझे बहुत डर है कि यह तो एक निशानी है, इससे दिल्लीकी जमीर[१]को जाग्रत होना चाहिए।

कंबलके लिए पैसे आ ही रहे हैं। सब दाताओंका बहुत-बहुत आभार मानता हूं। यह खुशीकी बात है कि किसीने भी यह नहीं कहा कि हमारा दान हिंदूको या मुसलमानको दिया जावे।

---

१. आत्मा?

मुझे दुःखसे एक और खतरेकी तरफ भी आपका ध्यान खींचना है। मैं नहीं जानता, यह खतरा सचमुच है या नहीं। एक अंग्रेज भाई एक खुली चिट्ठीमें, जो जिनके साथ उसका संबंध हो उनके लिए है, लिखते हैं—

"हम कुछ लोग एक निर्जनसे दंगे-फसादवाले इलाकेमें पड़े हैं। हम ब्रिटिश हैं और बरसोंसे खुद तकलीफें सहन करके भी हमने इस मुल्कके लोगोंकी सेवा की है। हमें पता चला है कि खुफिया संदेश भेजा गया है कि हिंदुस्तानमें जितने अंग्रेज बच गए हैं, उन्हें कत्ल कर दिया जावे। मैंने अखबारोंमें पं० नेहरूका वह वक्तव्य पढ़ा है, जिसमें उन्होंने कहा था कि सरकार हरेक वफादार शख्सके जान और मालकी हिफाजत करेगी। मगर देहातोंमें पड़े लोगोंकी रक्षाका करीब-करीब कोई साधन नहीं। हमारी रक्षाका तो बिलकुल नहीं।"

इस खुली चिट्ठीके और भी कई हिस्से यहां दिए जा सकते हैं। मैंने खतरेसे आगाह होनेके लिए यहां काफी दे दिया है। हो सकता है कि यह झूठा डर ही हो। मगर ऐसी चीजोंकी तरफ लापरवाही रखना ही अक्लमंदी है। मुझे आशा तो यह है कि पत्र लिखनेवालेका डर सर्वथा निर्मूल होगा। मैं उनके साथ सहमत हूं कि दूर-दूर देहाती इलाकोंमें पड़े लोगोंकी हिफाजत करनेका सरकारका वायदा कुछ मानी नहीं रखता। सरकार वह कर नहीं सकती, फिर चाहे सेना और पुलिस कितनी ही होशियार क्यों न हो। और हमारी सेना और पुलिस तो इतनी होशियार है भी नहीं। रक्षाका पहला साधन तो अपने हृदयमें पड़ा है। वह है ईश्वरमें अटल श्रद्धा। दूसरा है पड़ोसियोंकी सद्‌भावना। अगर यह दो नहीं है तो अच्छा यही है कि हिंदुस्तानको जहां मेहमानोंकी ऐसी बेकदरी है, छोड़ दिया जावे। मगर हालत इतनी खराब आज है नहीं। हम सबका फर्ज है कि जो अंग्रेज हिंदके वफादार नौकर बनकर रहना चाहें उनकी तरफ हम खास ध्यान दें। उनका किसी तरहका अपमान नहीं होना चाहिए। उनकी तरफ जरा भी लापरवाही नहीं होनी चाहिए। अगर हमें स्वमानवाला आजाद राष्ट्र बनकर दिखाना है तो प्रेसको और सामाजिक संस्थाओंको इस बारेमें भी दूसरी कई चीजोंकी तरह खूब चौकन्ना रहना है। अगर हम अपने पड़ोसियोंका स्वमान नहीं रखते, चाहे वे गिनतीमें कितने ही थोड़े क्यों न हों, तो हम खुद स्वमान रखनेका दावा नहीं कर सकते।

॥ १२४ ॥

२१ अक्तूबर १९४७

भाइयो और बहनो,

आज भी मैंने एक किस्सेकी बात सुन ली। उसमें वह कोई मुसलमान भाईका कत्ल नहीं हुआ, लेकिन शायद वह हिंदू था और वह तो कोई गवर्नमेंटकी नौकरीमें था। वह अपना काम कर रहा था। उसको भेजा गया था वहां कोई होगा जिसके हाथमें बंदूक पड़ी थी, तो उसने बंदूकसे मार डाला। उसने कोई गुनाह किया था, ऐसा मैं नहीं सुनता हूं। बस, उसके दिलमें आया कि यह आदमी ऐसा है कि हम जैसा कहते हैं ऐसा नहीं करता, इसलिए मार डाला। तो मैं इसमेंसे कहना तो इतना ही चाहता था कि यह जो हमारेमें आदत हो गई है और अभी तो शुरूकी आजादी है, और आजादी शुरू करते ही हमारे दिलमें ऐसा आ गया कि हमारे पास बंदूक है, इसलिए उसको मार डालो। जैसे एक आदमी उड़ते पक्षीको मारता है, उसका निशाना बनाता है। बड़ा शिकारी बना है जो उड़ते पक्षीका निशाना बनाता है। ऐसे ही एक इंसान है, जो अमलदार है, उसको भी निशाना बना लेता है। उसको तो वहां काम करनेका हुक्म हुआ है। बस दिलमें आ गया कि मारो, तो फिर उसको मारो; ऐसे हम बन जायं तो हिंदुस्तानमें तो आखिर हमारा हाल बहुत ही बुरा होनेवाला है। कोई आदमी आरामसे नहीं रह सकता है। कहते हैं कि ऐसे तो जंगली मुल्क कई पड़े हैं, जिनमें कोई सही-सलामत रह नहीं सकता। क्योंकि जिसके पास बंदूक पड़ी है और वह खून करता है तो उसके दिलमें ऐसा नहीं कि इन्सानका खून कैसे करें। जो खून करता है वह जिंदा तो कर ही नहीं सकता। हकीकत तो यह है और कानून भी ऐसा है कि जिसने इन्सानको बनाया है, वह तो ले भी जाय। वह तो ईश्वरका काम हुआ। जो आदमी जीवको बना नहीं सकता उसको लेनेका अधिकार कैसे आया? इन्सान जीवको बना थोड़े ही सकता है। लेकिन हिंदूके दिलमें होता है मुसलमानका शिकार करना, मुसलमानके दिलमें होता है सिखका शिकार करो और सिखके दिलमें मुसलमानका। आज तो वह करें; लेकिन जिनका शिकार करना था वे जब चले जाएंगे तो पीछे इन्सान आपस-आपसमें शिकार करेंगे, यही कानून दुनियाका चला आया है। वही कानून हमने शुरू कर दिया है। तो मैंने सोचा कि यह बात तो कर लूं।

दूसरी बात यह है कि काफी लोगोंको हकूमतने पकड़ा। उस जमानेमें हमारे हाथ तो आजादी थी नहीं। आज भी मानो कि आजादी नहीं आई। जो आदमी पकड़े, वे तो पकड़ लिए गए। बहुत कर सकते हैं तो वाइसराय साहबके पास अर्जी करो। वह कहे कि छोड़ना है तो छूटे। लेकिन वाइसराय साहब खुद नहीं छोड़ सकते। वे बाकानून काम करते थे। मार्शल ला चले तो भी बाकानून काम करते। उनके कानूनके अफसर रहते हैं तो जिसको वे कह देते कि छोड़ो तो छोड़ दिया जाता। बाकीको वे कहते कि तहकीकात करनेके बाद ही छोड़ सकता हूं। यह तो ठीक कानूनी बात है। जिसको पुलिसने पकड़ा है और बाकानून पकड़ा है, उसको पीछे जो सजावार होगा तो सजा हो जायगी। लेकिन आज तो हमारे हाथमें हकूमत आ गई है। हमने तो हकूमत चलाई नहीं थी। कोई यह ठान ले कि मैं तो यहांका प्रधान हूं और प्रधानकी हैसियतसे चलो, उसको छोड़ देते हैं, ऐसा हम अगर शुरू कर दें तो हमारा खात्मा हो जायगा। कभी लोगोंको पकड़ लेते हैं, क्योंकि वे खून करते हैं और पीछे छोड़ दिया, यह होना नहीं चाहिए। अभी भी मैं कह दूंगा कि यह हकूमतका काम नहीं है कि एक आदमीको पकड़ लिया, बाकानून पकड़ा है, पुलिसने पकड़ा है, पीछे शिकायत आई या कि फरियाद आई तो हकूमत किस कारणसे और कैसे छोड़े! हमने पुलिस बनाई है, कोर्ट बनाए हैं, प्रोसीक्यूटर[१] बनाए हैं, तो क्या वे सब फिजूल हैं? मेरे दिलमें आया कि एक रिश्तेदार है, दोस्त है, उसके लिए सिफारिश आई तो मैंने उसको छोड़ दिया। वह कैसे छूट सकता है? मेरे हिसाबसे तो छूट नहीं सकता। अगर बेगुनाह है तो उसको सजा हो ही नहीं सकती। इस तरहसे हमारा जो न्यायका दफ्तर है उसको साफ रखें। जज भी हमारे पास ऐसे होने चाहिए। जो पुलिस है और जो प्रोसीक्यूटर हैं वे खामखा केस चलाएं और यह सोचें कि इतने केस तो कोर्ट से सजायाफ्ता हों ही, ऐसा नहीं होना चाहिए। जिनको सजा होनी चाहिए उनको ही हो। लेकिन वह सब कानूनमें कोर्टका काम रहा। माना कि एक आदमीने फरियाद की कि इसने मुझपर हमला किया, उसको पकड़ो। पकड़ लिया। क्या उसको छुड़ानेके लिए मैं प्रधानके पास जाऊं? प्रधान कहेगा कि कोर्टके पास जाओ। अगर फरियादी पीछे यह कहे कि पकड़कर क्या करें, हमारी दुश्मनी बढ़ेगी, उसको छोड़ो तो पीछे वह छूट जायगा। वह कहे कि मैंने

१. अभियोग चलानेवाला।

फरियाद तो की, लेकिन उस बारेमें मैं भुलावा देना नहीं चाहता कि मैं उसको छोड़ देना चाहता हूं। पीछे कोर्ट उसे छोड़ सकता है। पीछे प्रोसीक्यूटर रहा, उसको भी वह वही सम्मति दे सकता है। तो फिर यह हो सकता है। अगर कोई खूनी है और उसने खून किया है और उसको छुड़ाना है तो वह फरियादीके कहनेपर भी छूट नहीं सकता। वह छूटे तो हमारा काम नहीं चल सकता। मैंने तो वकालत की है और आदमी छुड़ाए हैं। तो कैसे ? जो खूनी है उसको कहना है और कह सकता है कि खून तो मैंने किया, लेकिन अब दिल साफ है, सजा न हो तो अच्छा है। जिस आदमीने फरियाद की है या शिकायत की है वह भी यह कहे कि उसको सजा नहीं होना चाहिए, हम तो उसके दोस्त बन गए हैं, गुस्सेमें आकर उसने खून कर दिया तो अब उसका खून करनेमें मुझको क्या फायदा। अब वह दोस्त बनता है, खिदमत भी कर सकता है, खुदापरस्त हो जायगा, ईश्वरकी भक्ति करेगा, तो फिर ईश्वर-भक्तिसे मैं उसको महरूम[१] क्यों करूं ? खूनी भी कोर्टसे कहेगा कि खून तो किया, गुनाह किया, लेकिन इस वक्त तो माफ करो, जो शिकायत करता है वह तो मुझको माफ करता है। पीछे हो सकता है कि मैं अच्छा काम करूंगा और सारी समाजकी सेवा करूंगा, इसलिए मुझे छोड़ा जाय। वह तरीका है खूनीको छोड़नेका वह तरीका बाकानून हो सकता है। लेकिन हमारे हाथमें जो हकूमत आई है उसका गैर-इस्तेमाल न करें। अगर आज हम गैर-उपयोग कर लेंगे तो सब कहेंगे कि इसको छोड़ो, उसको छोड़ो। बेचारा वह प्रधान भी क्या करेगा ? गलतीसे किसीको छोड़नेका हुक्म कर दिया। हुक्म तो कर सकता है; लेकिन वह करेगा नहीं। उसका भाई है, दोस्त है, पत्नी है, कुछ भी है अगर उसने गुनाह किया है तो भी वह यही कहेगा कि वह मेरा काम नहीं है, कोर्टके पास जाओ, प्रोसीक्यूटर है उसके पास जाओ, शिकायत करनेवाला है उसके पास जाओ। मेरे पास कुछ हो नहीं सकता। प्रधान जबतक ऐसा साफ नहीं होता तबतक हम अपना काम नहीं कर सकते। मुझको, ऐसा ही कहो, एक हिदायत मिली है कि मुझे १५ मिनटसे ज्यादा कहना नहीं चाहिए। मैं इससे ज्यादा कहना भी नहीं चाहता। मैं काफी बोला हूं। मुझको शौक तो है नहीं कि बोलता ही रहूं। बोलना है तो कामसे बोलना। लेकिन मुझसे कहा गया है कि ५ मिनटसे ज्यादा बोलूं तो उससे लोगोंका ज्यादा कल्याण होगा, लोग ज्यादा सुन लेंगे,

---

१. वंचित।

तुम्हारी बात तो सुनना चाहते ही हैं। इससे मेरी आदत हो जायगी कि १५ मिनटसे आगे बढ़ना ही नहीं।

॥ १२५ ॥

२२ अक्तूबर १९४७

भाइयो और बहनो,

पहले तो मैं आपको यह खबर दे दूं कि कंबल अभी भी आ रहे हैं। मुझको अभी पता लगा है कि दो सौ कंबल आज आ गए। ऐसे ही आते रहते हैं और पैसे भी आते रहते हैं। मैं उम्मीद करता हूं जो बहुतसे आदमी पड़े हैं उनको ओढ़नेकी चीज मिल जायगी और मिलनेवाली है। यह अच्छा है कि इतनी उदारता हमारे लोगोंमें रही है।

एक भाई मेरे पास आ गए थे। मैं कोई हमेशा, हमेशा क्या, शायद ही उर्दू अखबार पढ़ता हूं। उर्दू पढ़ तो लेता हूं, लेकिन उसको पढ़नेमें थोड़ी दिक्कत होती है। जब एक बच्चा बारह-खड़ी पढ़ लेता है और आहिस्ता-आहिस्ता पढ़ने लगता है, ऐसा ही मेरा हाल समझो। बच्चेसे कुछ थोड़ा ज्यादा जानता हूं, लेकिन शीघ्रतासे पढ़ना हो तो नहीं पढ़ सकता हूं। तो उस भाईने मुझको एक उर्दू अखबारमेंसे, इस तरहसे जो चीज आई है उसे पढ़कर सुनाया। उसको सुना और मुझको दु:ख हुआ। सब चीजोंका पूरा बयान तो मैं यहां करना नहीं चाहता हूं। उसमें लिखा है कि अब तो हमने तय कर लिया है—वह जो अखबारनवीस हैं, वह एडीटर साहब, उसने अपने दिलमें तय कर लिया है, लेकिन उम्मीद है कि सारे हिंदुस्तानने ऐसा तय नहीं किया है, कि सब-के-सब मुसलमान पाकिस्तान चले जाएं, जो रहता है उसको कट जाना है। या तो उसको काटो या पाकिस्तान चले जाओ। यह अखबार या एडीटर साहब जो लिखता है अगर वह सच्ची पड़े तो यह बड़ी शर्मकी बात है। उसकी कलमसे ऐसी चीज नहीं निकलनी चाहिए। ऐसे अखबार तो निकलने ही नहीं चाहिए। अगर वह सचमुच ऐसा मानते हैं तो वे लोगोंको अपनी राय बता सकते हैं। लेकिन जब ऐसा वे कहते हैं तो वह डूंडी पीटकर कहनेकी-सी बात होगी कि या तो वे पाकिस्तान चले जाएं या उनको मारो। तो कल मैंने कह दिया था कि जब

वे पाकिस्तान चले जाएंगे तो पीछे क्या करोगे? आपस-आपसमें लड़ोगे? एक सज्जनने तो मुझको कह भी दिया कि आपस-आपसमें लड़ाई शुरू भी हो गई। यह लड़ाई तो आपस-आपसमें होनी ही है। जब एक दफा खूनका स्वाद ले लिया तो पीछे वह छूट नहीं सकता। वही हमारा हाल होनेवाला है। लेकिन अखबारनवीसने ऐसा कह दिया और उसने छापा है तो ठीक ही है, हमारे लोग तो ऐसे अखबारके पीछे पागल बन गए हैं। गीताजीको छोड़ो, बाइबिलको छोड़ो, कुरान-शरीफको छोड़ो, लेकिन अखबार ही हमारी गीताजी हैं और उसमें जो आता है उसको हम ब्रह्म-वाक्य मान लेते हैं। लोग जो इस तरहसे पागल बन गए हैं और अखबार उस पागलपनका लाभ उठाकर ऐसा छापें तो यह बहुत बुरी बात है। मैं इस बारेमें इससे अधिक नहीं कहना चाहता।

दूसरी बात तो यह है कि हर जगहसे शिकायतें आ रही हैं। यह ठीक था कि अंग्रेजी जमानेमें तो जो देशी रियासतें थीं वे अपने दिलमें आए वैसा करती थीं। थोड़ा-सा अंकुश तो अंग्रेजी सल्तनत रखती थी? उसको तो रखना ही था, क्योंकि उसको सल्तनत चलानी थी। आज तो वह चली गई है। हां, यह तो है कि आज सरदार पटेल हैं—उनके हाथमें उनका महकमा[१] है, इसलिए वह तो कुछ करें? लेकिन वे बेचारे क्या कर सकते हैं? उनकी तो अपनी जबान पड़ी है—हिंदुस्तानकी सेवा कर ली है, इसलिए सरदार बने हैं। लेकिन उनके पास तलवार नहीं, बंदूक नहीं, लश्कर नहीं। वे खुद थोड़े लश्करी हैं, वे कमांडर भी नहीं हैं कि उनका हुक्म चले। जबतक सिपाही लोग समझते हैं कि वे तो हिंदुस्तानका नमक खाते हैं और उनके सामने वे हाकिम हैं—मतलब यह कि वे बड़े सेवक हैं, ऐसा मानकर वे चलें तो काम बड़ा सीधा-सीधा चले।

आज रियासतवाले कहते हैं कि हमने प्रवेश-पत्रपर दस्तखत तो कर दिए, उससे क्या हुआ? इससे क्या हमारे पाससे कुछ छीन थोड़े ही लिया? हमारे पास भी तो सिपाही हैं। जब अंग्रेजी सल्तनत थी तब वे खिलौने-से थे, लेकिन अब थोड़े ही हैं? देशी रियासतें जो कुछ करना चाहती हैं, कर सकती हैं। मैं खुद भी तो देशी रियासतका हूं। इसलिए मैं जानता हूं कि वे क्या कर सकती हैं, कितना भला कर सकती हैं। मैं देशी रियासतोंके

१. विभाग।

राजाओंसे बड़े अदबसे कहूंगा कि अगर आप इतना अहंकार रखेंगे कि जो रैयत पड़ी है, उसको मार सकते हैं, काट सकते हैं, तो वे रह नहीं सकते हैं। मैंने तो कह दिया है कि जो राजा लोग हैं उनका स्थान है अगर वे रैयतके ट्रस्टी बन जाते हैं। अगर वे रैयतका हाकिम बनकर रहना चाहते हैं, उसको चूसना चाहते हैं और दबाना चाहते हैं, तो उनका कोई स्थान नहीं रह सकता, इसमें मुझे कुछ भी शक नहीं है। हिंदुस्तानका क्या हाल होगा, वह तरो ईश्वर ही बेहतर जानता है। जो राजा लोग पड़े हैं उनके पास तो कोई चारा नहीं है। वे कभी हिंदुस्तानका राज चला नहीं सकते। पीछे चाहे हम गुलाम ही बन जाएं तो हम बनेंगे। तो क्या राजा लोग भी गुलाम बनेंगे? वह जमाना चला गया। वह एक युग था। अंग्रेजी सल्तनत थी; उसने सोचा कि जो यहां राजा लोग हैं वे भी अच्छे हैं; उनके मार्फत राज चलाएं। वह तो उन्होंने अपना स्वार्थ समझकर ही किया। तो फिर उसमें उसका दोष क्या निकालना? लेकिन आज हम ऐसे कमनसीब हैं कि हम दोनों पागल बनें और आपस-आपसमें लड़े, उनमेंसे कोई एक जीते या दोनोंको कोई दूसरी या तीसरी ताकत या दो-चार ताकतें मिल-जुलकर हिंदुस्तानको खा जायंगी। तो फिर उसके साथ ही राजा लोगोंको भी खा जायंगे। अगर वे हिंदुस्तानके वफादार रहते हैं और रैयतके नौकर बनते हैं तो खैर है। मैं तो रैयतसे भी कहूंगा कि वह बुजदिल क्यों बने। अगर राजाओंके पास हथियार है और वे बेहथियार हैं तो क्या? हम भी तो सल्तनतके सामने लड़ते थे, हम भी बेहथियार थे। कोई छुपकर भी हथियार रखे हों, ऐसा नहीं था। अगर होते तो मुझको तो इसका इल्म होना ही चाहिए था। लेकिन ऐसा नहीं था। करोड़ों लोगोंने उसका हृदयबलसे सामना किया। हमने सोचा कि अगर काटेंगे तो एक लाखको काटेंगे, दो लाखको काटेंगे, तीन लाखको काटेंगे, आखिर कितनोंको काटेंगे, हम ४० करोड़की आबादी है, काटते-काटते उसके हाथ कांप जायंगे। ऐसी जो रैयत पड़ी है, उसको आजादी तो मिलनी ही चाहिए थी और वह मिली। उस आजादीका हम क्या करते हैं, यह अलग बात है।

मैं तो कहूंगा कि राजा लोगोंको पागल नहीं बनना चाहिए। उनको समझना चाहिए कि वे स्वेच्छाचारी नहीं बन सकते, व्यभिचारी नहीं बन सकते। वे शराबमें सारा दिन पड़े रहें, ऐसा नहीं हो सकता। वह तो मैंने आप लोगोंको और आपकी मार्फत राजा लोगोंको कह दिया।

एक वक्त तो मैंने कह दिया था कि अब दशहरा आ रहा है और पीछे एक दिन छोड़कर बकरीद आ रही है। दोनों करीब-करीब एक साथ मिलते हैं। हम हिंदू और मुसलमान दोनों भयभीत रहते हैं, हमेशा रहते हैं, आज तो ज्यादा भयभीत हैं। क्योंकि आज तो एकतरफा ही हो सकता है। अगर हिंदू पागल बन जायं और समझें कि मौका मिल गया—क्योंकि बकरीद है, तो मुसलमानोंको काटो। हमारा दशहरा भी हो गया है। दशहरा क्या है? रामजीकी जीत मनानेके लिए ही दशहरा है। पीछे कहते हैं कि एकादशी हैं, उस दिन तो रामका भरतके साथ मिलाप होगा। उसमें तो हमें संयम सीखना है, भलमनसाहत सीखना है, धर्म क्या चीज है उसको सीखना है। अगर वह हम सीख लें तो हम दशहरा सच्चे अर्थमें मनाते हैं। दशहरेके दिन दुर्गा-पूजा भी होती है। वह क्या चीज है? हम सब खूनके प्यासे रहें, वह दुर्गाका अर्थ नहीं है। दुर्गाका अर्थ यह है कि वह एक बड़ी शक्ति पड़ी है, उसकी उपासना करके हम ऊंचे चढ़ सकते हैं।

इसी तरहसे दशहराका यह मतलब नहीं है कि हम सारे दिनभर रूप, रंग, राग उड़ाएं। उसको हमारे गुजरातमें नवरात्रि कहते हैं। जब हम बच्चे थे तब मेरी मां कहती थी कि नवरात्रिको खाना नहीं खाना चाहिए। अगर खाना ही है तो फल खाओ, ज्यादा-से-ज्यादा दूध पीओ, लेकिन अनाज न खाओ। अगर सचमुच पूरा-का-पूरा उपवास करो तो सबसे अच्छा है। मेरी मां तो बड़ी उपवास करनेवाली थी, जिसका मैं तो कोई मुकाबला नहीं कर सकता था। मेरे बड़े भाई तो मुकाबला कर ही नहीं सकते थे—मैं थोड़ा-सा गुकाबला करता था। लेकिन उसमें उपवास करनेकी जो शक्ति थी उसके सामने मैं एक खिलौना हूं, बच्चा हूं। दशहराको हम इस तरहसे मनाते हैं। हां, पीछे जो दिवाली है उसमें खा-पी सकते हैं, थोड़ा मौज कर सकते हैं, लेकिन दशहराको बिलकुल नहीं। यह जो नवरात्रिका अर्थ है, क्या उसको छोड़कर हम काट-कूट करेंगे? पीछे बकरीद है। जो मुसलमान भाई हैं उनको हमने डरा दिया है। उनमें हमारे अच्छे भाई हैं। जो राष्ट्रवादी भाई थे वे भी आज परेशान पड़े हैं। वे भी भागते हैं, लेकिन कहां जायं? हम ऐसे बेरहम बन जायं कि उनको भी भगा देंगे। तब शांति होगी? वह शांति कैसे हो सकती है?

क्या ४ या ३॥। करोड़ मुसलमानोंका नाश करोगे या उन्हें भगा दोगे या हिंदू बना लोगे? अरे, वह भी तो नाश ही करना हुआ। अगर तुमपर भी

ऐसी जबरदस्ती हो तो क्या तुम सब मुसलमान बन जाओगे? तुमसे कहा जाय कि कलमा पढ़ते हो या नहीं, अगर नहीं तो मार डाले जाओगे। मैं तो पहला आदमी होऊंगा कि यह कहूंगा कि आप पहले हमारा सबका गला काट लो, पीछे बात करो। इतनी तो हमारेमें हिम्मत होनी ही चाहिए। इस तरह मुसलमानोंसे हिंदू बननेको कहना बेकार बात है। मुझको तो ऐसा हिंदू नहीं चाहिए। ऐसे हिंदूसे क्या मैं हिंदू-धर्मको बचा सकता हूं। मुझको तो ऐसा अच्छा हिंदू चाहिए जो संयम रखे। मैं ऐसा घमंडी और जालिम क्यों बनूं? जालिम बनना और धर्मका पालन करना दोनों चीज हो नहीं सकती। तो ये जो दो दिन हैं उनमें हम डरें नहीं, खामोशीसे रहें और हमसे जो गुनाह हो गए हैं उनका हम प्रायश्चित्त या पश्चात्ताप करें और भाई-भाई बनकर भेंट करें। इतना अगर आप कर सकते हैं तो ईदके बाद मुझको यहां आप नहीं पाओगे।

एक हिंदू भाईने मुझसे पूछा कि पंजाब जाओगे? मैंने पूछा कि पंजाब भेजोगे? हां, जाऊंगा तो उनसे भी लड़ूंगा। मेरी लड़ाई कैसी होती है यह तो आप जानते ही हैं। उनसे पेट भरकर बातें करूंगा। लाखों आदमी जो वहांसे यहां आते हैं, हिंदू और सिख हैं वे अपनी जगहपर क्यों नहीं बैठ सकते? जबतक यह नहीं होगा मुझको शांति नहीं मिलेगी। तो पीछे मुसलमानोंको यहां लाना है। तो आप कहेंगे कि यह तो होनेवाला नहीं है। मैं कहूंगा कि वह हो सकता है, लेकिन उसकी कुंजी तो दिल्लीमें पड़ी है। उम्मीद तो ऐसी है कि जो दो दिन आते हैं उनमें हम बता दें कि हम हिंदू-मुसलमान दोनों शरीफ हैं और दोनों मिल-जुलकर रहनेवाले हैं।

॥ १२६ ॥

२३ अक्तूबर १९४७

भाइयो और बहनो,

दो भाई लिखते हैं, ''हम शरणार्थी हैं। अपने मित्रोंकी शरणमें रह रहे हैं। सर्दीके कारण हम बहुत दु:खी हैं। कृपा कर हमें बताइए कि कंबल तथा रजाई कहांसे प्राप्त करें। क्या ऐसे शरणार्थियोंके लिए कोई प्रबंध है?'' वे रावलपिंडीके हैं ऐसा उन्होंने लिखा है। अब इस तरहसे तो और काफी

लोग पड़े होंगे। जो रजाइयां और कंबल इकट्ठे किये जा रहे हैं वे तो सचमुच उन लोगोंके लिए हैं जो कैंपोंमें पड़े हैं और जिनके पास यह तो जाहिर ही है कि कोई चीज ओढ़नेको नहीं है। उनके लिए यह सब प्रबंध हो रहा है। काफी बांटा गया है, और भी बांटा जायगा। हजारोंकी तादादमें ऐसे लोग पड़े हैं, कोई चंद हों, ऐसा थोड़े ही है। हो सकता है कि लाखों भी हों जिनको ये चीजें मिलनी चाहिए। एक शिविर तो, जो कुरुक्षेत्रमें है, मरकजी[१] सरकारने अपने प्रबंधमें ले लिया है। वहां काफी तादादमें लोग पड़े हैं और रोज नए आते रहते हैं।

दिल्ली शहरमें भी ऐसे शिविर हैं। तीन तो हैं कम-से-कम, शायद चार हैं। पूर्वी पंजाबमें भी पड़े हैं। वहां भी उनको ये चीजें मिलनी चाहिए, जो यहांके लोगोंको मिलें। वे भी तो शरणार्थी हैं। लेकिन जो शरणार्थी मित्रोंके यहां रहते हैं उनको ओढ़नेके लिए कुछ देना, यह तो मित्रोंका काम रहता है, ऐसा मेरा खयाल है। लेकिन हो सकता है कि जो लोग बेचारे अपने घरपर रखते हैं वे खुद अपने लिए मुसीबतसे रजाई या कंबलका प्रबंध कर सकें, तो उनको, जिनको वे रक्षा देते हैं, कहांसे दें? यह नहीं हो सकता, ऐसा मैं नहीं कहता। लेकिन मुझे ऐसा लगता है कि जिनको रजाईकी दरकार है उसीको दे दी जायं तो सबको पहुंच नहीं सकती; क्योंकि ऐसे मांगनेवाले सब शरीफ ही हैं, ऐसा मानकर मैं नहीं चलता। जिनको चाहिए ही इसलिए मांग लेते हैं, ऐसी बात नहीं है। मैंने बहुत-से शिविरोंको देखा है। ऐसा काम मैं करता ही आया हूं। जब जनूबी[२] अफ्रीकामें था तो वहां भी मुझे ऐसा ही करना पड़ा था, इसलिए मैं तो जानता हूं कि इस काममें कितनी मुसीबत है। ये जो भाई लिखते हैं उनकी तो कोई शिकायत मेरे पास नहीं है; उनके बारेमें तो मुझे कुछ कहना नहीं है। लेकिन जो सचमुच गरीब हैं और जिनके पास कुछ है ही नहीं, उनको पहुंचना ही चाहिए, इसमें मुझे कुछ भी शिकायत नहीं है। लेकिन मुझे ऐसे आदमियोंके बारेमें पता कैसे चलेगा? पता लेनेकी कोशिश तो करता हूं। बिलकुल ही खबर नहीं लेता, ऐसा तो है नहीं और न मैं यह मान लेता हूं कि मुझे कोई धोखा देगा नहीं, इसलिए जो मांगे ले ले। क्या ये भाई कुछ ऐसा बता सकेंगे? मैं तो भेज नहीं सकता, लेकिन मेरा खयाल है कि कहींसे भी उन्हें मिल जायगा। मेरे पास तो कंबल हैं, नहीं हैं ऐसी बात नहीं

१. केंद्रीय; २. दक्षिणी।

है। ये सब कंबल तो कुरुक्षेत्रमें भेजनेके लिए पड़े हैं। दूसरे भी तो जमा कर रहे हैं, वे भेज सकते हैं।

अभी यहां रोज लोग आते हैं। वे बिड़ला-मंदिरमें जाते हैं, जिससे वह भर गया है। वहां कोई जगह ही नहीं है, जितना ले सकते हैं उतना लेते हैं। उनका तो काम ही रहा है दूसरोंके दुःखमें हिस्सा लेना। वहां गोस्वामी पड़े हैं जो रात-दिन वही काम करते हैं। लोगोंके पास जाते हैं, वहांसे कंबल लाते हैं, खाना लाते हैं और उनको देते हैं। लेकिन जब रोज लोग आते हैं तब उनको भी थकान होती है। कहांतक उनको देते रहेंगे ? यही हमारा हाल है। तो इन लोगोंको मैं इतना ही कहूंगा कि जो लोग रहते हैं वे अपने लिए तो कुछ करें। यह तो ठीक है कि जब सबके लिए होता है तो उनके लिए भी होना चाहिए। सबके लिए एक ही कानून हो सकता है। अगर एकके लिए एक हो और दूसरेके लिए दूसरा, तो फिर हम बड़े पैमानेपर काम चला नहीं सकते। लेकिन हमें तो बड़े पैमानेपर काम करना है। इसीलिए इसको बतानेमें मैंने इतना वक्त ले लिया। अब जाड़ा तो दिन-प्रतिदिन बढ़ता ही जायगा, उसको बर्दाश्त कैसे करेंगे ? मैं नहीं चाहता कि एक दिनके लिए भी किसीको बर्दाश्त करना पड़े। एक तो यह बात है।

दूसरी बात यह है कि आज भी मैंने सुन लिया है कि चूंकि काफी दूकानें खुल गई हैं, तो एक बेचारे गरीब मुसलमानके भी दिलमें आया कि मैं भी अपनी दूकान खोलूं। आज वह चला गया था अपनी दूकान खोलने। ऐनकका वह काम करता था। ऐसे आदमी तो मुश्किलसे शायद ही दिनमें दो-चार रुपए कमाते होंगे। मैं नहीं जानता कि वह कौन था ? उसका नाम भी मुझे पता नहीं है। जब वह दूकान खोलने जा रहा था तो उसको काट डाला। यह सारी दिल्लीके लिए शर्मकी बात है। किसीने काटा होगा, एकने या दोने लेकिन दो आदमी कैसे काट सकते हैं ? जो मिलिटरी है, पुलिस है, वह कहां थी ? दूकान कोई कोनेमें तो थी नहीं ? रात्रि भी नहीं थी। कोई खुफिया तौरसे तो दूकान होती नहीं है। सब आदमी आते-जाते रहते हैं। इनमेंसे किसीने रोकनेकी भी चेष्टा नहीं की ? उनको काटनेकी हिम्मत कैसे हो गई ? लोग इस बारेमें बेपरवाह रहते हैं कि जाने दो, एक मुसलमानको मार दिया तो अच्छा ही है। जब वे हिंदूको मारते हैं, सिखको मारते हैं तो हम मुसलमानको मारें। ऐसा बदला लेनेका ख्याल दिलमें पैदा हो जाता है। इसको रोकना चाहिए। अगर न रोकें तो दिल्ली निकम्मी

होनेवाली है। दिल्लीमें क्या आप ऐसा मानते हैं कि यहां हिंदू और सिख ही रहेंगे अगर ऐसा है तो फिर दिल्ली मिट जायगी। उसको सारी दुनिया बर्दाश्त नहीं करनेवाली है। दिल्लीके पीछे एक बड़ा लंबा-चौड़ा इतिहास पड़ा है। उस इतिहासको मिटानेकी चेष्टा करनाभी पागलपन होगा।

आज मुझे, जो कुष्ट रोगसे पीड़ित हैं, उनके बारेमें कहना है। हिंदुस्तानमें भी ऐसे काफी लोग पड़े हैं। वे रास्तेमें दिखाई नहीं पड़ते हैं, क्योंकि उनको देखनेसे घृणा पैदा हो जाती है। जिनको कोढ़ है वे सचमुच पापी हैं और जो दूसरे मरीज हैं वे पापी नहीं हैं, ऐसी बात नहीं है। यह तो ठीक है कि जिसको मर्ज है उसने कोई-न-कोई दोष तो किया ही है। जब मुझको खांसी हो गई थी तो मैं समझता हूं कि कुछ-न-कुछ दोष तो मैंने किया ही होगा। दोषको मैं पाप मानता ही हूं। खांसी तो हर एकको ही हो जाती है, उसमें कोई दोष नहीं है यह मैं माननेवाला नहीं हूं। तो मैं जो मेरे लिए कानून बनाऊं वही सारी दुनियाके लिए है। कोढ़ चमड़ीका रोग है। वह कैसे हो जाता है उसके लिए काफी कथा है। मैं तो मानता हूं कि यह शरीरका रोग होता है। और कोढ़ और खांसीमें कोई भेद नहीं है। जिसको कोढ़ होता है उसको थोड़ा दर्द ज्यादा होता है; लेकिन अंगूठा चला जाता है, हाथ चला जाता है, नाक चली जाती है, ऐसा बदसूरत तो बन जाता है। लेकिन वह बदसूरत है इसलिए बड़ा दर्द हो, ऐसी बात नहीं है। मैं तो कहूंगा कि इससे ज्यादा नफरत होनी चाहिए उससे, जो मन मलीन रखता है। जिसका शरीर मलीन है, क्योंकि वह भी मनकी मलीनतासे ही होता है, और साथ ही जिसकी दृष्टिमें गंदगी रहती है, जो भगवानका भजन न सुनकर दुष्टोंका इतिहास सुनता है, वही सच्चा कोढ़ी है। ऐसे मर्जवाले तो बहुत पड़े हैं; क्योंकि हम सब ऐसे होते हैं, इसलिए कौन परवाह करता है। लेकिन चूंकि कोढ़ तो सबको नहीं होता है इसलिए हमारे दिलमें उनके बारेमें, जिनको यह होता है, नफरत होती है। हमारे पास काफी ईसाई लोग थे। हिंदुस्तानमें जितने कोढ़-अस्पताल थे वे सब ईसाई लोगके हाथमें थे और आज भी पड़े हैं। वे लोग परोपकारकी दृष्टिसे उनकी सेवा करते हैं। आज हिंदुस्तानमें भी ऐसे लोग पैदा हो गए हैं जो परोपकारकी दृष्टिसे उनमें काम करते हैं। एक परोपकारी पुरुष, मैं तो उनको महात्मा ही कहूंगा, मनोहर दीवान हैं। वे वर्धामें रहते हैं और विनोबा भावेके बड़े शिष्य हैं। विनोबाजी तो बहुत बड़े आदमी हैं। तो

मनोहरके दिलमें हुआ कि चलो, कुछ-न-कुछ करें। तो उन्होंने कोढ़ियोंकी सेवा करनेका काम पसंद किया। विनोबाने भी उनको ऐसा करनेके लिए प्रेरणा दी। वे निर्लेप रहते हैं। पैसेकी उनको दरकार नहीं। वे डाक्टर तो नहीं हैं, लेकिन उन्होंने उसका काफी अभ्यास कर लिया है। काफी लोग उनकी मदद लेते हैं। अभी वर्धामें एक छोटे पैमानेपर, एक समितिकी मारफत एक सम्मेलन होनेवाला है। जो लोग इस काममें लगे हुए हैं वे ३० तारीखको वहां मिलेंगे। डा० सुशीला नायर भी उसी कामके लिए जानेवाली हैं। यों तो जाना था डा० जीवराजको, राजकुमारीको भी, उनको पता भी है; क्योंकि वह मेरे साथ सेवाग्राममें रही हैं। लेकिन वे तो यहां काममें फंसी हैं, इसलिए जा नहीं सकतीं। उनसे कोई आग्रह तो कर नहीं सकता कि आपको जाना ही होगा। और आग्रह करे कौन? सेवाका काम है, जिसको जाना है, वे जायं। लेकिन उनको फुरसत नहीं है, इसलिए नहीं जायंगे। एक और भाई हैं जिनका नाम जगदीशन् है। उनको खुद भी कोढ़ हो गया था। वे मद्रासके रहनेवाले हैं। वे बड़े सज्जन और विद्वान पुरुष हैं। वे श्रीनिवास शास्त्रीजीके भक्त थे। तो उन्होंने अपना जीवन इस काममें लगा दिया है। वे भी आनेवाले हैं, और भी जो दूसरे हैं वे भी जमा हो जायंगे। वह करुण कथा है, रसिक भी है और उसमें काफी लोग काम भी करते हैं। कलकत्तामें भी एक बहुत बड़ा कोढ़-अस्पताल है, जो बड़े पैमानेपर काम करता है। परोपकारकी दृष्टिसे सब काम होता है और आहिस्ता-आहिस्ता बढ़ रहा है। जब मैं कलकत्तेमें था तब मुझको ले गए और कहा कि थोड़ा-सा लिख तो दो। लेकिन मैं यहां आनेकी पैरवी[१] कर रहा था। और भी हिंदुस्तानमें इधर-उधर काफी को कोढ़-अस्पताल पड़े हुए हैं, लेकिन जितने पैमानेपर यह काम होना चाहिए उतने पैमानेपर नहीं हो रहा है। मैं यह नहीं कहता कि सबको इसमें दिलचस्पी लेनी चाहिए, लेकिन हम सुनें तो सही कि जब हम ऐसे खाली पड़े हैं तो इस तरहके कामोंमें रहें। क्या हम एक-दूसरेके नाश करनेमें ही फंसे रहेंगे? मैं तो कहूंगा कि यह सबसे बड़ी व्याधि है, सबसे बड़ा, कोढ़ है। हम अच्छे कामोंको भूलते हैं और हम आपस-आपसमें मर जाते हैं। हिंदू मुसलमानको मारता है, मुसलमान हिंदू व सिखको मारता है। हम कबतक आपस-आपसमें एक-दूसरेको मारते रहेंगे? क्या ही बेहतर हो

१. कोशिश।

कि हमारे पास जो समय है उसका सदुपयोग करें और उसको ऐसे कामोंमें दे दें, जिससे प्रेमभाव कायम हो।

॥ १२७ ॥

२४ अक्तूबर १९४७

भाइयो और बहनो,

अखबारोंमें कुछ चार-पांच रोज पहले शायद यह खबर आई थी कि यहां जो मजदूर-सम्मेलन होनेवाला है उसमें एशियाके काफी लोग आएंगे। वह सम्मेलन २७ तारीखको होगा। अखबारोंमें यह भी लिखा था कि मैं उसकी कार्रवाई शुरू करनेके लिए जाऊंगा। मुझको तो इसका पता ही नहीं था और किसीसे मैंने शायद ऐसा कहा भी नहीं। एक अखबारनवीस था। मैंने उसको कहा कि यह खबर कहांसे मिली है? उसका विरोध कीजिए और कहिए, ऐसी बात नहीं है। मजदूर-मंत्री श्रीजगजीवन राम आए थे। मैंने उनसे भी कहा। उन्होंने कहा कि आपको तो आना ही है; लेकिन उस दिन तो सोमवार है, तो भी जब आप यहां हैं तब पूछनेकी कोई बात ही नहीं रहती थी। अखबारोंमें तो ऐसा ही है। मैंने जवाहरलालजीसे भी कहा कि मैंने शायद गलतीसे कह दिया हो, तो उनको बड़ा आश्चर्य हुआ। मुझको तो वहां जानेकी कोई जरूरत है नहीं, क्योंकि मैं और किसी कामका तो रहा नहीं। आज तो मेरा एक ही काम है और वही काफीसे ज्यादा है। ऐसा मैं महसूस करता हूं कि अगर वह सफल हो जाता है तो वह मेरा जीवनभरका कार्य है। हम सब एक मुल्कके हैं और सब एक बनकर रहें। यहां जो हिंदू-सिक्ख-मुसलमान, पारसी और ईसाई हैं वे अगर सब मिलकर रहें तो मुझे और किसी बातकी परवाह नहीं। वे सब हिंदुस्तानके हैं, उनको यहीं रहना हुए, फिर वे लड़ाईमें क्यों पड़ें?

जो आदमी बचपनसे ऐसा स्वप्न देखता आया है उसको इससे आघात पहुंचता है। उसने आजादीके लिए मेहनत की और आजादी मिल भी गई; लेकिन उसके साथ यह जहर फैल गया। यह मुझे बुरा लगता है। इससे बुरा काम और क्या हो सकता है? मुझे इस बुरे कामको रोकना है। प्रयत्न मेरा काम है। अगर वह होना है तो हो, नहीं होना है तो न हो। भजन, आया है

'कोई निंदो कोई बंदो'; वह तो सब एक ही है; क्योंकि वह तो रामचंद्रका भजन करना है, और सब उसको अर्पित कर दिया है; लेकिन प्रयत्न तो करना चाहिए, तब फिर उसमें सारा जीवन व्यतीत करना है।

हमेशाकी तरह आज भी कंबल आ गए हैं। जिनको भेजना चाहिए उनको भेजा जाता है। जरूरत बहुत है, इतने कंबल चाहिए कि सबको कैसे पहुंचाए जायं? सबको पहुंचाना बहुत बड़ा काम है। ईश्वर सबको पहुंचा देगा। जो निराधार हैं और करोड़पतिसे भिखारी बन गए हैं, क्या उनको नंगा और भूखा रहना पड़ेगा? अगर हम सच्चे हैं तो ईश्वर खाना देगा और अगर हम नालायक बने रहते हैं तो भूखा और नंगा रहना पड़ेगा।

जिनको कुष्ट रोग रहता है उनके बारमें मैंने कल एक बात कही थी। जगदीशनका भी नाम लिया था। वे बड़े विद्वान् आदमी हैं। उनको यह रोग था। वह बिलकुल नाबूद[१] तो नहीं हुआ है; लेकिन काफी अंकुशमें आ गया है। वे इसमें काफी काम करते हैं, काफी दिलचस्पी लेते हैं, उनसे मिलते-जुलते हैं। मेहनती तो जबरदस्त हैं ही। वे मद्रासमें रहते हैं, वर्धामें नहीं, लेकिन कई दिनोंसे वर्धामें हैं। उन्होंने इस बारेमें मुझसे खत-किताबत की थी। उनका पत्र मिले कई दिन हो गए। उसको आज मैंने पढ़ लिया। मैंने उसमें एक बात देखी है, जिसे मैं यहां साफ कर देना चाहता हूं। वे कहते हैं कि जिसको कुष्ट रोग हो गया है उसको कोढ़ी मत कहो। लोग उससे बुरा अर्थ निकाल लेते हैं—उसको वे अछूतसे भी बदतर मान लेते हैं। अछूत बदी थोड़ा करता है। उनको छूनेसे हम पतित हो जाते हैं, ऐसा हम मान लेते हैं। मैं कह चुका हूं कि सच्चा कोढ़ तो मनकी मलिनता है। अपने भाइयोंसे घृणा करना, किसी जाति या वर्गके लोगोंको बुरा कहना, रोगी मनका चिह्न है; और वह कोढ़से भी बुरा है। ऐसे लोग उससे भी बदतर हैं, तो फिर ऐसा नाम क्यों लेना चाहिए? कुष्ट रोगसे पीड़ित कहो, लेकिन कोढ़ी मत कहो। अगर बुरा कहनेसे बुरा बन जाय तो नहीं कहना चाहिए। गुलाबके पुष्पको आप चाहे किसी भी नामसे कहें, लेकिन उसमें जो सुवास या सुगंध भरी है उसको वह कभी नहीं छोड़ेगा; बुरे-से-बुरा नाम दो तो भी नहीं। यदि यह जगदीशन ऐसा कहता है, ठीक है; पर जो छूतकी बीमारी है वह कोई एक तो है नहीं। किसीको खुजली हो जाती है,

---

१. नष्ट।

उसको जो स्पर्श करेगा उसको खुजली हो जायगी। सर्दी है, हैजा है, प्लेग है, इसी तरहसे कुष्ट रोग है। फिर उसके प्रति घृणा क्या करनी? एक आदमी जब सचमुच कुष्ट रोगी बन जाता है तो लोग उसका तिरस्कार करते हैं। वे कहते हैं कि वह तो कमजात है। कमजात तो वे हैं जो तिरस्कार करते हैं। यह घृणा करनेका जो कोढ़ है वह निकल जाना चाहिए। इसलिए मैंने सोचा कि आज भी मैं इस बातको तो दोहरा दूं।

३० तारीखको वर्धामें जो सम्मेलन होनेवाला है उसमें राजकुमारी जानेवाली थीं, जाना चाहिए, डाक्टर जीवराज भी जानेवाले थे, जाना चाहिए, लेकिन जाएं कैसे? वे अपने काममें गिरफ्तार हैं। उसको छोड़कर एक दिनके लिए तो जा सकते हैं। लेकिन उनको दो दिन लगेंगे; क्योंकि जिस दिन जायंगे उस दिन तो लौट नहीं सकते। वर्धा हवाई जहाज तो जाता नहीं। नागपुर जाता है। वे दो दिनमें वापस आ सकते हैं।

हां, एक और जरूरी बात मैं आपको कहना चाहता हूं। ब्रजकिशनजीने तो कह दिया, कल मैं जेलमें जाकर प्रार्थना करूंगा। वहांके लोग चाहते हैं कि मैं वहां प्रार्थना करूं। मुझको अच्छा लगेगा और आपको भी अच्छा लगेगा; लेकिन आप लोग वहां नहीं जा सकेंगे, वह तो कैदखाना है। वहां कैदी ही जा सकते हैं। मुझको तो वे बुलाते हैं, इसलिए जाता हूं। परसों हम यहां फिर मिलनेवाले हैं।

॥ १२८ ॥

२५ अक्तूबर १९४७

भाइयो और बहनो,

मुझको जब इस जेलमें कैदियोंके सामने प्रार्थना करनेका निमंत्रण मिला और प्रार्थनाके बाद जो कहता हूं वह कहनेको भी, तो मैं राजी हुआ और मुझको वह नियंत्रण बहुत मीठा लगा। शायद सब कैदियोंको तो पता नहीं होगा कि मैं खुद बहुत पुराना कैदी हूं। जनूबी[1] अफ्रीकासे। और यह मैं कह सकता हूं कि मेरी निगाहमें तो मैं बेगुनाह था, लेकिन सल्तनतके

१. दक्षिणी।

नजदीक तो बेगुनाह नहीं कहा जा सकता था। कई किस्मकी जेल मुझको मिली है और कई जेलें मैंने देखी हैं। जनूबी अफ्रीकाकी जेल तो बहुत कड़ी रहती है, और पीछे हिंदी[1]की तो वहां कोई गिनती ही नहीं। वह तो चाहे बैरिस्टर ही क्यों न हो, तो भी क्या हुआ? सब-के-सब कुली ही माने जाते थे। तो वहां तो एक तरफ हिंदी, दूसरी तरफ वहांके हब्शी लोग और पीछे अंग्रेज, सब अलग-अलग थे। जब सत्याग्रही कैदी चले, क्योंकि सत्याग्रहमें एक-दो तो रहते नहीं, हजारोंकी तादादमें भी चले जायं, और पहले पहल जब जेल हुई तो हम डेढ़-सौ ही थे। शुरूमें तो ऐसा नहीं था; मैं था और चार-पांच दूसरे थे। पीछे जब सत्याग्रहका सिलसिला शुरू हुआ तो हम डेढ़-सौ हो गए और जहां हब्शी भरे जाते हैं उसी जगह हम लोग भर दिये गए। इसलिए वहां तो हम कुछ तंग आ गए थे। तो मैं वह बताता हूं कि वहांकी जेल कैसी रहती है और कैसी सख्तीसे वहां काम लिया जाता है। यहां तो हम बस एक तूफान-सा मचा देते हैं कि हम तो राजनैतिक कैदी हैं और दूसरे अखलाकी[2]। जनूबी अफ्रीकामें तो कुछ ऐसा फर्क रहता नहीं है। वहां सब अखलाकी कैदी माने जाते हैं। मैं तो यह मानता नहीं कि कैदियोंके बीचके जो राजनैतिक कैदी है, वह तो अच्छा है और जो अखलाकी कैदी है वह बुरा है। कानूनके सामने तो जिसने कानून न भंग किया है वे सब एक ही तरहके अपराधी हैं। तो पीछे उन अपराधियोंमें फर्क क्या करना? लेकिन यहां तो हम राजनैतिक कैदी बने और उसमें भी ए, बी और सी के कैदी बने; तो वह इसलिए न कि हमारा एक बहुत जबर्दस्त आंदोलन था। करोड़ोंकी तादादमें हम पड़े हैं और उनमें बड़े-बड़े लोग भी हैं। लेकिन वहां बेचारे कौन बड़े लोग थे! सब छोटे-छोटे ताजिर लोग थे और उनमें हिंदू, मुसलमान, पारसी सभी थे। वहां तो कोई यह फर्क भी नहीं करता था कि वह हिंदू है, वह मुसलमान है और वह पारसी है। सब कुली थे या ऐसा कहो कि सब हिंदू थे। तो वहां हम ऐसा दंभ कर ही नहीं सकते थे कि हम बड़े हैं तो हमारे लिए 'ए' वर्ग बनाइए, हमसे छोटे हैं उनके लिए 'बी' और जो सबसे छोटे हैं उनका 'सी'। मैं तो उसको मानता नहीं हूं। लेकिन यहां हमने यह सब किया। मैं तो यह माननेवाला हूं कि जो कैदमें गया, वह कैदी है। लेकिन एक कैदी है तो उसने खसूसन[3] गुनाह किया है और जो बाहर सफेद कपड़े पहनकर

---

१. हिंदुस्तानी; २. गैर-राजनैतिक; ३. खास करके।

बैठे हैं, वे गुनहगार नहीं हैं, ऐसा मैं नहीं मानता। मैं तो दस दफा जेल गया, पूरा-पूरा तो याद भी नहीं, और काफी बरस उसमें काटे हैं इसलिए मुझको तो इसका पता है। जो वहां जेलके सुपरिंटेंडेंट वगैरा थे, वे तो मेरे दोस्त बन गए थे। तो वहां एक बड़ा दरोगा था, खासा आदमी था और बड़ा जेलर था। उसने मुझसे कहा कि देखो, मैं तो इन कैदियोंका अफसर बना हूं, लेकिन दुनियाको क्या पता कि मैंने कितना गुनाह किया है। ये या तो कोई चार-पांच सालकी जेल काटने आए हैं या फांसीकी सजा पाकर आये हैं और पीछे फांसी माफ हो गई है, लेकिन ऐसे कितने हैं जो यह जानते हों कि मैंने क्या गुनाह किये हैं। शायद मेरा भगवान ही जानता हो। इसलिए मुझको यह अच्छा नहीं लगता कि मैं तो चीफ जेलर रहूं और वे कैदी हों। मैं भी वही माननेवाला हूं। इसलिए मैंने सोचा कि मुझे आपके सामने किस तरहसे आना चाहिए। अब अंग्रेजी सल्तनत तो हट गई, उसने अपनेको उठा लिया। अच्छा किया। लेकिन अब हम अपनी जेलोंमें क्या करें अब अंग्रेजी सल्तनत थी तो उस वक्त जेलमें जो चलता था—कितना अच्छा था या कितना बुरा था, उसका तो मैं गवाह हूं, लेकिन अब चूंकि हकूमतकी बागडोर हमारे हाथोंमें आ गई है, तो हमारी जेल, एक जेल न रहकर, अस्पताल बननी चाहिए। किसीने अगर खून किया है, चोरी की है या डाकू बना है या कानूनकी पुस्तकमें जितने गुनाह पड़े हैं उनमेंसे कोई एक किया है, तो मैं तो इन सबको एक किस्मकी व्याधि मानता हूं। वह एक मर्ज है। कोई गुनाह करनेकी खातिर गुनाह थोड़े ही करता है। अगर कोई व्यभिचार करता है या शराब पीकर कोई और अपराध करता है तो वह कोई शौकसे ऐसा नहीं करता। मैं तो चूंकि बूढ़ा हो गया हूं और मुझे अनुभव भी हो गया है, इसलिए मैं तो यह सीख गया हूं कि जैसा आदमीका स्वभाव बन जाता है वैसा ही वह करता है। कैदियोंको क्या करना चाहिए, वह उन्हें सिखाया जाया यहां जो सुपरिंटेंडेंट साहब हैं या डिप्टी कमिश्नर हैं, वे कैदियोंकी देखभाल करते हैं या उनपर हुक्म चलाते हैं कि इसको कोड़ा मारो, इसको यह काम दो और उसको वह काम दो, तो वे सजाके तौरपर ऐसा करते हैं। लेकिन मैं तो यह कहूंगा कि जो सुपरिंटेंडेंट, डिप्टी कमिश्नर या दरोगा हैं वे सब ऐसे बनें कि जैसे अस्पतालमें सर्जन या वैद्य होते हैं। और वैद्य होकर उस आदमीका, जो शराब पीता है, मर्ज मिटानेकी कोशिश करें। उसको यह बताया जाय कि शराब पीनेमें क्या-क्या बुराइयां हैं। अगर किसीने लड़कीको उड़ा लिया है, यह तो बड़ा गुनाह हुआ न, लेकिन

उसको भी बताना चाहिए, क्योंकि यह भी एक किस्मका मर्ज है। अगर ऐसा जेलमें हो जाय तो बहुत अच्छा लगेगा और कैदी भी सब खुश हो जायंगे। खुश होकर वे ऐसा थोड़े ही मान लेंगे कि हमेशा जेलमें ही रहना अच्छा है। अस्पतालमें जो व्याधिग्रस्त लोग चले जाते हैं, वे हमेशा वहीं रहना थोड़े ही पसंद करते हैं। फिर अस्पतालोंके तो आलीशान मकान होते हैं, यहां हमारी जेलें तो ऐसी हैं भी नहीं। हम बनाएं भी कहांसे ? हमारा तो एक गरीब मुल्क पड़ा है। अगर हम अस्पतालों-जैसी जेलें बनाने लगें तो हमारा दिवाला निकल जायगा। ऐसी जेलें तो जनूबी अफ्रीकामें, जो सोनेका मुल्क है, वहां भी नहीं हैं। वहां जो अंग्रेज कैदियोंके लिए कोठरियां या कमरे बनते हैं, वे कोई महल-जैसे थोड़े ही हैं। इंग्लैंडके पास इतना पैसा है जो ऐसी जेलें बना सके, क्योंकि वहांकी जेलें तो मैंने देखी हैं। हां, अमरीकाकी जेलें मैंने नहीं देखीं। लेकिन इतना तो हो, कि हमारी जेलें अस्पताल-जैसी हों, जैसे अस्पताल-में डाक्टर रहता है और रोगियोंकी चिकित्सा करता है। अब एक रोगी स्वस्थ होकर अस्पतालसे बाहर जाता है तो वह हमेशाके लिए ऋणी हो जाता है। वैसे ही यहां हमारी जेलोंमें होना चाहिए। जेलमें जो कैदी रहते हैं वे ऐसा न कहनेवाले हों कि यहां बड़ी सख्तियां और ज्यादतियां होती हैं, सुपरिंटेंडेंट या दरोगा खराब हैं। सब खराब-ही-खराब हैं, ऐसा वे न कहने पाएं। वे कहें कि अस्पतालकी तरह हमारी बड़ी देख-रेख रखते थे, हमको खाना देते थे, और यह सिखाते थे कि जीवन कैसे व्यतीत होना चाहिए। यह तो मैंने बताया कि उन लोगोंको क्या करना चाहिए जो जेलका कारोबार चलाते हैं। लेकिन उनको क्या, आखिरमें वह करना तो उनके हाथमें भी नहीं है। वह तो हकूमतको करना है। या तो पंडितजीको करना है या सरदारजीको, या कहो, सारी हकूमतको, जिसे हम केबिनेट कहते हैं, करना है। लेकिन हकूमतको तो यही कहना है कि तुम्हें ऐसे चलना है। पीछे जो कानूनके बाहर जाकर जालिम बन जाता है वह दूसरी बात रही। कोई गुनहगार दरोगा, सुपरिंटेंडेंट या कमिश्नर तो आजकल होगा नहीं। आखिर इतना तो हम सीख गए हैं और वे हकूमतके मातहत काम करते हैं। हकूमतके पास कोई बड़ा लश्कर नहीं है, और न वह बाहरसे कोई मदद मंगा सकती है जिससे कि वह उनको डरा सके। वे तो खुशीसे अपनी हकूमतका हुक्म मानते हैं। अगर खुशीसे न मानें तो हमारा सारा तंत्र बिगड़ जाता है और मुल्कमें अंधाधुंधी हो जाती है। तो यह तो मैंने अमलदारोंके लिए कह दिया कि वे गुनहगार तो न बनें।

और थोड़ा तो वे आप भी हकूमतके कहे बिना ही कर सकते हैं। जैसे कैदियोंके साथ रहमदिल बनना है, तो उसमें उनको सीखनेकी क्या चीज है? जेलको वे अस्पताल समझें और उसमें जो कैदी हैं वे रोगग्रस्त हैं ऐसा मानें। तो एक काम तो निपट गया।

दूसरा यह कि जो कैदी लोग हैं, उनको एक कैदीकी हैसियतसे मैं सुनाना चाहता हूं। मैं भी तो एक सत्याग्रही कैदी रहा हूं। सत्याग्रही कैदी जान-बूझकर तो गुनाह कर नहीं सकता। जेलके जो सुपरिंटेंडेंट या दरोगा हैं, उनको वह कभी परेशान नहीं करेगा और न कभी उनका अपमान करेगा। उसको तो आदर्श कैदी बनकर रहना है। तभी वह अपने सत्याग्रहको अच्छी तरहसे चला सकता है। जो कैदी सचमुच गुनहगार बनकर आए हैं, उनको भी यहां सत्याग्रही बन जाना चाहिए। उन्हें जेलके कानूनोंसे कभी बाहर नहीं जाना चाहिए। जेलकी पाबंदियोंमें रहकर जो कुछ उसको मिलता है उसमें उसको संतुष्ट रहना चाहिए। अगर कोई कभी देखे तो सुपरिंटेंडेंट या दरोगासे कह दे कि मुझको जो खाना मिलता है वह थोड़ा है या अच्छा नहीं रहता, या पूरा पकाया नहीं जाता या उसमें पत्थर रहते हैं या जंतु होते हैं। यह सब रहता है, मैंने तो अपनी आंखोंसे देखा है, क्योंकि मैं तो वहां रहा हूं। लेकिन इसके लिए भी उनके पास क्या जाना था? वह सब तो कैदियोंके ही हाथमें रहता है, वहां कोई रसोइये तो होते नहीं। अगर रसोइये रखे तो जेल नहीं चला सकते। जो कैदी लोग हैं वे ही तो अपना खाना बनाते हैं। वे सच्चे दिलसे काम करें। जो चावल बनाएं वह साफ करके बनाएं और जो रोटी पकाएं वह कच्ची न रखें। यह सब तो आपके हाथमें रहता है। आप अपने घरका काम समझकर इसको करें, तब तो मैं समझता हूं कि आप लोग जेलमें आए और आपसे गुनाह भी हो गया—गुनाह तो सब करते हैं, किसीका गुनाह जाहिर हो जाता है, चलता है और कोई गुनहगार नहीं होता, तब भी उसको गुनहगार बनाया जाता है—तो आप इस तरहसे आदर्श कैदी बन जाते हैं।

एक काम आप कर सकते हैं। आप लोग जो यहां हैं उनमें हिंदू, मुसलमान, सिख सभी हैं, मुसलमानोंमें भी कई किस्मके होंगे, तो आप यहां सब भाई-भाई बनकर रहें। आज तो हमारे देशमें जहर फैल गया है। मेरी उम्मीद है कि कम-से-कम इस जेलमें तो वह जहर फैलेगा नहीं। तो यहांसे आप लोग आदर्श शहरी बनकर निकलें। तब तो जो डिप्टी कमिश्नर

और जेल सुपरिंटेंडेंट साहब हैं, वे मुझको सुनाएंगे कि तुमने बड़ा अच्छा काम किया! उससे हमारा काम आसान हो गया है, कोई हमें दिक नहीं करता, जेलके कानूनकी सब पाबंदी करते हैं और सारे कैदी रोज-ब-रोज अच्छा बननेकी कोशिश करते हैं। मैं तो ईश्वर या खुदासे यही मांगूंगा कि आप लोग आदर्श कैदी बनें और यहांसे अच्छे शहरी बनकर निकलें और बाहर निकलकर लोगोंसे कहें कि यह क्या बात आप कर रहे हैं? हिंदू मुसलमानका दुश्मन है और मुसलमान हिंदूका, सब भूल जायं इन बातोंको। गलतियां तो सबसे होती हैं।

कल चूंकि ईद है, इसलिए यहां जितने मुसलमान भाई हैं, उनको मैं ईद मुबारक कहता हूं। मैं चाहता हूं कि जितने हिंदू और सिख कैदी हैं वे भी अपने मुसलमान भाइयोंको, जितने भी वे हों, ईद मुबारक कहेंगे। अंतमें बस यही कहता हूं कि हमेशा सब मिल-जुलकर रहो।

॥ १२९ ॥

२६ अक्तूबर ११४७

भाइयो और बहनो,

पहले तो एक भाईने जो प्रश्न पूछा है, उसका मैं उत्तर दे दूं। वह पूछते हैं— ''आप कहते तो हैं कि बदलेकी भावना अच्छी नहीं होती, परंतु आपके राम-भक्त तो हर साल रावणका बुत जलाकर बदलेकी भावनाको उकसाते हैं।'' इसमें दो गलतियां हैं। एक तो यह कि मेरे राम-भक्त कौन हैं, यह मैं जानता ही नहीं। मेरा राम-भक्त अगर मैं हूं तो अच्छा है उसका भी मुझको तो पता नहीं। राम-भक्त बनना कोई मामूली काम थोड़े ही है। इसलिए आपके राम-भक्त कहना एक बड़ी गलती है। मेरे रामभक्त तो कोई हैं ही नहीं। लेकिन ऐसा होता है कि लोग रावणका बुत बना लेते हैं और राम उसको परास्त करते हैं। अभी तो राम परास्त करते हैं रावणको, लेकिन हममें कौन रावण होगा और कौन राम बनेगा? अगर हर कोई आदमी राम बन सकता है तो पीछे रावण कौन बनेगा? यह तो कथा है, लेकिन कथामें भी ऐसा मानते हैं कि राम तो ईश्वर है और रावण उसका दुश्मन। इसीलिए तो उसको अशुभ कहा, राक्षस कहा और निशाचर कहा।

क्योंकि उसका काम ही यह था कि रामको न मानना और ईश्वरको न मानते हुए ही मर जाना। पीछे भगवानके हाथोंसे ही उसकी मृत्यु हुई। यह तो एक कथानक है। इसका यह मतलब नहीं है कि रावणका बुत बनाते हैं तो वे बदला लेनेके लिए उकसाते हैं। मैं तो उसमेंसे यह सीखता हूं कि वे यह बताते हैं कि आदमी दूसरोंसे बदला न ले। मैं यह न मान लूं कि यहां जो भाई बैठे हैं, वे तो रावण हैं और मैं राम हूं। तब तो मेरे जैसा उद्धत और मूर्ख आदमी और कौन बन सकता है। मुझको क्या पता कि मैं राम हूं कौन जानता है कि मुझमें कितनी दुष्टता भरी है। ईश्वरके दरबारमें मैं महात्मा हूं या दुष्ट हूं, उसको कोई नहीं जानता। मुझको भी पूरा पता नहीं चलेगा कि मुझमें कितनी दुष्टता भरी है या कितनी साधुता है। वह जाननेवाला तो रामजी ही है। वह ऊपर पड़ा है और सबको देखता है। कोई चीज उससे छिपी हुई नहीं है। इन्सान किसीसे बदला ले नहीं सकता। अगर किसीसे बुरा भी हुआ है, तो भी उससे बदला क्या लेना? अगर एक इन्सान संपूर्ण है, यद्यपि इन्सान संपूर्ण कभी हो नहीं सकता, क्योंकि संपूर्ण तो केवल ईश्वर ही हो सकता है; फिर भी माना कि एक इन्सान संपूर्ण है और अन्य अपूर्ण हैं, तो क्या वह दूसरोंको सजा दे या उनका संहार करे? यह जो पुतला बनाते हैं विजयादशमीके रोज, उसका मेरी निगाहमें तो यही मतलब है कि बदला लेना इन्सान, मनुष्य या आदमीका काम नहीं है। उसको बदला लेना भी न कहा जाय तो भी जो संहार या हिंसा इत्यादि करनी है, वह ईश्वर ही कर सकता है। तो क्या ईश्वरमें ही यह गुण है कि हिंसा भी वही करे और अहिंसा भी वही? वह निर्गुण है और गुणातीत है। उसके लिए ये सब चीजें कुछ नहीं। लेकिन यह दृष्टांत तो ऐसा है कि जितने रावण इस दुनियामें हैं उनका संहार करनेवाला केवल ईश्वर ही है। कुछ लोग ऐसा भी मान लेते हैं कि विजयादशमी तो यह सिखाती है कि वे तो पूर्ण और दूसरे अपूर्ण हैं। इसलिए कानूनको अपने हाथमें लेकर अपने-आप बादशाह बन जाते हैं और किसीपर आघात करना और किसीको कत्ल करना, यह सब करने लगते हैं।

वह हिंदुस्तानमें हो भी रहा है; क्योंकि हम पागल हो गए हैं। जो जवाब मैंने दिया है उसको आप लोग तथा जिस भाईने प्रश्न पूछा है, वह भी समझ गए होंगे कि राम-रावणका दृष्टांत लेकर हम पापाचारी न बनें। हमें पुण्यवान बनना चाहिए। एक ओर रामका नाम लेना और दूसरी ओर पापाचारी

बनना, ईश्वरकी निंदा करना है।

अभी आप लोगोंमेंसे पूछ सकते हैं कि तुम इतनी लंबी-चौड़ी बातें तो करते हो, लेकिन काश्मीरमें जो कुछ हो रहा है उसका भी कुछ पता है? हां, पता है मुझको। लेकिन इतना पता है जितना कि अखबारोंमें आया है। अगर वह सब सही है तो वह एक बहुत बुरी बात है। यह मैं कह सकता हूं कि इस तरह तो न धर्मकी रक्षा हो सकती है और न कर्मकी। उसमें इल्जाम तो पाकिस्तानपर ही लगाया गया है न, कि वह काश्मीरको मजबूर करनेकी चेष्टा कर रहा है। वह होना नहीं चाहिए। अगर कोई किसीको इसलिए मजबूर करे कि उसके पाससे कुछ ले ले, तो वह हो नहीं सकता, इसमें तो मुझे जरा भी संदेह नहीं है। आज तो काश्मीर है, पीछे हो सकता है कि हैदराबादको मजबूर करो, जूनागढ़को करो या किसी और रियासतको। मैं कोई न्यायकी तुलना करना नहीं चाहता; लेकिन मैं तो एक उसूल मानकर चलता हूं कि कोई किसीको मजबूर नहीं कर सकता। पीछे, चाहे उसमें कुछ भी हो, मुझको तो कोई परवाह नहीं, चाहे काश्मीर हो, हैदराबाद हो या जूनागढ़ हो। कोई किसीको मजबूर न करे और किसीके साथ जबर्दस्ती न करे। लेकिन आजकी दुनियामें जो काश्मीरके महाराजा हैं वे वहांके राजा नहीं हैं, यह बड़े अदबके साथ कहना पड़ता है। दूसरी रियासतोंमें भी जो राजा माना जाता है, वह नहीं है। उसको तो बनानेवाले अंग्रेज लोग थे, वे चले गए। वे तो इसलिए उनको राजा-महाराजा बना देते थे कि उनकी मार्फत राजतंत्र चलता था और राजदंड मिलता था। काश्मीरको अभी अपने यहां प्रजातंत्र स्थापित करना है। इसी तरहसे दूसरी रियासतोंमें भी, हैदराबाद और जूनागढ़में भी। मेरे नजदीक तो उनमें कोई भेद ही नहीं है। रियासतकी असली राजा तो उसकी प्रजा है। अगर काश्मीरकी प्रजा यह कहे कि वह पाकिस्तान जाना चाहती है तो कोई ताकत नहीं दुनियामें जो उसको पाकिस्तानमें जानेसे रोक सके। लेकिन उससे पूरी आजादी और आरामके साथ पूछा जाय। उसपर आक्रमण नहीं कर सकते और उसके देहातोंको जलाकर उसको मजबूर नहीं कर सकते। अगर वहांकी प्रजा यह कहे, भले ही वहां मुसलमानोंकी आबादी अधिक हो, कि उसको तो हिंदुस्तानकी यूनियनमें रहना है, तो उसको कोई रोक नहीं सकता।

अगर पाकिस्तानके लोग उसे मजबूर करनेके लिए वहां जाते हैं तो पाकिस्तानकी हकूमतको उन्हें रोकना चाहिए। अगर वह नहीं रोकती है तो

सारे-का-सारा इल्जाम उसको अपने ऊपर ओढ़ना होगा। अगर यूनियनके लोग उसको मजबूर करने जाते हैं तो उनको रोकना है और उन्हें रुक जाना चाहिए, इसमें मुझे कोई संदेह नहीं है।

काश्मीरकी बात तो मैंने आपसे कह दी। लेकिन एक दूसरी अच्छी बात भी मैं आपको सुना दूं। कलकत्तासे मेरे पास एक तार आया है। मेरा ख्याल है कि मैंने आपको यह बता दिया था कि कलकत्तामें एक शान्ति-सेना, जब मैं वहां था, तब बन गई थी। ईश्वरकी ऐसी ही कृपा हो गई थी। कलकत्तामें शांति स्थापित करना बड़ा कठिन-सा लगता था, लेकिन शांति-सेना बननेके बाद वह बड़ी आसानीसे हो गया और हिंदू या मुसलमान किसीको भी कोई खास नुकसान नहीं हुआ। उससे पहले तो जो बड़े मुहल्ले थे उनमें मुसलमान जमकर बैठ गए थे और हिंदुओंको वहांसे भगा रहे थे। पीछे हिंदुओंने भी कई जगह मुसलमानोंकी, जो झोपड़ियां थीं या कुछ और था, उनको जलाया और उनपर अत्याचार भी किया। वह नहीं होना चाहिए था। इस सारे किस्सेमें तो मैं जाना नहीं चाहता। लेकिन जब मैं वहां जाकर बैठ गया तो भगवानकी कृपासे वह शांति-सेना बनी और जो विद्यार्थीगण या दूसरे लोग थे, वे उसमें शामिल हो गए। अब वे लिखते हैं कि यहां दशहरा और ईद दोनों बड़े मजेसे हुए हैं। हिंदू-मुसलमान आपसमें भाई-भाई बनकर रह रहे हैं। कलकत्तामें ईद कल मनाई गई थी, लेकिन दिल्लीमें आज है। तो दशहरा और ईद दोनोंका जिक्र करते हुए यह तार मुझको भेजा है। वे लिखते हैं कि शांति-सेना सब जगह फैल गई थी। कहीं किसीका नुकसान नहीं हुआ, न हावड़ामें और न कलकत्तामें। कोई किसीको सता नहीं सका और दोनों दिन सब लोग आरामसे रहे। वे तो पूर्वी बंगालमें भी ढाकाकी ओर चले गए थे।

तो मैंने सोचा कि आपको यह बात भी सुना दूं, क्योंकि मुझको अच्छा लगता है कि जब हिंदुस्तानमें कहीं भी हिंदू-मुस्लिम-वैमनस्य दूर होता हो और एक-दूसरेके दुश्मन न रहकर सब भाई-भाई बनकर रहते हों। फिर कलकत्ता तो कोई छोटा-मोटा देहात थोड़े ही है। वहां करोड़का व्यापार चलता है, उसमें बड़े-बड़े जहाज आते हैं, वहां हिंदू-मुसलमान दोनों रहते हैं और व्यापार करते हैं। अगर वहां हम एक-दूसरेके दुश्मन बन जाएं तो क्या वह सारा व्यापार मटियामेट नहीं हो जायगा ? अगर शांति-सेनाने वहां सबको भाई-भाई बनकर रहना सिखा दिया तो यह बहुत ही अच्छी बात

है। कलकत्तासे क्यों न हम भी सबक सीखें और यहां भी क्यों न एक शांति-सेना बन जाए? आज तो यहां ईद है न, इसलिए कुछ मुसलमान भाई मेरे पास आए थे। वे मुझको पहचानते हैं कि मैं उनका दुश्मन नहीं, दोस्त हूं। मैं एक हिंदू हूं और वह भी एक सनातनी हिंदू, इसलिए मुझमें मुसलमानपन भी उतना ही भरा है जितना कि हिंदूपन। इसलिए वे मुझको अपना दोस्त मानकर आ गए थे। मैंने उनको ईद मुबारक कहा तो सही, लेकिन मैंने कहा कि मैं किस मुंहसे आपको ईद मुबारक कहूं। वे आज भी बेचारे भयभीत पड़े हैं। सोचते हैं कि न जाने हिंदू उनको रहने देंगे या नहीं, या मारेंगे कि नहीं। कोई सब थोड़ा ही मारते हैं। लेकिन चूंकि काफी कत्ल हो गए, इसलिए भयभीत हैं। थोड़ी तादादमें हैं। तो क्या जिस जगह जो लोग बड़ी तादादमें हैं वे थोड़ी तादादवालोंपर आक्रमण और अत्याचार करें? इस अत्याचारको मिट जाना चाहिए। नहीं तो हमको मिट जाना है।

जो कलकत्तेमें हुआ, वही अगर हम यहां कर सकें तो कितना अच्छा हो। मेरा दिल तो तब नाच उठेगा। आज तो मेरा दिल रोता है। आंखोंसे आंसू तो नहीं गिरा सकता हूं, क्योंकि अगर ऐसा करूं तो मेरा काम नहीं चल सकता। मगर दिल तो रोता है। क्या आजादीमें हिंदू और मुसलमान ऐसे बनेंगे? अगर बड़ी तादादवाले छोटी तादादवालोंपर हमला करें तो वह जालिमपन है। उससे कोई धर्म बच नहीं सकता। अत्याचारसे कभी कोई धर्म नहीं बचता। धर्म तो केवल धर्मकी मार्फत ही बच सकता है। और कोई दूसरा चारा है ही नहीं।

रतलामसे यह तार आया है कि यहांके जो महाराजा हैं उन्होंने ऐसा ऐलान निकाल दिया है कि अब यहां जिम्मेदार प्रजातंत्र स्थापित होगा और उसकी मार्फत राज्य चलेगा। राजा तो उसके एक ट्रस्टीकी तरह बनकर रहेंगे। वहां जो हरिजन-सेवक-संघके मंत्री हैं वे मुझको लिखते हैं कि इस राज्यमें अब हरिजनों और दूसरे लोगोंमें कोई भेद नहीं रहेगा। जो महाराजाका मंदिर है, उसमें वे गए और एक बड़ी जमात तथा हरिजन लोग भी उनके साथ गए। राज्यके जितने मंदिर हैं उनमें आजसे अस्पृश्यता नहीं रहेगी। जो कुएं हैं उनसे हरिजन पानी भी भर सकते हैं। ये सब बातें जानकर मुझे बहुत अच्छा लगा। अगर हिंदू-धर्मको आगे बढ़ाना है तो उसमें घृणा और अस्पृश्यता कैसे रह सकती है? अस्पृश्य तो वे हैं जो पापात्मा होते हैं। एक सारी जातिको अस्पृश्य बनाना एक बड़ा कलंक है। अस्पृश्यताकी जड़

हरेक हिंदूके दिलसे निकल जानी चाहिए। जैसा रतलाममें हुआ है, वैसा और सब जगह भी, जहांपर कि हिंदुओंकी तरफसे राजतंत्र चलता है, अस्पृश्यताको मिटा देना चाहिए। तब तो हिंदू-धर्मको हम बहुत ऊंचे ले जाएंगे। अगर अस्पृश्यताकी जड़ चली गई तो क्या पीछे हम मुसलमानोंको या दूसरे धर्मवालोंको अस्पृश्य बताएंगे? जो अस्पृश्यताका मैल हममें भरा है, यह तो उसी मैलका नतीजा है जो आज हम भुगत रहे हैं। इसलिए रतलाममें जो हुआ है वह मुझको अच्छा लगा और मैंने सोचा कि कलकत्ता और रतलामकी दोनों अच्छी बातें भी मैं आपको सुना दूं।